독자의 1초를
아껴주는 정성을
만나보세요!

세상이 아무리 바쁘게 돌아가더라도 책까지 아무렇게나 빨리 만들 수는 없습니다.

인스턴트 식품 같은 책보다 오래 익힌 술이나 장맛이 밴 책을 만들고 싶습니다.

땀 흘리며 일하는 당신을 위해 한 권 한 권 마음을 다해 만들겠습니다.

마지막 페이지에서 만날 새로운 당신을 위해 더 나은 길을 준비하겠습니다.

리액트 네이티브를 다루는 기술

The Art of React Native

초판 발행 · 2021년 10월 31일
3쇄 발행 · 2023년 9월 1일

지은이 · 김민준
발행인 · 이종원
발행처 · (주)도서출판 길벗
출판사 등록일 · 1990년 12월 24일
주소 · 서울시 마포구 월드컵로 10길 56(서교동)
대표 전화 · 02)332-0931 | **팩스** · 02)323-0586
홈페이지 · www.gilbut.co.kr | **이메일** · gilbut@gilbut.co.kr

기획 및 책임편집 · 이원휘(wh@gilbut.co.kr) | **디자인** · 박상희 | **제작** · 이준호, 손일순, 이진혁, 김우식
마케팅 · 임태호, 전선하, 차명환, 박민영, 지운집, 박성용 | **영업관리** · 긴면자 | **독자지원** · 윤정아, 최회창

교정교열 · 이미연 | **전산편집** · 여동일 | **출력 및 인쇄** · 예림인쇄 | **제본** · 예림바인딩

ISBN 979-11-6521-734-1   93000
(길벗 도서번호 080236)

정가 43,000원

독자의 1초를 아껴주는 정성 길벗출판사

(주)도서출판 길벗 | IT교육서, IT단행본, 경제경영서, 어학&실용서, 인문교양서, 자녀교육서
www.gilbut.co.kr
길벗스쿨 | 국어학습, 수학학습, 어린이교양, 주니어 어학학습, 학습단행본
www.gilbutschool.co.kr

페이스북 · www.facebook.com/gbitbook
예제 파일 · https://github.com/gilbutITbook/080236

실무에서 알아야 할 기술은 따로 있다!

리액트 네이티브를
다루는 기술

김민준
(VELOPERT) 지음

길벗

이 책으로 리액트 네이티브를 배우게 된 독자 여러분, 안녕하세요! 리액트 네이티브의 세계에 오신 것을 환영합니다!

저는 리액트를 사용하여 웹 프런트엔드 개발을 하는 개발자였고, 몇 년 전부터는 리액트 네이티브도 사용하며 웹과 모바일 앱을 모두 다루는 개발자가 되었습니다.

기존에는 회사(라프텔)에서 모바일 앱을 개발할 때 iOS와 안드로이드를 각각 개발했습니다. 그러다 2019년에 프로젝트 개발 생산성 향상을 위해 리액트 네이티브로 프로젝트를 통합해 리액트 네이티브를 사용하게 되었습니다. 리액트 네이티브로 iOS와 안드로이드 앱을 동시에 개발할 수 있고 기대한 만큼 생산성이 뛰어나서 팀원들 모두 매우 만족스럽게 사용하고 있답니다. 덧붙여 저는 리액트와 자바스크립트를 매우 좋아해서, 좋아하는 라이브러리와 언어로 모바일 앱을 만들 수 있는 것 자체가 너무 마음에 들었습니다.

이 책에서 다루는 내용

이 책에 리액트 네이티브의 기초부터 시작해, 현업에서 리액트 네이티브를 직접 사용하며 익힌 유용한 지식들을 정리했습니다. 제가 리액트 네이티브를 사용할 때 학습하기 어렵던 부분은 바로 네이티브 코드, 즉 안드로이드의 경우 자바 또는 코틀린, iOS의 경우 Objective-C 또는 스위프트를 활용하는 부분이었습니다. 네이티브 코드 연동을 쉽게 배울 수 있는 자료가 별로 없었고 특히 한국어로 작성된 글은 전무한 수준이었기 때문입니다. 이 책에서는 이 부분도 상세하게 다뤘습니다. 이 책을 읽고 나면, 여러분의 필요에 따라서 네이티브 코드로 작성한 API를 실행할 수도 있고, 네이티브 코드로 작성한 UI를 바로 연동할 수도 있을 것입니다.

리액트 네이티브를 사용하면 iOS와 안드로이드 앱을 동시에 만들 수 있는 것은 맞습니다. 하지만 미리 말씀드리지만, 모든 기능을 자바스크립트만으로 작성할 수 있는 것은 아닙니다. 정말 간단한 앱을 만든다면 모르겠지만, 구현하려는 기능을 리액트 네이티브에서 공식 지원하지 않는다면 네이티브 코드를 작성하여 연동해줘야 합니다. 만약 iOS 및 안드로이드에서 사용하는 네이티브 언어를 잘 알지 못한다 해도 걱정하지 마세요. 다행히 대부분의 기능은 다른 사람들이 오픈 소스 커뮤니티에 미리 연동해둔 라이브러리를 설치하여 구현할 수 있습니다. 물론 프로젝트를 개발하다 보면 해당 라이브러리를 수정해야 할 수도 있고, 원하는 기능을 제공하지 않을 수도 있기 때문에 네이티브 코드를 연동하는 방법을 알아두는 것은 정말 중요합니다. 이를 알고 있으면 리액트 네이티브로 프로젝트를 개발할 때 자신감을 더해줄 것입니다.

리액트가 그렇듯이, 리액트 네이티브를 사용하여 앱을 개발할 땐 리액트 네이티브만 잘 알아둔다고 해서 무조건 성공적인 프로젝트를 만들 수 있는 것은 아닙니다. 상황에 맞추어 서드 파티 라이브러리를 잘 활용해야 프로젝트의 생산성과 개발 효율을 더욱 높여줄 수 있습니다. 이 책에서는 리덕스, 리코일, 리액트 쿼리 등 현업에서 개발하면서 유용하다고 느낀 라이브러리들을 다룹니다.

또한, 백엔드 기술을 잘 알지 못해도 온라인에 데이터를 올리고 사용할 수 있게 해주는 Firebase에 대해서도 알아봅니다. 이를 사용하면 추후 서버 개발 없이도 여러분이 만들고 싶은 앱을 만들 수 있습니다. 그리고 Strapi를 사용하여 REST API 연동을 실습해보고, REST API를 빠르게 구축하는 방법도 다뤄봅니다.

이 책의 궁극적인 목표는 여러분이 만들고 싶은 모바일 앱을 직접 개발할 수 있도록 준비해주는 것입니다. 이 책을 읽고 독자 여러분이 리액트 네이티브 앱을 개발하여 여러분의 앱을 출시하는 그날이 올 때까지 응원하겠습니다.

김민준

이 책이 만들어지는 데 많은 지원을 해주신 분들께 감사를 전합니다.

우선 책의 처음부터 끝까지 함께 살펴보면서 많은 피드백을 주신 길벗출판사의 이원휘 님께 감사를 드리며, 이 책을 완성하는 과정에서 힘써주신 길벗출판사의 모든 관계자 분들께도 감사를 전합니다.

이 책에서 다루는 내용에 많은 영감을 준 라프텔 프런트엔드 개발 팀원들 - 최강혁 님, 양종훈 님, 정지훈 님, 성해동 님께 감사드립니다. 그리고 라프텔에 리액트 네이티브 기술을 도입하기 위해 팀원들을 설득해준 김범준 본부장님께도 감사드립니다.

이 책을 베타리딩해주신 고현수 님, 권용빈 님, 김준혁 님, 김진현 님, 남현욱 님, 문상호 님, 신동리 님, 안현규 님, 이찬희 님, 이창희 님, 이철환 님, 조성정 님께 감사합니다. 다양한 피드백 덕분에 더욱 좋은 책을 만들 수 있었습니다.

마지막으로 아낌없는 사랑과 지원으로 늘 응원해주시는 어머니, 아버지, 누나, 매형께 감사합니다.

김민준

자바스크립트

이 책은 자바스크립트의 기본 지식을 갖춘 독자를 대상으로 작성했습니다. 만약 자바스크립트를
잘 알지 못한다면 리액트 네이티브를 학습하기 어려울 수 있습니다. 아직 자바스크립트를 잘 다루
지 못하는 독자분은 다음 링크에서 자바스크립트를 먼저 학습하세요. 기본 문법만 알아도 이 책을
학습하기에 충분합니다.

- https://ko.javascript.info

리액트

리액트 네이티브에서는 페이스북이 만든 UI 라이브러리인 리액트의 문법 및 API를 사용합니다.
기존에 리액트를 사용한 적이 있다면 리액트 네이티브를 학습할 때 훨씬 수월할 것입니다. 또한,
리액트를 다뤄본 적이 없는 분도 문제없이 학습할 수 있도록 책에서 주요 문법과 API를 다룹니다.

네이티브 코드

책의 후반부에서는 직접 작성한 네이티브 코드가 리액트 네이티브 프로젝트에 어떻게 연동되는지
알아봅니다. 이 과정에서 안드로이드의 경우 자바와 코틀린을, iOS의 경우 Objective-C와 스위
프트를 다룹니다. 네이티브 모바일 앱을 개발해봤다면 이 부분을 더 쉽게 학습할 수 있으나, 개발
해본 적이 없어도 문제없이 실습할 수 있도록 설명했습니다. 다만, 네이티브 코드를 더욱 자유자
재로 활용하고자 한다면 추후 필요한 언어를 따로 학습하면 더욱 좋습니다.

타입스크립트

12장부터는 자바스크립트 코드에 정적 타입 시스템을 적용하기 위해 타입스크립트를 사용합니
다. 타입스크립트를 잘 모르는 분도 프로젝트에 타입스크립트를 적용할 수 있도록 타입스크립트
의 기초를 먼저 다룹니다(페이스북에서 만든 정적 타입 시스템인 Flow는 이 책에서 사용하지 않
습니다).

실습 환경

이 책의 내용을 실습할 때는 맥OS 환경에서 하시는 것을 권장합니다. 윈도우 환경에서도 실습할 수 있도록 필요한 도구들의 설치 방법과 사용 방법을 설명하지만, 윈도우 환경에서 실습할 때는 결과물을 안드로이드에서만 확인할 수 있습니다. 리액트 네이티브를 학습할 때 반드시 맥OS를 사용해야 하는 것은 아닙니다. 다만, 추후 여러분이 여러분만의 앱을 만들 때 iOS 앱을 빌드 및 출시하려면 맥OS 장비가 꼭 있어야 합니다.

이 책은 리액트 네이티브 0.64 버전을 기준으로 작성했습니다. 라이브러리 버전 업데이트에 따라 책에 있는 예시가 작동하지 않게 된다면 필요한 변경사항을 다음 페이지에서 공지하겠습니다.

- https://bit.ly/gilbut-react-native-notice

예제 파일 내려받기

책에서 사용하는 예제 코드는 GitHub 저장소에서 조회 및 내려받을 수 있습니다.

- 길벗출판사 GitHub: https://github.com/gilbutITbook/080236
- 저자 GitHub: https://github.com/velopert/dealing-with-react-native

▼ 그림 1 GitHub 저장소

예제 코드 구조와 참고사항

예제 코드는 장별로 제공합니다. 절별로 내용이 많이 달라지는 5장의 경우에는 각 절별로 예제 코드를 제공합니다. 작업 범위가 긴 8장, 9장, 14장, 15장의 경우 다른 GitHub 저장소로 분리되어 태그를 선택하여 원하는 절의 코드를 확인할 수 있습니다.

▼ 그림 2 5장의 코드 구조

▼ 그림 3 15장의 코드 구조

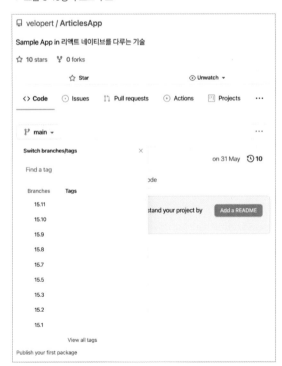

이 책에서는 독자 여러분과 소통하기 위해 GitHub의 Discussion 기능을 사용합니다.

- https://github.com/velopert/dealing-with-react-native/discussions

GitHub에 로그인하면 다음과 같이 우측 상단에 **New discussion** 버튼이 나타납니다. 이 버튼을 누르면 새 글을 작성할 수 있습니다.

Select Category를 눌러서 글의 카테고리를 선택하세요. 질문이라면 Q&A를 선택하고, 오탈자나 작동하지 않는 내용을 문의한다면 버그를 선택하세요.

▼ 그림 4 GitHub New discussion

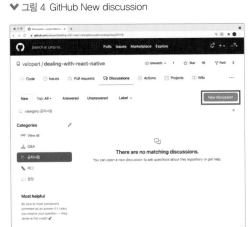

▼ 그림 5 Select Category

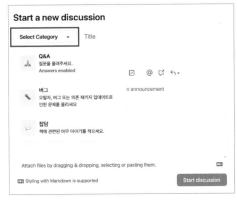

그동안 리액트로 프런트엔드 개발만 하다가 이 책을 통해 처음으로 리액트 네이티브를 사용한 앱 개발을 시도해봤습니다. 처음 리액트를 공부할 때도 저자 블로그의 강의로 도움을 많이 받았습니다. 리액트도 좋은 예제로 이해하기 쉽게 설명해주셔서 빠르게 이해할 수 있었는데, 이번 리액트 네이티브 역시 과거와 같은 아주 좋은 경험이었습니다.

초반에는 쉬운 설명으로 리액트 네이티브 자체에 접근할 수 있었고, 3~4장에서 TodoApp을 만들며 본격적으로 리액트 네이티브 개발이 어떻게 이루어지는지 경험할 수 있었습니다. 또한, 이미 어느 정도 프런트엔드 개발에 익숙한 사람으로, 13장에서 타입스크립트를 사용하는 부분과, 리덕스뿐만 아니라 리코일과 같은 상태 관리 라이브러리를 리액트 네이티브와 함께 사용하는 부분은 정말 마음에 들었습니다.

개발 경험에 상관없이 리액트 네이티브 개발을 쉽게 이해하고 애플리케이션을 만들어볼 수 있게 한 좋은 책이었습니다.

- **실습 환경:** Mac OS 10.15(Intel), Node 14.14.0, 15.6.0, yarn, Visual Studio Code, Neovim, Xcode 12.4(혹은 12.3), iPhone 11 Pro iOS 14.4

이창희_데브시스터즈

현업에서 리액트 네이티브를 수년간 사용하며 느낀 점은 처음 입문할 때부터 제대로 알고 사용하기에는 다소 어렵다는 점입니다. 프로젝트 준비 단계부터 네이티브 코드를 사용하는 과정까지, 여러 부분에서 아이디어를 구현하는 데 까다로운 요소들이 존재하기 때문입니다. 이 책은 자바스크립트의 기본 용법만 알고 있어도 큰 무리 없이 애플리케이션을 구현할 수 있도록 짜임새 있게 구성되어 있습니다. 또한, 책에 수록된 예제가 프로젝트 하나를 온전히 만들어보는 게 많아서, 실제 애플리케이션을 직접 구현해보며 기본기를 더 탄탄히 다질 수 있습니다. 이 책이 자신의 아이디어를 애플리케이션으로 능숙하게 구현할 수 있도록 도와줄 것입니다.

- **실습 환경:** Mac mini(M1, 2020)+Rosetta 환경, Mac OS Big Sur(11.4), Node 14.17.0, yarn 1.22.10, Visual Studio Code

남현욱_(주)휴먼스케이프 프런트엔드 개발자

실제로 리액트 네이티브를 통해서 제품을 만들지 않으면 알 수 없는 다양한 경험이 담겨 있어서 도움이 많이 되었습니다. 자바스크립트, 리액트의 기본 내용까지 포함하고, 왜 이렇게 사용했는지를 설명한 점이 특히 좋았습니다. 처음부터 끝까지 초보자의 수준에 맞게 책이 구성되어 있으나, 기초 내용을 조금 알고 있다면 더 좋을 것입니다. 저자의 〈리액트를 다루는 기술〉로 학습한 독자라면 이번 책도 어렵지 않게 학습할 수 있습니다.

- **실습 환경:** Mac OS M1, Node 14.17.0, yarn 1.22.10, Visual Studio Code

조성정_카카오페이

리액트 네이티브를 학습해야 할 상황이 생겨 자료를 찾던 중 이 책을 접하게 되었습니다. 리액트 네이티브 관련 문서, 특히나 한국어로 된 문서는 찾아보기 힘든 상황에서 귀한 자료였습니다. 리액트에 선수 지식이 있는 사람이든 초심자든 모두가 따라 할 수 있고, 리액트 네이티브로 개발했을 때 겪는 트러블 슈팅이나 각종 고민을 배울 수 있어서 학습 비용을 현저하게 줄일 수 있었습니다.

- **실습 환경:** Mac OS, Node 15.6.0, yarn, Visual Studio Code

신동리_하이퍼커넥트

웹에서 리액트를 사용하며 리액트 네이티브에 관심은 있었지만 막연한 어려움이 있었습니다. 책이 얇지는 않습니다. 하지만 익숙한 CSS나 리액트 코드에 빗대어 설명해 각자가 기존에 알던 것과 비교하며 쉽게 이해할 수 있습니다.

또한, iOS와 안드로이드 각 플랫폼마다 발생하는 차이점으로 리액트 네이티브에서 제공하는 컴포넌트 혹은 로직을 적용해야 하는 부분이 있습니다. 어떠한 차이가 발생하는지 유념하면서 학습하는 것도 중요할 것 같습니다.

- **실습 환경:** Mac OS 11.3.1, Node 15.12.0, yarn 1, Visual Studio Code, React 17.0.1

이찬희_AB180

이 책을 읽으면서 리액트 네이티브에 더 편하게 다가갈 수 있었습니다. 이전에 본 자료들은 대부분 ES5 혹은 클래스형 컴포넌트 등 옛 트렌드에 따른 코드들이 대부분이어서 변형하기 어려웠지만 이 책에는 최신 문법 및 개발 패턴이 적용되어서 리액트 네이티브만으로 그치지 않고 개발 트렌드도 따라갈 수 있겠다는 생각이 들었습니다.

대표적으로 리덕스, 커스텀 Hook 및 타입스크립트를 이용한 예제가 정말 좋았으며, 이외에도 네이티브 코드 연동 등의 심화 과정도 잘 설명해줘서 어려움을 느끼지 않았습니다. 국내에는 리액트 네이티브의 자료가 많지 않아서 오류를 해결하는 데 많이 힘들었지만 이 책에서는 경우에 따른 주의점을 미리 알려줘서 중간에 오류가 나더라도 책을 보며 오류를 쉽게 해결할 수 있었습니다. 리액트 네이티브를 현재 트렌드로 배워보고 싶다면, 이 책을 추천합니다.

- **실습 환경:** Windows 10, Node 14.16.1, yarn, Visual Studio Code, Android Studio

권용빈_대구소프트웨어마이스터고등학교

이 책은 마약과 같습니다. 관심을 갖고 공부할수록 어떤 식으로 공부해야 하는지 어떻게 해야 학습할 수 있는지 길잡이가 되어줍니다. 이 책에서는 윈도우, 리눅스, 맥OS(silicon 탑재 포함) 등 여러 운영 체제에서 개발 환경을 동일하게 맞추는 법을 설명하고, 플랫폼마다 라이브러리, 환경 등에서도 다른 점을 하나하나 요점으로 설명해줍니다. 간단한 에러도 설명해주면서 독자가 지치지 않고 흥미를 유지하게 해줍니다. 학습 장애물을 미리 알려주고 가이드해주는 것이 정말 인상 깊었습니다. 리액트 네이티브에 대한 전체 내용을 파악할 수 있었고 장마다 성장하는 것이 스스로 느껴졌습니다.

개발은 어떤 식으로도 할 수 있고 코드는 여러 방법으로 생산할 수 있습니다. 하지만 그런 개발과 코드 속에는 '어떻게' 개발했는지 개발자만의 의사결정이 담겨 있습니다. 적어도 이 책으로 리액트 네이티브에 입문한 독자 또는 현업에 종사하는 개발자는 리액트 네이티브의 기술적인 문제로 인해 의사결정을 주저하는 일은 적을 것입니다. 코드를 생산하는 여러 방법 중 저자가 선호하는 방법을 제시하고, 왜 이 방법을 선호하는지 타당한 이유를 들어 설명해줬기 때문입니다.

10장부터는 심화 내용이라고 생각했습니다. 4가지 언어를 통해서 각 네이티브 모듈을 만들고 패키지를 등록하는 등 상황에 맞게 코드를 설명해주는 것이 인상 깊었습니다.

12장에서 타입스크립트를 설명하며 '왜 타입스크립트를 써야 하는지' 알려줘서 좋았습니다. 저는 회사 입사 이후 타입스크립트를 학습했습니다. 학습하면서도 왜 타입스크립트를 써야 하는지 크게 공감하지 못하다가 프로젝트를 해보면서야 이해했는데 이러한 점을 개요 부분에서 설명해줬습니다. 타입스크립트를 접하면서, 이 에러가 왜 나는지 어떻게 해결해야 하는지가 가장 막막하고 힘들었습니다. 해당 장에서는 어떤 에러가 존재하고 왜 에러가 발생했는지 해결 방법은 무엇인지를 차근차근 설명해줘서 좋았습니다. 타입스크립트의 기본적인 설명 이후 마지막에 레퍼런스를 통해서 더 학습하기를 유도하는 부분도 좋았습니다. 저자의 블로그로 타입스크립트를 학습할 때도 리액트+타입스크립트의 오류를 해결하는 부분에서 '이렇게 하면 에러가 해결될 것'이라고 간단명료하게 설명해줬는데 이 책에서도 그런 부분이 있어 정말 좋았습니다.

13장에서는 상태 관련 라이브러리에 대한 전반적인 설명과, 어떤 것을 사용해야 하는지 명령하는 게 아니라 각 라이브러리의 장점을 알려주고 자신이 선택하게끔 해주는 것이 인상 깊었습니다. 예전에 리덕스를 처음 공부할 때 매우 어렵고 리덕스 자체를 이해하기 위해 노력을 많이 했었습니다. 그래서 많은 코드를 작성하기 쉽도록 Ducks Pattern을 이용하고 불변성을 지키려고 노력했는데 해당 장에서 Redux Toolkit이라는 것을 알게 되어 더 편하게 리덕스를 학습할 수 있게 된 것이 매우 좋았습니다. 리코일의 경우 참 재미있게 읽었고 리덕스에 비해 비교적 간단한 코드라 좋았습니다.

14장에서는 REST API, Postman 소개, API 연동 학습, JWT 토큰 등 서버 연동 없이 실제로 API를 태워 학습하는 방법을 소개해준 것이 인상 깊었습니다.

15장에서는 프로젝트 시작 전, 프로젝트에 대한 준비, 기본 구성이 어떻게 되어 있는지 설명해줘서 좋았습니다. 프로젝트 진행 중 찝찝하게 나타나는 경고에 그 이유와 대처 방법을 설명해주는 부분이 좋았습니다. 마지막 프로젝트인 만큼 내용이 방대하고 풍부하다고 느꼈습니다.

그리고 프로젝트 이후에 앱을 등록하는 방법을 아주 자세히 알려줘서 쉽게 따라 할 수 있었고, 마지막으로 학습에 최대한 도움을 받도록 레퍼런스 및 참고 URL을 전부 알려준 것이 정말 좋았습니다.

- **실습 환경:** Mac OS Big Sur(11.2.2), 13-inch, 2018, Intel Core i7, Node 14.16.1

김준혁_엔코드 Client Platform Team

맥OS, 윈도우에서의 내용이 꼼꼼하게 잘 설명되어 있어서 어떤 환경에서든지 실습하는 데 어려움이 없었습니다.

리액트 네이티브의 기반이라 할 수 있는 리액트와 자바스크립트를 함께 소개하느라 자칫 설명이 늘어질 수도 있겠다는 걱정이 들었는데 책을 읽어보니 이러한 부수적인 부분은 딱 핵심만 짚고 넘어갔습니다. 덕분에 이해가 수월하면서도 꽤 속도감 있게 학습할 수 있었습니다.

이 책의 매력적인 점은 프로젝트 하나하나가 간단하면서도 리액트 네이티브의 핵심 기능을 잘 담아놓아, 단순히 예제 코드에서 그치지 않고 또 다른 기능을 추가한다거나 독특한 디자인으로 꾸미는 등 자신만의 방식으로 앱을 확장하기 용이하다는 것입니다. 책 속 프로젝트에 자신의 상상력을 더해가다 보면 어느새 자연스럽게 리액트 네이티브의 달인이 된 자신의 모습을 마주하게 될 것입니다.

- **실습 환경:** Windows 10, Visual Studio Code, npm

고현수_성균관대학교 시스템컨설턴트그룹

프로젝트 준비 과정을 윈도우, 맥OS 두 가지 환경에서 모두 진행할 수 있도록 영역을 나누어 설명해준 것과 발생할 수 있는 에러에 대한 정보를 미리 알려준 것이 좋았습니다. 또한, 소스 코드를 변경할 때 해당 영역을 볼드 처리하여 어느 부분이 바뀐 것인지 명확히 알 수 있게 한 점도 코드를 작성할 때 도움이 많이 되었습니다.

- **실습 환경:** Mac OS, Node.js, yarn, Visual Studio Code

김진현_짐싸

최근 리액트 네이티브에 관심이 많아 관련 문서, 강의 등을 찾아봤는데 대부분 영어로 작성되어 이해하기 어려웠습니다. 그러던 차에 드디어 기다리고 기다리던 이 책의 베타테스트를 운 좋게 진행하게 되었습니다!

기존에 리액트로 웹 서비스를 구축/운영하고 있어서 리액트 네이티브를 접할 때 리액트랑 비슷하겠거니 하고 쉽게 생각했습니다. 그러다 보니 앱 프로세스를 이해하기 어려웠습니다. 만약 저처럼 웹 개발을 하다가 앱 개발에 관심이 생겨 이책을 읽게 된다면, '앱도 웹 개발과 비슷하겠지'라는 생각을 버리고 접근하면 도움이 될 것입니다.

이 책은 자바스크립트는 기본으로 알고 있어야 수월하게 학습할 수 있습니다. 그리고 리액트를 사용해보지 않았다면, 핵심 개념이 책 내용에 포함되어 있지만, 어느 정도 한계가 있기 때문에 기본 개념을 공부하고 학습하는 것이 더 좋을 것 같습니다.

마지막으로 가장 인상 깊었던 것은 리액트 네이티브를 소개하는 것뿐만 아니라 반복되는 코드를 리팩토링하면서 진행한 것입니다. 클린 코드를 어떤 식으로 생각하고 어떻게 작성하는지 배울 수 있어 좋았습니다.

- **실습 환경:** Mac OS Silicon M1(11.2.3), Node 14.15.0, yarn, Visual Studio Code, Xcode 12.4, iPhone 12 Pro Max iOS 14.4

이철환_오픈놀 프런트엔드 개발자

실습은 실제 애플리케이션 개발 과정을 그대로 진행하는 방식으로 진행됩니다. 리액트를 접해보지 않은 사람도 어렵지 않게 학습할 수 있도록 개념 소개부터 실제 코드까지 A~Z를 제공하는 느낌을 받았습니다. 관련 기능을 설명하고 코드를 상세하게 제공하여 학습하는 데 어려움이 없었습니다. 운영 체제 버전별로 다를 수 있는 동작이나 특이사항을 언급해, 당황스러울 수 있는 에러나 동작을 대비해준 것도 좋았습니다. 특히 단순 컴포넌트 개발뿐만 아니라 데이터 비동기 작업, 상태 관리, 최적화 등 실무와 밀접한 내용을 제공하는 부분들이 돋보였습니다. 개발 이후 유지 보수 및 리팩토링까지 다룬 점이 마음에 들었습니다. 정말 상세하게 제공하다 보니 페이지가 많은 건 어쩔 수 없는 것 같습니다.

워낙 설명이 상세하다 보니 적혀있는 대로 따라가다 보면 어느새 자신만의 앱을 구현할 수 있습니다. 버전별로 구분되는 특이사항 등의 내용들을 눈여겨보고, 이후 발생하는 에러나 동작에 대비하면 좋습니다. 이미 리액트에 익숙한 분은 수월하게 진행할 수 있고, 처음 접하는 분은 리액트나 리액트 네이티브 라이브러리의 동작 원리 및 제공되는 API를 먼저 학습하고 진행한다면 훨씬 더 수월할 것입니다.

- **실습 환경:** Mac OS Catalina, Android Studio, Visual Studio Code

문상호_(주)JIRO 웹 프런트엔드 엔지니어, 서강대학교 재학 중

최근 많은 사람이 리액트 네이티브를 사용하여 다양한 앱을 만들고, 리액트 네이티브를 요구하는 구인 공고도 종종 봅니다. 이러한 관심에 비해서 리액트 네이티브 책이 많지 않은 것이 아쉬우셨다면 이 책이 도움이 많이 될 것입니다.

저에겐 특히, 네이티브 모듈을 제작하는 파트가 도움이 많이 되었습니다. 실무에서 리액트 네이티브를 사용하기 위해선 서비스에 맞게 기존 라이브러리를 수정하거나 새로운 라이브러리를 만들어야 하는 상황이 존재합니다. 이런 상황에 놓인 분에겐 이 책이 좋은 길잡이입니다. 이제 막 리액트 네이티브를 시작하는 사람부터 실무에서 리액트 네이티브를 사용해야 하는 사람까지 다양한 개발자에게 많은 도움이 될 것입니다.

- **실습 환경:** Mac OS 11.2.2(Intel Core i9), Node 14.16.0, yarn, VS Code, Xcode 12.4, 시뮬레이터 환경 iPhone 10 iOS 14.6

안현규_카카오

7장 다이어리 앱 만들기 II · · · · · 357

1장

리액트 네이티브 첫걸음

1.1 리액트 네이티브란?

리액트 네이티브(React Native)는 자바스크립트(JavaScript)와 리액트(React) 라이브러리를 사용해 네이티브 앱을 개발할 수 있게 해주는 기술입니다. 이 기술을 사용해 만든 앱은 애플(Apple)의 iOS 환경에서도, 구글(Google)의 안드로이드(Android) 환경에서도 구동할 수 있습니다. 주로 모바일 앱을 개발하는 용도로 사용하지만, 사실 이 기술은 모바일 디바이스에 국한되지 않고 VR(가상 현실), 윈도우(Windows), TV 등의 환경에서도 사용할 수도 있습니다.

리액트 네이티브를 알아보기 전에 리액트에 대해 먼저 알아봅시다. 리액트는 웹 애플리케이션의 UI를 편하게 만들기 위해 페이스북(Facebook)에서 개발한 자바스크립트 라이브러리입니다. 리액트는 매우 만족스러운 개발자 경험을 제공하며, 웹 프런트엔드 개발 생태계에서 선호도 및 인지도가 가장 높은 라이브러리입니다(2021년 기준). 리액트는 웹 개발을 위해 만들어진 라이브러리지만, 플랫폼에 구속받지 않습니다. 리액트에서 실제 웹에 해당하는 HTML과 DOM에 관련한 기능들은 별개의 라이브러리인 리액트돔(ReactDOM)에 들어있습니다. 따라서 웹 프로젝트에 리액트를 사용할 때는 리액트와 리액트돔을 함께 사용하죠.

리액트에 대한 사전 지식이 있다면 리액트 네이티브에 훨씬 쉽게 입문할 수 있습니다. 그렇다고 리액트 네이티브를 배우기 전에 무조건 리액트를 미리 학습할 필요는 없습니다. 이 책에서 리액트의 기본 사용법을 모두 다룰 것이기 때문입니다.

하지만 자바스크립트에 대한 사전 지식이 없다면 이 책으로 리액트 네이티브를 학습하기는 좀 어렵습니다. 자바스크립트에 대한 이해가 부족하다면 다음 링크를 참고해 자바스크립트를 학습할 것을 권장합니다.

- https://ko.javascript.info

리액트 네이티브를 사용하면 리액트에서 사용하는 기술을 웹 브라우저가 아닌 환경에서도 사용할 수 있습니다. 즉, 자바스크립트로 iOS 및 안드로이드 환경에서 구동하는 애플리케이션을 만들 수 있습니다.

리액트 네이티브를 사용하면 자바스크립트로 네이티브 앱을 만들 수 있기 때문에 자바스크립트로 작성한 코드가 네이티브에서 사용하는 코드로 변환된다고 오해할 수도 있는데, 실은 그렇지 않습니다. 리액트 네이티브를 사용해 만든 프로젝트에는 JavaScriptCore라는 자바스크립트 엔진이 탑재되어 있으며 이 자바스크립트 엔진을 통해 우리가 작성하는 모든 자바스크립트 로직을 앱 내에서 실행해주는 것입니다.

Note ≡   **JavaScriptCore**

JavaScriptCore에 대해서 더 자세히 알고 싶다면 다음 링크를 참조하세요.

• https://developer.apple.com/reference/javascriptcore

리액트 네이티브에는 특별한 컴포넌트들이 내장되어 있는데, 이 컴포넌트들은 네이티브 환경에서 사용되는 컴포넌트들과 연동되어 있습니다. 예를 들면 리액트 네이티브에 내장된 Text라는 컴포넌트를 사용하면 iOS 환경에서는 UIView에 텍스트 값을 설정해서 보여주고, 안드로이드 환경에서는 TextView를 화면에 보여줍니다.

프런트엔드 개발을 많이 해보지 않았다면 컴포넌트라는 개념이 익숙하지 않을 수도 있습니다. 컴포넌트는 재사용 가능한 유저 인터페이스 블록이라고 이해하면 됩니다.

리액트 네이티브에는 Text 컴포넌트 말고도 Button, View, TextInput, FlatList 등 수많은 컴포넌트가 내장되어 있습니다. 컴포넌트를 사용할 때는 자바스크립트 형식의 파일에 페이스북에서 만든 JSX라는 문법을 사용해 코드를 작성합니다. JSX로 코드를 작성하면 리액트 네이티브로 만든 앱 안에 내장된 스레드에서 이를 인식해 어떤 네이티브 컴포넌트를 보여줘야 할지 연산한 다음, 우리가 원하는 UI를 화면에 보여줍니다.

또한, 리액트 네이티브는 네이티브 플랫폼의 API들을 자바스크립트로 호출할 수 있게 해줍니다. 이를테면 알림, 날짜 선택, 클립보드, 키보드 제어, 진동과 같은 작업들을 자바스크립트로 구현할 수 있습니다. 하지만 네이티브 플랫폼의 모든 API를 바로 사용할 수 있는 것은 아닙니다. 리액트 네이티브로 호출할 수 있는 API는 리액트 네이티브 라이브러리 안에 API 래퍼(Wrapper)가 내장되어 있지만, 동영상 재생, 카메라 촬영, 파일 선택 등의 기능은 자체적으로 탑재되어 있지 않습니다. 대신 리액트 네이티브는 네이티브 플랫폼의 코드(자바, 코틀린, Objective-C, 스위프트)로 작성한 기능을 자바스크립트로 연동해 호출할 수 있게 해주는 도구들을 제공합니다.

앞으로 리액트 네이티브로 앱을 만들 때, 리액트 네이티브에 자체적으로 탑재되지 않은 기능을 사용해야 할 때도 있을 것입니다. 이 경우 대부분은 서드 파티 라이브러리를 설치해 원하는 기능을 구현할 수 있습니다. 리액트 네이티브의 생태계는 꽤나 성숙한 편이고, 정말 많은 라이브러리가 오픈 소스로 공개되어 있기 때문에 상황에 따라서는 네이티브 코드를 전혀 작성하지 않고 자바스크립트만 사용해 원하는 앱을 완성할 수도 있습니다.

하지만 복잡한 애플리케이션을 만들다 보면 필요한 라이브러리가 존재하지 않거나, 관련 라이브러리가 있어도 여러분의 요구사항에 충족되지 않는 경우가 발생하기도 합니다. 따라서 앱을 개발하는 과정에서 특정 기능을 구현하기 위해 자바(Java), Objective-C 등의 언어를 사용해야 하는 상황이 올 수도 있음을 꼭 염두에 두기 바랍니다.

1.2 작업 환경 준비하기

리액트 네이티브의 가장 큰 장점은 자바스크립트로 코드를 작성해 iOS 기기에서도 구동하고 안드로이드 기기에서도 구동하는 애플리케이션을 개발할 수 있다는 것입니다. 하지만 안타깝게도 iOS 앱을 개발하려면 반드시 애플의 맥OS(macOS)를 사용해야 합니다. 다른 운영 체제에서는 iOS 앱을 컴파일할 수 없기 때문입니다. 따라서 리액트 네이티브로 개발할 때에는 맥OS 기기를 사용하는 것이 가장 이상적입니다.

참, 맥OS가 아닌 윈도우 또는 리눅스(Linux)를 사용하는 독자분도 계실 텐데, 걱정할 필요 없습니다. 일단 안드로이드 위주로 학습하고 개발해도 전혀 지장이 없습니다. 나중에 여러분만의 애플리케이션을 개발해 구글 플레이에 릴리스한 뒤, 애플 앱 스토어에도 릴리스하고 싶은 시점이 왔을 때 맥OS 기기를 구매해도 늦지 않습니다.

맥OS 기기가 없다고 해서 iOS 앱 개발 및 릴리스가 완전히 불가능한 것은 아닙니다. macincloud (https://macincloud.com)와 같은 서비스를 사용하면 클라우드로 맥OS에 접속해 iOS 앱을 개발할 수 있습니다. 다만 권장하는 방식은 아니며 원활한 개발을 위해선 실제 기기를 사용하는 것이 좋습니다.

추가로 리액트 네이티브로 앱을 개발하기 위해서는 iOS와 안드로이드 실제 기기를 하나씩 보유하고 있으면 좋습니다. 실제 기기가 없다면 시뮬레이터(Simulator)를 통해 여러분이 만든 앱을 테스트해볼 수 있으니 필수는 아니지만, 릴리스하기 전에 실제 기기에서 한번 테스트해보는 것이 좋습니다. 시뮬레이터에서는 제대로 작동하는데 실제 기기에서는 제대로 작동하지 않는 상황이 발생할 수 있기 때문입니다. 또한, 실제 기기를 사용하면 개발하는 과정에서 컴퓨터 자원을 덜 사용할 수 있다는 이점도 있습니다.

이 책은 맥OS를 사용한다는 가정 하에 맥OS 위주로 설명했습니다. 다른 운영 체제를 사용해도 실습을 진행하는 데는 문제가 없으므로, 초반에 설명하는 윈도우, 리눅스의 작업 환경 설정 방법과 참고 링크를 잘 살펴봐주세요.

1.2.1 Node.js와 npm 설치하기

Node.js는 웹 브라우저가 아닌 환경에서도 자바스크립트를 실행할 수 있게 해주는 Chrome V8 JavaScript 엔진으로 빌드된 런타임입니다. 이를 통해 리액트 네이티브로 개발할 때 필요한 도구들을 사용할 수 있습니다.

npm은 자바스크립트 프로젝트를 위한 패키지를 관리하는 도구입니다. npm은 Node.js를 설치할 때 자동으로 함께 설치됩니다. Node.js 버전은 LTS 버전을 사용하세요(2021년 기준 v16).

1.2.1.1 맥OS에서 설치하기

맥OS에서는 Node.js 버전 관리 도구인 nvm으로 Node.js를 설치하기를 권장합니다. 이 책에서 잠시 후 언급할 Homebrew라는 도구로도 설치할 수 있지만, Homebrew를 사용하면 안정성과 관계없이 최신 버전을 설치하므로 nvm을 사용하는 것이 좋습니다(Homebrew에서 버전을 명시할 수 있긴 하지만 이 경우 설치 후 따로 해줘야 할 작업이 있어서 복잡합니다).

* https://github.com/nvm-sh/nvm

이 링크를 열고 Installing and Updating 부분을 보면 다음과 같은 스크립트가 있습니다.

```
$ curl -o- https://raw.githubusercontent.com/nvm-sh/nvm/v0.38.0/install.sh | bash
```

이 명령어를 입력하고 나서 터미널을 종료한 후 다시 시작하세요.

다음 명령어로 Node.js LTS 버전을 설치할 수 있습니다.

```
$ nvm install --lts
```

설치 후에는 Node.js가 잘 설치됐는지 확인해보세요.

```
$ node -v
v16.10.0
```

Node.js를 설치하면 npm도 함께 설치됩니다. npm도 잘 설치됐는지 확인해보세요.

```
$ npm -v
7.24.0
```

1.2.1.2 윈도우에서 설치하기

윈도우 환경에서는 Node.js 공식 홈페이지(https://nodejs.org/ko)에 접속해 좌측의 **LTS** 버튼을 눌러 설치 파일을 다운로드하고 이를 실행하세요.

▼ 그림 1-1 Node.js 공식 홈페이지에서 LTS 다운로드

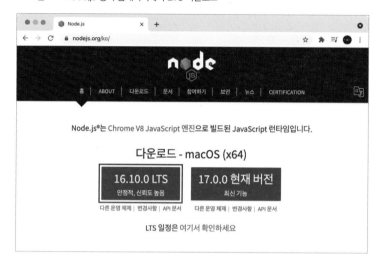

그리고 명령 프롬프트(cmd)를 열어 다음 명령어를 입력해보세요.

```
> node -v
v16.10.0
```

Node.js를 설치하면 npm도 함께 설치됩니다. npm도 잘 설치됐는지 확인해보세요.

```
> npm -v
7.24.0
```

1.2.1.3 리눅스에서 설치하기

리눅스에서는 맥OS에서와 마찬가지로 nvm을 사용해 Node.js를 설치하세요.

1.2.2 yarn

yarn은 npm과 같은 패키지 관리 도구입니다. npm과 역할이 동일하지만, 성능이 개선되어서 npm보다 패키지를 더 빨리 설치합니다. yarn도 리액트와 리액트 네이티브처럼 페이스북에서 만

든 도구입니다.

이 책의 실습을 진행할 때는 yarn을 사용할 것을 권장합니다. 책에 나오는 예시들이 모두 yarn을 사용하기 때문이죠. 하지만 지금까지 npm을 계속 사용해왔고 npm 명령어에 익숙하다면 npm을 사용해도 상관없습니다. 실습 과정에서 yarn add <packages> 대신 npm install -save <packages> 명령어를, yarn <script> 대신 npm run <script> 명령어를 사용하면 됩니다.

yarn은 모든 운영 체제에서 다음 명령어로 설치합니다.

```
$ npm install --global yarn
```

1.2.3 Java Development Kit

이번에는 안드로이드 앱 개발을 위해 필요한 JDK(Java Development Kit)를 설치해보겠습니다. JDK는 버전 8 이상을 설치해야 합니다.

1.2.3.1 맥OS에서 설치하기

맥OS에서는 패키지 관리 소프트웨어인 Homebrew로 JDK를 설치하면 편하게 설치할 수 있습니다. 만약 Homebrew가 설치되어 있지 않다면, https://brew.sh에 들어가서 Homebrew 설치하기 하단의 명령어를 복사해 터미널에 입력하세요.

▼ 그림 1-2 Homebrew 홈페이지

설치 이후에는 터미널에 완료됐다는 문구가 나타나고, 다음에 해야 할 작업이 보입니다.

```
==> Next steps:
- Add Homebrew to your PATH in /Users/velopert/.zprofile:
    echo 'eval "$(/opt/homebrew/bin/brew shellenv)"' >> /Users/velopert/.zprofile
    eval "$(/opt/homebrew/bin/brew shellenv)"
```

그리고 다음 명령어를 터미널에 입력하세요.

```
$ brew install --cask adoptopenjdk/openjdk/adoptopenjdk8
```

설치 후 설치가 잘 된 것을 확인하려면 터미널에 다음 명령어를 입력해보세요.

```
$ javac -version
javac 1.8.0_201
```

1.2.3.2 윈도우에서 설치하기

윈도우에서는 Chocolatey라는 패키지 매니저를 사용할 것을 권장합니다. 만약 Chocolatey가 설치되어 있지 않다면 Powershell을 관리자 권한으로 실행한 후 다음 명령어를 입력하세요.

```
> Set-ExecutionPolicy Bypass -Scope Process -Force; iex ((New-Object System.Net.
WebClient).DownloadString('https://chocolatey.org/install.ps1'))
```

이 명령어를 직접 입력하기 번거롭다면 다음 링크를 열어 Step 2 부분의 명령어를 복사하세요.

- https://chocolatey.org/install

Powershell에서 명령어를 붙여넣을 때는 터미널 내부에서 우클릭하거나, Powershell의 **윈도우 상단바 우클릭 > 편집 > 붙여넣기**하면 됩니다.

Chocolatey를 설치한 뒤에는 다음 명령어를 통해 JDK를 설치하세요.

```
> choco install -y openjdk8
```

설치가 끝나면 Powershell을 종료하고 다시 열어 다음 명령어를 실행해보세요.

```
> javac -version
javac 1.8.0_231
```

이와 같은 결과가 나타났다면 설치가 성공한 것입니다.

1.2.3.3 리눅스에서 설치하기

리눅스 환경에서는 다음 링크를 참조해 JDK를 설치하세요.

- https://openjdk.java.net/install

1.2.4 Watchman 설치하기

Watchman은 페이스북이 만든 파일 모니터링 도구로, 맥OS에서만 지원됩니다. 파일을 모니터링하면서 변화가 발생했을 때 특정 작업을 처리하는 용도로 사용합니다. 필수로 설치해야 하는 것은 아니지만 Watchman을 사용하면 더욱 높은 성능으로 파일을 모니터링할 수 있으므로 사용하는 것을 권장합니다. Brew로 간편하게 설치할 수 있습니다.

다음 명령어를 사용하면 Watchman을 설치할 수 있습니다.

```
$ brew install watchman
```

1.2.5 안드로이드 스튜디오 설치하기

안드로이드 앱을 만들기 위해서는 안드로이드 스튜디오(Android Studio)를 설치해야 합니다. 설치 방법은 모든 운영 체제가 동일합니다. 다음 링크에서 안드로이드 스튜디오를 다운로드한 후 설치 파일을 실행하세요.

- https://developer.android.com/studio/index.html

▼ 그림 1-3 안드로이드 스튜디오 다운로드 페이지

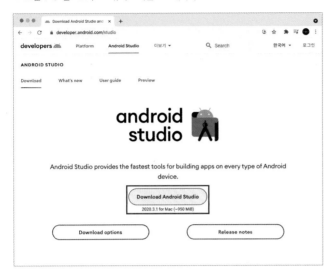

설치 파일을 실행하면 다음과 같은 화면이 나타납니다. Next 버튼을 누르세요.

▼ 그림 1-4 안드로이드 스튜디오 설치 시작 화면

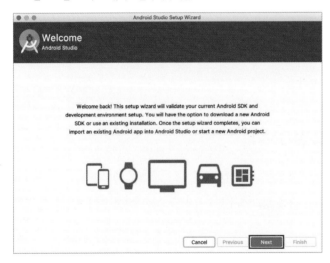

다음으로 설치 타입을 정하는 화면이 나옵니다. 여기서 Custom 옵션을 선택하세요.

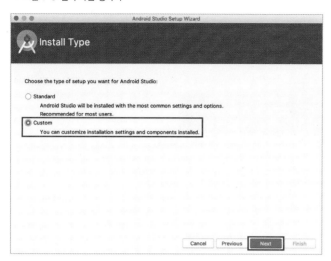

❤ 그림 1-5 설치 타입 정하기

다음으로 UI Theme를 선택하는 화면이 나오는데 이 부분은 여러분의 취향에 따라 선택하면 됩니다.

❤ 그림 1-6 UI Theme 정하기

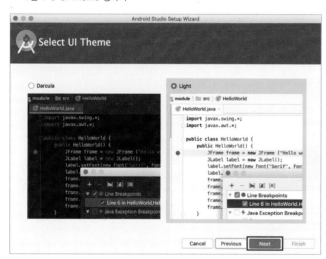

그다음 절차가 꽤 중요합니다. 다음 항목을 모두 체크한 다음 Next 버튼을 누르세요.

- Android SDK
- Android SDK Platform
- Performance (Intel® HAXM)
- Android Virtual Device

▼ 그림 1-7 설치할 SDK Component 정하기

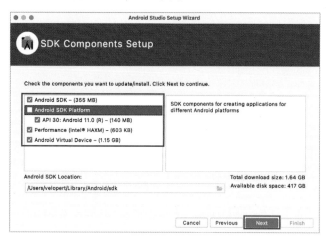

애플 실리콘이 탑재된 맥OS의 경우 Intel® HAXM 설치가 실패했다고 나타날 텐데, 이는 무시해도 됩니다(또는 Intel® HAXM을 체크 해제해도 됩니다).

설치할 항목을 선택하면 추후 안드로이드 에뮬레이터(Emulator)의 RAM을 선택하는 화면이 나타납니다. 현재 사용 중인 컴퓨터의 성능에 따라 자동으로 추천하는 RAM 용량을 설정해주므로 따로 변경하지 않고 바로 Next 버튼을 클릭해도 됩니다.

▼ 그림 1-8 에뮬레이터 설정

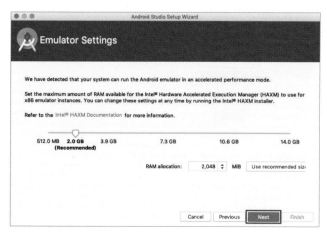

Finish 버튼을 누르면 설치를 시작합니다.

설치가 끝나고 나서 나타나는 화면에서 **Configure 〉 SDK Manager**를 열어 Android SDK Platform 29도 설치해야 합니다(이는 Show Package Detail을 체크하면 보입니다). 하지만 이 부분은 직접 설치하지 않아도 추후 안드로이드에서 리액트 네이티브 앱을 실행하려고 할 때 자동으로 설치하므로 지금 단계에서 수동으로 설치하지 않아도 괜찮습니다.

2021년 기준, 설치해야 할 Android SDK Platform의 버전은 29이지만 추후 업데이트될 수 있습니다. 어떤 SDK 버전을 선택해야 할지 알아보려면 다음 페이지에서 **React Native CLI Quickstart 〉 android**를 선택해 확인하세요(자동으로 설치하는 경우에는 따로 알아볼 필요가 없습니다).

- https://reactnative.dev/docs/environment-setup

1.2.6 안드로이드 환경 변수 설정하기

안드로이드 개발 환경을 준비하기 위해 안드로이드 관련 환경 변수들을 설정해야 합니다.

1.2.6.1 맥OS에서 환경 변수 설정하기

맥OS에서는 $HOME/.zprofile 또는 $HOME/.zshrc 파일을 수정해 환경 변수를 설정합니다. 단, 맥OS 카탈리나(Catalina) 미만 버전을 사용한다면 기본 셸이 zsh이 아닌 bash이므로, $HOME/.bash_profile 또는 $HOME/.bashrc 파일을 수정해야 합니다.

파일을 열어 최하단에 다음 코드를 삽입합니다.

```
export ANDROID_HOME=$HOME/Library/Android/sdk
export PATH=$PATH:$ANDROID_HOME/emulator
export PATH=$PATH:$ANDROID_HOME/tools
export PATH=$PATH:$ANDROID_HOME/tools/bin
export PATH=$PATH:$ANDROID_HOME/platform-tools
```

터미널 환경에서 파일을 수정할 때는 vim이라는 명령어를 사용하면 편합니다.

```
$ vim $HOME/.zprofile
```

vim을 한번도 사용해본 적이 없다면 조작이 어려울 수 있습니다. vim 사용법을 모를 경우 nano를 사용하세요.

```
$ nano $HOME/.zprofile
```

nano로 파일을 수정한 후 저장할 때는 ⌨Ctrl + ⌨X, ⌨Y, ⌨Enter를 순차적으로 누릅니다.

❤ 그림 1-9 nano로 파일 수정

1.2.6.2 윈도우에서 환경 변수 설정하기

먼저 내 PC를 우클릭해 **속성**을 누르세요.

❤ 그림 1-10 내 PC 우클릭

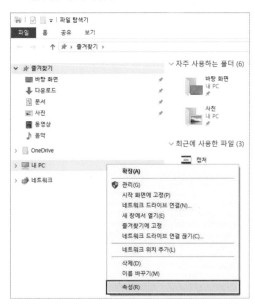

시스템 창이 뜨면 좌측의 **고급 시스템 설정**을 누른 다음, **환경 변수** 버튼을 누르세요.

▼ 그림 1-11 시스템 속성

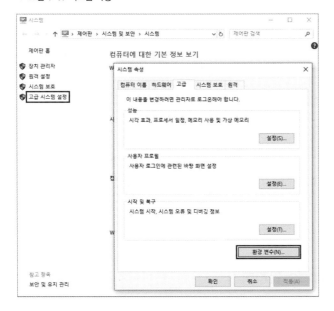

환경 변수 창 〉 시스템 변수 〉 새로 만들기 버튼을 클릭해 다음과 같이 ANDROID_HOME 변수를 설정하세요.

▼ 그림 1-12 환경 변수 설정

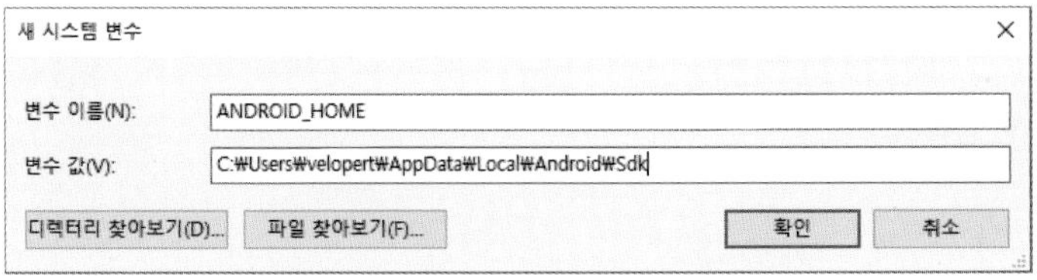

새 시스템 변수		×
변수 이름(N):	ANDROID_HOME	
변수 값(V):	C:\Users\velopert\AppData\Local\Android\Sdk	
디렉터리 찾아보기(D)... 파일 찾아보기(F)...	확인	취소

SDK의 기본 설치 경로는 다음과 같습니다.

C:\Users\계정명\AppData\Local\Android\Sdk

SDK의 설치 경로는 그림 1-10 SDK Manager에서도 확인할 수 있습니다.

1.2.6.3 리눅스에서 환경 변수 설정하기

리눅스에서 안드로이드 환경 변수를 설정하는 방법은 맥OS와 동일합니다. 1.2.6.1을 참조하세요.

1.2.7 VS Code 설치하기

VS Code(Visual Studio Code)는 마이크로소프트(Microsoft)에서 만든 인기 있는 코드 에디터입니다. 이 프로그램은 VS Code 공식 홈페이지에서 설치 파일을 다운로드한 후 실행해 설치할 수 있습니다.

- https://code.visualstudio.com

무조건 VS Code를 사용해야 하는 것은 아니므로, 만약 이미 사용 중인 익숙한 에디터가 있다면 다른 에디터를 사용해도 무방합니다(VS Code 외에 Atom, Sublime, Webstorm 등이 있습니다). 단, 이 책에서 진행하는 실습은 VS Code를 사용하기 때문에 아직 사용하는 에디터가 없다면 VS Code를 사용할 것을 권장합니다.

1.2.8 Xcode와 CocoaPods 설치하기

Xcode와 CocoaPods는 iOS 프로젝트를 만들기 위해 설치하는 도구입니다. 맥OS를 사용하고 있지 않다면 설치할 수 없으니 다른 OS라면 이 절차는 생략해주세요.

Xcode는 앱 스토어(App Store)에서 다음과 같이 키워드를 검색해 설치하세요.

▼ 그림 1-13 앱 스토어에서 Xcode 검색

또는 다음 링크에 접속해도 됩니다.

- https://bit.ly/install-xcode

Xcode를 설치한 후에는 CocoaPods를 설치하세요. CocoaPods는 터미널에서 다음 명령어를 입력해 설치할 수 있습니다.

```
$ sudo gem install cocoapods
```

여기까지 다 잘 설치됐나요? 그렇다면 리액트 네이티브 프로젝트를 만들기 위한 준비가 완료됐습니다.

1.3 새 리액트 네이티브 프로젝트 만들기

새로운 리액트 네이티브 프로젝트를 만들어봅시다. 다음 명령어를 터미널에 입력해보세요.

```
$ npx react-native init LearnReactNative --version 0.70
```

> Note ≡ 0.71 이상 버전부터는 프로젝트를 생성할 때 기본적으로 타입스크립트 환경으로 생성합니다. 이 책은 12장부터 타입스크립트를 사용하므로, 자바스크립트 환경에서 프로젝트를 시작하기 위해 0.70 버전으로 프로젝트를 시작합니다.

npx는 Node.js와 함께 설치되는 도구로, Node.js 환경에서 구동되는 CLI 도구들을 간단하게 사용할 수 있게 해줍니다.

이 명령어를 실행하면 터미널의 현재 작업 중인 디렉터리에 LearnReactNative라는 디렉터리가 만들어지며, 이 디렉터리 안에 리액트 네이티브 프로젝트 관련 파일들이 준비됩니다. 해당 디렉터리를 VS Code로 열고, package.json 파일을 열어보세요.

만약 애플 실리콘이 탑재된 맥OS를 사용 중이라면 iOS 프로젝트 환경 설정을 하는 부분에서 오류가 발생했을 것입니다. 이 부분은 추후 해결할 테니, 무시해도 됩니다.

scripts 부분에 다음과 같이 설정된 것을 확인할 수 있습니다.

```
"scripts": {
  "android": "react-native run-android",
  "ios": "react-native run-ios",
  "start": "react-native start",
```

```
    "test": "jest",
    "lint": "eslint ."
  },
```

이렇게 스크립트가 설정되면 yarn을 통해 다음과 같이 원하는 명령어를 실행할 수 있습니다.

```
$ yarn <스크립트 이름>
```

<스크립트 이름> 부분에는 android, ios, start를 넣으면 됩니다.

- **android:** 안드로이드 환경에서 앱을 구동하는 스크립트
- **ios:** iOS 환경에서 앱을 구동하는 스크립트
- **start:** Metro를 구동하는 스크립트

Metro는 리액트 네이티브를 위한 자바스크립트 번들러로, 프로젝트에 사용된 자바스크립트 파일들을 모두 읽어서 올바른 순서로 하나의 파일로 합쳐주고 네이티브 앱에서 실행할 준비를 해줍니다.

android나 ios 스크립트를 사용하면 새로운 터미널에서 start 스크립트가 자동으로 시작되기 때문에 start 스크립트를 직접 입력해 실행하는 일은 드뭅니다.

1.3.1 안드로이드 환경에서 리액트 네이티브 앱 구동하기

방금 생성한 프로젝트를 안드로이드 환경에서 구동하는 방법을 알아보겠습니다. 애플리케이션을 빌드해 실제 기기에서 구동할 수도 있고, 안드로이드 시뮬레이터에서 구동할 수도 있습니다. 이번 장에서는 먼저 시뮬레이터로 구동하는 방법을 알아보고, 실제 기기에서 구동하는 방법은 나중에 알아보겠습니다.

우선 프로젝트 안에 들어있는 안드로이드 프로젝트를 안드로이드 스튜디오로 열어줍시다. 안드로이드 스튜디오를 열어 **Open an existing Android Studio project**를 누르세요.

▼ 그림 1-14 안드로이드 프로젝트 열기

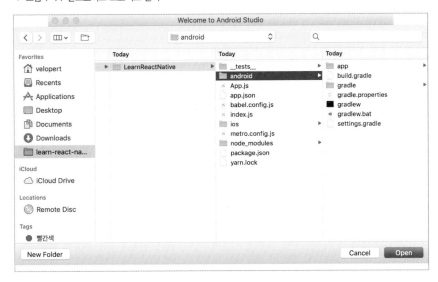

프로젝트 디렉터리 LearnReactNative 안에 **android**라는 디렉터리가 있습니다. 해당 디렉터리를 선택해 열어주세요.

프로젝트를 열면 다음과 같은 화면이 나타납니다.

▼ 그림 1-15 안드로이드 스튜디오로 프로젝트를 연 상태

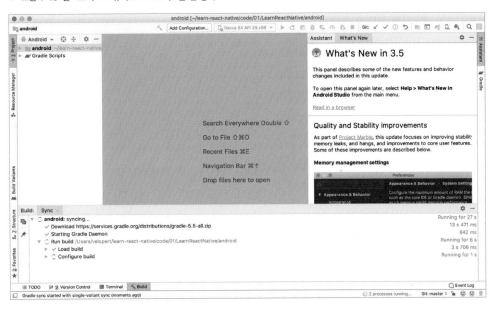

우측 상단을 보면 핸드폰 모양과 초록색 안드로이드 캐릭터가 보이는 아이콘()이 있습니다. 이 아이콘을 눌러 AVD Manager(Android Virtual Device Manager)를 열어주세요.

▼ 그림 1-16 AVD Manager Icon

AVD Manager는 안드로이드 시뮬레이터를 관리하는 도구입니다. 이 창이 나타나면 중앙의 **Create Virtual Device** 버튼을 눌러주세요.

▼ 그림 1-17 AVD Manager

그러면 하드웨어를 선택하는 화면이 나타나는데, Phone 그룹의 아무 기기나 선택해도 됩니다. 이 책에서는 Pixel 2를 선택하겠습니다. 선택 후 **Next** 버튼을 누르세요.

▼ 그림 1-18 하드웨어 선택

다음으로 시스템 이미지 선택 화면이 나타나는데, Recommended 탭에서 맨 위에 있는 시스템
이미지의 Download를 누르세요. 2021년 9월 기준 S (API Level 31)이며, 이는 안드로이드 버
전이 계속 업데이트됨에 따라 달라질 것입니다. 시스템 이미지 다운로드가 끝나면 방금 다운로드
가 끝난 시스템 이미지를 선택한 뒤 Next 버튼을 누릅니다.

▼ 그림 1-19 시스템 이미지 선택

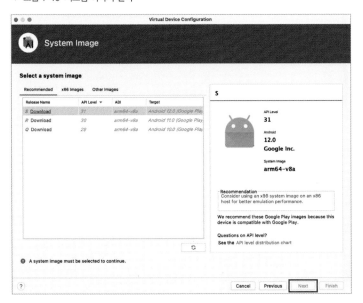

이어지는 화면에서 **Finish** 버튼을 누르면 새 가상 디바이스가 만들어집니다. 이제 AVD Manager 화면에 다음과 같이 방금 만든 항목이 나타날 텐데, 여기서 재생 모양 아이콘을 누르면 안드로이드 시뮬레이터가 구동됩니다.

▼ 그림 1-20 새로 만들어진 가상 디바이스

▼ 그림 1-21 안드로이드 시뮬레이터

그림 1-21과 같이 안드로이드 시뮬레이터가 구동됐으면, VS Code를 열고, 방금 만든 LearnReact Native 프로젝트의 디렉터리를 열어보세요. 프로젝트를 열 때는 상단 메뉴에서 **File 〉 Open**을 누르거나, 초기 화면의 **Open folder**를 누릅니다.

그리고 VS Code 내부에 터미널을 띄워봅시다. Ctrl + `` ` ``(백틱)을 누르거나, 상단 메뉴에서 **View 〉 Terminal**을 선택하면 됩니다.

▼ 그림 1-22 터미널 띄우기

▼ 그림 1-23 VS Code 내부에 뜬 터미널

꼭 VS Code 내부에서 터미널을 띄울 필요는 없지만 이렇게 하면 현재 디렉터리에서 바로 터미널을 띄울 수 있어 편합니다. 터미널에서 yarn android 명령어를 실행해보세요.

이때 윈도우의 경우 PSSecurityException이라는 오류가 발생할 것입니다. 권한 문제 때문에 명령어를 실행하지 못하는 것인데, Powershell을 관리자 모드로 실행해 다음 명령어를 입력한 뒤 다시 yarn android 명령어를 입력하면 정상적으로 작동할 것입니다.

〉 Set-ExecutionPolicy Unrestricted

> Note ≡ Android SDK Platform 29를 수동으로 설치하지 않았다면 맨 처음 이 명령어를 실행할 때 다음과 같은 오류가 나타납니다.
>
> error Failed to install the app. Please accept all necessary Android SDK licenses using Android SDK Manager: "**$ANDROID_HOME/tools/bin/sdkmanager --licenses**". Run CLI with --verbose flag for more details.
>
> 이 오류에서 굵게 표시된 명령어를 터미널에 입력한 후 나타나는 약관들에 대해 Y, Enter 를 눌러서 동의하세요.

```
$ $ANDROID_HOME/tools/bin/sdkmanager --licenses
7 of 7 SDK package licenses not accepted. 100% Computing updates...
Review licenses that have not been accepted (y/N)? y
(...)
---------------------------------------
Accept? (y/N): y
All SDK package licenses accepted
```

윈도우의 경우에는 다음과 같이 명령어를 입력하세요.

```
> cd /d "%ANDROID_SDK_ROOT%/tools/bin"
> sdkmanager -licenses
7 of 7 SDK package licenses not accepted. 100% Computing updates...
Review licenses that have not been accepted (y/N)? y
(...)
---------------------------------------
Accept? (y/N): y
All SDK package licenses accepted
```

약관에 동의한 후 다시 yarn android 명령어를 실행하세요.

명령어를 실행하고 조금 기다리면 띄워놓은 안드로이드 시뮬레이터에 다음과 같은 화면이 나타날 것입니다.

▼ 그림 1-24 안드로이드 시뮬레이터에서 구동된 리액트 네이티브 앱

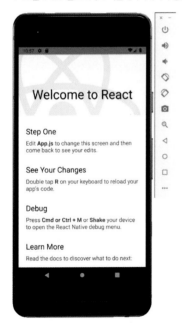

1.3.2 iOS 환경에서 리액트 네이티브 앱 구동하기

이번에는 iOS 시뮬레이터에서 리액트 네이티브 앱을 구동하는 방법을 알아보겠습니다. 실제 기기에서 돌리는 것은 나중에 배웁니다. iOS의 경우 시뮬레이터에서 앱을 구동하기 위해 준비해야 할 작업이 별로 없습니다. Xcode와 CocoaPods만 설치되어 있다면 yarn ios 명령어를 입력해 바로 구동할 수 있습니다.

단, 아직 애플 실리콘이 호환되지 않으므로 애플 실리콘이 탑재된 맥OS의 경우에는 yarn ios 명령어를 실행하기 전에 다음 작업을 수행해야 합니다.

VS Code에서 ios/Podfile을 열고, use_flipper!()라는 코드를 찾아서 #으로 주석 처리하세요.

ios/Podfile

```
(...)
# Enables Flipper.
#
# Note that if you have use_frameworks! enabled, Flipper will not work and
# you should disable the next line.
# use_flipper!()

post_install do |installer|
  react_native_post_install(installer)
  __apply_Xcode_12_5_M1_post_install_workaround(installer)
end
end
```

다음으로 터미널에서 프로젝트 내부의 ios 디렉터리로 이동한 뒤 ios에서 사용하는 라이브러리를 설치하세요.

```
$ cd ios
$ pod install
```

앞으로 새로운 리액트 네이티브 프로젝트를 생성할 때마다 Podfile에서 use_flipper!()를 주석 처리한 뒤 pod install을 실행해야 합니다. 이 점 꼭 기억해두세요!

이제 yarn ios 명령어를 실행하면 리액트 네이티브 앱이 iOS 시뮬레이터에서 구동될 것입니다.

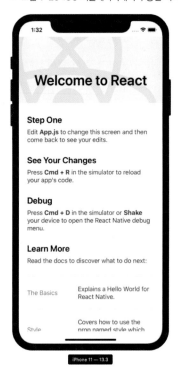

1.4 프로젝트 살펴보기

REACT NATIVE

리액트 네이티브를 사용해 만든 앱을 iOS와 안드로이드 시뮬레이터에서 구동할 수 있게 됐습니다. 이제 우리가 생성한 리액트 네이티브 프로젝트 안의 파일을 살펴봅시다.

1.4.1 엔트리 파일

가장 먼저 살펴볼 파일은 index.js입니다. 이 파일을 한번 열어보세요.

index.js

```
/**
 * @format
```

```
*/

import {AppRegistry} from 'react-native';
import App from './App';
import {name as appName} from './app.json';

AppRegistry.registerComponent(appName, () => App);
```

index.js 파일은 프로젝트의 엔트리 파일입니다. 생성한 리액트 네이티브 앱은 이 파일에서 시작합니다. 여기서 import 구문을 통해 코드들을 불러와 앱을 번들링합니다.

코드 최상단 주석의 @format이라는 키워드는 코드 스타일을 자동으로 정리해주는 Prettier라는 도구와 관련되어 있습니다. Prettier를 사용할 때 --require-pragma라는 명령어 옵션을 설정하면 해당 키워드가 존재하는 파일만 처리합니다. 이 키워드는 지금 당장 중요하지 않으니 지워도 상관없습니다.

앞의 코드는 App이라는 컴포넌트를 불러와서 AppRegistry.registerComponent라는 함수를 사용해 네이티브 시스템에 해당 컴포넌트를 등록합니다. 이 작업을 해줘야 네이티브 시스템에서 우리가 만든 리액트 네이티브 컴포넌트를 화면에 보여줄 수 있습니다.

1.4.2 App 컴포넌트

다음으로 App.js 파일을 열어보세요.

App.js

```
/**
 * Sample React Native App
 * https://github.com/facebook/react-native
 *
 * @format
 * @flow strict-local
 */

import React from 'react';
import {
  SafeAreaView,
  StyleSheet,
  ScrollView,
```

```
  View,
  Text,
  StatusBar,
} from 'react-native';

import {
  Header,
  LearnMoreLinks,
  Colors,
  DebugInstructions,
  ReloadInstructions,
} from 'react-native/Libraries/NewAppScreen';

const App: () => React$Node = () => {
  return (
    (...)
  );
};

const styles = StyleSheet.create({
  (...)
});

export default App;
```

상단의 @flow라는 키워드는 이 자바스크립트 파일을 Flow라는 정적 타입 분석기로 검사하겠다는 의미입니다. 리액트 네이티브 프로젝트를 만들면 이렇게 기본적으로 Flow가 적용되어 있습니다. 자바스크립트 언어는 기본적으로 동적 타입 시스템을 가지고 있습니다. 동적 타입 시스템에서는 변수를 선언할 때 사전에 타입을 지정하지 않아도 값을 할당할 때 자동으로 지정해줍니다. 즉, 다음과 같이 숫자였던 변수에 문자열을 담을 수도 있고, 객체를 담을 수도 있죠.

```
let a = 1;
a = 'hello';
a = { foo: 'bar' }
```

Flow를 사용하면 자바스크립트에서 정적 타입 시스템을 사용할 수 있습니다. 정적 타입 시스템에서는 다음 코드와 같이 변수, 파라미터, 함수의 반환값 등에 타입을 사전에 지정해 코드를 작성합니다.

```
// @flow
function square(n: number): number {
```

```
  return n * n;
}
```

```
square("2"); // Error!
```

이 코드에서는 square라는 함수에서 n이라는 파라미터를 숫자 타입으로 받아와서 숫자 타입의 값을 반환한다고 설정했습니다. 그리고 이 함수에 숫자가 아닌 문자열을 넣으면 에디터 단에서 에러를 감지할 수 있습니다.

Flow를 사용하면 개발하면서 실수한 것들을 런타임이 아닌 개발 단계에서 바로바로 확인할 수 있다는 큰 장점이 있습니다. Flow는 충분히 좋은 도구입니다. 하지만 이 책에서는 Flow를 사용하는 것을 권장하지 않습니다. 그 대신 타입스크립트(TypeScript)를 사용할 것입니다.

타입스크립트는 Flow보다 인지도가 훨씬 높고 더욱 큰 커뮤니티를 가지고 있습니다. 뿐만 아니라 IDE 지원이 아주 훌륭합니다. 반면 Flow는 인지도가 낮고, VS Code에서는 IDE 지원이 제대로 되지 않아서 느리기도 하고, 불편합니다. 타입스크립트는 이 책 후반부에 다룰 것입니다.

Flow를 사용하지 않을 것이므로, App.js 파일에서 Flow를 비활성화합시다. 방법은 매우 간단합니다. 파일 최상단의 @flow를 지우고, App 컴포넌트를 선언하는 부분을 다음과 같이 변경하세요.

```
// 변경 전
const App: () => React$Node = () => {
```

```
// 변경 후
const App = () => {
```

자, 이제 App 컴포넌트의 코드들을 살펴봅시다.

```
import React from 'react';
```

맨 위에는 React를 불러오는 코드가 있습니다. 리액트 컴포넌트를 만들 때는 이 코드를 꼭 넣어줘야 합니다.

다음에는 react-native 패키지를 불러오는 코드가 있습니다.

```
import {
  SafeAreaView,
  StyleSheet,
  ScrollView,
  View,
  Text,
```

```
  StatusBar,
} from 'react-native';
```

여기에 있는 SafeAreaView, ScrollView, View, Text, StatusBar는 리액트 네이티브에 내장된, 특별한 컴포넌트들입니다. StyleSheet는 컴포넌트를 스타일링해주는 API입니다. 코드 하단부를 보면 이를 사용해 스타일을 설정하고 있죠. 컴포넌트를 스타일링하는 방법은 나중에 배울 것입니다.

세 번째 import 구문에서는 react-native/Libraries/NewAppScreen에서 다양한 컴포넌트를 불러오고 있는데, 이는 초기 화면에서 보여주는 도움말에 관련한 컴포넌트입니다. 무시해도 상관없습니다.

```
import {
  Header,
  LearnMoreLinks,
  Colors,
  DebugInstructions,
  ReloadInstructions,
} from 'react-native/Libraries/NewAppScreen';
```

다음에는 App 컴포넌트를 선언하는 코드가 있습니다.

```
const App = () => {
  return (
    <>
      <StatusBar barStyle="dark-content" />
      <SafeAreaView>
        (...)
      </SafeAreaView>
    </>
  );
};
```

<StatusBar />, <SafeAreaView>...</SafeAreaView>와 같이 XML 형태로 작성된 코드를 JSX라고 부릅니다. 이 부분은 다음 장에서 더 자세히 알아보겠습니다.

코드 최하단에는 컴포넌트를 내보내는 코드가 있습니다.

```
export default App;
```

이렇게 컴포넌트를 내보내면 다른 파일(지금은 index.js)에서 불러와서 사용할 수 있습니다.

이 App이라는 컴포넌트를 수정해보겠습니다. 기존에 보여준 도움말과 스타일 관련 코드는 모두

다 지우고 다음과 같이 코드를 작성하세요.

App.js

```javascript
import React from 'react';
import {SafeAreaView, View, Text} from 'react-native';

const App = () => {
  return (
    <SafeAreaView>
      <View>
        <Text>Hello React!</Text>
      </View>
    </SafeAreaView>
  );
};

export default App;
```

코드를 저장하면 시뮬레이터에 바로 반영됩니다. 시뮬레이터를 한번 확인해보세요. Hello React! 가 보이나요?

▼ 그림 1-26 Hello React!

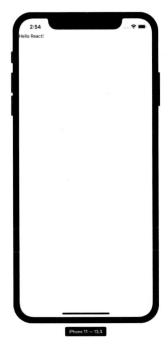

1.4.3 네이티브 프로젝트

각 환경을 위한 네이티브 프로젝트 디렉터리는 ios와 android 디렉터리에 위치합니다. ios 디렉터리는 Xcode로 열 수 있고, android 디렉터리는 안드로이드 스튜디오로 열 수 있습니다. 리액트 네이티브 개발 초반부에는 이 디렉터리 안에 있는 파일을 수정할 일이 거의 없습니다.

1.5 ESLint와 Prettier

자바스크립트 코드를 작성할 때 개발자 취향에 따라 다르게 사용하는 코드 규칙들이 있습니다. 예를 들어, 들여쓰기할 때 탭을 쓸지, 스페이스를 쓸지, 또 스페이스를 쓴다면 몇 칸을 쓸지 딱 정해진 규칙이 없습니다. 그리고 코드 뒷부분에 세미콜론(;)을 사용해도 되고, 사용하지 않아도 됩니다. 문자열을 입력할 때 큰따옴표(")를 사용해도 되고 작은따옴표(')를 사용해도 됩니다. 또한, 자바스크립트는 컴파일해서 사용하는 언어가 아니다 보니 선언되지 않은 함수나 값을 사용할 때 에디터에서 따로 오류가 발생하지 않습니다.

이때 자바스크립트의 코드 규칙을 일관성 있게 작성하고, 잠재적인 코드 실수를 방지하는 도구가 있는데, 바로 ESLint입니다. ESLint는 사전에 정해진 규칙 및 잠재적인 실수가 발견되면 경고 또는 오류를 보여줍니다. 앞에서 잠깐 언급한 Prettier라는 도구도 있습니다. 앞에서 언급한 들여쓰기, 세미콜론, 따옴표 등의 규칙을 한번에 정리해줍니다.

이 도구들은 VS Code에서 확장 프로그램으로 연동해 사용할 수 있습니다. VS Code 좌측의 최하단 아이콘을 누르세요. 그리고 ESLint와 Prettier를 검색해 맨 위에 나타나는 확장 프로그램을 설치하세요.

❤ 그림 1-27 확장 프로그램 설치

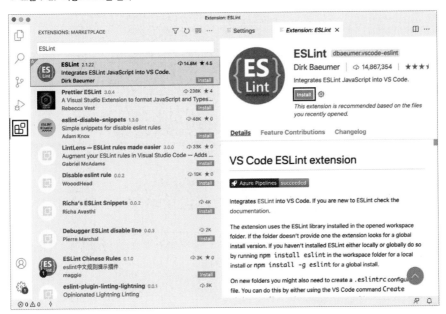

두 확장 프로그램을 설치한 뒤 App.js 파일을 열어 보세요. 우측 하단에 ESLint가 보일 것입니다. 현재는 비활성화 상태이므로 해당 부분을 눌러 보세요.

ESLint를 이 디렉터리에서 활성화할지, 모든 디렉터리에서 활성화할지 물어보면 맨 위의 **Allow Everywhere**를 눌러 모든 디렉터리에서 활성화합니다.

❤ 그림 1-28 ESLint 활성화

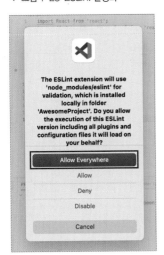

그리고 나서 const App 부분의 들여쓰기를 다음과 같이 이상하게 만들어보세요.

❤ 그림 1-29 ESLint 오류 예시

그러면 화면 하단의 PROBLEMS에 오류가 나타납니다(PROBLEMS가 보이지 않으면 VS Code 의 **View › Problems**에서 열 수 있습니다). 이런 오류가 나타나면 오류의 내용대로 고쳐주면 됩니다.

ESLint는 자바스크립트 문법상 오류가 있을 때도 오류를 보여줍니다. 문법상 오류는 직접 고쳐야 하지만, 들여쓰기와 같은 코드 스타일 오류는 Prettier를 사용해 자동으로 고칠 수 있습니다.

방금 이상하게 들여쓰기해 오류가 나타난 상황에서 F1 을 누르고 Format Document를 입력하 세요. 그러면 어떤 도구를 사용해 Format을 진행할 것인지 물어보는 창이 나타납니다.

❤ 그림 1-30 Prettier 사용하기

Configure 버튼을 누르고 Prettier를 선택하면 코드가 자동으로 정리됩니다. 이 작업을 항상 수행하는 방법이 두 가지가 있는데, 매번 단축키를 눌러서 코드를 정리하는 방법과 코드를 저장할 때 자동으로 정리시키는 방법입니다.

먼저 단축키는 F1을 누르고 Format Document를 입력하면 항목 우측에 단축키가 있습니다. 그런데 매번 단축키로 코드를 정리하는 것은 번거로울 수 있습니다. 아예 저장할 때마다 코드를 자동으로 정리하도록 만들면 코드 스타일에 대해서 신경 쓰지 않고 코드를 작성할 수 있습니다(저는 이 속성을 활성화하는 것을 선호하지만 꼭 설정해야 하는 것은 아니니 개발 취향에 따라 선택하세요).

저장할 때 자동 코드 정리 기능을 활성화하려면 **Code**(윈도우 / 리눅스에서는 **File**) 〉 **Preferences** 〉 **Settings** 메뉴 항목을 선택하고, Search Settings 부분에서 Format On Save를 입력해 설정 항목을 검색하고 해당 항목을 체크하세요.

▼ 그림 1-31 Format On Save

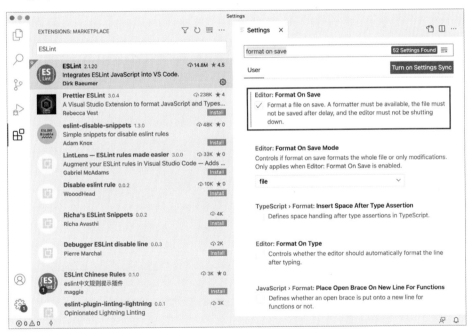

이 설정을 활성화하면 저장할 때마다 코드를 자동으로 정리할 것입니다.

1.6 정리

이번 장에서는 리액트 네이티브가 무엇인지 간단하게 알아봤습니다. 또한, 리액트 네이티브 개발 환경을 구축해 개발할 준비를 모두 마쳤습니다.

다음 장에서는 본격적으로 리액트 네이티브의 컴포넌트가 정확히 어떤 개념인지, 또 컴포넌트를 어떻게 만들고 어떻게 사용하는지 알아보겠습니다.

2^장

컴포넌트

컴포넌트(component)를 직역하면 '구성 요소'라는 의미입니다. 프런트엔드 개발에서의 컴포넌트는 유저 인터페이스를 구성하는 요소라고 이해하면 됩니다. 리액트로 프런트엔드를 개발할 때는 수많은 컴포넌트를 만들면서 진행하게 되는데요. 리액트에서의 컴포넌트는 단순히 보이는 부분만 담당하는 것이 아니라, 사용자가 어떠한 행동을 취했을 때 어떠한 작업을 할지도 설정해줄 수 있습니다.

1장에서 수정한 App.js 파일을 다시 열어보세요.

App.js

```
import React from 'react';
import {SafeAreaView, View, Text} from 'react-native';

const App = () => {
  return (
    <SafeAreaView>
      <View>
        <Text>Hello React!</Text>
      </View>
    </SafeAreaView>
  );
};

export default App;
```

여기서 App이 바로 컴포넌트입니다. 그리고 App 컴포넌트 안에는 또 다른 다양한 컴포넌트가 들어 있죠.

- SafeAreaView 컴포넌트는 iPhone X 이상 기종에서 디스플레이의 보이지 않는 영역 및 최하단 영역에 내용이 보여지는 것을 방지해줍니다.

- View 컴포넌트는 가장 기본적인 컴포넌트로 레이아웃 및 스타일을 담당합니다.

- Text 컴포넌트는 텍스트를 보여주는 역할을 합니다.

2.1 나만의 컴포넌트 만들기

리액트에서는 App 컴포넌트에 작성한 것과 같이, 컴포넌트를 조합해 새로운 컴포넌트를 만들 수 있습니다. 나만의 컴포넌트를 한번 만들어 볼까요? 그리고 만든 컴포넌트를 App 컴포넌트에 사용해 화면에 나타내보겠습니다.

프로젝트 디렉터리에 components라는 디렉터리를 생성하고, 그 안에 Greeting.js 파일을 생성하세요. 컴포넌트를 만들 때 꼭 디렉터리를 새로 만들어 작업할 필요는 없습니다. 다만, 앞으로 이 책에서 다양한 컴포넌트를 만들 텐데 컴포넌트를 모두 프로젝트 최상단 디렉터리에 만들면 프로젝트를 탐색하기 어려울 수 있으므로 이렇게 따로 디렉터리를 분류해서 진행합니다.

파일을 만든 다음 가장 먼저 해야 할 일은 상단에서 React를 불러오는 것입니다. 다음으로 사용할 컴포넌트를 불러옵니다. 지금은 View 컴포넌트와 Text 컴포넌트를 불러오겠습니다.

components/Greeting.js

```
import React from 'react';
import {View, Text} from 'react-native';
```

그다음에는 컴포넌트를 선언해볼 건데요. 새로운 컴포넌트를 선언하는 방법은 두 가지가 있습니다. 첫 번째 방법은 함수로 컴포넌트를 선언하는 것이고, 두 번째 방법은 클래스로 컴포넌트를 선언하는 것입니다. 가장 많이 사용하는 방법은 함수로 선언하는 것입니다. 클래스는 2018년 전에 주로 사용하던 방법이고, 이 책에서는 다루지 않습니다.

함수 형태로 만드는 컴포넌트는 함수 컴포넌트라고 부릅니다. 다음과 같이 코드를 작성해보세요.

components/Greeting.js

```
import React from 'react';
import {View, Text} from 'react-native';

function Greeting() {
  return (
    <View>
      <Text>안녕하세요 함수 컴포넌트!</Text>
    </View>
  );
```

```
}

export default Greeting;
```

함수로 선언한 컴포넌트에서는 이와 같이 XML 형태로 이루어진 내용을 반환해줘야 합니다. 이 문법을 JSX라고 부릅니다. JSX 문법은 2.4절에서 자세히 알아보겠습니다.

최하단의 export default Greeting;은 App 컴포넌트에서도 작성한 것처럼 다른 파일에서 이 컴포넌트를 불러올 수 있게 해주는 코드입니다.

자, 이제 Greeting 컴포넌트를 App 컴포넌트에서 불러와 사용해봅시다.

App.js
```
import React from 'react';
import {SafeAreaView} from 'react-native';
import Greeting from './components/Greeting';

const App = () => {
  return (
    <SafeAreaView>
      <Greeting />
    </SafeAreaView>
  );
};

export default App;
```

컴포넌트 코드의 상단에서 더 이상 사용하지 않는 컴포넌트 View와 Text를 지웠습니다. 그리고 App 컴포넌트에서 SafeAreaView 내부에 Greeting 컴포넌트를 사용했습니다.

이제 결과를 확인해보세요. 다음과 같이 화면에 '안녕하세요 함수 컴포넌트!'가 나타났나요?

Note ≡　**Metro 실행**

yarn ios 또는 yarn android 명령어를 입력했을 때 실행되는 Metro가 꺼져 있다면 yarn ios 또는 yarn android를 한 번 더 입력하세요. iOS 시뮬레이터 또는 안드로이드 에뮬레이터가 켜져 있어도, Metro가 실행 중이 아니라면 앱에 변경이 반영되지 않습니다.

▼ 그림 2-1 Greeting 컴포넌트

App 컴포넌트를 보면 컴포넌트를 선언할 때 화살표 함수 문법을 사용했습니다.

```
const App = () => {
  (...)
}
```

반면 Greeting 컴포넌트에서는 function 키워드를 사용해 컴포넌트를 선언했죠.

```
function Greeting() {
  (...)
}
```

두 방식은 코드 스타일이 다르나 기능적으로는 차이가 없습니다. 화살표 함수 문법을 썼을 때의 장점은, 복잡한 로직 없이 바로 반환하는 코드라면 다음과 같이 중괄호 코드 블록과 return 키워드를 생략할 수 있다는 것입니다.

```
const App = () => (
  <SafeAreaView>
    <Greeting />
  </SafeAreaView>
);
```

함수 컴포넌트를 만들 때 어떤 방식을 사용하든 상관없습니다. 취향에 따라 마음에 드는 것을 선택하되 일관성 있게만 사용하면 됩니다.

이 책에서는 function 키워드를 사용해 선언하는 방식을 주로 사용합니다. 이 방식을 택한 이유는 리액트 공식 매뉴얼에서도 이 방식으로 컴포넌트를 선언하고, 페이스북의 리액트 개발팀의 일원이자 리액트 생태계에서 상당히 영향력 있는 인물인 앤드류 클락(Andrew Clark)과 댄 아브라모프(Dan Abramov) 또한 이 방식을 주로 사용하기 때문입니다.

2.2 / Props

Props는 properties를 줄인 말로 컴포넌트의 속성을 의미합니다. Props를 사용하면 컴포넌트를 사용할 때 임의의 값을 넣어줄 수 있습니다. 앞에서 만든 Greeting 컴포넌트에서는 '안녕하세요 함수 컴포넌트!'라는 고정된 텍스트를 보여줬는데요. 여기서는 Props를 사용해 '함수 컴포넌트' 부분을 동적으로 바꾸는 방법을 알아보겠습니다.

Greeting 컴포넌트에 name이라는 Props를 추가하겠습니다. 컴포넌트를 다음과 같이 수정해보세요.

components/Greeting.js

```
import React from 'react';
import {View, Text} from 'react-native';

function Greeting(props) {
  return (
    <View>
      <Text>안녕하세요 {props.name}!</Text>
    </View>
  );
}

export default Greeting;
```

함수에서 props라는 파라미터를 설정하고, 기존에 '함수 컴포넌트'가 있던 부분을 {props.name}으로 교체했습니다. JSX에서 자바스크립트 표현식을 보여줘야 할 때는 이렇게 중괄호로 감싸서 작성하면 됩니다.

여기서 자바스크립트 표현식은 연산 결과, 함수 호출, 특정 변수 또는 상수를 말합니다. 한번 예시 코드를 확인해볼까요? 다음과 같은 코드를 예로 들 수 있습니다.

```
function getDifference(a, b) {
  return a - b;
}

function Sample() {
  const value = 'hello';
  const user = {
```

```
    name: 'John Doe'
  };
  return (
    <View>
      <Text>{1 + 1}</Text>
      <Text>{value}</Text>
      <Text>{user.name}</Text>
      <Text>{getDifference(5,4)}</Text>
    </View>
  )
}
```

자, 이제 Greeting 컴포넌트를 사용할 때 name 값을 적용해 사용해봅시다. App 컴포넌트를 다음과 같이 수정해보세요.

App.js

```
import React from 'react';
import {SafeAreaView} from 'react-native';
import Greeting from './components/Greeting';

const App = () => {
  return (
    <SafeAreaView>
      <Greeting name="Props" />
    </SafeAreaView>
  );
};

export default App;
```

name 값을 Props로 설정했습니다. 결과를 확인해볼까요?

▼ 그림 2-2 Props

'안녕하세요 Props!'라는 텍스트가 화면에 나타났나요?

2.3 defaultProps

만약 컴포넌트에 Props를 지정하지 않았을 때 사용할 기본값을 설정해주고 싶다면 defaultProps를 사용하면 됩니다.

App 컴포넌트에서 Greeting 컴포넌트를 사용할 때 지정한 name 값을 한번 지워보세요.

```
<Greeting />
```

그러면 name 값이 존재하지 않기 때문에 '안녕하세요 !'라는 문구만 나타나게 됩니다. 이렇게 name 값이 존재하지 않을 때 기본적으로 넣어주고 싶은 값을 지정해보겠습니다.

Greeting 컴포넌트 파일을 열어 컴포넌트 코드 하단에 다음과 같이 defaultProps를 설정해보세요.

```
components/Greeting.js

import React from 'react';
import {View, Text} from 'react-native';

function Greeting(props) {
  return (
    <View>
      <Text>안녕하세요 {props.name}!</Text>
    </View>
  );
}

Greeting.defaultProps = {
  name: '리액트 네이티브',
};

export default Greeting;
```

name의 기본값을 '리액트 네이티브'로 지정했습니다. 코드를 저장하고 '안녕하세요 리액트 네이티브!'라고 나타났는지 화면을 확인해보세요.

```
10:46                                    🇰🇷 ⬤ 🔋
안녕하세요 리액트 네이티브!
```

2.4 / JSX 문법

이번에는 JSX를 사용할 때 반드시 지켜야 하는 문법들을 알아보겠습니다.

2.4.1 태그를 열면 반드시 닫아주기

특정 내용을 홑화살괄호로 감싸준 것을 태그라고 부릅니다. `<Text>`처럼요. 만약 `<Text>`안녕하세요`</Text>`라는 JSX 코드가 있다면 `<Text>`는 '태그의 시작'으로 여는 태그이고, `</Text>`는 '태그의 끝'으로 닫는 태그입니다.

태그를 열었으면 꼭 닫아줘야 합니다. 만약에 닫지 않으면 오류가 발생합니다. Greeting 컴포넌트에서 Text 컴포넌트의 닫는 태그인 `</Text>`를 지운 뒤 어떤 결과가 나타나는지 확인해보세요.

components/Greeting.js

```
import React from 'react';
import {View, Text} from 'react-native';

function Greeting(props) {
  return (
    <View>
      <Text>안녕하세요 {props.name}!
    </View>
  );
}

Greeting.defaultProps = {
  name: '리액트 네이티브',
```

```
};

export default Greeting;
```

▼ 그림 2-4 태그를 닫지 않았을 때 나타나는 오류

태그를 닫지 않으면 이와 같이 빨간색 화면이 나타나면서 'Expected corresponding JSX closing tag for <Text>'라는 오류가 나타납니다. 이는 리액트 네이티브 개발 환경에서 나타날 수 있는 오류 화면입니다. 오류 화면이 나타나는 것을 확인한 뒤 다시 닫는 태그 </Text>를 복구해주세요.

Note ☰ **리로드(Reload)**

코드를 복구하고 저장해도 오류 화면이 계속 나타나면 하단의 **Reload** 버튼을 누르세요. 단축키를 사용해 바로 리로드할 수도 있습니다. iOS에서는 ⌘ + R, 안드로이드에서는 R을 두 번 누르면 됩니다.

또는 iOS에서는 ⌘ + D, 안드로이드에서는 ⌘ + M(윈도우와 리눅스에서는 Ctrl + M)을 눌러서 개발자 메뉴를 띄운 다음에 **Reload**를 눌러도 됩니다.

▼ 그림 2-5 개발자 메뉴

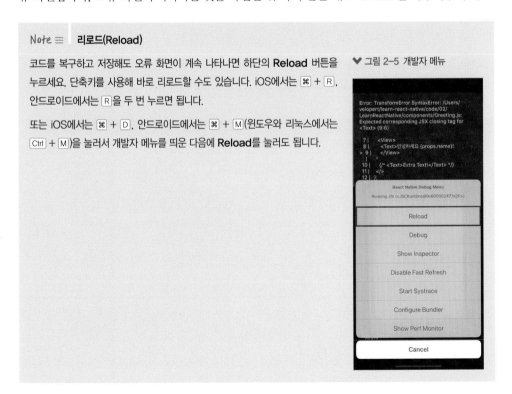

2.4.2 스스로 닫는 태그 사용하기

여는 태그와 닫는 태그 사이에 별도의 내용을 넣어야 할 필요가 없을 때는 스스로 닫는(Self-closing) 태그를 사용합니다. App 컴포넌트에서 Greeting 컴포넌트를 사용할 때 이미 한번 사용해봤습니다.

다음과 같이 여는 태그의 뒷부분에 / 문자를 넣으면 별도로 닫는 태그를 입력하지 않아도 됩니다.

```
<Greeting />
```

2.4.3 반환할 땐 꼭 하나의 태그로 감싸기

컴포넌트에서 JSX를 반환할 때는 꼭 하나의 태그로 감싸져 있어야 합니다. 예를 들어, Greeting 컴포넌트의 View 아래에 새로운 Text 컴포넌트를 넣어보세요.

components/Greeting.js
```
import React from 'react';
import {View, Text} from 'react-native';

function Greeting(props) {
  return (
    <View>
      <Text>안녕하세요 {props.name}!</Text>
    </View>
    <Text>Extra Text!</Text>
  );
}

Greeting.defaultProps = {
  name: '리액트 네이티브',
};

export default Greeting;
```

그러면 또 다시 빨간 오류 화면이 나타납니다.

♥ 그림 2-6 감싸져 있어야 하는 태그

```
Error: TransformError SyntaxError: /Users/
velopert/learn-react-native/code/02/
LearnReactNative/components/Greeting.js:
Adjacent JSX elements must be wrapped in an
enclosing tag. Did you want a JSX fragment
<>...</>? (9:6)

   7 |     <Text>안녕하세요 {props.name}!</Text>
   8 |     </View>
 > 9 |     <Text>Extra Text!</Text>
     |     ^
  10 |   );
  11 | }
  12 |

showCompileError
index.bundle?platform=ios&dev=true&minify=false:34606:26
```

'Adjacent JSX elements must be wrapped in an enclosing tag'라는 오류가 나타났는데, 이 상황을 해결하는 방법은 두 가지가 있습니다.

첫 번째 방법은 새로운 View 컴포넌트를 작성해 그 사이에 기존 내용들을 넣는 것입니다. 다음과 같이 말이죠.

components/Greeting.js

```
import React from 'react';
import {View, Text} from 'react-native';

function Greeting(props) {
  return (
    <View>
      <View>
        <Text>안녕하세요 {props.name}!</Text>
      </View>
      <Text>Extra Text!</Text>
    </View>
  );
}

Greeting.defaultProps = {
  name: '리액트 네이티브',
};

export default Greeting;
```

하지만 이렇게 해결하면 불필요한 View 컴포넌트를 하나 사용하게 되므로 나중에 레이아웃과 관련해 작업할 때 귀찮은 일이 발생할 수도 있습니다. 이보다 더 좋은 방법은 JSX Fragment를 사용하는 것입니다. 사용 방법은 간단합니다. 그냥 빈 태그를 사용하면 됩니다.

```
components/Greeting.js

import React from 'react';
import {View, Text} from 'react-native';

function Greeting(props) {
  return (
    <>
      <View>
        <Text>안녕하세요 {props.name}!</Text>
      </View>
      <Text>Extra Text!</Text>
    </>
  );
}

Greeting.defaultProps = {
  name: '리액트 네이티브',
};

export default Greeting;
```

2.4.4 JSX 안에서 자바스크립트 표현식을 보여줄 땐 중괄호로 감싸기

앞에서 Greeting 컴포넌트에서 Props를 다룰 때 이 문법에 대해 이미 알아봤습니다. Props를 JSX에서 보여주기 위해 다음과 같이 중괄호로 감싸줬어요.

```
<Text>안녕하세요 {props.name}!</Text>
```

이렇게 여는 태그와 닫는 태그 사이에 자바스크립트 표현식을 사용할 때 중괄호를 사용합니다. 추가로 컴포넌트의 Props를 설정할 때도 자바스크립트 표현식을 사용해야 한다면 중괄호를 사용해야 합니다.

예를 들어, App 컴포넌트에서 Greeting 컴포넌트에 name 값을 넣어줄 때 텍스트를 직접 넣는 게 아니라 특정 자바스크립트 표현식을 넣어야 할 경우 어떻게 해야 하는지 알아봅시다.

App 컴포넌트를 다음과 같이 수정해보세요.

```
App.js
```

```javascript
import React from 'react';
import {SafeAreaView} from 'react-native';
import Greeting from './components/Greeting';

const App = () => {
  const name = 'JSX';
  return (
    <SafeAreaView>
      <Greeting name={name} />
    </SafeAreaView>
  );
};

export default App;
```

컴포넌트의 Props를 설정할 때도 자바스크립트 표현식을 사용할 때는 중괄호로 값을 감싸주면 된답니다.

화면에 '안녕하세요 JSX!'라고 잘 나타났나요?

❤ 그림 2-7 자바스크립트 표현식을 중괄호로 감싸기

2.4.5 주석 작성하기

JSX 코드에 주석을 작성하고 싶을 때는 다음과 같이 작성합니다.

```
App.js
```

```javascript
import React from 'react';
import {SafeAreaView} from 'react-native';
```

```
import Greeting from './components/Greeting';

const App = () => {
  const name = 'JSX';
  return (
    <SafeAreaView>
      {/* 주석을 작성해봅시다. */}
      <Greeting
        name={name} // 이름을 설정하기
      />
    </SafeAreaView>
  );
};

export default App;
```

JSX에서 주석을 작성하는 방법은 두 가지입니다.

- {/* 와 */} 사이에 주석을 넣는 것입니다.

- // 문자를 사용해 주석을 작성하는 것입니다. JSX의 여는 태그 또는 스스로 닫는 태그에서
  만 사용할 수 있으며, 이 주석을 작성한 다음에는 꼭 새 줄을 입력해줘야 합니다.

REACT NATIVE

2.5 StyleSheet로 컴포넌트에 스타일 입히기

이제 컴포넌트에 StyleSheet를 사용해 다양한 스타일을 적용해봅시다. 만약 웹 브라우저에서 사용하는 스타일 기술인 CSS를 사용해봤다면 리액트 네이티브의 스타일링도 아주 금방 배울 수 있습니다.

물론 CSS를 사용해본 적이 없어도 상관없습니다. 이 책에서 사용하는 스타일 예시들을 따라해보며 학습하면 충분히 쉽게 배울 수 있습니다. 또한, 다음 링크를 통해 CSS에서는 어떤 스타일 속성들을 설정할 수 있는지 참조하면 됩니다.

- https://www.w3schools.com/css/default.asp

웹 브라우저의 CSS는 다음과 같이 작성하는데요.

```css
.container {
  background: black;
  color: white;
  border: 4px solid blue;
}
.title {
  font-size: 24;
  font-weight: bold;
}
```

리액트 네이티브에서는 별도의 CSS 파일에 스타일을 작성하지 않고, 자바스크립트 파일 안에서 StyleSheet라는 것을 사용합니다. 예를 들어, 다음과 같이 작성한답니다.

```js
const styles = StyleSheet.create({
  container: {
    backgroundColor: 'black',
    color: 'white',
    borderWidth: 4,
    borderStyle: 'solid',
    borderColor: 'blue'
  },
  title: {
    fontSize: 24,
    fontWeight: 'bold'
  }
})
```

CSS와의 주요 차이점은 다음과 같습니다.

- 셀렉터라는 개념이 존재하지 않습니다.

- 모든 스타일 속성은 camelCase로 작성해야 합니다.

- display 속성은 기본적으로 flex이며, 다른 값은 none 밖에 없습니다.

- flexDirection 속성의 기본값은 웹에서는 row이지만, 리액트 네이티브에서는 column입니다.

- 리액트 네이티브에서 스타일링할 때 숫자 단위는 dp뿐입니다.

- background 대신 backgroundColor를 사용해야 합니다.

- border 대신 borderWidth, borderStyle, borderColor 등을 따로따로 설정해야 합니다.

이제 컴포넌트를 새로 만들어 직접 스타일링해봅시다. components 경로에 Box.js를 만들고 다음과 같이 코드를 입력해보세요.

components/Box.js

```javascript
import React from 'react';
import {View, StyleSheet} from 'react-native';

function Box() {
  return <View style={styles.box} />;
}

const styles = StyleSheet.create({
  box: {
    width: 64,
    height: 64,
    backgroundColor: 'black',
  },
});

export default Box;
```

StyleSheet는 react-native 모듈에서 불러와서 사용할 수 있습니다. 새로운 스타일을 선언할 때는 StyleSheet.create 함수를 사용하며, 그 안에 스타일들을 작성합니다. 그리고 특정 컴포넌트에 스타일을 적용할 때는 style Props를 설정하면 됩니다.

이제 이 컴포넌트를 App에서 사용해봅시다. 기존에 사용하던 Greeting 컴포넌트는 없애주세요.

App.js

```javascript
import React from 'react';
import {SafeAreaView} from 'react-native';
import Box from './components/Box';

const App = () => {
  return (
    <SafeAreaView>
      <Box />
    </SafeAreaView>
  );
};

export default App;
```

2.5.1 Props로 컴포넌트 스타일을 커스터마이징하기

이번에는 Props를 사용해 컴포넌트 스타일을 변경하는 방법을 알아보겠습니다.

2.5.1.1 부드러운 모서리 구현하기

먼저 rounded라는 Props를 준비해봅시다. 이 Props가 true일 때 사각형의 모서리를 부드럽게 나타내보겠습니다. Box 컴포넌트를 다음과 같이 수정해주세요.

components/Box.js

```
import React from 'react';
import {View, StyleSheet} from 'react-native';

function Box(props) {
  return <View style={[styles.box, styles.rounded]} />;
}

const styles = StyleSheet.create({
  box: {
    width: 64,
    height: 64,
    backgroundColor: 'black',
  },
  rounded: {
    borderRadius: 16,
  },
});

export default Box;
```

컴포넌트 스타일을 지정할 때 여러 스타일을 적용하고 싶다면 다음과 같이 배열 형태로 설정하면 됩니다.

```
<View style={[styles.box, styles.rounded]} />
```

코드를 저장하고 사각형의 모서리가 부드러워졌는지 확인해보세요.

▼ 그림 2-9 rounded 스타일 적용

이제 rounded라는 props가 true일 때만 이 스타일을 부여해봅시다. Box 컴포넌트를 다음과 같이 수정해보세요.

components/Box.js

```
import React from 'react';
import {View, StyleSheet} from 'react-native';

function Box(props) {
  return <View style={[styles.box, props.rounded ? styles.rounded : null]} />;
}

(...)
```

이 코드에서는 props.rounded 값을 참조해 삼항연산자를 통해 이 값이 true면 styles.rounded를 적용하고 그렇지 않으면 null을 설정해 아무 스타일도 적용되지 않도록 처리했습니다.

코드를 조금 더 짧게 작성하고 싶으면 다음과 같이 수정할 수 있습니다.

```
<View style={[styles.box, props.rounded && styles.rounded]} />
```

이와 같이 코드를 작성하면 props.rounded 값이 true일 때는 styles.rounded 스타일을 적용하고, false일 때는 아무 스타일도 적용하지 않습니다.

이제 App 컴포넌트에서 Box 컴포넌트의 rounded Props를 설정해봅시다.

```
import React from 'react';
import {SafeAreaView} from 'react-native';
import Box from './components/Box';

const App = () => {
  return (
    <SafeAreaView>
      <Box rounded={true} />
    </SafeAreaView>
  );
};

export default App;
```

코드를 저장하고, 그림 2-9에서처럼 여전히 모서리가 부드러운지 확인해보세요.

Boolean 타입의 Props를 설정할 때는 코드를 다음과 같이 간소화할 수도 있습니다.

```
<Box rounded />
```

이렇게 Props의 이름만 적어주면 이 값을 true로 설정합니다.

2.5.1.2 다양한 크기 구현하기

컴포넌트에 size라는 Props를 small, medium, large로 설정해 다양한 크기로 보여주는 방법을 배워봅시다.

Box 컴포넌트를 다음과 같이 수정해보세요.

```
import React from 'react';
import {View, StyleSheet} from 'react-native';

function Box(props) {
  return (
    <View
      style={{[styles.box, props.rounded && styles.rounded, sizes[props.size]]}}
    />
  );
}
```

```
Box.defaultProps = {
  size: 'medium',
};

const styles = StyleSheet.create({
  box: {
    backgroundColor: 'black',
  },
  rounded: {
    borderRadius: 16,
  },
  small: {
    width: 32,
    height: 32,
  },
  medium: {
    width: 64,
    height: 64,
  },
  large: {
    width: 128,
    height: 128,
  },
});

const sizes = {
  small: styles.small,
  medium: styles.medium,
  large: styles.large,
};

export default Box;
```

small, medium, large 스타일을 준비한 다음, 이 스타일들을 sizes라는 객체에 넣어줬습니다. 그리고 props.size 값을 받아와서 sizes[size]를 조회해 원하는 스타일을 선택했습니다. 추가로 컴포넌트에 size Props가 설정되지 않았을 때는 기본값으로 medium을 사용하도록 defaultProps를 설정했습니다.

App 컴포넌트에서 Box 컴포넌트에 size Props를 large로 설정해 사각형의 크기가 커지는지 확인해보세요.

```javascript
import React from 'react';
import {SafeAreaView} from 'react-native';
import Box from './components/Box';

const App = () => {
  return (
    <SafeAreaView>
      <Box rounded={true} size="large" />
    </SafeAreaView>
  );
};

export default App;
```

▼ 그림 2-10 큰 사각형

2.5.1.3 사각형 색상 변경하기

이번에는 color Props로 사각형의 색상을 변경하는 방법을 알아보겠습니다. color 값은 정말 다양하므로 크기를 위한 Props를 구현할 때처럼 사전에 스타일을 미리 선언하는 방식은 힘듭니다. 그 대신 Props로 받은 값을 스타일로 직접 넣어주면 쉽게 구현할 수 있습니다.

Box 컴포넌트를 다음과 같이 수정해보세요.

```javascript
import React from 'react';
import {View, StyleSheet} from 'react-native';

function Box(props) {
  return (
    <View
```

```
        style={[
          styles.box,
          props.rounded && styles.rounded,
          sizes[props.size],
          {
            backgroundColor: props.color,
          },
        ]}
      />
    );
}

Box.defaultProps = {
  size: 'medium',
  color: 'black',
};

(...)
```

props.color 값을 사용해 스타일 객체를 직접 만들어 컴포넌트에 스타일을 적용해줬습니다. 그리고 defaultProps로 color Props를 설정하지 않았다면 기본적으로 검은색을 사용하도록 했습니다.

자, 이제 컴포넌트의 색상을 파란색으로 만들어봅시다. App 컴포넌트를 열어 Box 컴포넌트에 color Props를 설정해보세요. 그림 2-11처럼 색상이 잘 바뀌었나요?

App.js

```
import React from 'react';
import {SafeAreaView} from 'react-native';
import Box from './components/Box';

const App = () => {
  return (
    <SafeAreaView>
      <Box rounded={true} size="large" color="blue" />
    </SafeAreaView>
  );
};

export default App;
```

2.6 Props 객체 구조 분해 할당

컴포넌트에서 Props를 조회하는 코드를 더 짧게 구현하는 방법이 있습니다. 구조 분해 할당이라는 자바스크립트 문법을 사용하는 방법으로, '비구조화 할당'이라고 부르기도 합니다. 이 문법은 객체 안에 있는 값을 더욱 짧은 코드를 사용해 밖으로 추출할 수 있게 해줍니다.

예를 들어, 다음과 같은 코드가 있다고 가정해봅시다.

```
const object = {
  a: 1,
  b: 2,
  c: 3
};

const a = object.a;
const b = object.b;
const c = object.c;
```

매번 object를 참조해 a, b, c 값을 따로 선언해줬는데요. 구조 분해 할당을 사용하면 다음과 같이 표현할 수 있습니다.

```
const object = {
  a: 1,
  b: 2,
  c: 3
};
```

```
const {a, b, c} = object;
```

첫 번째 코드와 두 번째 코드는 기능이 완전히 동일합니다.

구조 분해 할당은 함수의 파라미터에서도 활용할 수 있습니다. 예를 들어, 다음과 같은 함수가 있다고 가정해봅시다.

```
function print(params) {
  console.log(params.name);
  console.log(params.description);
}
```

만약 구조 분해 할당을 사용한다면 이 코드를 다음과 같이 작성할 수 있습니다.

```
function print({name, description}) {
  console.log(name);
  console.log(description);
}
```

어떤가요? 훨씬 더 간결하죠? 이제 이 문법을 Box 컴포넌트에 적용해봅시다!

Box.js
```
import React from 'react';
import {View, StyleSheet} from 'react-native';

function Box({rounded, size, color}) {
  return (
    <View
      style={[
        styles.box,
        rounded && styles.rounded,
        sizes[size],
        {
          backgroundColor: color,
        },
      ]}
    />
  );
}

(...)
```

이 책에서는 앞으로 Props를 사용할 때 이렇게 구조 분해 할당을 사용할 것입니다.

2.7 useState Hook으로 상태 관리하기

지금까지는 정적인 화면만 보여줬습니다. 이번에는 사용자와의 상호 작용으로 유저 인터페이스에 변화를 주는 작업을 해보겠습니다.

이 작업을 진행하려면 상태를 관리해야 합니다. 리액트에서 상태를 관리하는 가장 기본적인 방법은 useState라는 함수를 사용하는 것입니다. 리액트에는 use로 시작하는 다양한 함수가 내장되어 있는데, 이 함수들을 Hook이라고 부릅니다. Hook을 사용하여 상태 관리, 최적화, 컴포넌트 작동 흐름 관리 등 다양한 기능을 구현할 수 있습니다. 그 중에서 useState는 상태 값을 관리하는 함수입니다.

App 컴포넌트에 버튼을 하나 만들어 Box 컴포넌트를 숨기고 다시 보여주는 기능을 한번 구현해보겠습니다.

2.7.1 useState 사용해보기

우선 App.js 파일을 엽니다. 코드 상단 react 모듈에서 useState를 불러오세요.

```
import React, {useState} from 'react';
```

다음으로 App 컴포넌트 내부의 첫 번째 라인에 다음 코드를 삽입해주세요.

App.js

```
import React, {useState} from 'react';
import {SafeAreaView} from 'react-native';
import Box from './components/Box';

const App = () => {
  const [visible, setVisible] = useState(true);
```

```
  return (
    <SafeAreaView>
      <Box rounded={true} size="large" color="blue" />
    </SafeAreaView>
  );
};

export default App;
```

useState 함수는 다음과 같이 사용합니다.

```
const [visible, setVisible] = useState(true);
```

여기서 visible은 상태 값을 가리킵니다. setVisible은 상태 값을 변경할 수 있는 함수입니다. 만약 setVisible(true)를 호출하면 visible 값이 true로 바뀝니다. 그리고 useState 함수에 넣어준 파라미터는 상태 값의 초깃값입니다.

이 코드에서 사용한 문법은 배열 구조 분해 할당입니다. 이전에 배운 객체 구조 분해 할당과 비슷한데요. 예를 들어, 다음과 같은 배열이 있다고 가정해봅시다.

```
const people = ['John', 'Jake', 'Jane'];
const john = people[0];
const jake = people[1];
const jane = people[2];
```

이 코드는 배열 구조 분해 할당을 사용해 다음과 같이 작성할 수 있습니다.

```
const people = ['John', 'Jake', 'Jane'];
const [john, jake, jane] = people;
```

결국 useState가 호출되면 두 가지 원소가 들어있는 배열을 반환하는데, 그 배열에는 첫 번째 원소에 상태 값, 두 번째 원소에 상태를 업데이트하는 함수가 들어있습니다. 그리고 우리가 배열 구조 분해 문법을 통해 각 원소들을 배열에서 편하게 추출해 사용하는 것입니다.

참고로 지금은 useState를 사용해 Boolean 형태의 값을 사용하고 있지만, useState를 사용해 Boolean뿐만 아니라 숫자, 객체, 배열 등의 형태를 가진 상태를 관리할 수도 있습니다.

2.7.2 Hook의 규칙

자, 이렇게 우리가 Hook을 처음으로 사용해봤습니다. 앞으로 다양한 Hook을 배워볼 텐데요. Hook을 사용할 땐 다음 규칙을 꼭 기억해주세요.

1. Hook은 컴포넌트의 최상위 레벨에서만 사용해야 합니다. 즉, Hook은 조건문이나 반복문 또는 중첩 함수에서 호출되면 안 됩니다. 만약 함수의 흐름 중간에 리턴을 하는 경우(early return)에는 Hook은 함수가 리턴되기 전에 사용되어야 합니다.

2. 여러 Hook을 사용하여 직접 Hook을 만들 수 있습니다. 이를 커스텀(Custom) Hook이라고 부릅니다. react 패키지 외에서 불러오는 Hook은 모두 커스텀 Hook입니다. 커스텀 Hook을 만드는 방법은 나중에 배워보겠습니다.

3. Hook은 커스텀 Hook 또는 함수 컴포넌트에서만 사용할 수 있습니다. 클래스에서는 사용이 불가능하며, 리액트와 관련없는 일반적인 자바스크립트 함수에서 사용하면 오류가 발생합니다.

2.7.3 Button 컴포넌트 사용하기

다음으로 Button 컴포넌트를 불러와서 Box 컴포넌트 상단에 보여주겠습니다. Button 컴포넌트의 이름은 title Props를 통해 설정할 수 있습니다.

추가로 onPress라는 함수를 선언해 이 함수에서 setVisible 함수를 호출해 기존 visible 값을 반전시키겠습니다. 즉, 기존 값이 false라면 true로 바꾸고, true라면 false로 바꾸는 작업을 구현하겠습니다. onPress 함수를 구현한 다음에 Button의 onPress Props로 지정하면 버튼을 눌렀을 때 해당 함수가 호출됩니다.

App.js

```
import React, {useState} from 'react';
import {SafeAreaView, Button} from 'react-native';
import Box from './components/Box';

const App = () => {
  const [visible, setVisible] = useState(true);
  const onPress = () => {
    setVisible(!visible);
  };
```

```
  return (
    <SafeAreaView>
      <Button title="토글" onPress={onPress} />
      <Box rounded={true} size="large" color="blue" />
    </SafeAreaView>
  );
};


export default App;
```

버튼이 잘 나타났나요? (안드로이드에서는 버튼 색상이 다릅니다.)

▼ 그림 2-12 Button 컴포넌트

2.7.4 조건부 렌더링 구현하기

조건부 렌더링이란 특정 조건에 따라 다른 결과물을 보여주는 것을 의미합니다. visible 값이 true일 때만 Box 컴포넌트를 보여줘야 하는데, 이를 구현하는 방법은 두 가지가 있습니다.

첫 번째 방법은 삼항연산자를 사용하는 것입니다.

App.js
```
import React, {useState} from 'react';
import {SafeAreaView, Button} from 'react-native';
import Box from './components/Box';

const App = () => {
  const [visible, setVisible] = useState(true);
```

```
  const onPress = () => {
    setVisible(!visible);
  };
  return (
    <SafeAreaView>
      <Button title="토글" onPress={onPress} />
      {visible ? <Box rounded={true} size="large" color="blue" /> : null}
    </SafeAreaView>
  );
};

export default App;
```

코드를 다 작성했다면 **토글** 버튼을 눌러보세요. 버튼을 눌렀을 때 Box 컴포넌트가 사라지나요?

▼ 그림 2-13 사라진 컴포넌트

두 번째 방법은 && 연산자를 사용하는 것입니다. 기존 삼항연산자를 사용해 구현한 코드를 다음 코드로 대체해보세요.

```
{visible && <Box rounded={true} size="large" color="blue" />}
```

앞으로 조건부 렌더링할 때는 이 두 방법 중에서 마음에 드는 방법을 택해 구현하면 됩니다. 두 번째 방법의 코드가 더 짧기 때문에 이 책에서는 조건부 렌더링할 때 주로 두 번째 방법을 사용합니다.

2.8 / 카운터 만들기

지금까지 배운 것을 활용해 다음과 같은 카운터를 구현해보겠습니다.

▼ 그림 2-14 카운터 미리보기

하단에 있는 **+1** 버튼이나 **-1** 버튼을 눌러서 숫자를 1씩 올리거나 낮출 수 있는 카운터를 만들어
볼까요?

2.8.1 UI 준비하기

기능을 구현하기 전에 먼저 UI(사용자 인터페이스)를 준비해봅시다.

카운터는 화면의 전체 영역을 사용합니다. 따라서 가장 먼저 해야 하는 작업은 App 컴포넌트의 SafeAreaView가 전체 영역을 사용하게끔 설정하는 것입니다. 이 작업은 flex 스타일 속성을 1로 설정하면 됩니다.

App 컴포넌트의 코드를 다음과 같이 변경해주세요.

App.js

```javascript
import React, {useState} from 'react';
import {SafeAreaView, StyleSheet} from 'react-native';

const App = () => {
  return (
    <SafeAreaView style={styles.full}>
    </SafeAreaView>
  );
};

const styles = StyleSheet.create({
  full: {
    flex: 1,
  },
});

export default App;
```

flex 스타일 속성을 1로 설정하는 것은 자신이 위치한 곳의 영역을 모두 차지하겠다는 의미입니다. 지금은 컴포넌트 내용이 비어있기 때문에 정말 모든 영역을 차지하고 있는지 알아보기 힘든데요. 이럴 때 배경색을 설정해보면 스타일 속성이 잘 적용됐는지 쉽게 검토할 수 있습니다. 다음과 같이 말이죠.

```javascript
const styles = StyleSheet.create({
  full: {
    flex: 1,
    backgroundColor: 'cyan'
  },
});
```

▼ 그림 2-15 전체 영역 차지 검토

전체 영역을 차지하고 있음을 확인했다면 backgroundColor 속성은 지워주세요.

다음으로 components 디렉터리에 Counter.js 파일을 생성해 다음과 같이 코드를 작성해주세요.

components/Counter.js

```
import React from 'react';
import {View, Text, StyleSheet, Button} from 'react-native';

function Counter() {
  return (
    <View style={styles.wrapper}>
      <View style={styles.numberArea}>
        <Text style={styles.number}>0</Text>
      </View>
      <Button title="+1" />
      <Button title="-1" />
    </View>
  );
}
```

```
const styles = StyleSheet.create({
  wrapper: {
    flex: 1,
  },
  numberArea: {
    flex: 1,
    alignItems: 'center',
    justifyContent: 'center',
  },
  number: {
    fontSize: 72,
    fontWeight: 'bold',
  },
});

export default Counter;
```

Counter 컴포넌트 최상단의 View에 flex: 1 스타일을 설정했습니다. 그러면 해당 View가 차지할 수 있는 모든 영역을 차지하겠죠?

그리고 그 안에 있는, numberArea 스타일을 가진 View에도 flex: 1 스타일을 설정했습니다. 그러면 하단의 Button 컴포넌트들이 차지하고 있는 영역을 제외한 모든 영역을 차지하게 됩니다. 여기서 alignItems와 justifyContent 값을 center로 설정했는데, 이 설정은 내용을 정중앙에 보여주겠다는 의미입니다.

여기서 alignItems는 가로 정렬을 의미하고, justifyContent는 세로 정렬을 의미합니다. 만약 이 컴포넌트의 flexDirection을 row로 바꾸면 alignItems가 세로 정렬을 의미하고, justifyContent가 가로 정렬을 의미하게 됩니다. 브라우저에서 flex를 사용해본 적이 없다면 이 개념이 조금 헷갈릴 수 있습니다. 그래도 걱정하지 마세요. 앞으로 flex를 다양하게 사용해보면서 점차 익숙해질 것입니다.

컴포넌트 코드를 다 작성했으면 이 컴포넌트를 App에서 보여주세요.

App.js

```
import React, {useState} from 'react';
import {SafeAreaView, StyleSheet} from 'react-native';
import Counter from './components/Counter';

const App = () => {
```

```
  return (
    <SafeAreaView style={styles.full}>
      <Counter />
    </SafeAreaView>
  );
};

const styles = StyleSheet.create({
  full: {
    flex: 1,
  },
});

export default App;
```

화면에 다음과 같이 UI가 잘 나타났나요?

▼ 그림 2-16 카운터 UI 완성

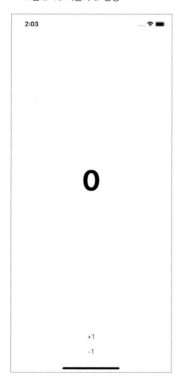

2.8.2 Counter 컴포넌트에 Props 설정하기

이제 Counter 컴포넌트에서 받아올 수 있는 Props를 설정하겠습니다. 이 컴포넌트에 총 세 가지 Props를 설정할 것입니다.

- count: 화면 중앙에 보여줄 값입니다.
- onIncrease: +1 버튼을 눌렀을 때 호출할 함수입니다.
- onDecrease: −1 버튼을 눌렀을 때 호출할 함수입니다.

Counter 컴포넌트 코드를 다음과 같이 수정해보세요.

components/Counter.js

```
import React from 'react';
import {View, Text, StyleSheet, Button} from 'react-native';

function Counter({count, onIncrease, onDecrease}) {
  return (
    <View style={styles.wrapper}>
      <View style={styles.numberArea}>
        <Text style={styles.number}>{count}</Text>
      </View>
      <Button title="+1" onPress={onIncrease} />
      <Button title="-1" onPress={onDecrease} />
    </View>
  );
}

(...)
```

2.8.3 App에서 상태 관리하기

App 컴포넌트에서 Counter 컴포넌트에 전달해야 할 상태를 관리해주겠습니다. 사실 이번에 할 상태 관리는 Counter 컴포넌트에서 해도 무방합니다만, useState로 관리하는 상태를 Props로 전달하는 것을 연습하기 위해 App에서 상태 관리를 해보려 합니다.

App.js 파일을 열어 다음과 같이 코드를 수정해보세요.

```
App.js

import React, {useState} from 'react';
import {SafeAreaView, StyleSheet} from 'react-native';
import Counter from './components/Counter';

const App = () => {
  const [count, setCount] = useState(0);

  const onIncrease = () => setCount(count + 1);
  const onDecrease = () => setCount(count - 1);

  return (
    <SafeAreaView style={styles.full}>
      <Counter count={count} onIncrease={onIncrease} onDecrease={onDecrease} />
    </SafeAreaView>
  );
};

const styles = StyleSheet.create({
  full: {
    flex: 1,
  },
});

export default App;
```

이번에 useState를 사용할 때는 기본값으로 숫자 타입인 0을 넣었습니다.

```
const [count, setCount] = useState(0);
```

그리고 이 값을 변경하는 onIncrease와 onDecrease 함수를 만들었습니다.

```
const onIncrease = () => setCount(count + 1);
const onDecrease = () => setCount(count - 1);
```

이를 Counter 컴포넌트에 Props로 전달해줍니다.

```
<Counter count={count} onIncrease={onIncrease} onDecrease={onDecrease} />
```

컴포넌트에 Props를 설정할 때 레퍼런스의 이름이 Props의 이름과 무조건 같아야 할 필요는 없습니다. 즉, 다음과 같은 코드도 전혀 문제가 없다는 것이죠.

```
const App = () => {
  const [count, setCount] = useState(0);

  const increase = () => setCount(count + 1);
  const decrease = () => setCount(count - 1);

  return (
    <SafeAreaView style={styles.full}>
      <Counter count={count} onIncrease={increase} onDecrease={decrease} />
    </SafeAreaView>
  );
};
```

이제 모든 기능을 구현했습니다! 버튼을 눌렀을 때 값이 잘 바뀌는지 확인해보세요.

▼ 그림 2-17 카운터 기능 완성

2.9 / 정리

이번 장에서는 리액트 네이티브 컴포넌트에 대한 기본기를 조금 익혔습니다. 리액트 네이티브의 단순한 기능만 다뤄봤습니다. 다음 장에서는 조금 더 복잡한 기능을 구현해보겠습니다.

memo

3^장

할일 목록 만들기 I

프런트엔드 개발에 입문하면 꼭 만드는 프로젝트가 있습니다. 바로 '할일 목록(Todo List) 만들기'랍니다. 사용자 입력, 데이터 추가, 삭제, 수정까지 할 수 있기 때문에 특정 라이브러리 또는 프레임워크의 기본기를 익히기에 참 좋은 프로젝트입니다.

앞으로 구현할 프로젝트를 미리 확인해볼까요?

할일 목록 프로젝트는 두 개 장에 걸쳐 만들 텐데, 이번 장에서는 다음 개념을 다룹니다.

- StatusBar 색상 바꾸기
- iOS/안드로이드 운영 체제에 따라 다른 결과 보여주기
- 이미지 불러오기
- 사용자 입력받기
- 커스텀 버튼 만들기

자, 이제 개발을 시작해봅시다!

▼ 그림 3-1 할일 목록 미리보기

3.1 프로젝트 기반 다지기

이 절에서는 새로운 리액트 네이티브 프로젝트를 생성하고, UI의 토대를 준비해보겠습니다.

3.1.1 프로젝트 생성하기

다음 명령어로 새로운 프로젝트를 생성해주세요.

```
$ npx react-native init TodoApp --version 0.70
```

프로젝트가 생성되면 방금 만든 프로젝트 디렉터리를 VS Code로 열고, [Ctrl] + [`](백틱)을 눌러 터미널을 여세요. 그리고 다음 명령어를 입력해 iOS와 안드로이드 시뮬레이터를 실행하세요(윈도우는 안드로이드 시뮬레이터만 실행하면 됩니다).

```
$ yarn ios
$ yarn android
```

> Note ≡ **주의사항**
>
> 1장에서 프로젝트를 만들고 시뮬레이터를 실행했을 때 Metro Bundler가 새로운 창에서 실행됐을 텐데요. 기존에 실행 중인 것을 반드시 종료해야 새로 만든 프로젝트의 애플리케이션이 정상 가동됩니다.

이번 프로젝트에서는 OS 시뮬레이터를 하나만 사용하지 않고, 두 시뮬레이터를 모두 실행할 겁니다. 추후 원하는 UI를 구현하려면 각 OS 설정을 다르게 해줘야 하기 때문입니다(윈도우 사용자는 안드로이드 시뮬레이터만 열고 진행해도 상관없습니다).

시뮬레이터가 실행된 후에는 App.js 파일을 열어 자동 생성된 코드를 비우고, 다음과 같이 TodoApp이라는 텍스트를 화면에 띄워보세요.

App.js

```
import React from 'react';
import {SafeAreaView, View, Text, StyleSheet} from 'react-native';

function App() {
  return (
    <SafeAreaView>
      <View>
        <Text>TodoApp</Text>
      </View>
    </SafeAreaView>
  );
}

const styles = StyleSheet.create({});

export default App;
```

App 컴포넌트에 TodoApp 텍스트가 잘 나타났나요?

현재 styles는 사용하지 않지만 나중에 사용할 예정이므로 남겨두겠습니다.

▼ 그림 3-2 App 컴포넌트 비우기

3.1.2 오늘 날짜를 알려주는 DateHead 컴포넌트 만들기

첫 번째로 만들 컴포넌트는 오늘 날짜를 알려주는 DateHead 컴포넌트입니다.

▼ 그림 3-3 DateHead 컴포넌트

우선 최상위 디렉터리에 components 디렉터리를 만드세요. 그리고 그 안에 DateHead.js 파일을 생성해 다음 코드를 작성하세요.

components/DateHead.js

```
import React from 'react';
import {View, Text, StyleSheet} from 'react-native';

function DateHead() {
  return (
    <View style={styles.block}>
      <Text style={styles.dateText}>2021년 5월 3일</Text>
    </View>
  );
}
```

```
const styles = StyleSheet.create({
  block: {
    padding: 16,
    backgroundColor: '#26a69a',
  },
  dateText: {
    fontSize: 24,
    color: 'white',
  },
});
```

```
export default DateHead;
```

이 코드에서는 날짜를 하드 코딩했습니다. 하드 코딩(Hard Coding)이란 실제 기능을 구현하지 않고 보여주고 싶은 문자열을 그대로 보여주는 것을 의미합니다. 즉, 현재 날짜를 읽어와야 하는데 읽어오지 않고 그냥 날짜를 직접 입력해준 것입니다. UI를 개발할 때는 이렇게 보여주고 싶은 화면을 하드 코딩으로 준비한 뒤 어느 정도 스타일링하고 나중에 기능을 구현하곤 합니다. 물론 반드시 이렇게 해야 하는 건 아닙니다.

JSX 코드를 보면 View 컴포넌트에 넣을 스타일을 block이라는 이름으로 설정했는데요. 컴포넌트의 가장 바깥에 위치하는 View 컴포넌트에 스타일을 줄 때 적절한 스타일 이름이 생각나지 않으면 block, container, wrapper와 같은 이름을 사용하면 됩니다. 이 책에서는 이러한 상황에 주로 block이라는 이름을 사용할 것입니다.

배경색은 #26a69a를 사용했습니다. 색상 코드를 정할 때는 Material Color(https://material.io/resources/color)를 주로 참조했습니다. 이후에도 UI를 만드는 과정에서 어떤 색을 사용할지 감이 오지 않을 때 해당 페이지를 참고하면 유용합니다.

❤ 그림 3-4 Material Color

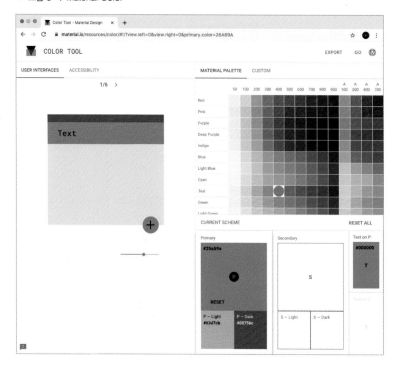

현재 프로젝트인 할일 목록을 만들 때도 책에서 사용하는 청록색이 아니라 여러분이 좋아하는 색상을 사용해도 상관없습니다.

이제 방금 만든 컴포넌트를 App에서 사용해봅시다.

App.js

```
import React from 'react';
import {SafeAreaView, StyleSheet} from 'react-native';
import DateHead from './components/DateHead';

function App() {
  return (
    <SafeAreaView>
      <DateHead />
    </SafeAreaView>
  );
}

const styles = StyleSheet.create({});

export default App;
```

DateHead 컴포넌트가 잘 나타났나요?

▼ 그림 3-5 DateHead 컴포넌트

이제 오늘 날짜를 나타내도록 구현해봅시다. 자바스크립트에서 현재 시간을 가져올 때는 Date 객체를 사용합니다.

```
const today = new Date();
```

> Note ≡ **자바스크립트의 Date**
>
> 자바스크립트의 Date에 대해 더 자세히 알고 싶다면 다음 링크에서 확인할 수 있습니다. Date의 기본 사용법 및 내장된 메서드를 확인할 수 있습니다.
>
> - http://bit.ly/mdn-date

App 컴포넌트에서 다음과 같이 today 값을 선언하고 `console.log`를 사용해 출력해봅시다.

App.js

```
import React from 'react';
import {SafeAreaView, StyleSheet} from 'react-native';
import DateHead from './components/DateHead';

function App() {
const today = new Date();
console.log(today);

  return (
    <SafeAreaView>
      <DateHead />
    </SafeAreaView>
  );
}
```

```
const styles = StyleSheet.create({});

export default App;
```

이렇게 console.log로 출력하면 출력 결과를 두 가지 방법으로 확인할 수 있습니다.

첫째, 시뮬레이터를 가동할 때 새로운 터미널 창으로 실행된 Metro Bundler를 확인하는 것입니다. 터미널의 최하단에 다음과 같이 결괏값이 나타났나요?

▼ 그림 3-6 Metro Bundler 확인

여기서 출력된 날짜는 현재 시간과 차이가 있을 텐데요.

2021-05-02T16:42:00.074Z

그 이유는 터미널에서 Date 객체를 출력할 때 GMT(그리니치 평균시) 시간이 출력되기 때문입니다. 문제가 발생한 게 아니니 신경 쓰지 않아도 됩니다.

둘째, 출력 결과를 확인하는 또 다른 방법은 디버거를 사용하는 것입니다.

디버거는 시뮬레이터에서 개발자 메뉴를 열어 가동할 수 있습니다. 2장에서 개발자 메뉴를 띄우는 방법을 배웠죠? iOS에서는 ⌘ + D, 안드로이드에서는 ⌘ + M(윈도우와 리눅스에서는 Ctrl + M)을 누르면 됩니다.

개발자 메뉴에서 **Debug with Chrome**을 누르면 그림 3-8과 같은 창이 브라우저에서 자동으로 열립니다.

▼ 그림 3-7 개발자 메뉴

열리지 않는다면 localhost:8081/debugger-ui를 주소창에 입력하세요.

▼ 그림 3-8 React Native Debugger

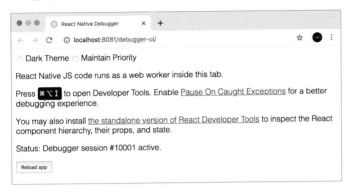

디버거가 열리면 개발자 메뉴를 열어보세요. 크롬 브라우저 기준 맥OS에서는 ⌘ + ⌥ + I , 윈도우에서는 Ctrl + Shift + I 를 누르면 됩니다.

개발자 메뉴를 열고 상단의 **Console** 탭을 선택하면 다음과 같이 결과가 출력된 것을 확인할 수 있습니다.

▼ 그림 3-9 개발자 도구 Console 열기

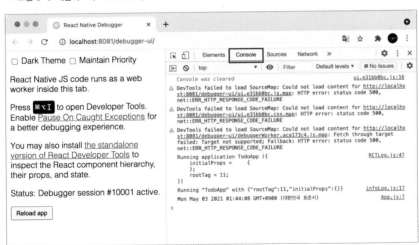

디버그 모드를 비활성화하려면 시뮬레이터에서 다시 개발자 메뉴를 띄워서 **Stop Debugging**을 누릅니다.

이제 컴포넌트에서 실제 날짜를 보여주도록 구현해봅시다. 방금 선언한 today를 DateHead 컴포넌트에 date Props로 설정해주세요.

App.js

```javascript
import React from 'react';
import {SafeAreaView, StyleSheet} from 'react-native';
import DateHead from './components/DateHead';

function App() {
  const today = new Date();

  return (
    <SafeAreaView>
      <DateHead date={today} />
    </SafeAreaView>
  );
}

const styles = StyleSheet.create({});

export default App;
```

다음으로 DateHead에서 오늘의 연, 월, 일 정보를 추출해 기존에 하드 코딩한 정보를 대체하겠습니다.

Date 객체에서 연, 월, 일을 추출하는 방법은 다음과 같습니다.

```
const d = new Date();
const year = d.getFullYear();
const month = d.getMonth() + 1;
const day = d.getDate();
```

여기서 주의할 점은 month 값의 범위가 0부터 11까지라는 것입니다. 즉, 0이 1월이고, 11이 12월입니다.

DateHead 컴포넌트를 수정하기 전에 자바스크립트 문법을 한 가지 알아보겠습니다. 템플릿 리터럴(Template Literal)이라는 문법인데요. 문자열을 조합할 때 매우 유용합니다.

year, month, day 값이 있는 상황에서 YYYY년 MM월 DD일을 표현하고 싶다면 다음과 같이 코드를 작성할 수 있습니다.

```
const formatted = year + '년 ' + month + '월 ' + day + '일';
```

문제는 이러한 코드가 보기에 헷갈린다는 겁니다. 특히 문자열 안에 들어가는 변수 / 상수의 값이 다양해지면 더더욱 헷갈리죠.

템플릿 리터럴 문법을 사용하면 앞의 코드를 다음과 같이 작성할 수 있습니다.

```
const formatted = `${year}년 ${month}월 ${day}일`;
```

어떤가요? 훨씬 간결하죠? 이처럼 템플릿 리터럴을 사용하는 편이 훨씬 간결하기 때문에 문자열을 조합할 때 주로 사용한답니다. 템플릿 리터럴에서 사용하는 문자는 백틱(backtick) ` 으로 키보드에서 숫자 ①좌측에 있는 키입니다.

이제 DateHead 컴포넌트를 구현해봅시다.

components/DateHead.js

```
import React from 'react';
import {View, Text, StyleSheet} from 'react-native';

function DateHead({date}) {
  const year = date.getFullYear();
  const month = date.getMonth() + 1;
```

```
    const day = date.getDate();

    const formatted = `${year}년 ${month}월 ${day}일`;

    return (
      <View style={styles.block}>
        <Text style={styles.dateText}>{formatted}</Text>
      </View>
    );
}

(...)
```

코드를 저장한 뒤 화면에 오류 없이 오늘 날짜가 잘 나타나는지 확인해보세요.

참고로 방금 DateHead에서 날짜를 보여줄 때 꼭 템플릿 리터럴 문법을 사용할 필요는 없습니다. 현재 우리는 JSX를 다루고 있기 때문에 다음과 같이 작성할 수도 있어요.

components/DateHead.js
```
import React from 'react';
import {View, Text, StyleSheet} from 'react-native';

function DateHead({date}) {
  const year = date.getFullYear();
  const month = date.getMonth() + 1;
  const day = date.getDate();

  return (
    <View style={styles.block}>
      <Text style={styles.dateText}>
        {year}년 {month}월 {day}일
      </Text>
    </View>
  );
}

(...)
```

둘 중에서 더 편한 방식을 사용하면 됩니다.

3.1.3 StatusBar 색상 바꾸기

지금까지 만든 앱을 시뮬레이터에서 실행하면 iOS에서는 화면의 최상단 상태 영역이 흰색으로 보일 것입니다(그림 3-3 참고). 그리고 안드로이드에서는 다음과 같이 상태 영역이 회색으로 보일 것입니다.

▼ 그림 3-11 안드로이드의 회색 StatusBar

이 상태 영역을 StatusBar라고 부릅니다. 이번에는 StatusBar의 색상을 DateHead와 일치하는 색상으로 설정하겠습니다. iOS에서 구현하는 방법과 안드로이드에서 구현하는 방법이 약간 다른데요. 우선 안드로이드의 StatusBar 색상을 변경해보겠습니다.

DateHead 컴포넌트에서 StatusBar 컴포넌트를 다음과 같이 설정해보세요.

components/DateHead.js

```
import React from 'react';
import {View, Text, StyleSheet, StatusBar} from 'react-native';

function DateHead({date}) {
  const year = date.getFullYear();
  const month = date.getMonth() + 1;
  const day = date.getDate();

  return (
    <>
      <StatusBar backgroundColor="#26a69a" />
      <View style={styles.block}>
        <Text style={styles.dateText}>
          {year}년 {month}월 {day}일
        </Text>
      </View>
    </>
  );
}

(...)
```

StatusBar에 backgroundColor Props를 설정하면 다음과 같이 안드로이드의 StatusBar 배경색이 우리가 지정한 색상으로 변경됩니다.

▼ 그림 3-12 안드로이드 StatusBar 배경색 변경

반면 iOS의 StatusBar는 이 컴포넌트를 통해 배경색을 지정할 수 없습니다. 그 대신 SafeAreaView의 상단 여백을 없앤 다음, 그 영역을 원하는 색상을 가진 View로 채워야 합니다.

▼ 그림 3-13 SafeAreaView의 여백

SafeAreaView 컴포넌트는 이 그림과 같이 상단과 하단에 여백을 설정해 안전한 영역에만 UI 콘텐츠가 보이도록 제한하는데요. 아쉽게도 이 컴포넌트는 한쪽 여백만 없애도록 설정할 수 없습니다.

참고로 이 화면을 여러분의 시뮬레이터에서 직접 확인하고 싶다면 App 컴포넌트를 다음과 같이 수정하면 됩니다. 확인한 후에는 다시 원상 복구하세요.

App.js – App 컴포넌트

```
function App() {
  return (
    <SafeAreaView style={{flex: 1}}>
      <View style={{flex: 1, backgroundColor: 'blue'}} />
    </SafeAreaView>
  );
}
```

3.1.3.1 react-native-safe-area-context 서드 파티 라이브러리 사용하기

특정 부분의 여백만 비활성화하고 싶다면 react-native-safe-area-context라는 서드 파티 라이브러리를 사용해야 합니다. 서드 파티 라이브러리(third party library)란 리액트 네이티브에서 공식적으로 만든 게 아니라 커뮤니티에서 오픈 소스로 공개한 라이브러리를 의미합니다.

프로젝트 경로에서 터미널 창을 열어 다음 명령어를 입력하세요.

$ **yarn add react-native-safe-area-context**

react-native-safe-area-context 라이브러리의 자세한 내용은 다음 링크에서 자세히 확인할 수 있습니다.

- https://github.com/th3rdwave/react-native-safe-area-context

설치가 완료됐으면 터미널에서 iOS 시뮬레이터를 시작하는 명령어를 다시 입력합니다.

$ **yarn ios**

그러면 터미널에 다음과 같은 문구가 보일 것입니다.

Could not find the following native modules: react-native-safe-area-context.

Did you forget to run "pod install"?

위와 같이 'Did you forget to run "pod install"?'라는 문구가 나타나는 건 방금 설치한 서드 파티 라이브러리에서 네이티브 코드를 사용하기 때문에 이를 연동해야 한다는 의미입니다. 안드로이드의 경우에는 yarn android할 때 이 작업이 자동으로 이뤄지지만, iOS의 경우에는 ios 디렉터리에 들어가서 pod install 명령어를 실행해야 합니다. 이 명령어는 Objective-C 및 스위프트의 라이브러리 관리자 CocoaPods를 통해 yarn으로 설치한 모듈의 네이티브 코드를 프로젝트에 적용해줍니다.

이 문구가 나타나도 시뮬레이터는 문제없이 시작되지만, 나중에 라이브러리를 사용하려고 하면 오류가 발생할 것입니다. 따라서 터미널에서 Ctrl + C 를 눌러서 현재 진행 중인 작업을 멈추고 다음 명령어를 입력해주세요.

```
$ cd ios
$ pod install
$ cd ../
$ yarn ios
$ yarn android
```

시뮬레이터가 다시 잘 시작됐다면 방금 설치한 라이브러리를 프로젝트에 적용해봅시다.

이 라이브러리를 적용할 때는 우선 App 컴포넌트에서 SafeAreaProvider 컴포넌트를 사용해 기존 내용을 모두 감싸줘야 합니다. 기존의 SafeAreaView는 지워주세요.

App.js
```
import React from 'react';
import {StyleSheet} from 'react-native';
import DateHead from './components/DateHead';
import {SafeAreaProvider} from 'react-native-safe-area-context';

function App() {
  const today = new Date();

  return (
    <SafeAreaProvider>
      <DateHead date={today} />
    </SafeAreaProvider>
  );
}

const styles = StyleSheet.create({});

export default App;
```

그다음에는 SafeAreaView도 불러와서 App을 감싸주세요. SafeAreaView는 언제나 SafeAreaProvider 내부에 위치해야 합니다.

App.js

```javascript
import React from 'react';
import {StyleSheet} from 'react-native';
import DateHead from './components/DateHead';
import {SafeAreaProvider, SafeAreaView} from 'react-native-safe-area-context';

function App() {
  const today = new Date();

  return (
    <SafeAreaProvider>
      <SafeAreaView>
        <DateHead date={today} />
      </SafeAreaView>
    </SafeAreaProvider>
  );
}

const styles = StyleSheet.create({});

export default App;
```

참고로 지금은 App 컴포넌트에서 SafeAreaProvider와 SafeAreaView를 둘 다 사용하고 있지만, 나중에 여러 화면을 다루는 앱을 만들 때는 SafeAreaProvider를 App 컴포넌트 JSX의 가장 바깥 부분에서 딱 한 번만 사용하고, 다른 화면에서는 SafeAreaView 컴포넌트 하나만 사용하면 됩니다. 해당 예시는 추후 다뤄보겠습니다.

이 코드를 작성한 뒤 iOS 시뮬레이터에서 이전 형태가 오류 없이 똑같이 유지되어 있는지 확인해 보세요. 그리고 SafeAreaView에 edges라는 Props를 다음과 같이 설정해보세요.

App.js

```javascript
import React from 'react';
import {StyleSheet} from 'react-native';
import DateHead from './components/DateHead';
import {SafeAreaProvider, SafeAreaView} from 'react-native-safe-area-context';

function App() {
  const today = new Date();
```

```
  return (
    <SafeAreaProvider>
      <SafeAreaView edges={['bottom']}>
        <DateHead date={today} />
      </SafeAreaView>
    </SafeAreaProvider>
  );
}

const styles = StyleSheet.create({});

export default App;
```

edges Props에는 SafeArea를 적용할 모서리를 배열 형태로 전달합니다. 이와 같이 배열에 bottom 값을 넣어 설정하면 SafeArea를 하단 부분에만 적용한다는 의미입니다.

edges 배열에는 bottom 외에 top, left, right 값들을 넣을 수 있습니다. left와 right의 경우에는 디바이스를 가로 모드로 사용할 때 필요한 설정입니다.

이렇게 설정하고 화면을 보면 iOS에서는 다음과 같이 StatusBar와 DateHead가 겹쳐져서 나타날 것입니다.

▼ 그림 3-14 StatusBar와 겹쳐진 DateHead

겹쳐진 영역을 수정하려면 StatusBar 높이와 일치하는, 빈 View를 보여주면 됩니다. StatusBar의 높이는 모바일 디바이스별로 다릅니다. iPhoneX는 44이고, 하위 iPhone 디바이스는 20입니다. 디바이스별로 StatusBar의 크기를 설정하는 코드를 직접 구현하려면 복잡할 텐데요. 다행히 이 기능도 react-native-safe-area-context 라이브러리에 구현되어 있습니다.

3.1.3.2 useSafeAreaInsets로 StatusBar 높이 구하기

useSafeAreaInsets라는 Hook 함수를 사용하면 StatusBar의 높이를 구할 수 있습니다. 높이를 구해서 그만큼 공백을 만들어주면 날짜가 보이는 부분이 StatusBar와 겹치지 않겠죠?

DateHead 컴포넌트에서 다음과 같이 useSafeAreaInsets를 불러와 사용해보세요.

```
components/DateHead.js
```

```javascript
import React from 'react';
import {View, Text, StyleSheet, StatusBar} from 'react-native';
import {useSafeAreaInsets} from 'react-native-safe-area-context';

function DateHead({date}) {
  const year = date.getFullYear();
  const month = date.getMonth() + 1;
  const day = date.getDate();

  const {top} = useSafeAreaInsets();

  return (
    <>
      <View style={[styles.statusBarPlaceholder, {height: top}]} />
      <StatusBar backgroundColor="#26a69a" />
      <View style={styles.block}>
        <Text style={styles.dateText}>
          {year}년 {month}월 {day}일
        </Text>
      </View>
    </>
  );
}

const styles = StyleSheet.create({
  statusBarPlaceholder: {
    backgroundColor: '#26a69a',
  },
  block: {
    padding: 16,
    backgroundColor: '#26a69a',
  },
  dateText: {
    fontSize: 24,
    color: 'white',
  },
});

export default DateHead;
```

useSafeAreaInsets( ) Hook 함수를 사용하면 각 모서리에 필요한 공백의 크기를 알아올 수 있습니다. 이 함수의 반환값에는 top 외에도 bottom, left, right가 있습니다. 이제 iOS 화면을 확인해보세요. 다음과 같이 상태 영역의 배경색이 설정됐나요?

▼ 그림 3-15 iOS StatusBar 배경색 설정

3.1.3.3 StatusBar 내용 색상 변경하기

StatusBar의 정보가 초록색 위에 검은색으로 나타나니까 내용이 눈에 잘 들어오지 않습니다. 이번에는 StatusBar의 정보 색상을 설정하는 방법을 알아보겠습니다. 방법은 간단합니다. StatusBar에 barStyle Props를 light-content로 설정하면 됩니다.

```
<StatusBar backgroundColor="#26a69a" barStyle="light-content" />
```

barStyle 값은 dark-content(어두운 내용), light-content(밝은 내용), default(시스템 기본 설정)로 설정할 수 있습니다.

StatusBar에 있는 내용이 흰색으로 잘 바뀌었나요? 참고로 이 Props는 iOS, 안드로이드에서 공통으로 설정할 수 있습니다.

▼ 그림 3-16 StatusBar 내용 색상 변경

3.1.4 레이아웃 준비하기

DateHead 컴포넌트 개발은 모두 끝났습니다. 이제 하단에 보일 영역의 레이아웃을 잡아주겠습니다.

우선 화면의 최하단에 새 항목을 추가할 수 있는 AddTodo라는 컴포넌트를 배치하겠습니다. 지금은 이 컴포넌트의 높이만 잡아주고, 이 컴포넌트가 차지하는 영역을 바로 볼 수 있도록 배경색을 설정하겠습니다.

components 디렉터리에 AddTodo.js 파일을 생성해 다음 코드를 작성하세요.

components/AddTodo.js

```
import React from 'react';
import {View, StyleSheet} from 'react-native';

function AddTodo() {
  return <View style={styles.block} />;
}

const styles = StyleSheet.create({
  block: {
    height: 64,
    backgroundColor: 'red',
  },
});

export default AddTodo;
```

다음으로 이 컴포넌트를 App에서 불러와 DateHead 컴포넌트 하단에 사용해보세요.

App.js

```
import React from 'react';
import {StyleSheet} from 'react-native';
import DateHead from './components/DateHead';
import {SafeAreaProvider, SafeAreaView} from 'react-native-safe-area-context';
import AddTodo from './components/AddTodo';

function App() {
  const today = new Date();

  return (
    <SafeAreaProvider>
      <SafeAreaView edges={['bottom']}>
        <DateHead date={today} />
        <AddTodo />
      </SafeAreaView>
    </SafeAreaProvider>
  );
}
```

```
const styles = StyleSheet.create({});

export default App;
```

이렇게 코드를 작성하면 다음과 같이 빨간색 영역이 나타날 것입니다.

▼ 그림 3-17 빨간색 AddTodo 영역

이제 DateHead와 AddTodo 사이에 공간을 만들어줘야겠죠?

둘 사이에 할일 항목 리스트를 보여주고, 만약 할일 항목이 하나도 없다면 다음 그림처럼 이미지와 문구를 보여주겠습니다.

▼ 그림 3-18 항목이 하나도 없을 때 보여줄 이미지와 문구

항목이 하나도 없을 때 사용할 컴포넌트의 이름은 Empty로 하겠습니다. 이미지를 불러와 사용하는 방법을 배우기 전에, 우선 문구만 나타내봅시다.

components 디렉터리에 Empty.js 파일을 만들어 다음과 같이 코드를 작성해보세요.

components/Empty.js

```javascript
import React from 'react';
import {View, Text, StyleSheet} from 'react-native';

function Empty() {
  return (
    <View style={styles.block}>
      <Text style={styles.description}>야호! 할일이 없습니다.</Text>
    </View>
  );
}

const styles = StyleSheet.create({
  block: {
    flex: 1,
    alignItems: 'center',
    justifyContent: 'center',
  },
  description: {
    fontSize: 24,
    color: '#9e9e9e',
  },
});

export default Empty;
```

이 컴포넌트에서는 block 스타일에 flex: 1을 설정해 자신이 차지할 수 있는 영역을 모두 차지하도록 했습니다. 그리고 alignItems와 justifyContent 값을 모두 center로 설정했는데, 이렇게 하면 내용이 중앙에 위치합니다. description 스타일에는 폰트 크기와 색상을 설정했습니다.

컴포넌트 코드를 다 작성했으면 App.js 파일을 열어 Empty 컴포넌트를 DateHead와 AddTodo 사이에 사용하세요.

지금 단계에서는 아직 Empty 컴포넌트가 보이지 않을 것입니다. 추가로 해줘야 하는 작업이 있습니다. SafeAreaView 컴포넌트에도 StyleSheet로 flex: 1 스타일을 적용해야 합니다.

```
import React from 'react';
import {StyleSheet} from 'react-native';
import DateHead from './components/DateHead';
import {SafeAreaProvider, SafeAreaView} from 'react-native-safe-area-context';
import AddTodo from './components/AddTodo';
import Empty from './components/Empty';

function App() {
  const today = new Date();

  return (
    <SafeAreaProvider>
      <SafeAreaView edges={['bottom']} style={styles.block}>
        <DateHead date={today} />
        <Empty />
        <AddTodo />
      </SafeAreaView>
    </SafeAreaProvider>
  );
}

const styles = StyleSheet.create({
  block: {
    flex: 1,
  },
});

export default App;
```

Empty에서도 flex: 1로 자신이 차지할 수 있는 영역을 모두 차지하게 했지만, 애초에 그 상위에 있는 영역이 화면의 전체 영역을 사용하지 않고 일부 영역만 사용하고 있었기 때문에 flex: 1 속성이 제대로 작동하지 않은 것입니다.

이렇게 코드를 작성하고 나면 다음과 같이 레이아웃 준비가 끝납니다.

▼ 그림 3-19 레이아웃 준비 끝

3.1.5 이미지 사용하기

이번에는 이미지를 불러와서 화면에 나타내는 방법을 알아보겠습니다. 사용할 이미지는 다음 링크에서 내려 받아주세요.

- http://bit.ly/chapter-3-images

압축을 풀면 assets 디렉터리가 나오는데, 이를 프로젝트 디렉터리로 이동시킵니다. 파일 탐색기로 이동해도 되고, VS Code 좌측 사이드바의 파일 목록에 해당 디렉터리를 드래그 앤 드롭(Drag&Drop)해도 됩니다. 이때 그림 3-20과 같이 폴더를 복사할지 작업 영역에 추가할지 물어보는데, Copy Folder를 클릭해 폴더를 복사합니다.

▼ 그림 3-20 VS Code 드래그 & 드롭 파일 이동

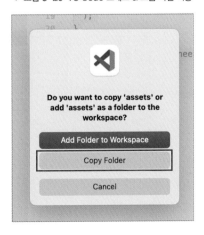

이미지를 화면에 보여줄 때는 Image라는 컴포넌트를 사용합니다. 이 컴포넌트를 배우기 위해 실제로 사용해야 할 이미지가 아닌 다른 연습용 이미지를 불러오겠습니다.

참고로 리액트 네이티브 프로젝트에서 이미지를 위한 디렉터리는 여러분 마음대로 지정해도 됩니다. 이 책에서는 assets라는 디렉터리에 이미지를 정리해 사용할 것입니다. images와 같은 서브 디렉터리를 만드는 것도 필수 작업은 아니므로 생략해도 무방합니다.

assets/images 디렉터리를 보면 다음과 같은 파일이 있습니다.

- circle.png
- circle@2x.png
- circle@3x.png
- young_and_happy.png

기본적으로 이미지가 young_and_happy.png와 같은 형태로 딱 하나만 있어도 불러와 사용하는 데 전혀 지장이 없습니다. 이와 같이 이미지가 여러 개 있는 이유는 화면의 밀도에 따라 다른 이미지를 보여주기 위함입니다.

여기서 맨 위에 @2x 또는 @3x가 붙어있지 않은 이미지의 크기는 200px × 200px입니다. 그리고 @2x가 붙어있는 이미지의 크기는 400px × 400px(2배), @3x가 붙어있는 이미지의 크기는 600px × 600px(3배)입니다.

기술이 발전하면서 디바이스의 크기는 비슷하지만 화면의 해상도가 갈수록 높아지고 있습니다. 고해상도의 모바일 디바이스에서는 해상도가 높은 이미지를 보여줘야 더욱 선명하게 보입니다.

예를 들어, iPhone 11 Pro의 화면 해상도는 2436px × 1125px이고, 화면 밀도는 458ppi입니다.

▼ 그림 3-21 화면 밀도 ppi

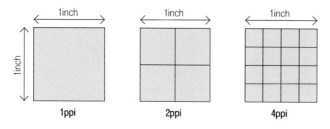

ppi(pixel per inch)란 1inch에 몇 px이 들어갈 수 있는지를 의미하는 밀도 단위입니다. 이는 dpi(dots per inch)와 비슷한 개념입니다(ppi는 디스플레이에서 사용하는 단위이고, dpi는 인쇄물에서 사용하는 단위입니다).

리액트 네이티브에서 스타일링할 때 크기는 모두 dp로 설정합니다. dp(density-independent pixel)란 1인치당 픽셀 밀도에 따라 크기가 일관된 UI를 보여줄 수 있는 단위입니다.

dp와 px을 변환하는 계산 방법은 다음과 같습니다.

- dp = px * 160 / ppi
- px = dp * ppi / 160

만약 iPhone 11 Pro에서 너비 200의 사이즈에 선명한 이미지를 보여주려면 200 * 458 / 160 = 572.5px의 너비를 가진 이미지를 사용해야 합니다. 따라서 이 크기와 가장 비슷한 @3x 이미지를 사용해야 선명하게 보여줄 수 있습니다.

iPhone 11의 해상도는 1792px × 828px이며 화면 밀도는 326ppi입니다. iPhone 11에서 너비 200dp의 사이즈에 선명한 이미지를 보여주려면 200 * 326 / 160 = 407.5px의 너비를 가진 이미지를 사용해야 합니다. 따라서 이 디바이스에서는 @2x 이미지를 사용해야 선명하게 보여줄 수 있습니다.

▼ 그림 3-22 디바이스 해상도에 따라 다른 이미지 사용

그리고 파일명 뒷부분이 .ios.png로 끝나는 파일은 iOS 운영 체제에서, .android.png로 끝나는 파일은 안드로이드 운영 체제에서 보입니다.

이제 Image 컴포넌트를 사용해봅시다. Empty 컴포넌트를 다음과 같이 수정해보세요.

components/Empty.js

```javascript
import React from 'react';
import {View, Text, Image, StyleSheet} from 'react-native';

function Empty() {
  return (
    <View style={styles.block}>
      <Image source={require('../assets/images/circle.png')} />
      <Text style={styles.description}>야호! 할일이 없습니다.</Text>
    </View>
  );
}

(...)
```

Image 컴포넌트에서 사용할 경로를 지정할 때는 source라는 Props로 지정합니다. 그리고 경로를 입력할 때는 require()라는 함수로 입력해야 합니다. 이 코드에서 사용한 경로에서 ../는 상위 디렉터리를 의미합니다.

화면에 동그라미가 나타났나요? iOS에서는 1x, 안드로이드에서는 3x 동그라미가 나타났을 것입니다.

▼ 그림 3-23 Image 컴포넌트 사용하기

3.1.5.1 resizeMode 이해하기

Image 컴포넌트는 따로 설정하지 않으면 실제 이미지 크기를 기반으로 dp 단위의 크기로 변환되어 나타납니다. 예를 들어, 우리 프로젝트에 사용하는 circle 이미지는 별도로 설정하지 않으면 200dp × 200dp의 사이즈로 보입니다.

스타일로 Image 컴포넌트의 크기를 300dp × 200dp로 설정해보세요.

components/Empty.js

```
import React from 'react';
import {View, Text, Image, StyleSheet} from 'react-native';

function Empty() {
  return (
    <View style={styles.block}>
      <Image
        source={require('../assets/images/circle.png')}
```

```
        style={styles.image}
      />
      <Text style={styles.description}>야호! 할일이 없습니다.</Text>
    </View>
  );
}

const styles = StyleSheet.create({
  block: {
    flex: 1,
    alignItems: 'center',
    justifyContent: 'center',
  },
  image: {
    width: 300,
    height: 200,
  },
  description: {
    fontSize: 24,
    color: '#9e9e9e',
  },
});

export default Empty;
```

❤ 그림 3-24 위 아래가 잘린 이미지

이미지의 위 아래가 잘린 채로 보입니다. 스타일로 이미지 크기를 조정할 때 실제 이미지 크기와 값이 다르면 이미지는 리사이징됩니다. 리사이징할 때 다양한 옵션을 설정할 수 있는데, 이는 resizeMode를 통해서 가능합니다.

```
<Image
  source={require('../assets/images/circle.png')}
  style={styles.image}
  resizeMode="cover"
/>
```

resizeMode는 총 5가지 값으로 설정할 수 있습니다.

- cover: resizeMode를 따로 설정하지 않으면 이 값을 기본값으로 지정합니다. 이 옵션은 이미지의 가로 세로 비율을 유지한 상태로 이미지를 리사이징합니다. 이미지와 뷰의 가로 세로 비율이 일치하지 않을 경우 이미지의 일부분이 잘립니다.
- contain: 이미지의 가로 세로 비율을 유지한 상태로 이미지를 리사이징하며 이미지의 모든 영역이 뷰 안에 보이게 합니다.
- stretch: 뷰의 크기대로 이미지를 리사이징합니다. 이 과정에서 이미지의 가로 세로 비율이 원본과 달라질 수 있습니다.
- repeat: 뷰의 크기가 이미지의 크기보다 크면 바둑판식으로 이미지를 반복합니다.
- center: 이미지를 뷰 중앙에 둡니다. contain과 마찬가지로 이미지의 모든 영역이 뷰 안에 보이게 합니다. 단, 뷰가 이미지보다 크면 이미지의 크기가 커지지 않고 원본 사이즈를 유지합니다.

설명만 봤을 때는 이해하기 어려울 수 있습니다. 이해하기 쉽도록 직접 resizeMode 값을 바꿔보면서 결과를 확인해봅시다. 그 전에 image 스타일에 다음과 같이 배경색을 지정하면 실제 뷰의 크기를 시각적으로 파악할 수 있으니 스타일을 다음과 같이 설정하세요.

```
image: {
  width: 300,
  height: 200,
  backgroundColor: 'gray',
},
```

이제 resizeMode Props를 cover, contain, stretch, repeat, center 순서로 바꿔보면서 그림 3-25와 같은 결과가 나타나는지 확인해보세요.

✔ 그림 3-25 resizeMode

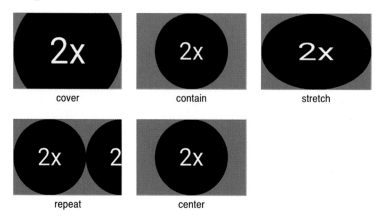

대응: cover

contain

stretch

repeat

center

contain과 center는 차이가 없죠? 이 두 속성은 뷰의 너비와 높이가 둘 다 원본 이미지 크기보다 클 때 차이가 발생합니다.

image의 width와 height 값을 250으로 설정해보세요.

```
image: {
  width: 250,
  height: 250,
  backgroundColor: 'gray',
},
```

✔ 그림 3-26 contain과 center

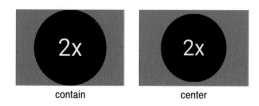

contain

center

contain은 이미지가 뷰의 크기에 맞춰 커진 반면, center는 원본 이미지 크기 그대로 나타났습니다. 참고로 center는 화면 밀도에 따라 디바이스별로 다른 결과가 나타날 수 있습니다(여백의 크기가 달라질 수 있습니다).

3.1.5.2 외부 이미지 사용하기

Image 컴포넌트로 프로젝트 내에 있는 이미지 외에 인터넷상 이미지도 보여줄 수 있습니다. 외부 이미지를 설정할 때는 다음과 같이 객체에 uri 값을 설정해 source Props로 설정하면 됩니다.

```
<Image
  source={{uri: 'https://via.placeholder.com/150'}}
  style={styles.image}
  resizeMode="contain"
/>
```

이 코드를 볼 때 중괄호가 두 번 겹쳐져 있어서 '이게 무슨 코드지?' 하고 헷갈릴 수도 있습니다. 단순히 객체 타입의 값을 Props에 넣었을 뿐입니다. 다음 코드와 의미가 똑같습니다.

```
const source = {uri: 'https://via.placeholder.com/150'};

return (
  <View style={styles.block}>
    <Image
      source={source}
      style={styles.image}
      resizeMode="contain"
    />
    <Text style={styles.description}>야호! 할일이 없습니다.</Text>
  </View>
);
```

▼ 그림 3-27 외부 이미지 보여주기

3.1.5.3 young_and_happy.png 보여주기

이제 Image 컴포넌트에 대한 기본 사용법을 모두 배웠습니다. 그럼 Empty 컴포넌트에서 보여줄 이미지를 제대로 설정해봅시다. young_and_happy.png 파일을 불러오고, 이미지 크기는 width 240, height 179로 설정하세요. 이미지의 하단 여백은 16으로 설정하세요.

components/Empty.js

```
import React from 'react';
import {View, Text, Image, StyleSheet} from 'react-native';

function Empty() {
  return (
    <View style={styles.block}>
      <Image
        source={require('../assets/images/young_and_happy.png')}
        style={styles.image}
      />
      <Text style={styles.description}>야호! 할일이 없습니다.</Text>
    </View>
  );
}

const styles = StyleSheet.create({
  block: {
    flex: 1,
    alignItems: 'center',
    justifyContent: 'center',
  },
  image: {
    width: 240,
    height: 179,
    marginBottom: 16,
  },
  description: {
    fontSize: 24,
    color: '#9e9e9e',
  },
});

export default Empty;
```

▼ 그림 3-28 young_and_happy.png 이미지

이미지가 잘 나타났나요? 안드로이드 시뮬레이터를 자세히 보면 이미지의 배경색은 흰색인 반면 그 뒤의 화면 배경색은 연한 회색인 것을 확인할 수 있습니다. 안드로이드의 배경색은 기본적으로 흰색이 아닌 연한 회색입니다. 안드로이드 앱을 디자인할 때는 이 점에 주의해주세요.

이미지와 화면의 배경색 차이가 발생하지 않도록 App 컴포넌트의 block 스타일을 다음과 같이 변경하세요.

App.js – styles

```
const styles = StyleSheet.create({
  block: {
    flex: 1,
    backgroundColor: 'white',
  },
});
```

이것으로 프로젝트의 기반을 모두 잡았습니다. 이제 본격적인 기능을 구현해볼 차례입니다.

3.2 TextInput으로 사용자 키보드 입력받기

사용자의 키보드 입력을 받아내는 방법을 알아보겠습니다. 키보드 입력을 받아낼 때는 TextInput 이라는 컴포넌트를 사용합니다.

AddTodo 컴포넌트를 열어 기존에 설정한 빨간색 배경을 없애고, 다음과 같이 TextInput 컴포넌트를 사용해보세요.

components/AddTodo.js

```javascript
import React from 'react';
import {View, StyleSheet, TextInput} from 'react-native';

function AddTodo() {
  return (
    <View style={styles.block}>
      <TextInput placeholder="할일을 입력하세요." style={styles.input} />
    </View>
  );
}

const styles = StyleSheet.create({
  block: {
    height: 64,
    paddingHorizontal: 16,
    borderColor: '#bdbdbd',
    borderTopWidth: 1,
    borderBottomWidth: 1,
    justifyContent: 'center',
  },
  input: {
    fontSize: 16,
    paddingVertical: 8,
  },
});

export default AddTodo;
```

TextInput 컴포넌트의 placeholder는 컴포넌트에 아무것도 입력하지 않았을 때 보여줄 기본 텍스트입니다. 사용자 입력에 대한 일종의 도움말인 셈입니다.

추가로 스타일 코드를 수정했습니다. paddingHorizontal이라는 속성을 block에 적용했는데요. 좌우측 padding 값을 설정하겠다는 의미입니다. 즉, 다음 코드와 동일해요.

```
paddingLeft: 16,
paddingRight: 16
```

input 부분의 스타일에는 paddingVertical이라는 속성을 설정했는데, 위 아래 padding을 주어진 값으로 설정하겠다는 의미입니다. 즉, 다음 코드와 동일합니다.

```
paddingTop: 16,
paddingBottom: 16
```

input의 padding은 화면에 보이지 않는 영역인데 왜 설정했을까요? 그 이유는 바로 터치 영역을 늘리기 위해서입니다. 만약 이를 설정하지 않았다면 텍스트가 있는 곳을 정확히 터치해야 입력을 시작할 수 있습니다. 하지만 이렇게 padding을 설정하면 터치 위치가 텍스트에서 조금 빗나가도 입력을 시작할 수 있습니다.

❤ 그림 3-29 TextInput

화면에 위와 같이 TextInput 컴포넌트가 잘 나타났나요? placeholder 값으로 설정한 값이 회색으로 나타났죠? 이 영역을 한번 터치(시뮬레이터에서는 클릭)해보세요.

▼ 그림 3-30 TextInput 터치 후 나타난 키보드

키보드가 나타났죠? 이때 iOS와 안드로이드에서 작동 방식이 조금 다릅니다. iOS는 화면의 하단 부분이 키보드에 가려지는 반면(좌측), 안드로이드는 화면이 줄어들면서 AddTodo 컴포넌트가 키보드 상단에 나타납니다(우측).

3.2.1 KeyboardAvoidingView로 키보드가 화면을 가리지 않게 하기

텍스트를 입력할 때 키보드가 화면을 가리지 않게 하려면 KeyboardAvoidingView를 사용해야 합니다. App 컴포넌트의 SafeAreaView 내부에서 다음과 같이 KeyboardAvoidingView를 사용하세요.

App.js

```
import React from 'react';
import {StyleSheet, KeyboardAvoidingView, Platform} from 'react-native';
import DateHead from './components/DateHead';
import {SafeAreaProvider, SafeAreaView} from 'react-native-safe-area-context';
import AddTodo from './components/AddTodo';
import Empty from './components/Empty';
```

```
function App() {
  const today = new Date();

  return (
    <SafeAreaProvider>
      <SafeAreaView edges={['bottom']} style={styles.block}>
        <KeyboardAvoidingView
          behavior={Platform.OS === 'ios' ? 'padding' : undefined}
          style={styles.avoid}>
          <DateHead date={today} />
          <Empty />
          <AddTodo />
        </KeyboardAvoidingView>
      </SafeAreaView>
    </SafeAreaProvider>
  );
}

const styles = StyleSheet.create({
  block: {
    flex: 1,
    backgroundColor: 'white',
  },
  avoid: {
    flex: 1,
  },
});

export default App;
```

KeyboardAvoidingView에서 behavior Props를 통해 이 컴포넌트의 작동 방식을 정의할 수 있습니다. 안드로이드에서는 아무것도 설정하지 않는 것이 잘 작동하는 반면 iOS에서는 값을 설정해 줘야 제대로 작동합니다.

이 코드에서는 Platform을 react-native에서 불러와 Platform.OS를 조회했는데요. 현재 사용 중인 OS가 무엇인지 알 수 있습니다. iOS에서는 ios로, 안드로이드에서는 android로 조회됩니다. 이 값을 삼항연산자와 함께 사용해 iOS일 때는 값을 padding으로 설정하고 안드로이드일 때는 undefined로 설정해줬습니다.

해당 Props에는 padding, height, position 값들을 넣을 수 있습니다. padding은 키보드가 열렸을 때 뷰의 하단에 패딩을 설정합니다. height는 뷰의 높이 자체를 변경합니다. position은 뷰의 위치를 설정합니다. 지금과 같은 상황에서는 iOS일 때 값을 padding 또는 height로 설정해주면 잘 작동합니다.

iPhone 시뮬레이터에서 TextInput 컴포넌트를 터치해보세요. 키보드가 기존 화면을 가리지 않고 AddTodo 컴포넌트가 잘 나타나나요?

▼ 그림 3-31 KeyboardAvoidingView 사용

3.2.1.1 Platform.OS와 삼항연산자 대신 Platform.select 사용하기

운영 체제에 따라 다른 값을 사용해야 할 때 삼항연산자를 사용해도 좋지만, Platform.select라는 함수를 사용하면 더 깔끔합니다. 객체를 사용해 운영 체제별로 어떤 속성을 적용할지 더욱 명시적인 코드를 작성해 표현할 수 있답니다.

App 컴포넌트 코드의 KeyboardAvoidingView의 behavior 설정 부분을 다음과 같이 수정해보세요.

```
<KeyboardAvoidingView
  behavior={Platform.select({ios: 'padding', android: undefined})}
  style={styles.avoid}>
```

이렇게 작성하면 삼항연산자를 사용한 코드와 동일하게 작동합니다. 만약 앞의 코드처럼 안드로이드에서는 undefined를 설정하고 싶다면 다음과 같이 아예 생략해도 됩니다.

```
<KeyboardAvoidingView
  behavior={Platform.select({ios: 'padding'})}
  style={styles.avoid}>
```

3.2.2 useState로 텍스트 상태 값 관리하기

이번에는 useState를 사용해 문자열 타입의 상태를 관리해봅시다. AddTodo 컴포넌트를 다음과 같이 수정해보세요.

components/AddTodo.js

```
import React, {useState} from 'react';
import {View, StyleSheet, TextInput} from 'react-native';

function AddTodo() {
  const [text, setText] = useState('');

  console.log(text);

  return (
    <View style={styles.block}>
      <TextInput
        placeholder="할일을 입력하세요."
        style={styles.input}
        value={text}
        onChangeText={setText}
      />
    </View>
  );
}

(...)
```

이 코드에서는 useState를 사용해 문자열 타입의 text라는 상태를 만들었습니다. 그리고 TextInput 컴포넌트에 value와 onChangeText Props를 설정했습니다.

value는 TextInput에서 보여줘야 할 값을 가리킵니다. 이렇게 value 값을 설정하면 추후 사용자 입력이 아닌 다른 경로를 통해 text 값을 임의로 바꾸게 됐을 때 새로운 값을 TextInput에 반영시킬 수 있습니다. (예를 들어, 새로운 항목을 추가한 뒤에는 text 값을 비워야 합니다. setText를 통해서 값을 비웠을 때 TextInput도 마찬가지로 비워집니다.)

onChangeText는 사용자가 내용을 수정할 때마다 호출되는 콜백 함수이며, 이 콜백 함수가 호출될 때는 현재 TextInput의 내용을 인자로 넣어서 호출됩니다.

이 코드를 모두 작성했다면 TextInput에 Hello World를 입력한 뒤 터미널 또는 개발자 도구의 Console에 다음과 같은 결과가 나타났는지 확인해보세요.

```
LOG  H
LOG  He
LOG  Hel
LOG  Hell
LOG  Hello
LOG  Hello
LOG  Hello W
LOG  Hello Wo
LOG  Hello Wor
LOG  Hello Worl
LOG  Hello World
```

입력하는 텍스트가 text 상태 값에 잘 담기고 있습니다. 상태 값이 잘 출력되는 것을 확인했으면 console.log(text) 코드를 지우세요.

3.2.3 커스텀 버튼 만들기

항목을 추가하는 버튼을 AddTodo에 만들어봅시다. 이번에는 일반 Button 컴포넌트를 사용하지 않고, 원하는 디자인을 가진 커스텀 버튼을 직접 만들어보겠습니다.

다음과 같이 View와 Image를 사용해 버튼을 만들어보세요. 이번에 사용할 이미지는 add_white.png입니다.

components/AddTodo.js

```
import React, {useState} from 'react';
import {View, StyleSheet, TextInput, Image} from 'react-native';

function AddTodo() {
```

```
  const [text, setText] = useState('');

  return (
    <View style={styles.block}>
      <TextInput
        placeholder="할일을 입력하세요."
        style={styles.input}
        value={text}
        onChangeText={setText}
      />
      <View style={styles.buttonStyle}>
        <Image source={require('../assets/icons/add_white/add_white.png')} />
      </View>
    </View>
  );
}

const styles = StyleSheet.create({
  block: {
    backgroundColor: 'white',
    height: 64,
    paddingHorizontal: 16,
    borderColor: '#bdbdbd',
    borderTopWidth: 1,
    borderBottomWidth: 1,
    alignItems: 'center',
    flexDirection: 'row',
  },
  input: {
    flex: 1,
    fontSize: 16,
    paddingVertical: 8,
  },
  buttonStyle: {
    alignItems: 'center',
    justifyContent: 'center',
    width: 48,
    height: 48,
    backgroundColor: '#26a69a',
    borderRadius: 24,
  },
});

export default AddTodo;
```

다음과 같이 초록색 원형 버튼이 나타났나요?

▼ 그림 3-32 초록색 원형 버튼 디자인

이제 이 버튼을 눌렀을 때 효과를 주는 방법에 대해 알아보겠습니다. 터치할 수 있는 영역을 다음 컴포넌트 중 하나로 감싸면 됩니다.

- **TouchableHighlight**: 터치했을 때 배경색을 변경합니다.
- **TouchableNativeFeedback**: 터치했을 때 안드로이드에서 물결 효과를 보여줍니다. 안드로이드에서만 사용 가능하며, iOS에서 사용 시 오류가 발생합니다.
- **TouchableOpacity**: 터치했을 때 투명도를 조정합니다.
- **TouchableWithoutFeedback**: 터치했을 때 아무 효과도 적용하지 않습니다.

버튼을 만들 때 Pressable이라는 컴포넌트도 사용할 수 있는데, 이에 대해서는 나중에 알아보겠습니다.

TouchableOpacity를 불러온 다음, 방금 만든 버튼을 감싸보세요.

components/AddTodo.js

```
import React, {useState} from 'react';
import {
  View,
  StyleSheet,
  TextInput,
  Image,
  TouchableOpacity,
} from 'react-native';

function AddTodo() {
  const [text, setText] = useState('');

  return (
    <View style={styles.block}>
      <TextInput
        placeholder="할일을 입력하세요."
        style={styles.input}
```

```
          value={text}
          onChangeText={setText}
        />
        <TouchableOpacity activeOpacity={0.5}>
          <View style={styles.buttonStyle}>
            <Image
              source={require('../assets/icons/add_white/add_white.png')}
            />
          </View>
        </TouchableOpacity>
      </View>
  );
}

(...)
```

TouchableOpacity 컴포넌트에서 설정한 activeOpacity Props는 터치했을 때 적용할 투명도입니다. 값을 설정하지 않으면 기본값은 0.2로 설정됩니다.

▼ 그림 3-33 TouchableOpacity 사용

안드로이드에서는 TouchableOpacity 대신 TouchableNativeFeedback을 사용해봅시다. 이때 주의할 점이 있습니다. 해당 컴포넌트를 iOS에서 사용하면 오류가 발생하기 때문에 조건부 렌더링을 잘 처리해야 합니다.

components/AddTodo.js

```
import React, {useState} from 'react';
import {
  View,
  StyleSheet,
  TextInput,
  Image,
  TouchableOpacity,
  Platform,
  TouchableNativeFeedback,
} from 'react-native';
```

```
function AddTodo() {
  const [text, setText] = useState('');

  return (
    <View style={styles.block}>
      <TextInput
        placeholder="할일을 입력하세요."
        style={styles.input}
        value={text}
        onChangeText={setText}
      />
      {Platform.OS === 'ios' ? (
        <TouchableOpacity activeOpacity={0.5}>
          <View style={styles.buttonStyle}>
            <Image
              source={require('../assets/icons/add_white/add_white.png')}
            />
          </View>
        </TouchableOpacity>
      ) : (
        <TouchableNativeFeedback>
          <View style={styles.buttonStyle}>
            <Image
              source={require('../assets/icons/add_white/add_white.png')}
            />
          </View>
        </TouchableNativeFeedback>
      )}
    </View>
  );
}

(...)
```

코드를 이와 같이 작성하면 안드로이드에서 터치했을 때 물결 효과가 나타납니다. 그런데 지금과 같이 버튼이 사각형이 아닌 원형일 경우 터치했을 때 물결 효과가 원의 바깥까지 나타납니다.

▼ 그림 3-34 원 영역을 침범한 물결 효과

이럴 때는 TouchableNativeFeedback 컴포넌트를 다음과 같이 View 컴포넌트로 감싸고, 해당 컴포넌트에 borderRadius와 overflow 스타일을 설정해주세요. overflow 값을 hidden으로 하면 지정한 영역 외 바깥 영역이 화면에 나타나지 않습니다.

components/AddTodo.js

```js
import React, {useState} from 'react';
import {
  View,
  StyleSheet,
  TextInput,
  Image,
  TouchableOpacity,
  Platform,
  TouchableNativeFeedback,
} from 'react-native';

function AddTodo() {
  const [text, setText] = useState('');

  return (
    <View style={styles.block}>
      <TextInput
        placeholder="할일을 입력하세요."
        style={styles.input}
        value={text}
        onChangeText={setText}
      />
      {Platform.OS === 'ios' ? (
        <TouchableOpacity activeOpacity={0.5}>
          <View style={styles.buttonStyle}>
            <Image
              source={require('../assets/icons/add_white/add_white.png')}
            />
          </View>
        </TouchableOpacity>
      ) : (
        <View style={styles.circleWrapper}>
          <TouchableNativeFeedback>
            <View style={styles.buttonStyle}>
              <Image
                source={require('../assets/icons/add_white/add_white.png')}
              />
```

```
        </View>
      </TouchableNativeFeedback>
    </View>
  )}
  </View>
  );
}

const styles = StyleSheet.create({
  (...)
  circleWrapper: {
    overflow: 'hidden',
    borderRadius: 24,
  },
});


export default AddTodo;
```

이제 물결 효과가 원 안에서만 나타납니다.

앞의 코드를 보면 `<View style={styles.buttonStyle}>` 부분을 반복해서 작성했는데요. 이 부분을 리팩토링해보겠습니다. 추가로 삼항연산자가 아닌 `Platform.select`를 사용하는 코드로 전환해보겠습니다.

components/AddTodo.js

```
import React, {useState} from 'react';
import {
  View,
  StyleSheet,
  TextInput,
  Image,
  TouchableOpacity,
  Platform,
  TouchableNativeFeedback,
} from 'react-native';

function AddTodo() {
  const [text, setText] = useState('');

  const button = (
    <View style={styles.buttonStyle}>
```

```
      <Image source={require('../assets/icons/add_white/add_white.png')} />
    </View>
  );


  return (
    <View style={styles.block}>
      <TextInput
        placeholder="할일을 입력하세요."
        style={styles.input}
        value={text}
        onChangeText={setText}
      />
      {Platform.select({
        ios: <TouchableOpacity activeOpacity={0.5}>{button}</TouchableOpacity>,
        android: (
          <View style={styles.circleWrapper}>
            <TouchableNativeFeedback>{button}</TouchableNativeFeedback>
          </View>
        ),
      })}
    </View>
  );
}


(...)
```

이 코드처럼 JSX를 특정 상수에 담아뒀다가 {} 안에 감싸서 여러 번 보여줄 수 있습니다.

코드를 모두 정리했으니 이제 버튼을 눌렀을 때 텍스트를 비워보겠습니다. 다음과 같이 onPress 라는 함수를 만들어 TouchableOpacity와 TouchableNativeFeedback 컴포넌트에 Props로 설정해 주세요.

components/AddTodo.js

```
import React, {useState} from 'react';
import {
  View,
  StyleSheet,
  TextInput,
  Image,
  TouchableOpacity,
  Platform,
  TouchableNativeFeedback,
```

```
  Keyboard,
} from 'react-native';

function AddTodo() {
  const [text, setText] = useState('');

  const onPress = () => {
    setText('');
    Keyboard.dismiss();
  };

  const button = (
    <View style={styles.buttonStyle}>
      <Image source={require('../assets/icons/add_white/add_white.png')} />
    </View>
  );

  return (
    <View style={styles.block}>
      <TextInput
        placeholder="할일을 입력하세요."
        style={styles.input}
        value={text}
        onChangeText={setText}
      />
      {Platform.select({
        ios: (
          <TouchableOpacity activeOpacity={0.5} onPress={onPress}>
            {button}
          </TouchableOpacity>
        ),
        android: (
          <View style={styles.circleWrapper}>
            <TouchableNativeFeedback onPress={onPress}>
              {button}
            </TouchableNativeFeedback>
          </View>
        ),
      })}
    </View>
  );
}

(...)
```

onPress 함수에서 Keyboard.dismiss();는 현재 나타난 키보드를 닫습니다.

이제 텍스트를 입력한 다음에 버튼을 눌러보세요. 텍스트의 내용이 비워졌나요?

3.2.4 TextInput에 onSubmitEditing 및 returnKeyType 설정하기

키보드에서 Enter(return)를 눌렀을 때도 onPress 함수를 호출하도록 만들어보겠습니다. 추가로
Enter의 타입도 지정합니다.

components/AddTodo.js – TextInput

```
<TextInput
  placeholder="할일을 입력하세요."
  style={styles.input}
  value={text}
  onChangeText={setText}
  onSubmitEditing={onPress}
  returnKeyType="done"
/>
```

onSubmitEditing은 Enter를 눌렀을 때 호출되는 함수입니다. returnKeyType은 Enter의 타입을
지정해주는데, 타입에 따라서 Enter 부분에 보이는 설명 또는 아이콘이 바뀝니다.

iOS에서 키보드의 Enter 부분이 done으로 나타났는지 확인해보세요. 만약 iOS의 시스템 언어
를 한국어로 바꾸면 done 부분은 자동으로 '완료'라고 번역되어 나타납니다.

안드로이드에서는 체크 아이콘(✓) 이 나타날 것입니다. 참고로 안드로이드는 returnKeyType을
따로 설정하지 않아도 체크 아이콘이 나타납니다.

▼ 그림 3-35 returnKeyType 설정

텍스트를 입력하고 Enter를 눌러보세요. onPress가 호출되면서 텍스트가 잘 비워지나요?

returnKeyType Props에는 상황에 따라 다음과 같은 값들을 지정할 수 있습니다.

- **플랫폼 공통** – done (완료) – go (이동) – next (다음) – search (검색) – send (보내기)
- **iOS 전용** – default (기본) – emergency-call (긴급 통화) – google (검색) – join (가입) – route (이동) – yahoo (검색)
- **안드로이드 전용** – none (일반 Enter) – previous (뒤로)

참고로 returnKeyType은 키보드가 닫혔다가 다시 열려야 반영되므로 시뮬레이터에서 리로드하거나 Enter를 눌러 키보드를 닫은 뒤 다시 열어 확인하면 됩니다. 그리고 특정 OS 전용 값을 사용하면 지원하지 않는 OS에서는 오류가 발생하니, Platform.OS에 따라서 조건부 설정을 잘 해야 합니다.

3.3 정리

이번 장에서는 프로젝트 UI 구성에 필요한 준비 작업을 대부분 마쳤습니다. 이번 장에서 배웠겠지만, 리액트 네이티브로 프로젝트를 만들 때는 라이브러리에서 제공하는 다양한 컴포넌트를 조합해 나만의 UI를 구성합니다. 여기에 Platform을 사용해 OS에 따라 다른 결과물을 보여주기도 합니다.

다음 장에서는 본격적인 할일 목록 관리에 대한 기능을 구현해보겠습니다.

4장

할일 목록
만들기 Ⅱ

이번 장에서는 할일 목록 관리를 위한 주요 기능을 구현해 프로젝트를 완성해보겠습니다. 다룰 내용은 다음과 같습니다.

- 배열에 데이터 추가, 삭제, 수정하기

- FlatList 컴포넌트 사용하기

- SVG 불러오기

- react-native-vector-icons로 아이콘 쉽게 사용하기

- useEffect Hook 함수 사용하기

- AsyncStorage로 앱이 꺼져도 데이터 유지하기

4.1 불변성을 지키면서 객체와 배열 업데이트하기

이번 절에서는 자바스크립트를 직접 작성하며 학습하겠습니다. Codesandbox에서 Vanilla JavaScript Sandbox를 생성해 코드를 작성하고 실행해보세요. 웹사이트(https://codesandbox.io)에 접속한 뒤 **Create Sandbox > Vanilla**를 선택하면 됩니다.

▼ 그림 4-1 Codesandbox에서 Sandbox 만들기

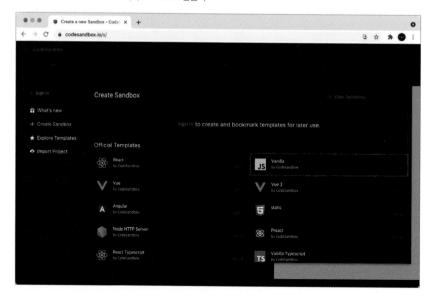

Sandbox를 생성하고 index.js 파일의 내용을 모두 비운 후 console.log('hello world');라고 입력하면 우측 하단의 console 탭을 열어 결과를 확인할 수 있습니다. 기본적으로는 console 탭이 닫혀 있으니 한번 눌러서 열어주세요.

❤ 그림 4-2 Codesandbox 에디터 화면

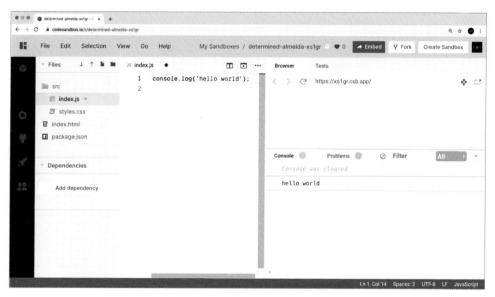

리액트에서 객체와 배열 타입의 상태를 다룰 때는 불변성(immutability)을 지켜야 합니다. 불변성을 지킨다는 것은 객체 또는 배열을 직접 수정하지 않는다는 것을 의미합니다.

예를 들어, 다음과 같은 객체가 있다고 가정해봅시다.

```
const info = {
  id: 1,
  name: 'John Doe'
};
```

만약 info의 name 값을 'Jane Doe'로 바꾼다면 보통 다음과 같은 코드를 작성할 것입니다.

```
info.name = 'Jane Doe';
```

리액트에서 상태를 다룰 때는 객체가 지닌 값을 바꾸고 싶다고 해서 앞에서와 같이 값을 직접 수정하면 안 됩니다. 그 대신 기존 객체는 그대로 두고, 새로운 객체를 만들어 원하는 값을 덮어씌워야 합니다.

```
const nextInfo = {
  ...info,
  name: 'Jane Doe'
};
```

> Note ≡　여기서 ...info는 spread 연산자 문법입니다. info 객체가 지닌 값들을 새로 만드는 객체에 펼친다고 이해하면 됩니다.
>
> ```
> const object = { a: 1, b: 2, c: 3 };
> const anotherObject = { ...object, d: 4 };
> console.log(anotherObject); // { a: 1, b: 2, c: 3, d: 4 }
> const updatedObject = { ...object, c: 10 };
> console.log(updatedObject); // { a: 1, b: 2, c: 10 }
> ```
>
> spread 연산자를 사용해 특정 객체를 다른 객체 내부에 펼친 다음, 이미 존재하는 키 값에 대한 값을 지정하면 해당 값이 덮어씌워집니다.

4.1.1 불변성을 지켜야 하는 이유

리액트에서 불변성을 지켜야 하는 이유는 렌더링 성능 최적화 방식 때문입니다. 리액트에서는 부모 컴포넌트가 리렌더링(상태가 업데이트되어 다시 렌더링되는 것)되면 기본적으로 자식 컴포넌트들 또한 리렌더링됩니다. 예를 들어, 우리가 만든 프로젝트의 App 컴포넌트가 리렌더링되면 DateHead, Empty, AddTodo가 모두 리렌더링됩니다. 즉, 작성한 함수들이 한번 더 호출되는 것이죠. 문제는 변경사항이 없을 때도 리렌더링된다는 것입니다.

리액트는 최적화가 정말 많이 되어 있기 때문에 렌더링이 불필요한 컴포넌트가 리렌더링된다고 해서 일반적으로는 성능에 부하가 발생하지 않습니다. 컴포넌트가 리렌더링된 후에는 그 결과물이 기존 결과물과 차이가 있으면 화면에 보이는 UI를 건드리고, 그렇지 않으면 기존 UI를 그대로 유지합니다.

그런데 컴포넌트에서 다루는 데이터가 많아지거나 연산량이 늘어난 경우에는 컴포넌트에 정말 변화가 발생했을 때만 리렌더링하도록 최적화할 수 있습니다. 컴포넌트에 변화가 필요한지 필요하지 않은지는 어떻게 알 수 있을까요? 바로 Props의 변화를 통해 알 수 있습니다. 컴포넌트의 렌더링 성능을 최적화하기 위해서는 이전에 컴포넌트가 들고 있던 Props와 새로 받아올 Props를 비교하는 과정이 필요합니다. 이 과정에서 불변성을 유지하는 것이 정말 중요해집니다. 다음 코드를 한번 확인해보세요.

```
const data = { id: 1, text: '안녕하세요' };

const sameData = data;
sameData.text = '안녕히계세요';

console.log(sameData === data); // true
```

sameData에 기존의 data를 대입하고, text 값을 수정했습니다. 비록 새로운 이름을 사용해 선언하긴 했지만 sameData와 data는 똑같은 객체를 가리키고 있습니다. 따라서 sameData.text 값을 바꾸면 당연히 data.text 값 또한 바뀌게 됩니다. sameData와 data는 완전히 일치하는 객체이기 때문에 이를 비교하면 결과는 true가 나타납니다.

하지만 만약 불변성을 유지하면서 상태를 업데이트했다면 어떨까요? 다음 코드를 한번 확인해보세요.

```
const data = { id: 1, text: '안녕하세요' };
const nextData = { ...data, text: '안녕히계세요' };

console.log(nextData === data); // false
```

이번에 선언한 nextData는 새로운 객체입니다. 이 객체에는 기존의 data 값을 spread 연산자를 사용해 펼쳐주고, text 값을 새로운 값으로 덮어씌워줬습니다. 두 객체는 서로 완전히 다른 객체이기 때문에 둘을 비교하면 결과는 false가 나타납니다.

4.1.2 배열의 불변성을 지키는 방법

리액트에서 배열 타입의 상태를 다룰 때에도 불변성을 지켜야 합니다. 우선 불변성을 지키지 않으면서 배열을 수정하는 코드들을 예로 한번 볼까요?

```
const numbers = [0, 1, 2, 3];
// 추가
numbers.push(4);
```

```
// 수정
numbers[0] = 10;
// 삭제
number.splice(0, 1);
```

이 코드는 모두 배열을 직접 수정합니다. 리액트에서 상태를 관리할 때는 이와 같이 코드를 작성하면 안 됩니다. 그 대신 배열의 내장 함수들을 활용해 새로운 배열을 생성하는 방식으로 배열의 상태를 업데이트해야 합니다.

4.1.2.1 새로운 항목 추가하기

불변성을 유지하면서 배열에 새로운 항목을 추가하는 방법은 두 가지가 있습니다. 첫 번째 방법은 spread 연산자를 사용하는 것입니다.

```
const numbers = [0, 1, 2, 3];
const nextNumbers = [...numbers, 4];
```

> Note ≡   spread 연산자는 객체뿐만 아니라 배열에서도 사용할 수 있습니다. 배열에서 spread 연산자를 사용하면 새로 만드는 배열에 원하는 배열을 펼칠 수 있습니다. 예를 들어, 앞의 코드에서 nextNumbers의 결과물은 [1, 2, 3, 4]가 됩니다.
>
> spread 연산자는 배열에서 여러 번 사용할 수도 있습니다.
>
> ```
> const nextNumbers = [...numbers, 4, ...numbers];
> ```
>
> 이 코드에서 nextNumbers의 결과는 [0, 1, 2, 3, 4, 0, 1, 2, 3]이 됩니다.

두 번째 방법은 배열의 내장 함수 concat을 사용하는 것입니다.

```
const numbers = [0, 1, 2, 3];
const nextNumbers = numbers.concat(4);
```

concat을 사용해 1개 이상의 값을 넣을 수도 있습니다.

```
const numbers = [0, 1, 2, 3];
const nextNumbers = numbers.concat([4, 5, 6]);
console.log(nextNumbers); // [0, 1, 2, 3, 4, 5, 6]
```

4.1.2.2 항목 제거하기

배열에서 특정 항목을 제거해 새로운 배열을 만드는 방법 또한 다양합니다. 가장 추천하는 방법은 배열 내장 함수 filter를 사용하는 것입니다.

filter 함수는 배열에서 특정 조건을 만족하는 원소들로 이루어진 새로운 배열을 만들어줍니다.

```
const numbers = [-3, -2, -1, 0, 1, 2, 3];
const filtered = numbers.filter(number => number > 0);
console.log(filtered); // [1, 2, 3]
```

이 코드에서는 filter를 통해 값이 0보다 큰 원소들을 모아서 새로운 배열을 만들었습니다. 특정 값만 없애고 싶다면 다음과 같이 코드를 입력하면 됩니다.

```
const numbers = [-3, -2, -1, 0, 1, 2, 3];
const nextNumbers = numbers.filter(number => number !== 0);
console.log(nextNumbers); // [-3, -2, -1, 1, 2, 3]
```

배열에서 숫자 0과 일치하지 않는 값들을 필터링해 0을 제거했습니다. 그런데 이런 방법에는 문제점이 하나 있습니다. 만약 0이 여러 개라면 모든 0이 사라지게 됩니다. 따라서 이와 같은 상황에서는 실제 값을 직접 비교해 삭제하는 것보다 index를 삭제하는 것이 더 좋습니다.

예를 들어, 이 코드에서 numbers 안의 숫자 0의 index는 3입니다. index가 3인 항목을 지우고 싶다면 다음과 같이 코드를 입력하면 됩니다.

```
const numbers = [-3, -2, -1, 0, 1, 2, 3];
const nextNumbers = numbers.filter((number, i) => i !== 3);
console.log(nextNumbers); // [-3, -2, -1, 1, 2, 3]
```

filter 함수에 넣는 인자 함수에서 두 번째 파라미터로 항목의 index를 받아올 수 있습니다. 만약 이 값이 불필요하다면 생략해도 되지만 필요할 때는 이렇게 두 번째 파라미터로 조회하면 됩니다. 또한, 화살표 함수를 작성할 경우 파라미터가 하나뿐일 때는 괄호를 생략해도 되지만 두 개 이상일 때는 괄호가 반드시 있어야 합니다.

이번에는 여러 객체로 이루어진 배열을 다룰 때 어떻게 해야 하는지 알아봅시다.

```
const items = [{ id: 1 }, { id: 2 }, { id: 3 }, { id: 4 }];
```

이 배열에서 id 값이 3인 객체를 지우고 싶다고 가정해봅시다. 기존에 작업한 것과 별 다를 것이 없습니다.

```
const items = [{ id: 1 }, { id: 2 }, { id: 3 }, { id: 4 }];
const nextItems = items.filter(item => item.id !== 3);
console.log(nextItems); // [{ id: 1 }, { id: 2 }, { id: 4 }]
```

특정 항목을 제거할 때는 다음 방법으로 제거해도 괜찮습니다.

```
const items = [{ id: 1 }, { id: 2 }, { id: 3 }, { id: 4 }];
const index = items.findIndex(item => item.id === 3); // 2
const nextItems = [...items].splice(index, 1);
console.log(nextItems);
```

findIndex 내장 함수는 배열에서 특정 조건을 만족하는 원소의 index 값을 조회합니다. 배열의 내장 함수 splice는 사실 불변성을 지키는 함수가 아닙니다. 하지만 이 함수를 사용하기 전에 [...items] 코드를 사용해 기존 items 배열 안에 있던 내용들을 넣은 새로운 배열을 만들었기 때문에 items 배열은 변함없이 기존 상태를 그대로 유지하게 됩니다. 따라서 작업 자체는 기존 items의 불변성을 유지합니다.

이 책에서는 filter 사용을 권장합니다. filter를 사용하는 편이 간결하기 때문이죠.

4.1.2.3 항목 수정하기

불변성을 지키면서 배열의 특정 항목을 수정하는 방법도 다양합니다. 그 중에서 가장 추천하는 방식은 배열의 내장 함수 map을 사용하는 것입니다.

> Note ≣   배열의 내장 함수 map은 특정 함수를 사용해 배열의 모든 원소에 변화를 주어 새로운 배열을 만들 때 사용합니다.
>
> ```
> const numbers = [1, 2, 3, 4, 5];
> const doubled = numbers.map(number => number * 2);
> console.log(doubled); // [2, 4, 6, 8, 10]
> ```

map 함수는 기본적으로 배열 안의 모든 값에 영향을 줍니다. 그런데 조건부로 처리하면 원하는 값에만 변화를 줄 수 있습니다.

예를 들어, 다음 배열에서 숫자 0을 10으로 바꾸고 싶다고 가정해봅시다.

```
const numbers = [-3, -2, -1, 0, 1, 2, 3];
```

그러면 다음과 같이 코드를 작성해 0을 10으로 바꾼 새로운 배열을 생성할 수 있습니다.

```
const numbers = [-3, -2, -1, 0, 1, 2, 3];
const nextNumbers = numbers.map(number => number === 0 ? 10 : number);
console.log(nextNumbers); // [-3, -2, -1, 10, 1, 2, 3]
```

삼항연산자를 사용해 조건을 만족하면 10, 그렇지 않으면 기존 값을 그대로 사용하도록 한 것이죠.

filter를 사용했을 때와 마찬가지로 원한다면 배열의 index를 사용해 업데이트할 수도 있습니다. 예를 들어, 배열의 index가 3인 원소를 10으로 바꾸고 싶다면 다음과 같이 코드를 작성하면 됩니다.

```
const numbers = [-3, -2, -1, 0, 1, 2, 3];
const nextNumbers = numbers.map((number, i) => i === 3 ? 10 : number);
console.log(nextNumbers); // [-3, -2, -1, 10, 1, 2, 3]
```

여러 객체로 이루어진 배열을 다룰 때도 마찬가지입니다. 한 가지 주의할 점은, 객체 내부의 값을 업데이트할 때도 불변성을 유지하면서 업데이트해야 한다는 점입니다.

```
const items = [
  { id: 1, text: '안녕하세요' },
  { id: 2, text: '환영합니다' },
  { id: 3, text: '반갑습니다' }
];
```

이 배열에서 id 값이 2인 항목의 text 값을 '안녕히계세요'로 업데이트하는 코드를 작성해보겠습니다.

```
const items = [
  { id: 1, text: '안녕하세요' },
  { id: 2, text: '환영합니다' },
  { id: 3, text: '반갑습니다' }
];
const nextItems = items.map(item => item.id === 2 ? { ...item, text: '안녕히계세요' } : item);
console.log(nextItems);
/*
[
  { "id": 1, "text": "안녕하세요" },
  { "id": 2, "text": "안녕히계세요" },
  { "id": 3, "text": "반갑습니다" }
]
*/
```

배열 내부의 객체를 업데이트할 때는 이 코드와 같이 spread 연산자를 사용해 불변성을 유지해야 합니다.

항목을 제거할 때 작성한 것처럼 [...items]와 findIndex를 사용해 특정 항목을 업데이트할 수도 있습니다. 다음과 같이 말이죠.

```
const items = [
  { id: 1, text: '안녕하세요' },
  { id: 2, text: '환영합니다' },
  { id: 3, text: '반갑습니다' }
];
const index = items.findIndex(item => item.id === 2); // 1
const nextItems = [...items];
nextItems[index] = {
  ...nextItems[index],
  text: '안녕히계세요'
};
console.log(nextItems);
```

출력되는 결과는 이전과 동일합니다. 이 코드에서 nextItems[index] = 형태의 대입 코드는 불변성을 유지하는 코드가 아니지만, nextItems라는 배열을 새로 만들어 해당 배열을 수정한 것이므로 기존의 items 배열은 건드리지 않았습니다. 따라서 items 배열의 불변성이 유지되기 때문에 이 코드 또한 문제가 없습니다.

map을 사용해 업데이트하는 것이 더 간결하기 때문에 이 책에서는 map을 사용해 배열의 원소를 업데이트하는 것을 권장합니다.

4.2 todos 상태 만들기 및 FlatList로 항목 화면에 나타내기

useState를 사용해 할일 목록의 데이터를 관리할 todos라는 배열 타입 상태를 만들어보겠습니다. 그리고 해당 배열 안에 들어있는 원소들을 FlatList를 사용해 화면에 보여주는 방법도 알아보겠습니다.

4.2.1 todos 상태 만들기

todos 상태는 App 컴포넌트에서 만들겠습니다. 기본으로 보여줄 할일 항목 세 가지도 배열 안에 추가합니다.

App.js
```
import React, {useState} from 'react';
(...)

function App() {
  const today = new Date();

  const [todos, setTodos] = useState([
    {id: 1, text: '작업환경 설정', done: true},
    {id: 2, text: '리액트 네이티브 기초 공부', done: false},
    {id: 3, text: '투두리스트 만들어보기', done: false},
  ]);

  (...)
```

우리가 사용할 할일 항목을 가리키는 객체는 다음 값을 지닙니다.

- **id**: 각 항목의 고유 ID 값

- **text**: 화면에서 보여줄 text 값

- **done**: 할일의 완료 여부를 나타내는 값

4.2.2 TodoList 컴포넌트 만들기

TodoList 컴포넌트를 만들고 해당 컴포넌트 내부에 FlatList를 사용해 여러 항목을 보여주겠습니다. components 디렉터리에 TodoList.js 파일을 생성해 다음과 같이 코드를 작성하세요.

components/TodoList.js
```
import React from 'react';
import {FlatList, View, Text, StyleSheet} from 'react-native';
```

```
function TodoList({todos}) {
  return (
    <FlatList
      style={styles.list}
      data={todos}
      renderItem={(({item}) => (
        <View>
          <Text>{item.text}</Text>
        </View>
      )}
      keyExtractor={item => item.id.toString()}
    />
  );
}

const styles = StyleSheet.create({
  list: {
    flex: 1,
  },
});

export default TodoList;
```

TodoList 컴포넌트는 todos Props를 받아와서 해당 값을 FlatList의 data Props로 설정해줍니다. 이렇게 data Props를 설정하면 renderItem이라는 함수를 통해 배열 안의 각 원소들 데이터를 가리키는 뷰를 보여줄 수 있습니다.

keyExtractor Props는 각 항목의 고유 값을 추출해주는 함수입니다. 현재 프로젝트에서는 각 항목 데이터의 id 값이 항목의 고유 값입니다. 리스트를 렌더링할 때는 고유 값이 있어야 합니다. 고유 값이 존재하지 않는 경우에는 기본적으로 항목의 순서값인 index를 사용합니다. 이 경우 배열 내부에 변동사항이 생기면 UI를 비효율적으로 업데이트합니다. 따라서 성능이 좋지 않으니 주의해주세요. 추가로 고유 값은 문자열 타입이어야 하므로 고유 값이 숫자라면 .toString()을 호출해 문자열로 변환해야 합니다.

TodoList 컴포넌트를 다 작성했다면 해당 컴포넌트를 App에서 사용해봅시다. todos 배열의 length가 0일 때는 Empty 컴포넌트를, 그렇지 않을 때는 TodoList 컴포넌트를 보여주도록 코드를 수정해보세요.

```
(...)
import TodoList from './components/TodoList';

function App() {
  const today = new Date();

  const [todos, setTodos] = useState([
    {id: 1, text: '작업환경 설정', done: true},
    {id: 2, text: '리액트 네이티브 기초 공부', done: false},
    {id: 3, text: '투두리스트 만들어보기', done: false},
  ]);

  return (
    <SafeAreaProvider>
      <SafeAreaView edges={{'bottom'}} style={styles.block}>
        <KeyboardAvoidingView
          behavior={Platform.select({ios: 'padding', android: undefined})}
          style={styles.avoid}>
          <DateHead date={today} />
          {todos.length === 0 ? <Empty /> : <TodoList todos={todos} />}
          <AddTodo />
        </KeyboardAvoidingView>
      </SafeAreaView>
    </SafeAreaProvider>
  );
}

(...)
```

여기까지 코드를 작성했다면 todos 배열의 내용이 화면에 나타날 것입니다.

▼ 그림 4-3 TodoList 보여주기

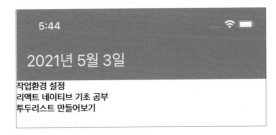

4.2.3 TodoItem 컴포넌트 만들기

지금은 TodoList의 각 항목이 여백도 없고 폰트 크기도 너무 작죠? TodoItem이라는 컴포넌트를 만들어 스타일링도 하고, 나중에 기능을 붙일 수 있도록 해보겠습니다. components 디렉터리에 TodoItem.js 파일을 생성하세요. 그리고 다음 코드를 작성해보세요.

components/TodoItem.js

```javascript
import React from 'react';
import {View, Text, StyleSheet} from 'react-native';

function TodoItem({id, text, done}) {
  return (
    <View style={styles.item}>
      <View style={styles.circle} />
      <Text style={styles.text}>{text}</Text>
    </View>
  );
}

const styles = StyleSheet.create({
  item: {
    flexDirection: 'row',
    padding: 16,
    alignItems: 'center',
  },
  circle: {
    width: 24,
    height: 24,
    borderRadius: 12,
    borderColor: '#26a69a',
    borderWidth: 1,
    marginRight: 16,
  },
  text: {
    flex: 1,
    fontSize: 16,
    color: '#212121',
  },
});

export default TodoItem;
```

이 컴포넌트에서는 id, text, done 값을 Props로 받아옵니다. 지금 당장은 id를 사용하지 않지만 추후 업데이트/삭제를 구현할 때 해당 값이 필요합니다. 또한, done 값에 따라 완료됐을 때는 다른 뷰를 보여줘야 하는데, 이 부분은 잠시 후 구현하겠습니다.

방금 만든 컴포넌트를 TodoList에서 불러와 renderItem 부분에서 사용해보세요.

components/TodoList.js

```
import React from 'react';
import {FlatList, View, Text, StyleSheet} from 'react-native';
import TodoItem from './TodoItem';

function TodoList({todos}) {
  return (
    <FlatList
      style={styles.list}
      data={todos}
      renderItem={({item}) => (
        <TodoItem id={item.id} text={item.text} done={item.done} />
      )}
      keyExtractor={item => item.id.toString()}
    />
  );
}

const styles = StyleSheet.create({
  list: {
    flex: 1,
  },
});

export default TodoList;
```

각 항목의 스타일링이 잘 이루어졌는지 화면을 확인해보세요.

❤ 그림 4-4 TodoItem 컴포넌트 스타일링

4.2.4 항목 사이에 구분선 보여주기

TodoItem 컴포넌트와 다른 TodoItem 컴포넌트 사이에 구분선을 보여주는 방법을 알아보겠습니다. 웹에서는 CSS의 & + & 셀렉터를 통해 특정 엘리먼트들 사이에만 테두리를 보여주게 설정할 수 있는데요. 리액트 네이티브에서는 셀렉터 기능이 존재하지 않습니다. 그 대신 FlatList에 ItemSeparatorComponent Props를 지정해 컴포넌트 사이에 구분선을 설정할 수 있습니다. TodoList 컴포넌트를 다음과 같이 수정해보세요.

components/TodoList.js

```
import React from 'react';
import {FlatList, View, StyleSheet} from 'react-native';
import TodoItem from './TodoItem';

function TodoList({todos}) {
  return (
    <FlatList
      ItemSeparatorComponent={() => <View style={styles.separator} />}
      style={styles.list}
      data={todos}
      renderItem={({item}) => (
        <TodoItem id={item.id} text={item.text} done={item.done} />
      )}
      keyExtractor={item => item.id.toString()}
    />
  );
}

const styles = StyleSheet.create({
  list: {
    flex: 1,
  },
  separator: {
    backgroundColor: '#e0e0e0',
    height: 1,
  },
});

export default TodoList;
```

컴포넌트 사이에 구분선이 잘 나타났나요?

▼ 그림 4-5 항목 사이에 구분선 보여주기

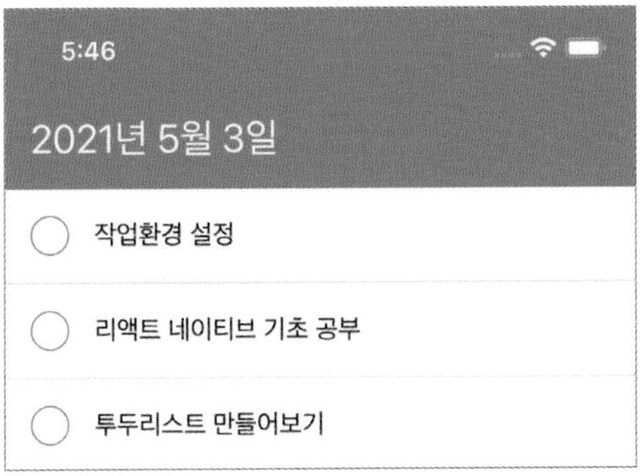

4.2.5 완료한 항목에 다른 스타일 적용하기

App 컴포넌트에서 선언한 todos 배열의 첫 번째 항목을 보면 done 값을 true로 설정해 해당 할 일이 완료됐다는 정보를 지니도록 했습니다. 완료 항목과 미완료 항목을 구분할 수 있도록 done 값이 true일 때 다른 스타일을 적용해봅시다.

완료 항목은 좌측 원의 배경색을 채우고 체크 아이콘을 보여줄 것입니다. 아이콘은 assets/check_image/check_white.png 이미지 파일을 사용하겠습니다.

TodoItem 컴포넌트를 다음과 같이 수정해보세요.

components/TodoItem.js

```
import React from 'react';
import {View, Text, StyleSheet, Image} from 'react-native';

function TodoItem({id, text, done}) {
  return (
    <View style={styles.item}>
      <View style={[styles.circle, done && styles.filled]}>
        {done && (
          <Image
            source={require('../assets/icons/check_white/check_white.png')}
          />
        )}
      </View>
```

```
      <Text style={[styles.text, done && styles.lineThrough]}>{text}</Text>
    </View>
  );
}

const styles = StyleSheet.create({
  item: {
    flexDirection: 'row',
    padding: 16,
    borderBottomColor: '#e0e0e0',
    alignItems: 'center',
  },
  circle: {
    width: 24,
    height: 24,
    borderRadius: 12,
    borderColor: '#26a69a',
    borderWidth: 1,
    marginRight: 16,
  },
  filled: {
    justifyContent: 'center',
    alignItems: 'center',
    backgroundColor: '#26a69a',
  },
  text: {
    flex: 1,
    fontSize: 16,
    color: '#212121',
  },
  lineThrough: {
    color: '#9e9e9e',
    textDecorationLine: 'line-through',
  },
});

export default TodoItem;
```

코드를 저장한 뒤, 화면에 다음과 같이 아이콘이 나타나고, 텍스트 스타일도 변경됐는지 확인해보세요.

▼ 그림 4-6 완료 항목 구분하기

REACT NATIVE

4.3 새 항목 등록하기

이제 App 컴포넌트의 todos 상태에 따라 화면에 할일 항목이 나타납니다. AddTodo 컴포넌트 기능을 마저 구현해 할일을 등록해봅시다.

우선 App 컴포넌트에 onInsert라는 함수를 다음과 같이 구현한 다음, 해당 함수를 AddTodo의 Props로 설정해주세요.

App.js

```
(...)

function App() {
  const today = new Date();
  const [todos, setTodos] = useState([
    {id: 1, text: '작업환경 설정', done: true},
    {id: 2, text: '리액트 네이티브 기초 공부', done: false},
    {id: 3, text: '투두리스트 만들어보기', done: false},
  ]);

  const onInsert = text => {
    // 새로 등록할 항목의 id를 구합니다.
    // 등록된 항목 중에서 가장 큰 id를 구하고, 그 값에 1을 더합니다.
    // 만약 리스트가 비어있다면 1을 id로 사용합니다.
    const nextId =
```

```jsx
  todos.length > 0 ? Math.max(...todos.map(todo => todo.id)) + 1 : 1;
    const todo = {
      id: nextId,
      text,
      done: false,
    };

    setTodos(todos.concat(todo));
  };

  return (
    <SafeAreaProvider>
      <SafeAreaView edges={['bottom']} style={styles.block}>
        <KeyboardAvoidingView
          behavior={Platform.select({ios: 'padding'})}
          style={styles.avoid}>
          <DateHead date={today} />
          {todos.length === 0 ? <Empty /> : <TodoList todos={todos} />}
          <AddTodo onInsert={onInsert} />
        </KeyboardAvoidingView>
      </SafeAreaView>
    </SafeAreaProvider>
  );
}

(...)
```

Note ≡ 앞의 코드에서 Math.max(...todos.map(todo => todo.id))처럼 함수의 인자 부분에서도 spread 연산자 ...를 사용할 수 있습니다. 이 코드는 배열 안의 모든 원소를 순서대로 함수의 인자로 넣어준다는 의미입니다.

todos.map(todo => todo.id)는 할일 항목들의 id를 선택해 새로운 배열을 만듭니다. 결과는 [1, 2, 3]입니다. 이 배열을 spread 연산자를 사용해 Math.max 함수의 인자 부분에 펼쳐주면 Math.max(1, 2, 3)을 연산해 이 중 최댓값인 3을 반환합니다.

추가로 todo 객체의 text 부분이 text: text 형태로 작성되지 않고 text라고만 작성되어 있죠? 이는 단축된 속성명(Shorthand property names)이라는 문법입니다. 현재 text 값을 파라미터로 받아오고 있는데, 이를 그대로 객체의 text 속성으로 사용하겠다는 의미입니다. 즉, text: text와 동일한 코드입니다.

onInsert 함수를 다 작성했으면 해당 함수를 AddTodo 컴포넌트에서 사용해보세요.

components/AddTodo.js

```
(...)

function AddTodo({onInsert}) {
  const [text, setText] = useState('');

  const onPress = () => {
    onInsert(text);
    setText('');
    Keyboard.dismiss();
  };

(...)
```

onInsert를 Props로 받아와서 onPress 함수에서 현재 text 상태를 인자로 넣어 호출하면 됩니다.

자, 이제 할일을 등록할 수 있습니다. 한번 새 항목을 추가해보세요.

❤ 그림 4-7 새 항목 추가

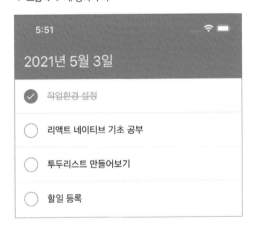

새로운 항목이 잘 추가됐나요?

> Note ≡ | 안드로이드 시뮬레이터에서는 한글 키보드가 기본적으로 등록되어 있지 않습니다. 따라서 영어로 입력하
> 거나 안드로이드 설정에 들어가서 **System 〉 Languages & Input 〉 Languages**에서 한국어를 추가한 뒤 입력
> 하세요.

4.4 할일 완료 상태 토글하기

이번에는 할일 완료 상태를 토글하는 기능을 구현해보겠습니다. 토글(Toggle)이란 하나의 값을 다른 값으로 전환하는 것을 의미하는데요. 우리 프로젝트의 경우 done 값을 false → true, true → false로 변경하게 됩니다.

우선 App 컴포넌트에 onToggle이라는 함수를 다음과 같이 작성하고, 해당 함수를 TodoList의 Props로 설정해주세요. 이 함수는 항목의 고유 값인 id를 파라미터로 받아옵니다.

App.js

```
(...)
function App() {
  const today = new Date();
  const [todos, setTodos] = useState([
    {id: 1, text: '작업환경 설정', done: true},
    {id: 2, text: '리액트 네이티브 기초 공부', done: false},
    {id: 3, text: '투두리스트 만들어보기', done: false},
  ]);

  const onInsert = text => {
    // 새로 등록할 항목의 id를 구합니다.
    // 등록된 항목 중에서 가장 큰 id를 구하고, 그 값에 1을 더합니다.
    // 만약 리스트가 비어있다면 1을 id로 사용합니다.
    const nextId =
      todos.length > 0 ? Math.max(...todos.map(todo => todo.id)) + 1 : 1;
    const todo = {
      id: nextId,
      text,
      done: false,
    };

    setTodos(todos.concat(todo));
  };

  const onToggle = id => {
    const nextTodos = todos.map(todo =>
      todo.id === id ? {...todo, done: !todo.done} : todo,
    );
    setTodos(nextTodos);
```

```
  };

  return (
    <SafeAreaProvider>
      <SafeAreaView edges={['bottom']} style={styles.block}>
        <KeyboardAvoidingView
          behavior={Platform.select({ios: 'padding'})}
          style={styles.avoid}>
          <DateHead date={today} />
          {todos.length === 0 ? (
            <Empty />
          ) : (
            <TodoList todos={todos} onToggle={onToggle} />
          )}
          <AddTodo onInsert={onInsert} />
        </KeyboardAvoidingView>
      </SafeAreaView>
    </SafeAreaProvider>
  );
}
(...)
```

작성한 onToggle 함수의 특정 항목 업데이트 원리는 4.1.2.3절에서 다룬 것과 동일합니다. 이 코드를 해석해볼까요? todos 배열의 모든 항목에 대해 todo.id 값이 함수의 파라미터로 받아온 id 값과 일치하면 done 값을 반전시키고, 그렇지 않으면 기존 객체를 그대로 유지하겠다는 의미입니다.

이제 TodoList 컴포넌트를 열어 방금 받아온 onToggle 함수를 TodoItem 컴포넌트에 그대로 Props로 전달해주세요.

components/TodoList.js

```
import React from 'react';
import {FlatList, View, StyleSheet} from 'react-native';
import TodoItem from './TodoItem';

function TodoList({todos, onToggle}) {
  return (
    <FlatList
      ItemSeparatorComponent={() => <View style={styles.separator} />}
      style={styles.list}
      data={todos}
```

```
      renderItem={({item}) => (
        <TodoItem
          id={item.id}
          text={item.text}
          done={item.done}
          onToggle={onToggle}
        />
      )}
      keyExtractor={item => item.id.toString()}
    />
  );
}

(...)
```

다음으로 TodoItem 컴포넌트에서 onToggle을 사용합니다. 좌측에 체크 아이콘이 나타나는 원을 터치할 수 있는 영역으로 만들 텐데, 그렇게 하기 위해서 필요한 컴포넌트를 TouchableOpacity 컴포넌트로 감싸주겠습니다. 이 컴포넌트는 2장에서도 사용해봤죠?

components/TodoItem.js

```
import React from 'react';
import {View, Text, StyleSheet, Image, TouchableOpacity} from 'react-native';

function TodoItem({id, text, done, onToggle}) {
  return (
    <View style={styles.item}>
      <TouchableOpacity onPress={() => onToggle(id)}>
        <View style={[styles.circle, done && styles.filled]}>
          {done && (
            <Image
              source={require('../assets/icons/check_white/check_white.png')}
            />
          )}
        </View>
      </TouchableOpacity>
      <Text style={[styles.text, done && styles.lineThrough]}>{text}</Text>
    </View>
  );
}

(...)
```

TouchableOpacity의 onPress 부분을 보면 () => onToggle(id)와 같은 형태로 Props 설정 부분에서 바로 함수를 선언해 넣어줬습니다. 함수를 만들어 특정 상수 또는 변수에 담지 않고 바로 사용하는 함수를 익명 함수라고 부릅니다. 만약 함수가 간결하고, 사용하는 곳이 한 곳밖에 없다면 앞의 코드처럼 익명 함수를 작성하면 됩니다.

여기서 주의할 점은 절대로 onPress={onToggle(id)}와 같이 코드를 작성하면 안 된다는 점입니다. 이렇게 코드를 작성하면 컴포넌트가 렌더링될 때마다 onToggle이 호출되는 상황이 발생합니다. onToggle이 호출되면 컴포넌트는 또 리렌더링되고, 결국 앱에서 오류가 발생하게 됩니다.

코드를 다 작성했으면 항목의 좌측 원을 터치해 토글이 잘 작동하는지 확인해보세요.

▼ 그림 4-8 항목 토글하기

4.5 / 항목 삭제하기

프로젝트의 마지막 기능인 항목을 삭제하는 기능을 구현해봅시다. 다음과 같이 완료한 항목 우측에 삭제 아이콘을 표시하고, 이 아이콘을 누르면 항목을 삭제하게 만들어보겠습니다.

▼ 그림 4-9 항목 삭제 UI 미리보기

4.5.1 벡터 아이콘 사용하기

이번에 보여줄 삭제 아이콘은 Image 컴포넌트를 사용하지 않습니다. react-native-vector-icons 라는 라이브러리로 벡터 아이콘을 사용해보겠습니다.

벡터 아이콘은 폰트 또는 SVG를 사용해 크기가 조정돼도 아이콘이 흐려지거나 깨지지 않습니다. 모든 해상도에서 또렷하게 나타나며 색상도 쉽게 변경할 수 있습니다. react-native-vector-icons 라이브러리는 오픈 소스로 공개된 벡터 아이콘을 리액트 네이티브 프로젝트에서 간편하게 컴포넌트처럼 사용할 수 있게 해줍니다.

이 라이브러리를 설치해봅시다. 다음 명령어를 입력하세요.

```
$ yarn add react-native-vector-icons
```

그리고 iOS와 안드로이드 프로젝트 둘 다 추가해줘야 하는 사항이 있습니다.

4.5.1.1 iOS에 react-native-vector-icons 적용하기

ios 디렉터리로 이동해 pod install 명령어를 입력하세요.

```
$ cd ios
$ pod install
```

그다음에는 ios/TodoApp/Info.plist 파일을 열고 스크롤을 아래로 쭉 내려서 맨 마지막의 </dict>를 찾은 뒤, 다음과 같이 UIAppFonts 속성을 추가해보세요.

ios/TodoApp/Info.plist

```
(...)
  <key>UIViewControllerBasedStatusBarAppearance</key>
  <false/>
  <key>UIAppFonts</key>
  <array>
      <string>MaterialIcons.ttf</string>
  </array>
</dict>
</plist>
```

plist 파일은 iOS 앱의 프로퍼티 리스트(property list) 파일로 앱의 이름, 아이콘, 버전 등 앱에서 필요한 설정값을 지니고 있습니다. 여기에 추가할 폰트로 어떤 것이 있는지는 node_modules/react-native-vector-icons/Fonts 디렉터리를 열어보거나 다음 링크를 보면 됩니다.

- https://github.com/oblador/react-native-vector-icons/tree/master/Fonts

다양한 오픈 소스 아이콘이 들어있는 폰트 파일이 있는데요. 파일을 모두 추가할 필요는 없고, 사용하고 싶은 아이콘 종류만 넣으면 됩니다. 우리는 구글에서 디자인한 MaterialIcons만 사용할 것이므로 나머지는 모두 생략하겠습니다.

다 설치했으면 yarn ios 명령어를 다시 한번 입력해주세요.

4.5.1.2 안드로이드에 react-native-vector-icons 적용하기

안드로이드에서는 android/app/build.gradle 파일을 열고 맨 아래로 스크롤을 내린 후 다음 텍스트를 추가하세요.

android/app/build.gradle

```
(...)
apply from: file("../../node_modules/react-native-vector-icons/fonts.gradle")
```

build.gradle 파일은 안드로이드의 범용 빌드 도구인 Gradle에서 사용하는 파일로 프로젝트의 의존성, 플러그인 및 빌드에 필요한 설정에 대한 정보를 지니고 있습니다.

설치가 끝나면 yarn android 명령어를 다시 한번 입력해주세요.

4.5.1.3 삭제 아이콘 보여주기

삭제 아이콘을 보여줍시다. 다음 페이지에 들어가면 react-native-vector-icons에 있는 모든 아이콘을 검색할 수 있습니다.

- https://oblador.github.io/react-native-vector-icons

이 페이지에서 delete를 검색하면 MaterialIcons 섹션에 delete 아이콘을 확인할 수 있습니다.

▼ 그림 4-10 react-native-vector-icons에서 delete 검색

react-native-vector-icons의 아이콘은 다음과 같이 사용할 수 있습니다.

```
import Icon from 'react-native-vector-icons/MaterialIcons';
const deleteIcon = <Icon name="delete" size={32} color="red" />;
```

import하는 부분의 'react-native-vector-icons/MaterialIcons'에서 MaterialIcons 대신 다른 폰트를 사용할 수도 있습니다. Icon 컴포넌트의 name 부분에 검색해서 확인한 아이콘의 이름을 넣으면 됩니다. size 및 color Props를 사용해 아이콘의 크기 및 색상을 변경할 수도 있습니다.

자, 그러면 이 컴포넌트를 TodoItem 컴포넌트에서 텍스트의 우측 부분에 렌더링해봅시다.

components/TodoItem.js

```
import React from 'react';
import {View, Text, StyleSheet, Image, TouchableOpacity} from 'react-native';
import Icon from 'react-native-vector-icons/MaterialIcons';

function TodoItem({id, text, done, onToggle}) {
  return (
    <View style={styles.item}>
      <TouchableOpacity onPress={() => onToggle(id)}>
        <View style={[styles.circle, done && styles.filled]}>
          {done && (
            <Image
```

```
                 source={require('../assets/icons/check_white/check_white.png')}
               />
           )}
         </View>
       </TouchableOpacity>
       <Text style={[styles.text, done && styles.lineThrough]}>{text}</Text>
       {done ? (
         <Icon name="delete" size={32} color="red" />
       ) : (
         <View style={styles.removePlaceholder} />
       )}
     </View>
   );
 }

const styles = StyleSheet.create({
   (...)
   removePlaceholder: {
     width: 32,
     height: 32,
   },
 });

export default TodoItem;
```

이 코드는 삼항연산자를 사용해 done 값이 true일 때는 아이콘을 보여주고, 그렇지 않을 때는
removePlaceholder라는 스타일을 가진 View를 보여주도록 했습니다. 여기서 removePlaceholder
스타일을 사용한 이유는 아이콘이 보이지 않을 때도 삭제 아이콘이 보일 영역을 미리 차지해 두기
위함입니다. 만약 이 작업을 하지 않으면 항목의 내용이 아주 긴 경우, 토글할 때마다 텍스트가 보
이는 영역이 달라질 것입니다.

코드를 다 작성했으면 완료한 항목 부분에 삭제 아이콘이 나타나는지 확인해보세요.

❤ 그림 4-11 삭제 아이콘이 나타난 완료 항목

4.5.2 항목 삭제 함수 만들기

이제 App 컴포넌트에서 항목을 삭제하는 함수 onRemove를 선언해 이를 TodoList 컴포넌트의 Props로 설정해줍시다. 이 함수는 onToggle처럼 항목의 id 값을 파라미터로 받아옵니다.

```
App.js
(...)
function App() {
  (...)

  const onRemove = id => {
    const nextTodos = todos.filter(todo => todo.id !== id);
    setTodos(nextTodos);
  };

  return (
    <SafeAreaProvider>
      <SafeAreaView edges={['bottom']} style={styles.block}>
        <KeyboardAvoidingView
          behavior={Platform.select({ios: 'padding'})}
          style={styles.avoid}>
          <DateHead date={today} />
          {todos.length === 0 ? (
            <Empty />
          ) : (
            <TodoList todos={todos} onToggle={onToggle} onRemove={onRemove} />
          )}
          <AddTodo onInsert={onInsert} />
        </KeyboardAvoidingView>
      </SafeAreaView>
    </SafeAreaProvider>
  );
}

(...)
```

다음으로 이전에 onToggle을 다룬 것처럼 onRemove 함수도 TodoItem에 전달해줍시다. TodoList 컴포넌트를 다음과 같이 수정하세요.

```js
import React from 'react';
import {FlatList, View, StyleSheet} from 'react-native';
import TodoItem from './TodoItem';

function TodoList({todos, onToggle, onRemove}) {
  return (
    <FlatList
      ItemSeparatorComponent={() => <View style={styles.separator} />}
      style={styles.list}
      data={todos}
      renderItem={({item}) => (
        <TodoItem
          id={item.id}
          text={item.text}
          done={item.done}
          onToggle={onToggle}
          onRemove={onRemove}
        />
      )}
      keyExtractor={item => item.id.toString()}
    />
  );
}

(...)
```

이제 거의 끝났습니다! 삭제 아이콘을 TouchableOpacity 컴포넌트로 감싸고 onPress Props를 설정해주세요.

```js
import React from 'react';
import {View, Text, StyleSheet, Image, TouchableOpacity} from 'react-native';
import Icon from 'react-native-vector-icons/MaterialIcons';

function TodoItem({id, text, done, onToggle, onRemove}) {
  return (
    <View style={styles.item}>
      <TouchableOpacity onPress={() => onToggle(id)}>
        <View style={[styles.circle, done && styles.filled]}>
          {done && (
            <Image
              source={require('../assets/icons/check_white/check_white.png')}
```

```
        />
      )}
    </View>
  </TouchableOpacity>
  <Text style={[styles.text, done && styles.lineThrough]}>{text}</Text>
  {done ? (
    <TouchableOpacity onPress={() => onRemove(id)}>
      <Icon name="delete" size={32} color="red" />
    </TouchableOpacity>
  ) : (
    <View style={styles.removePlaceholder} />
  )}
  </View>
 );
}

(...)
```

항목이 잘 삭제되는지 확인해보세요!

4.5.3 항목을 삭제하기 전에 한번 물어보기

이번에는 항목을 삭제하기 전에 사용자에게 정말 삭제할 건지 물어보는 알림창을 띄워보겠습니다. 리액트 네이티브에 내장되어 있는 Alert라는 API를 통해 구현할 수 있습니다.

TodoItem 컴포넌트를 다음과 같이 수정해보세요.

components/TodoItem.js

```
import React from 'react';
import {
  View,
  Text,
  StyleSheet,
  Image,
  TouchableOpacity,
  Alert,
} from 'react-native';
import Icon from 'react-native-vector-icons/MaterialIcons';

function TodoItem({id, text, done, onToggle, onRemove}) {
  const remove = () => {
```

```
  Alert.alert(
    '삭제',
    '정말로 삭제하시겠어요?',
    [
      {text: '취소', onPress: () => {}, style: 'cancel'},
      {
        text: '삭제',
        onPress: () => {
          onRemove(id);
        },
        style: 'destructive',
      },
    ],
    {
      cancelable: true,
      onDismiss: () => {},
    },
  );
};

return (
  <View style={styles.item}>
    <TouchableOpacity onPress={() => onToggle(id)}>
      <View style={[styles.circle, done && styles.filled]}>
        {done && (
          <Image
            source={require('../assets/icons/check_white/check_white.png')}
          />
        )}
      </View>
    </TouchableOpacity>
    <Text style={[styles.text, done && styles.lineThrough]}>{text}</Text>
    {done ? (
      <TouchableOpacity onPress={remove}>
        <Icon name="delete" size={32} color="red" />
      </TouchableOpacity>
    ) : (
      <View style={styles.removePlaceholder} />
    )}
  </View>
);
}

(...)
```

Alert.alert 함수의 파라미터는 제목, 내용, 버튼 배열, 옵션 객체 순서입니다. 버튼 배열에 넣는 버튼 객체에는 text 값을 통해 버튼의 이름을 지정할 수 있고, onPress를 통해 버튼이 눌렸을 때 호출할 함수를 설정할 수 있습니다.

style은 cancel, default, destructive 값을 설정할 수 있는데 iOS에서만 작동합니다.

- cancel: 취소를 의미하며 폰트가 두껍게 나타납니다.
- default: 기본을 의미하며 기본 버튼(파란색 텍스트)이 나타납니다.
- destructive: '파괴적'인 것을 의미하며 지금과 같이 삭제하는 상황에 적합한 스타일입니다.

참고로 안드로이드는 버튼에 스타일이 적용되지 않습니다. 만약 버튼 스타일을 변경하고 싶다면 Alert처럼 보이는 컴포넌트를 직접 제작해야 합니다. 컴포넌트를 직접 만드는 것에 대해서는 추후 다뤄보겠습니다.

4번째 파라미터로 넣는 옵션 객체에는 cancelable 값을 통해 안드로이드에서 Alert 박스 바깥 영역을 터치하거나 Back 버튼을 눌렀을 때 Alert가 닫히도록 설정할 수 있습니다. onDismiss는 Alert가 닫힐 때 호출되는 함수입니다.

이제 다시 삭제 아이콘을 눌러보세요. 다음과 같이 Alert가 나타났나요? 좌측은 iOS, 우측은 안드로이드입니다.

▼ 그림 4-12 Alert

4.6

AsyncStorage로 앱이 꺼져도
데이터 유지하기

AsyncStorage는 리액트 네이티브에서 사용할 수 있는 key-value 형식의 저장소입니다. iOS에서는 네이티브 코드로 구현되어 있으며, 안드로이드에서는 네이티브 코드와 SQLite를 기반으로 구현되어 있습니다.

AsyncStorage는 브라우저에서 사용하는 localStorage와도 꽤 비슷합니다. 값을 저장할 때는 문자열 타입으로 저장해야 하며, getItem, setItem, removeItem, clear 등 localStorage에서 사용하는 메서드와 같은 이름을 가진 메서드들도 존재합니다. localStorage와의 큰 차이점이라면 AsyncStorage는 비동기적으로 작동한다는 것입니다. 값을 조회하거나 설정할 때 Promise를 반환합니다.

4.6.1 Promise가 무엇인가요?

Promise는 자바스크립트에서 비동기적 작업을 편하게 관리하도록 도와주는 객체입니다.

4.6.1.1 동기적 작업과 비동기적 작업 이해하기

우선 동기적 작업과 비동기적 작업에 대해 이해해봅시다. 먼저, 동기적 작업은 특정 작업이 끝날 때까지 다음 작업을 시작하지 않고 대기하다가 기존 작업이 끝나면 다음 작업을 시작합니다. 한번 예시 코드를 확인해볼까요?

```
function calculate() {
 console.log('calculating...');
 let result = 0;
  for (let i = 1; i < 10; i++) {
    result += i;
  }
  console.log(`9! = ${result}`);
}

function hello() {
  console.log('hello');
```

```
}

calculate();
hello();
```

이 코드를 개발자 도구 또는 CodeSandBox에서 실행해보세요. 결과는 다음과 같습니다.

```
calculating...
9! = 45
hello
```

이 코드는 calculate 함수로 1부터 9까지의 합을 연산한 다음, hello 함수를 호출합니다.

다음으로, 비동기적 작업은 특정 작업이 끝나지 않아도 다음 작업을 수행합니다. 다음 예시 코드를 확인해보세요.

```
function calculate() {
  console.log('calculating...');
  setTimeout(() => {
    let result = 0;
    for (let i = 1; i < 10; i++) {
      result += i;
    }
    console.log(`9! = ${result}`);
  }, 0)
}

function hello() {
  console.log('hello');
}

calculate();
hello();
```

이 코드의 결과는 다음과 같습니다.

```
calculating...
hello
9! = 45
```

먼저 calculate 함수가 호출되어 calculating...을 출력합니다. 그다음 hello 함수를 호출하고 나서 setTimeout 함수의 첫 번째 인자로 등록된 함수가 호출됩니다.

현재 calculate 함수에서 기존에 수행되던 작업이 setTimeout으로 감싸져 있습니다. setTimeout 함수는 주어진 시간 이후에 특정 함수를 실행합니다. 첫 번째 인자에는 실행하고 싶은 함수를 넣고, 두 번째 인자에는 시간을 ms(0.001초) 단위로 넣습니다.

결국 앞의 코드는 0초 후 우리가 설정한 함수를 실행한다는 의미입니다. setTimeout에서 두 번째 인자에 0을 넣으면 자바스크립트 런타임 환경에 따라 최소 4ms~10ms 이후 함수로 실행합니다 (Node.js는 1ms 이후 실행됩니다). 이렇게 setTimeout을 사용했을 때 첫 번째 인자로 넣은 함수는 현재 코드가 실행 중인 실행 컨텍스트가 끝난 다음에 호출됩니다.

4.6.1.2 콜백 함수

만약 calculate를 호출하고 나서 내부에서 처리하는 작업을 끝내고 연산된 결과물을 사용해 우리가 원하는 특정 작업을 하고 싶다고 가정해봅시다. 그러면 코드를 다음과 같이 작성하면 됩니다.

```
function calculate(callback) {
  console.log('calculating...');
  setTimeout(() => {
    let result = 0;
    for (let i = 1; i < 10; i++) {
      result += i;
    }
    callback(result);
  }, 0)
}

function hello() {
  console.log('hello');
}

calculate(result => {
  console.log(`9! = ${result}`)
});
hello();
```

calculate 함수에 callback이라는 콜백 함수를 파라미터로 받아와서 연산이 끝나고 해당 함수에 결괏값을 인자로 넣어서 호출하도록 해줬습니다. 이렇게 코드를 작성했을 때 출력되는 결과물은 이전과 동일합니다.

물론 이와 같이 간단한 연산을 할 때 코드를 비동기적으로 작성하지는 않습니다. 실제 프로젝트에서는 더 복잡한 연산을 하거나 파일을 읽고 써야 하거나, 또는 네트워크를 요청해야 하는 상황 등에 사용합니다.

예를 들어, 과거에는 브라우저에서 jQuery를 사용해 ajax 통신할 때 다음과 같이 콜백 함수를 자주 사용했죠.

```
function getUserProfile(username, callback) {
  $.get('https://sample.com/users/' + username, function(response) {
    callback(response);
  });
}

getUserProfile(function(profile) {
  // profile을 사용하는 코드...
})
```

콜백 함수를 사용해 비동기 작업을 관리할 때 흔히 발생하는 문제점은 여러 개의 비동기 작업을 연달아 처리해야 할 때 다음과 같이 콜백 지옥이 만들어질 수 있다는 점입니다.

```
getOrder(count => {
  makeSandwiches(count, sandwiches => {
    receiveMoney(count * 3200, success => {
      if (success) {
        serveSandwiches(sandwiches);
      }
    })
  })
})
```

콜백 함수가 연달아 있으면 코드의 가독성이 나빠지고 유지보수가 어려워집니다.

4.6.1.3 Promise 만들기

Promise를 사용하면 콜백 함수로 비동기 작업을 관리하다 발생할 수 있는 콜백 지옥을 방지할 수 있습니다. 먼저 콜백 함수를 사용하는 비동기적 코드 예시를 한번 살펴봅시다.

```
function double(number, callback) {
  setTimeout(() => {
    if (!callback) return;
```

```
    const result = number * 2;
    console.log(`${number} * 2 = ${result}`);
    callback(number * 2);
  }, 500);
}

double(1, result => {
  double(result, result => {
    double(result, result => {
      double(result, result => {
        console.log(`최종 결과는 ${result}입니다.`)
      })
    })
  })
});
```

이 코드의 출력 결과는 다음과 같습니다.

```
1 * 2 = 2
2 * 2 = 4
4 * 2 = 8
8 * 2 = 16
최종 결과는 16입니다.
```

double 함수에서 Promise를 만들어 코드를 개선해볼까요? Promise를 만드는 방법은 다음과 같습니다.

```
const promise = new Promise((resolve, reject) => {
  // ...
})
```

Promise를 만들 때는 resolve와 reject를 파라미터로 받아오는 함수를 인자로 넣습니다. resolve 와 reject는 둘 다 함수 타입으로 resolve는 작업이 성공했을 때 호출하는 함수, reject는 작업이 실패했을 때 호출하는 함수입니다. resolve 또는 reject 함수를 호출할 때는 결괏값 또는 오류를 인자로 넣어줄 수 있습니다.

double 함수에서 Promise를 만들고 이를 반환해보겠습니다.

```
function double(number) {
  const promise = new Promise((resolve, reject) => {
    setTimeout(() => {
      if (typeof number !== 'number') {
```

```
        reject(new Error('Parameter is not a valid,'))
        return;
      }
      const result = number * 2;
      console.log(`${number} * 2 = ${result}`);
      resolve(result);
    }, 500)
  })
  return promise;
}
```

이 코드에서는 함수가 실패하는 상황도 준비했습니다. 만약 number 값이 없거나, 숫자가 아닌 경우 reject 함수를 사용해 파라미터가 유효하지 않다는 오류를 발생시킵니다. 파라미터가 유효한 값이라면 resolve 함수를 사용해 결괏값을 이행합니다.

Promise에서 이행(resolve)된 결과는 Promise 객체의 then 메서드를 통해 사용할 수 있고, 거부(reject)된 오류는 catch 메서드를 통해 사용할 수 있습니다.

```
double(1).then(
  result => {
    console.log('resolved: ', result);
  }
)

double(null).then(
  result => {
    // Promise가 거부되기 때문에 이 코드는 실행되지 않음.
    console.log('resolved: ', result);
  }
).catch(
  e => {
    console.error(e);
  }
)
```

console.error는 콘솔에 결과를 출력할 때 오류를 더욱 쉽게 구분할 수 있도록 결과를 (브라우저 개발자 도구의 경우) 빨간색으로 강조해 출력합니다.

이 코드의 출력 결과는 다음과 같습니다.

```
1 * 2 = 2
resolved: 2
Error: Parameter is not valid
```

이번에는 dobule을 연달아 사용하는 상황의 코드를 작성해보겠습니다.

```
double(1)
  .then(result => double(result))
  .then(result => double(result))
  .then(result => double(result))
  .then(result => {
    console.log(`최종 결과: ${result}`);
})
```

출력 결과는 다음과 같습니다.

```
1 * 2 = 2
2 * 2 = 4
4 * 2 = 8
8 * 2 = 16
최종 결과: 16
```

Promise의 then에서 호출하고 싶은 함수의 파라미터가 하나뿐인 경우에는 다음과 같이 함수 선언을 생략하고 호출하고 싶은 함수의 레퍼런스를 바로 넣어줘도 됩니다.

```
double(1)
  .then(double)
  .then(double)
  .then(double)
  .then(result => {
    console.log(`최종 결과: ${result}`);
  })
```

지금은 한 함수만 연달아서 사용했지만, 실무에서는 다음과 같이 Promise를 반환하는 여러 함수를 조합해 사용하기도 한답니다.

```
getUser(username)
  .then(parseUserInfo)
  .then(downloadThumbnail)
  .then(applyUserProfile)
```

4.6.1.4 async와 await

async와 await라는 키워드는 Promise를 더욱 쉽게 사용할 수 있게 해줍니다. 사용 예시를 한번 확인해볼까요?

```
function sleep(ms) {
  return new Promise(resolve => setTimeout(resolve, ms));
}

async function process() {
  console.log('안녕하세요!');
  await sleep(1000); // 1초 쉬고
  console.log('반갑습니다!');
}

process();
```

출력 결과는 다음과 같습니다.

안녕하세요!
반갑습니다!

첫 번째 텍스트가 출력된 다음 1초 뒤에 두 번째 텍스트가 출력됩니다. 이 문법을 사용하려면 함수를 선언할 때 앞부분에 async 키워드를 붙이고, Promise의 앞부분에 await를 사용하면 됩니다. 그러면 then 또는 catch 없이도 쉽게 비동기 작업을 관리할 수 있습니다.

이번에는 이전 절에서 작성한 double을 async, await 문법과 함께 사용해봅시다.

```
function double(number) {
  const promise = new Promise((resolve, reject) => {
    setTimeout(() => {
      if (typeof number !== 'number') {
        reject(new Error('Parameter is not valid'))
        return;
      }
      const result = number * 2;
      console.log(`${number} * 2 = ${result}`);
      resolve(result);
    }, 500)
  })
  return promise;
}

async function process() {
  let result = 1;
  result = await double(result);
  result = await double(result);
  result = await double(result);
```

```
    result = await double(result);
    return result;
  }

process().then(
  result => {
    console.log(`최종 결과: ${result}`)
  }
)
```

출력 결과는 다음과 같습니다.

```
1 * 2 = 2
2 * 2 = 4
4 * 2 = 8
8 * 2 = 16
최종 결과: 16
```

함수를 선언할 때 function 키워드 앞에 async를 붙여주면 해당 함수를 호출했을 때 함수 내부에서 반환한 값을 이행하는 Promise를 반환합니다. process()에서 반환하는 값이 Promise이기 때문에 여기서 또 then을 사용할 수 있죠.

만약 함수가 function 키워드로 선언한 함수가 아니라 화살표 함수 문법을 통해 선언된 함수라면 다음과 같은 형태로 사용합니다.

```
const fn = async () => {
  // ...
}
```

async와 await를 사용할 때 오류에 대해 예외 처리하려면 try/catch 구문을 사용해야 합니다. 예시 코드를 확인해봅시다.

```
async function process() {
  try {
    await double(null);
  } catch (e) {
    console.error(e);
  }
}
process();
```

앞의 코드는 다음 오류를 출력합니다(코드에 문제가 있는 것이 아니라, 오류가 발생했을 때 오류를 출력하는 것입니다).

```
Error: Parameter is valid
```

지금까지 Promise와 async, await를 간략하게 배워보았습니다. 잘 숙지해두면 앞으로 네트워크 요청 및 네이티브 코드와 연동된 작업(예를 들어, AsyncStorage)을 할 때 유용할 것입니다.

4.6.2 AsyncStorage 설치하기

예전에는 AsyncStorage가 리액트 네이티브 프로젝트에 자체 내장되어 있어서 별도로 설치할 필요가 없었지만, 해당 기능을 커뮤니티에서 유지보수하면서 라이브러리로 분리됐습니다. 따라서 사용하려면 따로 설치해줘야 합니다.

다음 명령어를 사용해 이 라이브러리를 설치하세요.

```
$ yarn add @react-native-community/async-storage
```

iOS에서는 다시 pod install해줘야 합니다.

```
$ cd ios
$ pod install
```

설치 후에는 yarn ios, yarn android 명령어를 실행해주세요.

4.6.3 AsyncStorage의 기본 사용법

AsyncStorage를 프로젝트에 적용해주겠습니다. 우선 AsyncStorage의 기본 사용법을 알아봅시다.

4.6.3.1 불러오기

AsyncStorage를 사용하고 싶은 컴포넌트에 다음 코드를 사용해 불러옵니다.

```
import AsyncStorage from '@react-native-community/async-storage';
```

4.6.3.2 저장하기

특정 값을 저장할 때는 setItem 메서드를 사용합니다.

```
const save = async () => {
  try {
    await AsyncStorage.setItem('key', 'value');
  } catch (e) {
    // 오류 예외 처리
  }
}
```

값을 저장할 때는 문자열 타입이어야 합니다. 만약 객체 및 배열 타입을 저장하려면 다음과 같이 JSON.stringify 함수를 사용해야 합니다.

```
await AsyncStorage.setItem('todos', JSON.stringify(todos));
```

4.6.3.3 불러오기

특정 값을 불러올 때는 getItem 메서드를 사용합니다.

```
const load = async () => {
  try {
    const value = await AsyncStorage.getItem('key');
    // value를 사용하는 코드
  } catch (e) {
    // 오류 예외 처리
  }
}
```

만약 객체 및 배열을 불러오려면 JSON.parse 함수를 사용해 문자열을 JSON으로 변환해야 합니다.

```
const rawTodos = await AsyncStorage.getItem('todos');
const todos = JSON.parse(rawTodos);
```

4.6.3.4 초기화하기

AsyncStorage에 있는 모든 값을 초기화하고 싶다면 다음과 같이 clear 메서드를 사용합니다.

```
const clearAll = async () => {
  try {
```

```
      await AsyncStorage.clear();
  } catch (e) {
    // 오류 예외 처리
  }
}
```

더 많은 API에 관한 정보는 다음 링크를 참고해주세요.

- https://bit.ly/async-storage-docs

4.6.4 AsyncStorage 적용하기

이제 할일 목록을 AsyncStorage에 저장해 앱을 재시작해도 데이터가 유지되도록 만들어줍시다. 가장 기본적인 방법은 onInsert, onToggle, onRemove 함수에서 setTodos를 호출한 뒤 setItem 메서드도 호출해 데이터를 저장하는 방법입니다.

4.6.4.1 useEffect 사용하기

이를 수행하기 위해 각 함수를 수정하는 것보다 더 좋은 방법이 있습니다. 바로 useEffect라는 Hook 함수를 사용하는 것입니다. 이 Hook 함수를 사용하면 컴포넌트에서 특정 상태가 바뀔 때마다 원하는 코드를 실행할 수 있습니다. 또한, 컴포넌트가 마운트(가장 처음 화면에 나타남)되거나 언마운트(화면에서 컴포넌트가 사라짐)될 때 원하는 코드를 실행할 수도 있습니다.

우선 특정 상태가 바뀔 때마다 특정 함수를 호출하는 예시를 알아보겠습니다. App 컴포넌트에서 다음과 같이 useEffect를 불러오세요.

App.js – 상단

```
import React, {useState, useEffect} from 'react';
```

다음으로 App 컴포넌트의 useState 하단에 다음과 같이 useEffect를 사용해보세요.

App.js – App 컴포넌트

```
function App() {
  const today = new Date();

  const [todos, setTodos] = useState([
    {id: 1, text: '작업환경 설정', done: true},
```

```
    {id: 2, text: '리액트 네이티브 기초 공부', done: false},
    {id: 3, text: '투두리스트 만들어보기', done: false},
  ]);

  useEffect(() => {
    console.log(todos);
  }, [todos]);

  (...)
```

useEffect의 첫 번째 인자에는 주시하고 싶은 값이 바뀌었을 때 호출하고 싶은 함수를 넣습니다.
두 번째 인자에는 주시하고 싶은 값을 배열 안에 넣습니다.

코드를 저장하고 시뮬레이터에서 각 항목들을 체크해보세요. 콘솔에 다음과 같이 현재 todos 배
열이 출력되고 있나요?

[{"done": true, "id": 1, "text": "작업환경 설정"}, {"done": false, "id": 2, "text": "리액트
네이티브 기초 공부"}, {"done": false, "id": 3, "text": "투두리스트 만들어보기"}]
[{"done": true, "id": 1, "text": "작업환경 설정"}, {"done": true, "id": 2, "text": "리액트
네이티브 기초 공부"}, {"done": false, "id": 3, "text": "투두리스트 만들어보기"}]

useEffect에 등록한 함수는 두 번째 인자의 배열 안에 넣은 값이 바뀔 때도 호출되지만, 컴포넌트
가 가장 처음 렌더링됐을 때도 호출됩니다.

4.6.4.2 todos 저장하기

자, 그러면 useEffect로 등록한 함수 내부에서 AsyncStorage의 setItem 메서드를 사용합시다.

App.js

```
import React, {useState, useEffect} from 'react';
import {StyleSheet, KeyboardAvoidingView, Platform} from 'react-native';
import {SafeAreaProvider, SafeAreaView} from 'react-native-safe-area-context';
import AsyncStorage from '@react-native-community/async-storage';

import DateHead from './components/DateHead';
import AddTodo from './components/AddTodo';
import Empty from './components/Empty';
import TodoList from './components/TodoList';
```

```
function App() {
  const today = new Date();

  const [todos, setTodos] = useState([
    {id: 1, text: '작업환경 설정', done: true},
    {id: 2, text: '리액트 네이티브 기초 공부', done: false},
    {id: 3, text: '투두리스트 만들어보기', done: false},
  ]);

  // 저장
  useEffect(() => {
    async function save() {
      try {
        await AsyncStorage.setItem('todos', JSON.stringify(todos));
      } catch (e) {
        console.log('Failed to save todos');
      }
    }
    save();
  }, [todos]);
```

(...)

코드를 보면 useEffect에 등록한 함수를 async 함수로 만들지 않고 내부에 async 함수를 따로 선언한 다음, 이를 호출해줬습니다. useEffect에 등록한 함수는 async 키워드를 붙이면 안 됩니다. useEffect에는 정리(cleanup)하는 기능이 있는데, 함수에서 Promise를 반환하면 이 기능과 충돌이 나기 때문입니다. 정리 기능은 컴포넌트가 언마운트되거나 컴포넌트가 업데이트되기 전에 특정 코드를 실행할 수 있는 기능으로, useEffect에서 함수 타입의 값을 반환하면 이 기능을 사용할 수 있습니다.

```
useEffect(() => {
  // 업데이트된 다음에 출력
  console.log(todos);
  return () => {
    // 업데이트되기 전에 출력
    // 여기서 todos는 업데이트되기 전의 값을 가리킵니다.
    console.log(todos);
  }
}, [todos])
```

추가로 useEffect를 사용해 컴포넌트 마운트 또는 언마운트 시 특정 작업을 하고 싶다면 useEffect의 두 번째 파라미터에 비어있는 배열을 사용하면 됩니다.

```
useEffect(() => {
  console.log('컴포넌트가 마운트될 때 출력됨');
  return () => {
    console.log('컴포넌트가 언마운트될 때 출력됨');
  }
}, [])
```

이 코드가 정말 마운트 또는 언마운트 시 잘 작동하는지 확인하고 싶다면 TodoItem에서 사용해보기 바랍니다. App 컴포넌트는 언마운트될 일이 없기 때문이죠.

4.6.4.3 todos 불러오기

이번에는 앱을 가동할 때 AsyncStorage에 저장한 todos를 불러와서 상태를 업데이트해주겠습니다. App이 마운트될 때 AsyncStorage의 getItem 메서드를 사용하면 됩니다. 방금 배운 useEffect를 또 활용하면 되겠죠?

App.js – App 컴포넌트

```
function App() {
  const today = new Date();

  const [todos, setTodos] = useState([
    {id: 1, text: '작업환경 설정', done: true},
    {id: 2, text: '리액트 네이티브 기초 공부', done: false},
    {id: 3, text: '투두리스트 만들어보기', done: false},
  ]);

  // 불러오기
  useEffect(() => {
    async function load() {
      try {
        const rawTodos = await AsyncStorage.getItem('todos');
        const savedTodos = JSON.parse(rawTodos);
        setTodos(savedTodos);
      } catch (e) {
        console.log('Failed to load todos');
      }
    }
```

```
    load();
  }, []);

  // 저장
  useEffect(() => {
    async function save() {
      try {
        await AsyncStorage.setItem('todos', JSON.stringify(todos));
      } catch (e) {
        console.log('Failed to save todos');
      }
    }
    save();
  }, [todos]);

(...)
```

---

useEffect의 두 번째 배열이 비었으면, 컴포넌트가 마운트될 때 딱 한 번만 함수가 호출됩니다.

데이터를 불러와서 상태를 업데이트하는 코드를 작성할 때는 꼭 기존의 todos를 저장하는 useEffect보다 상단 위치에 코드를 작성해주세요. 저장하는 useEffect가 먼저 있으면 불러오기 기능이 제대로 작동하지 않습니다. useEffect는 등록된 순서대로 작동하는데, 저장하는 useEffect가 먼저 호출되면 todos의 초깃값을 저장해버린 다음에 불러오기가 진행되므로 초깃값만 불러오기 때문입니다.

코드를 저장하고 할일 목록에 변화를 준 다음, 리로드해 데이터가 잘 보존됐는지 확인해보세요.

4.6.4.4 AsyncStorage를 사용하는 코드 추상화시키기

리액트 네이티브 프로젝트에서 AsyncStorage를 사용할 때는 방금 사용한 것처럼 직접 사용하지 않고 코드를 한번 추상화시켜서 사용할 것이 권장합니다. 그 이유는 추후 key 값이 바뀔 수도 있고, AsyncStorage가 아닌 다른 방식을 통해 데이터를 저장할 수도 있는데 이러한 상황에서 유지보수하기가 더욱 쉬워지기 때문입니다.

프로젝트 최상위 디렉터리에 storages 디렉터리를 만들고, 그 안에 todosStorages.js 파일을 생성하세요.

```
import AsyncStorage from '@react-native-community/async-storage';

const key = 'todos';

const todosStorage = {
  async get() {
    try {
      const rawTodos = await AsyncStorage.getItem(key);

      if (!rawTodos) {
        // 저장된 데이터가 없으면 사용하지 않음
        throw new Error('No saved todos');
      }

      const savedTodos = JSON.parse(rawTodos);
      return savedTodos;
    } catch (e) {
      throw new Error('Failed to load todos');
    }
  },
  async set(data) {
    try {
      await AsyncStorage.setItem(key, JSON.stringify(data));
    } catch (e) {
      throw new Error('Failed to save todos');
    }
  },
};

export default todosStorage;
```

이 코드에서는 todosStorage라는 객체를 만들어 해당 객체 내부에 get과 set 메서드를 만들어줬습니다. 추가로 데이터를 불러오거나 저장할 때 사용하는 key 값은 따로 상단에서 상수로 선언해 추후 손쉽게 바꿀 수 있도록 준비해줬습니다.

코드를 작성한 뒤, todosStorage를 App 컴포넌트에서 불러와 사용하세요.

```
(...)
import todosStorage from './storages/todosStorage';
```

```
function App() {
  const today = new Date();

  const [todos, setTodos] = useState([
    {id: 1, text: '작업환경 설정', done: true},
    {id: 2, text: '리액트 네이티브 기초 공부', done: false},
    {id: 3, text: '투두리스트 만들어보기', done: false},
  ]);

  useEffect(() => {
    todosStorage
      .get()
      .then(setTodos)
      .catch(console.error);
  }, []);

  useEffect(() => {
    todosStorage.set(todos).catch(console.error);
}, [todos]);
```

App 컴포넌트에서는 더 이상 AsyncStorage를 사용하지 않으므로 import 코드를 지워주세요. 그리고 todosStorage를 불러온 다음 useEffect에서 get과 set 메서드를 사용할 때 이번에는 async 함수를 따로 선언하지 않고 Promise를 그대로 사용했습니다. 데이터를 불러오는 부분에서 .then(setTodos)라고 코드를 작성했는데, 데이터를 불러오고 나서 그 결과물을 setTodos의 함수 인자로 넣어 호출하겠다는 의미입니다.

코드를 저장하고, iOS와 안드로이드에서 둘 다 잘 작동하는지 확인해보세요.

4.6.4.5 안드로이드에서 AsyncStorage 최대 용량 설정하기

안드로이드에서 AsyncStorage의 최대 크기는 기본적으로 6MB로 설정되어 있습니다. AsyncStorage에 너무 많은 데이터를 넣는 것을 방지하기 위해서라고 합니다. 이 용량을 초과하면 오류가 발생합니다. 최대 용량을 늘리려면 android/gradle.properties 파일에 다음 코드를 추가하면 됩니다.

android/gradle.properties

```
(...)
AsyncStorage_db_size_in_MB=10
```

이 코드는 최대 용량을 10MB로 설정합니다. iOS는 최대 용량이 따로 지정되어 있지 않습니다.

4.6.4.6 AsyncStorage의 제한

AsyncStorage는 설정이 매우 간편하고 사용법도 쉽습니다.

하지만 단점도 있어요. 만약 AsyncStorage에서 다루는 데이터의 규모가 커지면 성능이 떨어집니다. 문자열 타입으로만 저장할 수 있기 때문에 데이터가 많아질수록 속도가 느려집니다. 물론 캐싱 시스템, 스로틀링(throttling), 페이지네이션 구현 등으로 성능을 최적화할 수도 있긴 합니다. 하지만 최적화가 코드 몇 줄 추가하는 것처럼 간단하지는 않을 것입니다. 그리고 검색 또는 정렬 기능이 지원되지 않습니다.

따라서 AsyncStorage는 비교적 소규모 데이터를 다룰 때 사용하는 것이 좋습니다. 데이터의 규모가 커졌을 때 사용할 수 있는 대안으로는 realm와 react-native-sqlite-storage가 있습니다(안드로이드의 AsyncStorage는 이미 SQLite를 사용하긴 하지만, react-native-sqlite-storage를 사용하면 인덱싱 기능을 지원받을 수 있고, 더욱 다양한 방식으로 데이터를 저장하고 조회할 수 있습니다).

4.7 / 정리

REACT NATIVE

수고하셨습니다! 첫 번째 앱의 기능을 모두 완성했습니다.

프로젝트를 진행하면서 다양한 라이브러리를 설치하고 사용해봤죠? 리액트 네이티브를 사용하면 이렇게 라이브러리를 설치해 사용하는 일이 자주 발생합니다.

아직 화면을 전환하는 방법은 배우지 않아서 한 화면에서만 작동하는 앱을 만들어봤는데요. 다음 장에서는 여러 화면을 사용하는 앱을 만들 수 있는 react-navigation에 대해 알아보겠습니다. 다음 장을 배우면 만들 수 있는 앱이 더욱 다양해질 것입니다.

memo

5^장

리액트
내비게이션으로
여러 화면 관리하기

모바일 애플리케이션은 보통 여러 화면으로 구성되어 있습니다. 예를 들어, 인스타그램(Instagram) 애플리케이션은 회원 인증 화면, 홈 화면, 검색 화면, 새 사진 추가 화면, 활동 화면, 프로필 화면 등으로 구성되어 있어요. 이렇게 여러 화면으로 구성된 애플리케이션을 만들려면 내비게이션(navigation) 관련 서드 파티 라이브러리를 사용해야 합니다.

내비게이션과 관련해 사용할 수 있는 라이브러리가 두 개 있습니다.

- **react-navigation**: 리액트 네이티브 커뮤니티에서 관리하며, 사용률이 가장 높은 라이브러리입니다. 리액트 공식 매뉴얼에서도 이 라이브러리로 화면을 전환하는 방법을 소개합니다. 이 라이브러리는 내비게이션 기능이 자바스크립트로 구현되어 있습니다.

- **react-native-navigation**: 홈페이지 제작 서비스 Wix에서 관리합니다. 이 라이브러리는 이미 만들어진 네이티브 앱에 리액트 네이티브를 적용하는 경우 사용하기에 더 적합하며, 내비게이션 기능이 자바스크립트가 아닌 각 플랫폼의 네이티브 코드로 구현되어 있기 때문에 react-navigation보다 더욱 네이티브스러운 사용 경험을 제공합니다.

이 책에서는 react-navigation 라이브러리를 사용해 화면 전환을 구현하는 방법을 알아보겠습니다. 이 라이브러리가 2021년 기준 react-native-navigation보다 5배 정도 더 많이 사용되고 있으며, 사용법도 더 쉽고, 별도 API가 아닌 리액트 컴포넌트를 사용해 화면을 설정할 수 있다는 장점이 있습니다.

5.1 설치 및 적용하기

^{REACT NATIVE}

새로운 리액트 네이티브 프로젝트를 생성해 react-navigation을 설치하고 사용 방법을 배워보겠습니다. 우선 새 프로젝트를 만들어주세요.

```
$ npx react-native init LearnReactNavigation --version 0.70
```

5.1.1 의존 패키지 설치하기

새로 생성한 프로젝트 디렉터리로 이동한 다음, yarn을 사용해 @react-navigation/native 모듈을 설치하세요.

```
$ cd LearnReactNavigation
$ yarn add @react-navigation/native
```

react-navigation이 의존하는 라이브러리가 몇 가지 있습니다. 의존 라이브러리도 설치해주세요.

```
$ yarn add react-native-screens react-native-safe-area-context
```

그리고 ios 디렉터리에 들어가서 Pod를 설치해주세요(맥OS를 사용하지 않는다면 생략해도 됩니다).

```
$ cd ios
$ pod install
```

이것으로 설치가 완료됐습니다.

5.1.2 라이브러리 적용하기

리액트 네이티브 프로젝트에 라이브러리를 적용하기 위해서는 @react-navigation/native에서 NavigationContainer 컴포넌트를 불러와 사용해 앱 전체를 감싸주어야 합니다. App 컴포넌트를 열어 파일 내용을 모두 지우고 다음과 같이 코드를 작성하세요.

App.js
```
import React from 'react';
import {NavigationContainer} from '@react-navigation/native';

function App() {
  return <NavigationContainer>{/* 내비게이션 설정 */}</NavigationContainer>;
}

export default App;
```

리액트 네이티브 프로젝트를 만들었을 때 기본적으로 들어있는 내용은 불필요하므로 모두 지웠습니다. NavigationContainer 컴포넌트 간에는 내비게이션 설정을 JSX로 선언할 수 있습니다. 다음 절에서 내비게이션 설정 방법을 알아보겠습니다.

5.2 기본적인 사용법

웹 페이지는 `<a href="https://google.com">구글</a>` 같은 태그를 사용해 링크를 클릭하면 해당 주소로 이동하고, 이동 후에는 뒤로가기 버튼을 눌러서 뒤로 이동하고, 다시 앞으로가기 버튼을 눌러서 앞으로 이동할 수 있어요. 웹 브라우저에 탑재된 History 기능이 있어 가능한 일입니다. History는 스택(Stack) 자료구조를 사용해 구현되어 있습니다.

스택 자료구조는 새로운 항목을 추가할 때 맨 위에 쌓이고, 맨 위에 있는 항목을 추출할 수 있습니다. 새로운 주소로 이동할 때는 push하고, 뒤로 갈 때는 pop하는 것이죠. 리액트 네이티브 앱에서는 화면을 전환할 때 브라우저의 History와 비슷한 사용성을 제공하기 위해 네이티브 스택 내비게이터(Native Stack Navigator)를 사용합니다.

▼ 그림 5-1 스택 자료구조

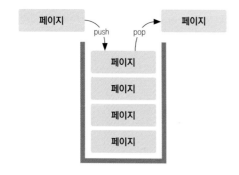

5.2.1 네이티브 스택 내비게이터

리액트 내비게이션 라이브러리에는 다른 상황에 사용할 수 있는 다양한 내비게이터가 있습니다. 그 중 네이티브 스택 내비게이터(Native Stack Navigator)는 가장 흔히 사용되며 안드로이드에서는 Fragment를, iOS에서는 UINavigationController를 사용해 일반 네이티브 앱과 정확히 동일한 방식으로 화면을 관리합니다. 네이티브 스택 내비게이터를 사용하기 위해서는 라이브러리를 추가적으로 설치해주어야 합니다.

```
$ yarn add @react-navigation/native-stack
```

라이브러리를 설치한 다음에는 화면으로 사용할 컴포넌트 두 개를 만들어볼 텐데 화면 전용 컴포넌트는 screens라는 디렉터리를 만들어 그 안에 저장할 것입니다. 이렇게 screens라는 디렉터리에 컴포넌트를 분류해 저장하면 화면 전용 컴포넌트를 모아서 관리할 수 있기 때문에 편리합니다. 참고로 반드시 screens 디렉터리를 분류할 필요는 없습니다.

첫 번째로 만들 컴포넌트는 HomeScreen입니다.

5
리액트 내비게이션으로 여러 화면 관리하기

screens/HomeScreen.js

```js
import React from 'react';
import {View, Button} from 'react-native';

function HomeScreen({navigation}) {
  return (
    <View>
      <Button title="Detail 열기" />
    </View>
  );
}

export default HomeScreen;
```

화면 전용 컴포넌트의 이름을 지을 때 꼭 Screen으로 끝날 필요는 없지만, 이렇게 이름을 지어 놓으면 추후 중복되는 컴포넌트 이름 때문에 헷갈리는 일을 방지할 수 있습니다. 예를 들어, 사용자 프로필에 관련한 기능을 구현할 때 ProfileScreen 화면 전용 컴포넌트와 Profile이라는 UI 전용 컴포넌트가 둘 다 열려있어도 어떤 게 화면 전용 컴포넌트인지 에디터에서 쉽게 구분할 수 있으니까요.

지금 이 컴포넌트에 'Detail 열기'라는 Button이 있으나 아직 버튼을 눌렀을 때 호출되는 onPress는 설정하지 않았습니다. 이 Props는 나중에 설정해주겠습니다.

그다음 만들 컴포넌트는 DetailScreen입니다. 이 화면은 HomeScreen에 있는 버튼을 눌렀을 때 보일 화면입니다.

screens/DetailScreen.js

```js
import React from 'react';
import {View, Text} from 'react-native';

function DetailScreen() {
```

```
  return (
    <View>
      <Text>Detail</Text>
    </View>
  );
}

export default DetailScreen;
```

화면 전용 컴포넌트가 모두 준비됐습니다.

이제 네이티브 스택 내비게이터를 만들어봅시다. 네이티브 스택 내비게이터는 createNativeStack
Navigator라는 함수를 사용해 만들 수 있습니다.

App 컴포넌트를 다음과 같이 수정해주세요.

App.js

```
import React from 'react';
import {NavigationContainer} from '@react-navigation/native';
import {createNativeStackNavigator} from '@react-navigation/native-stack';
import HomeScreen from './screens/HomeScreen';
import DetailScreen from './screens/DetailScreen';

const Stack = createNativeStackNavigator();

function App() {
  return (
    <NavigationContainer>
      <Stack.Navigator initialRouteName="Home">
        <Stack.Screen name="Home" component={HomeScreen} />
        <Stack.Screen name="Detail" component={DetailScreen} />
      </Stack.Navigator>
    </NavigationContainer>
  );
}

export default App;
```

createNativeStackNavigator 함수를 사용하면 Stack이라는 객체가 만들어집니다. 이 안에
Stack.Navigator라는 컴포넌트와 Stack.Screen 컴포넌트가 들어있습니다.

Stack.Navigator 컴포넌트는 NavigationContainer 사이에 넣어야 정상적으로 작동합니다. 그리고 Stack.Screen 컴포넌트를 사용해 각 화면을 설정할 수 있습니다. 이 컴포넌트에 설정된 name은 화면의 이름을 설정하는 Props입니다. 이 값은 다른 화면으로 이동하거나 현재 화면이 어떤 화면인지 조회할 때 사용합니다(반드시 대문자로 시작할 필요는 없습니다만, 공식 문서에서는 대문자로 시작하는 것을 권장(prefer)하고 있습니다).

코드를 보면 Stack.Navigator에 initialRouteName이라는 Props가 "Home"으로 설정되었죠? 이는 네이티브 스택 내비게이터에서 기본적으로 보여줄 화면의 이름(초기 화면)을 가리킵니다. 만약 이 값을 설정하지 않으면 기본적으로 내비게이터 안에 들어있는 첫 번째 화면(이 경우에는 Home)이 보여집니다.

여기까지 코드를 작성했다면 yarn ios와 yarn android 명령어로 시뮬레이터를 실행하세요(맥OS를 사용하지 않는다면 iOS 시뮬레이터는 생략해도 됩니다).

▼ 그림 5-2 네이티브 스택 내비게이터 설정 후 초기 화면

Home 타이틀과 버튼이 나타났나요? 이와 같이 iOS와 안드로이드에서 타이틀이 보이는 영역이 조금 다르답니다.

5.2.2 스크린 이동하기

이제 버튼을 눌렀을 때 다른 화면으로 이동하는 방법을 알아봅시다. 스크린으로 사용된 컴포넌트는 navigation이라는 객체를 Props로 받아올 수 있습니다. 이 객체를 사용해 다음과 같이 다른 화면으로 이동할 수 있습니다.

```
navigation.navigate('Detail')
```

HomeScreen 컴포넌트를 다음과 같이 수정해보세요.

screens/HomeScreen.js

```
import React from 'react';
import {View, Button} from 'react-native';

function HomeScreen({navigation}) {
  return (
    <View>
      <Button
        title="Detail 열기"
        onPress={() => navigation.navigate('Detail')}
      />
    </View>
  );
}

export default HomeScreen;
```

Detail 열기 버튼을 눌렀을 때 Detail 화면으로 이동하도록 설정했습니다. 파일을 저장한 후 버튼을 눌러보세요.

기본적으로, iOS에서는 우측에서 좌측으로 나타나는 효과로 새 화면이 보일 것이고, 안드로이드에서는 아래에서 위로 나타나는 효과로 새 화면이 보일 것입니다. 스크린 전환 효과는 바꿀 수 있으며 이는 나중에 알아보겠습니다.

iOS와 안드로이드의 화면을 보면 이번에도 생김새가 조금 다릅니다. iOS에서는 홑화살괄호와 이전 화면의 이름이 함께 보이고, 안드로이드에서는 화살표 아이콘만 있습니다. 타이틀 영역의 좌측에 나타나는 UI 또한 커스터마이징할 수 있으며, 이 역시 나중에 알아보겠습니다.

네이티브 스택 내비게이터를 사용할 때는 navigate 함수 말고도 push 함수를 사용해 화면 전환할 수 있습니다.

```
<Button
  title="Detail 열기"
  onPress={() => navigation.push('Detail')}
/>
```

둘의 차이는 다음 절에서 라우트 파라미터를 배운 뒤 알아봅시다.

5.2.3 라우트 파라미터

새로운 화면을 보여줄 때 의존해야 하는 어떤 값이 있으면 라우트 파라미터를 설정합니다. 라우트 파라미터는 객체 타입으로 설정합니다. 예를 들어, 계정명이 'john'인 프로필 화면을 보여주고 싶다면 {username: 'john'}으로 파라미터를 설정합니다. id 값이 1인 데이터를 불러와서 화면에 보여주고 싶을 때는 {id: 1}과 같은 형식으로 파라미터를 설정합니다. 참고로 라우트 파라미터 객체에는 값을 1개 이상 담아도 됩니다.

라우트 파라미터를 설정해 화면을 전환할 때는 navigate 또는 push 함수의 두 번째 인자로 객체를 설정해줍니다.

navigate 예시

```
navigation.navigate('Detail', {id: 1})
```

push 예시

```
navigation.push('Detail', {id: 2})
```

HomeScreen 컴포넌트를 다음과 같이 수정해보세요.

screens/HomeScreen.js

```js
import React from 'react';
import {View, Button} from 'react-native';

function HomeScreen({navigation}) {
  return (
    <View>
      <Button
        title="Detail 1 열기"
        onPress={() => navigation.push('Detail', {id: 1})}
      />
      <Button
        title="Detail 2 열기"
        onPress={() => navigation.push('Detail', {id: 2})}
      />
      <Button
        title="Detail 3 열기"
```

```
          onPress={() => navigation.push('Detail', {id: 3})}
        />
    </View>
  );
}

export default HomeScreen;
```

▼ 그림 5-4 버튼 3개

다음으로 DetailScreen 컴포넌트에서 라우트 파라미터를 조회해 화면에 나타내겠습니다.

screens/DetailScreen.js
```
import React from 'react';
import {View, Text, StyleSheet} from 'react-native';

function DetailScreen({route}) {
  return (
    <View style={styles.block}>
      <Text style={styles.text}>id: {route.params.id}</Text>
    </View>
```

```
  );
}

const styles = StyleSheet.create({
  block: {
    flex: 1,
    alignItems: 'center',
    justifyContent: 'center',
  },
  text: {
    fontSize: 48,
  },
});

export default DetailScreen;
```

스크린으로 사용된 컴포넌트는 navigation 외에 route라는 Props도 받아옵니다. 이 Props는 객체 타입인데요. 안에는 다음과 같은 정보가 들어있습니다.

```
{
  "key": "Detail-vgDx8-H-8e7oao6a3xJz7",
  "name": "Detail",
  "params": {"id": 1}
}
```

key는 화면의 고유 ID로 새로운 화면이 나타날 때 자동으로 생성됩니다. name은 화면의 이름으로 App 컴포넌트에서 네이티브 스택 내비게이터를 설정할 때 지정한 이름입니다. params가 바로 우리가 화면 전환 시 지정한 라우트 파라미터입니다.

이제 Home 화면에서 버튼을 각 버튼을 눌렀을 때 화면에 다른 id가 나타나는지 확인해보세요.

▼ 그림 5-5 라우트 파라미터

이전에 화면 전환할 때 navigate 함수도 사용할 수 있고, push 함수도 사용할 수 있다고 배웠죠? 이제 두 함수가 무엇이 다른지 알아봅시다.

DetailScreen 컴포넌트를 사용하겠습니다. 먼저 push 함수를 사용해 화면 전환해볼까요?

screens/DetailScreen.js

```
import React from 'react';
import {View, Text, StyleSheet, Button} from 'react-native';

function DetailScreen({route, navigation}) {
  return (
    <View style={styles.block}>
      <Text style={styles.text}>id: {route.params.id}</Text>
      <Button
        title="다음"
        onPress={() => navigation.push('Detail', {id: route.params.id + 1})}
      />
    </View>
  );
}
```

```
const styles = StyleSheet.create({
  block: {
    flex: 1,
    alignItems: 'center',
    justifyContent: 'center',
  },
  text: {
    fontSize: 48,
  },
});

export default DetailScreen;
```

▼ 그림 5-6 다음 버튼

다음 버튼이 잘 나타났나요? 버튼을 누르면 새로운 화면이 스택에 쌓여가면서 화면이 전환될 것입니다. 즉, 다음 버튼을 누르면 다른 Detail 화면이 열리고, 안드로이드 하단의 뒤로가기 버튼 또는 타이틀 영역의 뒤로가기 버튼을 누르면 이전 Detail 화면이 열립니다.

navigate는 push와 달리 새로 이동할 화면이 현재 화면과 같으면 새로운 화면을 쌓지 않고 파라미터만 변경합니다.

코드를 다음과 같이 변경해보세요. 그리고 앱을 완전히 리로딩(iOS에서는 ⌘ + Ⓡ, 안드로이드에서는 Ⓡ을 두 번)해 네이티브 스택 내비게이터를 초기화한 후 Detail 화면에 들어가서 다음 버튼을 눌러보세요.

screens/DetailScreen.js

```
import React from 'react';
import {View, Text, StyleSheet, Button} from 'react-native';

function DetailScreen({route, navigation}) {
  return (
    <View style={styles.block}>
      <Text style={styles.text}>id: {route.params.id}</Text>
      <Button
        title="다음"
        onPress={() => navigation.navigate('Detail', {id: route.params.id + 1})}
      />
    </View>
  );
}

(...)
```

이제 다음 버튼을 눌렀을 때 화면 전환 효과가 나타나지 않고, 다음 버튼을 여러 번 눌러도 뒤로가기 한 번이면 바로 Home 화면으로 이동할 것입니다.

참고로 navigate 함수는 지금 사용하고 있는 네이티브 스택 내비게이터 외에 다른 내비게이터(추후 배울 것입니다)에도 있지만, push 함수는 네이티브 스택 내비게이터에서만 사용 가능합니다.

5.2.4 뒤로가기

이번에는 버튼을 눌렀을 때 뒤로가기(이전 화면으로 이동)하는 방법을 알아보겠습니다. 뒤로가기를 할 때는 navigation.pop() 함수를 호출하면 되는데, 가장 첫 번째 화면으로 이동하고 싶을 때는 navgiation.popToTop() 함수를 호출합니다.

DetailScreen 컴포넌트를 다음과 같이 수정해주세요.

```
import React from 'react';
import {View, Text, StyleSheet, Button} from 'react-native';

function DetailScreen({route, navigation}) {
  return (
    <View style={styles.block}>
      <Text style={styles.text}>id: {route.params.id}</Text>
      <View style={styles.buttons}>
        <Button
          title="다음"
          onPress={() => navigation.push('Detail', {id: route.params.id + 1})}
        />
        <Button title="뒤로가기" onPress={() => navigation.pop()} />
        <Button title="처음으로" onPress={() => navigation.popToTop()} />
      </View>
    </View>
  );
}

const styles = StyleSheet.create({
  block: {
    flex: 1,
    alignItems: 'center',
    justifyContent: 'center',
  },
  text: {
    fontSize: 48,
  },
  buttons: {
    flexDirection: 'row',
  },
});

export default DetailScreen;
```

뒤로가기 버튼과 처음으로 버튼을 보여줬는데요. 여러 버튼이 한 줄에 나타날 수 있도록 View로 감싸고 스타일에 flexDirection 값을 'row'로 설정해줬습니다.

다시 한번 앱을 리로딩하고 Detail 화면을 열어보세요. 뒤로가기 버튼을 눌렀을 때 이전 화면으로 잘 전환되나요? Detail 화면에 들어가서 다음 버튼을 여러 번 누른 후 처음 화면으로 잘 전환되는지도 확인해보세요.

5.2.5 헤더 커스터마이징하기

react-navigation에서는 타이틀 영역을 헤더(Header)라고 부릅니다. 이번에는 헤더를 커스터마이징하는 방법을 알아봅시다.

5.2.5.1 타이틀 텍스트 변경하기

먼저 Home 화면의 타이틀 텍스트를 변경해보겠습니다. 영어로 Home이라고 되어 있는데 '홈'이라고 한글로 나타나게 변경해봅시다.

헤더를 커스터마이징하는 방법은 두 가지가 있는데, 첫 번째 방법은 Stack.Screen의 Props로 설정하는 것입니다. App 컴포넌트를 다음과 같이 수정해보세요.

App.js

```
import React from 'react';
import {NavigationContainer} from '@react-navigation/native';
import {createNativeStackNavigator} from '@react-navigation/native-stack';
import HomeScreen from './screens/HomeScreen';
```

```
import DetailScreen from './screens/DetailScreen';

const Stack = createNativeStackNavigator();

function App() {
  return (
    <NavigationContainer>
      <Stack.Navigator initialRouteName="Home">
        <Stack.Screen
          name="Home"
          component={HomeScreen}
          options={{
            title: '홈',
          }}
        />
        <Stack.Screen name="Detail" component={DetailScreen} />
      </Stack.Navigator>
    </NavigationContainer>
  );
}

export default App;
```

❤ 그림 5-8 Home 타이틀 텍스트 변경

Home 화면의 타이틀 텍스트가 잘 변경됐나요?

헤더를 커스터마이징하는 두 번째 방법은 화면 컴포넌트에서 navigation.setOptions 함수를 사용하는 것입니다. HomeScreen 컴포넌트를 열어 코드를 다음과 같이 변경해보세요.

screens/HomeScreen.js
```
import React, {useEffect} from 'react';
import {View, Button} from 'react-native';

function HomeScreen({navigation}) {
  useEffect(() => {
    navigation.setOptions({title: '홈'});
  }, [navigation]);
```

```
  return (...);
}

export default HomeScreen;
```

여기서 useEffect Hook을 사용했습니다. 이 Hook은 특정 값이 바뀔 때 또는 컴포넌트가 화면에 나타났을 때 우리가 원하는 작업을 할 수 있다고 배웠죠? 현재 이 함수의 deps(두 번째 인자에 넣는 배열)에는 navigation이 들어있는데요. 이 객체가 바뀌는 일은 없지만 ESLint(자바스크립트 검사 도구) 규칙상 useEffect 내부에 사용하는 값을 꼭 deps에 넣어야 하기 때문에 포함시켰습니다.

이렇게 하면 컴포넌트가 처음 화면에 나타난 다음에 navgiation.setOptions 함수를 호출해 타이틀 텍스트를 변경합니다. 참고로 useEffect를 통해서 설정한 내비게이션 option은 App 컴포넌트에서 Props를 통해 설정한 option을 덮어쓰게 됩니다.

이번에는 Detail 화면의 타이틀 텍스트를 변경해봅시다. 이 화면의 타이틀 텍스트에는 라우터 파라미터로 받아온 id 값을 포함할 건데요. 라우터 파라미터를 참조할 때도 방금 한 것처럼 App 컴포넌트에서 Props로 설정할 수도 있고 useEffect를 사용해 화면으로 사용하는 컴포넌트에서 직접 설정할 수도 있습니다. 다만 App 컴포넌트에서 Props로 설정할 때 파라미터를 조회하려면 객체가 아닌 객체를 반환하는 함수를 넣어줘야 합니다. 그리고 이 함수는 route와 navigation을 파라미터로 받아올 수 있습니다.

App.js

```
import React from 'react';
import {NavigationContainer} from '@react-navigation/native';
import {createNativeStackNavigator} from '@react-navigation/native-stack';
import HomeScreen from './screens/HomeScreen';
import DetailScreen from './screens/DetailScreen';

const Stack = createNativeStackNavigator();

function App() {
  return (
    <NavigationContainer>
      <Stack.Navigator initialRouteName="Home">
        <Stack.Screen
          name="Home"
          component={HomeScreen}
          options={{
            title: '홈',
```

```
      }}
    />
    <Stack.Screen
      name="Detail"
      component={DetailScreen}
      options={(({route}) => ({
        title: `상세 정보 - ${route.params.id}`,
      }))}
    />
  </Stack.Navigator>
</NavigationContainer>
  );
}


export default App;
```

❤ 그림 5-9 Detail 타이틀 텍스트 변경

타이틀 텍스트가 잘 변경됐나요?

화살표 함수에 익숙하지 않다면 options Props를 설정하는 부분이 어색할 수 있습니다. 화살표 함수를 호출할 때 바로 반환하는 경우에는 중괄호와 return을 생략할 수 있는데요.

```
// const add = (a, b) => { return a + b };
const add = (a, b) => a + b;
```

만약 바로 반환하는 값이 객체 타입이라면 객체를 소괄호로 감싸줘야 합니다.

```
// const createObject = (a, b) => { return {a, b}; };
const createObject = (a, b) => ({a, b})
```

소괄호로 감싸지 않으면 객체로 인식하지 않고 코드 블록으로 이해하기 때문에 오류가 발생합니다.

이번에는 DetailScreen 컴포넌트에서 내비게이션을 설정해보겠습니다. 이전에 HomeScreen 컴포넌트를 변경한 것과 유사합니다.

screens/DetailScreen.js

```
import React, {useEffect} from 'react';
import {View, Text, StyleSheet, Button} from 'react-native';

function DetailScreen({route, navigation}) {
  useEffect(() => {
    navigation.setOptions({
      title: `상세 정보 - ${route.params.id}`,
    });
  }, [navigation, route.params.id]);

  return (...);
}

(...)
```

이번에는 useEffect 내에서 route.params.id를 사용하기 때문에 deps 배열에 해당 값도 포함했습니다. App 컴포넌트에서 Detail 화면에 설정한 options를 지워도 정상적으로 타이틀 텍스트가 설정되는지 확인해보세요.

5.2.5.2 헤더 스타일 변경하기

헤더의 스타일도 세부적으로 커스터마이징할 수 있습니다. 다음은 Home 화면의 헤더 스타일을 커스터마이징하는 예시 코드입니다.

다음과 같이 코드를 수정해 헤더의 색상을 변경해보세요. 각 필드가 어떤 부분을 스타일링하는지 주석으로 넣었으니 주석도 잘 읽어주세요.

```
import React from 'react';
import {NavigationContainer} from '@react-navigation/native';
import {createNativeStackNavigator} from '@react-navigation/native-stack';
import HomeScreen from './screens/HomeScreen';
import DetailScreen from './screens/DetailScreen';

const Stack = createNativeStackNavigator();

function App() {
  return (
    <NavigationContainer>
      <Stack.Navigator initialRouteName="Home">
        <Stack.Screen
          name="Home"
          component={HomeScreen}
          options={{
            title: '홈',
            // Header 블록에 대한 스타일
            headerStyle: {
              backgroundColor: '#29b6f6',
            },
            // Header의 텍스트, 버튼들 색상
            headerTintColor: '#ffffff',
            // 타이틀 텍스트의 스타일
            headerTitleStyle: {
              fontWeight: 'bold',
              fontSize: 20,
            },
          }}
        />
        <Stack.Screen
          name="Detail"
          component={DetailScreen}
        />
      </Stack.Navigator>
    </NavigationContainer>
  );
}

export default App;
```

▼ 그림 5-10 헤더 스타일 변경

5.2.5.3 헤더의 좌측, 타이틀, 우측 영역에 다른 컴포넌트 보여주기

헤더의 좌측, 타이틀, 우측 영역에 원래 UI가 아닌 다른 컴포넌트를 보여주는 방법을 알아보겠습니다. App 컴포넌트에서 Detail 화면의 옵션을 다음과 같이 변경해보세요.

App.js

```
import React from 'react';
import {NavigationContainer} from '@react-navigation/native';
import {createNativeStackNavigator} from '@react-navigation/native-stack';
import HomeScreen from './screens/HomeScreen';
import DetailScreen from './screens/DetailScreen';
import {View, Text, TouchableOpacity} from 'react-native';

const Stack = createNativeStackNavigator();

function App() {
  return (
    <NavigationContainer>
      <Stack.Navigator initialRouteName="Home">
        <Stack.Screen
          name="Home"
```

```
        (...)
      />
      <Stack.Screen
        name="Detail"
        component={DetailScreen}
        options={{
          headerLeft: ({onPress}) => (
            <TouchableOpacity onPress={onPress}>
              <Text>Left</Text>
            </TouchableOpacity>
          ),
          headerTitle: ({children}) => (
            <View>
              <Text>{children}</Text>
            </View>
          ),
          headerRight: () => (
            <View>
              <Text>Right</Text>
            </View>
          ),
        }}
      />
    </Stack.Navigator>
  </NavigationContainer>
  );
}

export default App;
```

headerLeft, headerTitle, headerRight에 함수 컴포넌트를 넣어 헤더 내부 영역에 보여줄 컴포넌트를 직접 설정할 수 있습니다. 이 세 가지 옵션을 사용하면 우리가 원하는 UI를 마음대로 헤더에 보여줄 수 있답니다.

여기서 headerTitle에 넣은 컴포넌트를 보면 children이라는 Props를 받아오고 있지요? 현재 이 값은 화면의 타이틀을 가리킵니다. children Props가 무엇인지는 6장에서 더 자세히 알아보겠습니다.

▼ 그림 5-11 헤더의 좌측, 타이틀, 우측 영역에 다른 컴포넌트 보여주기

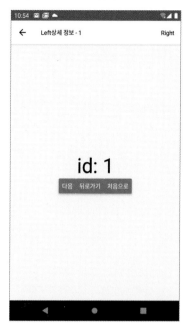

iOS와 안드로이드의 화면이 조금 다르지요? 안드로이드에선 좌측에 화살표 아이콘이 나타나고 있습니다. 만약 이 버튼을 없애고 싶다면, headerBackVisible 옵션을 false로 지정하면 됩니다.

App.js – DetailScreen

```
<Stack.Screen
  name="Detail"
  component={DetailScreen}
  options={{
    headerBackVisible: false,
    headerLeft: ({onPress}) => (
```

5.2.5.4 헤더 숨기기

이번에는 헤더가 없는 화면을 만들어보겠습니다. screens 디렉터리에 HeaderlessScreen.js 파일을 생성해 다음과 같이 코드를 작성하세요.

screens/HeaderlessScreen.js

```
import React from 'react';
import {View, Text, Button} from 'react-native';

function HeaderlessScreen({navigation}) {
  return (
    <View>
      <Text>Header가 없네?</Text>
      <Button onPress={() => navigation.pop()} title="뒤로가기" />
    </View>
  );
}

export default HeaderlessScreen;
```

iOS에서는 헤더가 없으면 뒤로 갈 방법이 없어서 뒤로가기를 호출하는 버튼을 준비했습니다.

그다음에는 App에서 화면 설정해주세요.

App.js

```
import React from 'react';
import {NavigationContainer} from '@react-navigation/native';
import {createNativeStackNavigator} from '@react-navigation/native-stack';
import HomeScreen from './screens/HomeScreen';
import DetailScreen from './screens/DetailScreen';
import {View, Text, TouchableOpacity} from 'react-native';
import HeaderlessScreen from './screens/HeaderlessScreen';

const Stack = createNativeStackNavigator();

function App() {
  return (
    <NavigationContainer>
      <Stack.Navigator initialRouteName="Home">
        (...)
        <Stack.Screen
          name="Headerless"
          component={HeaderlessScreen}
          options={{
            headerShown: false,
          }}
        />
      </Stack.Navigator>
    </NavigationContainer>
  );
}

export default App;
```

이제 HomeScreen 컴포넌트를 열어 Headerless 화면을 열어주는 버튼을 만들어주세요.

screens/HomeScreen.js

```
import React, {useEffect} from 'react';
import {View, Button} from 'react-native';
```

```
function HomeScreen({navigation}) {
  useEffect(() => {
    navigation.setOptions({title: '홈'});
  }, [navigation]);

  return (
    <View>
      (...)
      <Button
        title="Headerless 열기"
        onPress={() => navigation.push('Headerless')}
      />
    </View>
  );
}

export default HomeScreen;
```

이제 앱에서 버튼을 눌러서 우리가 새로 만든 헤더가 없는 화면이 잘 나타나는지 확인해보세요.

▼ 그림 5-13 헤더가 없는 화면

안드로이드에서는 문제없이 잘 나타나는데 iOS에서는 StatusBar 영역을 침범해서 화면이 나타나고 있습니다.

이럴 때 어떻게 해야 하는지 이전 장에서 배웠죠? 바로 SafeAreaView 컴포넌트를 사용하면 됩니다. react-navigation에 react-native-safe-area-context가 내장되어 있기 때문에 react-native가 아닌 react-native-safe-area-context에서 불러와도 상관없습니다.

HeaderlessScreen을 다음과 같이 수정해보세요.

screens/HeaderlessScreen.js

```
import React from 'react';
import {View, Text, Button} from 'react-native';
import {SafeAreaView} from 'react-native-safe-area-context';

function HeaderlessScreen({navigation}) {
  return (
    <SafeAreaView>
      <View>
        <Text>Header가 없네?</Text>
        <Button onPress={() => navigation.pop()} title="뒤로가기" />
      </View>
    </SafeAreaView>
  );
}

export default HeaderlessScreen;
```

다시 확인해볼까요? 이제 iOS에서도 StatusBar 영역을 침범하지 않고 화면이 잘 나타나죠?

▼ 그림 5-14 SafeAreaView 적용

만약 헤더와 관련한 설정을 특정 화면에만 적용하지 않고, 네이티브 스택 내비게이터에서 관리하는 모든 화면에 넣고 싶다면 Stack.Navigator에 screenOptions라는 Props를 설정하면 됩니다. 이 Props에 넣는 값은 Stack.Screen의 options와 같습니다. 즉, 모든 화면에서 헤더를 없애고 싶다면 다음과 같이 하면 됩니다.

```
<Stack.Navigator
  initialRouteName="Home"
  screenOptions={{
    headerShown: false,
  }}>
```

지금 단계에서 헤더 커스터마이징과 관련한 내용은 이 정도만 알아두어도 충분하지만, 헤더를 커스터마이징할 수 있는 설정은 지금까지 설정해본 것 외에도 많습니다. 더 자세한 내용은 공식 문서를 참고해주세요.

- https://reactnavigation.org/docs/native-stack-navigator#options

5.3 다양한 내비게이터

REACT NATIVE

react-navigation은 네이티브 스택 내비게이터 외에도 다양한 특성을 가진 내비게이터를 제공합니다. 각 내비게이터를 어떠한 상황에 사용할 수 있는지 직접 사용해봅시다.

5.3.1 드로어 내비게이터

드로어 내비게이터(Drawer Navigator)는 좌측 또는 우측에 사이드바를 만들고 싶을 때 사용하는 내비게이터입니다. 사이드바를 모바일 앱에서는 드로어(Drawer)라고 부릅니다.

▼ 그림 5-15 드로어 내비게이터

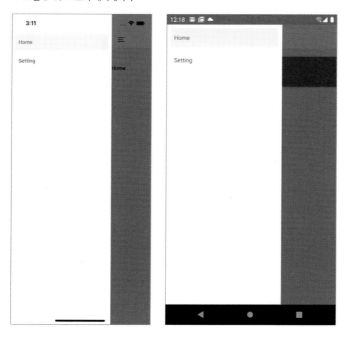

내비게이터를 사용하려면 먼저 다음과 같이 라이브러리를 설치하세요.

```
$ yarn add @react-navigation/drawer react-native-gesture-handler react-native-reanimated
$ cd ios
$ pod install
```

react-native-gesture-handler는 드로어 내비게이터에서 사용자 제스처를 인식하기 위하여 내부적으로 사용하는 라이브러리입니다. 그리고 react-native-reanimated는 리액트 네이티브에 내장된 애니메이션 효과 기능보다 더욱 개선된 성능으로 애니메이션 효과를 구현해주는 라이브러리입니다.

설치 이후에는 yarn ios와 yarn android 명령어를 다시 입력하여 시뮬레이터를 다시 시작해주세요.

그다음에는 App 컴포넌트를 열어 코드를 다음과 같이 수정해주세요. 이전에 만든 HomeScreen과 DetailScreen은 더 이상 사용하지 않겠습니다. 이전에 사용한 navigation.push, navigation.pop 같은 기능들은 드로어 내비게이터에서 호환되지 않습니다.

```
import React from 'react';
import {NavigationContainer} from '@react-navigation/native';
import {createDrawerNavigator} from '@react-navigation/drawer';
import {View, Text, Button} from 'react-native';

const Drawer = createDrawerNavigator();

function HomeScreen({navigation}) {
  return (
    <View>
      <Text>Home</Text>
      <Button title="Drawer 열기" onPress={() => navigation.openDrawer()} />
      <Button
        title="Setting 열기"
        onPress={() => navigation.navigate('Setting')}
      />
    </View>
  );
}

function SettingScreen({navigation}) {
  return (
    <View>
      <Text>Setting</Text>
      <Button title="뒤로가기" onPress={() => navigation.goBack()} />
    </View>
  );
}

function App() {
  return (
    <NavigationContainer>
      <Drawer.Navigator
        initialRouteName="Home"
        drawerPosition="left"
        backBehavior="history"
      >
        <Drawer.Screen name="Home" component={HomeScreen} />
        <Drawer.Screen name="Setting" component={SettingScreen} />
      </Drawer.Navigator>
    </NavigationContainer>
  );
```

```
}

export default App;
```

> Note ☰   이와 같이 편의상 파일 하나에 여러 개의 컴포넌트를 선언해도 상관없습니다. 다만 한 파일에 너무 많은 컴포넌트를 선언하면 나중에 유지보수하는 과정에서 컴포넌트 찾기가 번거로울 수도 있습니다. 서로 관련된 컴포넌트 이거나, 지금처럼 연습하는 상황이 아니라면 이렇게 파일 하나에 여러 컴포넌트를 선언하지 않는 것을 권장합니다.

이전에 네이티브 스택 내비게이터를 사용했을 때와 사용법이 꽤 비슷합니다. createDrawerNavigator 함수를 만들어 Drawer 객체를 만듭니다. 이 안에는 Navigator와 Screen이 들어있는데 이를 컴포넌트로 사용하면 됩니다.

Drawer.Navigator에는 initialRouteName Props를 설정했는데요. 내비게이터에서 기본적으로 보여줄 화면의 이름입니다. 만약 이 값이 없다면 맨 위에 있는 화면(Home)이 뜹니다.

drawerPosition Props는 드로어가 나타나는 위치를 정합니다. 값을 "left" 또는 "right"로 지정할 수 있습니다. 따로 값을 지정하지 않으면 기본값은 "left"로 설정됩니다.

backBehavior Props는 뒤로가기를 할 때 어떻게 작동할지 설정합니다. 이 Props에 지정할 수 있는 값은 다음과 같습니다.

- initialRoute: 가장 첫 번째 화면을 보여줍니다.
- order: Drawer.Screen 컴포넌트를 사용한 순서에 따라 현재 화면의 이전 화면을 보여줍니다.
- history: 현재 화면을 열기 직전에 봤던 화면을 보여줍니다.
- none: 뒤로가기를 수행하지 않습니다.

기본적으로 화면의 좌측(drawerPosition을 "right"로 했다면 우측) 끝에서 중앙으로 스와이프하면 드로어가 나타납니다. 만약 원하는 상황에 직접 드로어를 보여주고 싶다면 navigation을 화면으로 사용된 컴포넌트의 Props로 받아와서 navigation.openDrawer 함수를 호출해주면 됩니다.

그리고 사용자 행동(예를 들어, 버튼 클릭)에 따라 다른 화면으로 이동하고 싶을 때는 navigation.navigate 함수를 사용하고, 뒤로가기를 하고 싶을 때는 navigation.goBack 함수를 호출하면 됩니다.

5.3.1.1 드로어 커스터마이징하기

이전에 네이티브 스택 내비게이터를 사용했을 때 헤더를 커스터마이징한 것처럼 드로어 또한 커스터마이징할 수 있습니다.

우선 드로어에 나오는 화면 이름은 네이티브 스택 내비게이터를 사용했을 때처럼 Screen 컴포넌트에 options Props를 통해 title 값을 지정하면 됩니다.

App.js

```
(...)

function App() {
  return (
    <NavigationContainer>
      <Drawer.Navigator
        initialRouteName="Home"
        drawerPosition="left"
        backBehavior="history"
      >
        <Drawer.Screen
          name="Home"
          component={HomeScreen}
          options={{title: '홈'}}
        />
        <Drawer.Screen
          name="Setting"
          component={SettingScreen}
          options={{title: '설정'}}
        />
      </Drawer.Navigator>
    </NavigationContainer>
  );
}

export default App;
```

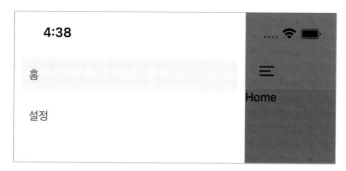

드로어의 스타일을 변경하고자 할 때는 다음과 같이 Drawer.Navigator 컴포넌트에 screenOptions
Props를 설정하면 됩니다. 이 Props는 화면을 설정할 수 있는데 드로어에 관한 옵션은 drawer
로 시작합니다. 다음 값들이 들어있는 객체를 설정하면 됩니다.

- drawerActiveTintColor: 활성화된 항목의 텍스트 색상

- drawerActiveBackgroundColor: 활성화된 항목의 배경색

- drawerInactiveTintColor: 비활성화된 항목의 텍스트 색상

- drawerInactiveBackgroudnColor: 비활성화된 항목의 배경색

- drawerItemStyle: 항목의 스타일

- drawerLabelStyle: 항목 내부의 텍스트 스타일

- drawerContentContainerStyle: 항목들을 감싸고 있는 영역의 스타일

- drawerStyle: 전체 드로어를 감싸고 있는 영역의 스타일

이 Props를 사용해 활성화된 항목의 배경색을 주황색으로 바꿔보겠습니다.

App.js

```
(...)
function App() {
  return (
    <NavigationContainer>
      <Drawer.Navigator
        initialRouteName="Home"
        drawerPosition="left"
        backBehavior="history"
        screenOptions={{
          drawerActiveBackgroundColor: '#fb8c00',
          drawerActiveTintColor: 'white',
```

```
        }}>
        <Drawer.Screen
          name="Home"
          component={HomeScreen}
          options={{title: '홈'}}
        />
        <Drawer.Screen
          name="Setting"
          component={SettingScreen}
          options={{title: '설정'}}
        />
      </Drawer.Navigator>
    </NavigationContainer>
  );
}


export default App;
```

▼ 그림 5-17 드로어의 스타일 변경

항목이 주황색으로 잘 나타났나요?

만약 Drawer 컴포넌트가 나타나는 영역에 아예 다른 UI를 보여주고 싶다면 drawerContent Props 에 함수 컴포넌트를 넣어주면 됩니다.

App.js
```
(...)
import {SafeAreaView} from 'react-native-safe-area-context';

(...)

function App() {
  return (
```

```jsx
<NavigationContainer>
  <Drawer.Navigator
    initialRouteName="Home"
    drawerPosition="left"
    backBehavior="history"
    drawerContent={({navigation}) => (
      <SafeAreaView>
        <Text>A Custom Drawer</Text>
        <Button
          onPress={() => navigation.closeDrawer()}
          title="Drawer 닫기"
        />
      </SafeAreaView>
    )}>
    <Drawer.Screen
      name="Home"
      component={HomeScreen}
      options={{title: '홈'}}
    />
    <Drawer.Screen
      name="Setting"
      component={SettingScreen}
      options={{title: '설정'}}
    />
  </Drawer.Navigator>
</NavigationContainer>
  );
}


export default App;
```

iOS도 지원하는 앱이라면 drawerContent를 지정할 때 SafeAreaView를 꼭 사용해주세요. 그렇지 않으면 드로어의 상단부 영역이 StatusBar 영역과 겹치게 됩니다.

drawerContent에 넣는 함수 컴포넌트에서도 navigation을 사용할 수 있습니다. navigation. closeDrawer 함수는 현재 보여지는 드로어를 닫아줍니다.

코드를 다 작성했으면 드로어를 열어보세요.

▼ 그림 5-18 drawerContent 설정

작성한 함수 컴포넌트가 화면에 잘 나타났나요? Drawer 닫기 버튼을 눌렀을 때 잘 닫히는지 확인해보세요.

드로어 내비게이터를 사용하면 네이티브 스택 내비게이터와 비슷하게 화면 상단에 헤더가 나타납니다. 만약 헤더 좌측에 보여지는 햄버거 버튼을 바꾸고 싶다면 Drawer.Screen의 options에서 headerLeft에 컴포넌트를 설정하면 됩니다.

App.js – 첫 번째 Drawer.Screen

```
<Drawer.Screen
  name="Home"
  component={HomeScreen}
  options={{title: '홈', headerLeft: () => <Text>Left</Text>}}
/>
```

만약 모든 화면에 공통으로 헤더의 커스터마이징을 적용하려면 Drawer.Navigator의 screenOptions Props에 헤더와 관련해 설정하면 됩니다. 다음과 같이 설정하면 모든 화면에서 헤더가 사라집니다.

App.js – Drawer.Navigator

```
<Drawer.Navigator
    initialRouteName="Home"
    drawerPosition="left"
    backBehavior="history"
    screenOptions={{
    headerShown: false,
  }}
```

드로어 내비게이터에는 지금까지 설명한 것 외에도 더 많은 기능이 있습니다. 자세한 내용은 공식 문서를 확인하세요.

- https://reactnavigation.org/docs/drawer-navigator

5.3.2 하단 탭 내비게이터

하단 탭 내비게이터(Bottom Tab Navigator)는 이름 그대로 하단에 탭을 보여주는 내비게이터입니다. 트위터(Twitter), 유튜브(Youtube), 인스타그램(Instagram) 등 많은 앱에서 하단 탭을 사용하고 있어요.

▼ 그림 5-19 하단 탭 내비게이터

이와 같은 하단 탭을 구현해봅시다. 하단 탭 내비게이터도 마찬가지로 라이브러리를 추가로 설치해야 합니다. 그리고 하단 탭을 구현하는 과정에서 아이콘도 필요하므로, 아이콘을 편리하게 사용할 수 있도록 react-native-vector-icons 라이브러리도 설치하겠습니다.

```
$ yarn add @react-navigation/bottom-tabs react-native-vector-icons
$ cd ios
$ pod install
```

설치 이후에는 우선 아이콘 없이 설정해보겠습니다. App.js 파일에서 기존에 만든 코드를 지우고 다음과 같이 작성해보세요.

```
import React from 'react';
import {NavigationContainer} from '@react-navigation/native';
import {createBottomTabNavigator} from '@react-navigation/bottom-tabs';
import {Text} from 'react-native';
import {SafeAreaView} from 'react-native-safe-area-context';

const Tab = createBottomTabNavigator();

function HomeScreen() {
  return <Text>Home</Text>;
}

function SearchScreen() {
  return <Text>Search</Text>;
}

function NotificationScreen() {
  return <Text>Notification</Text>;
}

function MessageScreen() {
  return <Text>Message</Text>;
}

function App() {
  return (
    <NavigationContainer>
      <Tab.Navigator initialRouteName="Home">
        <Tab.Screen name="Home" component={HomeScreen} />
        <Tab.Screen name="Search" component={SearchScreen} />
        <Tab.Screen name="Notification" component={NotificationScreen} />
        <Tab.Screen name="Message" component={MessageScreen} />
      </Tab.Navigator>
    </NavigationContainer>
  );
}

export default App;
```

텍스트로만 이루어진 하단 탭이 나타났나요? 현재 아이콘을 따로 설정하지 않았기 때문에 ? 또는 X가 나타납니다. 이는 추후 아이콘을 설정하여 고쳐주겠습니다. 하단 탭 내비게이터는 앞에서 다룬 네이티브 스택 내비게이터, 드로어 내비게이터와 마찬가지로 상단에 헤더가 나타납니다. 헤더는 Tab.Navigator에 screenOptions를 설정하거나 각 Tab.Screen에 options를 설정하여 커스터마이징할 수 있습니다.

이제 아이콘을 사용하기 위해 iOS와 안드로이드에 필요한 설정을 해주겠습니다.

Info.plist를 열어 최하단에 UIAppFonts를 추가해주세요.

ios/LearnReactNavigation/Info.plist – 최하단

```
(...)
  <key>UIViewControllerBasedStatusBarAppearance</key>
    <false/>
    <key>UIAppFonts</key>
    <array>
        <string>MaterialIcons.ttf</string>
    </array>
</dict>
</plist>
```

그다음에는 build.gradle 파일을 열어 최하단에 다음 코드를 추가해주세요.

android/app/build.gradle – 최하단

```
project.ext.vectoricons = [
    iconFontNames: [ 'MaterialIcons.ttf' ]
]

apply from: "../../node_modules/react-native-vector-icons/fonts.gradle"
```

설정을 마치고 yarn ios와 yarn android 명령어를 실행해 앱을 다시 가동해주세요.

이제 각 화면에 아이콘을 설정해주겠습니다. 아이콘은 Screen 컴포넌트에 options Props를 통해 설정할 수 있습니다. 이 과정에서 화면의 타이틀도 변경해주겠습니다. title 값을 지정해주면 아이콘과 함께 나타나는 텍스트도 변경됩니다.

```javascript
import React from 'react';
import {NavigationContainer} from '@react-navigation/native';
import {createBottomTabNavigator} from '@react-navigation/bottom-tabs';
import {Text} from 'react-native';
import Icon from 'react-native-vector-icons/MaterialIcons';

(...)

function App() {
  return (
    <NavigationContainer>
      <Tab.Navigator initialRouteName="Home">
        <Tab.Screen
          name="Home"
          component={HomeScreen}
          options={{
            title: '홈',
            tabBarIcon: ({color, size}) => (
              <Icon name="home" color={color} size={size} />
            ),
          }}
        />
        <Tab.Screen
          name="Search"
          component={SearchScreen}
          options={{
            title: '검색',
            tabBarIcon: ({color, size}) => (
              <Icon name="search" color={color} size={size} />
            ),
          }}
        />
        <Tab.Screen
          name="Notification"
          component={NotificationScreen}
          options={{
            title: '알림',
            tabBarIcon: ({color, size}) => (
```

```
            <Icon name="notifications" color={color} size={size} />
          ),
        }}
      />
      <Tab.Screen
        name="Message"
        component={MessageScreen}
        options={{
          title: '메시지',
          tabBarIcon: ({color, size}) => (
            <Icon name="message" color={color} size={size} />
          ),
        }}
      />
    </Tab.Navigator>
  </NavigationContainer>
);
}
```

```
export default App;
```

tabBarIcon에는 함수 컴포넌트를 넣는데요. 이 컴포넌트는 focused, color, size를 Props로 받아옵니다. 현재는 focused를 사용하지 않기 때문에 생략했고, color와 size의 경우 Icon 컴포넌트로 그대로 전달해줬습니다. 이를 통해 특정 화면을 열었을 때 그 화면의 아이콘 색상이 변경되고, 화면의 가로/세로 모드에 따라 아이콘 크기도 변경됩니다.

하단 탭에 아이콘이 잘 나타나고 텍스트도 변경됐나요? 헤더에 나타나는 타이틀도 바뀌었는지 확인해보세요.

▼ 그림 5-21 하단 탭 아이콘 적용

 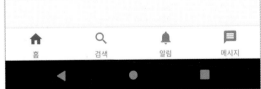

5.3.2.1 하단 탭 커스터마이징

Tab.Navigator의 screenOptions Props를 통해 하단 탭에 대한 설정도 커스터마이징할 수 있습니다. 탭에 관한 설정은 tabBar로 시작합니다.

- tabBarActiveTintColor: 활성화된 항목의 아이콘과 텍스트 색상

- tabBarActiveBackgroundColor: 활성화된 항목의 배경색

- tabBarInactiveTintColor: 비활성화된 항목의 아이콘과 텍스트 색상

- tabBarInactiveBackgroundColor: 비활성화된 항목의 배경색

- tabBarShowLabel: 항목에서 텍스트의 가시성 설정(기본값: true)

- tabBarShowIcon: 항목에서 아이콘의 가시성 설정(기본값: false)

- tabBarStyle: 하단 탭 스타일

- tabBarLabelStyle: 텍스트 스타일

- tabBarItemStyle: 항목 스타일

- tabBarLabelPosition: 텍스트 위치 'beside-icon'(아이콘 우측) / 'below-icon'(아이콘 하단)

- tabBarAllowFontScaling: 시스템 폰트 크기에 따라 폰트 크기를 키울지 결정(기본값: true)

- tabBarSafeAreaInset: SafeAreaView의 forceInset 덮어쓰는 객체(기본값: {bottom: 'always', top: 'never'})

- tabBarKeyboardHidesTabBar: 키보드가 나타날 때 하단 탭을 가릴지 결정(기본값: false)

설정을 통해 하단 탭에서 텍스트는 숨기고, 활성화된 항목의 아이콘 색상을 주황색(#fb8c00)으로 설정해보세요.

App.js

```
(...)
function App() {
  return (
    <NavigationContainer>
      <Tab.Navigator
        initialRouteName="Home"
        tabBarOptions={{
          activeTintColor: '#fb8c00',
          showLabel: false,
        }}>
(...)
```

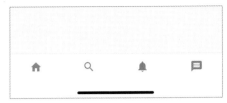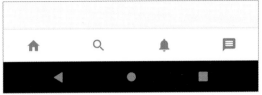

하단 탭 내비게이터의 더 많은 기능은 공식 문서에서 확인할 수 있습니다.

- https://reactnavigation.org/docs/bottom-tab-navigator

5.3.2.2 네이티브 스택 내비게이터와 하단 탭 내비게이터를 함께 사용하기

상황에 따라 여러 개의 내비게이터를 함께 사용할 수 있습니다. 현재 프로젝트의 화면 구성을 다음과 같이 설정해보겠습니다.

- Stack.Navigator
  - Main (Tab.Navigator)
    - Home
    - Search
    - Notification
    - Message
  - Detail

Detail은 이전에 만든 컴포넌트를 재사용하겠습니다. 그리고 screens 디렉터리 안에 있는 HomeScreen 과 HeaderlessScreen은 더 이상 사용하지 않으므로 삭제해도 됩니다.

우선 screens 디렉터리에 MainScreen 컴포넌트를 다음과 같이 생성하세요. 기존의 App.js에 있던 코드를 모두 복사해서 붙여넣은 뒤, 일부 코드만 조금 지우고 변경해주면 됩니다.

screens/MainScreen.js

```
import React from 'react';
import {createBottomTabNavigator} from '@react-navigation/bottom-tabs';
import {Text, View, Button} from 'react-native';
import Icon from 'react-native-vector-icons/MaterialIcons';

const Tab = createBottomTabNavigator();

function HomeScreen({navigation}) {
```

```jsx
  return (
    <View>
      <Text>Home</Text>
      <Button
        title="Detail 1 열기"
        onPress={() =>
          navigation.push('Detail', {
            id: 1,
          })
        }
      />
    </View>
  );
}

function SearchScreen() {
  return (
    <View>
      <Text>Search</Text>
    </View>
  );
}

function NotificationScreen() {
  return (
    <View>
      <Text>Notification</Text>
    </View>
  );
}

function MessageScreen() {
  return (
    <View>
      <Text>Message</Text>
    </View>
  );
}

function MainScreen() {
  return (
    <Tab.Navigator
      initialRouteName="Home"
      screenOptions={{
```

```
      tabBarActiveTintColor: '#fb8c00',
      tabBarShowLabel: false,
    }}>
    <Tab.Screen
      name="Home"
      component={HomeScreen}
      options={{
        title: '홈',
        tabBarIcon: ({color, size}) => (
          <Icon name="home" color={color} size={size} />
        ),
      }}
    />
    <Tab.Screen
      name="Search"
      component={SearchScreen}
      options={{
        title: '검색',
        tabBarIcon: ({color, size}) => (
          <Icon name="search" color={color} size={size} />
        ),
      }}
    />
    <Tab.Screen
      name="Notification"
      component={NotificationScreen}
      options={{
        title: '알림',
        tabBarIcon: ({color, size}) => (
          <Icon name="notifications" color={color} size={size} />
        ),
      }}
    />
    <Tab.Screen
      name="Message"
      component={MessageScreen}
      options={{
        title: '메시지',
        tabBarIcon: ({color, size}) => (
          <Icon name="message" color={color} size={size} />
        ),
      }}
    />
  </Tab.Navigator>
```

```
  );
}

export default MainScreen;
```

다음으로 App.js 파일에서 네이티브 스택 내비게이터를 설정한 뒤에 MainScreen과 DetailScreen 컴포넌트를 추가해주겠습니다.

App.js

```
import React from 'react';
import {NavigationContainer} from '@react-navigation/native';
import {createNativeStackNavigator} from '@react-navigation/native-stack';
import MainScreen from './screens/MainScreen';
import DetailScreen from './screens/DetailScreen';

const Stack = createNativeStackNavigator();

function App() {
  return (
    <NavigationContainer>
      <Stack.Navigator>
        <Stack.Screen
          name="Main"
          component={MainScreen}
          options={{headerShown: false}}
        />
        <Stack.Screen name="Detail" component={DetailScreen} />
      </Stack.Navigator>
    </NavigationContainer>
  );
}

export default App;
```

여기까지 코드를 입력하면 하단 탭과 네이티브 스택을 같이 사용하는 예시가 완성됩니다. HomeScreen에서 Detail 1 열기 버튼을 눌러보세요. DetailScreen이 탭 내비게이터를 가리고 새로 보여졌나요?

네이티브 스택 내비게이터에서 MainScreen의 화면을 설정할 때, options에 headerShown 값을 false로 해주었는데요. 만약 이 값을 설정하지 않는다면 두 개의 헤더가 나타나는 문제가 발생하므로, 하단 탭 내비게이터를 네이티브 스택 내비게이터 내부에서 사용하게 될 때 이 설정을 해주는 것이 중요합니다.

5.3.3 머티리얼 상단 탭 내비게이터

이번에 알아볼 머티리얼 상단 탭 내비게이터(Material Top Tab Navigator)는 앞에서 배운 하단 탭 내비게이터와 유사합니다. 이 내비게이터는 탭을 상단에 위치시킬 수 있습니다. 그리고 탭을 누르면 구글의 머티리얼 디자인 특유의 물결(ripple) 효과가 나타납니다. 화면을 스와이프하는 형태로 우측/좌측 탭으로 전환할 수도 있습니다.

내비게이터를 사용하기 위해 다음 라이브러리들을 설치해주세요.

```
$ yarn add @react-navigation/material-top-tabs react-native-tab-view react-native-pager-view
```

react-native-tab-view는 리액트 네이티브에서 탭을 구현할 수 있게 하는 라이브러리입니다. react-navigation에 종속되지 않는 라이브러리이기 때문에 다른 내비게이션 관련 라이브러리와 함께 사용할 수도 있습니다.

설치 후에는 기존에 사용한 하단 탭 내비게이터를 대체해보겠습니다.

screens/MainScreen.js

```javascript
import React from 'react';
import {createMaterialTopTabNavigator} from '@react-navigation/material-top-tabs';
import {Text, Button, View} from 'react-native';
import Icon from 'react-native-vector-icons/MaterialIcons';

const Tab = createMaterialTopTabNavigator();

(...)

function MainScreen() {
  return (
    <Tab.Navigator
      initialRouteName="Home"
      screenOptions={{
        tabBarShowLabel: false,
      }}>
      <Tab.Screen
```

263

```
      name="Home"
      component={HomeScreen}
      options={{
        tabBarIcon: ({color}) => <Icon name="home" color={color} size={24} />,
      }}
    />
    <Tab.Screen
      name="Search"
      component={SearchScreen}
      options={{
        tabBarIcon: ({color}) => (
          <Icon name="search" color={color} size={24} />
        ),
      }}
    />
    <Tab.Screen
      name="Notification"
      component={NotificationScreen}
      options={{
        tabBarIcon: ({color}) => (
          <Icon name="notifications" color={color} size={24} />
        ),
      }}
    />
    <Tab.Screen
      name="Message"
      component={MessageScreen}
      options={{
        tabBarIcon: ({color}) => (
          <Icon name="message" color={color} size={24} />
        ),
      }}
    />
  </Tab.Navigator>
  );
}

export default MainScreen;
```

코드를 저장한 뒤, yarn ios와 yarn android 명령어를 다시 입력하여 시뮬레이터를 재시작하세요.

머티리얼 상단 탭 내비게이터의 경우 아이콘 크기를 자체적으로 지정해주지 않으므로 아이콘의 size Props를 직접 지정해야 합니다. 그리고 기존에 다룬 내비게이터와 다르게 이 내비게이터는 헤더를 보여주지 않습니다. App 컴포넌트에서 MainScreen의 화면 설정할 때 options를 제거하여 헤더를 활성화해보세요.

App.js – Main 화면 설정

```
<Stack.Screen name="Main" component={MainScreen} />
```

코드를 수정한 뒤 그림 5-23과 같은 결과가 나타났는지 확인해보세요.

▼ 그림 5-23 머티리얼 상단 탭 내비게이터

참고로 머티리얼 물결 효과는 안드로이드 5.0 이상에서만 나타납니다. iOS에서는 이 효과가 없으니 참고하세요.

MaterialTopTabNavigator에 설정할 수 있는 옵션들을 알아봅시다. Tab.Navigator 컴포넌트에는 다음과 같은 Props를 지정해줄 수 있습니다. 다양한 Props가 있는데요. 이 책에서는 주요 Props에 대해서만 알아보겠습니다.

- initialRouteName: 초기 화면의 이름
- screenOptions: 화면의 기본 설정. 하단 탭 내비게이션과 비슷한데, 다음과 같은 추가 옵션이 있습니다.
  - swipeEnabled: 화면을 좌우로 스와이프하여 전환할 수 있게 합니다(기본값: true).
  - lazy: 특정 탭으로 이동해야만 해당 탭을 렌더링합니다(기본값: true).
  - lazyPreloadDistance: lazy 속성이 활성화된 상태에서 몇 칸 뒤 화면을 미리 불러올지 설정합니다(기본값: 0).

- lazyPlaceholder: lazy 속성이 활성화되어 있을 때 아직 보이지 않은 화면에서 보여줄 대체 컴포넌트
- tabBarIndicator: 활성화된 탭을 표시하는 컴포넌트
- tabBarIndicatorStyle: 활성화된 탭을 표시하는 컴포넌트의 스타일

- backBehavior: 뒤로가기할 때의 작동 방식
- tabBarPosition: 탭 바의 위치(top 또는 bottom)
- keyboardDismissMode: 키보드를 숨기는 설정

  - auto: 기본값. 화면이 바뀔 때 키보드를 숨깁니다.
  - on-drag 화면을 드래그할 때 키보드를 숨깁니다.
  - none: 드래그해도 키보드를 숨기지 않습니다.

- sceneContainerStyle: 각 화면에 대한 스타일
- style: 전체 탭 뷰에 대한 스타일
- tabBar: 탭 바를 대체할 수 있는 컴포넌트(공식 매뉴얼 참조)

일부 Props는 생략했습니다. 자세한 내용은 공식 매뉴얼을 참고하세요.

- https://reactnavigation.org/docs/material-top-tab-navigator

그리고 Tab.Screen의 options Props에는 다음과 같은 값들을 설정할 수 있습니다.

- tabBarIcon: 아이콘을 보여주는 함수, { focused: boolean, color: string } 타입의 파라미터를 받아옵니다.
- tabBarLabel: 탭에서 보이는 이름

자, 이제 설정을 조금 변경해봅시다. 활성화된 탭과 인디케이터(Indicator)의 색상도 바꾸고, 탭 버튼이 텍스트와 함께 나타나도록 수정하겠습니다.

```
screens/MainScreen.js
```

```
(...)

function MainScreen() {

  return (
    <Tab.Navigator
      initialRouteName="Home"
      screenOptions={{
        tabBarIndicatorStyle: {
          backgroundColor: '#009688',
```

```
      },
      tabBarActiveTintColor: '#009688',
    }}>
    <Tab.Screen
      name="Home"
      component={HomeScreen}
      options={{
        tabBarLabel: '홈',
        tabBarIcon: ({color}) => <Icon name="home" color={color} size={24} />,
      }}
    />
    <Tab.Screen
      name="Search"
      component={SearchScreen}
      options={{
        tabBarLabel: '검색',
        tabBarIcon: ({color}) => (
          <Icon name="search" color={color} size={24} />
        ),
      }}
    />
    <Tab.Screen
      name="Notification"
      component={NotificationScreen}
      options={{
        tabBarLabel: '알림',
        tabBarIcon: ({color}) => (
          <Icon name="notifications" color={color} size={24} />
        ),
      }}
    />
    <Tab.Screen
      name="Message"
      component={MessageScreen}
      options={{
        tabBarLabel: '메시지',
        tabBarIcon: ({color}) => (
          <Icon name="message" color={color} size={24} />
        ),
      }}
    />
  </Tab.Navigator>
  );
}

export default MainScreen;
```

탭의 모양이 다음과 같이 잘 변경됐나요?

▼ 그림 5-24 머티리얼 상단 탭 내비게이터

5.3.4 머티리얼 하단 탭 내비게이터

머티리얼 하단 탭 내비게이터(Material Bottom Tab Navigator)는 방금 다룬 머티리얼 상단 탭 내비게이터와 비슷한 내비게이터인데, 큰 차이점이 있습니다. 이 내비게이터는 하단에만 나타나며, 활성화된 탭에 따라 전체 탭의 배경색을 변경할 수 있습니다. 이때 멋진 물결 효과와 함께 배경색을 전환시킬 수 있습니다. 추가로 탭이 활성화될 때 아이콘이 상단으로 조금 움직입니다.

내비게이터를 사용하기 위해 우선 필요한 라이브러리를 설치해주세요.

```
$ yarn add @react-navigation/material-bottom-tabs react-native-paper
```

react-native-paper는 리액트 네이티브에서 머티리얼 디자인을 사용할 수 있게 하는 라이브러리입니다. 자세한 내용은 다음 링크를 참고하세요.

- https://callstack.github.io/react-native-paper

그다음에는 MainScreen에서 기존에 사용한 createMaterialTopTabNavigator 대신에

createMaterialBottomTabNavigator를 사용해보겠습니다.

```
import React from 'react';
import {createMaterialBottomTabNavigator} from '@react-navigation/material-bottom-tabs';
import {Text, Button, View} from 'react-native';
import Icon from 'react-native-vector-icons/MaterialIcons';

const Tab = createMaterialBottomTabNavigator();

(...)
```

그리고 screenOptions Props를 지워주세요.

```
<Tab.Navigator
  initialRouteName="Home"
  tabBarOptions={{
    showIcon: true,
}}>
```

▼ 그림 5-25 머티리얼 하단 탭 내비게이터

이 내비게이터에서는 활성화된 탭의 이름이 아이콘 하단에 나타나며, 색상이 진해집니다. 그리고 활성화된 탭에 따라 탭 바의 배경색을 변경할 수도 있습니다. 배경색을 한번 바꿔볼까요? 다음과 같이 코드를 수정해보세요.

screens/MainScreen.js – TabScreen

```
<Tab.Screen
  name="Home"
  component={HomeScreen}
  options={{
    tabBarLabel: '홈',
    tabBarIcon: ({color}) => <Icon name="home" color={color} size={24} />,
    tabBarColor: 'black',
  }}
/>
<Tab.Screen
  name="Search"
  component={SearchScreen}
  options={{
    tabBarLabel: '검색',
    tabBarIcon: ({color}) => (
      <Icon name="search" color={color} size={24} />
    ),
    tabBarColor: 'gray',
  }}
/>
<Tab.Screen
  name="Notification"
  component={NotificationScreen}
  options={{
    tabBarLabel: '알림',
    tabBarIcon: ({color}) => (
      <Icon name="notifications" color={color} size={24} />
    ),
    tabBarColor: 'green',
  }}
/>
<Tab.Screen
  name="Message"
  component={MessageScreen}
  options={{
    tabBarLabel: '메시지',
    tabBarIcon: ({color}) => (
```

```
          <Icon name="message" color={color} size={24} />
      ),
      tabBarColor: 'blue',
    }}
  />
```

이제 특정 탭을 선택하면 탭 바의 배경색이 지정한 색상으로 변경될 것입니다.

▼ 그림 5-26 탭 바 배경색 변경

`MaterialBottomTabNavigator`에 설정할 수 있는 옵션을 알아봅시다. `Tab.Navigator` 컴포넌트에는 다음과 같은 Props를 지정해줄 수 있습니다.

- `initialRouteName`: 초기 화면의 이름

- `screenOptions`: 화면의 기본 설정

- `backBehavior`: 뒤로가기할 때의 작동 방식

- `shifting`: 이 값이 `true`로 지정되어 있으면 탭이 변경될 때마다 배경색을 변경하고, 활성화된 탭만 탭의 이름을 보여줍니다. 탭의 개수가 세 개 이상이면 이 값은 기본적으로 `true`로 설정됩니다. 만약 이 값을 `false`로 지정하면 탭마다 배경색을 따로 따로 지정할 수 없고, 모든 탭에 이름이 보이게 됩니다.

- labeled: 탭 아이콘 하단에 탭의 이름을 나타낼지 정하는 값입니다. 이 값을 false로 지정하면 모든 탭에 이름이 나타나지 않습니다(기본값: true).
- activeColor: 활성화된 탭의 아이콘과 텍스트의 색상
- inactiveColor: 비활성화된 탭의 아이콘과 텍스트의 색상
- barStyle: 탭 바에 스타일 적용

그리고 Tab.Screen의 options Props에는 다음과 같은 값을 설정할 수 있습니다.

- tabBarIcon: 아이콘을 보여주는 함수, { focused: boolean, color: string } 타입의 파라미터를 받아옵니다.
- tabBarLabel: 탭에 보이는 이름
- tabBarBadge: 탭 아이콘에 배지를 보여줍니다. 이 값을 true로 설정하면 아이콘 우측 상단에 빨간색 점을 보여줍니다. 이 값을 문자열 또는 숫자로 입력하면 그 내용이 배지에 나타납니다.

다음과 같이 코드를 변경해 탭 아이콘에 배지를 설정해보세요.

screens/MainScreen.js

```
<Tab.Screen
  name="Home"
  component={HomeScreen}
  options={{
    tabBarLabel: '홈',
    tabBarIcon: ({color}) => <Icon name="home" color={color} size={24} />,
    tabBarColor: 'black',
    tabBarBadge: 'new',
  }}
/>
<Tab.Screen
  name="Search"
  component={SearchScreen}
  options={{
    tabBarLabel: '검색',
    tabBarIcon: ({color}) => (
      <Icon name="search" color={color} size={24} />
    ),
    tabBarColor: 'gray',
  }}
/>
```

```
<Tab.Screen
  name="Notification"
  component={NotificationScreen}
  options={{
    tabBarLabel: '알림',
    tabBarIcon: ({color}) => (
      <Icon name="notifications" color={color} size={24} />
    ),
    tabBarColor: 'green',
    tabBarBadge: 30,
  }}
/>
<Tab.Screen
  name="Message"
  component={MessageScreen}
  options={{
    tabBarLabel: '메시지',
    tabBarIcon: ({color}) => (
      <Icon name="message" color={color} size={24} />
    ),
    tabBarColor: 'blue',
    tabBarBadge: true,
  }}
/>
```

▼ 그림 5-27 tabBarBadge

5.3.5 머티리얼 하단 탭 내비게이터 헤더 타이틀 동기화하기

머티리얼 하단 탭 내비게이터는 머티리얼 상단 탭 내비게이터와 마찬가지로 헤더가 없습니다. 그래서 현재 네이티브 스택 내비게이터에서 설정된 타이틀인 Main이 타이틀로 보여지고 있습니다. 이번에는 머티리얼 하단 탭 내비게이터에서 선택된 탭과 헤더의 타이틀을 동기화하는 방법을 알아보겠습니다.

우선, App 컴포넌트의 코드를 다음과 같이 수정해보세요.

```
import React from 'react';
import {
  getFocusedRouteNameFromRoute,
  NavigationContainer,
} from '@react-navigation/native';
import {createNativeStackNavigator} from '@react-navigation/native-stack';
import MainScreen from './screens/MainScreen';
import DetailScreen from './screens/DetailScreen';

const Stack = createNativeStackNavigator();

function getHeaderTitle(route) {
  const routeName = getFocusedRouteNameFromRoute(route);
  console.log(routeName);
  return routeName;
}

function App() {
  return (
    <NavigationContainer>
      <Stack.Navigator>
        <Stack.Screen
          name="Main"
          component={MainScreen}
          options={({route}) => ({
            title: getHeaderTitle(route),
          })}
        />
        <Stack.Screen name="Detail" component={DetailScreen} />
      </Stack.Navigator>
    </NavigationContainer>
  );
}

export default App;
```

Main 화면을 설정한 Stack.Screen을 보면 options Props에 일반 객체가 아닌 객체를 반환하는 함수를 넣어줬습니다. 이렇게 함수를 넣어주면 내비게이션의 상태가 바뀔 때마다 함수를 다시 실행하여 화면의 options 객체를 생성합니다. 이 함수에서는 파라미터를 통해 route와 navigation

을 받아와서 사용할 수 있는데요. 해당 함수 내부에서 getHeaderTitle이라는 함수를 호출하여 route 객체로 화면의 제목을 받아오도록 설정했습니다.

getHeaderTitle은 우리가 직접 만든 함수입니다. 이 함수 내부에서는 getFocusedRouteName FromRoute라는 함수를 리액트 내비게이션 라이브러리에서 불러와서 사용합니다. getFocused RouteNameFromRoute 함수는 route 객체를 통하여 현재 포커스된 화면의 이름을 조회합니다. 만약 Main 화면 내부에 있는 머티리얼 하단 탭 내비게이터에서 화면이 바뀌면 이 함수를 통해서 어떤 화면이 보이고 있는지 알 수 있습니다. 코드를 저장한 뒤 콘솔을 보면 가장 처음에 undefined 가 출력되고 그 이후 탭을 전환하면 선택된 탭의 이름이 나타납니다.

이 함수를 사용할 때 주의할 점은 방금 본 것과 같이 화면이 바뀌기 전까지, 즉 초기에는 undefined가 반환된다는 것입니다. 따라서 undefined일 때는 내부 내비게이터의 기본 화면의 이름을 사용하도록 로직을 구현해야 합니다.

getHeaderTitle 함수를 다음과 같이 수정해보세요.

App.js – getHeaderTitle

```
function getHeaderTitle(route) {
  const routeName = getFocusedRouteNameFromRoute(route) ?? 'Home';
  const nameMap = {
    Home: '홈',
    Search: '검색',
    Notification: '알림',
    Message: '메시지',
  };

  return nameMap[routeName];
}
```

이 코드에서 사용된 ??는 최신 자바스크립트 문법인 nullish 병합 연산자입니다. 연산자 좌측에 있는 값이 null이거나 undefined면 우측의 값으로 설정합니다.

앞서 언급했듯이 getFocusedRouteNameFromRoute는 화면이 바뀌기 전까지는 undefined를 반환하기 때문에, undefined인 경우 'Home' 값으로 설정하도록 코드를 작성했습니다. 그리고 화면의 name과 타이틀 값을 잇는 nameMap 객체를 만들어서 해당되는 타이틀을 보여주도록 구현했습니다. 이제 코드를 저장해보세요. 선택된 탭에 따라 타이틀이 동기화되고 있나요?

지금까지 다양한 내비게이터를 알아봤습니다. 이 중에서 어떤 내비게이터를 사용해야 할까요? 사실상 기획과 상황에 따라 사용해야 할 내비게이터가 다를 것입니다. 일반적으로는 네이티브 스택 내비게이터와 하단 탭 내비게이터를 조합해 많이 사용합니다. 실제로 npm 다운로드 통계에서도 해당 내비게이터의 다운로드 수가 높은 편입니다. 머티리얼 탭은 효과가 멋있지만 이 책에서는 잘 사용하지 않고, 앞으로 프로젝트를 만들 때는 주로 네이티브 스택 내비게이터와 하단 탭 내비게이터를 사용할 것입니다.

5.4 내비게이션 Hooks

이전에 컴포넌트를 만들 때 useState, useEffect와 같은 Hook 함수를 사용한 적이 있죠? Hook은 함수 컴포넌트에서 사용할 수 있는 유용한 함수라고 배웠는데요. 리액트 내비게이션에 관련한 Hook 함수도 있습니다. 참고로 여러 개의 Hook 함수를 칭할 때는 Hooks라고 부른답니다.

Screen으로 사용 중인 컴포넌트에서는 Props를 통해 navigation 또는 route 객체를 사용할 수

있습니다. 하지만 Screen으로 사용되지 않는 다른 컴포넌트에서는 navigation 또는 route를
Props로 받아와서 사용할 수 없죠.

예를 들어, MainScreen 컴포넌트 파일 안에 있는 HomeScreen에서 Detail 1 열기 버튼을
OpenDetailButton이라는 컴포넌트로 따로 분리해서 사용하고 싶다면, 다음 세 가지 방법을 통해
구현할 수 있습니다.

첫 번째 방법은 OpenDetailButton 컴포넌트에서 onPress 함수를 Props로 받아오는 것이죠.

screens/MainScreen.js

```
( ... )

function OpenDetailButton({onPress}) {
  return <Button title="Detail 1 열기" onPress={onPress} />;
}

function HomeScreen({navigation}) {
  return (
    <View>
      <Text>Home</Text>
      <OpenDetailButton onPress={() => navigation.push('Detail', {id: 1})} />
    </View>
  );
}

( ... )
```

두 번째 방법은 OpenDetailButton에 Props로 navigation 객체를 바로 넘겨주는 것입니다.

screens/MainScreen.js

```
( ... )

function OpenDetailButton({navigation}) {
  return (
    <Button
      title="Detail 1 열기"
      onPress={() => navigation.push('Detail', {id: 1})}
    />
  );
}
```

```
function HomeScreen({navigation}) {
  return (
    <View>
      <Text>Home</Text>
      <OpenDetailButton navigation={navigation} />
    </View>
  );
}
```

세 번째 방법은 useNavigation이라는 Hook을 사용하는 것입니다. 이 방법을 좀더 자세히 살펴
볼까요?

5.4.1 useNavigation

useNavigation Hook을 사용하면 Screen으로 사용되고 있지 않은 컴포넌트에서도 navigation
객체를 사용할 수 있습니다. OpenDetailButton 컴포넌트를 다음과 같이 수정해보세요.

screens/MainScreen.js
```
import React from 'react';
import {createMaterialBottomTabNavigator} from '@react-navigation/material-bottom-tabs';
import {Text, Button, View} from 'react-native';
import Icon from 'react-native-vector-icons/MaterialIcons';
import {
  useNavigation,
} from '@react-navigation/native';

(...)

function OpenDetailButton() {
  const navigation = useNavigation();

  return (
    <Button
      title="Detail 1 열기"
      onPress={() => navigation.push('Detail', {id: 1})}
    />
  );
}
```

```
function HomeScreen() {
  return (
    <View>
      <Text>Home</Text>
      <OpenDetailButton />
    </View>
  );
}

(...)
```

이렇게 useNavigation을 사용하면 navigation을 상위 컴포넌트에서 Props로 넣어주지 않아도 사용할 수 있답니다. 시뮬레이터에서 방금 수정한 버튼을 눌러 정상 작동하는지 확인해보세요.

5.4.2 useRoute

useRoute는 useNavigation과 비슷하게, Screen이 아닌 컴포넌트에서 route 객체를 사용할 수 있게 합니다. DetailScreen 컴포넌트에서 route.params.id를 보여주는 Text를 IDText라는 컴포넌트로 따로 분리시키고, 해당 컴포넌트에서 useRoute Hook을 사용해 route 객체를 사용해보세요.

screens/DetailScreen.js

```
import React, {useEffect} from 'react';
import {View, Text, StyleSheet, Button} from 'react-native';
import {useRoute} from '@react-navigation/native';

function IDText() {
  const route = useRoute();
  return <Text style={styles.text}>id: {route.params.id}</Text>;
}

function DetailScreen({route, navigation}) {
  useEffect(() => {
    navigation.setOptions({
      title: `상세 정보 - ${route.params.id}`,
    });
  }, [navigation, route.params.id]);
  return (
    <View style={styles.block}>
      <IDText />
```

```
        <View style={styles.buttons}>
          <Button
            title="다음"
            onPress={() => navigation.push('Detail', {id: route.params.id + 1})}
          />
          <Button title="뒤로가기" onPress={() => navigation.pop()} />
          <Button title="처음으로" onPress={() => navigation.popToTop()} />
        </View>
      </View>
    );
}

(...)
```

Detail 1 열기 버튼을 눌러서 DetailScreen을 띄웠을 때 화면에 id 값이 제대로 나타나는지 확인해보세요.

5.4.3 useFocusEffect

useFocusEffect는 화면에 포커스가 잡혔을 때 특정 작업을 할 수 있게 하는 Hook입니다. 만약 HomeScreen에서 DetailScreen을 띄운다면 HomeScreen이 화면에서 사라지는 게 아니라, HomeScreen 위에 DetailScreen을 쌓아서 보여주는 것입니다. 그래서 useEffect Hook을 통해서 컴포넌트가 마운트되거나 언마운트될 때 콘솔에 텍스트를 출력한다면 DetailScreen을 띄울 때 컴포넌트가 언마운트되지 않고, 또 뒤로가기하여 HomeScreen으로 돌아왔을 때 컴포넌트가 마운트되지 않는 것을 확인할 수 있습니다.

MainScreen.js 파일 안에 있는 HomeScreen 컴포넌트에서 다음과 같이 useEffect를 사용해보세요.

screens/MainScreen.js

```
import React, {useEffect} from 'react';

(...)

function HomeScreen() {
  useEffect(() => {
    console.log('mounted');
    return () => {
      console.log('unmounted');
```

```
    };
  }, []);

  return (
    <View>
      <Text>Home</Text>
      <OpenDetailButton />
    </View>
  );
}

(...)
```

그다음에는 시뮬레이터에서 리로딩해보세요. 그러면 Metro Bundler가 실행 중인 터미널에서 다음과 같이 출력될 것입니다.

```
LOG      mounted
```

이제 Detail 1 열기 버튼을 눌러보세요. 터미널에 unmounted가 나타나지 않죠? 그리고 뒤로가기를 했을 때 mounted가 또 다시 나타나지 않는 것을 확인해보세요.

만약 다른 화면을 열었다가 돌아왔을 때 특정 작업을 하고 싶다면 useFocusEffect Hook을 사용해야 합니다. 또 현재 화면에서 다른 화면으로 넘어갈 때 특정 작업을 하고 싶다면 useFocusEffect에서 함수를 만들어 반환하면 됩니다.

useFocusEffect는 꼭 useCallback과 같이 사용해야 합니다. 만약 useCallback을 사용하지 않으면 컴포넌트가 리렌더링될 때마다 useFocusEffect에 등록한 함수가 호출될 것입니다.

useCallback은 컴포넌트 내부에서 함수를 만들 때, 새로 만든 함수를 사용하지 않고 이전에 만든 함수를 다시 사용하도록 만들어줍니다. 그리고 그 함수 내부의 로직에서 의존하는 값이 있다면 의존하는 값이 바뀌었을 때 함수를 교체할 수 있도록 해줍니다. 지금 당장은 이러한 Hook 함수가 있다는 것 정도만 알아두세요. 어떤 상황에 이 Hook을 사용해야 유용한지는 추후 더 자세히 알아보겠습니다.

HomeScreen을 다음과 같이 수정해보고 Detail 1 열기 버튼을 눌렀다가 뒤로 가보세요.

screens/MainScreen.js

```
import React, {useEffect, useCallback} from 'react';
import {createMaterialBottomTabNavigator} from '@react-navigation/material-bottom-tabs';
import {Text, Button, View} from 'react-native';
```

```
import Icon from 'react-native-vector-icons/MaterialIcons';
import {
  useNavigation,
  useFocusEffect,
} from '@react-navigation/native';


const Tab = createMaterialBottomTabNavigator();

function OpenDetailButton() {
  const navigation = useNavigation();

  return (
    <Button
      title="Detail 1 열기"
      onPress={() => navigation.push('Detail', {id: 1})}
    />
  );
}


function HomeScreen() {
  useFocusEffect(
    useCallback(() => {
      console.log('이 화면을 보고 있어요.');
      return () => {
        console.log('다른 화면으로 넘어갔어요.');
      };
    }, []),
  );

  return (
    <View>
      <Text>Home</Text>
      <OpenDetailButton />
    </View>
  );
}

(...)
```

터미널에 다음과 같이 출력됐나요?

LOG   이 화면을 보고 있어요.
LOG   다른 화면으로 넘어갔어요.
LOG   이 화면을 보고 있어요.

5.5 / 정리

리액트 내비게이션은 여러 화면으로 구성된 애플리케이션을 만들 때 굉장히 유용한 라이브러리입니다. 이 책에서는 자주 사용하는 기능 위주로 다뤄봤는데, 책에서 다루지 않은 기능도 많이 내장하고 있습니다. 이 라이브러리에 어떤 기능이 더 있는지 궁금하다면 공식 홈페이지를 참고해보세요.

- https://reactnavigation.org

다음 장에서는 지금까지 배운 것을 활용해 간단한 앱을 만들어보겠습니다.

memo

6^장

다이어리 앱 만들기 I

지금까지 배운 것을 활용해 간단한 다이어리 앱을 만들어봅시다. 앱의 이름은 하루하루를 기록한다는 의미에서 'DayLog'라고 짓겠습니다. 앞으로 만들 앱이 어떤 모습인지 미리 확인해볼까요?

♥ 그림 6-1 DayLog 앱 미리보기

앱은 네 가지 화면으로 구성되어 있습니다. 글을 작성하고, 작성된 글을 목록 형태로 보거나 달력 형태로 조회할 수 있으며, 검색할 수 있는 기능도 있습니다.

이 프로젝트도 두 개 장에 걸쳐 진행합니다. 이번 장에서 다룰 내용은 다음과 같습니다.

- 내비게이션 설정
- Context API를 사용한 전역 상태 관리
- date-fns를 사용한 날짜 포맷팅
- Animated를 사용한 애니메이션 효과

6.1 프로젝트 준비하기

새로운 프로젝트를 만들고 주요 라이브러리를 설치해봅시다.

```
$ npx react-native init DayLog --version 0.70
```

해당 프로젝트 디렉터리로 들어가서 리액트 내비게이션 라이브러리를 설치하겠습니다. 네이티브 스택 내비게이터와 하단 탭 내비게이터를 사용하므로 필요한 라이브러리를 다음 명령어를 통해 설치하세요. 아이콘을 사용하는 데 필요한 react-native-vector-icons 라이브러리도 설치해주세요.

```
$ cd DayLog
$ yarn add @react-navigation/native @react-navigation/native-stack @react-navigation/
bottom-tabs react-native-screens react-native-safe-area-context react-native-vector-icons
```

설치가 끝났으면 iOS를 위해 Pod도 설치해주세요.

```
$ npx pod-install
```

기존에는 ios 디렉터리로 들어가서 pod install 명령어를 실행했는데, 이번에는 조금 다른 명령어를 사용했습니다. 이 명령어는 프로젝트 루트 디렉터리에서 Pod를 바로 설치할 수 있게 하는 명령어입니다. 매번 Pod를 설치할 때마다 ios 디렉터리에 들어갔다가 다시 나오는 게 번거롭게 느껴질 때 사용하면 됩니다. 앞으로 이 책에서는 Pod를 설치할 때마다 이 명령어를 사용하겠습니다.

6.1.1 react-native-vector-icons 적용하기

react-native-vector-icons의 MaterialIcons를 사용할 수 있도록 Info.plist를 수정해주세요.

ios/DayLog/Info.plist

```
(...)
  <key>UIViewControllerBasedStatusBarAppearance</key>
  <false/>
  <key>UIAppFonts</key>
  <array>
    <string>MaterialIcons.ttf</string>
  </array>
</dict>
</plist>
```

그다음에는 build.gradle 파일을 열어서 최하단에 다음 코드를 추가해주세요.

android/app/build.gradle – 최하단

```
project.ext.vectoricons = [
    iconFontNames: [ 'MaterialIcons.ttf' ]
```

```
]

apply from: "../../node_modules/react-native-vector-icons/fonts.gradle"
```

6.1.2 react-navigation 적용하기

프로젝트에 react-navigation을 적용하겠습니다. 우선 App 컴포넌트의 내용을 모두 비우고,
NavigationContainer 컴포넌트를 불러와 사용해주세요.

App.js
```
import React from 'react';
import {NavigationContainer} from '@react-navigation/native';

function App() {
  return <NavigationContainer></NavigationContainer>;
}

export default App;
```

이어서 DayLog 프로젝트의 화면을 구성해보겠습니다. 프로젝트에 사용할 화면을 다음과 같이
설계했습니다.

▼ 그림 6-2 화면 설계

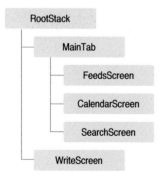

DayLog 프로젝트에는 두 종류의 내비게이션을 사용합니다. RootStack은 네이티브 스택 내비게
이션이고, MainTab은 하단 탭 내비게이션입니다.

FeedsScreen은 작성한 글을 목록 형태로 보여주는 화면입니다. CalendarScreen은 달력 형태로 글을 조회하는 화면입니다. SearchScreen은 글을 검색할 수 있는 화면입니다.

WriteScreen은 글을 작성하거나 수정하는 화면인데, MainTab에 넣지 않고 RootStack에 넣어서 이 화면이 나타날 때는 하단 탭이 나타나지 않도록 설정했습니다.

자, 이 화면들을 위한 컴포넌트를 미리 만들어줍시다. 프로젝트 디렉터리에 screens 디렉터리를 만들고 다음과 같이 화면들을 준비해주세요.

screens/FeedsScreen.js

```javascript
import React from 'react';
import {StyleSheet, View} from 'react-native';

function FeedsScreen() {
  return <View style={styles.block} />;
}

const styles = StyleSheet.create({
  block: {},
});

export default FeedsScreen;
```

screens/CalendarScreen.js

```javascript
import React from 'react';
import {StyleSheet, View} from 'react-native';

function CalendarScreen() {
  return <View style={styles.block} />;
}

const styles = StyleSheet.create({
  block: {},
});

export default CalendarScreen;
```

screens/SearchScreen.js

```javascript
import React from 'react';
import {StyleSheet, View} from 'react-native';
```

```
function SearchScreen() {
  return <View style={styles.block} />;
}

const styles = StyleSheet.create({
  block: {},
});

export default SearchScreen;
```

screens/WriteScreen.js

```
import React from 'react';
import {StyleSheet, View} from 'react-native';

function WriteScreen() {
  return <View style={styles.block} />;
}

const styles = StyleSheet.create({
  block: {},
});

export default WriteScreen;
```

화면에 대한 컴포넌트를 다 만들었습니다. 이제 하단 탭 내비게이션을 사용하는 MainTab 컴포넌트를 만들어봅시다.

screens/MainTab.js

```
import React from 'react';
import {createBottomTabNavigator} from '@react-navigation/bottom-tabs';
import FeedsScreen from './FeedsScreen';
import CalendarScreen from './CalendarScreen';
import SearchScreen from './SearchScreen';

const Tab = createBottomTabNavigator();

function MainTab() {
  return (
    <Tab.Navigator>
      <Tab.Screen name="Feeds" component={FeedsScreen} />
      <Tab.Screen name="Calendar" component={CalendarScreen} />
```

```
        <Tab.Screen name="Search" component={SearchScreen} />
      </Tab.Navigator>
  );
}

export default MainTab;
```

다음으로 네이티브 스택 내비게이션을 사용하는 RootStack 컴포넌트를 만들어봅시다.

screens/RootStack.js

```
import React from 'react';
import {createNativeStackNavigator} from '@react-navigation/native-stack';
import MainTab from './MainTab';
import WriteScreen from './WriteScreen';

const Stack = createNativeStackNavigator();

function RootStack() {
  return (
    <Stack.Navigator>
      <Stack.Screen
        name="MainTab"
        component={MainTab}
        options={{headerShown: false}}
      />
      <Stack.Screen name="Write" component={WriteScreen} />
    </Stack.Navigator>
  );
}

export default RootStack;
```

네이티브 스택 내비게이터에 MainTab 화면을 설정할 때 headerShown 값을 false로 설정하세요.
이렇게 설정하지 않으면 헤더 두 개가 중첩되어 나타납니다.

내비게이션을 사용하는 컴포넌트의 이름을 지을 때 따로 정해진 규칙은 없으므로, 자유롭게 지
으면 됩니다. 예를 들어 MainTab 컴포넌트의 경우 이를 하나의 화면으로 간주해 MainTabScreen
또는 MainScreen으로 이름을 정해도 됩니다. RootStack도 마찬가지로 RootStackScreen이나
RootScreen이라는 이름을 사용해도 상관없습니다.

이 책에서는 내비게이션 전용 컴포넌트와 일반 화면을 구분하기 위해 이름에 규칙을 사용할 것입니다. 내비게이션 전용 컴포넌트에는 MainTab과 RootStack처럼 이름 뒤에 Tab이나 Stack을 넣겠습니다.

RootStack 컴포넌트를 따로 지정하지 않고 바로 App 컴포넌트 내부에서 네이티브 스택 내비게이터를 사용하는 것도 가능합니다만, 이 프로젝트에서는 App 컴포넌트의 간결함을 위해 이렇게 RootStack 컴포넌트를 따로 분리하겠습니다.

여러 컴포넌트를 다 만들었다면 App 컴포넌트에서 RootStack 컴포넌트를 사용하세요.

App.js

```
import React from 'react';
import {NavigationContainer} from '@react-navigation/native';
import RootStack from './screens/RootStack';

function App() {
  return (
    <NavigationContainer>
      <RootStack />
    </NavigationContainer>
  );
}

export default App;
```

이제 iOS와 안드로이드 시뮬레이터를 가동해 지금까지 만든 결과물을 확인해보세요.

```
$ yarn ios
$ yarn android
```

아직은 많이 허전하죠? 허전한 공간을 조금씩 조금씩 채워줍시다!

우선 탭에 아이콘을 설정하고, 화면에 타이틀을 설정할게요. 그리고 탭의 스타일도 조금 변경하겠습니다.

screens/MainTab.js

```
import React from 'react';
import {createBottomTabNavigator} from '@react-navigation/bottom-tabs';
import FeedsScreen from './FeedsScreen';
import CalendarScreen from './CalendarScreen';
import SearchScreen from './SearchScreen';
import Icon from 'react-native-vector-icons/MaterialIcons';

const Tab = createBottomTabNavigator();

function MainTab() {
  return (
    <Tab.Navigator
      tabBarOptions={{
        showLabel: false,
        activeTintColor: '#009688',
      }}>
      <Tab.Screen
```

```
        name="Feeds"
        component={FeedsScreen}
        options={{
          tabBarIcon: ({color, size}) => (
            <Icon name="view-stream" size={size} color={color} />
          ),
        }}
      />
      <Tab.Screen
        name="Calendar"
        component={CalendarScreen}
        options={{
          tabBarIcon: ({color, size}) => (
            <Icon name="event" size={size} color={color} />
          ),
        }}
      />
      <Tab.Screen
        name="Search"
        component={SearchScreen}
        options={{
          tabBarIcon: ({color, size}) => (
            <Icon name="search" size={size} color={color} />
          ),
        }}
      />
    </Tab.Navigator>
  );
}

export default MainTab;
```

탭에 아이콘을 설정하고, 탭의 이름이 하단에 보이지 않도록 설정했습니다. 활성화된 탭의 색상은 청록색(#009688)인데, 여러분이 좋아하는 다른 색상이 있다면 다른 색상을 지정해도 됩니다.

이제 아이콘이 잘 나타나는지, 탭을 이동할 때 헤더에 나타나는 화면의 이름이 잘 바뀌는지 확인해보세요.

▼ 그림 6-4 내비게이션 아이콘 및 헤더 이름 설정

6.2 Context API 사용하기

앱의 기능을 구현하기 전에 리액트의 Context API에 대해 알아봅시다. 기존에 내비게이션을 사용하지 않을 때는 데이터를 다른 컴포넌트에 전달하기 위해 Props를 사용했습니다. 다음과 같이 말이죠.

```
function Counter({ value, onIncrease, onDecrease }) {
  return (
    <View>
      <Text>{value}</Text>
      <Button title="+" onPress={onIncrease} />
      <Button title="-" onPress={onDerease} />
    </View>
  )
}

function App() {
```

6

다이어리 앱 만들기

```
  const [value, setValue] = useState(0);
  const onIncrease = () => setValue(value + 1);
  const onDecrease = () => setValue(value - 1);
  return (
    <Counter
      value={value}
      onIncrease={onIncrease}
      onDecrease={onDecrease}
    />
  )
}
```

이 장에서 만드는 앱의 경우, WriteScreen에서 새 글을 작성하면 FeedsScreen과 CalendarScreen
에 변화가 반영되어야 합니다. SearchScreen에서는 작성한 글을 검색할 수도 있어야 합니다. 만
약 내비게이션을 사용하지 않으면 기능 구현에 필요한 상태와 함수들을 App 컴포넌트에서 선언해
Props를 통해 필요한 컴포넌트에 전달해줬을 텐데요. 내비게이션을 사용하는 중에 이렇게 처리
하기는 꽤 복잡합니다.

이럴 때 매우 유용하게 사용할 수 있는 것이 바로 Context API입니다. 이 기능은 리액트에 내장
된 기능으로 Props를 사용하지 않아도 특정 값이 필요한 컴포넌트끼리 쉽게 값을 공유할 수 있게
해줍니다. 주로 프로젝트에서 전역 상태를 관리할 때 많이 사용합니다. 이 기능을 프로젝트에 구
현하기 전에 사용 방법을 간단히 연습해보겠습니다.

프로젝트에 contexts라는 디렉터리를 만들고 그 안에 LogContext.js 파일을 생성하세요.

contexts/LogContext.js
```
import {createContext} from 'react';

const LogContext = createContext('안녕하세요');

export default LogContext;
```

새로운 Context를 만들 때는 createContext 함수를 사용합니다. 이렇게 Context를 만들면
LogContext.Provider라는 컴포넌트와 LogContext.Consumer라는 컴포넌트가 만들어집니다.
Provider는 Context 안에 있는 값을 사용할 컴포넌트들을 감싸주는 용도로 사용합니다. 현재 프
로젝트로 예를 들면 RootStack 컴포넌트나 App 컴포넌트 내부에서 내용을 감싸주면 됩니다.

여기서는 App 컴포넌트의 내용을 LogContext.Provider로 감싸주겠습니다.

```
import React from 'react';
import {NavigationContainer} from '@react-navigation/native';
import RootStack from './screens/RootStack';
import LogContext from './contexts/LogContext';

function App() {
  return (
    <NavigationContainer>
      <LogContext.Provider value="안녕하세요">
        <RootStack />
      </LogContext.Provider>
    </NavigationContainer>
  );
}

export default App;
```

Provider에는 value라는 Props를 설정할 수 있는데요. 이 값이 바로 Context를 통해 여러 컴포넌트에서 공유할 수 있는 값입니다.

이렇게 Provider 컴포넌트를 사용하면 이 컴포넌트 내부에 선언된 모든 컴포넌트에서 Context 안의 값을 사용할 수 있답니다. FeedsScreen 컴포넌트에서 Context 안의 값을 한번 사용해봅시다.

```
import React from 'react';
import {StyleSheet, View, Text} from 'react-native';
import LogContext from '../contexts/LogContext';

function FeedsScreen() {
  return (
    <View style={styles.block}>
      <LogContext.Consumer>
        {(value) => <Text>{value}</Text>}
      </LogContext.Consumer>
    </View>
  );
}

const styles = StyleSheet.create({
  block: {},
```

```
});

export default FeedsScreen;
```

화면에 "안녕하세요"라는 문구가 나타났나요? Context 안의 값을 사용할 때는 Consumer 컴포
넌트를 사용하는데, 아직 이 방식이 익숙하지 않을 것입니다. 컴포넌트 태그 사이에 함수를 넣
어줬는데, 이는 Render Props라는 패턴입니다. 이 패턴을 이해하려면 우선 리액트 컴포넌트의
children이라는 Props를 이해해야 합니다.

6.2.1 children Props

children Props는 우리가 Text 컴포넌트에서 사용하는 것처럼 컴포넌트 태그 사이에 넣어준 값
입니다. Box라는 컴포넌트를 임시적으로 FeedsScreen 내부에 만들어보겠습니다.

screens/FeedsScreen.js

```
import React from 'react';
import {StyleSheet, View, Text} from 'react-native';
import LogContext from '../contexts/LogContext';

function FeedsScreen() {
  return (
    <View style={styles.block}>
      <Box>
        <Text>1</Text>
      </Box>
      <Box>
        <Text>2</Text>
      </Box>
      <Box>
        <Text>3</Text>
      </Box>
    </View>
  );
}

function Box({children}) {
  return <View style={styles.box}>{children}</View>;
}
```

```
const styles = StyleSheet.create({
  box: {
    borderWidth: 2,
    padding: 16,
    borderBottomColor: 'black',
    marginBottom: 16,
  },
});

export default FeedsScreen;
```

이렇게 하면 Box 컴포넌트 태그 사이에 넣은 JSX를 children이라는 Props로 받아와서 사용할 수 있습니다.

▼ 그림 6-5 children

Render Props는 이 children의 타입을 함수 형태로 받아오는 패턴입니다. 일반적으로는 우리가 컴포넌트에 필요한 값을 Props로 넣어주지요? Render Props를 사용하면 반대로 우리가 사용할 컴포넌트에서 특정 값을 밖으로 빼내와 사용할 수가 있습니다.

예를 들어 Box 컴포넌트에서 'Hello World'라는 값을 FeedsScreen 컴포넌트에 전달해 사용하도록 만들고 싶다면 다음과 같이 구현할 수 있습니다.

```
screens/FeedsScreen.js
import React from 'react';
import {StyleSheet, View, Text} from 'react-native';

function FeedsScreen() {
  return (
    <View style={styles.block}>
      <Box>{(value) => <Text>{value}</Text>}</Box>
    </View>
  );
}

function Box({children}) {
  return <View style={styles.box}>{children('Hello World')}</View>;
}

const styles = StyleSheet.create({
  box: {
    borderWidth: 2,
    padding: 16,
    borderBottomColor: 'black',
    marginBottom: 16,
  },
});

export default FeedsScreen;
```

이렇게 코드를 입력하고 나면 화면에 'Hello World'가 나타날 것입니다.

6.2.2 useContext Hook 함수

Render Props는 리액트에 Hooks가 없던 시절 유용했는데, 요즘은 사용할 일이 그렇게 많지 않습니다. 그래서 이런 패턴이 있다 정도만 알아두면 충분합니다. Context의 Consumer라는 것도 꼭 사용할 필요가 없습니다. 왜냐하면 리액트에 useContext라는 Hook이 있기 때문이죠. 이 Hook을 사용하면 Context의 값을 훨씬 간결하게 사용할 수 있습니다.

```
import React, {useContext} from 'react';
import {StyleSheet, View, Text} from 'react-native';
import LogContext from '../contexts/LogContext';

function FeedsScreen() {
  const value = useContext(LogContext);
  return (
    <View style={styles.block}>
      <Text>{value}</Text>
    </View>
  );
}

const styles = StyleSheet.create({});

export default FeedsScreen;
```

Consumer와 Render Props로 Context의 값을 조회할 때보다 훨씬 코드가 깔끔하지요? 한번 두 코드를 함께 비교해봅시다.

useContext	Consumer와 Render Props
``// useContext Hook
function FeedsScreen() {
const value = useContext(LogContext);
return (
<View style={styles.block}>
<Text>{value}</Text>
</View>
);
}```	```// Render Props
function FeedsScreen() {
return (
<View style={styles.block}>
<LogContext.Consumer>
{(value) => <Text>{value}</Text>}
</LogContext.Consumer>
</View>
);
}```

Consumer와 Render Props를 사용할 때는 Context의 값을 읽는 부분이 JSX에 있기 때문에 컴포넌트 로직 작성이 까다로울 수 있습니다. 반면 useContext Hook을 사용하는 경우에는 컴포넌트에서 JSX를 반환하기 전에 값을 조회할 수 있기 때문에 컴포넌트 로직 작성이 더욱 편합니다.

6.2.3 Context에서 유동적인 값 다루기

App 컴포넌트에서 useState를 사용해 관리하는 상태를 Provider로 넣어주면 값이 바뀔 때 useContext를 사용하는 컴포넌트 쪽에서도 리렌더링이 잘 발생할 것입니다. Provider를 사용하는 컴포넌트에서 Context의 상태를 관리하는 것보다는 Provider 전용 컴포넌트를 따로 만드는 것이 유지보수성이 더 높습니다. 특히 Context에서 다루는 로직이 복잡할 때는 전용 컴포넌트를 만드는 것이 좋습니다.

contexts/LogContext.js

```js
import React from 'react';
import {createContext, useState} from 'react';

const LogContext = createContext();

export function LogContextProvider({children}) {
  const [text, setText] = useState('');
  return (
    <LogContext.Provider value={{text, setText}}>
      {children}
    </LogContext.Provider>
  );
}

export default LogContext;
```

이렇게 LogContextProvider라는 컴포넌트를 따로 만들어줬습니다. 내부에서는 useState를 사용해 간단한 문자열 상태 값을 관리하고, Provider의 value에는 text와 setText를 넣어줬습니다.

컴포넌트를 다 만들었으면, App에서 기존에 사용한 LogContext.Provider를 지우고 LogContextProvider를 사용하세요.

App.js

```js
import React from 'react';
import {NavigationContainer} from '@react-navigation/native';
import RootStack from './screens/RootStack';
import {LogContextProvider} from './contexts/LogContext';
```

```
function App() {
  return (
    <NavigationContainer>
      <LogContextProvider>
        <RootStack />
      </LogContextProvider>
    </NavigationContainer>
  );
}

export default App;
```

이렇게 저장하면 FeedsScreen에서 오류가 발생할 것입니다. 기존에는 Context에서 문자열 값만 주었는데 이번에는 객체 형태의 값을 받아왔기 때문이죠.

FeedsScreen에서 값을 수정하고, 수정된 값을 다른 화면에서 보여주겠습니다.

screens/FeedsScreen.js

```
import React, {useContext} from 'react';
import {StyleSheet, View, TextInput} from 'react-native';
import LogContext from '../contexts/LogContext';

function FeedsScreen() {
  const {text, setText} = useContext(LogContext);
  return (
    <View style={styles.block}>
      <TextInput
        value={text}
        onChangeText={setText}
        placeholder="텍스트를 입력하세요."
        style={styles.input}
      />
    </View>
  );
}

const styles = StyleSheet.create({
  input: {
    padding: 16,
    backgroundColor: 'white',
```

```
    },
  });

export default FeedsScreen;
```

그다음에는 CalendarScreen에서 LogContext가 지닌 값을 화면에 띄워보세요.

screens/CalendarScreen.js

```
import React, {useContext} from 'react';
import {StyleSheet, Text, View} from 'react-native';
import LogContext from '../contexts/LogContext';

function CalendarScreen() {
  const {text} = useContext(LogContext);
  return (
    <View style={styles.block}>
      <Text style={styles.text}>text: {text}</Text>
    </View>
  );
}

const styles = StyleSheet.create({
  block: {},
  text: {
    padding: 16,
    fontSize: 24,
  },
});

export default CalendarScreen;
```

코드를 다 작성했으면 피드 화면의 TextInput에 Hello World를 입력한 뒤, 달력 화면을 열어서 작성한 문구가 그대로 나타났는지 확인해보세요.

▼ 그림 6-6 Context에서 유동적인 값 다루기

FeedsScreen에서 변경한 값이 CalendarScreen에서 잘 나타나고 있나요?

이제 여러분은 서로 다른 화면에서 상태를 공유하는 방법을 배웠습니다. DayLog 프로젝트에서는 앞으로 이런 방법으로 화면 간에 앱의 상태를 공유할 예정입니다.

잘 작동하는 것을 확인했다면 이번 절에서 FeedsScreen과 CalendarScreen에 작성한 코드를 모두 초기화해주세요.

screens/FeedsScreen.js

```javascript
import React from 'react';
import {StyleSheet, View} from 'react-native';

function FeedsScreen() {
  return <View style={styles.block} />;
}

const styles = StyleSheet.create({
  block: {},
});

export default FeedsScreen;
```

```
import React from 'react';
import {StyleSheet, View} from 'react-native';

function CalendarScreen() {
  return <View style={styles.block} />;
}

const styles = StyleSheet.create({
  block: {},
});

export default CalendarScreen;
```

6.3 새 글 작성하기

이번에는 WriteScreen의 기능을 구현하겠습니다. 그리고 FeedsScreen에 WriteScreen을 열 수 있는 FloatingWriteButton도 만들어봅시다.

6.3.1 FloatingWriteButton 만들기

FloatingWriteButton은 FeedsScreen의 우측 모서리에 나타나는 둥근 버튼입니다. 프로젝트 루트 디렉터리에 components 디렉터리를 만들고, 그 안에 다음 파일을 작성하세요.

components/FloatingWriteButton.js

```
import React from 'react';
import {Platform, Pressable, StyleSheet, View} from 'react-native';
import Icon from 'react-native-vector-icons/MaterialIcons';

function FloatingWriteButton() {
  return (
    <View style={styles.wrapper}>
      <Pressable
```

```
        style={({pressed}) => [
          styles.button,
          Platform.OS === 'ios' && {
            opacity: pressed ? 0.6 : 1,
          },
        ]}
        android_ripple={{color: 'white'}}>
        <Icon name="add" size={24} style={styles.icon} />
      </Pressable>
    </View>
  );
}

const styles = StyleSheet.create({
  wrapper: {
    position: 'absolute',
    bottom: 16,
    right: 16,
    width: 56,
    height: 56,
    borderRadius: 28,
    // iOS 전용 그림자 설정
    shadowColor: '#4d4d4d',
    shadowOffset: {width: 0, height: 4},
    shadowOpacity: 0.3,
    shadowRadius: 4,
    // 안드로이드 전용 그림자 설정
    elevation: 5,
    // 안드로이드에서 물결 효과가 영역 밖으로 나가지 않도록 설정
    // iOS에서는 overflow가 hidden일 경우 그림자가 보여지지 않음
    overflow: Platform.select({android: 'hidden'}),
  },
  button: {
    width: 56,
    height: 56,
    borderRadius: 28,
    backgroundColor: '#009688',
    justifyContent: 'center',
    alignItems: 'center',
  },
  icon: {
    color: 'white',
  },
```

```
});

export default FloatingWriteButton;
```

이번에는 리액트 네이티브 v0.63에 새로 도입된 컴포넌트인 Pressable을 사용했습니다(이전에 배운 Touchable* 컴포넌트와 비슷합니다).

Pressable 컴포넌트는 TouchableWithoutFeedback과 성격이 비슷하지만, 기능이 더 많습니다. android_ripple Props를 설정해 안드로이드에서 물결 효과를 보여줄 수도 있고, 스타일을 설정할 때 pressed 값을 인식해 컴포넌트가 눌리면 동적인 스타일을 적용할 수도 있습니다.

이 컴포넌트의 경우 iOS 환경에서는 버튼을 눌렀을 때 투명도를 가지게 설정했고, 안드로이드에서는 물결 효과가 나타나게 만들었습니다.

styles.wrapper에서는 position: 'absolute' 스타일을 부여했는데요. 이 설정을 통해 컴포넌트의 위치를 좌푯값 left, right, top, bottom으로 지정할 수 있습니다. 앞의 코드에서는 right와 bottom 값을 지정해 우측 모서리에서 16dp만큼의 여백을 두었습니다.

그리고 컴포넌트에 그림자 스타일을 적용해줬는데요. iOS와 안드로이드는 그림자 설정을 위한 스타일 이름이 다른 것에 주의하세요. 또한, 안드로이드에서 물결 효과가 원 밖으로 나가지 않도록 overflow를 설정해줬습니다. iOS에서는 overflow: 'hidden' 스타일이 적용되면 그림자도 보여지지 않기 때문에 안드로이드에서만 해당 스타일을 적용하도록 만들었습니다.

컴포넌트를 다 작성했으면 FeedsScreen에서 방금 만든 컴포넌트를 불러와 사용해보세요. 그리고 styles.block에 flex: 1을 넣어주세요. 만약 이 값을 넣지 않으면 해당 View가 비어있을 때는 높이가 0으로 간주됩니다. 그러면 방금 만든 컴포넌트에서 position: 'absolute' 설정이 제대로 작동하지 않아 화면에 나타나지 않을 것입니다.

screens/FeedsScreen.js
```
import React from 'react';
import {StyleSheet, View} from 'react-native';
import FloatingWriteButton from '../components/FloatingWriteButton';

function FeedsScreen() {
  return (
    <View style={styles.block}>
      <FloatingWriteButton />
    </View>
  );
```

```
}

const styles = StyleSheet.create({
  block: {
    flex: 1,
  },
});


export default FeedsScreen;
```

▼ 그림 6-7 FloatingWriteButton

컴포넌트가 화면에 잘 나타났나요? 이제 해당 버튼을 누르면 WriteScreen을 띄우도록 컴포넌트를 수정해보세요.

components/FloatingWriteButton.js

```
import {useNavigation} from '@react-navigation/native';
import React from 'react';
import {Platform, Pressable, StyleSheet, View} from 'react-native';
import Icon from 'react-native-vector-icons/MaterialIcons';

function FloatingWriteButton() {
  const navigation = useNavigation();
```

```javascript
  const onPress = () => {
    navigation.navigate('Write');
  };

  return (
    <View style={styles.wrapper}>
      <Pressable
        style={({pressed}) => [
          styles.button,
          Platform.OS === 'ios' && {
            opacity: pressed ? 0.6 : 1,
          },
        ]}
        android_ripple={{{color: 'white'}}}
        onPress={onPress}>
        <Icon name="add" size={24} style={styles.icon} />
      </Pressable>
    </View>
  );
}

const styles = StyleSheet.create({
  (...)
});

export default FloatingWriteButton;
```

FloatingWriteButton을 눌렀을 때 WriteScreen이 나타나는지 확인해보세요.

6.3.2 WriteScreen UI 준비하기

이제 WriteScreen의 UI를 준비해봅시다. 우선 WriteScreen에서 기본적으로 보이는 헤더를 숨겨주세요.

screens/RootStack.js

```javascript
import React from 'react';
import {createNativeStackNavigator} from '@react-navigation/native-stack';
import MainTab from './MainTab';
import WriteScreen from './WriteScreen';
```

```
const Stack = createNativeStackNavigator();

function RootStack() {
  return (
    <Stack.Navigator>
      <Stack.Screen
        name="MainTab"
        component={MainTab}
        options={{headerShown: false}}
      />
      <Stack.Screen
        name="Write"
        component={WriteScreen}
        options={{headerShown: false}}
      />
    </Stack.Navigator>
  );
}

export default RootStack;
```

6.3.2.1 WriteHeader 만들기

다음으로 WriteScreen에서 사용할 헤더를 직접 만들어줍니다. components 디렉터리에
WriteHeader 컴포넌트를 다음과 같이 생성하세요.

components/WriteHeader.js

```
import {useNavigation} from '@react-navigation/native';
import React from 'react';
import {Pressable, StyleSheet, View} from 'react-native';
import Icon from 'react-native-vector-icons/MaterialIcons';

function WriteHeader() {
  const navigation = useNavigation();
  const onGoBack = () => {
    navigation.pop();
  };
  return (
    <View style={styles.block}>
      <View style={styles.iconButtonWrapper}>
        <Pressable
          style={styles.iconButton}
```

```
              onPress={onGoBack}
              android_ripple={{color: '#ededed'}}>
                <Icon name="arrow-back" size={24} color="#424242" />
            </Pressable>
        </View>
        <View style={styles.buttons}>
          <View style={[styles.iconButtonWrapper, styles.marginRight]}>
            <Pressable
              style={[styles.iconButton]}
              android_ripple={{color: '#ededed'}}>
                <Icon name="delete-forever" size={24} color="#ef5350" />
            </Pressable>
          </View>
          <View style={styles.iconButtonWrapper}>
            <Pressable
              style={styles.iconButton}
              android_ripple={{color: '#ededed'}}>
                <Icon name="check" size={24} color="#009688" />
            </Pressable>
          </View>
        </View>
      </View>
  );
}

const styles = StyleSheet.create({
  block: {
    height: 48,
    paddingHorizontal: 8,
    flexDirection: 'row',
    alignItems: 'center',
    justifyContent: 'space-between',
  },
  iconButtonWrapper: {
    width: 32,
    height: 32,
    borderRadius: 16,
    overflow: 'hidden',
  },
  iconButton: {
    alignItems: 'center',
    justifyContent: 'center',
    width: 32,
    height: 32,
    borderRadius: 16,
```

```
    },
    buttons: {
      flexDirection: 'row',
      alignItems: 'center',
    },
    marginRight: {
      marginRight: 8,
    },
});

export default WriteHeader;
```

styles.block에서 flex-direction: 'row'로 설정해서 컴포넌트들이 가로 방향으로 나타나게 했습니다. 여기서 justifyContent: 'space-between'이라는 스타일이 적용됐는데요. 이렇게 설정하면 해당 컴포넌트 내부에 렌더링된 요소들 사이 여백이 꽉 채워집니다. 만약 컴포넌트 내부에 요소가 여러 개 있으면 다음과 같이 요소들 사이의 여백이 균일하게 주어집니다.

▼ 그림 6-8 space-between

현재 우리는 컴포넌트에 요소가 두 개 있으므로 하나는 좌측 끝, 하나는 우측 끝에 붙어서 보입니다.

헤더에는 버튼이 세 개 있습니다. 좌측에 뒤로가기 버튼, 우측에 삭제 버튼과 완료 버튼이 있습니다. 삭제 버튼은 작성된 글을 열었을 때만 보여야 하는데 당장은 UI 구현을 위해서 모든 상황에 보이게 만들었습니다.

앞의 컴포넌트 코드를 보면 버튼 때문에 비슷한 코드가 여러 번 반복돼서 작성되었지요? 반복되는 코드를 발견했을 때 이를 컴포넌트로 만들어서 컴포넌트를 재사용하는 형태로 리팩토링하는 습관을 가진다면 프로젝트 유지보수에 용이합니다.

그럼 헤더의 버튼 컴포넌트를 쉽게 재사용할 수 있도록 따로 분리해 작성합시다.

components/TransparentCircleButton.js

```
import React from 'react';
import {Platform, Pressable, StyleSheet, View} from 'react-native';
import Icon from 'react-native-vector-icons/MaterialIcons';
```

```
function TransparentCircleButton({name, color, hasMarginRight, onPress}) {
  return (
    <View
      style={[styles.iconButtonWrapper, hasMarginRight && styles.rightMargin]}>
      <Pressable
        style={({pressed}) => [
          styles.iconButton,
          Platform.OS === 'ios' &&
            pressed && {
              backgroundColor: '#efefef',
            },
        ]}
        onPress={onPress}
        android_ripple={{color: '#ededed'}}>
        <Icon name={name} size={24} color={color} />
      </Pressable>
    </View>
  );
}

const styles = StyleSheet.create({
  iconButtonWrapper: {
    width: 32,
    height: 32,
    borderRadius: 16,
    overflow: 'hidden',
  },
  iconButton: {
    alignItems: 'center',
    justifyContent: 'center',
    width: 32,
    height: 32,
    borderRadius: 16,
  },

  rightMargin: {
    marginRight: 8,
  },
});

export default TransparentCircleButton;
```

이 컴포넌트에서는 4개의 Props를 받아오도록 설정했습니다.

- name: 아이콘 이름

- color: 아이콘 색상

- hasMarginRight: 우측 여백 유무

- onPress: 버튼을 눌렀을 때 호출할 함수

그리고 컴포넌트를 분리하는 과정에서 iOS의 경우 버튼을 클릭할 때 배경색을 설정하도록 처리해 줬습니다.

컴포넌트 작성이 끝났으면 기존에 만든 버튼들을 방금 만든 컴포넌트로 대체해주세요.

components/WriteHeader.js

```javascript
import {useNavigation} from '@react-navigation/native';
import React from 'react';
import {StyleSheet, View} from 'react-native';
import TransparentCircleButton from './TransparentCircleButton';

function WriteHeader() {
  const navigation = useNavigation();
  const onGoBack = () => {
    navigation.pop();
  };
  return (
    <View style={styles.block}>
      <View style={styles.iconButtonWrapper}>
        <TransparentCircleButton
          onPress={onGoBack}
          name="arrow-back"
          color="#424242"
        />
      </View>
      <View style={styles.buttons}>
        <TransparentCircleButton
          name="delete-forever"
          color="#ef5350"
          hasMarginRight
        />
        <TransparentCircleButton name="check" color="#009688" />
      </View>
    </View>
  );
}
```

```
const styles = StyleSheet.create({
  block: {
    height: 48,
    paddingHorizontal: 8,
    flexDirection: 'row',
    alignItems: 'center',
    justifyContent: 'space-between',
  },
  buttons: {
    flexDirection: 'row',
    alignItems: 'center',
  },
});

export default WriteHeader;
```

컴포넌트의 코드가 훨씬 간결해졌지요? 이제 이 컴포넌트를 WriteScreen에서 사용해 컴포넌트가 잘 나타나는지 확인해보세요.

screens/WriteScreen.js

```
import React from 'react';
import {StyleSheet, View} from 'react-native';
import {SafeAreaView} from 'react-native-safe-area-context';
import WriteHeader from '../components/WriteHeader';

function WriteScreen() {
  return (
    <SafeAreaView style={styles.block}>
      <WriteHeader />
    </SafeAreaView>
  );
}

const styles = StyleSheet.create({
  block: {
    flex: 1,
    backgroundColor: 'white',
  },
});

export default WriteScreen;
```

현재 내비게이션의 헤더를 없애고 우리가 직접 만든 헤더를 사용하고 있기 때문에 컴포넌트에 SafeAreaView를 사용해 iOS에서 상태 바 영역과 내용이 겹치지 않게 만들어줘야 합니다. 추가로, 배경색을 흰색으로 설정해주세요.

▼ 그림 6–9 WriteHeader

컴포넌트가 잘 나타났나요?

6.3.2.2 WriteEditor 만들기

이번에는 WriteEditor 컴포넌트를 만들어봅시다. 이 컴포넌트에서는 TextInput을 두 개 사용해 제목과 내용을 작성하는 기능을 구현할 것입니다.

components 디렉터리에 다음 파일을 작성해보세요.

components/WriteEditor.js

```
import React from 'react';
import {View, StyleSheet, TextInput} from 'react-native';

function WriteEditor({title, body, onChangeTitle, onChangeBody}) {
  return (
```

```
    <View style={styles.block}>
      <TextInput
        placeholder="제목을 입력하세요"
        style={styles.titleInput}
        returnKeyType="next"
        onChangeText={onChangeTitle}
        value={title}
      />
      <TextInput
        placeholder="당신의 오늘을 기록해보세요"
        style={styles.bodyInput}
        multiline
        textAlignVertical="top"
        onChangeText={onChangeBody}
        value={body}
      />
    </View>
  );
}

const styles = StyleSheet.create({
  block: { flex: 1, padding: 16 },
  titleInput: {
    paddingVertical: 0,
    fontSize: 18,
    marginBottom: 16,
    color: "#263238",
    fontWeight: "bold",
  },
  bodyInput: {
    flex: 1,
    fontSize: 16,
    paddingVertical: 0,
    color: "#263238",
  },
});

export default WriteEditor;
```

두 번째 TextView를 보면 multiline Props에 값이 지정되지 않은 것처럼 보이지요? 컴포넌트를 사용할 때 이렇게 Props의 이름만 쓰고 따로 값을 지정하지 않으면 값이 true로 지정됩니다. 즉,

multiline={true}와 동일한 코드입니다. TextView에 이 값이 true로 설정되면 여러 줄을 작성할 수 있습니다.

이제 이 컴포넌트를 WriteScreen에서 보여주세요.

screens/WriteScreen.js

```jsx
import React from 'react';
import {StyleSheet, View} from 'react-native';
import {SafeAreaView} from 'react-native-safe-area-context';
import WriteEditor from '../components/WriteEditor';
import WriteHeader from '../components/WriteHeader';

function WriteScreen() {
  return (
    <SafeAreaView style={styles.block}>
      <WriteHeader />
      <WriteEditor />
    </SafeAreaView>
  );
}

const styles = StyleSheet.create({
  block: {
    flex: 1,
    backgroundColor: 'white',
  },
});

export default WriteScreen;
```

에디터가 화면에 잘 나타났는지 확인해보세요.

▼ 그림 6-10 WriteEditor

6.3.3 useRef로 컴포넌트 레퍼런스 선택하기

useRef는 함수 컴포넌트에서 컴포넌트의 레퍼런스를 선택할 수 있게 하는 Hook입니다. 제목을 입력하고 Enter 를 누르면 하단 내용으로 포커스를 이동시키고 싶다고 합시다. 이럴 때는 내용 TextInput의 레퍼런스를 선택해서 포커스해줘야 합니다.

먼저 내용 TextInput의 레퍼런스를 선택해봅시다.

components/WriteEditor.js

```
import React, {useRef} from 'react';
import {View, StyleSheet, TextInput} from 'react-native';

function WriteEditor({title, body, onChangeTitle, onChangeBody}) {
  const bodyRef = useRef()

  return (
    <View style={styles.block}>
      <TextInput
        placeholder="제목을 입력하세요"
```

```
      style={styles.titleInput}
      returnKeyType="next"
      onChangeText={onChangeTitle}
      value={title}
    />
    <TextInput
      placeholder="당신의 오늘을 기록해보세요"
      style={styles.bodyInput}
      multiline
      textAlignVertical="top"
      onChangeText={onChangeBody}
      value={body}
      ref={bodyRef}
    />
  </View>
  );
}

(...)
```

이렇게 ref를 생성해 TextInput의 Props로 지정해주면 원하는 컴포넌트의 레퍼런스를 선택할 수 있습니다. TextInput의 레퍼런스에는 다음과 같은 메서드가 구현되어 있습니다.

- `.focus()`: TextInput에 포커스를 잡아줍니다.

- `.blur()`: TextInput에 포커스를 해제합니다.

- `.clear()`: TextInput의 내용을 모두 비웁니다.

제목 TextInput에서 onSubmitEditing Props를 통해 Enter 를 눌렀을 때 내용 TextInput으로 포커스해보겠습니다.

components/WriteEditor.js

```
import React, {useRef} from 'react';
import {View, StyleSheet, TextInput} from 'react-native';

function WriteEditor({title, body, onChangeTitle, onChangeBody}) {
  const bodyRef = useRef()

  return (
    <View style={styles.block}>
      <TextInput
        placeholder="제목을 입력하세요"
```

```
          style={styles.titleInput}
          returnKeyType="next"
          onChangeText={onChangeTitle}
          value={title}
          onSubmitEditing={() => {
            bodyRef.current.focus()
          }}
        />
        (...)
```

useRef로 선택한 레퍼런스는 .current 값을 조회해 확인할 수 있습니다.

이제 제목을 입력하고 [Enter]를 눌러보세요. 내용으로 포커스가 이동했나요? (참고로 안드로이드에서 한글을 입력하는 중에 [Enter]를 누르면 스페이스가 먼저 들어가고, 그다음에 [Enter]를 한 번 더 눌러야 내용으로 포커스가 이동할 것입니다.)

6.3.4 KeyboardAvoidingView로 화면 감싸기

내용 TextInput에서 [Enter]를 여러 번 눌러서 화면에서 기본적으로 보여줄 수 있는 줄 수를 초과할 경우, 안드로이드에서는 별 문제없이 스크롤할 수 있지만 iOS에서는 하단 내용이 잘리게 됩니다. 따라서 KeyboardAvoidingView로 WriteScreen 내부의 내용을 감싸줘야 작성한 내용이 엄청 길어져 줄이 많아졌을 때도 문제없이 글을 작성할 수 있습니다.

screens/WriteScreen.js

```
import React from 'react';
import {KeyboardAvoidingView, Platform, StyleSheet} from 'react-native';
import {SafeAreaView} from 'react-native-safe-area-context';
import WriteEditor from '../components/WriteEditor';
import WriteHeader from '../components/WriteHeader';

function WriteScreen() {
  return (
    <SafeAreaView style={styles.block}>
      <KeyboardAvoidingView
        style={styles.avoidingView}
        behavior={Platform.OS === 'ios' ? 'padding' : undefined}>
        <WriteHeader />
        <WriteEditor />
```

```
      </KeyboardAvoidingView>
    </SafeAreaView>
  );
}
const styles = StyleSheet.create({
  block: {
    flex: 1,
    backgroundColor: 'white',
  },
  avoidingView: {
    flex: 1,
  },
});

(...)
```

6.3.5 WriteScreen에서 텍스트 상태 관리하기

자, 이번에는 WriteScreen에서 제목과 내용 텍스트의 상태를 관리해보겠습니다. 이전에 배운
useState Hook을 사용하면 됩니다.

screens/WriteScreen.js

```
import React, {useState} from 'react';
import {KeyboardAvoidingView, Platform, StyleSheet} from 'react-native';
import {SafeAreaView} from 'react-native-safe-area-context';
import WriteEditor from '../components/WriteEditor';
import WriteHeader from '../components/WriteHeader';

function WriteScreen() {
  const [title, setTitle] = useState('');
  const [body, setBody] = useState('');

  return (
    <SafeAreaView style={styles.block}>
      <KeyboardAvoidingView
        style={styles.avoidingView}
        behavior={Platform.OS === 'ios' ? 'padding' : undefined}>
        <WriteHeader />
        <WriteEditor
```

```
          title={title}
          body={body}
          onChangeTitle={setTitle}
          onChangeBody={setBody}
        />
      </KeyboardAvoidingView>
    </SafeAreaView>
  );
}

(...)
```

useState를 써서 만든 상태 값과 업데이트 함수를 WriteEditor에 Props로 전달해주면 됩니다.
간단하지요?

6.3.6 LogContext로 배열 상태 관리하기

이제 WriteScreen 우측 상단의 체크 버튼을 누르면 현재 작성한 제목과 내용을 LogContext 안의
배열에 추가하는 기능을 구현해봅시다. 기존에 LogContext에 만든 text 상태는 지우고, logs라는
배열을 useState로 상태 관리해주세요. 그다음에는 LogContext.Provider의 value에 이 logs 배
열을 객체로 감싸서 넣어주세요. 객체로 감싸서 넣어주는 이유는 추후 logs 배열 외에도 상태에
변화를 주는 함수를 같이 넣어줄 것이기 때문입니다.

contexts/LogContext.js

```
import React from 'react';
import {createContext, useState} from 'react';

const LogContext = createContext();

export function LogContextProvider({children}) {
  const [logs, setLogs] = useState([]);
  return <LogContext.Provider value={{logs}}>{children}</LogContext.Provider>;
}

export default LogContext;
```

이제 제목과 내용을 받아와서 배열에 추가하는 onCreate라는 함수를 만들어볼 텐데, 배열에 항목을 추가할 때는 고유한 값이 있어야 합니다. 이전에 할일 목록을 만들 때는 배열 내 항목들의 id 최댓값을 사용했습니다. 이번에는 그렇게 구현하지 않고, 고유한 값을 생성해주는 uuid라는 라이브러리를 사용하겠습니다.

다음 명령어를 입력해 uuid 라이브러리를 설치해주세요.

```
$ yarn add uuid
```

UUID는 범용 고유 식별자(universally uniquate identifier)로서, 표준으로 사용되는 고유 식별자 형식입니다. UUID는 5가지 버전이 있는데, 일반적으로 랜덤하고 고유한 식별자를 생성할 때는 v4를 많이 사용합니다.

이 라이브러리의 사용법은 다음과 같습니다.

```
import {v4 as uuidv4} from 'uuid';
uuidv4(); // '9b1deb4d-3b7d-4bad-9bdd-2b0d7b3dcb6d'
```

첫 번째 줄을 보면 v4 as uuidv4라고 작성했는데, uuid 라이브러리에서 내보낸 v4라는 값을 uuidv4라는 이름으로 사용하겠다는 의미입니다. 만약 as를 사용하지 않는다면 다음과 같이 사용하면 됩니다.

```
import {v4} from 'uuid';
v4(); // '9b1deb4d-3b7d-4bad-9bdd-2b0d7b3dcb6d'
```

이 라이브러리는 Node.js의 crypto 기능을 사용하는데, 리액트 네이티브에는 이 기능이 기본적으로 내장되어 있지 않습니다. 따라서 이 라이브러리가 정상적으로 작동할 수 있도록 react-native-get-random-values라는 라이브러리를 설치해 호환시켜야 합니다.

```
$ yarn add react-native-get-random-values
$ npx pod-install
```

그리고 프로젝트 최상위 디렉터리에 있는 index.js 파일을 열어서 맨 위에 다음 코드를 추가하세요.

index.js

```
import 'react-native-get-random-values';
```

(...)

yarn ios와 yarn android 명령어를 다시 입력해서 앱을 재시작하면 이제 uuid를 사용할 준비가
끝납니다. onCreate 함수를 구현해 value 객체에 포함해줍시다.

contexts/LogContext.js

```javascript
import React from 'react';
import {createContext, useState} from 'react';
import {v4 as uuidv4} from 'uuid';

const LogContext = createContext();

export function LogContextProvider({children}) {
  const [logs, setLogs] = useState([]);

  const onCreate = ({title, body, date}) => {
    const log = {
      id: uuidv4(),
      title,
      body,
      date,
    };
    setLogs([log, ...logs]);
  };
  return (
    <LogContext.Provider value={{logs, onCreate}}>
      {children}
    </LogContext.Provider>
  );
}

export default LogContext;
```

onCreate 함수에서는 title, body 외에 날짜 값을 위한 date도 받아옵니다. 이 함수에서 log라는
객체를 만들고 spread 연산자를 사용해 새로운 배열 상태를 설정해줬습니다. log가 ...log보다
먼저 사용됐죠? 이렇게 하면 새로 만든 객체가 맨 앞에 추가됩니다.

6.3.7 Log 작성 기능 마무리하기

이제 Log 작성 기능을 마무리해봅시다. WriteScreen에서 useContext를 사용해 LogContext 값을
받아오고, onSave라는 함수를 만들겠습니다. onSave 함수를 완성하고 WriteHeader에 Props로 넣

어주어 체크 버튼을 누를 때 이 함수를 호출합니다.

```javascript
import {useNavigation} from '@react-navigation/native';
import React, {useContext, useState} from 'react';
import {KeyboardAvoidingView, Platform, StyleSheet} from 'react-native';
import {SafeAreaView} from 'react-native-safe-area-context';
import WriteEditor from '../components/WriteEditor';
import WriteHeader from '../components/WriteHeader';
import LogContext from '../contexts/LogContext';

function WriteScreen() {
  const [title, setTitle] = useState('');
  const [body, setBody] = useState('');
  const navigation = useNavigation();

  const {onCreate} = useContext(LogContext);
  const onSave = () => {
    onCreate({
      title,
      body,
      // 날짜를 문자열로 변환
      date: new Date().toISOString(),
    });
    navigation.pop();
  };

  return (
    <SafeAreaView style={styles.block}>
      <KeyboardAvoidingView
        style={styles.avoidingView}
        behavior={Platform.OS === 'ios' ? 'padding' : undefined}>
        <WriteHeader onSave={onSave} />
        <WriteEditor
          title={title}
          body={body}
          onChangeTitle={setTitle}
          onChangeBody={setBody}
        />
      </KeyboardAvoidingView>
    </SafeAreaView>
  );
```

6

다이어리 앱 만들기

}

(...)

onSave 함수에서는 onCreate를 호출하고, navigation.pop()을 사용해 이전 화면으로 되돌아가도
록 구현해줬습니다.

components/WriteHeader.js – 체크 버튼

```
function WriteHeader({onSave}) {
  const navigation = useNavigation();
  const onGoBack = () => {
    navigation.pop();
  };
  return (
    <View style={styles.block}>
      <View style={styles.iconButtonWrapper}>
        <TransparentCircleButton
          onPress={onGoBack}
          name="arrow-back"
          color="#424242"
        />
      </View>
      <View style={styles.buttons}>
        <TransparentCircleButton
          name="delete-forever"
          color="#ef5350"
          hasMarginRight
        />
        <TransparentCircleButton
          name="check"
          color="#009688"
          onPress={onSave}
        />
      </View>
    </View>
  );
}
```

(...)

WriteHeader에서는 체크 버튼을 보여주고 있는 TransparentCircleButton에 onPress Props로 onSave Props를 전달해줬습니다.

여기까지 작성하고 배열에 내용이 잘 추가되는지 확인해볼까요?

FeedsScreen에서 useContext를 사용해 LogContext의 값을 받아온 뒤, logs 배열을 콘솔에 출력 해보세요.

screens/FeedsScreen.js

```
import React, {useContext} from 'react';
import {StyleSheet, View} from 'react-native';
import FloatingWriteButton from '../components/FloatingWriteButton';
import LogContext from '../contexts/LogContext';

function FeedsScreen() {
  const {logs} = useContext(LogContext);
  console.log(JSON.stringify(logs, null, 2));

(...)
```

JSON.stringify()를 사용할 때 두 번째와 세 번째 파라미터를 이와 같이 설정해주면 객체나 배열 을 출력할 때 공백과 새 줄을 포함해 보기 좋게 출력해줍니다. 이제 새 항목을 작성하고 터미널을 확인해보세요. 다음과 같이 잘 출력되나요?

```
[
  {
    "id": "2e9db794-e9e1-40a2-a8f8-5ba8100ee2fe",
    "title": "Hello",
    "body": "Hello World!",
    "date": "2021-08-23T20:20:16.235Z"
  }
]
```

이렇게 객체에 네 가지 값이 모두 정상적으로 들어갔는지 확인해주세요. 잘 출력이 됐다면, console. log 코드는 제거해주세요.

6.4 / 글 목록 보여주기

이번에는 작성한 글 목록을 FeedsScreen에 보여주는 기능을 만들어보겠습니다.

6.4.1 FeedListItem 컴포넌트 만들기

먼저 FeedListItem이라는 컴포넌트를 만듭니다. 이 컴포넌트는 log 객체를 Props로 받아와서 알맞은 위치에 정보를 보여줍니다. 글 목록에서 화면에 body를 보여줄 때는 전체 내용을 보여주지 않습니다. 우선 줄 바꿈 문자를 모두 없애야 하고, 길이가 100자 이상이면 뒤에 줄임표(…)를 붙여줘야 합니다. 이러한 작업을 하는 truncate라는 함수도 따로 선언해주겠습니다. 그리고 추후 이 항목을 선택하면 WriteScreen을 다시 띄워서 전체 내용을 볼 수 있게 해줘야 하기 때문에 Pressable 컴포넌트를 사용하겠습니다.

components/FeedListItem.js

```
import React from 'react';
import {Platform, Pressable, StyleSheet, Text} from 'react-native';

function truncate(text) {
  // 정규식을 사용해 모든 줄 바꿈 문자 제거
  const replaced = text.replace(/\n/g, ' ');
  if (replaced.length <= 100) {
    return replaced;
  }
  return replaced.slice(0, 100).concat('...');
}

function FeedListItem({log}) {
  const {title, body, date} = log; // 사용하기 편하게 객체 구조 분해 할당

  return (
    <Pressable
      style={({pressed}) => [
        styles.block,
        Platform.OS === 'ios' && pressed && {backgroundColor: '#efefef'},
      ]}
      android_ripple={{color: '#ededed'}}>
```

```
        <Text style={styles.date}>{new Date(date).toLocaleString()}</Text>
        <Text style={styles.title}>{title}</Text>
        <Text style={styles.body}>{truncate(body)}</Text>
      </Pressable>
    );
}

const styles = StyleSheet.create({
  block: {
    backgroundColor: 'white',
    paddingHorizontal: 16,
    paddingVertical: 24,
  },
  date: {
    fontSize: 12,
    color: '#546e7a',
    marginBottom: 8,
  },
  title: {
    color: '#263238',
    fontSize: 18,
    fontWeight: 'bold',
    marginBottom: 8,
  },
  body: {
    color: '#37474f',
    fontSize: 16,
    lineHeight: 21,
  },
});

export default FeedListItem;
```

6.4.2 FeedList 컴포넌트 만들기

이번에는 FeedList 컴포넌트를 만들어봅시다. 이 컴포넌트는 logs라는 Props를 받아와서 FlatList를 통해 여러 항목을 보여줍니다.

FeedsScreen에서 FlatList를 바로 사용하지 않고 FeedList 컴포넌트를 따로 만드는 이유는 추후 달력 화면에서도 이 컴포넌트를 재사용할 것이기 때문입니다.

components/FeedList.js

```
import React from 'react';
import {FlatList, StyleSheet, View} from 'react-native';
import FeedListItem from './FeedListItem';

function FeedList({logs}) {
  return (
    <FlatList
      data={logs}
      style={styles.block}
      renderItem={({item}) => <FeedListItem log={item} />}
      keyExtractor={(log) => log.id}
      ItemSeparatorComponent={() => <View style={styles.separator} />}
    />
  );
}

const styles = StyleSheet.create({
  block: {flex: 1},
  separator: {
    backgroundColor: '#e0e0e0',
    height: 1,
    width: '100%',
  },
});

export default FeedList;
```

자, 컴포넌트를 다 만들었다면 FeedsScreen에서 사용해봅시다!

screens/FeedsScreen.js

```
import React, {useContext} from 'react';
import {StyleSheet, View} from 'react-native';
import FeedList from '../components/FeedList';
import FloatingWriteButton from '../components/FloatingWriteButton';
import LogContext from '../contexts/LogContext';

function FeedsScreen() {
  const {logs} = useContext(LogContext);
```

```
  return (
    <View style={styles.block}>
      <FeedList logs={logs} />
      <FloatingWriteButton />
    </View>
  );
}

const styles = StyleSheet.create({
  block: {
    flex: 1,
  },
});

export default FeedsScreen;
```

새 로그를 2~3개 정도 작성해서 화면에 잘 나타나는지 확인해보세요.

▼ 그림 6-11 FeedsScreen

6.4.3 date-fns로 날짜 포맷팅하기

현재 FeedListItem에서 시간을 보여줄 때 Date 객체의 toLocaleString()을 사용하고 있는데, 작성한 시간에 따라 다음과 같은 형식으로 시간이 보이도록 수정해보겠습니다.

- 방금 전
- 3분 선
- 1시간 전
- 3일 전
- 2021년 8월 23일 07:00

이때 유용하게 사용할 수 있는 라이브러리가 date-fns입니다. 이 라이브러리는 날짜/시간에 관련한, 다양한 기능을 제공합니다. 다음 명령어를 사용해 라이브러리를 설치하세요.

```
$ yarn add date-fns
```

이 라이브러리에 어떤 기능이 있는지 확인하고 싶다면 다음 링크를 참조해주세요.

- https://date-fns.org/docs/Getting-Started

이 라이브러리에서 불러와 사용할 함수는 다음과 같습니다.

- formatDistanceToNow: 현재 시각을 기준으로 단어를 사용해 시간을 나타냅니다. (예: 5분 전)
- format: 다양한 형태로 날짜를 포맷팅합니다.

다음 함수를 FeedListItem에 작성하세요.

components/FeedListItem.js

```javascript
import React from 'react';
import {Platform, Pressable, StyleSheet, Text} from 'react-native';
import {format, formatDistanceToNow} from 'date-fns';
import {ko} from 'date-fns/locale';

function formatDate(date) {
  const d = new Date(date);
  const now = Date.now();
  const diff = (now - d.getTime()) / 1000;

  if (diff < 60 * 1) {
```

```
    return '방금 전';
  }
  if (diff < 60 * 60 * 24 * 3) {
    return formatDistanceToNow(d, {addSuffix: true, locale: ko});
  }
  return format(d, 'PPP EEE p', {locale: ko});
}
```

(...)

여기서 diff 값은 현재 시간과 파라미터로 받아온 시간의 차이를 초 단위로 계산한 값입니다. now
- d.getTime()의 단위는 밀리세컨드이기 때문에 계산하기 용이하도록 1000으로 미리 나눠줬습니
다.

글이 작성된 시간이 1분 미만이라면 '방금 전'이라고 보여주고, 3일 미만이라면 formatDistanceToNow
를 사용해 단어로(예: 1시간 전, 3일 전) 보여주고, 3일 이상이라면 format을 사용해 날짜와 시간
이 나오도록 설정했습니다.

formatDistanceToNow에서 addSuffix는 포맷팅된 문자열 뒤에 '전' 또는 '후' 접미사를 붙이는 옵
션이고, locale은 언어입니다. 언어는 date-fns/locale에서 불러올 수 있습니다. date-fns는 전
세계에서 사용하는 주요 언어를 대부분 지원합니다. 우리는 현재 한국어로 설정한 상태입니다.
format도 마찬가지로 언어를 설정해줬습니다.

format 함수에서 'PPP EEE p'라고 작성했는데, 이건 무슨 의미일까요? PPP는 날짜, EEE는 요일,
p는 시간을 나타냅니다. 자세한 정보는 문서에서 확인해보세요.

- https://date-fns.org/v2.16.1/docs/format

함수를 모두 작성했으면 기존에 날짜를 보여주던 부분을 수정해주세요.

components/FeedListItem.js – 날짜 Text

```
<Text style={styles.date}>{formatDate(date)}</Text>
```

이제 날짜에 따라 포맷팅이 잘 이루어지는지 확인해야겠지요? 로그를 작성하고 설정한 조건만큼
시간이 지날 때까지 기다릴 수는 없으니 LogContext의 기본값을 임의로 지정해봅시다.

```javascript
const [logs, setLogs] = useState([
  {
    id: uuidv4(),
    title: 'Log 03',
    body: 'Log 03',
    date: new Date().toISOString(),
  },
  {
    id: uuidv4(),
    title: 'Log 02',
    body: 'Log 02',
    date: new Date(Date.now() - 1000 * 60 * 3).toISOString(),
  },
  {
    id: uuidv4(),
    title: 'Log 01',
    body: 'Log 01',
    date: new Date(Date.now() - 1000 * 60 * 60 * 24 * 3).toISOString(),
  },
]);
```

▼ 그림 6-12 date-fns를 사용한 날짜 포맷팅

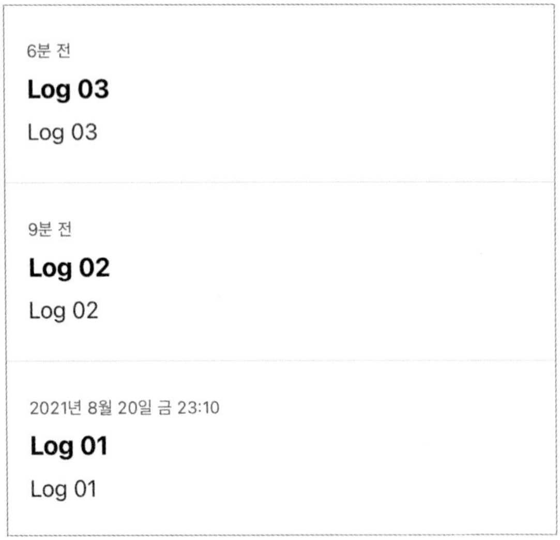

각 항목들의 날짜가 잘 나타났나요?

6.5 Animated로 애니메이션 적용하기

지금 FeedsList에는 사용자 경험과 관련해 한 가지 문제가 있습니다. 항목이 많아져서 스크롤하게 됐다고 가정해봅시다. 그러면 우측 하단의 버튼이 항목의 내용을 가리게 됩니다.

❤ 그림 6-13 항목 내용을 가리는 버튼

이 문제를 해결하려면 사용자가 스크롤을 최하단으로 내렸을 때 해당 버튼을 화면에서 숨겨야 합니다. 하지만 갑자기 화면에서 없어져버리면 부자연스럽겠죠? 따라서 버튼이 하단으로 사라지는 애니메이션을 적용해 버튼을 숨기겠습니다.

6.5.1 애니메이션 연습하기

리액트 네이티브에서 애니메이션을 구현할 때는 Animated라는 객체를 사용합니다. 우선 간단한 사용법부터 알아볼까요? Animated를 사용하려면 일단 Value를 하나 만들어야 합니다.

```
import React, {useRef} from 'react';
```

```
import {Animated} from 'react-native'

function Sample() {
  const animation = useRef(new Animated.Value(1)).current;
}
```

Value를 만들 때는 이렇게 useRef를 사용해야 합니다. 이전에 컴포넌트의 레퍼런스를 선택할 때 useRef를 사용했는데, 레퍼런스 선택 외에 특정 값을 컴포넌트 생성 시에 설정하고, 컴포넌트가 사라질 때까지 재사용하고 싶은 경우에도 이와 같이 useRef를 사용해 구현할 수 있답니다.

Value의 생성자 함수의 인자에는 초깃값을 넣어줍니다. 그리고 이 값을 리액트 컴포넌트의 스타일에 적용할 때는 다음과 같이 사용합니다.

```
<Animated.View style={{opacity: animation}}></Animated.View>
```

즉, Animated. 뒤에 사용하고 싶은 리액트 네이티브 컴포넌트의 이름을 넣어주면 됩니다(예: Animated.View, Animated.Text, Animated.Image…).

이 예시 코드에서는 컴포넌트의 투명도 값을 animation이 가리키고 있는 값으로 설정했습니다. 추후 이 값을 변경할 때는 Animated.timing이라는 함수를 사용합니다.

```
Animated.timing(animation, {
  toValue: 0, // 어떤 값으로 변경할지 - 필수
  duration: 1000, // 애니메이션에 걸리는 시간(밀리세컨드) - 기본값: 500
  delay: 0, // 딜레이 이후 애니메이션 시작 - 기본값: 0
  useNativeDriver: true, // 네이티브 드라이버 사용 여부 - 필수
  isInteraction: true, // 사용자 인터랙션에 의해 시작한 애니메이션인지 지정 - 기본값: true
  // 애니메이션 속도 변경 함수 - 기본값: Easing.inOut(Easing.ease)
  easing: Easing.inOut(Easing.ease),
}).start(() => {
  // 애니메이션 처리 완료 후 실행할 작업
})
```

여기서 toValue, useNativeDriver 값은 필수로 지정해야 합니다. useNativeDriver는 애니메이션 처리 작업을 자바스크립트 엔진이 아닌 네이티브 레벨에서 진행하게 하는 옵션으로 transform, opacity처럼 레이아웃과 관련없는 스타일에만 적용할 수 있습니다. 예를 들어 레이아웃에 영향을 끼치는 left, width, paddingLeft, marginLeft와 같은 스타일에는 꼭 useNativeDriver를 false로 지정해야 합니다.

애니메이션은 .start()로 시작하고, 이 함수에 콜백 함수를 인자로 넣어주면 애니메이션이 끝난

후 호출됩니다.

6.5.1.1 서서히 나타나고, 서서히 사라지기

자, CalendarScreen에서 간단한 애니메이션 연습을 진행해봅시다. 먼저 컴포넌트가 서서히 나타나고, 사라지는 Fade In, Fade Out 효과입니다.

screens/CalendarScreen.js

```javascript
import React, {useRef} from 'react';
import {Animated, Button, StyleSheet, View} from 'react-native';

function FadeInAndOut() {
  const animation = useRef(new Animated.Value(1)).current;

  return (
    <View>
      <Animated.View
        style={[
          styles.rectangle,
          {
            opacity: animation,
          },
        ]}
      />
      <Button
        title="FadeIn"
        onPress={() => {
          Animated.timing(animation, {
            toValue: 1,
            useNativeDriver: true,
          }).start();
        }}
      />
      <Button
        title="FadeOut"
        onPress={() => {
          Animated.timing(animation, {
            toValue: 0,
            useNativeDriver: true,
          }).start();
        }}
      />
```

```
      </View>
    );
}

function CalendarScreen() {
  return (
    <View style={styles.block}>
      <FadeInAndOut />
    </View>
  );
}

const styles = StyleSheet.create({
  block: {},
  rectangle: {width: 100, height: 100, backgroundColor: 'black'},
});

export default CalendarScreen;
```

❤ 그림 6-14 Fade In, Fade Out

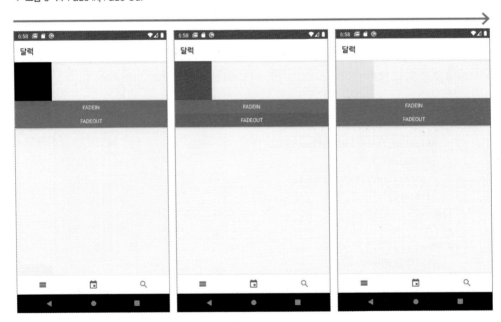

이 애니메이션의 미리보기는 다음 링크에서 확인할 수 있습니다.

- https://bit.ly/2ZOUVAb

예시에서는 버튼을 두 개 만들어서 나타나거나 사라지도록 구현했는데, 만약 상태 값에 따라 이 애니메이션을 적용하고 싶다면 useState와 useEffect를 활용하세요.

Boolean 타입의 값을 토글하는 버튼 하나로 Fade In/Fade Out하도록 구현해보겠습니다.

screens/CalendarScreen.js

```javascript
import React, {useRef, useState, useEffect} from 'react';
import {Animated, Button, StyleSheet, View} from 'react-native';

function FadeInAndOut() {
  const animation = useRef(new Animated.Value(1)).current;
  const [hidden, setHidden] = useState(false);
  useEffect(() => {
    Animated.timing(animation, {
      toValue: hidden ? 0 : 1,
      useNativeDriver: true,
    }).start();
  }, [hidden, animation]);

  return (
    <View>
      <Animated.View
        style={[
          styles.rectangle,
          {
            opacity: animation,
          },
        ]}
      />
      <Button
        title="Toggle"
        onPress={() => {
          setHidden(!hidden);
        }}
      />
    </View>
  );
}

(...)
```

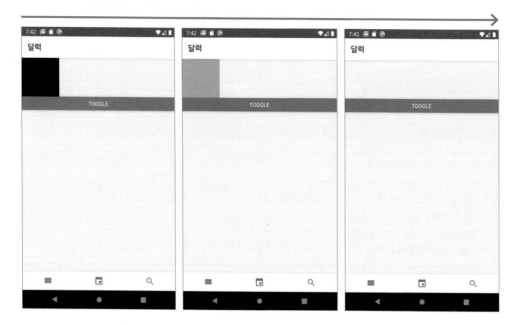

이 애니메이션의 미리보기는 다음 링크에서 확인할 수 있습니다.

- https://bit.ly/2EkXBhI

6.5.1.2 좌우로 움직이기

이번에는 컴포넌트가 좌우로 움직이는 효과를 구현해보겠습니다. 컴포넌트를 움직일 때는 꼭 필요한 상황이 아니라면 left, top 스타일보다는 transform 스타일을 사용하는 것이 성능면에서 더 좋습니다.

예를 들어 우측으로 100, 아래로 50 움직이고 싶다면 다음과 같이 스타일을 적용하면 됩니다. 기존에 있던 위치에서 위로 움직이거나 좌측으로 움직이고 싶다면 음수를 설정합니다.

```
{
  transform: [{translateX: 100}, {translateY: 50}]
}
```

CalendarScreen에서 기존에 만든 FadeInAndOut 컴포넌트를 지우고, 다음과 같이 SlideLeftAndRight 컴포넌트를 만들어보세요.

```
import React, {useRef, useState, useEffect} from 'react';
import {Animated, Button, StyleSheet, View} from 'react-native';

function SlideLeftAndRight() {
  const animation = useRef(new Animated.Value(0)).current;
  const [enabled, setEnabled] = useState(false);

  useEffect(() => {
    Animated.timing(animation, {
      toValue: enabled ? 150 : 0,
      useNativeDriver: true,
    }).start();
  }, [enabled, animation]);

  return (
    <View>
      <Animated.View
        style={[
          styles.rectangle,
          {
            transform: [{translateX: animation}],
          },
        ]}
      />
      <Button
        title="Toggle"
        onPress={() => {
          setEnabled(!enabled);
        }}
      />
    </View>
  );
}

function CalendarScreen() {
  return (
    <View style={styles.block}>
      <SlideLeftAndRight />
    </View>
  );
}

(...)
```

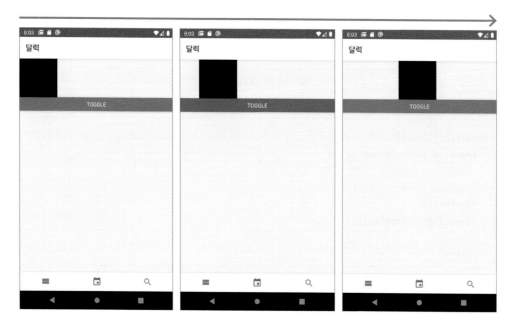

위 애니메이션의 미리보기는 다음 링크에서 확인할 수 있습니다.

- https://bit.ly/32Mk6oZ

6.5.1.3 interpolate로 여러 스타일 적용하기

버튼을 누르면 검은색 박스가 우측으로 움직이면서 서서히 사라지는 효과를 내고 싶다고 해볼까요? 이 경우에는 interpolate라는 함수를 사용합니다. 이 함수를 사용하면 Value가 지니고 있는 값을 기준으로 새로운 값을 생성할 수 있습니다.

interpolate 함수는 다음과 같이 사용합니다.

```
animation.interpolate({
  inputRange: [0, 1],
  outputRange: [0, 150],
})
```

Value가 지닐 값의 입력 범위와 출력 범위를 지정하면 이에 따라 새로운 값이 생성됩니다. 이와 같이 설정하면 Value가 지닌 값이 0일 때는 0, 1일 때는 150으로 지정됩니다.

CalendarScreen을 다음과 같이 수정해보세요.

```
import React, {useRef, useState, useEffect} from 'react';
import {Animated, Button, StyleSheet, View} from 'react-native';

function SlideLeftAndRight() {
  const animation = useRef(new Animated.Value(0)).current;
  const [enabled, setEnabled] = useState(false);

  useEffect(() => {
    Animated.timing(animation, {
      toValue: enabled ? 1 : 0,
      useNativeDriver: true,
    }).start();
  }, [enabled, animation]);

  return (
    <View>
      <Animated.View
        style={[
          styles.rectangle,
          {
            transform: [
              {
                translateX: animation.interpolate({
                  inputRange: [0, 1],
                  outputRange: [0, 150],
                }),
              },
            ],
            opacity: animation.interpolate({
              inputRange: [0, 1],
              outputRange: [1, 0],
            }),
          },
        ]}
      />
      <Button
        title="Toggle"
        onPress={() => {
          setEnabled(!enabled);
        }}
      />
    </View>
```

```
  );
}

( ... )
```

enabled 값이 true일 때 Value 값을 1로 변경하고, interpolate 함수를 통해 transform과 opacity 값을 알맞게 설정해줬습니다. opacity의 경우 현재 Value 값이 0일 때는 1, 1일 때는 0으로 지정됩니다.

❤ 그림 6-17 우측으로 움직이며 서서히 사라지기

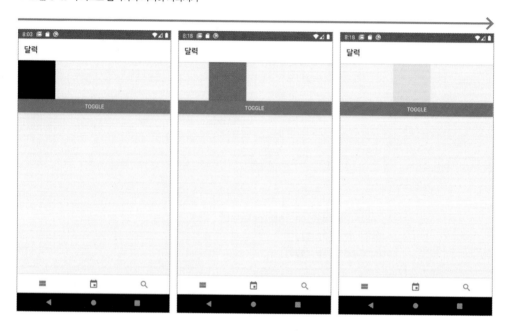

이 애니메이션의 미리보기는 다음 링크에서 확인할 수 있습니다.

- https://bit.ly/33INgof

자, 이것으로 애니메이션의 기본 연습은 끝났습니다.

6.5.2 스크롤을 내렸을때 글쓰기 버튼 숨기기

스크롤을 내렸을 때 글쓰기 버튼을 숨기는 기능을 구현해봅시다. 기능을 개발하고 테스트할 때마다 매번 항목을 여러 개 추가하기는 번거로우니, LogContext에서 logs 기본값을 잠깐 변경해줍니다.

```
const [logs, setLogs] = useState(
  Array.from({length: 10})
    .map((_, index) => ({
      id: uuidv4(),
      title: `Log ${index}`,
      body: `Log ${index}`,
      date: new Date().toISOString(),
    }))
    .reverse(),
);
```

Array.from 함수를 사용해 길이가 10인 배열을 생성한 뒤 map 함수를 통해 객체 배열로 변환해줬습니다. 복사/붙여넣기를 하는 것보다 이렇게 하는 게 훨씬 간결합니다.

스크롤을 내렸을 때 글쓰기 버튼을 숨기기 위해서는 일단 스크롤이 FlatList 컴포넌트의 바닥에 가까워졌는지 감지할 수 있어야 합니다. FlatList에서 바닥에 닿았을 때 어떤 작업이 하고 싶다면 onEndReached 함수와 onEndReachedThreshold 값을 설정하면 됩니다.

```
<FlatList
  (...)
  onEndReached={(distanceFormEnd) => {
    console.log('바닥과 가까워졌어요!');
  }}
  onEndReachedThreshold={0.85}
>
```

이렇게 하면 콘텐츠의 85%까지 스크롤했을 때 onEndReached 함수가 호출됩니다. 스크롤로 더 많은 정보를 불러오는 무한스크롤링을 구현할 때 이 Props를 사용하면 유용한데, 현재 우리 상황에는 사용하지 못합니다. 스크롤이 바닥에서 가까워지면 글쓰기 버튼을 숨기고, 멀어지면 글쓰기 버튼을 다시 보여줘야 하는데 이 방식은 멀어졌을 때를 구분하지 못하기 때문입니다.

onEndReached를 사용하는 대신 onScroll 이벤트를 사용할 것입니다. onScroll 이벤트를 사용하면 콘텐츠의 전체 크기와 스크롤의 위치를 알아낼 수 있습니다. onScroll Props는 ScrollView의 onScroll과 동일합니다. 자세한 내용은 다음 링크를 확인해보세요.

- https://reactnative.dev/docs/scrollview#onscroll

FeedList에서 onScroll 함수를 다음과 같이 구현해보세요. 그리고 스크롤을 맨 아래로 내린 뒤 터미널에 출력되는 결과물을 확인해보세요.

```javascript
import React from 'react';
import {FlatList, StyleSheet, View} from 'react-native';
import FeedListItem from './FeedListItem';

function FeedList({logs}) {
  const onScroll = (e) => {
    const {contentSize, layoutMeasurement, contentOffset} = e.nativeEvent;
    console.log({contentSize, layoutMeasurement, contentOffset});
  };
  return (
    <FlatList
      data={logs}
      style={styles.block}
      renderItem={({item}) => <FeedListItem log={item} />}
      keyExtractor={(log) => log.id}
      ItemSeparatorComponent={() => <View style={styles.separator} />}
      onScroll={onScroll}
    />
  );
}

(...)
```

스크롤을 맨 아래까지 내렸을 때 터미널에 출력되는 결과물은 다음과 같습니다.

```json
{
  "contentSize": {
    "height": 1273.90478515625,
    "width": 411.4285583496094
  },
  "layoutMeasurement": {
    "height": 554.2857055664062,
    "width": 411.4285583496094
  },
  "contentOffset": {
    "y": 719.6190185546875,
    "x": 0
  }
}
```

여기서 contentSize.height는 FlatList 내부의 전체 크기를 나타냅니다. layoutMeasurement. height는 화면에 나타난 FlatList의 실제 크기를 나타냅니다. 현재 프로젝트의 경우 화면의 상단과 하단 영역을 제외한 크기겠지요? contentOffset.y는 스크롤할 때마다 늘어나는 값인데요. 스크롤이 맨 위에 있을 때는 0이고, 스크롤이 맨 아래에 있을 때는 contentSize.height - layoutMeasurement.height를 계산한 값입니다.

따라서 contentSize.height - layoutMeasurement.height - contentOffset.y를 계산한 값이 0에 가까워진다면 FlatList의 스크롤이 바닥에 가까워지는 것이라고 이해하면 됩니다.

자, 이 원리를 사용해 스크롤이 바닥에 가까워졌는지 감지하는 기능을 구현해보세요.

components/FeedList.js - onScroll

```javascript
const onScroll = (e) => {
  const {contentSize, layoutMeasurement, contentOffset} = e.nativeEvent;
  const distanceFromBottom =
    contentSize.height - layoutMeasurement.height - contentOffset.y;

  if (distanceFromBottom < 72) {
    console.log('바닥과 가까워요.');
  } else {
    console.log('바닥과 멀어졌어요.');
  }
};
```

이렇게 함수를 수정한 뒤 스크롤을 바닥까지 내렸을 때 터미널에 '바닥과 가까워요.'라는 문구가 출력되는지, 멀어졌을 때는 '바닥과 멀어졌어요.'라는 문구가 출력되는지 확인해보세요. 출력이 잘 됐다면 이를 통해 상태를 관리해보겠습니다.

FeedsScreen에서 hidden이라는 Boolean 타입의 상태를 만드세요. 그리고 onScrolledToBottom 이라는 함수를 만들어서 파라미터로 받은 값과 상태 값이 다를 때 상태를 업데이트하도록 구현해 주세요.

screens/FeedsScreen.js

```javascript
import React, {useContext, useState} from 'react';
import {StyleSheet, View} from 'react-native';
import FeedList from '../components/FeedList';
import FloatingWriteButton from '../components/FloatingWriteButton';
import LogContext from '../contexts/LogContext';

function FeedsScreen() {
  const {logs} = useContext(LogContext);
  const [hidden, setHidden] = useState(false);
```

```
  const onScrolledToBottom = (isBottom) => {
    if (hidden !== isBottom) {
      setHidden(isBottom);
    }
  };

  return (
    <View style={styles.block}>
      <FeedList logs={logs} onScrolledToBottom={onScrolledToBottom} />
      <FloatingWriteButton />
    </View>
  );
}

(...)
```

다음으로 FeedList 컴포넌트를 다음과 같이 수정해주세요.

```
import React from 'react';
import {FlatList, StyleSheet, View} from 'react-native';
import FeedListItem from './FeedListItem';

function FeedList({logs, onScrolledToBottom}) {
  const onScroll = (e) => {
    const {contentSize, layoutMeasurement, contentOffset} = e.nativeEvent;
    const distanceFromBottom =
      contentSize.height - layoutMeasurement.height - contentOffset.y;

    if (distanceFromBottom < 72) {
      onScrolledToBottom(true);
    } else {
      onScrolledToBottom(false);
    }
  };

(...)
```

이렇게 하면 스크롤 위치에 따라 hidden 값이 변경될 것입니다. 이제 hidden 값을 Floating
WriteButton 컴포넌트에 Props로 전달하고, 애니메이션 효과를 구현해주면 됩니다.

```
<FloatingWriteButton hidden={hidden} />
```

```
import {useNavigation} from '@react-navigation/native';
import React, {useEffect, useRef} from 'react';
import {Platform, Pressable, StyleSheet, Animated} from 'react-native';
import Icon from 'react-native-vector-icons/MaterialIcons';

function FloatingWriteButton({hidden}) {
  const navigation = useNavigation();

  const onPress = () => {
    navigation.navigate('Write');
  };

  const animation = useRef(new Animated.Value(0)).current;

  useEffect(() => {
    Animated.timing(animation, {
      toValue: hidden ? 1 : 0,
      useNativeDriver: true,
    }).start();
  }, [animation, hidden]);

  return (
    <Animated.View
      style={[
        styles.wrapper,
        {
          transform: [
            {
              translateY: animation.interpolate({
                inputRange: [0, 1],
                outputRange: [0, 88],
              }),
            },
          ],
          opacity: animation.interpolate({
            inputRange: [0, 1],
            outputRange: [1, 0],
          }),
        },
      ]}>
```

6

다이어리 앱 만들기

```
  <Pressable
    style={({pressed}) => [
      styles.button,
      Platform.OS === 'ios' && {
        opacity: pressed ? 0.6 : 1,
      },
    ]}
    android_ripple={{color: 'white'}}
    onPress={onPress}>
    <Icon name="add" size={24} style={styles.icon} />
  </Pressable>
</Animated.View>
);
}

(...)
```

hidden 값이 true일 때 컴포넌트를 아래로 이동시키고 투명도를 낮추는 효과를 적용했습니다. 스크롤을 맨 아래로 내렸을 때 버튼이 사라지는지 확인해보세요.

❤ 그림 6-18 스크롤 내렸을 때 버튼 숨기기

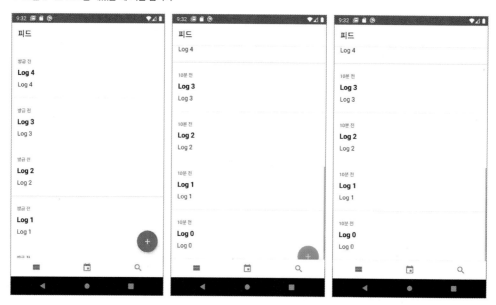

이 애니메이션의 미리보기는 다음 링크에서 확인할 수 있습니다.

- https://bit.ly/3iNNlgK

6.5.3 spring 사용하기

기존에는 timing 함수로 애니메이션 효과를 적용했는데, 이외에도 spring이라는 함수가 있습니다. timing과 비슷한데 값이 단순히 toValue로 지정한 값으로 서서히 변하는 것이 아니라, 마치 스프링처럼 통통 튀는 효과가 나타납니다. 예를 들어 0에서 1로 설정한다면 다음과 같이 수치가 변경됩니다.

$$0 \rightarrow 1.2 \rightarrow 0.9 \rightarrow 1.1 \rightarrow 1$$

목푯값에 도달했을 때 멈추는 것이 아니라 스프링이 눌렸다가 다시 펴질 때처럼 목푯값 근처에서 왔다갔다(oscillate) 합니다.

FloatingWriteButton을 다음과 같이 수정해보세요.

components/FloatingWriteButton.js – useEffect

```
useEffect(() => {
  Animated.spring(animation, {
    toValue: hidden ? 1 : 0,
    useNativeDriver: true,
    tension: 45,
    friction: 5,
  }).start();
}, [animation, hidden]);
```

spring 함수에서는 다음과 같은 옵션을 설정해줄 수 있습니다.

- tension: 강도(기본값: 40)
- friction: 감속(기본값: 7)
- speed: 속도(기본값: 12)
- bounciness: 탄력성(기본값: 8)

이 옵션을 사용할 때 tension/friction을 같이 사용하거나 speed/bounciness를 같이 사용할 수 있지만 다른 조합으로는 사용하지 못합니다. 이 옵션 외에도 다른 옵션들이 있으니 자세한 내용은 다음 링크를 참조하세요.

- https://reactnative.dev/docs/animated#spring

spring을 사용할 때는 이 옵션들을 조정하면서 원하는 스프링 효과를 구현하면 됩니다.

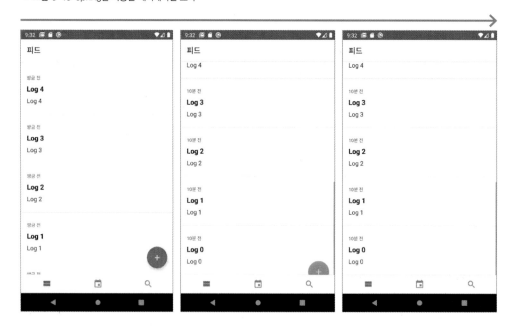

이 애니메이션 미리보기는 다음 링크에서 확인할 수 있습니다.

- https://bit.ly/32MgJPa

6.5.4 예외 처리하기

이번에 구현한 버튼 숨기기 기능에 예외 처리를 해야 할 상황이 두 가지 있습니다.

첫 번째, 항목 개수가 적어서 스크롤이 필요 없는 상황입니다. 안드로이드에서는 스크롤 없이 모든 항목을 보여줄 수 있는 상황에서는 아예 스크롤이 방지되어 상관없지만, iOS에서는 스크롤이 필요 없는 상황에서도 화면을 세로 방향으로 스와이프하면 FlatList 내부의 내용이 움직이면서 onScroll 함수가 호출됩니다. 따라서 contentSize.height > layoutMeasurement.height 조건을 만족할 때만 버튼을 숨기도록 로직을 수정해야 합니다.

두 번째, onScrolledToBottom Props가 설정되지 않았을 때입니다. 추후 캘린더 화면과 검색 화면에서도 이 컴포넌트를 재사용할 텐데 해당 화면에서는 FloatingWriteButton을 보여주지 않기 때문에 버튼을 숨기는 로직이 필요하지 않습니다. 따라서 함수가 없으면 아무것도 하지 않도록 수정해야 합니다.

onScroll 함수를 다음과 같이 수정해주세요.

```
const onScroll = (e) => {
  if (!onScrolledToBottom) {
    return;
  }

  const {contentSize, layoutMeasurement, contentOffset} = e.nativeEvent;
  const distanceFromBottom =
    contentSize.height - layoutMeasurement.height - contentOffset.y;

  if (
    contentSize.height > layoutMeasurement.height &&
    distanceFromBottom < 72
  ) {
    onScrolledToBottom(true);
  } else {
    onScrolledToBottom(false);
  }
};
```

REACT NATIVE

6.6 / 정리

이 장에서는 새로운 개념을 많이 배웠지요? 이번에 사용해본 Context API는 다양한 상황에서 사용할 수 있습니다. 예를 들어 사용자의 로그인 상태, 앱의 환경 설정 값 등 특정 화면뿐만 아니라 여러 화면에서 공유해야 하는 값이 있을 때 Context API를 사용하지요.

또 Animated도 사용해봤는데요. 이 장에서 배운 것은 Animated의 일부일 뿐입니다. Animated에 대한 내용은 추후 더욱 복잡한 애니메이션 효과를 다룰 때 다시 한번 살펴볼 예정입니다.

자, 다음 장에서 DayLog 프로젝트를 마무리지어봅시다. 다음 장은 개념을 새로 배운다기보다 기존에 배운 지식과 자바스크립트를 활용하는 것이기 때문에 이번 장보다 쉽게 진행할 수 있습니다.

memo

7_장

다이어리 앱 만들기 II

이 장에서는 다이어리 앱의 나머지 기능을 모두 완성해보겠습니다. 앞으로 구현할 기능은 다음과 같습니다.

- 수정하기
- 삭제하기
- 검색하기
- 달력 보여주기

7.1 작성한 글을 WriteScreen으로 열기

수정하기와 삭제하기 기능을 구현하기에 앞서 사용자가 FeedList에서 항목을 눌렀을 때 WriteScreen을 띄워서 기존에 작성한 내용을 보여주는 기능을 구현해봅시다.

7.1.1 FeedListItem 수정하기

방법은 간단합니다. 우선 FeedListItem 컴포넌트에서 Pressable에 onPress Props를 설정해 컴포넌트를 눌렀을 때 현재 Props로 받아온 log 객체를 WriteScreen의 파라미터로 넣어서 화면을 열면 됩니다.

components/FeedListItem.js

```
import React from 'react';
import {Platform, Pressable, StyleSheet, Text} from 'react-native';
import {formatDistanceToNow, format} from 'date-fns';
import {ko} from 'date-fns/locale';
import {useNavigation} from '@react-navigation/native';

(...)

function FeedListItem({log}) {
  const {title, body, date} = log; // 사용하기 편하게 객체 구조 분해 할당
  const navigation = useNavigation();
```

```
const onPress = () => {
  navigation.navigate('Write', {
    log,
  });
};

return (
  <Pressable
    style={(({pressed}) => [
      styles.block,
      Platform.OS === 'ios' && pressed && {backgroundColor: '#efefef'},
    ]}
    android_ripple={{color: '#ededed'}}
    onPress={onPress}>
```

(...)

코드를 작성했나요? FeedListItem을 눌렀을 때 WriteScreen이 나타나는지 확인해보세요.

7.1.2 WriteScreen에서 log 파라미터 인식하기

이제 WriteScreen에서 log 파라미터를 인식해 파라미터가 주어졌을 때 제목과 내용의 기본값을
지정해주겠습니다.

screens/WriteScreen.js

```
(...)
function WriteScreen({route}) {
  const log = route.params?.log;

  const [title, setTitle] = useState(log?.title ?? '');
  const [body, setBody] = useState(log?.body ?? '');

(...)
```

여기서 ?. 문법을 사용했는데, 이를 옵셔널 체이닝(optional chaining) 문법이라고 부릅니다. 이 문
법을 사용하면 null이거나 undefined일 수 있는 객체의 프로퍼티를 에러 없이 접근할 수 있습니
다. 만약 이 문법을 사용하지 않으면 다음과 같이 구현해야 하죠.

```
const log = route.params ? route.params.log : undefined;

const [title, setTitle] = useState(log ? log.title : '');
const [body, setBody] = useState(log ? log.body : '');
```

그리고 상태의 기본값을 설정하는 부분에서는 OR 연산자를 사용했습니다. `log?.body ?? ''`의 의미는 `log?.body`가 유효한 값이라면 해당 값을 사용하고, 그렇지 않으면 공백 문자열을 사용하라는 의미입니다.

코드를 작성한 뒤 FeedList에서 항목을 선택해 열어보세요. 항목의 내용이 WriteScreen의 텍스트 상태 초깃값으로 설정되어 있나요?

7.2 수정 기능 구현하기

작성한 항목을 WriteScreen으로 여는 기능을 구현했으니, 이제 수정 기능을 구현해봅시다. WriteScreen의 onSave 함수에서 log 라우트 파라미터가 유효하다면 수정하는 함수를 호출하고, 그렇지 않다면 생성하는 함수를 호출하면 됩니다.

7.2.1 LogContext에 onModify 함수 구현하기

LogContext에서 항목을 수정할 수 있는 onModify라는 함수를 구현해줍시다.

contexts/LogContext.js

```
import React from 'react';
import {createContext, useState} from 'react';
import {v4 as uuidv4} from 'uuid';

const LogContext = createContext();

export function LogContextProvider({children}) {
  (...)

  const onModify = (modified) => {
    // logs 배열을 순회해 id가 일치하면 log를 교체하고 그렇지 않으면 유지
```

```
    const nextLogs = logs.map((log) =>
      log.id === modified.id ? modified : log,
    );
    setLogs(nextLogs);
  };
  return (
    <LogContext.Provider value={{logs, onCreate, onModify}}>
      {children}
    </LogContext.Provider>
  );
}

export default LogContext;
```

logs 배열의 불변성을 지키면서 배열을 업데이트하기 위해 배열의 내장 함수 map으로 우리가 바꾸고 싶은 항목만 교체된 새로운 배열을 생성해 상태를 업데이트해줬습니다.

7.2.2 WriteScreen에서 onModify 함수 사용하기

이제 방금 만든 onModify 함수를 사용해줍시다.

screens/WriteScreen.js

```
(...)

function WriteScreen({route}) {
  const log = route.params?.log;

  const [title, setTitle] = useState(log?.title ?? '');
  const [body, setBody] = useState(log?.body ?? '');
  const navigation = useNavigation();

  const {onCreate, onModify} = useContext(LogContext);
  const onSave = () => {
    if (log) {
      onModify({
        id: log.id,
        date: log.date,
        title,
        body,
      });
    } else {
```

```
    onCreate({
      title,
      body,
      // 날짜를 문자열로 변환
      date: new Date().toISOString(),
    });
  }
  navigation.pop();
};
```

(...)

수정 기능을 구현했습니다. 항목을 열어서 수정한 뒤 우측 상단의 체크 버튼을 눌러서 저장해보세요. FeedsScreen에 변화가 잘 반영되었나요?

7.3 / 삭제 기능 구현하기

이번에는 항목을 삭제하는 기능을 구현해봅시다. 구현 방식은 수정과 비슷합니다. LogContext에서 삭제 기능을 위한 함수를 구현한 다음 WriteScreen에서 사용하면 됩니다.

7.3.1 LogContext에 onRemove 함수 구현하기

contexts/LogContext.js

```
(...)

export function LogContextProvider({children}) {
  (...)

  const onModify = (modified) => {
    // logs 배열을 순회해 id가 일치하면 log를 교체하고 그렇지 않으면 유지
    const nextLogs = logs.map((log) =>
      log.id === modified.id ? modified : log,
    );
    setLogs(nextLogs);
  };
```

```
  const onRemove = (id) => {
    const nextLogs = logs.filter((log) => log.id !== id);
    setLogs(nextLogs);
  };

  return (
    <LogContext.Provider value={{logs, onCreate, onModify, onRemove}}>
      {children}
    </LogContext.Provider>
  );
}


export default LogContext;
```

배열의 내장 함수 filter로 특정 id를 제외한 항목들로만 구성된 새로운 배열을 만들어서 상태를 업
데이트해줬습니다. 이렇게 한 이유는 불변성을 유지하면서 배열을 업데이트하기 위해서입니다.

7.3.2 WriteScreen에서 onRemove 함수 사용하기

이제 우측 상단의 삭제 버튼을 눌렀을 때 onRemove 함수를 호출하도록 구현하겠습니다. 삭제 버
튼을 눌렀을 때 바로 삭제하지 않고, Alert.alert를 사용해 사용자에게 정말 삭제할 것인지 한 번
더 물어보는 과정을 거치겠습니다.

screens/WriteScreen.js

```
import {useNavigation} from '@react-navigation/native';
import React, {useContext, useState} from 'react';
import {Alert, KeyboardAvoidingView, Platform, StyleSheet} from 'react-native';
import {SafeAreaView} from 'react-native-safe-area-context';
import WriteEditor from '../components/WriteEditor';
import WriteHeader from '../components/WriteHeader';
import LogContext from '../contexts/LogContext';

function WriteScreen({route}) {
  (...)
  const {onCreate, onModify, onRemove} = useContext(LogContext);
  (...)
  const onAskRemove = () => {
    Alert.alert(
      '삭제',
      '정말로 삭제하시겠어요?',
```

```
      [
        {text: '취소', style: 'cancel'},
        {
          text: '삭제',
          onPress: () => {
            onRemove(log?.id);
            navigation.pop();
          },
          style: 'destructive',
        },
      ],
      {
        cancelable: true,
      },
    );
  };

  return (
    <SafeAreaView style={styles.block}>
      <KeyboardAvoidingView
        style={styles.avoidingView}
        behavior={Platform.OS === 'ios' ? 'padding' : undefined}>
        <WriteHeader
          onSave={onSave}
          onAskRemove={onAskRemove}
          isEditing={!!log}
        />
        <WriteEditor
          title={title}
          body={body}
          onChangeTitle={setTitle}
          onChangeBody={setBody}
        />
      </KeyboardAvoidingView>
    </SafeAreaView>
  );
}

(...)
```

onAskRemove라는 함수를 만들어서 WriteHeader에 Props로 전달해줬습니다.

이전에 Alert.alert를 사용할 때는 취소 버튼의 onPress와 4번째 인자인 옵션 객체에 Alert.
alert를 닫을 때 호출하는 함수인 onDismiss에 () => {}와 같은 형태로 아무 작업도 하지 않는 함수를 넣어줬는데, 만약 아무 작업도 하지 않는다면 아예 생략해도 무방합니다.

추가로 isEditing이라는 값도 전달해줬습니다. WriteHeader에서는 이 값을 확인해 삭제 버튼을
보여줄지 말지 결정하면 됩니다.

여기서 !!log라는 코드를 사용했지요? 이는 log가 유효한 값이면 true, 그렇지 않으면 false 값
을 전달하겠다는 의미입니다. NOT 연산자 !는 기본적으로 true를 false로, 또는 false를 true
로 바꿉니다. 하지만 Boolean이 아닌 타입에 ! 연산자를 쓴다면 어떻게 될까요?

- !null -> true
- !{} -> false
- !'' -> true
- ![] -> false

이처럼 NOT 연산자를 두 번(!!) 사용할 경우 log 값이 유효한 객체라면 값이 true가 되고, 값이
null이나 undefined라면 false가 됩니다.

7.3.3 WriteHeader 수정하기

WriteHeader에서 isEditing Props가 true일 때만 삭제 버튼을 보여주고, 이 버튼을 눌렀을 때
onAskRemove를 호출하도록 컴포넌트를 수정해줍시다.

components/WriteHeader.js

```
(...)

function WriteHeader({onSave, onAskRemove, isEditing}) {
  const navigation = useNavigation();
  const onGoBack = () => {
    navigation.pop();
  };
  return (
    <View style={styles.block}>
      <View style={styles.iconButtonWrapper}>
        <TransparentCircleButton
          onPress={onGoBack}
          name="arrow-back"
          color="#424242"
        />
```

```
      </View>
      <View style={styles.buttons}>
        {isEditing && (
          <TransparentCircleButton
            name="delete-forever"
            color="#ef5350"
            hasMarginRight
            onPress={onAskRemove}
          />
        )}
        <TransparentCircleButton
          name="check"
          color="#009688"
          onPress={onSave}
        />
      </View>
    </View>
  );
}

(...)
```

자, 항목을 열어서 삭제 버튼을 눌러보세요. 다음과 같이 재확인 Alert가 정상적으로 나타나나요?

▼ 그림 7-1 항목 삭제 Alert

삭제 버튼을 누르면 WriteScreen이 종료되고, FeedsScreen에도 변화가 잘 반영되는지 확인해보세요.

7.4 / 검색 기능 구현하기

이제 검색 기능을 구현해봅시다. 검색을 하려면 화면의 헤더 부분에 텍스트를 입력할 수 있어야 하므로, 헤더를 커스터마이징해야 합니다.

7.4.1 SearchHeader 컴포넌트 만들기

MainTab 컴포넌트에서 현재 화면에 따라 다른 헤더 제목을 설정하기 위해 getHeaderTitle이라는 함수를 만들었지요?

네이티브 스택 내비게이터의 headerTitle 옵션에는 문자열이 아닌 JSX를 넣어줄 수도 있습니다. 우선 SearchHeader라는 컴포넌트를 만듭니다.

components/SearchHeader.js

```js
import React from 'react';
import {StyleSheet, Text} from 'react-native';

function SearchHeader() {
  return <Text style={styles.block}>Hello</Text>;
}

const styles = StyleSheet.create({
  block: {
    color: 'white',
    backgroundColor: 'blue',
  },
});

export default SearchHeader;
```

임시로 배경이 파란색인 Text를 보여주도록 했습니다. 이제 이 컴포넌트를 검색 화면일 때 headerTitle로 지정해보겠습니다. MainTab을 열어서 검색 화면의 설정을 같이 수정하세요.

```
screens/MainTab.js
```

```javascript
(...)
import SearchHeader from '../components/SearchHeader'

(...)

    <Tab.Screen
      name="Search"
      component={SearchScreen}
      options={{
        title: '검색',
        tabBarIcon: ({color, size}) => (
          <Icon name="search" size={size} color={color} />
        ),
        headerTitle: () => <SearchHeader />,
      }}
    />
  </Tab.Navigator>
  );
}

export default MainTab;
```

검색 화면을 띄웠을 때 헤더가 다음과 같이 나타날 것입니다.

▼ 그림 7-2 커스텀 헤더

iOS는 컴포넌트가 중앙에 정렬되고, 안드로이드는 좌측에 정렬됩니다. 우리는 타이틀이 헤더의 일부 영역만 사용하지 않고 전체 영역을 사용하도록 만들고 싶습니다. 그렇게 하려면 화면 크기를 가져온 다음에 해당 값을 참고해 dp 단위의 크기를 직접 설정해줘야 합니다.

7.4.2 화면 크기 조회하기

화면 크기를 dp 단위로 가져오는 방법은 두 가지입니다. 첫 번째 방법은 Dimensions.get을 사용하는 것입니다.

```
import {Dimensions} from 'react-native';

const { width, height } = Dimensions.get('window');
```

Dimensions.get에는 두 가지 문자열을 넣을 수 있습니다. 'window'를 사용하면 현재 앱에서 사용할 수 있는 영역의 크기를 가져옵니다. 'screen'을 사용하면 전체 화면의 크기를 가져옵니다. iOS에서는 두 크기의 차이가 없지만, 안드로이드에서는 차이가 있습니다. 안드로이드에서 'window'로 크기를 조회했을 때는 상단의 상태 바와 하단의 소프트 메뉴 바 영역을 제외한 크기를 반환합니다.

이 방법은 컴포넌트 외부에서도 작동하므로 StyleSheet에서도 사용할 수 있습니다. 화면의 방향을 바꾸거나, 폴더블 디바이스를 사용하면 이 크기가 바뀔 수도 있습니다. 이러한 경우에는 Dimensions.addEventListener와 Dimensions.removeEventListener를 사용해 크기가 바뀌는 이벤트에 대비해야 합니다.

```
import React, {useState, useEffect} from 'react';
import {View, Dimension} from 'react-native';

function MyComponent() {
  const [dimension, setDimension] = useState(Dimensions.get('window'));
  useEffect(() => {
    const eventListener = ({window, screen}) => {
      setDimension(window);
    }
    Dimensions.addEventListener('change', eventListener);
    return () => {
      Dimensions.removeEventListener('change', eventListener);
    }
  }, []);

  (...)
}
```

두 번째 방법은 useWindowDimensions Hook을 사용하는 것입니다. Dimensions.get과 달리 화면 크기가 바뀌는 상황에 우리가 직접 대비할 필요가 없습니다. Hook 형태로 사용하기 때문에 값이 바뀌면 컴포넌트에서 자동으로 반영됩니다.

```
import React from 'react';
import {useWindowDimensions} from 'react-native';

function MyComponent() {
  const {width, height} = useWindowDimensions();
}
```

이 방법은 함수 컴포넌트 내부에서만 사용 가능하며, 전체 화면의 크기를 가져오는 기능은 없습니다. 만약 전체 화면의 크기를 가져와야 한다면 Dimensions.get('screen')을 사용해야 합니다.

두 번째 방법이 작성해야 할 코드가 더 적어서 간단하므로, 여기서는 이 방법을 사용하겠습니다. SearchHeader 컴포넌트에서 방금 배운 useWindowDimensions로 너비를 직접 계산해 설정해봅시다.

components/SearchHeader.js

```
import React from 'react';
import {StyleSheet, useWindowDimensions, View} from 'react-native';

function SearchHeader() {
  const {width} = useWindowDimensions();
  return <View style={[styles.block, {width: width - 32, height: 24}]} />;
}

const styles = StyleSheet.create({
  block: {
    backgroundColor: 'blue',
  },
});

export default SearchHeader;
```

Text 대신 View를 사용하고 높이는 24, 너비는 전체 너비에 32를 뺀 값을 설정해줬습니다. 32를 뺀 이유는 양 옆에 여백이 16씩 있기 때문입니다.

다음과 같이 파란색 영역이 헤더에 꽉 찬 상태로 잘 나타났나요?

7.4.3 SearchHeader 컴포넌트 UI 구성하기

SearchHeader 컴포넌트의 너비 설정이 끝났다면 컴포넌트의 UI를 구성해봅시다. 이 컴포넌트에서는 검색어를 입력할 TextInput과 검색어를 초기화하는 버튼을 보여줘야 합니다.

components/SearchHeader.js

```
import React from 'react';
import {
  Pressable,
  StyleSheet,
  TextInput,
  useWindowDimensions,
  View,
} from 'react-native';
import Icon from 'react-native-vector-icons/MaterialIcons';

function SearchHeader() {
  const {width} = useWindowDimensions();
  return (
    <View style={[styles.block, {width: width - 32}]}>
      <TextInput style={styles.input} placeholder="검색어를 입력하세요" autoFocus />
      <Pressable
        style={({pressed}) => [styles.button, pressed && {opacity: 0.5}]}>
        <Icon name="cancel" size={20} color="#9e9e9e" />
      </Pressable>
    </View>
  );
}

const styles = StyleSheet.create({
  block: {
    flexDirection: 'row',
    alignItems: 'center',
```

```
  },
  input: {
    flex: 1,
  },
  button: {
    marginLeft: 8,
  },
});


export default SearchHeader;
```

▼ 그림 7-4 SearchHeader 컴포넌트 UI 구성하기

TextInput에 autoFocus라는 Props를 사용해줬는데, 이러면 이 컴포넌트가 화면에 나타날 때 자동으로 포커스가 잡힙니다. 그럼 검색 화면을 열자마자 바로 키보드가 떠서 검색어를 입력할 수 있겠죠?

컴포넌트의 UI를 다 구성했으니 이제 검색어에 대한 상태를 관리해줘야 합니다. SearchHeader에서 입력한 검색어를 SearchScreen에서 사용할 수 있어야 하는데요. 현재 SearchHeader 컴포넌트는 MainTab 쪽에서 사용하고 있기 때문에, 상태를 공유하려면 이번에도 Context를 사용해야 합니다.

7.4.4 SearchContext 만들기

검색어 상태를 관리하기 위해 SearchContext를 만듭니다.

contexts/SearchContext.js
```
import React, {createContext, useState} from 'react';

const SearchContext = createContext();

export function SearchContextProvider({children}) {
  const [keyword, onChangeText] = useState('');
```

```
  return (
    <SearchContext.Provider value={{keyword, onChangeText}}>
      {children}
    </SearchContext.Provider>
  );
}

export default SearchContext;
```

이번 Context는 별도로 만들어야 할 함수가 없습니다. useState로 만든 상태 값인 keyword와 업데이터 함수인 onChangeText를 SearchContext.Provider의 value로 설정하면 됩니다. Context를 다 만든 다음 App 컴포넌트를 열어 SearchContextProvider 컴포넌트를 불러와 사용해주세요.

SearchContext와 기존에 만든 LogContext는 의존 관계가 아니기 때문에 Provider 컴포넌트의 사용 순서는 중요하지 않습니다.

App.js
```
import React from 'react';
import {NavigationContainer} from '@react-navigation/native';
import RootStack from './screens/RootStack';
import {LogContextProvider} from './contexts/LogContext';
import {SearchContextProvider} from './contexts/SearchContext';

function App() {
  return (
    <NavigationContainer>
      <SearchContextProvider>
        <LogContextProvider>
          <RootStack />
        </LogContextProvider>
      </SearchContextProvider>
    </NavigationContainer>
  );
}

export default App;
```

SearchContext를 적용한 후 SearchHeader와 SearchScreen에서 useContext로 해당 Context를 사용합니다.

SearchHeader에는 TextInput에 value와 onChangeText Props를 설정하세요. 그리고 우측의 Pressable을 눌렀을 때 텍스트를 초기화하도록 구현하세요.

```
components/SearchHeader.js
import React, {useContext} from 'react';
import {
  Pressable,
  StyleSheet,
  TextInput,
  useWindowDimensions,
  View,
} from 'react-native';
import Icon from 'react-native-vector-icons/MaterialIcons';
import SearchContext from '../contexts/SearchContext';

function SearchHeader() {
  const {width} = useWindowDimensions();
  const {keyword, onChangeText} = useContext(SearchContext);

  return (
    <View style={[styles.block, {width: width - 32}]}>
      <TextInput
        style={styles.input}
        placeholder="검색어를 입력하세요"
        value={keyword}
        onChangeText={onChangeText}
        autoFocus
      />
      <Pressable
        style={({pressed}) => [styles.button, pressed && {opacity: 0.5}]}
        onPress={() => onChangeText('')}>
        <Icon name="cancel" size={20} color="#9e9e9e" />
      </Pressable>
    </View>
  );
}

(...)
```

SearchScreen에는 임시로 Text를 사용해 검색어를 화면에 보여주도록 설정합시다. SearchContext 가 잘 작동하고 있는지 검증하기 위해서입니다.

```
import React, {useContext} from 'react';
import {StyleSheet, Text, View} from 'react-native';
import SearchContext from '../contexts/SearchContext';

function SearchScreen({navigation}) {
  const {keyword} = useContext(SearchContext);
  return (
    <View style={styles.block}>
      <Text>{keyword}</Text>
    </View>
  );
}

const styles = StyleSheet.create({
  block: {},
});


export default SearchScreen;
```

이제 SearchKeyword에 검색어를 입력해보세요. 입력한 검색어가 SearchScreen에도 그대로 잘 나타나나요?

▼ 그림 7-5 SearchContext 사용하기

7.4.5 검색어 필터링 후 FeedList 재사용하기

자, 검색 기능을 구현해봅시다. 배열의 내장 함수 filter 함수를 통해 구현하면 됩니다. 검색어를 사용해 배열의 데이터를 필터링한 다음, 그 결과물을 FeedList 컴포넌트를 재사용해 화면에 띄워 봅시다.

```
screens/SearchScreen.js
```

```jsx
import React, {useContext} from 'react';
import {StyleSheet, View} from 'react-native';
import FeedList from '../components/FeedList';
import LogContext from '../contexts/LogContext';
import SearchContext from '../contexts/SearchContext';

function SearchScreen({navigation}) {
  const {keyword} = useContext(SearchContext);
  const {logs} = useContext(LogContext);

  const filtered =
    keyword === ''
      ? []
      : logs.filter((log) =>
          [log.title, log.body].some((text) => text.includes(keyword)),
        );

  return (
    <View style={styles.block}>
      <FeedList logs={filtered} />
    </View>
  );
}

const styles = StyleSheet.create({
  block: {
    flex: 1,
  },
});

export default SearchScreen;
```

이 코드에서 text.includes라는 문자열 내장 함수를 사용했습니다. 이는 텍스트에 특정 문자열이 존재하는지 확인하는 함수입니다. 만약 존재한다면 true를 반환하고 그렇지 않으면 false를 반환 합니다.

그리고 [log.title, log.body] 배열에서 사용한 some이라는 배열 내장 함수는 배열 원소 중 특정 조건이 true인 원소가 하나라도 있으면 true를 반환하고, 모든 원소가 특정 조건을 만족하지 않을 때 false를 반환합니다.

좀더 쉽게 이해하기 위해 다음 예제 코드를 확인해봅시다.

```
const numbers = [1, 2, 3, 4, 5];

numbers.some(number => number > 6);
    // 모든 원소에 대해 위 함수를 돌려보고,
    // 만족하는 원소가 하나도 없어서 false 반환

numbers.some(number => number > 1);
    // 2가 1보다 크기 때문에 true 반환
    // 2 이후의 원소들은 함수를 돌려보지 않음
```

검색어가 있을 때는 필터링을 거치고, 그렇지 않을 때는 빈 배열을 보여주도록 설정했습니다. 이제 화면에서 검색어를 입력해보세요.

▼ 그림 7-6 검색 기능 구현

검색 결과가 잘 나타났나요?

7.4.6 EmptySearchResult 만들기

이제 검색 기능은 거의 다 구현했습니다. 검색 결과가 없을 때 안내 문구를 보여주는 컴포넌트를 만들고 이 기능을 마무리합시다.

검색 결과가 없는 상황은 두 가지입니다. 첫 번째는 사용자가 검색어를 입력하지 않았을 때이고, 두 빈째는 검색어와 일치하는 결과물이 없을 때입니다. 이 두 상황에 맞는 문구를 준비해 상황에 따라 알맞은 문구를 보여주는 컴포넌트 EmptySearchResult를 만들어봅시다.

```
components/EmptySearchResult.js
```

```javascript
import React from 'react';
import {View, Text, StyleSheet} from 'react-native';

const messages = {
  NOT_FOUND: '검색 결과가 없습니다.',
  EMPTY_KEYWORD: '검색어를 입력하세요.',
};

function EmptySearchResult({type}) {
  return (
    <View style={styles.block}>
      <Text style={styles.text}>{messages[type]}</Text>
    </View>
  );
}

const styles = StyleSheet.create({
  block: {
    flex: 1,
    alignItems: 'center',
    justifyContent: 'center',
  },
  text: {
    color: '#9e9e9e',
    fontSize: 16,
  },
});

export default EmptySearchResult;
```

이 컴포넌트는 type이라는 Props를 받아옵니다. 이 값이 NOT_FOUND일 때는 검색 결과가 없다는 문구를 띄우고, EMPTY_KEYWORD일 때는 검색어를 입력하라는 문구를 띄웁니다.

이제 이 컴포넌트를 SearchScreen에서 사용해줍시다.

```
screens/SearchScreen.js
import React, {useContext} from 'react';
import {StyleSheet, View} from 'react-native';
import EmptySearchResult from '../components/EmptySearchResult';
import FeedList from '../components/FeedList';
import LogContext from '../contexts/LogContext';
import SearchContext from '../contexts/SearchContext';

function SearchScreen({navigation}) {
  const {keyword} = useContext(SearchContext);
  const {logs} = useContext(LogContext);

  const filtered =
    keyword === ''
      ? []
      : logs.filter((log) =>
          [log.title, log.body].some((text) => text.includes(keyword)),
        );

  if (keyword === '') {
    return <EmptySearchResult type="EMPTY_KEYWORD" />;
  }

  if (filtered.length === 0) {
    return <EmptySearchResult type="NOT_FOUND" />;
  }

  return (
    <View style={styles.block}>
      <FeedList logs={filtered} />
    </View>
  );
}

const styles = StyleSheet.create({
  block: {
    flex: 1,
  },
```

```
});

export default SearchScreen;
```

▼ 그림 7-7 EmptySearchResult 만들기

상황에 따라 문구가 다르게 잘 나타났나요?

7.5 달력 기능 구현하기

구성해야 할 마지막 화면인 달력 화면을 완성해봅시다. 달력 화면을 만드는 과정에서 react-native-calendars라는 라이브러리를 사용합니다. 이 라이브러리를 설치해주세요.

```
$ yarn add react-native-calendars
```

라이브러리를 설치한 다음에는 CalendarView라는 컴포넌트를 만듭니다. 이 컴포넌트에서는 방금 설치한 라이브러리를 사용해 달력을 보여주고, 로그가 작성된 날짜를 달력에 표시하도록 구현하겠습니다.

우선 달력이 어떻게 생겼는지부터 확인해볼까요?

components/CalendarView.js

```javascript
import React from 'react';
import {Calendar} from 'react-native-calendars';
import {StyleSheet} from 'react-native';

function CalendarView() {
  return <Calendar style={styles.calendar} />;
}

const styles = StyleSheet.create({
  calendar: {
    borderBottomWidth: 1,
    borderBottomColor: '#e0e0e0',
  },
});

export default CalendarView;
```

CalendarView 컴포넌트를 작성한 다음 CalendarScreen에서 사용해주세요.

screens/CalendarScreen.js

```javascript
import React from 'react';
import CalendarView from '../components/CalendarView';

function CalendarScreen() {
  return <CalendarView />;
}

export default CalendarScreen;
```

7.5.1 달력에 표시하기

지금은 달력에 아무런 표시도 없습니다. 앞으로 사용자가 달력에서 특정 날짜를 선택해 해당 날짜에 작성된 로그를 조회할 수 있는 기능을 구현해볼 것입니다. 이 기능을 구현하기 위해 사용자가 현재 선택한 날짜, 로그를 작성한 날짜에 특별한 표시를 해주겠습니다. 추가로 달력에 사용되는 색상들도 변경해보겠습니다.

components/CalendarView.js

```
import React from 'react';
import {Calendar} from 'react-native-calendars';
import {StyleSheet} from 'react-native';

function CalendarView() {
  // 현재 연/월 사용하기
  const markedDates = {
    '2021-05-17': {
      selected: true,
    },
    '2021-05-18': {
```

```
      marked: true,
    },
    '2021-05-19': {
      marked: true,
    },
  };
  return (
    <Calendar
      style={styles.calendar}
      markedDates={markedDates}
      theme={{
        selectedDayBackgroundColor: '#009688',
        arrowColor: '#009688',
        dotColor: '#009688',
        todayTextColor: '#009688',
      }}
    />
  );
}

const styles = StyleSheet.create({
  calendar: {
    borderBottomWidth: 1,
    borderBottomColor: '#e0e0e0',
  },
});

export default CalendarView;
```

달력에 표시하기 위해 markedDates라는 객체를 사용합니다. 이 객체에 들어가는 키 값은 날짜의 'yyyy-MM-dd' 형태입니다. 표시를 원하는 각 날짜에 객체를 만들고, 거기에 marked 값을 true로 설정하면 날짜에 점이 나타납니다. selected 값을 true로 설정하면 이 날짜를 선택했다는 의미로 날짜의 배경색을 변경합니다. 표시하는 색상은 theme이라는 Props를 통해 변경할 수 있습니다.

이 코드에서는 집필 시점(2021년 5월)의 날짜를 사용했는데, 여러분은 현재 시점(이 책을 읽고 있는 오늘)의 '연/월'을 입력해주세요.

이와 같이 저장하고 달력에 어떤 결과물이 나타나는지 한번 확인해보세요. 참고로 달력에서 사용하는 색상은 앱을 리로드해야 반영됩니다.

이 라이브러리에는 방금 적용한 표시 외에도 다양하게 표시할 수 있습니다. 자세한 정보는 공식 문서를 확인하세요.

- https://github.com/wix/react-native-calendars

7.5.2 데이터를 달력과 연동하기

달력에 표시하는 방법을 알았으니, 데이터의 날짜를 표시하도록 구현해보겠습니다. 우선 CalendarScreen에서 LogContext의 logs 배열을 받아오세요.

screens/CalendarScreen.js

```
import React, {useContext} from 'react';
import CalendarView from '../components/CalendarView';
import LogContext from '../contexts/LogContext';

function CalendarScreen() {
  const {logs} = useContext(LogContext);
  return <CalendarView />;
}

export default CalendarScreen;
```

다음으로 이 logs 배열을 Calendar 컴포넌트의 markedDates Props 형태로 변환해줍니다. 변환된 객체는 CalendarView에 전달해주세요.

screens/CalendarScreen.js

```
import {format} from 'date-fns';
import React, {useContext} from 'react';
import CalendarView from '../components/CalendarView';
import LogContext from '../contexts/LogContext';

function CalendarScreen() {
  const {logs} = useContext(LogContext);
  const markedDates = logs.reduce((acc, current) => {
    const formattedDate = format(new Date(current.date), 'yyyy-MM-dd');
    acc[formattedDate] = {marked: true};
    return acc;
  }, {});

  return <CalendarView markedDates={markedDates} />;
}

export default CalendarScreen;
```

여기서 사용된 reduce라는 함수는 배열의 내장 함수입니다. 이 함수는 배열 안 값을 연산해 하나의 결괏값을 도출해낼 때 사용합니다. 만약 이 함수가 익숙하지 않다면 다음 링크를 참조하세요.

- https://bit.ly/2H0R2Cn

reduce를 사용하는 다른 예시 코드를 확인해 이 함수를 이해해봅시다.

```
const array = [0, 1, 2, 3, 4, 5, 6, 7, 8, 9, 10];
const sum = array.reduce((acc, current) => {
  return acc + current;
}, 0);
```

이 코드는 배열 내부 값의 합을 구합니다. reduce에는 첫 번째 파라미터로 배열의 각 원소를 사용해 특정 값을 연산하는 함수를 넣고, 두 번째 파라미터로 초깃값을 넣습니다. 첫 번째 파라미터에 넣은 함수의 acc는 accumulator를 의미하는데, 이는 누적된 값이라는 뜻입니다. current는 현재 처리 중인 값을 가리킵니다. 이 함수에서 반환한 값은 다음 원소를 처리할 때 acc가 됩니다.

그럼 작성한 코드를 다시 확인해볼까요?

```
  const markedDates = logs.reduce((acc, current) => {
    const formattedDate = format(new Date(current.date), 'yyyy-MM-dd');
    acc[formattedDate] = {marked: true};
    return acc;
  }, {});
```

이 reduce 함수에서 사용하는 초깃값은 비어있는 객체입니다. 그리고 각 원소의 날짜를 yyyy-MM-dd 형태로 변환한 후 변환된 값을 객체의 key로 사용해 {marked: true} 값을 지정해줍니다. 이렇게 하면 로그가 작성된 날짜에만 해당 객체 값이 지정되어 로그 작성 날짜가 달력에 표시될 것입니다.

다음으로 selectedDate라는 상태를 만들어주세요. 이 값은 현재 선택된 날짜를 의미하며 기본값은 오늘 날짜입니다.

screens/CalendarScreen.js

```
import {format} from 'date-fns';
import React, {useContext, useState} from 'react';
import CalendarView from '../components/CalendarView';
import LogContext from '../contexts/LogContext';

function CalendarScreen() {
  const {logs} = useContext(LogContext);
  const [selectedDate, setSelectedDate] = useState(
    format(new Date(), 'yyyy-MM-dd'),
  );

  const markedDates = logs.reduce((acc, current) => {
    const formattedDate = format(new Date(current.date), 'yyyy-MM-dd');
    acc[formattedDate] = {marked: true};
    return acc;
  }, {});

  return (
    <CalendarView
      markedDates={markedDates}
      selectedDate={selectedDate}
      onSelectDate={setSelectedDate}
    />
  );
}

export default CalendarScreen;
```

selectedDate와 setSelectedDate 또한 CalendarView에 전달해주세요. setSelectedDate는
onSelectDate라는 이름으로 설정하겠습니다.

그다음에는 CalendarView에서 markedSelectedDate라는 새로운 객체를 만들어 현재 날짜에
selected: true를 설정하세요.

```
components/CalendarView.js
import React from 'react';
import {Calendar} from 'react-native-calendars';
import {StyleSheet} from 'react-native';

function CalendarView({markedDates, selectedDate, onSelectDate}) {
  const markedSelectedDate = {
    ...markedDates,
    [selectedDate]: {
      selected: true,
      marked: markedDates[selectedDate]?.marked,
    },
  };

  return (
    <Calendar
      style={styles.calendar}
      markedDates={markedSelectedDate}
      theme={{
        selectedDayBackgroundColor: '#009688',
        arrowColor: '#009688',
        dotColor: '#009688',
        todayTextColor: '#009688',
      }}
    />
  );
}

(...)
```

이제 달력에서 날짜를 선택했을 때 onSelectDate를 호출해줘야 합니다. 이는 Calendar에
onDayPress라는 Props를 설정해 구현할 수 있습니다.

```
function CalendarView({markedDates, selectedDate, onSelectDate}) {
  (...)
  return (
    <Calendar
      style={styles.calendar}
      markedDates={markedSelectedDate}
      onDayPress={(day) => {
        onSelectDate(day.dateString);
      }}
      theme={{
        selectedDayBackgroundColor: '#009688',
        arrowColor: '#009688',
        dotColor: '#009688',
        todayTextColor: '#009688',
      }}
    />
  );
}
```

참고로 여기서 day 객체는 다음과 같이 구성되어 있습니다.

```
{
  "dateString": "2021-08-23",
  "day": 23,
  "month": 8,
  "timestamp": 1629676800000,
  "year": 2021
}
```

자, 이제 날짜가 잘 선택되고, 작성된 날짜에 로그가 잘 표시되는지 확인해보세요.

7.5.3 달력 하단에 로그 목록 보여주기

이번에는 특정 날짜를 선택했을 때 그날 작성된 로그들을 달력 하단에 목록으로 띄워볼 텐데, 이때 FeedList를 재사용할 수 있습니다. FeedList를 CalendarView 하단에 보여주는 것은 아니고요. FeedList에서 사용한 FlatList에 ListHeaderComponent라는 Props를 사용할 것입니다. 이 Props를 통해 FlatList의 내용 상단부에 특정 컴포넌트를 보여줄 수 있답니다.

FeedList 컴포넌트를 다음과 같이 수정하세요.

```
import React from 'react';
import {FlatList, StyleSheet, View} from 'react-native';
import FeedListItem from './FeedListItem';

function FeedList({logs, onScrolledToBottom, ListHeaderComponent}) {
  (...)

  return (
    <FlatList
      data={logs}
      style={styles.block}
      renderItem={({item}) => <FeedListItem log={item} />}
      keyExtractor={(log) => log.id}
      ItemSeparatorComponent={() => <View style={styles.separator} />}
      onScroll={onScroll}
      ListHeaderComponent={ListHeaderComponent}
    />
  );
}

(...)
```

그다음에는 CalendarScreen에서 현재 선택된 날짜로 로그를 필터링해 FeedList에 전달하고 ListHeaderComponent에는 CalendarView를 설정하세요.

```
import {format} from 'date-fns';
import React, {useContext, useState} from 'react';
import CalendarView from '../components/CalendarView';
import FeedList from '../components/FeedList';
import LogContext from '../contexts/LogContext';

function CalendarScreen() {
  (...)

  const filteredLogs = logs.filter(
    (log) => format(new Date(log.date), 'yyyy-MM-dd') === selectedDate,
  );
```

```
  return (
    <FeedList
      logs={filteredLogs}
      ListHeaderComponent={
        <CalendarView
          markedDates={markedDates}
          selectedDate={selectedDate}
          onSelectDate={setSelectedDate}
        />
      }
    />
  );
}


export default CalendarScreen;
```

이제 달력에서 날짜를 선택했을 때 달력 하단에 로그 목록이 나타나는지 확인해보세요.

❤️ 그림 7-10 달력 하단에 로그 보여주기

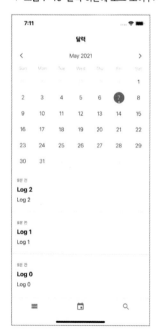

7.5.4 useMemo Hook으로 최적화하기

CalendarScreen의 기능은 모두 구현했습니다. 지금부터는 이 컴포넌트를 최적화해보겠습니다.

현재 이 컴포넌트는 리렌더링될 때마다 markedDates를 생성합니다. 날짜가 변경될 때도 컴포넌트가 리렌더링되는데요. markedDates는 날짜가 바뀌어도 변하지 않기 때문에 매번 생성할 필요가 없습니다.

이러한 상황에는 useMemo라는 Hook을 사용해 값을 메모이제이션(memoization)해 최적화할 수 있습니다. 메모이제이션이란 동일한 계산을 반복해야 할 때 불필요한 연산을 제거하기 위해 이전에 계산한 값을 재사용해 처리를 최적화하는 것을 의미합니다.

이 Hook의 사용법은 다음과 같습니다.

```
const value = useMemo(() => compute(a, b), [a, b]);
```

이렇게 Hook을 사용하면 a나 b의 값이 변경될 때만 값이 연산됩니다. CalendarScreen에서 useMemo Hook을 사용한다면 다음과 같이 사용할 수 있습니다.

screens/CalendarScreen.js

```
import {format} from 'date-fns';
import React, {useContext, useMemo, useState} from 'react';
import CalendarView from '../components/CalendarView';
import FeedList from '../components/FeedList';
import LogContext from '../contexts/LogContext';

function CalendarScreen() {
  const {logs} = useContext(LogContext);
  const [selectedDate, setSelectedDate] = useState(
    format(new Date(), 'yyyy-MM-dd'),
  );

  const markedDates = useMemo(
    () =>
      logs.reduce((acc, current) => {
        const formattedDate = format(new Date(current.date), 'yyyy-MM-dd');
        acc[formattedDate] = {marked: true};
        return acc;
      }, {}),
    [logs],
  );

(...)
```

이렇게 하면 logs 배열이 바뀔 때만 logs.reduce 함수가 수행됩니다.

filteredLogs 배열을 만드는 부분에 useMemo를 사용하는 것도 생각해볼 수 있는데요. 이 상황에 useMemo를 사용하는 것은 불필요합니다. 왜 그럴까요? 이 컴포넌트가 리렌더링되는 시점을 생각해보세요. selectedDate가 바뀌거나 logs가 바뀔 때인데 어차피 매번 필터링을 다시 해야 하기 때문입니다.

7.6 날짜 및 시간 수정 기능 구현하기

이제 로그를 작성할 때, react-native-modal-datetime-picker라는 라이브러리를 사용해 로그의 날짜 및 시간을 수정하는 기능을 구현해보겠습니다. 우선 해당 라이브러리를 설치해주세요.

```
$ yarn add react-native-modal-datetime-picker @react-native-community/datetimepicker
```

@react-native-community/datetimepicker는 iOS와 안드로이드 각각 플랫폼에 특화된 날짜/시간 선택 컴포넌트를 제공합니다. 그리고 react-native-modal-datetime-picker는 날짜/시간 선택 컴포넌트를 모달 형태로 쉽게 사용할 수 있게 해줍니다.

이 라이브러리는 네이티브 코드를 사용하기 때문에, 라이브러리를 설치한 후 시뮬레이터를 다시 실행해줘야 합니다.

```
$ yarn android
$ npx pod-install
$ yarn ios
```

7.6.1 WriteHeader에서 날짜 및 시간 보여주기

우선 WriteScreen에서 date 상태를 만들어주세요. 그리고 onSave에서 수정하거나 새로 저장할 때 date 상태를 사용하도록 변경합니다. WriteHeader에는 date와 onChangeDate를 Props로 넣어주세요.

```
import {useNavigation} from '@react-navigation/native';
import React, {useContext, useState} from 'react';
import {Alert, KeyboardAvoidingView, Platform, StyleSheet} from 'react-native';
import {SafeAreaView} from 'react-native-safe-area-context';
import WriteEditor from '../components/WriteEditor';
import WriteHeader from '../components/WriteHeader';
import LogContext from '../contexts/LogContext';

function WriteScreen({route}) {
  const log = route.params?.log;

  const [title, setTitle] = useState(log?.title ?? '');
  const [body, setBody] = useState(log?.body ?? '');
  const navigation = useNavigation();
  const [date, setDate] = useState(log ? new Date(log.date) : new Date());

  const {onCreate, onModify, onRemove} = useContext(LogContext);

  (...)

  const onSave = () => {
    if (log) {
      onModify({
        id: log.id,
        date: date.toISOString(),
        title,
        body,
      });
    } else {
      onCreate({
        title,
        body,
        date: date.toISOString(),
      });
    }
    navigation.pop();
  };

  return (
    <SafeAreaView style={styles.block}>
      <KeyboardAvoidingView
        style={styles.avoidingView}
```

```
      behavior={Platform.OS === 'ios' ? 'padding' : undefined}>
        <WriteHeader
          onSave={onSave}
          onAskRemove={onAskRemove}
          isEditing={!!log}
          date={date}
          onChangeDate={setDate}
        />
        <WriteEditor
          title={title}
          body={body}
          onChangeTitle={setTitle}
          onChangeBody={setBody}
        />
      </KeyboardAvoidingView>
    </SafeAreaView>
  );
}

(...)
```

그다음에는 WriteHeader에서 Props로 받아온 date를 보여주도록 수정해야 합니다. 이는 컴포넌트 중앙에 위치시켜봅시다. position: 'absolute' 속성을 가진 View를 사용해 간단하게 레이아웃을 구성해보겠습니다.

components/WriteHeader.js

```
import {useNavigation} from '@react-navigation/native';
import {format} from 'date-fns';
import {ko} from 'date-fns/locale';
import React from 'react';
import {Pressable, StyleSheet, Text, View} from 'react-native';
import TransparentCircleButton from './TransparentCircleButton';

function WriteHeader({onSave, onAskRemove, isEditing, date, onChangeDate}) {
  const navigation = useNavigation();
  const onGoBack = () => {
    navigation.pop();
  };
  return (
    <View style={styles.block}>
      (...)
```

```
      <View style={styles.center}>
        <Pressable>
          <Text>
            {format(new Date(date), 'PPP', {
              locale: ko,
            })}
          </Text>
        </Pressable>
        <View style={styles.separator} />
        <Pressable>
          <Text>{format(new Date(date), 'p', {locale: ko})}</Text>
        </Pressable>
      </View>
    </View>
  );
}

const styles = StyleSheet.create({
  (...)
  center: {
    position: 'absolute',
    left: 0,
    right: 0,
    top: 0,
    bottom: 0,
    alignItems: 'center',
    justifyContent: 'center',
    zIndex: -1,
    flexDirection: 'row',
  },
  separator: {
    width: 8,
  },
});

export default WriteHeader;
```

center 스타일에서는 position: 'absolute'를 설정하고 left, right, top, bottom 값을 모두 0으로 설정했는데요. 이는 이 컴포넌트의 상위 컴포넌트 크기만큼 꽉 채우겠다는 의미입니다.

zIndex라는 속성은 컴포넌트가 다른 컴포넌트와 위치가 중첩될 때 앞 레이어에 나타날지 뒤 레이어에 나타날지 결정하는 값인데, 기본적으로 더 높은 값이 더 낮은 값을 가진 컴포넌트를 가립니다. 만약 이 값을 −1로 설정하면 다른 컴포넌트들의 뒤 레이어에 나타나게 되고, 설정하지 않으면 투명한 레이어가 기존 컴포넌트를 모두 가리는 것이나 마찬가지이기 때문에 뒤로가거나 저장, 삭제 버튼이 눌리지 않게 되겠죠?

컴포넌트를 수정한 뒤, 다음과 같이 날짜와 시간이 잘 나타나는지 확인해보세요.

▼ 그림 7-11 WriteHeader에 날짜 및 시간 보여주기

7.6.2 DateTimePickerModal 컴포넌트 사용하기

이번에는 날짜 또는 시간을 누르면 DateTimePickerModal 컴포넌트를 보여줘서 날짜를 수정할 수 있게 만들어주겠습니다.

이 컴포넌트는 다음과 같이 사용합니다.

```
<DateTimePickerModal
  onConfirm={onConfirm}
  onCancel={onCancel}
  mode={mode}
  date={date}
  isVisible={visible}
/>
```

- onConfirm: 날짜를 선택했을 때 호출되는 함수입니다. 함수의 파라미터는 Date 객체입니다.
- onCancel: 날짜 선택을 취소했을 때 호출되는 함수입니다.
- mode: 모달의 모드를 설정합니다. 설정할 수 있는 값은 date, time, datetime입니다.
- date: 컴포넌트에서 보여졌을 때 초깃값으로 설정할 Date 객체 타입의 값입니다.
- isVisible: 이 값을 true로 설정하면 모달이 보이고, false로 설정하면 모달이 사라집니다.

이 라이브러리의 세부 사용법은 공식 문서에서 확인하세요.

- https://github.com/react-native-datetimepicker/datetimepicker

날짜를 눌렀을 때는 'date' 모드, 시간을 선택했을 때는 'time' 모드를 사용하겠습니다. 컴포넌트를 다음과 같이 수정해보세요.

components/WriteHeader.js

```
import {useNavigation} from '@react-navigation/native';
import {format} from 'date-fns';
import {ko} from 'date-fns/locale';
import React, {useState} from 'react';
import {Pressable, StyleSheet, Text, View} from 'react-native';
import TransparentCircleButton from './TransparentCircleButton';
import DateTimePickerModal from 'react-native-modal-datetime-picker';

function WriteHeader({onSave, onAskRemove, isEditing, date, onChangeDate}) {
  const navigation = useNavigation();
  const onGoBack = () => {
    navigation.pop();
  };

  const [mode, setMode] = useState('date');
  const [visible, setVisible] = useState(false);

  const onPressDate = () => {
    setMode('date');
    setVisible(true);
  };

  const onPressTime = () => {
    setMode('time');
    setVisible(true);
  };

  const onConfirm = (selectedDate) => {
    setVisible(false);
    onChangeDate(selectedDate);
  };

  const onCancel = () => {
    setVisible(false);
  };

  return (
    <View style={styles.block}>
      (...)
      <View style={styles.center}>
```

```
      <Pressable onPress={onPressDate}>
        <Text>
          {format(new Date(date), 'PPP', {
            locale: ko,
          })}
        </Text>
      </Pressable>
      <View style={styles.separator} />
      <Pressable onPress={onPressTime}>
        <Text>{format(new Date(date), 'p', {locale: ko})}</Text>
      </Pressable>
    </View>
    <DateTimePickerModal
      isVisible={visible}
      mode={mode}
      onConfirm={onConfirm}
      onCancel={onCancel}
      date={date}
    />
  </View>
  );
}

(...)
```

여기까지 작성했다면 이제 로그 작성 중에 날짜 또는 시간을 눌러서 수정할 수 있을 것입니다.

❤ 그림 7-12 DateTimePickerModal 사용하기

날짜를 수정하고 로그를 저장해보세요. 변경된 날짜로 잘 반영되었나요?

7.7 useReducer Hook 함수 사용하기

useReducer 함수는 상태를 관리할 때 사용할 수 있는 또 다른 Hook 함수입니다. 이 함수를 사용할 때는 다음과 같은 개념이 사용됩니다.

- state: 상태
- action: 변화를 정의하는 객체
- reducer: state와 action을 파라미터로 받아와서 그다음 상태를 반환하는 함수
- dispatch: action을 발생시키는 함수

7

디

이

어

리

앱

만

들

기

II

이 Hook은 이번 예제와 같이 useState를 여러 번 사용하는 상황에서 사용하면 유용할 수 있습니다. 유용할 수도 있다는 건 무조건 이 Hook을 사용할 필요는 없다는 뜻입니다. 상황에 따라 useState로만 구현하는 게 편할 때도 있고, useReducer를 사용하는 게 편할 때도 있습니다.

WriteHeader의 경우도 꼭 useReducer를 사용할 필요는 없습니다. 하지만 useReducer를 사용해보기에 적합한 상황이기도 해서 공부 삼아 사용법을 한번 알아보겠습니다.

onPressDate 함수를 보면 setMode와 setVisible을 호출하고 있는데요.

```
const onPressDate = () => {
  setMode('date');
  setVisible(true);
};
```

이렇게 각기 다른 상태를 동시에 업데이트하는 상황에는 useReducer로 구현하는 것을 고민해보면 좋습니다. 이 Hook을 사용해보기 전에 간단한 예시를 확인해보겠습니다.

카운터를 useReducer로 구현한다면 다음과 같이 구현할 수 있습니다.

```
const initialState = {value: 1};

function reducer(state, action) {
  switch (action.type) {
    case 'increase':
      return {value: state.value + 1};
    case 'decrease':
      return {value: state.value - 1};
    default:
```

```
      throw new Error('Unhandled action type');
  }
}

function Counter() {
  const [state, dispatch] = useReducer(reducer, initialState);
  const onIncrease = () => dispatch({type: 'increase'});
  const onDecrease = () => dispatch({type: 'decrease'});

  return (...)
}
```

이 코드를 보고 '왜 이 상황에 useState를 사용하지 않고 이렇게 복잡하게 구현하지?'라고 생각할
수 있습니다. 이렇게 간단히 업데이트하는 상황이라면 useState를 사용하는 것이 더 적합합니다.

useReducer는 상태를 업데이트하는 로직을 컴포넌트 바깥에 구현할 수 있다는 장점이 있습니다.
덧붙여 dispatch라는 함수 하나로 다양하게 업데이트할 수 있기 때문에 Context와 함께 사용하
면 유용합니다.

useReducer의 첫 번째 인자에는 reducer 함수를 넣고, 두 번째 인자에는 상태의 초깃값을 넣습니
다. 이 함수의 결과물 배열의 첫 번째 원소는 현재 상태이고, 두 번째 원소는 dispatch 함수입니다.

onIncrease 함수를 보면 dispatch({type: 'decrease'})를 실행했죠? 이렇게 액션 객체를 인자
에 넣어 dispatch 함수가 호출되면 reducer 함수가 호출됩니다. 이때 state 파라미터는 현재 상
태를 가리키고, action은 dispatch 함수의 인자로 넣은 액션 객체를 가리킵니다. reducer에서 반
환하는 값이 그다음 업데이트할 값으로 사용됩니다.

reducer를 보면 action.type에 따라 업데이트하도록 구현되어 있습니다. action 객체는 보통 이
렇게 type이라는 키를 가지고 있습니다. 상황에 따라 다른 값을 action 객체에 자유롭게 넣을 수
있습니다. 다음과 같이 말이죠.

```
const initialState = {value: 1};

function reducer(state, action) {
  switch (action.type) {
    case 'increase':
      return {value: state.value + action.diff};
    case 'decrease':
      return {value: state.value - action.diff};
    default:
      throw new Error('Unhandled action type');
```

```
  }
}

function Counter() {
  const [state, dispatch] = useReducer(reducer, initialState);
  const onIncrease = () => dispatch({type: 'increase', diff: 1});
  const onDecrease = () => dispatch({type: 'decrease', diff: 1});

  return (...)
}
```

만약 WriteHeader를 useReducer로 구현한다면 어떤 모습일지 한번 코드를 확인해볼까요?

components/WriteHeader.js

```
import {useNavigation} from '@react-navigation/native';
import {format} from 'date-fns';
import {ko} from 'date-fns/locale';
import React, {useReducer} from 'react';
import {Pressable, StyleSheet, Text, View} from 'react-native';
import TransparentCircleButton from './TransparentCircleButton';
import DateTimePickerModal from 'react-native-modal-datetime-picker';

const initialState = {mode: 'date', visible: false};
function reducer(state, action) {
  switch (action.type) {
    case 'open':
      return {
        mode: action.mode,
        visible: true,
      };
    case 'close':
      return {
        ...state,
        visible: false,
      };
    default:
      throw new Error('Unhandled action type');
  }
}

function WriteHeader({onSave, onAskRemove, isEditing, date, onChangeDate}) {
  const navigation = useNavigation();
  const onGoBack = () => {
```

```
    navigation.pop();
  };


  const [state, dispatch] = useReducer(reducer, initialState);
  const open = (mode) => dispatch({type: 'open', mode});
  const close = () => dispatch({type: 'close'});


  const onConfirm = (selectedDate) => {
    close();
    onChangeDate(selectedDate);
  };


  return (
    <View style={styles.block}>
      <View style={styles.iconButtonWrapper}>
        <TransparentCircleButton
          onPress={onGoBack}
          name="arrow-back"
          color="#424242"
        />
      </View>
      <View style={styles.buttons}>
        {isEditing && (
          <TransparentCircleButton
            name="delete-forever"
            color="#ef5350"
            hasMarginRight
            onPress={onAskRemove}
          />
        )}
        <TransparentCircleButton
          name="check"
          color="#009688"
          onPress={onSave}
        />
      </View>
      <View style={styles.center}>
        <Pressable onPress={() => open('date')}>
          <Text>
            {format(new Date(date), 'PPP', {
              locale: ko,
            })}
          </Text>
```

```
        </Pressable>
        <View style={styles.separator} />
        <Pressable onPress={() => open('time')}>
          <Text>{format(new Date(date), 'p', {locale: ko})}</Text>
        </Pressable>
      </View>
      <DateTimePickerModal
        isVisible={state.visible}
        mode={state.mode}
        onConfirm={onConfirm}
        onCancel={close}
        date={date}
      />
    </View>
  );
}

(...)
```

이 코드만 봤을 때는 useReducer를 사용함으로써 오히려 조금 복잡해졌다고 느낄 수도 있을 텐데요. 일단 이러한 Hook이 있다는 것만 잘 알아두세요. 앞으로 상태를 관리할 때 기본적으로는 useState를 사용해 구현하고, 함께 바뀌는 상태 값들이 많아졌을 때는 useReducer를 사용할지 고민해보면 좋습니다.

7.8 AsyncStorage로 데이터 유지하기

마지막으로 AsyncStorage로 앱을 종료해도 데이터를 유지하도록 구현해주겠습니다. 이 부분은 4.6절에서 이미 배웠지요?

우선 라이브러리를 설치해주세요.

```
$ yarn add @react-native-community/async-storage
```

그리고 시뮬레이터를 다시 실행해주세요.

```
$ yarn android
$ npx pod-install
$ yarn ios
```

storages 디렉터리를 만들고 그 안에 logsStorage.js 파일을 다음과 같이 작성하세요.

storages/logsStorage.js

```
import AsyncStorage from '@react-native-community/async-storage';

const key = 'logs';

const logsStorage = {
  async get() {
    try {
      const raw = await AsyncStorage.getItem(key);
      const parsed = JSON.parse(raw);
      return parsed;
    } catch (e) {
      throw new Error('Failed to load logs');
    }
  },
  async set(data) {
    try {
      await AsyncStorage.setItem(key, JSON.stringify(data));
    } catch (e) {
      throw new Error('Failed to save logs');
    }
  },
};

export default logsStorage;
```

logsStorage를 만들었으니 LogContext에서 사용해주겠습니다. 이제 logs 상태의 초깃값도 지우고, 빈 배열로 변경해주세요.

contexts/LogContext.js

```
import React, {useEffect, useRef} from 'react';
import {createContext, useState} from 'react';
import {v4 as uuidv4} from 'uuid';
import logsStorage from '../storages/logsStorage';
```

```
const LogContext = createContext();

export function LogContextProvider({children}) {
  const initialLogsRef = useRef(null);
  const [logs, setLogs] = useState([]);

  const onCreate = ({title, body, date}) => {
    (...)
  };

  (...)

  useEffect(() => {
    // useEffect 내에서 async 함수를 만들고 바로 호출
    // IIFE 패턴
    (async () => {
      const savedLogs = await logsStorage.get();
      if (savedLogs) {
        initialLogsRef.current = savedLogs;
        setLogs(savedLogs);
      }
    })();
  }, []);

  useEffect(() => {
    if (logs === initialLogsRef.current) {
      return;
    }
    logsStorage.set(logs);
  }, [logs]);

  return (
    <LogContext.Provider value={{logs, onCreate, onModify, onRemove}}>
      {children}
    </LogContext.Provider>
  );
}

export default LogContext;
```

4장에서 AsyncStorage를 사용한 것과는 조금 다른데요. 우선 딱 한 번만 호출되는 첫 번째 useEffect 내부에서 IIFE 패턴을 사용해 async 함수를 만들어 바로 호출해줬습니다. IIFE 패턴이

보기 복잡하면 함수를 선언하고 그다음 라인에서 호출해 사용해도 무방합니다. 다음 코드는 IIFE
를 사용하지 않는 코드의 예시입니다.

```
useEffect(() => {
  const save = async () => {
    const savedLogs = await logsStorage.get();
    if (savedLogs) {
      initialLogsRef.current = savedLogs;
      setLogs(savedLogs);
    }
  }
  save();
}, []);
```

두 번째 useEffect에서는 logs 배열이 바뀔 때마다 logsStorage에 저장하도록 만들었습니다. 앱
을 켰을 때 데이터가 있다면 데이터를 불러와 setLogs를 호출하게 되는데, 불러오는 과정에서 호
출될 때도 두 번째 useEffect가 실행되기 때문에 실제로는 데이터에 변경이 없는데도 한 번 더 저
장하게 됩니다. 이를 방지하기 위해 불러온 초기 데이터를 useRef로 기억하도록 만들었습니다. 이
렇게 하면 불필요한 저장을 하지 않아 앱을 가동할 때 사용하는 리소스를 아낄 수 있죠.

7.9 / 정리

수고 많으셨습니다! 이번 프로젝트에서는 다양한 기능을 구현해보고, 여러 화면으로 구성된 실제
로 쓸모 있는 앱 다운 앱을 만들어봤습니다. DayLog 프로젝트에서는 로컬 데이터만을 사용해 앱
을 구현해봤는데, 다음 프로젝트에서는 온라인 데이터를 사용하는 재미있는 앱을 하나 더 만들어
보겠습니다.

8^장

Firebase로 사진 공유 앱 만들기 Ⅰ

이번에는 데이터를 온라인에 올려서 여러 사용자가 함께 사용할 수 있는 앱을 개발해보겠습니다. 이 과정에서 Firebase라는 모바일 앱 개발 플랫폼을 사용할 것입니다. 일반적으로 앱에서 사용할 데이터를 온라인으로 가져오려면 백엔드를 따로 개발해야 합니다. 만약 여러분이 백엔드 개발을 할 수 있다면 앱에서 사용할 API 서버를 만들고, 연동하면 됩니다. 하지만 백엔드 개발을 몰라도 Firebase를 사용하면 구현하고 싶은 기능들을 구현할 수 있습니다.

Firebase는 BaaS(Backend as a Service)입니다. 백엔드를 서비스로 제공하죠. 별도로 서버를 개발하지 않아도 앱 내에서 회원 인증, 데이터 쓰기/읽기, 이미지 업로드 등 다양한 기능을 구현할 수 있습니다. 그렇다고 Firebase가 만능은 아닙니다. 어떤 기능은 Firebase로 구현하기 어려울 수도 있습니다. 그리고 앱의 사용자가 늘어나고 데이터의 처리량이 커지면 API 서버를 직접 개발했을 때보다 비용이 많이 발생할 수 있습니다.

여러분이 MVP(Minimum Viable Product, 최소 기능 제품)를 만들거나, 간단한 앱을 만든다면 Firebase를 사용하는 것을 추천합니다. 하지만 오랫동안 유지보수하는 것을 계획하고, 앱 사용자가 많아질 거라고 예상한다면 앱에서 사용할 서버를 직접 구축하는 것을 권장합니다.

이번에 만들 프로젝트에서는 Firebase를 사용합니다. 그리고 다음에 만들 프로젝트에서는 Firebase가 아닌 이미 만들어진 API 서버와 연동해 앱을 만들어봅니다. 참고로 Firebase는 무료로 사용할 수 있지만 사용량이 늘어나면 요금을 결제해야 할 수도 있습니다. 이 책에서 만들 프로젝트는 유료 결제 없이도 충분히 완성할 수 있지만, 여러분이 추후 Firebase를 사용해 만든 앱을 런칭까지 할 경우에는 사용자가 많아졌을 때 비용이 발생할 수 있다는 점을 기억하세요. Firebase의 무료 요금제에 대해서는 다음 링크에서 확인할 수 있습니다.

- https://firebase.google.com/pricing

그럼, 그림 8-1을 보며 앞으로 만들 프로젝트를 미리 확인해봅시다.

이번에 만들 PublicGallery 프로젝트는 이메일/비밀번호 인증 시스템을 사용합니다. 사용자는 원하는 문구와 함께 사진을 업로드할 수 있습니다. 그리고 피드에서 사진 목록을 확인하거나, 사용자 프로필 화면으로 이동해 해당 사용자가 올린 사진들을 모아서 볼 수 있습니다.

이 장에서는 다음 내용을 다룹니다.

- Firebase 연동하기
- 회원 인증 구현하기
- 사진 선택 및 업로드하기

8.1 프로젝트 준비하기

리액트 네이티브 프로젝트를 생성하고 Firebase를 연동해봅시다. 먼저 다음 명령어를 사용해 프로젝트를 생성하세요.

```
$ npx react-native init PublicGallery<닉네임> --version 0.70
```

프로젝트를 생성할 때 이름 뒷부분에 여러분의 닉네임을 알파벳으로만 입력하세요(예, PublicGallery**Velopert**). Firebase는 프로젝트의 패키지 이름으로 프로젝트를 구분하는데, 이 책을 읽는 모든 분이 PublicGallery라고 만든다면 프로젝트 패키지가 겹쳐서 추후 Firebase를 적용할 때 오류가 발생하기 때문입니다. 패키지 이름을 변경할 수 있긴 하지만, 번거로운 편이므로 프로젝트를 만들 때 뒷부분에 여러분의 닉네임을 넣어주세요.

8.1.1 내비게이션과 아이콘 설정하기

프로젝트를 생성했으면 프로젝트 디렉터리로 이동해 내비게이션 관련 라이브러리와 아이콘 라이브러리를 설치하세요.

```
$ cd PublicGallery<닉네임>
$ yarn add @react-navigation/native react-native-screens react-native-safe-area-context
@react-navigation/native-stack @react-navigation/bottom-tabs react-native-vector-icons
```

설치 후에는 npx pod-install 명령어를 실행해주세요.

이제 라이브러리를 적용하겠습니다. 내비게이션부터 설정해볼까요? screens 디렉터리를 만들고,
그 안에 RootStack.js 파일을 생성해 다음과 같이 작성하세요.

screens/RootStack.js

```
import React from 'react';
import {createNativeStackNavigator} from '@react-navigation/native-stack';

const Stack = createNativeStackNavigator();

function RootStack() {
  return <Stack.Navigator>{/* 화면 추가 예정 */}</Stack.Navigator>;
}

export default RootStack;
```

App.js에 있던 코드를 모두 지우고 다음과 같이 입력하세요.

App.js

```
import React from 'react';
import {NavigationContainer} from '@react-navigation/native';
import RootStack from './screens/RootStack';

function App() {
  return (
    <NavigationContainer>
      <RootStack />
    </NavigationContainer>
  );
}

export default App;
```

이제 내비게이션 적용은 끝났습니다. react-native-vector-icons를 적용할 차례입니다. 앞에서 다이어리 앱을 만들 때와 동일하게 MaterialIcons를 사용하겠습니다.

다음 파일들을 수정해주세요.

```
(...)
  <key>UIViewControllerBasedStatusBarAppearance</key>
  <false/>
  <key>UIAppFonts</key>
  <array>
      <string>MaterialIcons.ttf</string>
  </array>
</dict>
</plist>
```

```
(...)

project.ext.vectoricons = [
    iconFontNames: [ 'MaterialIcons.ttf' ]
]

apply from: "../../node_modules/react-native-vector-icons/fonts.gradle"
```

8.1.2 Firebase 적용하기

Firebase를 적용하려면 우선 다음 페이지에서 구글 계정으로 로그인해야 합니다.

- http://firebase.google.com

로그인한 뒤 우측 상단의 **콘솔로 이동** 버튼을 누르면 다음과 같은 화면이 나올 것입니다.

❤ 그림 8-2 Firebase Console

프로젝트 만들기 버튼을 누르고 프로젝트 이름을 입력하세요. 여기서 입력할 프로젝트 이름은 고유하지 않아도 상관없기 때문에 여러분 마음대로 입력해도 됩니다. Firebase에 중복된 프로젝트 이름이 이미 등록되어 있다면 자동으로 고유 문자열을 뒤에 붙여서 프로젝트 이름을 고유하게 해줍니다. 이 책에서는 public-gallery라고 입력하겠습니다.

계속 버튼을 누르면 Google 애널리틱스를 사용할지 물어볼 텐데 이 프로젝트에서는 필요하지 않으므로 비활성화한 뒤 **프로젝트 만들기** 버튼을 누르세요. 잠시 기다리면 프로젝트가 생성됩니다.

❤ 그림 8-3 Firebase에서 새 프로젝트 생성하기

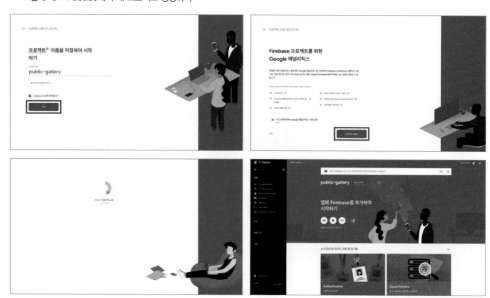

이제 Firebase에 프로젝트 정보를 입력하고, 연동해야 합니다.

8.1.2.1 안드로이드에 Firebase 적용하기

Firebase 페이지를 보면 다음과 같이 '앱에 Firebase를 추가하여 시작하기'라는 문구와 함께 버튼들이 있습니다. 두 번째 버튼인 **안드로이드** 버튼을 누르세요.

❤ 그림 8-4 안드로이드에 Firebase 추가하기

Android 패키지 이름에는 com.publicgallery〈닉네임〉을 입력하세요. 〈닉네임〉 부분에는 아까 프로젝트를 생성할 때 맨 뒤에 넣었던 여러분의 닉네임을 넣으면 됩니다. 참고로 프로젝트의 패키지 이름은 android/app/build.gradle 파일에서 applicationId 부분에서 확인할 수 있습니다.

두 번째 항목인 앱 닉네임에는 PublicGallery를 입력하세요.

세 번째 항목인 디버그 서명 인증서 SHA-1은 프로젝트 경로에서 다음 명령어를 입력해 확인할 수 있습니다.

```
$ keytool -J-Duser.language=en -list -v -alias androiddebugkey -keystore ./android/app/debug.keystore
```

> Note ≡ **keytool 언어 설정**
>
> 이 명령어를 보면 -J-Duser.language=en이라는 옵션을 추가해 키에 대한 정보를 영어로 보여주게 했습니다. 시스템 설정이 한국어로 되어 있다면 기본적으로는 한국어로 설명이 나옵니다.
>
> 언어 설정을 영어로 지정한 이유는 OpenJDK 8의 keytool에서 더 이상 MD5 지문을 보여주지 않는데, 한국어 설명에는 반영되지 않아 지문의 값이 한 줄 밀려서 SHA1이 있을 자리에 SHA256 값이 나타나는 버그가 있기 때문입니다.

명령어를 입력하면 키 비밀번호를 물어볼 텐데 공백 상태로 바로 Enter 를 누르세요. 그러면 다음과 같은 내용이 출력됩니다.

```
Alias name: androiddebugkey
Creation date: Jan 1, 2014
Entry type: PrivateKeyEntry
Certificate chain length: 1
Certificate[1]:
Owner: CN=Android Debug, OU=Android, O=Unknown, L=Unknown, ST=Unknown, C=US
Issuer: CN=Android Debug, OU=Android, O=Unknown, L=Unknown, ST=Unknown, C=US
Serial number: 232eae62
Valid from: Wed Jan 01 07:35:04 KST 2014 until: Wed May 01 07:35:04 KST 2052
Certificate fingerprints:
        SHA1: 5E:8F:16:06:2E:A3:CD:2C:4A:0D:54:78:76:BA:A6:F3:8C:AB:F6:25
        SHA256: FA:C6:17:45:DC:09:03:78:6F:B9:ED:E6:2A:96:2B:39:9F:73:48:F0:BB:6F:89:9B
:83:32:66:75:91:03:3B:9C
Signature algorithm name: SHA1withRSA (weak)
Subject Public Key Algorithm: 2048-bit RSA key (3)
Version: {10}
```

인증서 지문의 SHA1 부분을 복사해 붙여넣으세요. 세 항목을 모두 입력한 뒤 **앱 등록** 버튼을 누르면 구성 파일 다운로드 섹션이 활성화될 것입니다.

❤ 그림 8-5 구성 파일 다운로드

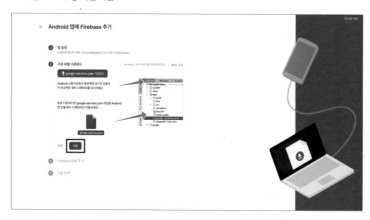

google-services.json 파일을 다운로드해 android/app 경로에 저장하세요.

저장한 뒤 **다음**을 누르고, 페이지에 적힌 가이드대로 Firebase SDK를 추가합니다. android/build.gradle 파일을 열어서 dependencies 부분에 다음 코드를 추가하세요. 기존 코드에서는

classpath를 추가할 때 괄호와 큰따옴표를 사용했는데요. 괄호를 생략해도 되고 작은따옴표를 사용해도 상관없습니다.

```
dependencies {
    classpath("com.android.tools.build:gradle:4.2.1")
    classpath 'com.google.gms:google-services:4.3.10'
    // NOTE: Do not place your application dependencies here; they belong
    // in the individual module build.gradle files
}
```

그리고 android/app/build.gradle 파일의 최상단에 다음 코드를 추가하세요.

```
apply plugin: "com.android.application"
apply plugin: 'com.google.gms.google-services'

(...)

dependencies {
    implementation platform('com.google.firebase:firebase-bom:28.4.0')
    (...)
}

(...)
```

같은 파일에서 defaultConfig를 찾은 뒤 다음 라인을 추가하세요.

```
defaultConfig {
    applicationId "com.publicgalleryjohndoe"
    minSdkVersion rootProject.ext.minSdkVersion
    targetSdkVersion rootProject.ext.targetSdkVersion
    versionCode 1
    versionName "1.0"
    multiDexEnabled true
}
```

추가한 뒤에는 페이지에서 **다음** 버튼을 눌러 다시 콘솔 페이지로 이동하세요.

8.1.2.2 iOS에 Firebase 적용하기

이제 iOS에 Firebase를 적용할 차례입니다. 아까 전 버튼들이 있던 자리에 이제 **앱 추가** 버튼이 있습니다. **앱 추가** 버튼을 누르고, iOS 버튼을 누르세요. 만약 맥OS 환경이 아니라면 이 절차는 생략해도 됩니다.

아까 안드로이드의 정보를 입력할 때랑 비슷한 화면이 나타납니다. 첫 번째 항목은 iOS 번들 ID입니다. 이를 확인하려면 우선 Xcode에서 ios/PublicGallery〈닉네임〉.xcworkspace 파일을 엽니다. 좌측 사이드바에서 PublicGallery를 선택하고, General 탭에서 **TARGETS 〉 PublicGallery**를 선택하면 Identity의 Bundle Identifier에서 확인할 수 있습니다.

▼ 그림 8-6 iOS 번들 ID

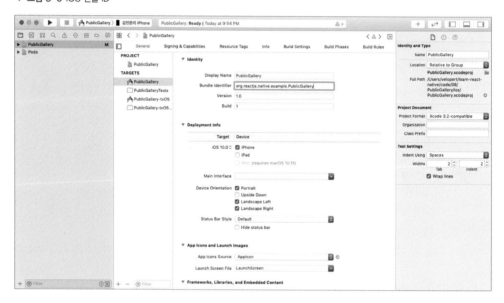

org.reactjs.native.example.PublicGallery〈닉네임〉이라는 값으로 있을 텐데, 이 값을 그대로 사용해도 되고, 바꿔서 사용해도 됩니다(만약 바꾸고 싶다면 com.〈닉네임〉.PublicGallery 형태로 바꾸시고 〈닉네임〉 부분에는 알파벳만 넣으세요).

방금 조회한 iOS 번들 ID를 페이지에 입력한 후 두 번째 항목인 앱 닉네임 부분에 PublicGallery를 입력하세요. 세 번째 항목 App Store ID는 앱을 스토어에 등록할 경우 필요합니다. 우리는 개발만 하고 스토어에는 등록하지 않을 예정이니 이 부분은 생략하세요.

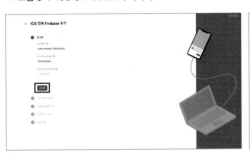

항목들을 입력한 후 **앱 등록**을 누르면 구성 파일 다운로드로 넘어갑니다. 여기에서 Google Service-Info.plist라는 파일을 다운로드할 수 있는데요. Firebase 추가 페이지에서 설명한 것처럼 Xcode를 열고 Info.plist가 있는 디렉터리로 이 파일을 끌어오세요. 파일을 이동하면서 옵션을 선택할 때 Copy Items if needed를 체크하세요. 그리고 **다음** 버튼을 누릅니다.

Firebase 앱 등록 페이지의 3번째와 4번째 단계는 앞으로 설치할 React Native Firebase에서 처리하기 때문에 생략합니다. 그 대신 React Native Firebase를 위한 설치 작업을 해야 합니다.

ios/PublicGallery⟨닉네임⟩/AppDelegate.m 파일을 열고 최상단에 다음 코드를 입력하세요.

ios/PublicGallery⟨닉네임⟩/AppDelegate.m – 최상단

```
#import <Firebase.h>
```

그리고 didFinishLaunchingWithOptions를 찾아 다음 코드를 넣으세요.

ios/publicGallery⟨닉네임⟩/AppDelegate.m – didFinishLaunchingWithOptions

```
- (BOOL)application:(UIApplication *)application didFinishLaunchingWithOptions:
(NSDictionary *)launchOptions
{
#ifdef FB_SONARKIT_ENABLED
  InitializeFlipper(application);
#endif

  if ([FIRApp defaultApp] == nil) {
    [FIRApp configure];
  }
```

8.1.2.3 React Native Firebase

React Native Firebase는 리액트 네이티브에서 Firebase를 쉽게 사용할 수 있게 하는 라이브러리입니다. 구글에서 공식 지원하는 라이브러리는 아니지만, Invertase라는 신뢰할 수 있는 기업에서 관리하고, 품질이 높으며 문서화도 잘 되어 있습니다. 이 라이브러리의 공식 문서는 다음 링크를 참조하세요.

- https://rnfirebase.io

다음 명령어로 라이브러리를 설치합니다.

```
$ yarn add @react-native-firebase/app @react-native-firebase/auth @react-native-firebase/
firestore @react-native-firebase/storage
```

이 라이브러리 중 app은 Firebase를 적용할 때 반드시 필요한 라이브러리입니다. auth는 회원 인증을 위해, firestore는 실시간 데이터베이스를 위해 필요합니다. 마지막으로 storage는 추후 이미지를 업로드할 때 필요한 라이브러리입니다.

설치가 끝나면 npx pod-install 명령어를 실행하세요.

만약 설치 과정에서 다음과 같은 오류가 발생하면,

```
[!] CocoaPods could not find compatible versions for pod "Firebase/CoreOnly":
```

ios 디렉터리로 이동한 후 다음 명령어를 입력하세요.

```
$ pod install --repo-update
```

8.1.3 화면 구성 이해하기

이번에 만들 PublicGallery 앱에는 화면 총 9개, 탭 1개, 스택 3개를 만들 것입니다. 프로젝트의 화면 구성을 그림 8-8로 확인해보세요.

이번 프로젝트는 사용하는 화면이 꽤 많기 때문에 지난 프로젝트처럼 화면을 위한 컴포넌트들을 한꺼번에 미리 만들지 않고, 개발 과정에서 하나씩 생성하겠습니다.

각 스택, 탭, 화면의 역할은 다음과 같습니다.

- **RootStack**: 프로젝트의 최상위 스택입니다.
- **MainTab**: 로그인하면 보일 화면입니다.
  - **HomeStack**: 첫 번째 탭인 홈의 스택입니다.
- **FeedScreen**: 포스트들의 목록을 볼 수 있는 화면입니다.
- **PostScreen**: 하나의 포스트를 볼 수 있는 화면입니다.
- **ProfileScreen**: 특정 사용자의 프로필을 볼 수 있는 화면입니다.
  - **MyProfileStack**: 두 번째 탭인 프로필의 스택입니다.
- **MyProfileScreen**: 자신의 프로필을 볼 수 있는 화면입니다.
- **PostScreen**: 하나의 포스트를 볼 수 있는 화면입니다. HomeStack과 컴포넌트를 공유합니다.
  - **UploadScreen**: 사진을 업로드하는 화면입니다.
  - **ModifyScreen**: 포스트의 문구를 수정하는 화면입니다.
  - **SettingScreen**: 설정 화면입니다.
  - **SignInScreen**: 로그인 화면입니다.
  - **WelcomeScreen**: 회원가입 후 프로필 사진과 이름을 설정하는 화면입니다.

❤ 그림 8-8 화면 설계

```
RootStack
  └ MainTab
      └ HomeStack
          ├ FeedScreen
          ├ PostScreen
          └ ProfileScreen
      └ MyProfileStack
          └ MyProfileScreen
  ├ UploadScreen
  ├ ModifyScreen
  ├ SettingScreen
  ├ SignInScreen
  └ WelcomeScreen
```

만들어야 할 것이 참 많죠? 차근차근히 앱을 완성해봅시다.

8.2 회원 인증 기능 구현하기

REACT NATIVE

가장 먼저 구현할 기능은 바로 회원 인증입니다. Firebase 덕분에 회원 인증을 간단히 구현할 수 있습니다. Firebase에서는 구글, 페이스북 등의 계정을 사용한 소셜 계정 인증, 이메일/비밀번호 또는 전화번호를 통한 인증을 쉽게 구현할 수 있는데요. PublicGallery 앱에서는 이메일/비밀번호 인증을 사용해보겠습니다.

Firebase 콘솔을 열고 좌측 사이드바에서 Authentication을 선택하고, 화면에 나타나는 **시작하기** 버튼을 누르세요. 잠시 기다리면 회원 인증 기능이 활성화됩니다. 회원 인증 기능이 활성화되면 Sign-in method 탭을 열어보세요. 그리고 이메일/비밀번호를 선택하고 사용 설정을 활성화하세요. 활성화하고 하단의 **저장** 버튼을 눌러야 합니다.

▼ 그림 8-9 이메일/비밀번호 로그인 활성화

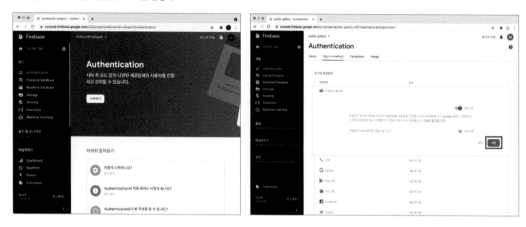

다음으로 로그인에 사용할 SignInScreen 화면 컴포넌트를 만들어봅시다.

screens/SignInScreen.js

```
import React from 'react';
import {StyleSheet, Text} from 'react-native';
import {SafeAreaView} from 'react-native-safe-area-context';

function SignInScreen() {
  return (
    <SafeAreaView style={styles.fullscreen}>
      <Text style={styles.text}>PublicGallery</Text>
    </SafeAreaView>
  );
}

const styles = StyleSheet.create({
  fullscreen: {
    flex: 1,
    alignItems: 'center',
```

```
      justifyContent: 'center',
    },
    text: {
      fontSize: 32,
      fontWeight: 'bold',
    },
});

export default SignInScreen;
```

이 컴포넌트는 중앙에 PublicGallery 텍스트를 보여줍니다. 헤더가 존재하지 않는 화면이기 때문에 iOS에서 상태 바 영역을 침범하지 않도록 SafeAreaView를 사용해야 합니다.

컴포넌트를 만든 다음에는 이 화면을 RootStack에 등록하세요.

8

Firebase로 사진 공유 앱 만들기||

screens/RootStack.js

```
import React from 'react';
import {createNativeStackNavigator} from '@react-navigation/native-stack';
import SignInScreen from './SignInScreen';

const Stack = createNativeStackNavigator();

function RootStack() {
  return (
    <Stack.Navigator>
      <Stack.Screen
        name="SignIn"
        component={SignInScreen}
        options={{headerShown: false}}
      />
    </Stack.Navigator>
  );
}

export default RootStack;
```

이제 yarn ios와 yarn android 명령어를 입력해 시뮬레이터를 실행하세요.

▼ 그림 8-10 SignInScreen 초기 화면

이와 같이 화면이 나타났나요?

8.2.1 회원 인증을 위한 UI 준비하기

이 화면에 인풋 두 개와 버튼을 보여주겠습니다. 이 과정에서 테두리가 있는 인풋인 BorderInput 컴포넌트와 임의의 스타일을 가진 CustomButton 컴포넌트를 만들겠습니다. 이 UI들을 한 번만 사용한다면 굳이 새로 컴포넌트를 만들 필요가 없겠지만, 재사용할 것이므로 따로 분리해주는 것입니다.

프로젝트의 최상위 디렉터리에 components 디렉터리를 만들고 다음 컴포넌트들을 작성하세요.

components/BorderedInput.js
```
import React from 'react';
import {StyleSheet, TextInput} from 'react-native';

function BorderedInput({hasMarginBottom}) {
  return <TextInput style={[styles.input, hasMarginBottom && styles.margin]} />;
}

const styles = StyleSheet.create({
  input: {
    borderColor: '#bdbdbd',
```

```
      borderWidth: 1,
      paddingHorizontal: 16,
      borderRadius: 4,
      height: 48,
      backgroundColor: 'white',
    },
    margin: {
      marginBottom: 16,
    },
});

export default BorderedInput;
```

이 컴포넌트에서 hasMarginBottom 값이 true라면 하단에 여백을 지정해줬습니다. 다음 컴포넌트
도 hasMarginBottom Props로 하단 여백을 지정할 수 있고, onPress와 title로 버튼을 클릭했을
때 실행할 함수와 버튼의 이름을 지정할 수 있습니다.

components/CustomButton.js

```javascript
import React from 'react';
import {StyleSheet, View, Pressable, Text, Platform} from 'react-native';

function CustomButton({onPress, title, hasMarginBottom}) {
  return (
    <View style={[styles.block, styles.overflow, hasMarginBottom && styles.margin]}>
      <Pressable
        onPress={onPress}
        style={({pressed}) => [
          styles.wrapper,
          Platform.OS === 'ios' && pressed && {opacity: 0.5},
        ]}
        android_ripple={{
          color: '#ffffff',
        }}>
        <Text style={[styles.text]}>{title}</Text>
      </Pressable>
    </View>
  );
}

const styles = StyleSheet.create({
  overflow: {
    borderRadius: 4,
    overflow: 'hidden',
  },
```

```
  wrapper: {
    borderRadius: 4,
    height: 48,
    alignItems: 'center',
    justifyContent: 'center',
    backgroundColor: '#6200ee',
  },
  text: {
    fontWeight: 'bold',
    fontSize: 14,
    color: 'white',
  },
  margin: {
    marginBottom: 8,
  },
});

export default CustomButton;
```

iOS에서 버튼을 누르면 투명도가 조정되고, 안드로이드에서 버튼을 누르면 물결 효과가 나타납니다. 컴포넌트를 다 만들었다면 SignInScreen에서 사용해보세요.

```
import React from 'react';
import {StyleSheet, Text, View} from 'react-native';
import {SafeAreaView} from 'react-native-safe-area-context';
import BorderedInput from '../components/BorderedInput';
import CustomButton from '../components/CustomButton';

function SignInScreen() {
  return (
    <SafeAreaView style={styles.fullscreen}>
      <Text style={styles.text}>PublicGallery</Text>
      <View style={styles.form}>
        <BorderedInput hasMarginBottom />
        <BorderedInput />
        <View style={styles.buttons}>
          <CustomButton title="로그인" hasMarginBottom />
          <CustomButton title="회원가입" />
        </View>
      </View>
    </SafeAreaView>
  );
}
```

```
const styles = StyleSheet.create({
  fullscreen: {
    flex: 1,
    alignItems: 'center',
    justifyContent: 'center',
  },
  text: {
    fontSize: 32,
    fontWeight: 'bold',
  },
  form: {
    marginTop: 64,
    width: '100%',
    paddingHorizontal: 16,
  },
  buttons: {
    marginTop: 64,
  },
});

export default SignInScreen;
```

컴포넌트를 사용하면 화면에 다음과 같이 반영됐을 것입니다.

❤ 그림 8-11 BorderedInput과 CustomButton

8.2.1.1 rest 연산자와 spread 연산자로 모든 Props 그대로 넘겨주기

이제 BorderedInput에 onChangeText, placeholder, value Props를 설정해줘야 하는데요. 이 Props를 설정하는 방법은 다음과 같습니다.

components/BorderedInput.js

```javascript
import React from 'react';
import {StyleSheet, TextInput} from 'react-native';

function BorderedInput({hasMarginBottom, onChangeText, value, placeholder}) {
  return (
    <TextInput
      style={[styles.input, hasMarginBottom && styles.margin]}
      onChangeText={onChangeText}
      value={value}
      placeholder={placeholder}
    />
  );
}

(...)
```

이 코드를 보면 세 가지 Props에 대해 컴포넌트에서 전달받은 Props를 그대로 TextInput에 넣어 주고 있지요? 이러한 상황에 사용하면 유용한 팁이 한 가지 있습니다. 함수의 파라미터 부분에서 는 ...rest를 사용해 지정한 키 외의 Props를 rest 객체에 담습니다. 그리고 TextInput 컴포넌트 의 Props를 지정하는 JSX 부분에서 {...rest}를 사용해 rest 객체의 모든 키와 값을 TextInput 의 Props로 설정하는 것입니다.

components/BorderedInput.js

```javascript
import React from 'react';
import {StyleSheet, TextInput} from 'react-native';

function BorderedInput({hasMarginBottom, ...rest}) {
  return (
    <TextInput
      style={[styles.input, hasMarginBottom && styles.margin]}
      {...rest}
    />
  );
```

```
    }

    (...)
```

이전에 ...object와 같은 문법이 spread 연산자 문법이라고 배웠지요? 그런데 BorderedInput 함수의 파라미터 객체에서 사용된 ...rest는 spread 연산자가 아니라 rest 연산자라고 부릅니다.

특정 객체나 배열에 사용하면 spread, 파라미터나 값을 선언하는 부분에서 사용하면 rest라고 부르는데, 다음 코드를 보면 이해하는 데 도움이 될 것입니다.

```
const object = { a: 1, b: 2, c: 3 };
const { a, ...rest } = object;
console.log(a); // 1
console.log(rest); // { b: 2, c: 3 }
```

이 코드에서는 rest 연산자가 사용됐습니다. rest라는 객체에는 a를 제외한 값들이 배열 안에 들어있습니다.

반면, 다음 코드는 rest가 아닌 spread 연산자를 사용한 예입니다.

```
const value = { b: 2, c: 3 };
const object = { a: 1, ...value };
console.log(object); // { a: 1, b: 2, c: 3 }
```

rest 연산자는 배열에서도 사용할 수 있습니다.

```
const array = [1, 2, 3, 4, 5];
const [a, b, ...rest];
console.log(a); // 1
console.log(b); // 2
console.log(rest); // [3, 4, 5]
```

추가로 BorderedInput에서 한 것처럼 JSX에서 spread 연산자를 사용하면 객체 안에 있는 키와 값을 Props로 지정해줍니다.

```
const object = { a: 1, b: 2};
const foo = <MyComponent a={object.a} b={object.b} />
const bar = <MyComponent {...object} />
```

이 코드에서 foo와 bar는 동일합니다.

결국 BorderedInput의 파라미터 부분에서는 rest 연산자를 사용하고, JSX 부분에서는 spread 연산자를 사용해 Props로 받아온 모든 키와 값을 TextInput 컴포넌트의 Props로 지정해준 것입니다. 이렇게 하면 TextInput에 설정하고 싶은 Props들을 컴포넌트의 파라미터 부분에서 하나하나 입력할 필요가 없겠죠.

SignInScreen에서 BorderedInput을 사용할 때 placeholder Props를 설정해보세요.

components/SignInScreen.js

```
(...)

function SignInScreen() {
  return (
    <SafeAreaView style={styles.fullscreen}>
      <Text style={styles.text}>PublicGallery</Text>
      <View style={styles.form}>
        <BorderedInput hasMarginBottom placeholder="이메일" />
        <BorderedInput placeholder="비밀번호" />
        <View style={styles.buttons}>
          <CustomButton title="로그인" hasMarginBottom />
          <CustomButton title="회원가입" />
        </View>
      </View>
    </SafeAreaView>
  );
}

(...)
```

▼ 그림 8-12 placeholder 지정

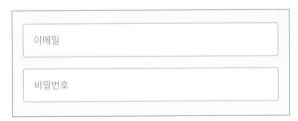

이와 같이 placeholder가 잘 지정됐나요?

8.2.1.2 CustomButton에 Secondary 버튼 스타일 만들기

앱에서 버튼을 만들 때 흔히 사용하는 UI 패턴은 Primary(기본) 버튼과 Secondary(보조) 버튼을 만드는 것입니다.

CustomButton에서 Props를 통해 Secondary 버튼의 스타일을 적용해주겠습니다.

```javascript
import React from 'react';
import {StyleSheet, View, Pressable, Text, Platform} from 'react-native';

function CustomButton({onPress, title, hasMarginBottom, theme}) {
  const isPrimary = theme === 'primary';

  return (
    <View style={[styles.block, hasMarginBottom && styles.margin]}>
      <Pressable
        onPress={onPress}
        style={({pressed}) => [
          styles.wrapper,
          isPrimary && styles.primaryWrapper,
          Platform.OS === 'ios' && pressed && {opacity: 0.5},
        ]}
        android_ripple={{
          color: isPrimary ? '#ffffff' : '#6200ee',
        }}>
        <Text
          style={[
            styles.text,
            isPrimary ? styles.primaryText : styles.secondaryText,
          ]}>
          {title}
        </Text>
      </Pressable>
    </View>
  );
}

CustomButton.defaultProps = {
  theme: 'primary',
};

const styles = StyleSheet.create({
```

```
  overflow: {
    borderRadius: 4,
    overflow: 'hidden',
  },
  wrapper: {
    borderRadius: 4,
    height: 48,
    alignItems: 'center',
    justifyContent: 'center',
    // backgroundColor 제거
  },
  primaryWrapper: {
    backgroundColor: '#6200ee',
  },
  text: {
    fontWeight: 'bold',
    fontSize: 14,
    color: 'white',
  },
  primaryText: {
    color: 'white',
  },
  secondaryText: {
    color: '#6200ee',
  },
  margin: {
    marginBottom: 8,
  },
});

export default CustomButton;
```

컴포넌트의 defaultProps를 지정해 theme Props의 기본값을 'primary'로 설정해주세요. 그리고
회원가입 버튼의 theme를 secondary로 입력해주세요.

screens/SignInScreen.js – 회원가입 버튼

```
<CustomButton title="회원가입" theme="secondary" />
```

이와 같이 회원가입 버튼의 배경색이 사라지고 텍스트가 보라색으로 변경됐나요?

8.2.1.3 라우트 파라미터로 회원가입 화면 만들기

이제 회원가입 화면을 만들 차례인데요. 화면 컴포넌트를 새로 만드는 것이 아니라 화면의 라우트 파라미터를 사용해 isSignUp이라는 값이 true일 때 회원가입 화면을 띄워주는 기능을 구현해보겠 습니다. 회원가입 화면에서는 비밀번호 확인 인풋이 하나 더 나타나고, 로그인과 회원가입 버튼의 위치가 변경됩니다.

SignInScreen의 Props를 통해 navigation과 route를 받아오고, 만약 isSignUp 파라미터 값이 true일 때 다른 UI를 보여주도록 설정하세요. 다음으로 로그인 화면의 회원가입 버튼을 눌렀을 때 파라미터와 함께 새로운 SignInScreen을 띄우고, 회원가입의 로그인 버튼을 눌렀을 때 이전 화면으로 돌아가도록 구현해보세요.

screens/SignInScreen.js

```
import React from 'react';
import {StyleSheet, Text, View} from 'react-native';
import {SafeAreaView} from 'react-native-safe-area-context';
import BorderedInput from '../components/BorderedInput';
```

```
import CustomButton from '../components/CustomButton';

function SignInScreen({navigation, route}) {
  const {isSignUp} = route.params ?? {};

  return (
    <SafeAreaView style={styles.fullscreen}>
      <Text style={styles.text}>PublicGallery</Text>
      <View style={styles.form}>
        <BorderedInput hasMarginBottom placeholder="이메일" />
        <BorderedInput placeholder="비밀번호" hasMarginBottom={isSignUp} />
        {isSignUp && <BorderedInput placeholder="비밀번호 확인" />}
        <View style={styles.buttons}>
          {isSignUp ? (
            <>
              <CustomButton title="회원가입" hasMarginBottom />
              <CustomButton
                title="로그인"
                theme="secondary"
                onPress={() => {
                  navigation.goBack();
                }}
              />
            </>
          ) : (
            <>
              <CustomButton title="로그인" hasMarginBottom />
              <CustomButton
                title="회원가입"
                theme="secondary"
                onPress={() => {
                  navigation.push('SignIn', {isSignUp: true});
                }}
              />
            </>
          )}
        </View>
      </View>
    </SafeAreaView>
  );
}

(...)
```

이 코드에서 isSignUp을 조회하는 부분을 보면 route.params ?? {}와 같은 형태로 nullish 병합 연산자(??)를 사용했습니다. 이 연산자를 사용한 이유는 화면에 파라미터가 지정되어 있지 않다면 route.params 값이 undefined이기 때문입니다. undefined 값에 객체 구조 분해 할당을 하려고 하면 에러가 발생하므로, 만약 해당 값이 undefined라면 비어있는 객체에서 구조 분해 할당을 해 에러가 발생하지 않도록 처리해준 것입니다.

이제 회원가입 버튼을 눌러보세요. 회원가입 화면이 다음과 같이 잘 나타났나요?

▼ 그림 8-14 회원가입 화면

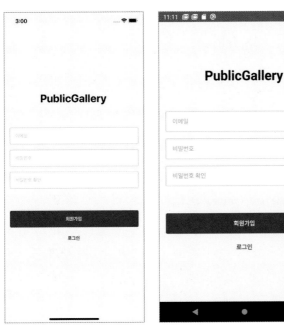

8.2.2 인풋 상태 관리하기

사용자가 인풋에 입력하는 정보를 상태로 관리해보겠습니다. useState Hook을 사용할 건데 이 메일, 비밀번호, 비밀번호 확인 인풋을 위해 세 개의 useState를 사용하는 것이 아니라, 하나의 useState를 사용해 객체 형태의 상태를 사용하겠습니다. iOS에서는 인풋에 포커스가 잡혀서 키보드가 나타나면 화면을 가리게 될 텐데, 모든 UI가 정상적으로 보이도록 KeyboardAvoidingView를 사용하겠습니다.

```
import React, {useState} from 'react';
import {
  Keyboard,
  KeyboardAvoidingView,
  Platform,
  StyleSheet,
  Text,
  View,
} from 'react-native';
import {SafeAreaView} from 'react-native-safe-area-context';
import BorderedInput from '../components/BorderedInput';
import CustomButton from '../components/CustomButton';

function SignInScreen({navigation, route}) {
  const {isSignUp} = route.params || {};
  const [form, setForm] = useState({
    email: '',
    password: '',
    confirmPassword: '',
  });
  const createChangeTextHandler = (name) => (value) => {
    setForm({...form, [name]: value});
  };
  const onSubmit = () => {
    Keyboard.dismiss();
    console.log(form);
  };

  return (
    <KeyboardAvoidingView
      style={styles.keyboardAvoidingView}
      behavior={Platform.select({ios: 'padding'})}>
      <SafeAreaView style={styles.fullscreen}>
        <Text style={styles.text}>PublicGallery</Text>
        <View style={styles.form}>
          <BorderedInput
            hasMarginBottom
            placeholder="이메일"
            value={form.email}
            onChangeText={createChangeTextHandler('email')}
          />
          <BorderedInput
```

```jsx
          placeholder="비밀번호"
          hasMarginBottom={isSignUp}
          value={form.password}
          onChangeText={createChangeTextHandler('password')}
        />
        {isSignUp && (
          <BorderedInput
            placeholder="비밀번호 확인"
            value={form.confirmPassword}
            onChangeText={createChangeTextHandler('confirmPassword')}
          />
        )}
        <View style={styles.buttons}>
          {isSignUp ? (
            <>
              <CustomButton
                title="회원가입"
                hasMarginBottom
                onPress={onSubmit}
              />
              <CustomButton
                title="로그인"
                theme="secondary"
                onPress={() => {
                  navigation.goBack();
                }}
              />
            </>
          ) : (
            <>
              <CustomButton
                title="로그인"
                hasMarginBottom
                onPress={onSubmit}
              />
              <CustomButton
                title="회원가입"
                theme="secondary"
                onPress={() => {
                  navigation.push('SignIn', {isSignUp: true});
                }}
              />
            </>
```

```
        )}
      </View>
    </View>
  </SafeAreaView>
 </KeyboardAvoidingView>
  );
}

const styles = StyleSheet.create({
  keyboardAvoidingView: {
    flex: 1,
  },
```

(...)

여기서 createChangeTextHandler 함수는 form 객체에서 원하는 키를 업데이트해주는 함수를 반환합니다. 그래서 BorderedInput에서 onChangeText={createChangeTextHandler('email')}과 같은 형식으로 사용할 수 있죠. 물론 다음과 같이 구현해도 전혀 문제가 되지 않습니다.

```
const onChangeText = ({ name, text }) => {
  setForm({...form, [name]: text});
}
```

```
<BorderedInput
 hasMarginBottom
 placeholder="이메일"
 value={form.email}
 onChangeText={(text) => onChangeText({ name: 'email', text })}
/>
```

여러분이 원하는 형태로 코드를 작성하면 됩니다. 앞으로의 예시에서는 우리가 처음 구현한 방식인 createChangeTextHandler를 사용하겠습니다.

onSubmit에서는 키보드를 닫고 현재 form 상태를 콘솔에 출력하도록 구현했습니다. 추후에는 isSignUp 값을 사용해 상황에 따라 로그인 또는 회원가입 작업을 하도록 구현하겠습니다.

인풋에 내용을 입력한 후 로그인 또는 회원가입 버튼을 눌러보세요. 콘솔에 다음과 같은 형식으로 잘 출력되나요?

{"confirmPassword": "", "email": "reactnative@gmail.com", "password": "123123"}
{"confirmPassword": "123123", "email": "reactnative@gmail.com", "password": "123123"}

지금은 비밀번호 인풋에 비밀번호를 입력하면 화면에 그대로 노출되는데, 입력한 비밀번호를 화면에서 숨기려면 secureTextEntry라는 Props를 활성화해야 합니다. 그리고 이메일 인풋에서 이메일을 더 편하게 입력할 수 있도록 첫 번째 문자 자동 대문자, 자동 수정을 비활성화하고, 이메일 자동 완성과 이메일 전용 키보드를 활성화하겠습니다.

screens/SignInScreen.js – BorderedInput

```
<BorderedInput
  hasMarginBottom
  placeholder="이메일"
  value={form.email}
  onChangeText={createChangeTextHandler('email')}
  autoCapitalize="none"
  autoCorrect={false}
  autoCompleteType="email"
  keyboardType="email-address"
/>
<BorderedInput
  placeholder="비밀번호"
  hasMarginBottom={isSignUp}
  value={form.password}
  onChangeText={createChangeTextHandler('password')}
  secureTextEntry
/>
{isSignUp && (
  <BorderedInput
    placeholder="비밀번호 확인"
    value={form.confirmPassword}
    onChangeText={createChangeTextHandler('confirmPassword')}
    secureTextEntry
  />
)}
```

설정이 잘 적용됐다면 비밀번호를 입력할 때 텍스트가 마스킹되어 점으로 나타나고, 이메일을 입력할 때 키보드에서 @가 특수문자를 선택하지 않아도 보입니다. 추가로 iOS에서 자동 수정 및 첫 글자 대문자 기능이 비활성화됩니다.

8.2.3 인풋에서 키보드 리턴 처리하기

인풋에서 Enter 를 눌렀을 때 수행할 작업을 설정하겠습니다.

- 이메일 인풋에서 Enter 를 누르면 비밀번호에 포커스가 잡힙니다.
- 비밀번호 인풋에서 Enter 를 누르면 로그인을 진행하거나, 회원가입 모드의 경우 비밀번호 확인 인풋을 포커스합니다.
- 비밀번호 확인에서 Enter 를 누르면 회원가입이 진행됩니다.

6장에서 ref를 통해 인풋에 포커스하는 방법을 배웠는데, 이번에는 조금 다릅니다. 여기서는 TextInput을 바로 사용하는 게 아니라 BorderedInput이라는 컴포넌트를 따로 만들었기 때문이죠. 특정 컴포넌트 내부에 있는 또 다른 컴포넌트에 ref를 설정하려면 forwardRef라는 함수를 사용해야 합니다.

BorderedInput을 다음과 같이 수정해주세요.

```
components/BorderedInput.js

import React from 'react';
import {StyleSheet, TextInput} from 'react-native';

function BorderedInput({hasMarginBottom, ...rest}, ref) {
  return (
    <TextInput
      style={[styles.input, hasMarginBottom && styles.margin]}
      ref={ref}
      {...rest}
    />
  );
}

(...)

export default React.forwardRef(BorderedInput);
```

forwardRef를 사용하면 함수 컴포넌트의 두 번째 파라미터에서 ref를 받아와 사용할 수 있습니다. 파라미터로 받아온 ref를 이렇게 TextInput에 설정해주면, 추후에 다른 컴포넌트에서 BorderedInput를 사용할 때 BorderedInput에 ref를 달면 내부의 TextInput에 ref가 달리게 된답니다. 그래서 TextInput에 바로 접근할 수 있게 되죠.

forwardRef는 앞에서와 같이 내보내는 부분에서 사용해도 되고, 다음과 같이 컴포넌트를 선언하는 단계에서 사용해도 됩니다.

```
const BorderedInput = React.forwardRef(({hasMarginBottom, ...rest}, ref) => {
  return (...)
});
```

이제 각 인풋에 returnKeyType을 지정하고, onSubmitEditing Props도 설정해 ⌷Enter⌷를 눌렀을 때 호출할 함수를 설정해주세요.

screens/SignInScreen.js

```
import React, {useRef, useState} from 'react';
import {
  Keyboard,
  KeyboardAvoidingView,
  Platform,
  StyleSheet,
  Text,
  View,
} from 'react-native';
import {SafeAreaView} from 'react-native-safe-area-context';
import BorderedInput from '../components/BorderedInput';
import CustomButton from '../components/CustomButton';

function SignInScreen({navigation, route}) {
  (...)

  const passwordRef = useRef();
  const confirmPasswordRef = useRef();

  return (
    <KeyboardAvoidingView
      style={styles.keyboardAvoidingView}
      behavior={Platform.select({ios: 'padding'})}>
      <SafeAreaView style={styles.fullscreen}>
        <Text style={styles.text}>PublicGallery</Text>
        <View style={styles.form}>
          <BorderedInput
            hasMarginBottom
            placeholder="이메일"
            value={form.email}
```

```
      onChangeText={createChangeTextHandler('email')}
      autoCapitalize="none"
      autoCorrect={false}
      autoCompleteType="email"
      keyboardType="email-address"
      returnKeyType="next"
      onSubmitEditing={() => passwordRef.current.focus()}
    />
    <BorderedInput
      placeholder="비밀번호"
      secureTextEntry
      hasMarginBottom={isSignUp}
      value={form.password}
      onChangeText={createChangeTextHandler('password')}
      ref={passwordRef}
      returnKeyType={isSignUp ? 'next' : 'done'}
      onSubmitEditing={() => {
        if (isSignUp) {
          confirmPasswordRef.current.focus();
        } else {
          onSubmit();
        }
      }}
    />
    {isSignUp && (
      <BorderedInput
        placeholder="비밀번호 확인"
        secureTextEntry
        value={form.confirmPassword}
        onChangeText={createChangeTextHandler('confirmPassword')}
        ref={confirmPasswordRef}
        returnKeyType="done"
        onSubmitEditing={onSubmit}
      />
    )}
(...)
```

인풋을 입력하고 [Enter]를 눌렀을 때 다른 인풋으로 포커스가 잘 되는지, 최하단의 인풋에서
[Enter]를 눌렀을 때 onSubmit이 잘 호출되는지 확인해보세요.

8.2.4 컴포넌트 분리하기

회원 인증 화면의 UI가 어느 정도 구현이 됐습니다. 지금 JSX 코드가 86줄 정도로 꽤 긴 편인데요. JSX 코드가 길어지면 코드를 봤을 때 화면의 구조가 한눈에 들어오지 않습니다. 따라서 코드가 길어질 경우 컴포넌트를 따로 분리하는 습관을 들이면 유지 보수 측면에서 도움이 됩니다.

SignInScreen에서 인풋들이 있는 SignForm과, 버튼들이 있는 SignButtons를 분리해보겠습니다.

components/SignForm.js

```
import React, {useRef} from 'react';
import BorderedInput from './BorderedInput';

function SignForm({isSignUp, onSubmit, form, createChangeTextHandler}) {
  const passwordRef = useRef();
  const confirmPasswordRef = useRef();

  return (
    <>
      <BorderedInput
        hasMarginBottom
        placeholder="이메일"
        value={form.email}
        onChangeText={createChangeTextHandler('email')}
        autoCapitalize="none"
        autoCorrect={false}
        autoCompleteType="email"
        keyboardType="email-address"
        returnKeyType="next"
        onSubmitEditing={() => passwordRef.current.focus()}
      />
      <BorderedInput
        placeholder="비밀번호"
        secureTextEntry
        hasMarginBottom={isSignUp}
        value={form.password}
        onChangeText={createChangeTextHandler('password')}
        ref={passwordRef}
        returnKeyType={isSignUp ? 'next' : 'done'}
        onSubmitEditing={() => {
          if (isSignUp) {
            confirmPasswordRef.current.focus();
          } else {
```

```
          onSubmit();
        }
      }}
    />
    {isSignUp && (
      <BorderedInput
        placeholder="비밀번호 확인"
        secureTextEntry
        value={form.confirmPassword}
        onChangeText={createChangeTextHandler('confirmPassword')}
        ref={confirmPasswordRef}
        returnKeyType="done"
        onSubmitEditing={onSubmit}
      />
    )}
  </>
  );
}


export default SignForm;
```

components/SignButtons.js

```
import React from 'react';
import {StyleSheet, View} from 'react-native';
import CustomButton from '../components/CustomButton';
import {useNavigation} from '@react-navigation/native';

function SignButtons({isSignUp, onSubmit}) {
  const navigation = useNavigation();

  const primaryTitle = isSignUp ? '회원가입' : '로그인';
  const secondaryTitle = isSignUp ? '로그인' : '회원가입';

  const onSecondaryButtonPress = () => {
    if (isSignUp) {
      navigation.goBack();
    } else {
      navigation.push('SignIn',{isSignUp: true});
    }
  };

  return (
```

```
    <View style={styles.buttons}>
      <CustomButton title={primaryTitle} hasMarginBottom onPress={onSubmit} />
      <CustomButton
        title={secondaryTitle}
        theme="secondary"
        onPress={onSecondaryButtonPress}
      />
    </View>
  );
}

const styles = StyleSheet.create({
  buttons: {
    marginTop: 64,
  },
});

export default SignButtons;
```

SignButtons를 만드는 과정에서는 코드를 조금 리팩토링했습니다. 이전보다 더욱 간결해졌지요?

방금 만든 컴포넌트들을 SignInScreen에서 사용해봅시다.

screens/SignInScreen.js

```
import React, {useState} from 'react';
import {
  Keyboard,
  KeyboardAvoidingView,
  Platform,
  StyleSheet,
  Text,
  View,
} from 'react-native';
import {SafeAreaView} from 'react-native-safe-area-context';
import SignButtons from '../components/SignButtons';
import SignInForm from '../components/SignForm';

function SignInScreen({navigation, route}) {
  const {isSignUp} = route.params || {};
  const [form, setForm] = useState({
    email: '',
    password: '',
```

```
    confirmPassword: '',
  });
  const createChangeTextHandler = (name) => (value) => {
    setForm({...form, [name]: value});
  };
  const onSubmit = () => {
    Keyboard.dismiss();
    console.log(form);
  };

  return (
    <KeyboardAvoidingView
      style={styles.keyboardAvoidingView}
      behavior={Platform.select({ios: 'padding'})}>
      <SafeAreaView style={styles.fullscreen}>
        <Text style={styles.text}>PublicGallery</Text>
        <View style={styles.form}>
          <SignInForm
            isSignUp={isSignUp}
            onSubmit={onSubmit}
            form={form}
            createChangeTextHandler={createChangeTextHandler}
          />
          <SignButtons isSignUp={isSignUp} onSubmit={onSubmit} />
        </View>
      </SafeAreaView>
    </KeyboardAvoidingView>
  );
}

const styles = StyleSheet.create({
  (...)
  // buttons 스타일 제거
});

export default SignInScreen;
```

SignInScreen의 화면 구조가 한눈에 들어오는군요!

8.2.5 Firebase로 회원 인증하기

이제 Firebase를 사용해 회원 인증을 해봅시다. lib 디렉터리를 만들고, auth.js 파일을 만들어서 다음 함수들을 작성해주세요.

lib/auth.js

```
import auth from '@react-native-firebase/auth';

export function signIn({email, password}) {
  return auth().signInWithEmailAndPassword(email, password);
}

export function signUp({email, password}) {
  return auth().createUserWithEmailAndPassword(email, password);
}

export function subscribeAuth(callback) {
  return auth().onAuthStateChanged(callback);
}

export function signOut() {
  return auth().signOut();
}
```

React Native Firebase 회원 인증에 대한 공식 문서는 다음 링크에서 확인할 수 있습니다.

- https://rnfirebase.io/auth/usage

Firebase에서 제공하는 함수들을 컴포넌트에 바로 사용하지 않고 임의의 함수를 따로 만들어 호출해줄 건데요. 이 방식을 권장하는 이유는 이렇게 함수를 감싸는 작업을 한 번 하면 추후 firebase를 사용하지 않고 다른 방식으로 인증할 경우에도 코드를 쉽게 전환할 수 있기 때문입니다.

- signIn: 로그인을 하는 함수
- signUp: 회원가입을 하는 함수
- subscribeAuth: 앱을 가동할 때 또는 로그인 상태가 변경될 때 현재 사용자의 정보를 파라미터로 받아오는 특정 콜백 함수를 등록하는 함수
- signOut: 로그아웃을 하는 함수

앞의 함수가 모두 준비됐으면 SignInScreen에서 사용해봅시다.

screens/SignInScreen.js

```js
import React, {useState} from 'react';
import {
  Alert,
  Keyboard,
  KeyboardAvoidingView,
  Platform,
  StyleSheet,
  Text,
  View,
} from 'react-native';
import {SafeAreaView} from 'react-native-safe-area-context';
import SignButtons from '../components/SignButtons';
import SignInForm from '../components/SignForm';
import {signIn, signUp} from '../lib/auth';

function SignInScreen({navigation, route}) {
  const {isSignUp} = route.params || {};
  const [form, setForm] = useState({
    email: '',
    password: '',
    confirmPassword: '',
  });
  const [loading, setLoading] = useState();

  const createChangeTextHandler = (name) => (value) => {
    setForm({...form, [name]: value});
};

  const onSubmit = async () => {
    Keyboard.dismiss();
    const {email, password} = form;
    const info = {email, password};
    setLoading(true);
    try {
      const {user} = isSignUp ? await signUp(info) : await signIn(info);
      console.log(user);
    } catch (e) {
      Alert.alert('실패');
      console.log(e);
```

446

```
    } finally {
      setLoading(false);
    }
  };


(...)

  <SignButtons
    isSignUp={isSignUp}
    onSubmit={onSubmit}
    loading={loading}
  />

(...)
```

onSubmit에서 isSignUp 값에 따라 signUp 또는 signIn 함수를 호출하도록 해줬습니다. 이 함수들은 Promise를 반환하므로 async/await 문법을 사용해 작업이 끝날 때까지 기다렸다가 특정 작업을 수행할 수 있습니다. 이 함수가 처음 호출될 때는 loading 상태를 true로 만들고, 작업이 끝나면 loading 상태를 false로 만듭니다.

작업이 실패할 수 있는 상황은 다양한데요. 이에 대한 대처는 나중에 해주겠습니다.

SignButtons에는 loading Props를 설정해주세요. 다음으로 SignButtons에서 loading 값이 true일 때 스피너를 보여주는 ActivityIndicator 컴포넌트가 나타나도록 구현하세요.

components/SignButtons.js
```
import React from 'react';
import {ActivityIndicator, StyleSheet, View} from 'react-native';
import CustomButton from '../components/CustomButton';
import {useNavigation} from '@react-navigation/native';

function SignButtons({isSignUp, onSubmit, loading}) {

  (...)

  if (loading) {
    return (
      <View style={styles.spinnerWrapper}>
        <ActivityIndicator size={32} color="#6200ee" />
      </View>
```

```
    );
  }

  return (...);
}

const styles = StyleSheet.create({
  spinnerWrapper: {
    marginTop: 64,
    height: 104,
    justifyContent: 'center',
    alignItems: 'center',
  },
  buttons: {
    marginTop: 64,
  },
});

export default SignButtons;
```

spinnerWrapper 스타일의 높이는 버튼 두 개의 높이와 그 사이 여백을 고려해 104로 지정해줬습니다.

여기까지 코드를 입력했다면 회원가입을 시도해보세요. 회원가입 화면을 띄운 다음 원하는 이메일과 비밀번호를 입력한 후 회원가입 버튼을 눌렀을 때 다음과 같은 내용이 콘솔에 출력되는지 확인해보세요.

{"displayName": null, "email": "reactnative.velopert@gmail.com", "emailVerified": false, "isAnonymous": false, "metadata": {"creationTime": 1604834373987, "lastSignInTime": 1604834373987}, "phoneNumber": null, "photoURL": null, "providerData": [[Object]], "providerId": "firebase", "uid": "Kn5QQJmQkRY3ch89PwFzKJWOvti1"}

여기서 uid라는 값이 사용자의 고유 ID입니다. 이제 로그인 화면으로 돌아가서 방금 입력한 이메일과 비밀번호를 똑같이 입력해보세요. 이번에도 이 객체와 같은 형식의 내용이 출력됐나요?

객체 출력이 잘 이루어졌다면 Firebase 콘솔을 열어서 Authentication 페이지의 Users 탭을 열어보세요. 방금 등록한 정보가 이 페이지에 나타날 것입니다.

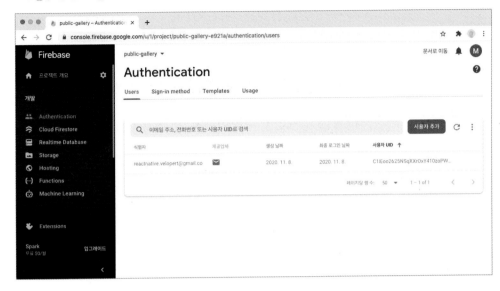

8.2.6 오류 예외 처리하기

로그인 또는 회원가입 과정에서 발생할 수 있는 오류에 예외 처리를 해주겠습니다. 만약 작업 처리에 실패한다면 catch 부분에서 e 객체의 code를 통해 어떤 에러인지 판별할 수 있습니다.

어떤 code가 있는지는 다음 페이지에서 확인하세요.

- 로그인: https://bit.ly/3lcSvnL
- 회원가입: https://bit.ly/3eDh7n7

이 중에서 흔히 발생할 수 있는 오류에 예외 처리를 해주고, 나머지는 기본 오류 메시지인 '로그인에 실패하였습니다.' 또는 '가입 실패'라는 문구를 보여주도록 구현하겠습니다.

onSubmit 함수를 다음과 같이 수정해주세요.

screens/SignInScreen.js – onSubmit

```
const onSubmit = async () => {
  Keyboard.dismiss();

  const {email, password, confirmPassword} = form;

  if (isSignUp && password !== confirmPassword) {
```

```
      Alert.alert('실패', '비밀번호가 일치하지 않습니다.');
      return;
    }

    setLoading(true);
    const info = {email, password};

    try {
      const {user} = isSignUp ? await signUp(info) : await signIn(info);
      console.log(user);
    } catch (e) {
      const messages = {
        'auth/email-already-in-use': '이미 가입된 이메일입니다.',
        'auth/wrong-password': '잘못된 비밀번호입니다.',
        'auth/user-not-found': '존재하지 않는 계정입니다.',
        'auth/invalid-email': '유효하지 않은 이메일 주소입니다.',
      };
      const msg = messages[e.code] || `${isSignUp ? '가입' : '로그인'} 실패`;
      Alert.alert('실패', msg);
    } finally {
      setLoading(false);
    }
  };
```

이제 다음 작업들을 수행했을 때 오류 메시지가 올바르게 나타나는지 확인해보세요.

- 이미 가입한 이메일로 다시 회원가입 시도

- 잘못된 비밀번호로 로그인 시도

- 존재하지 않는 이메일로 로그인 시도

- 잘못된 이메일(예: @가 없음)로 로그인 시도

- 회원가입 시 비밀번호와 비밀번호 확인이 일치하지 않은 상태로 회원가입 시도

8.2.7 사용자 프로필 Firestore에 담기

회원가입 후 사용자의 닉네임과 프로필 사진을 Firestore에 담아보겠습니다. Firestore는
Firebase에서 제공하는 NoSQL 베이스입니다. Firestore에 데이터를 읽고 쓸 때는 규칙을 지정
할 수 있습니다. 이 규칙을 통해 데이터베이스 안에 저장된 데이터에 대해 사용자의 권한을 지정
할 수 있습니다.

Firebase 콘솔 페이지 사이드바 메뉴에서 Firestore Database를 선택한 뒤, **데이터베이스 만들기**
버튼을 누르세요(일부 사용자에게는 사이드바 메뉴 이름이 Firestore라고 보이기도 합니다).

데이터베이스 만들기 화면이 나타나면,

1. 테스트 모드에서 시작 옵션을 선택한 후 **다음** 버튼을 누르세요.
2. Cloud Firestore 위치를 asia-northeast3로 설정하고 **사용 설정** 버튼을 누르세요. 참고로
   asia-northeast3는 서울 리전입니다.

▼ 그림 8-16 Firestore 데이터베이스 만들기

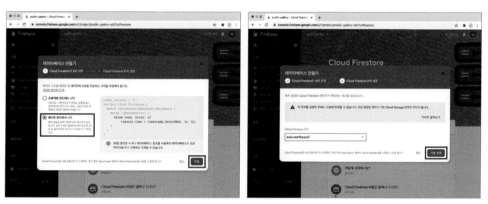

테스트 모드에서 데이터베이스를 시작하면 30일 동안 모든 데이터에 대해 권한이 열려있습니다.
하지만 오늘 데이터베이스를 만들고 30일이 지난 뒤 8~9장의 나머지 내용을 진행할 경우 데이터
읽고 쓰기가 제대로 작동하지 않을 텐데요. 이 경우 Cloud Firestore의 규칙 탭에서 다음과 같이
규칙을 수정한 뒤 게시하면 됩니다.

```
rules_version = '2';
service cloud.firestore {
  match /databases/{database}/documents {
    match /{document=**} {
      allow read, write: if true;
    }
  }
}
```

권한 설정은 추후 제대로 해주겠습니다.

Firestore에는 문서(document)와 컬렉션(collection)이라는 개념이 있습니다. 문서는 키-값 쌍으로
이루어져 있습니다. 각 문서는 고유 ID가 있어야 합니다. 이 문서들의 집합이 컬렉션입니다.

회원가입할 때 users라는 컬렉션에 사용자 정보가 담긴 문서를 저장해보겠습니다. lib 디렉터리에 users.js라는 파일을 만들고 다음 코드를 입력해주세요.

```
import firestore from '@react-native-firebase/firestore';

export const usersCollection = firestore().collection('users');

export function createUser({id, displayName, photoURL}) {
  return usersCollection.doc(id).set({
    id,
    displayName,
    photoURL,
  });
}

export async function getUser(id) {
  const doc = await usersCollection.doc(id).get();
  return doc.data();
}
```

이 코드에서 usersCollection이라는 컬렉션 레퍼런스를 만들어줬습니다. 이 컬렉션 레퍼런스에는 컬렉션에 있는 특정 값을 조회, 등록, 삭제하는 메서드가 들어있습니다. createUser 함수는 주어진 파라미터를 고유 ID로 가지고 있는 문서에 주어진 정보들을 설정해 저장합니다. getUser는 주어진 파라미터를 고유 ID로 가지고 있는 문서를 조회해 그 정보를 반환합니다.

컬렉션 레퍼런스에는 add라는 메서드가 있어서 이 메서드를 사용하면 고유 ID를 Firestore에서 자동으로 생성해주는데요. 우리는 사용자의 uid 값을 고유 ID로 사용할 예정이므로 add가 아닌 doc과 set을 통해 구현해줬습니다.

함수들이 모두 준비됐으면 새로운 화면을 하나 만들어줍시다. 바로 WelcomeScreen입니다. 이 화면에 사용자의 프로필 사진과 닉네임을 등록하는 기능을 구현할 것입니다.

8.3 Firebase에 회원 정보 등록하기

screens 경로에 WelcomeScreen.js 파일을 다음과 같이 생성해주세요.

screens/WelcomeScreen.js

```
import React from 'react';
import {KeyboardAvoidingView, Platform, StyleSheet, Text} from 'react-native';
import {SafeAreaView} from 'react-native-safe-area-context';

function WelcomeScreen() {
  return (
    <KeyboardAvoidingView
      style={styles.keyboardAvoidingView}
      behavior={Platform.select({ios: 'padding'})}>
      <SafeAreaView style={styles.block}>
        <Text style={styles.title}>환영합니다!</Text>
        <Text style={styles.description}>프로필을 설정하세요.</Text>
      </SafeAreaView>
    </KeyboardAvoidingView>
  );
}

const styles = StyleSheet.create({
  keyboardAvoidingView: {
    flex: 1,
  },
  block: {
    flex: 1,
    alignItems: 'center',
    justifyContent: 'center',
  },
  title: {
    fontSize: 48,
  },
  description: {
    marginTop: 16,
    fontSize: 21,
    color: '#757575',
  },
});

export default WelcomeScreen;
```

그다음에는 해당 화면을 RootStack에 등록하세요.

```javascript
import React from 'react';
import {createNativeStackNavigator} from '@react-navigation/native-stack';
import SignInScreen from './SignInScreen';
import WelcomeScreen from './WelcomeScreen';

const Stack = createNativeStackNavigator();

function RootStack() {
  return (
    <Stack.Navigator>
      <Stack.Screen
        name="SignIn"
        component={SignInScreen}
        options={{headerShown: false}}
      />
      <Stack.Screen
        name="Welcome"
        component={WelcomeScreen}
        options={{headerShown: false}}
      />
    </Stack.Navigator>
  );
}

export default RootStack;
```

이어서 SetupProfile이라는 컴포넌트를 만들어서 사용자가 프로필 사진과 닉네임을 입력할 수 있게 할 겁니다. 프로필 사진은 나중에 구현하고, 우선 사용자 닉네임 부분을 구현하겠습니다.

```javascript
import {useNavigation, useRoute} from '@react-navigation/native';
import React, {useState} from 'react';
import {StyleSheet, View} from 'react-native';
import {signOut} from '../lib/auth';
import {createUser} from '../lib/users';
import BorderedInput from './BorderedInput';
import CustomButton from './CustomButton';
```

```
function SetupProfile() {
  const [displayName, setDisplayName] = useState('');
  const navigation = useNavigation();

  const {params} = useRoute();
  const {uid} = params || {};

  const onSubmit = () => {
    createUser({
      id: uid,
      displayName,
      photoURL: null,
    });
  };
  const onCancel = () => {
    signOut();
    navigation.goBack();
  };

  return (
    <View style={styles.block}>
      <View style={styles.circle} />
      <View style={styles.form}>
        <BorderedInput
          placeholder="닉네임"
          value={displayName}
          onChangeText={setDisplayName}
          onSubmitEditing={onSubmit}
          returnKeyType="next"
        />
        <View style={styles.buttons}>
          <CustomButton title="다음" onPress={onSubmit} hasMarginBottom />
          <CustomButton title="취소" onPress={onCancel} theme="secondary" />
        </View>
      </View>
    </View>
  );
}

const styles = StyleSheet.create({
  block: {
    alignItems: 'center',
    marginTop: 24,
```

```
        paddingHorizontal: 16,
        width: '100%',
      },
      circle: {
        backgroundColor: '#cdcdcd',
        borderRadius: 64,
        width: 128,
        height: 128,
      },
      form: {
        marginTop: 16,
        width: '100%',
      },
      buttons: {
        marginTop: 48,
      },
    });


export default SetupProfile;
```

추후 회원 등록 절차가 필요한 계정의 경우, uid 값을 라우터 파라미터로 넣어서 Welcome 화면을
열어주겠습니다. 이 uid 값은 회원 정보를 입력한 후 다음 버튼을 누를 때 createUser 함수의 파
라미터로 들어갑니다.

이 컴포넌트에서도 로딩 처리를 해줘야 하는데, 이는 나중에 프로필 사진 업로드를 구현할 때 진
행하겠습니다. 컴포넌트를 다 만들었다면 WelcomeScreen에서 사용해주세요.

screens/WelcomeScreen.js

```js
import React from 'react';
import {KeyboardAvoidingView, Platform, StyleSheet, Text} from 'react-native';
import {SafeAreaView} from 'react-native-safe-area-context';
import SetupProfile from '../components/SetupProfile';

function WelcomeScreen() {
  return (
    <KeyboardAvoidingView
      style={styles.keyboardAvoidingView}
      behavior={Platform.select({ios: 'padding'})}>
      <SafeAreaView style={styles.block}>
        <Text style={styles.title}>환영합니다!</Text>
        <Text style={styles.description}>프로필을 설정하세요.</Text>
```

```
        <SetupProfile />
      </SafeAreaView>
    </KeyboardAvoidingView>
  );
}

(...)
```

다음에는 SignInScreen의 onSubmit 함수를 수정해주세요. 회원가입 또는 로그인이 성공했을 때 user.uid를 아까 만든 getUser 함수의 파라미터에 넣어 호출합니다. 그래서 사용자가 존재하는지 확인하고, 존재하지 않는다면 Welcome 화면을 띄우겠습니다. 이때 uid 라우트 파라미터도 설정해 주세요.

screens/SignInScreen.js – onSubmit

```
import {getUser} from '../lib/users';

(...)

const onSubmit = async () => {
  Keyboard.dismiss();

  const {email, password, confirmPassword} = form;

  if (isSignUp && password !== confirmPassword) {
    Alert.alert('실패', '비밀번호가 일치하지 않습니다.');
    console.log({password, confirmPassword});
    return;
  }

  setLoading(true);
  const info = {email, password};

  try {
    const {user} = isSignUp ? await signUp(info) : await signIn(info);
    const profile = await getUser(user.uid);
    if (!profile) {
      navigation.navigate('Welcome', {uid: user.uid});
    } else {
      // 구현 예정
    }
  } catch (e) {
```

```
  const messages = {
    'auth/email-already-in-use': '이미 가입된 이메일입니다.',
    'auth/wrong-password': '잘못된 비밀번호입니다.',
    'auth/user-not-found': '존재하지 않는 계정입니다.',
    'auth/invalid-email': '유효하지 않은 이메일 주소입니다.',
  };
  const msg = messages[e.code] || `${isSignUp ? '가입' : '로그인'} 실패`;
  Alert.alert('실패', msg);
  } finally {
    setLoading(false);
  }
};
```

수정을 완료했으면 아까 회원가입한 계정으로 로그인을 시도해보세요. 또 새로운 이메일로 회원
가입을 해보세요.

▼ 그림 8-17 WelcomeScreen

이와 같은 화면이 나타났나요?

닉네임을 입력하고, 다음 버튼을 눌러보세요. 그러고 나서 Firebase 콘솔 페이지를 열고
Firestore의 데이터 탭을 열어보세요(이미 열려있다면 페이지를 새로고침하세요). 그러면 다음과
같이 방금 등록한 문서가 나타날 것입니다.

▼ 그림 8-18 Firestore 데이터 확인

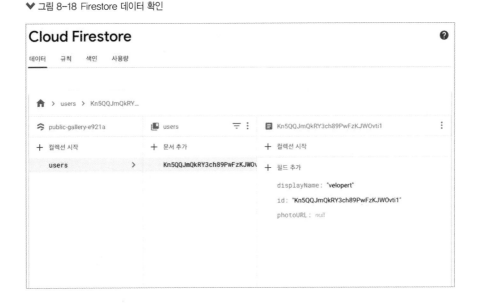

등록한 문서를 삭제하고 싶을 때는 데이터 페이지에서 문서 부분의 우측 상단에 있는 점 3개 버튼을 누른 후 문서 삭제를 선택하면 됩니다.

8.4 UserContext 만들고 로그인 사용자 분기 처리하기

사용자의 인증 상태를 다양한 화면의 리액트 컴포넌트에서 쉽게 조회할 수 있도록 Context API를 사용해 AuthContext를 만들어주겠습니다.

이 Context는 매우 간단합니다. useState를 사용해 user 상태를 관리하며, user와 setUser를 Context의 value로 사용합니다.

contexts/UserContext.js

```
import React, {useContext, createContext, useState} from 'react';

const UserContext = createContext(null);
```

```
export function UserContextProvider({children}) {
  const [user, setUser] = useState(null);
  return (
    <UserContext.Provider
      children={children}
      value={{
        user,
        setUser,
      }}
    />
  );
}

export function useUserContext() {
  const userContext = useContext(UserContext);
  if (!userContext) {
    throw new Error('UserContext.Provider is not found');
  }
  return userContext;
}
```

이번에 Context API를 사용할 때는 추후 Context의 값을 더욱 편리하게 사용할 수 있게 useUserContext라는 커스텀 Hook 함수도 만들어줬습니다. 앞으로 사용자 정보를 조회하고 싶을 때는 이 함수를 바로 불러와 다음과 같이 사용하면 됩니다.

```
import {useUserContext} from '../contexts/UserContext';

function SomeComponent() {
  const {user} = useUserContext();
}
```

UserContext를 다 만들었으면 App에서 사용해주세요.

App.js

```
import React from 'react';
import {NavigationContainer} from '@react-navigation/native';
import RootStack from './screens/RootStack';
import {UserContextProvider} from './contexts/UserContext';

function App() {
  return (
```

```
    <UserContextProvider>
      <NavigationContainer>
        <RootStack />
      </NavigationContainer>
    </UserContextProvider>
  );
}


export default App;
```

이제 setUser를 총 세 가지 시점에 호출해야 하는데, 호출되는 시점은 다음과 같습니다.

1. 프로필이 등록된 계정으로 로그인했을 때

2. Welcome 화면에서 프로필 정보를 등록했을 때

3. 앱을 새로 켜서 로그인 상태가 유지됐을 때

3번은 회원가입 기능을 완전히 마무리한 뒤 처리하기로 하고, 우선은 1번과 2번을 처리하겠습니다.

SignInScreen부터 수정해줍시다.

screens/SignInScreen.js

```
(...)
import {useUserContext} from '../contexts/UserContext';

function SignInScreen({navigation, route}) {
  const {isSignUp} = route.params || {};
  const [form, setForm] = useState({
    email: '',
    password: '',
    confirmPassword: '',
  });
  const [loading, setLoading] = useState();
  const {setUser} = useUserContext();

  const createChangeTextHandler = (name) => (value) => {
    setForm({...form, [name]: value});
  };

  const onSubmit = async () => {
```

```
(...)

    try {
      const {user} = isSignUp ? await signUp(info) : await signIn(info);
      const profile = await getUser(user.uid);
      if (!profile) {
        navigation.navigate('Welcome', {uid: user.uid});
      } else {
        setUser(profile);
      }
```

(...)

로그인했을 때 프로필이 존재하는 계정이라면 setUser를 호출하도록 수정해줬습니다.

다음으로 SetupProfile 컴포넌트를 수정해줍시다.

components/SetupProfile.js

```
(...)
import {useUserContext} from '../contexts/UserContext';

function SetupProfile() {
  const [displayName, setDisplayName] = useState('');
  const navigation = useNavigation();
  const {setUser} = useUserContext();

  const {params} = useRoute();
  const {uid} = params || {};

  const onSubmit = () => {
    const user = {
      id: uid,
      displayName,
      photoURL: null,
    };
    createUser(user);
    setUser(user);
  };

(...)
```

462

로그인 처리가 정상적으로 완료된 경우 로그인한 사용자에게 처음으로 보이는 화면은 MainTab입니다. MainTab을 보여줄 때, 단순히 해당 화면으로 navigate 또는 push하는 것은 조금 문제가 있습니다. 스택에 기존 로그인 또는 프로필 등록 화면이 남아있으므로, iOS에서 화면을 스와이프하거나 안드로이드에서 뒤로가기 버튼을 누르면 이전 화면이 다시 노출될 수 있기 때문입니다.

이럴 경우 화면을 띄운 다음에 navigation의 reset 메서드를 사용하는 방법이 있습니다만, 이 방법은 번거롭기도 하고 제대로 하지 않으면 버그가 발생하기 쉬워서 권장하지 않습니다. 만약 관심이 있다면 다음 링크를 참조하세요.

- https://reactnavigation.org/docs/navigation-prop/#reset

대신 특정 조건이 성립하면 RootStack에서 아예 불필요한 화면들을 제거하는 방법으로 구현하겠습니다. 이는 리액트 내비게이션 공식 문서에서도 권장하는 방법입니다.

아까 UserContext를 만들었기 때문에 매우 간단하게 구현할 수 있습니다. 우선 MainTab 컴포넌트를 만들어주세요.

screens/MainTab.js

```js
import React from 'react';
import {StyleSheet, Text, View} from 'react-native';
import {useUserContext} from '../contexts/UserContext';

function MainTab() {
  const {user} = useUserContext();
  return (
    <View style={styles.block}>
      <Text style={styles.text}>Hello, {user.displayName}</Text>
    </View>
  );
}

const styles = StyleSheet.create({
  block: {
    flex: 1,
    alignItems: 'center',
    justifyContent: 'center',
  },
  text: {
    fontSize: 24,
  },
});

export default MainTab;
```

원래는 하단 탭 내비게이터를 사용해야 하지만 지금은 단순히 로그인이 완료됐을 때 화면 전환이 잘 이뤄지는지를 확인하는 것이니, 현재 로그인된 사용자의 닉네임을 보여주기만 하겠습니다.

그다음에는 RootStack 컴포넌트를 다음과 같이 수정해보세요.

screens/RootStack.js

```jsx
import React from 'react';
import {createNativeStackNavigator} from '@react-navigation/native-stack';
import SignInScreen from './SignInScreen';
import WelcomeScreen from './WelcomeScreen';
import {useUserContext} from '../contexts/UserContext';
import MainTab from './MainTab';

const Stack = createNativeStackNavigator();

function RootStack() {
  const {user} = useUserContext();
  return (
    <Stack.Navigator>
      {user ? (
        <>
          <Stack.Screen
            name="MainTab"
            component={MainTab}
            options={{headerShown: false}}
          />
        </>
      ) : (
        <>
          <Stack.Screen
            name="SignIn"
            component={SignInScreen}
            options={{headerShown: false}}
          />
          <Stack.Screen
            name="Welcome"
            component={WelcomeScreen}
            options={{headerShown: false}}
          />
        </>
      )}
```

```
      </Stack.Navigator>
  );
}

export default RootStack;
```

useUserContext Hook을 사용해 사용자 정보를 조회한 후, 사용자가 로그인 상태라면 MainTab 화면을 네이티브 스택 내비게이터에 등록하고, 그렇지 않으면 SignIn 화면과 Welcome 화면을 네이티브 스택 내비게이터에 등록합니다.

여기까지 코드를 작성했으면 회원가입 후 Welcome 화면에서 다음 버튼을 눌러보거나, 이미 가입 절차를 마친 계정으로 로그인을 시도해보세요. 그러면 다음과 같이 화면이 나타날 것입니다.

▼ 그림 8-19 로그인 후 화면

이 화면이 나타나면 iOS에서는 화면을 좌측 끝부터 우측 방향으로 스와이프해보고, 이전 화면으로 되돌아가는지 확인해보세요. 안드로이드에서는 뒤로가기 버튼을 눌러보세요. 앱이 종료되었나요? 종료되었다면 로그인 사용자 분기 처리가 성공적으로 잘 된 것입니다.

8.5 이미지 업로드하기

이제 회원가입 과정에서 프로필 이미지를 업로드하고 사용자 정보를 업데이트하는 기능을 구현해
봅시다.

8.5.1 이미지 선택 기능 구현하기

우선 업로드할 이미지를 선택해야겠지요? 이때 필요한 라이브러리가 react-native-image-
picker입니다. 이 라이브러리를 사용하면 사진첩에서 이미지를 선택하거나 카메라로 사진을 촬영
할 수 있습니다.

유사한 라이브러리로 @react-native-community/cameraroll이 있습니다. 이 라이브러리는 이미
지를 선택하는 네이티브 UI를 보여주는 것이 아니라 이미지를 선택하는 UI를 react-native로 직
접 만들 수 있도록 갤러리의 이미지를 불러오거나 갤러리에 이미지를 저장할 때 사용합니다.

react-native-image-picker 라이브러리를 설치해보세요.

```
$ yarn add react-native-image-picker
$ npx pod-install
```

iOS에서 이 라이브러리를 사용하려면 Info.plist 파일을 수정해줘야 합니다. ios/Info.plist 파일
을 열고, <dict> 태그 사이의 최하단에 다음 코드를 입력하세요. 이 작업은 카메라 및 갤러리 사
용 권한을 위해 필요합니다.

ios/PublicGallery⟨닉네임⟩/Info.plist

```
( ... )
  <key>NSPhotoLibraryUsageDescription</key>
  <string>$(PRODUCT_NAME) would like access to your photo gallery</string>
  <key>NSCameraUsageDescription</key>
  <string>$(PRODUCT_NAME) would like to use your camera</string>
  <key>NSPhotoLibraryAddUsageDescription</key>
  <string>$(PRODUCT_NAME) would like to save photos to your photo gallery</string>
</dict>
</plist>
```

안드로이드의 경우 별도로 권한 설정을 하지 않아도 괜찮습니다. 단, 나중에 이 라이브러리를 프로젝트에서 사용하는데, 앱에서 찍은 사진을 스토리지에 저장하고 싶다면 WRITE_EXTERNAL_STORAGE라는 권한을 추가해야 합니다. 안드로이드에서의 권한 설정은 다음과 같이 AndroidManifest.xml 파일에서 합니다. 참고로, 이번 실습에선 권한을 추가하지 않아도 모든 기능이 정상적으로 작동하니, 이 과정을 생략해도 무방합니다.

android/app/src/main/AndroidManifest.xml

```
<manifest xmlns:android="http://schemas.android.com/apk/res/android"
  package="com.publicgallery<닉네임>">

    <uses-permission android:name="android.permission.INTERNET" />
    <uses-permission android:name="android.permission.WRITE_EXTERNAL_STORAGE" />

    (...)
```

설정을 마친 뒤, yarn ios와 yarn android 명령어를 실행하여 앱을 다시 시작하세요. 라이브러리 사용법은 다음과 같습니다. 다음 코드를 입력해 라이브러리를 불러옵니다.

```
import {launchCamera, launchImageLibrary} from 'react-native-image-picker';
```

이 라이브러리는 두 가지 API를 제공하는데, 첫 번째는 launchCamera()입니다.

```
launchCamera(options, callback);
```

이 API는 사용할 이미지를 카메라로 바로 촬영할 때 사용합니다. options는 생략할 수 있으며, callback은 카메라로 이미지를 선택한 후 호출하는 함수입니다.

두 번째 API는 launchImageLibrary()입니다.

```
launchImageLibrary(options, callback);
```

이 API는 갤러리에서 이미지를 선택할 때 사용합니다.

이제 options에 대해서 알아봅시다. 이 객체를 통해 다음과 같이 설정할 수 있습니다.

- **mediaType**: photo 또는 video
- **maxWidth**: 이미지의 가로 폭을 리사이즈할 때 사용합니다.
- **maxHeight**: 이미지의 세로 폭을 리사이즈할 때 사용합니다.

- videoQuality: 영상을 선택할 때 화질을 설정합니다. iOS에서는 low, medium, high를 선택할 수 있습니다. 안드로이드에서는 low 또는 high를 선택할 수 있습니다.
- quality: 이미지 화질입니다. 0부터 1 사이의 값을 입력할 수 있습니다.
- includeBase64: 이 값을 true로 지정하면 이미지를 base64 형식으로 인코딩합니다.
- saveToPhotos: launchCamera에서만 사용하는 설정으로 이 값을 true로 설정하면 카메라로 촬영한 후 이미지를 갤러리에 따로 저장합니다. 이 옵션을 사용하려면 AndroidManifest.xml에서 WRITE_EXTERNAL_STORAGE 권한을 설정해야 합니다.
- selectionLimit: 선택할 이미지의 수를 설정합니다. 기본값은 1이며 0을 넣으면 무제한으로 선택할 수 있습니다.

callback 함수에서는 파라미터로 다음 정보를 지닌 객체를 받아옵니다.

- didCancel: 사용자가 선택을 취소하면 true가 됩니다.
- errorCode: 에러에 대한 코드 정보를 지니고 있습니다. 에러의 종류는 다음 링크에서 확인할 수 있습니다(https://bit.ly/3lLzJmX).
- errorMessage: 에러 메시지를 지니고 있습니다. 개발 과정에서 디버깅할 때만 사용합니다.
- assets: 선택한 이미지의 정보 객체 배열입니다. asset 객체는 다음 정보들을 지니고 있습니다.
  - base64: base64로 인코딩된 이미지의 값을 지니고 있습니다.
  - uri: 선택한 이미지의 경로입니다.
  - width: 선택한 이미지의 가로 폭입니다.
  - height: 선택한 이미지의 세로 폭입니다.
  - fileSize: 선택한 이미지의 크기입니다.
  - type: 선택한 이미지의 파일 타입입니다.
  - fileName: 선택한 파일의 이름입니다.

프로필을 설정하는 과정에서는 카메라로 이미지를 찍는 기능은 생략하고, 갤러리에서 선택하는 기능만 구현하겠습니다. 추후 앱에서 사진을 공유하는 기능을 구현할 때는 카메라 또는 갤러리를 선택할 수 있는 모달을 만들어서 두 API를 모두 사용하겠습니다.

기본적으로 안드로이드 시뮬레이터의 경우 갤러리가 비어있습니다. 그래서 선택할 사진을 미리 다운로드해놓아야 합니다. 안드로이드 시뮬레이터의 크롬 브라우저를 열고, 구글에서 아무 이미지나 검색해 저장하거나, 주소에 https://picsum.photos/500을 입력해 이미지를 저장하세요. picsum.photos에서는 특정 크기를 가진 이미지를 랜덤으로 보여줍니다. 안드로이드 브라우저에서 이미지를 저장하려면 이미지를 2초 동안 터치(시뮬레이터에서는 클릭)하면 됩니다. iOS에는 갤러리에 기본 이미지가 여러 장 있으니 별도로 이미지를 복사하지 않아도 됩니다.

SetupProfile 컴포넌트에서 회색 원을 누르면 launchImageLibrary 함수를 호출하도록 구현해봅시다.

```
components/SetupProfile.js
```

```javascript
(...)
import {Pressable, StyleSheet, View, Platform} from 'react-native';
import {launchImageLibrary} from 'react-native-image-picker';

function SetupProfile() {
  (...)

  const onSelectImage = () => {
    launchImageLibrary(
      {
        mediaType: 'photo',
        maxWidth: 512,
        maxHeight: 512,
        includeBase64: Platform.OS === 'android',
      },
      (res) => {
        console.log(res);
      },
    );
  };

  return (
    <View style={styles.block}>
        <Pressable style={styles.circle} onPress={onSelectImage} />
      <View style={styles.form}>
        <BorderedInput
          placeholder="닉네임"
          value={displayName}
          onChangeText={setDisplayName}
          onSubmitEditing={onSubmit}
          returnKeyType="next"
        />
```

```
        <View style={styles.buttons}>
          <CustomButton title="다음" onPress={onSubmit} hasMarginBottom />
          <CustomButton title="취소" onPress={onCancel} theme="secondary" />
        </View>
      </View>
    </View>
  );
}

(...)
```

onSelectImage라는 함수를 만들어서, 이미지를 선택하고 선택한 이미지의 정보를 콘솔에 출력하도록 구현해줬습니다. launchImageLibrary를 사용할 때 안드로이드의 경우에만 includeBase64 값이 true가 되도록 설정해줬는데요. 추후 업로드할 때 uri에서 직접 파일을 읽는 과정에서 권한 오류가 발생할 수 있기 때문입니다. 따라서 안드로이드의 경우에는 이미지를 base64로 인코딩 해두고, 업로드할 때 base64로 인코딩된 결괏값을 사용해 업로드를 진행합니다(이 권한 이슈는 Google Photo를 사용하는 기기에서 발생합니다).

이제 새로운 계정으로 회원가입한 뒤 회색 원을 눌러보세요. 다음과 같이 이미지 선택 화면이 나타났나요?

❤ 그림 8-20 이미지 선택 화면

안드로이드는 갤러리가 비어있습니다. 앞에서 설명한 것처럼 앱을 닫고 크롬 브라우저를 열어서
이미지를 다운로드하세요. 다운로드 후 앱을 다시 열 때는 안드로이드 화면 하단의 사각형 버튼을
누르거나 홈 화면을 아래에서 위로 스와이프하면 앱을 선택할 수 있습니다.

이미지를 선택하면 다음과 같은 배열이 출력될 것입니다.

```
{
  "assets": [
    {
      "fileName": "6EF3415F-4DD4-405D-A019-2F3010BB5398.jpg",
      "fileSize": 221192,
      "height": 340,
      "type": "image/jpg",
      "uri": "file:///Users/velopert/Library/Developer/CoreSimulator/Devices/44E0A134-
AB93-4564-8AC6-044A06296A74/data/Containers/Data/Application/E3B964F0-CEC7-42DE-A7C8-
847A04D3450D/tmp/6EF3415F-4DD4-405D-A019-2F3010BB5398.jpg",
      "width": 512
    }
  ]
}
```

애플 실리콘이 탑재된 맥OS를 사용하는 경우 이미지를 선택했을 때 아무런 반응이 없을
수 있습니다. 그런 경우에는 우선 시뮬레이터를 종료하세요. 그리고 Xcode로 ios/Public
GalleryJohndoe/PublicGalleryJohndoe.xcworkspace 파일을 열고, **Product 〉 Clean Build
Folder**를 누르세요.

이어서 Xcode 상단의 프로젝트명 우측에 있는 영역을 눌러서 **iPhone 12** 또는 다른 원하는 디바
이스를 선택하고 좌측의 **재생** 버튼을 눌러서 다시 시도해보세요. 추후 yarn ios를 다시 실행해야
하는 상황이 오면 재생 버튼을 다시 누르세요.

❤ 그림 8-21 Xcode에서 앱 실행

여기에 있는 uri 값을 Image 컴포넌트의 source Props에서 사용하면 됩니다. 선택한 이미지의
uri를 useState를 통해 상태로 관리해봅시다.

```
import React, {useState} from 'react';
import {Image, Pressable, StyleSheet, View, Platform} from 'react-native';
(...)

function SetupProfile() {
  const [displayName, setDisplayName] = useState('');
  const navigation = useNavigation();
  const {setUser} = useUserContext();
  const [response, setResponse] = useState(null);

  (...)

  const onSelectImage = () => {
    launchImageLibrary(
      {
        mediaType: 'photo',
        maxWidth: 512,
        maxHeight: 512,
        includeBase64: Platform.OS === 'android',
      },
      (res) => {
        if (res.didCancel) {
          // 취소했을 경우
          return;
        }
        setResponse(res);
      },
    );
  };

  return (
    <View style={styles.block}>
      <Pressable onPress={onSelectImage}>
        <Image
          style={styles.circle}
          source={{uri: response?.assets[0]?.uri}} />
      </Pressable>
    (...)
```

이렇게 구현해주고 나면 선택한 이미지가 화면에 나타날 것입니다.

8.5.2 사용자 기본 이미지 설정하기

사용자가 이미지를 아직 선택하지 않았을 때 보여줄 기본 이미지를 설정해주겠습니다. 우선 다음 링크를 통해 기본 이미지를 다운로드하세요.

- https://bit.ly/3qHGGsT

다운로드한 이미지는 프로젝트 안에 assets 디렉터리를 만들고 해당 디렉터리에 user.png라는 이름으로 저장하세요. 그리고 Image 부분을 다음과 같이 수정해주세요.

components/SetupProfile.js – Image

```
<Image
  style={styles.circle}
  source={
    response
      ? {uri: response?.assets[0]?.uri}
      : require('../assets/user.png')
  }
/>
```

만약 response 값이 존재하지 않으면 assets 디렉터리의 user.png 이미지를 보여주도록 설정했습니다.

8.5.3 Firebase Storage로 이미지 업로드하기

Firebase의 Storage(저장소) 기능을 사용해 이미지를 업로드하겠습니다. Firebase의 Storage는 무료로 사용할 수 있으며, 총 파일 용량 최대 5GB, 일일 다운로드 최대 1GB의 제한이 있습니다.

우선 Storage의 사용법부터 알아볼까요?

```
import storage from '@react-native-firebase/storage';
// 업로드할 경로 지정
const reference = storage().ref('/directory/filename.png');
// 파일 저장(uri: 선택한 이미지의 로컬 경로)
await reference.putFile(uri);
// 다운로드할 수 있는(또는 Image를 통해 보여줄 수 있는) URL 생성
const url = await reference.getDownloadURL();
```

만약 uri를 사용해 업로드하지 않고 base64로 인코딩된 값을 사용해 업로드할 때는 reference.putString(base64) 함수를 사용합니다.

자, 이 코드를 참고해 onSubmit에서 업로드 기능을 구현해봅시다. 사용자의 프로필 이미지를 업로드할 때 profiles라는 경로 안에 사용자의 고유 ID를 파일 이름으로 사용하겠습니다.

```
components/SetupProfile.js
(...)
import storage from '@react-native-firebase/storage';

function SetupProfile() {
  (...)
  const [loading, setLoading] = useState(false);

const onSubmit = async () => {
    setLoading(true);

    let photoURL = null;

    if (response) {
      const asset = response.assets[0];
      const extension = asset.fileName.split('.').pop(); // 확장자 추출
```

```
      const reference = storage().ref(`/profile/${uid}.${extension}`);

      if (Platform.OS === 'android') {
        await reference.putString(asset.base64, 'base64', {
          contentType: asset.type,
        });
      } else {
        await reference.putFile(asset.uri);
      }

      photoURL = response ? await reference.getDownloadURL() : null;
    }

    const user = {
      id: uid,
      displayName,
      photoURL,
    };

    createUser(user);
    setUser(user);
  };

  (...)
```

OS가 iOS냐 안드로이드냐에 따라 업로드 방식이 조금 다릅니다. iOS에서는 uri에서 파일을 불러와서 바로 업로드하고, 안드로이드에서는 putString을 통해 base64로 인코딩된 데이터를 업로드합니다.

이미지 업로드는 보통 1~3초 정도 걸리기 때문에 이미지를 업로드하는 동안 스피너를 보여주는 것이 좋습니다. loading 상태가 true일 때 버튼 대신에 ActivityIndicator 컴포넌트를 보여주도록 구현해보세요.

components/SetupProfile.js

```
(...)
import {
  (...)
  ActivityIndicator,
} from 'react-native';
(...)
```

```
function SetupProfile() {
  (...)
  return (
    <View style={styles.block}>
      (...)
      <View style={styles.form}>
        <BorderedInput
          placeholder="닉네임"
          value={displayName}
          onChangeText={setDisplayName}
          onSubmitEditing={onSubmit}
          returnKeyType="next"
        />
        {loading ? (
          <ActivityIndicator size={32} color="#6200ee" style={styles.spinner} />
        ) : (
          <View style={styles.buttons}>
            <CustomButton title="다음" onPress={onSubmit} hasMarginBottom />
            <CustomButton title="취소" onPress={onCancel} theme="secondary" />
          </View>
        )}
      </View>
    </View>
  );
}

const styles = StyleSheet.create({
  block: {
    alignItems: 'center',
    marginTop: 24,
    paddingHorizontal: 16,
    width: '100%',
  },
(...)
```

다음으로 이미지 업로드 및 사용자 정보 업데이트가 잘 된 것을 검증하기 위해 MainTab 컴포넌트에서 user.photoURL이 존재한다면 Image 컴포넌트를 통해 화면에 보여주도록 구현해줍시다.

screens/MainTab.js

```
import React from 'react';
import {Image, StyleSheet, Text, View} from 'react-native';
import {useUserContext} from '../contexts/UserContext';
```

```
function MainTab() {
  const {user} = useUserContext();
  return (
    <View style={styles.block}>
      {user.photoURL && (
        <Image
          source={{uri: user.photoURL}}
          style={{width: 128, height: 128, marginBottom: 16}}
          resizeMode="cover"
        />
      )}
      <Text style={styles.text}>Hello, {user.displayName}</Text>
    </View>
  );
}

(...)
```

회원가입을 하고 이미지를 선택한 뒤 **다음** 버튼을 눌러보세요. MainTab 컴포넌트에서 방금 업로드한 사진을 잘 보여주고 있나요?

▼ 그림 8-23 업로드된 이미지 확인

Firebase 콘솔에서 좌측의 Storage를 눌러보세요. 그리고 profile 경로를 들어갔을 때 다음과 같이 파일들이 잘 업로드되어 있는지 확인해보세요.

▼ 그림 8-24 Firebase 콘솔에서 Storage 페이지 확인

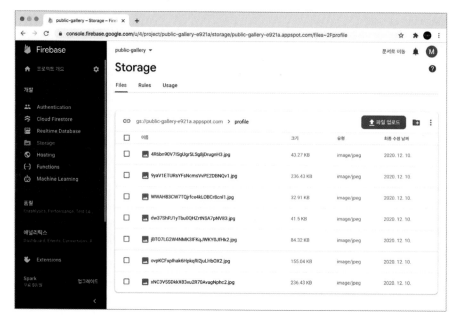

8.6 정리

이번 장에서는 Firebase를 사용해 인증 시스템을 구현하는 방법과 이미지를 업로드하는 방법을 배웠습니다. 이어질 9장에서는 지금까지 배운 기술을 활용해 사진을 업로드하고, 리스팅하는 기능을 구현하면서 앱의 기능을 마무리하겠습니다.

9^장

Firebase로
사진 공유 앱
만들기 II

이 장에서는 PublicGallery 앱의 기능을 모두 완성합니다. 지난 장에서 배운 Firestore도 사용하고, EventEmitter라는 라이브러리를 사용해 다른 화면에서 특정 상황이 발생했을 때 원하는 작업을 처리하는 방법도 알아봅니다.

이번에 구현할 기능은 다음과 같습니다.

- 탭 화면 구현하기

- 새 포스트 작성하기

- 홈에서 포스트 리스팅하기

- 프로필 화면에서 그리드 뷰 구현하기

- 단일 포스트 조회 기능 구현하기

- 포스트 삭제 기능 구현하기

- 포스트 작성 또는 삭제 시 리스트에 바로 반영하기

9.1 탭 화면 구현하기

앞에서 MainTab 컴포넌트를 만들었지만, 실제로 탭은 아직 구현하지 않았습니다. 이번에는 createBottomTabNavigator를 사용해 탭을 구현해줍시다. 기존에 MainTab에서 작성한 코드는 모두 지우고 다음과 같이 코드를 작성해주세요.

screens/MainTab.js

```js
import React from 'react';
import {createBottomTabNavigator} from '@react-navigation/bottom-tabs';

const Tab = createBottomTabNavigator();

function MainTab() {
  return (
    <Tab.Navigator
      screenOptions={{
        headerShown: false,
        tabBarShowLabel: false,
        tabBarActiveTintColor: '#6200ee',
```

```
    }}>
      {/* TODO: 화면 추가 */}
    </Tab.Navigator>
  );
}


export default MainTab;
```

다음으로 이 탭 내비게이터에 들어갈 화면을 만들어야 합니다. 홈 화면과 내 프로필 화면을 넣을 때 FeedScreen과 MyProfileScreen 화면을 바로 만들어 넣지 않고 HomeStack과 MyProfileStack 컴포넌트를 만들어 넣을 겁니다. 각 탭에서 화면 하나만 보여주는 게 아니라 탭 안에서 다른 화면을 또 보여줘야 하는 상황이 있기 때문입니다. 예를 들어 홈 탭에서는 처음에 포스트 목록 화면을 보여주지만, 여기서 사용자 프로필 화면으로 이동하고 또 해당 사용자의 단일 포스트 화면으로 이동할 수 있습니다. 내 프로필 화면에서는 내가 올린 단일 포스트 화면으로 이동할 수 있지요.

화면의 타이틀은 네이티브 스택 내비게이터에서 관리할 것이기 때문에 하단 탭 내비게이터의 헤더를 숨김 처리했습니다.

이어서 네 개의 컴포넌트를 만들어봅시다. FeedScreen을 만들어 HomeStack에 넣고, MyProfileScreen을 만들어 MyProfileStack에 넣으세요.

screens/FeedScreen.js

```
import React from 'react';
import {View} from 'react-native';


function FeedScreen() {
  return <View />;
}


export default FeedScreen;
```

screens/MyProfileScreen.js

```
import React from 'react';
import {View} from 'react-native';


function MyProfileScreen() {
  return <View />;
}
```

```
export default MyProfileScreen;
```

```javascript
import React from 'react';
import {createNativeStackNavigator} from '@react-navigation/native-stack';
import FeedScreen from './FeedScreen';

const Stack = createNativeStackNavigator();

function HomeStack() {
  return (
    <Stack.Navigator>
      <Stack.Screen name="Feed" component={FeedScreen} />
    </Stack.Navigator>
  );
}

export default HomeStack;
```

```javascript
import React from 'react';
import {createNativeStackNavigator} from '@react-navigation/native-stack';
import MyProfileScreen from './MyProfileScreen';

const Stack = createNativeStackNavigator();

function MyProfileStack() {
  return (
    <Stack.Navigator>
      <Stack.Screen name="MyProfile" component={MyProfileScreen} />
    </Stack.Navigator>
  );
}

export default MyProfileStack;
```

4개 컴포넌트가 모두 준비됐나요? 이제 MainTab에서 HomeStack과 MyProfileStack을 불러와 넣어주세요.

```
import React from 'react';
import {createBottomTabNavigator} from '@react-navigation/bottom-tabs';
import HomeStack from './HomeStack';
import MyProfileStack from './MyProfileStack';
import Icon from 'react-native-vector-icons/MaterialIcons';

const Tab = createBottomTabNavigator();

function MainTab() {
  return (
    <Tab.Navigator
      screenOptions={{
        headerShown: false,
        tabBarShowLabel: false,
        tabBarActiveTintColor: '#6200ee',
      }}>
      <Tab.Screen
        name="HomeStack"
        component={HomeStack}
        options={{
          tabBarIcon: ({color}) => <Icon name="home" size={24} color={color} />,
        }}
      />
      <Tab.Screen
        name="MyProfileStack"
        component={MyProfileStack}
        options={{
          tabBarIcon: ({color}) => (
            <Icon name="person" size={24} color={color} />
          ),
        }}
      />
    </Tab.Navigator>
  );
}

export default MainTab;
```

이렇게 MainTab을 구현하고 로그인하면 그림 9-1과 같이 화면 하단에 홈 탭과 프로필 탭 아이콘이 보일 것입니다.

9.2 / 로그인 상태 유지하기

현재는 앱을 재시작하면 로그인 상태가 풀리기 때문에 MainTab을 확인하려면 매번 로그인을 다시 해야 해서 번거롭지요? 로그인 상태를 유지시켜서 바로 MainTab이 보이도록 구현해줍시다.

앱 종료 시에도 사용자의 로그인 상태를 유지하기 위해 일반적으로 AsyncStorage에 인증 정보를 저장하는 방법을 사용합니다. 하지만 우리는 Firebase로 인증을 구현했기 때문에 꼭 AsyncStorage를 사용할 필요가 없습니다. Firebase 인증은 자동으로 인증 상태를 유지해주기 때문이죠. 우리는 앱 구동 시 Firebase가 기억하고 있는 인증 정보가 있을 경우 해당 인증 정보를 사용하도록 처리해주면 됩니다.

Firebase의 auth().onAuthStateChanged라는 함수를 통해 사용자의 인증 정보가 바뀔 때 특정 작업을 할 수 있습니다. 이 함수를 RootStack의 useEffect에서 사용해 사용자 인증 상태를 확인하고 로그인 중이라면 해당 인증 정보를 사용해보겠습니다.

RootStack을 다음과 같이 수정해보세요.

```
import React, {useEffect} from 'react';
import {createNativeStackNavigator} from '@react-navigation/native-stack';
import SignInScreen from './SignInScreen';
import WelcomeScreen from './WelcomeScreen';
import {useUserContext} from '../contexts/UserContext';
import MainTab from './MainTab';
import {getUser, subscribeAuth} from '../lib/users';

const Stack = createNativeStackNavigator();

function RootStack() {
  const {user, setUser} = useUserContext();

  useEffect(() => {
    // 컴포넌트 첫 로딩 시 로그인 상태를 확인하고 UserContext에 적용
    const unsubscribe = subscribeAuth(async currentUser => {
      // 여기에 등록한 함수는 사용자 정보가 바뀔 때마다 호출되는데
      // 처음 호출될 때 바로 unsubscribe해 한 번 호출된 후에는 더 이상 호출되지 않게 설정
      unsubscribe();
      if (!currentUser) {
        return;
      }
      const profile = await getUser(currentUser.uid);
      if (!profile) {
        return;
      }
      setUser(profile);
    });
  }, [setUser]);

  (...)
```

이 코드에서는 useEffect를 추가해 앱을 처음 실행할 때 사용자의 로그인 정보를 확인하는 작업을 구현해줬습니다. 여기서 이전에 만든 subscribeAuth라는 함수를 사용했는데, 이 함수의 코드를 다시 한번 확인해볼까요?

```
export function subscribeAuth(callback) {
  return auth().onAuthStateChanged(callback);
}
```

onAuthStateChanged 함수의 인자에는 사용자의 인증 상태가 바뀔 때 호출하고 싶은 콜백 함수를 넣습니다. 콜백 함수를 등록하면 앞으로 인증 상태가 바뀔 때마다 매번 이 콜백 함수를 호출합니다. onAuthStateChanged 함수의 반환 값은 unsubscribe 함수입니다. 반환된 이 함수를 호출하면 앞으로 인증 상태가 바뀌어도 우리가 등록한 콜백 함수를 더 이상 호출하지 않습니다.

우리는 앱 구동 시에 딱 한 번만 사용자 정보를 확인하고 그 이후에는 인증 정보가 바뀌어도 별도로 작업하지 않을 것이기 때문에 unsubscribe 함수를 콜백 함수 내부에서 호출해줬습니다.

콜백 함수는 사용자가 비로그인 상태라면 null을 반환하고 로그인 상태라면 인증 정보를 반환합니다. 만약 인증 정보가 유효하다면 해당 사용자가 프로필 설정까지 했는지 확인하고, 프로필이 있다면 해당 사용자의 정보를 UserContext에 담습니다.

이렇게 작업하고 나면 앱을 리로딩하거나 재시작했을 때도 로그인 상태가 유지될 것입니다. 다만 초반에 1~2초 정도 로그인 화면이 보여졌다가 화면이 전환될 텐데요. 추후 스플래시 화면을 사용해 현재 로그인 정보를 확인한 후 앱 화면을 띄울 것이므로, 지금 로그인 화면이 잠깐 나타나는 것은 신경 쓰지 않아도 됩니다.

9.3 포스트 작성 기능 구현하기

이번에는 사용자가 새로운 이미지를 업로드하고 포스트를 작성하는 기능을 구현해봅시다.

9.3.1 탭 중앙에 버튼 만들기

먼저 MainTab 탭 중앙에 카메라 아이콘이 있는 원형 버튼을 만들어봅시다.

▼ 그림 9-2 카메라 버튼 만들기

CameraButton 컴포넌트를 만들어서 이렇게 탭 버튼 사이에 커스텀 버튼을 보여주겠습니다. 버튼의 위치는 position: absolute로 좌표를 직접 지정하겠습니다. 그리고 이 컴포넌트를 MainTab에서 보여줄게요.

components 디렉터리에 CameraButton 컴포넌트를 만들어주세요.

components/CameraButton.js

```javascript
import React from 'react';
import {View, Pressable, StyleSheet, Platform} from 'react-native';
import {useSafeAreaInsets} from 'react-native-safe-area-context';
import Icon from 'react-native-vector-icons/MaterialIcons';

const TABBAR_HEIGHT = 49;

function CameraButton() {
  const insets = useSafeAreaInsets();

  const bottom = Platform.select({
    android: TABBAR_HEIGHT / 2,
    ios: TABBAR_HEIGHT / 2 + insets.bottom - 4,
  });

  return (
    <View style={[styles.wrapper, {bottom}]}>
      <Pressable
        android_ripple={{
          color: '#ffffff',
        }}
        style={styles.circle}>
        <Icon name="camera-alt" color="white" size={24} />
      </Pressable>
    </View>
  );
}

const styles = StyleSheet.create({
  wrapper: {
    zIndex: 5,
    borderRadius: 27,
    height: 54,
    width: 54,
    position: 'absolute',
    left: '50%',
    transform: [
```

```
      {
        translateX: -27,
      },
    ],
    ...Platform.select({
      ios: {
        shadowColor: '#4d4d4d',
        shadowOffset: {width: 0, height: 4},
        shadowOpacity: 0.3,
        shadowRadius: 4,
      },
      android: {
        elevation: 5,
        overflow: 'hidden',
      },
    }),
  },
  circle: {
    backgroundColor: '#6200ee',
    borderRadius: 27,
    height: 54,
    width: 54,
    alignItems: 'center',
    justifyContent: 'center',
  },
});

export default CameraButton;
```

버튼의 bottom 좌표는 iOS냐 안드로이드냐에 따라 다릅니다. 그리고 홈 버튼이 없는 iPhone X 이상 기종인지 아닌지에 따라 또 달라집니다. 안드로이드에서는 bottom 값을 탭 바 높이의 1/2 크기로 지정하고, iOS에서는 useSafeAreaInsets로 하단 여백 크기를 알아낸 뒤 여백 크기만큼 빼주고 여기서 4를 더 빼줍니다. 이렇게 하면 버튼을 탭 바 테두리에 걸칠 수 있습니다.

추가로 가로 위치를 설정하는 과정에서 left: 50%로 중앙에 위치시킨 다음 현재 버튼 크기의 1/2 만큼 좌측으로 이동하도록 transform 스타일을 적용해줬습니다. 이 버튼은 하단 탭보다 위 레이어에 보여야 하기 때문에 zIndex 값을 5로 설정했습니다.

컴포넌트를 다 작성했으면 MainTab에서 다음과 같이 사용해보세요.

screens/MainTab.js

```
import React from 'react';
```

```
import {createBottomTabNavigator} from '@react-navigation/bottom-tabs';
import HomeStack from './HomeStack';
import MyProfileStack from './MyProfileStack';
import Icon from 'react-native-vector-icons/MaterialIcons';
import CameraButton from '../components/CameraButton';
import {StyleSheet, View} from 'react-native';

const Tab = createBottomTabNavigator();

function MainTab() {
  return (
    <>
      <View style={styles.block}>
        <Tab.Navigator
          screenOptions={{
            headerShown: false,
            tabBarShowLabel: false,
            tabBarActiveTintColor: '#6200ee',
          }}>
          <Tab.Screen
            name="HomeStack"
            component={HomeStack}
            options={{
              tabBarIcon: ({color}) => (
                <Icon name="home" size={24} color={color} />
              ),
            }}
          />
          <Tab.Screen
            name="MyProfileStack"
            component={MyProfileStack}
            options={{
              tabBarIcon: ({color}) => (
                <Icon name="person" size={24} color={color} />
              ),
            }}
          />
        </Tab.Navigator>
      </View>
      <CameraButton />
    </>
  );
}

const styles = StyleSheet.create({
  block: {
```

```
    flex: 1,
    zIndex: 0,
  },
});
```

```
export default MainTab;
```

이 코드에서는 CameraButton이 하단 탭보다 더 위 레이어에 보여지게끔 기존 코드를 View로 한번 감싸서 zIndex를 0으로 설정하고, Fragment로 한 번 더 감싸서 View 코드 하단에 CameraButton을 넣었습니다.

앞에서 확인한 그림 9-2처럼 버튼이 탭 바 위에 잘 나타났나요?

9.3.2 업로드할 사진 선택 또는 카메라 촬영하기

카메라 버튼을 눌렀을 때 업로드할 사진을 갤러리에서 선택할지 아니면 카메라로 새로 촬영할지 사용자가 선택하게 해주겠습니다. iOS는 ActionSheetIOS를 통해 선택할 수 있게 구현해주고, 안드로이드에서는 선택을 위한 모달을 만들어줍니다.

▼ 그림 9-3 ActionSheetIOS와 모달

ActionSheetIOS는 이름에서 유추할 수 있듯이 iOS에서만 지원되는 API로, 지금과 같이 사용자에게 선택지를 줄 때 iOS에서 주로 사용하는 UI입니다.

안드로이드의 경우에는 모달을 통해 선택할 수 있도록 구현하는데, 만약 안드로이드에서도 ActionSheetIOS와 같은 UI로 기능을 구현하고 싶다면 @expo/react-native-action-sheet(https://github.com/expo/react-native-action-sheet)를 사용하면 됩니다.

9.3.2.1 모달 만들기

react-native에서 모달을 만들 때는 주로 Modal이라는 컴포넌트를 사용합니다. 이 컴포넌트를 사용하지 않아도 직접 구현할 수 있지만, 이 컴포넌트를 사용하면 더욱 간편하게 모달을 구현할 수 있습니다.

components/UploadModeModal.js
```js
import React from 'react';
import {StyleSheet, Modal, View, Pressable, Text} from 'react-native';
import Icon from 'react-native-vector-icons/MaterialIcons';

function UploadModeModal({visible, onClose}) {
  return (
    <Modal
      visible={visible}
      transparent={true}
      animationType="fade"
      onRequestClose={onClose}>
      <Pressable style={styles.background} onPress={onClose}>
        <View style={styles.whiteBox}>
          <Pressable
            style={styles.actionButton}
            android_ripple={{color: '#eee'}}>
            <Icon
              name="camera-alt"
              color="#757575"
              size={24}
              style={styles.icon}
            />
            <Text style={styles.actionText}>카메라로 촬영하기</Text>
          </Pressable>
          <Pressable
            style={styles.actionButton}
```

```
                    android_ripple={{color: '#eee'}}>
                    <Icon name="photo" color="#757575" size={24} style={styles.icon} />
                    <Text style={styles.actionText}>사진 선택하기</Text>
                </Pressable>
            </View>
        </Pressable>
    </Modal>
  );
}

const styles = StyleSheet.create({
  background: {
    backgroundColor: 'rgba(0,0,0,0.6)',
    flex: 1,
    justifyContent: 'center',
    alignItems: 'center',
  },
  whiteBox: {
    width: 300,
    backgroundColor: 'white',
    borderRadius: 4,
    elevation: 2,
  },
  actionButton: {
    padding: 16,
    flexDirection: 'row',
    alignItems: 'center',
  },
  icon: {
    marginRight: 8,
  },
  text: {
    fontSize: 16,
  },
});

export default UploadModeModal;
```

여기서 Modal에 설정한 Props를 확인해봅시다.

```
<Modal visible={true} transparent={true} animationType="fade"></Modal>
```

visible은 이 컴포넌트를 보여줄지 숨길지 결정하는 값입니다. 그리고 animationType에 따라 트랜지션 효과를 보여줍니다. 이 Props에 설정할 수 있는 값은 slide, fade, none입니다. slide는 아래에서 위로 슬라이드하는 효과, fade는 서서히 나타나는 효과, none은 아무 효과도 일으키지 않는데 이 Props를 생략했을 때 none이 기본값으로 설정됩니다. transparent의 경우 true로 값을 설정하면 배경을 투명하게 해줍니다. 그래서 모달 뒤의 화면이 보이게 되지요. 만약 이 값을 설정하지 않으면 기본적으로 모달의 배경이 흰색으로 나타나게 됩니다.

onRequestClose는 안드로이드에서 뒤로가기 버튼을 눌렀을 때 호출되는 함수입니다. UploadModeModal에서는 두 개의 Props를 받아옵니다. visible 값은 Modal 컴포넌트에 그대로 전달되는 값이며, onClose는 모달을 닫는 함수인데 이 함수는 모달의 검정색 영역을 눌렀을 때 호출됩니다. 추가로 안드로이드에서 뒤로가기 버튼을 눌렀을 때도 호출하도록 onRequestClose를 설정해주세요.

컴포넌트를 다 만들었으면 CameraButton 컴포넌트에서 사용해보세요.

components/CameraButton.js

```
import React, {useState} from 'react';
import {View, Pressable, StyleSheet, Platform} from 'react-native';
import {useSafeAreaInsets} from 'react-native-safe-area-context';
import Icon from 'react-native-vector-icons/MaterialIcons';
import UploadModeModal from './UploadModeModal';

const TABBAR_HEIGHT = 49;

function CameraButton() {
  const insets = useSafeAreaInsets();
  const [modalVisible, setModalVisible] = useState(false);

  const bottom = Platform.select({
    android: TABBAR_HEIGHT / 2,
    ios: TABBAR_HEIGHT / 2 + insets.bottom - 4,
  });

  return (
    <>
      <View style={[styles.wrapper, {bottom}]}>
        <Pressable
          android_ripple={{
            color: '#ffffff',
          }}
          style={styles.circle}
```

```
        onPress={() => setModalVisible(true)}>
          <Icon name="camera-alt" color="white" size={24} />
        </Pressable>
      </View>
      <UploadModeModal
        visible={modalVisible}
        onClose={() => setModalVisible(false)}
      />
    </>
  );
}
```

(...)

이제 카메라 버튼을 눌러보세요. 다음과 같이 모달이 잘 나타나나요? 검정색 영역을 눌러서 잘 닫히는지, 또 안드로이드의 뒤로가기 버튼으로도 닫히는지 확인해보세요.

▼ 그림 9-4 UploadModeModal

9.3.2.2 ActionSheetIOS로 선택하기

이번에는 iOS에서 모달 대신 ActionSheetIOS로 사용자가 원하는 작업을 선택할 수 있도록 구현해주겠습니다. 참고로 방금 안드로이드를 위해 만든 모달을 iOS에서 사용해도 전혀 문제가 되지 않습니다. 하지만 iOS에서는 ActionSheetIOS를 사용하는 것이 더욱 자연스럽기에, 이를 사용하겠습니다.

ActionSheetIOS의 사용법은 다음과 같습니다.

```
ActionSheetIOS.showActionSheetWithOptions(
  {
    options: ['작업1', '작업2', '작업3', '취소'],
    title: '제목',
    message: '설명',
    // 버튼이 빨간색으로 나타납니다. 주로 삭제, 초기화 같은 작업을 할 때 사용합니다.
    destructiveButtonIndex: 2,
    cancelButtonIndex: 3, // 취소 버튼의 index를 정합니다.
  },
  (buttonIndex) => {
    // 선택한 버튼의 index 값을 파라미터로 받아옵니다.
  },
);
```

CameraButton 컴포넌트를 다음과 같이 수정해보세요.

components/CameraButton.js

```
import React, {useState} from 'react';
import {
  View,
  Pressable,
  StyleSheet,
  Platform,
  ActionSheetIOS,
} from 'react-native';
import {useSafeAreaInsets} from 'react-native-safe-area-context';
import Icon from 'react-native-vector-icons/MaterialIcons';
import UploadModeModal from './UploadModeModal';

const TABBAR_HEIGHT = 49;

function CameraButton() {
  const insets = useSafeAreaInsets();
  const [modalVisible, setModalVisible] = useState(false);

  const bottom = Platform.select({
    android: TABBAR_HEIGHT / 2,
    ios: TABBAR_HEIGHT / 2 + insets.bottom - 4,
```

```
    });

    const onPress = () => {
      if (Platform.OS === 'android') {
        setModalVisible(true);
        return;
      }

      ActionSheetIOS.showActionSheetWithOptions(
        {
          options: ['카메라로 촬영하기', '사진 선택하기', '취소'],
          cancelButtonIndex: 2,
        },
        (buttonIndex) => {
          if (buttonIndex === 0) {
            console.log('카메라 촬영');
          } else if (buttonIndex === 1) {
            console.log('사진 선택');
          }
        },
      );
    };

    return (
      <>
        <View style={[styles.wrapper, {bottom}]}>
          <Pressable
            android_ripple={{
              color: '#ffffff',
            }}
            style={styles.circle}
            onPress={onPress}>
            <Icon name="camera-alt" color="white" size={24} />
          </Pressable>
        </View>
        <UploadModeModal
          visible={modalVisible}
          onClose={() => setModalVisible(false)}
        />
      </>
    );
}

(...)
```

이제 iOS에서 카메라 버튼을 눌러보세요. 다음과 같이 선택할 수 있는 UI가 나타났나요?

9.3.2.3 react-native-image-picker 사용하기

사용자가 원하는 작업을 모달 또는 액션 시트에서 골랐을 때 react-native-image-picker로
사진을 촬영하거나 갤러리에서 이미지를 선택할 수 있게 구현해줍시다.

CameraButton을 다음과 같이 수정하세요.

components/CameraButton.js

```
(...)
import {launchImageLibrary, launchCamera} from 'react-native-image-picker';

const TABBAR_HEIGHT = 49;

const imagePickerOption = {
  mediaType: 'photo',
  maxWidth: 768,
  maxHeight: 768,
  includeBase64: Platform.OS === 'android',
};
```

```
function CameraButton() {
  (...)

  const onPickImage = (res) => {
    if (res.didCancel || !res) {
      return;
    }
    console.log(res);
  };

  const onLaunchCamera = () => {
    launchCamera(imagePickerOption, onPickImage);
  };

  const onLaunchImageLibrary = () => {
    launchImageLibrary(imagePickerOption, onPickImage);
  };

  const onPress = () => {
    if (Platform.OS === 'android') {
      setModalVisible(true);
      return;
    }

    ActionSheetIOS.showActionSheetWithOptions(
      {
        title: '사진 업로드',
        options: ['카메라로 촬영하기', '사진 선택하기', '취소'],
        cancelButtonIndex: 2,
      },
      (buttonIndex) => {
        if (buttonIndex === 0) {
          onLaunchCamera();
        } else if (buttonIndex === 1) {
          onLaunchImageLibrary();
        }
      },
    );
  };

  return (
    <>
      (...)
```

498

```
      <UploadModeModal
        visible={modalVisible}
        onClose={() => setModalVisible(false)}
        onLaunchCamera={onLaunchCamera}
        onLaunchImageLibrary={onLaunchImageLibrary}
      />
    </>
  );
}

(...)
```

카메라 촬영과 갤러리에서 이미지 선택, 둘 다 같은 옵션을 공유하기 때문에 옵션 객체를 컴포넌트
코드 상단에서 상수로 선언해줬습니다.

다음으로 UploadModeModal 컴포넌트에서 방금 전달한 onLaunchCamera와 onLaunchImageLibrary
를 각 버튼의 onPress로 설정하세요.

components/UploadModeModal.js

```
import React from 'react';
import {StyleSheet, Modal, View, Pressable, Text} from 'react-native';
import Icon from 'react-native-vector-icons/MaterialIcons';

function UploadModeModal({
  visible,
  onClose,
  onLaunchCamera,
  onLaunchImageLibrary,
}) {
  return (
    <Modal
      visible={visible}
      transparent={true}
      animationType="fade"
      onRequestClose={onClose}>
      <Pressable style={styles.background} onPress={onClose}>
        <View style={styles.whiteBox}>
          <Pressable
            style={styles.actionButton}
            android_ripple={{color: '#eee'}}
            onPress={() => {
```

```
        onLaunchCamera();
        onClose();
      }}>
      <Icon
        name="camera-alt"
        color="#757575"
        size={24}
        style={styles.icon}
      />
      <Text style={styles.actionText}>카메라로 촬영하기</Text>
    </Pressable>
    <Pressable
      style={styles.actionButton}
      android_ripple={{color: '#eee'}}
      onPress={() => {
        onLaunchImageLibrary();
        onClose();
      }}>
      <Icon name="photo" color="#757575" size={24} style={styles.icon} />
      <Text style={styles.actionText}>사진 선택하기</Text>
    </Pressable>
    </View>
    </Pressable>
  </Modal>
 );
}

(...)
```

---

onPress에서 Props로 받아온 원하는 함수와 onClose를 함께 호출하도록 구현해줬습니다. 이러면 각 버튼이 눌릴 때 모달 또한 닫힙니다.

여기까지 구현하면 업로드할 이미지를 카메라로 촬영하거나, 갤러리에서 선택해 고를 수 있습니다.

참고로 안드로이드 시뮬레이터에서는 가상 카메라를 사용할 수 있지만, iOS 시뮬레이터에서는 가상 카메라를 사용할 수 없습니다. 카메라 기능이 제대로 작동하는지는 실제 기기에서 확인해야 하므로 이번 장에서 카메라 기능 테스트는 생략하겠습니다.

9.3.3 포스트 작성 화면 만들기

포스트 작성 화면을 만들고, 이미지를 선택할 때 해당 이미지 정보를 포스트 작성 화면으로 넘겨서 새로운 포스트 작성 기능을 구현해봅시다. screens 디렉터리에 UploadScreen 컴포넌트를 다음과 같이 만드세요.

screens/UploadScreen.js

```
import React from 'react';
import {StyleSheet, View} from 'react-native';

function UploadScreen() {
  return <View style={styles.block} />;
}

const styles = StyleSheet.create({
  block: {},
});

export default UploadScreen;
```

다음으로 이 화면을 내비게이션에 등록해야 하는데요. 이 화면은 MainTab의 하단 탭을 가리고 그 위에 띄울 것이기 때문에 RootStack에 등록하겠습니다. 로그인 상태에서만 접근 가능한 화면이므로 user 값이 유효할 때 보여주는 Fragment 부분에 등록해주세요.

screens/RootStack.js

```
(...)
import UploadScreen from './UploadScreen';

const Stack = createNativeStackNavigator();

function RootStack() {
  (...)

  return (
    <Stack.Navigator>
      {user ? (
        <>
          <Stack.Screen
            name="MainTab"
            component={MainTab}
            options={{headerShown: false}}
```

```
        />
        <Stack.Screen
          name="Upload"
          component={UploadScreen}
          options={{title: '새 게시물', headerBackTitle: '뒤로가기'}}
        />
      </>
    ) : (...)}
    </Stack.Navigator>
  );
}


export default RootStack;
```

그다음엔 CameraButton의 onPickImage 함수에서 방금 만든 포스트 작성 화면의 res 값을 라우트
파라미터로 넣어서 열어주세요.

components/CameraButton.js

```
(...)
import {useNavigation} from '@react-navigation/native';

const TABBAR_HEIGHT = 49;

const imagePickerOption = {
  mediaType: 'photo',
  maxWidth: 768,
  maxHeight: 768,
  includeBase64: Platform.OS === 'android',
};

function CameraButton() {
  const insets = useSafeAreaInsets();
  const [modalVisible, setModalVisible] = useState(false);
  const navigation = useNavigation();

  const bottom = Platform.select({
    android: TABBAR_HEIGHT / 2,
    ios: TABBAR_HEIGHT / 2 + insets.bottom - 4,
  });

  const onPickImage = (res) => {
    if (res.didCancel || !res) {
      return;
```

```
    }
    navigation.push('Upload', {res});
  };

  (...)
```

이제 포스트 작성 화면에서 res 라우트 파라미터를 받아와 이를 Image 컴포넌트를 사용해 화면에 보여줍시다. 그리고 이미지 아래에는 TextInput을 보여주세요.

screens/UploadScreen.js

```javascript
import {useRoute} from '@react-navigation/native';
import React, {useEffect, useRef, useState} from 'react';
import {
  StyleSheet,
  TextInput,
  View,
  Image,
  useWindowDimensions,
} from 'react-native';

function UploadScreen() {
  const route = useRoute();
  const {res} = route.params || {};
  const {width} = useWindowDimensions();

  return (
    <View style={styles.block}>
      <Image
        source={{uri: res.assets[0]?.uri}}
        style={[styles.image, {height: width}]}
        resizeMode="cover"
      />
      <TextInput
        style={styles.input}
        multiline={true}
        placeholder="이 사진에 대한 설명을 입력하세요..."
        textAlignVertical="top"
      />
    </View>
  );
}

const styles = StyleSheet.create({
```

```
  block: {
    flex: 1,
  },
  image: {width: '100%'},
  input: {
    paddingHorizontal: 16,
    paddingTop: 16,
    paddingBottom: 16,
    flex: 1,
    fontSize: 16,
  },
});
```

```
export default UploadScreen;
```

이미지 높이는 useWindowDimensions를 통해 화면의 가로 크기를 가져온 다음, 1:1 비율로 보여주
도록 설정했습니다. 이 상황에서 alignRatio 스타일을 사용해 구현할 수도 있습니다만, 추후 구
현 과정에서 width 값을 사용해야 할 일이 있으니 일단 이 값을 사용해주세요.

이제 카메라 버튼으로 이미지를 선택해보세요. 다음과 같이 선택한 이미지가 화면에 잘 나타나나
요? 하단에 TextInput도 잘 나타났는지 확인해보세요.

❤ 그림 9-6 UploadScreen에서 선택한 이미지 보여주기

여기서 TextInput을 누르면 키보드가 나타납니다(iOS의 경우 ⌘ + K 를 눌러야 나타납니다). 이때 키보드가 TextInput 컴포넌트를 가려서 입력하는 데 방해가 됩니다. 이럴 경우 KeyboardAvoidingView를 사용해 키보드가 컴포넌트를 가리지 않도록 구현할 수 있지만, 지금과 같은 레이아웃일 때는 구현하기가 좀 복잡합니다. KeyboardAvoidingView를 사용하지 않고 Animated를 사용해 직접 처리해주는 편이 더욱 자연스럽고 쉽습니다.

키보드가 나타났을 때 이미지의 세로 크기가 점점 작아지면서 화면에서 사라지는 효과를 구현해 봅시다. 우선 키보드가 나타났는지 어떻게 감지할 수 있을까요? 이는 키보드에 이벤트를 등록해 알 수 있는데, 방법은 다음과 같습니다.

```
import {Keyboard} from 'react-native';

// 이벤트 등록
const didShow = Keyboard.addListener('keyboardDidShow', () => {
  console.log('키보드가 나타남')
});
const didHide = Keyboard.addListener('keyboardDidHide', () => {
  console.log('키보드가 사라짐')
});

// 이벤트 해제
didShow.remove();
didHide.remove();
```

이렇게 이벤트를 등록하고 해제하는 작업을 컴포넌트의 useEffect에서 해주면 됩니다. 컴포넌트가 화면에 나타날 때 이벤트를 등록하고, 사라질 때 이벤트를 해제해야 하므로 deps 배열은 비워 줘야겠지요?

useState로 isKeyboardOpen이라는 Boolean 형태의 상태를 만들고, 키보드 이벤트에 따라 값을 변경하도록 구현하겠습니다. 그리고 이 값이 바뀔 때 애니메이션 효과를 주겠습니다.

screens/UploadScreen.js

```
import {useRoute} from '@react-navigation/native';
import React, {useEffect, useRef, useState} from 'react';
import {
  StyleSheet,
  TextInput,
  View,
  Animated,
  Keyboard,
```

```
  useWindowDimensions,
} from 'react-native';

function UploadScreen() {
  const route = useRoute();
  const {res} = route.params || {};
  const {width} = useWindowDimensions();
  const animation = useRef(new Animated.Value(width)).current;
  const [isKeyboardOpen, setIsKeyboardOpen] = useState(false);

  useEffect(() => {
    const didShow = Keyboard.addListener('keyboardDidShow', () =>
      setIsKeyboardOpen(true),
    );
    const didHide = Keyboard.addListener('keyboardDidHide', () =>
      setIsKeyboardOpen(false),
    );

    return () => {
      didShow.remove();
      didHide.remove();
    };
  }, []);

  useEffect(() => {
    Animated.timing(animation, {
      toValue: isKeyboardOpen ? 0 : width,
      useNativeDriver: false,
      duration: 150,
      delay: 100,
    }).start();
  }, [isKeyboardOpen, width, animation]);

  return (
    <View style={styles.block}>
      <Animated.Image
        source={{uri: res.assets[0]?.uri}}
        style={[styles.image, {height: animation}]}
        resizeMode="cover"
      />
      <TextInput
        style={styles.input}
        multiline={true}
```

```
        placeholder="이 사진에 대한 설명을 입력하세요..."
        textAlignVertical="top"
      />
    </View>
  );
}

(...)
```

이 애니메이션은 레이아웃에 변화를 주기 때문에 useNativeDriver 값은 false로 지정했습니다. 추가로 delay 값을 설정해 50ms 이후 애니메이션이 시작되도록 구현했습니다. 이렇게 한 이유는 키보드가 나타나는 시간과 겹치지 않게 하기 위해서입니다. 만약 키보드가 나타남과 동시에 애니메이션이 시작된다면 애니메이션이 부드럽게 나타나지 않고 뚝뚝 끊기는 느낌이 날 수 있습니다.

화면에서 TextInput을 눌러보세요. 키보드가 나타날 때 화면에서 이미지가 사라지나요?

▼ 그림 9-7 키보드가 나타난 후 사라진 이미지

이제 TextInput의 문자열 상태도 useState를 사용해 관리해봅시다. description이라는 이름을 사용하겠습니다.

```
(...)

function UploadScreen() {
  (...)
  const [description, setDescription] = useState('');
  (...)
  return (
    <View style={styles.block}>
      <Animated.Image
        source={{uri: res.assets[0]?.uri}}
        style={[styles.image, {height: animation}]}
        resizeMode="cover"
      />
      <TextInput
        style={styles.input}
        multiline={true}
        placeholder="이 사진에 대한 설명을 입력하세요..."
        textAlignVertical="top"
        value={description}
        onChangeText={setDescription}
      />
    </View>
  );
}

(...)
```

다음으로 포스트 작성 화면의 우측 상단에 등록 버튼을 보여줍시다. 등록 버튼은 종이비행기 모양 아이콘을 사용하겠습니다. 우측 상단 아이콘 버튼은 현재 포스트 작성 화면 외에도 추후 포스트 수정 화면과 프로필 화면에서도 사용되기 때문에, 재사용할 수 있게 만들어보겠습니다.

components 디렉터리에 IconRightButton 컴포넌트를 다음과 같이 만들어보세요.

```
import React from 'react';
import {StyleSheet, View, Pressable, Platform} from 'react-native';
import Icon from 'react-native-vector-icons/MaterialIcons';

function IconRightButton({name, color, onPress}) {
  return (
```

```
    <View style={styles.block}>
      <Pressable
        style={({pressed}) => [
          styles.circle,
          Platform.OS === 'ios' &&
            pressed && {
              opacity: 0.3,
            },
        ]}
        onPress={onPress}
        android_ripple={{color: '#eee'}}>
        <Icon name={name} color={color} size={24} />
      </Pressable>
    </View>
  );
}

IconRightButton.defaultProps = {
  color: '#6200ee',
};

const styles = StyleSheet.create({
  block: {
    marginRight: -8,
    borderRadius: 24,
    overflow: 'hidden',
  },
  circle: {
    height: 48,
    width: 48,
    alignItems: 'center',
    justifyContent: 'center',
  },
});

export default IconRightButton;
```

이 컴포넌트는 Props로 받아온 name 값을 사용해 Material 아이콘을 보여줍니다. 아이콘 색상은 color Props로 설정되며, 이 값이 비어있으면 기본값으로 보라색(#6200ee)을 사용합니다. 이 컴포넌트의 스타일을 보면 marginRight의 값을 -8로 설정했습니다. 이렇게 음수 값으로 설정해주면 우측에 8dp만큼 여백이 생기는 게 아니라, 8dp만큼 컴포넌트가 이동하게 됩니다. 만약 이 값을 설정하지 않으면 헤더의 기본 패딩 때문에 컴포넌트가 우측에서 너무 많이 떨어져 있는 현상이 나타납니다.

이 컴포넌트를 포스트 작성 화면 헤더의 우측에 보여주는 방법은 두 가지가 있습니다. 하나는 RootStack에서 화면 설정을 통한 방법, 또 하나는 UploadScreen에서 navigation.setOptions로 설정하는 방법입니다. 우리는 이 버튼을 눌렀을 때 UploadScreen에 있는 상태를 사용해야 하니, 두 번째 방법으로 구현해주겠습니다.

screens/UploadScreen.js

```
import React, {useEffect, useRef, useState, useCallback} from 'react';
import {
  StyleSheet,
  TextInput,
  View,
  useWindowDimensions,
  Keyboard,
  Animated,
} from 'react-native';
import {useNavigation, useRoute} from '@react-navigation/native';
import IconRightButton from '../components/IconRightButton';

function UploadScreen() {
  (...)
  const navigation = useNavigation();
  const onSubmit = useCallback(() => {
    // TODO: 포스트 작성 로직 구현
  }, []);
  (...)
  useEffect(() => {
    navigation.setOptions({
      headerRight: () => <IconRightButton onPress={onSubmit} name="send" />,
    });
  }, [navigation, onSubmit]);

  return (
    <View style={styles.block}>
      <Animated.Image
        source={{uri: res.assets[0]?.uri}}
        style={[styles.image, {height: animation}]}
        resizeMode="cover"
      />
```

```
  <TextInput
    style={styles.input}
    multiline={true}
    placeholder="이 사진에 대한 설명을 입력하세요..."
    textAlignVertical="top"
    value={description}
    onChangeText={setDescription}
  />
  </View>
 );
}
```

(...)

IconRightButton을 눌렀을 때 호출되는 함수 onSubmit을 미리 준비했습니다. 이 함수는 useEffect 내부에서 내비게이션 설정으로 headerRight를 설정하는 과정에서 사용되므로, useCallback을 사용해야 합니다. 이 상황에서 반드시 useCallback을 사용해야 하는 것은 아니지만, 사용하지 않으면 키보드가 열리고 닫힐 때마다 방금 작성한 useEffect가 무의미하게 실행되어 리소스를 낭비하게 됩니다.

이제 화면을 확인해보세요. 우측 상단에 종이비행기 아이콘이 나타났나요?

▼ 그림 9-8 IconRightButton

9.3.4 Firestore에 포스트 등록하기

포스트 작성을 위한 UI 준비는 모두 끝났습니다. 이제 버튼을 눌렀을 때 Firestore에 데이터를 등록시키면 됩니다. 앞에서 Firestore로 사용자를 등록하고 조회할 때 lib/users.js에 함수들을 작성해준 것처럼, 이번에도 lib 디렉터리에 posts.js라는 파일을 생성해 이 파일 안에 Firestore에 포스트를 읽고 쓰는 함수들을 작성해주겠습니다.

다음과 같이 코드를 작성해보세요.

```
import firestore from '@react-native-firebase/firestore';

const postsCollection = firestore().collection('posts');

export function createPost({user, photoURL, description}) {
  return postsCollection.add({
    user,
    photoURL,
    description,
    createdAt: firestore.FieldValue.serverTimestamp(),
  });
}
```

이번에 사용할 컬렉션의 이름은 posts입니다. 지난번 users.js 파일에서 createUser 함수를 구현할 때는 Firebase 인증으로 얻은 사용자의 고유 id를 문서의 id로 사용했고, 데이터를 등록하기 전에 id를 이미 알고 있는 상황이라 collection.doc(id).set() 함수를 사용했습니다. 이번에는 그 상황과 달리 데이터를 등록하기 전에 id를 알지 못하므로, 데이터를 등록할 때마다 새 id를 생성해줘야 하지요. 이런 상황에서는 collection.add() 함수를 사용합니다.

createPost 함수에서 user는 UserContext에 담긴 현재 사용자의 정보 객체이고, photoURL은 업로드할 이미지의 주소, description은 이미지에 대한 설명 텍스트입니다.

createdAt 값의 경우 firestore.FieldValue.serverTimestamp() 값으로 설정해줬는데, 이렇게 하면 Firestore에 데이터가 등록되고 나서 Firestore 서버 측에서 해당 데이터의 값을 다시 지정해줍니다. 만약 createdAt 값을 직접 넣어주면 데이터 생성 날짜가 서버의 시간이 아니라 사용자의 시간이 되므로 정확하지 않은 시간이 등록될 수 있겠죠? 그래서 서버 측에서 값을 정하도록 설정한 것입니다.

이 함수가 준비됐다면 포스트 작성 화면에서 Firebase Storage에 이미지를 업로드하고 방금 만든 함수를 호출해줍시다. 이미지를 업로드하는 방법은 SetupProfile 컴포넌트에서 했던 것과 동일합니다. 경로만 다른데, 사진의 업로드 경로는 `/photo/${user.uid}/${v4()}.${extension}` 으로 하겠습니다. 여기서 v4()는 UUID v4입니다. 해당 고유 ID를 생성하기 위해 라이브러리를 설치해주세요.

```
$ yarn add uuid react-native-get-random-values
$ npx pod-install
```

react-native에서 uuid 라이브러리가 작동하려면 사전에 react-native-get-random-values를 index.js에서 불러와야 합니다.

```javascript
import {AppRegistry} from 'react-native';
import App from './App';
import {name as appName} from './app.json';
import 'react-native-get-random-values';


AppRegistry.registerComponent(appName, () => App);
```

설정한 후에는 yarn ios와 yarn android를 다시 실행해주세요. 그다음 UploadScreen의 onSubmit 함수를 구현해보세요.

```javascript
import {useNavigation, useRoute} from '@react-navigation/native';
import React, {useCallback, useEffect, useRef, useState} from 'react';
import {
  (...)
  Platform,
} from 'react-native';
import IconRightButton from '../components/IconRightButton';
import storage from '@react-native-firebase/storage';
import {useUserContext} from '../contexts/UserContext';
import {v4} from 'uuid';
import {createPost} from '../lib/posts';

function UploadScreen() {
  (...)
  const {user} = useUserContext();
  const onSubmit = useCallback(async () => {
    navigation.pop();
    const asset = res.assets[0];

    const extension = asset.fileName.split('.').pop();
    const reference = storage().ref(`/photo/${user.id}/${v4()}.${extension}`);
    if (Platform.OS === 'android') {
      await reference.putString(asset.base64, 'base64', {
        contentType: asset.type,
      });
    } else {
```

```
    await reference.putFile(asset.uri);
  }
  const photoURL = await reference.getDownloadURL();
  await createPost({description, photoURL, user});
    // TODO: 포스트 목록 새로고침
}, [res, user, description, navigation]);
```

(. . .)

이제 포스트 작성 기능이 완료됐습니다! 포스트 목록을 새로고침하는 기능이 남아있긴 한데, 이건 목록 조회 기능을 구현한 뒤 처리해주겠습니다.

이미지를 선택하고 설명까지 입력한 뒤에 우측 상단의 작성 버튼을 눌러보세요. 그리고 Firebase 콘솔 페이지의 Firestore 탭을 열어보세요.

▼ 그림 9-9 포스트 작성 성공

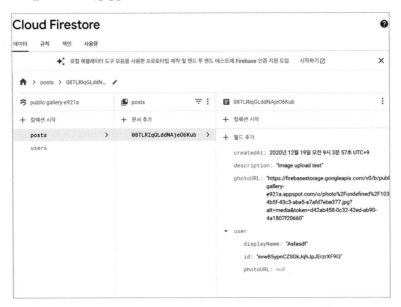

포스트 작성이 성공했다면 이처럼 posts 컬렉션에서 방금 작성한 포스트의 정보를 조회할 수 있습니다.

그리고 추가로 한 가지 더 작업해줘야 하는데요. iOS에서 텍스트를 입력할 때 Enter 를 많이 입력하면 텍스트가 화면 밖에 보이는 현상이 발생합니다. 이를 방지하기 위해 다음과 같이 KeyboardAvoidingView를 사용해주세요.

```
(...)
import {
  (...)
  KeyboardAvoidingView,
} from 'react-native';
(...)

function UploadScreen() {
  (...)
  return (
    <KeyboardAvoidingView
      behavior={Platform.select({ios: 'height'})}
      style={styles.block}
      keyboardVerticalOffset={Platform.select({
        ios: 180,
      })}>
      (...)
    </KeyboardAvoidingView>
  );
}

(...)
```

REACT NATIVE

9.4 / 포스트 목록 조회하기

이번에는 포스트 목록을 조회하는 기능을 구현해보겠습니다. 포스트 목록을 조회하는 데는 다음 세 가지 경우가 있습니다.

- 지금까지 작성한 포스트 중 최근 n개 불러오기
- 특정 포스트 이전에 작성한 포스트 n개 불러오기
- 특정 포스트 이후에 작성한 포스트 n개 불러오기

이 기능을 차근차근 구현해보겠습니다.

9.4.1 PostCard 컴포넌트 만들기

포스트의 정보를 보여주는 PostCard 컴포넌트를 만들어봅시다. 이 컴포넌트는 두 가지 상황에서 사용합니다. 우선 포스트의 목록을 세로로 나열하는 상황, 그리고 나중에 사용자 프로필 화면에서 하나의 포스트를 조회하는 상황입니다.

이 컴포넌트에 필요한 Props는 다음과 같이 다섯 개입니다.

- **user**: 작성자의 계정 정보 객체
- **photoURL**: 사진 URL
- **description**: 사진 설명
- **createdAt**: 작성 날짜
- **postId**: 포스트의 고유 ID

postId 값은 화면에 보이는 값은 아니지만, 추후 포스트를 수정하거나 삭제할 때 필요합니다. components 디렉터리에 PostCard.js 파일을 생성해 다음 코드를 입력하세요.

components/PostCard.js

```javascript
import React, {useMemo} from 'react';
import {View, StyleSheet, Text, Image, Pressable} from 'react-native';

function PostCard({user, photoURL, description, createdAt, id}) {
  const date = useMemo(
    () => (createdAt ? new Date(createdAt._seconds * 1000) : new Date()),
    [createdAt],
  );

  const onOpenProfile = () => {
    // TODO: 사용자 프로필 화면 열기
  };

  return (
    <View style={styles.block}>
      <View style={[styles.head, styles.paddingBlock]}>
        <Pressable style={styles.profile} onPress={onOpenProfile}>
            source={
              user.photoURL
                ? {
                    uri: user.photoURL,
```

```
            }
              : require('../assets/user.png')
          }
          resizeMode="cover"
          style={styles.avatar}
        />
          <Text style={styles.displayName}>{user.displayName}</Text>
        </Pressable>
      </View>
      <Image
        source={{{uri: photoURL}}}
        style={styles.image}
        resizeMethod="resize"
        resizeMode="cover"
      />
      <View style={styles.paddingBlock}>
        <Text style={styles.description}>{description}</Text>
        <Text date={date} style={styles.date}>
          {date.toLocaleString()}
        </Text>
      </View>
    </View>
  );
}

const styles = StyleSheet.create({
  block: {
    paddingTop: 16,
    paddingBottom: 16,
  },
  avatar: {
    width: 32,
    height: 32,
    borderRadius: 16,
  },
  paddingBlock: {
    paddingHorizontal: 16,
  },
  head: {
    flexDirection: 'row',
    alignItems: 'center',
    justifyContent: 'space-between',
    marginBottom: 16,
```

```
  },
  profile: {
    flexDirection: 'row',
    alignItems: 'center',
  },
  displayName: {
    lineHeight: 16,
    fontSize: 16,
    marginLeft: 8,
    fontWeight: 'bold',
  },
  image: {
    backgroundColor: '#bdbdbd',
    width: '100%',
    aspectRatio: 1,
    marginBottom: 16,
  },
  description: {
    fontSize: 16,
    lineHeight: 24,
    marginBottom: 8,
  },
  date: {
    color: '#757575',
    fontSize: 12,
    lineHeight: 18,
  },
});

export default PostCard;
```

여기서 styles.head에 justifyContent: 'space-between' 스타일을 부여했습니다. 이 스타일을 적용한 이유는 해당 포스트가 자신의 포스트라면 우측 상단에 점 3개 아이콘을 보여주기 위함입니다. 이 아이콘을 누르면 사용자는 포스트를 삭제하거나 수정할 수 있습니다.

그리고 사용자 프로필 이미지를 보여줄 때 만약 프로필 이미지가 존재하지 않으면 assets 디렉터리에 저장한 기본 프로필 이미지를 보여주도록 설정했습니다.

9.4.2 Firestore로 포스트 목록 조회하기

포스트 정보를 보여줄 컴포넌트를 만들었으니, 이제 Firestore로 포스트 목록을 조회해보겠습니다. lib/posts.js 파일을 열어서 다음 함수를 추가해주세요.

lib/posts.js

```
(...)

export async function getPosts() {
  const snapshot = await postsCollection.get();
  const posts = snapshot.docs.map((doc) => ({
    id: doc.id,
    ...doc.data(),
  }));
  return posts;
}
```

컬렉션의 get 함수를 호출하면 해당 컬렉션의 QuerySnapshot 객체가 반환되는데, 우리가 요청한 정보에 대한 결과를 담고 있습니다. QuerySnapshot 객체 내부에 docs라는 배열이 있고, 이 배열 안에 각 문서에 대한 정보가 들어있지요. 만약 조회 결과가 없다면 빈 배열이 나타납니다.

문서 안의 데이터를 확인하려면 문서의 data 함수를 호출해야 합니다. 우리는 QuerySnapshot을 받아온 다음, map 함수를 통해 id가 포함된 객체로 변환했습니다. data 함수를 호출한 결과에는 다음과 같이 데이터의 고유 ID 값이 존재하지 않기 때문에 따로 넣어준 것입니다.

```
{
  "createdAt": {
    "nanoseconds": 425000000,
    "seconds": 1620593805
  },
  "description": "vxcvzxcv",
  "photoURL": "https://firebasestorage.googleapis.com/v0/b/publicgallery-
f77ea.appspot.com/o/photo%2Fundefined%2Fa22f1e90-2254-42f3-b151-40abaf952093.
jpg?alt=media&token=1030d10b-dd2b-49a5-9a95-2dfe9c0ace87",
  "user": {
    "displayName": "aw35baw35b",
    "id": "XXi0CfuZe5b47EhkeVjzZ2VFtrg1",
    "photoURL": null
  }
}
```

9.4.3 FeedScreen에서 getPost 호출 후 FlatList로 보여주기

이제 FeedScreen 화면이 보일 때 포스트 정보들을 띄우도록 구현해보겠습니다. getPost 함수를 호출해 데이터를 조회한 뒤 FlatList를 사용할 것입니다. 화면에 FeedScreen 화면을 보여주는 시점에 특정 작업을 하려면 useEffect를 사용하면 됩니다. posts라는 배열 상태를 선언하고, useEffect에서 getPost를 호출한 뒤 결괏값을 상태에 담으세요. 그리고 FlatList를 사용해 배열 안의 데이터에 기반해 PostCard 컴포넌트를 보여주세요.

screens/FeedScreen.js

```
import React, {useEffect, useState} from 'react';
import {FlatList} from 'react-native';
import PostCard from '../components/PostCard';
import {getPosts} from '../lib/posts';

function FeedScreen() {
  const [posts, setPosts] = useState(null);

  useEffect(() => {
    // 컴포넌트가 처음 마운트될 때 포스트 목록을 조회한 후 `posts` 상태에 담기
    getPosts().then(setPosts);
  }, []);

  return (
    <FlatList
      data={posts}
      renderItem={renderItem}
      keyExtractor={(item) => item.id}
    />
  );
}

const renderItem = ({item}) => (
  <PostCard
    createdAt={item.createdAt}
    description={item.description}
    id={item.id}
```

```
      user={item.user}
      photoURL={item.photoURL}
    />
  );
```

```
export default FeedScreen;
```

이 코드에서 renderItem을 FeedScreen 함수 컴포넌트 밖에 선언해줬는데요. FlatList에서 보여
지는 컴포넌트의 개수가 많을 경우에는 컴포넌트 내부에서 renderItem을 렌더링할 때마다 매번
renderItem을 만드는 것보다는 한 번만 만들고 재사용하는 것이 성능 면에서 더욱 좋습니다. 이
렇게 컴포넌트 밖에 선언하지 않고 useMemo를 사용하는 것도 좋은 방법입니다.

여기까지 코드를 작성했다면 화면에 업로드한 사진의 정보가 나타날 것입니다.

▼ 그림 9-10 포스트 목록 조회하기

9.4.4 페이지네이션 및 시간순 정렬하기

현재 posts 컬렉션의 모든 데이터를 조회하고 있으며, 데이터는 각 문서의 고유 ID 값의 알파벳 순으로 나열됩니다.

이번에는 페이지네이션을 구현해볼 건데 기능을 구현하는 단계에서는 한 번에 3개씩만 불러오고, 추후에는 한 번에 12개씩 불러오도록 수정하겠습니다.

9.4.4.1 정렬 및 불러오는 수 제한하기

우선 포스트들을 시간순으로 정렬해봅시다. getPosts 함수를 다음과 같이 수정해보세요.

lib/posts.js – getPosts

```
export async function getPosts() {
  const snapshot = await postsCollection.orderBy('createdAt', 'desc').get();

  const posts = snapshot.docs.map((doc) => ({
    id: doc.id,
    ...doc.data(),
  }));

  return posts;
}
```

orderBy 함수를 사용하면 특정 속성으로 정렬할 수 있습니다. 이 함수의 첫 번째 파라미터는 속성 이름, 두 번째 파라미터는 'desc'(내림차순) 또는 'asc'(오름차순)입니다.

다음으로 불러오는 포스트 수를 3개로 제한해봅시다.

lib/posts.js – getPosts

```
export const PAGE_SIZE = 3;

export async function getPosts() {
  const snapshot = await postsCollection
    .orderBy('createdAt', 'desc')
    .limit(PAGE_SIZE)
    .get();

  const posts = snapshot.docs.map((doc) => ({
    id: doc.id,
    ...doc.data(),
  }));

  return posts;
}
```

현재 포스트의 수를 COUNT라는 상수로 선언해줬는데요. 이렇게 한 이유는 추후 페이지네이션을 구현하는 과정에서 함수를 두 개 더 만들면서 똑같은 값을 사용할 것이기 때문입니다. 또한, 컴포넌트에서 포스트 목록을 끝까지 불러왔는지 확인하기 위해 이 값을 참조하므로 이 값을 export해 줬습니다.

포스트를 더 작성해 개수를 9개 이상으로 맞춘 다음, 앱을 리로딩해보세요. 최근 작성한 순으로 3개만 로딩됐나요?

9.4.4.2 포스트 더 불러오기

이번에는 특정 포스트 이전에 작성한 포스트를 불러오는 getOlderPosts를 구현해봅시다.

lib/posts.js – getOlderPosts

```
(...)

export async function getOlderPosts(id) {
  const cursorDoc = await postsCollection.doc(id).get();
```

```
const snapshot = await postsCollection
  .orderBy('createdAt', 'desc')
  .startAfter(cursorDoc)
  .limit(PAGE_SIZE)
  .get();

const posts = snapshot.docs.map((doc) => ({
  id: doc.id,
  ...doc.data(),
}));

return posts;
}
```

이 함수는 특정 포스트의 ID 값을 파라미터로 받아와서 해당 포스트 이전에 작성한 포스트를 불러옵니다. 이번에도 불러오는 개수가 PAGE_SIZE만큼 제한되어 있습니다. startAfter는 숫자 또는 문서를 인자로 넣어줄 수 있습니다. 문서를 넣어주면 해당 문서 다음의 데이터가 반환되고, 숫자를 넣어주면 우리가 조회할 결과의 n번째 문서 이후의 데이터가 반환됩니다. 현재 상황에서는 문서 값을 넣는 것이 적합합니다. 다음 페이지를 불러오는 사이에 새로운 포스트가 작성될 수 있어, 이미 불러온 데이터를 또 한번 불러오는 현상이 발생할 수 있기 때문입니다.

startAfter와 비슷한 함수로는 startAt이 있습니다. 두 함수의 차이점은 파라미터로 넣은 정보를 포함하느냐의 여부입니다. startAfter는 파라미터로 받은 정보를 제외한 데이터를 반환하고, startAt은 파라미터로 받은 정보를 포함해 데이터를 반환합니다.

함수를 다 작성했으면 이 함수를 FeedScreen에서 사용해봅시다. FlatList에서 스크롤을 맨 아래까지 내렸을 때 이 함수를 호출하고 결과물을 posts 상태에 추가해주면 됩니다.

screens/FeedScreen.js

```
import React, {useEffect, useState} from 'react';
import {ActivityIndicator, FlatList, StyleSheet} from 'react-native';
import PostCard from '../components/PostCard';
import {getOlderPosts, getPosts, PAGE_SIZE} from '../lib/posts';

function FeedScreen() {
  const [posts, setPosts] = useState(null);
  // 마지막 포스트까지 조회했음을 명시하는 상태
  const [noMorePost, setNoMorePost] = useState(false);
  useEffect(() => {
    // 컴포넌트가 처음 마운트될 때 포스트 목록을 조회한 후 posts 상태에 담기
```

```
      getPosts().then(setPosts);
    }, []);

    const onLoadMore = async () => {
      if (noMorePost || !posts || posts.length < PAGE_SIZE) {
        return;
      }
      const lastPost = posts[posts.length - 1];
      const olderPosts = await getOlderPosts(lastPost.id);
      if (olderPosts.length < PAGE_SIZE) {
        setNoMorePost(true);
      }
      setPosts(posts.concat(olderPosts));
    };

    return (
      <FlatList
        data={posts}
        renderItem={renderItem}
        keyExtractor={(item) => item.id}
        contentContainerStyle={styles.container}
        onEndReached={onLoadMore}
        onEndReachedThreshold={0.75}
        ListFooterComponent={
          !noMorePost && (
            <ActivityIndicator style={styles.spinner} size={32} color="#6200ee" />
          )
        }
      />
    );
}

const renderItem = ({item}) => (...);

const styles = StyleSheet.create({
  container: {
    paddingBottom: 48,
  },
  spinner: {
    height: 64,
  },
});

export default FeedScreen;
```

posts 상태를 업데이트하는 것 외에도, 더 이상 불러올 포스트가 없다는 것을 의미하는 noMorePost 라는 상태를 만들어서 마지막으로 불러온 포스트의 개수가 PAGE_SIZE 미만이라면 다음 포스트를 더 이상 불러오지 않도록 구현해줬습니다. 그리고 noMorePost 값에 따라 스크롤을 맨 아래까지 내렸을 때 ActivityIndicator가 나타나도록 했습니다. 만약 추가로 불러올 수 있는 포스트가 있으면 스피너가 보이고 그렇지 않으면 보이지 않는 것이죠.

9.4.4.3 최근 작성한 포스트 불러오기

이번에는 최근 작성한 포스트를 불러오는 기능을 구현해보겠습니다. 즉, 포스트 목록을 한번 불러온 시점에서 그 이후에 새로 작성한 포스트를 불러오는 것이죠.

우선 해당 기능을 구현하기 위한 함수를 작성해볼까요? getNewerPosts라는 함수를 작성해볼 텐데 원리는 getOlderPosts와 비슷합니다. 함수의 코드는 getOlderPosts를 그대로 복사/붙여넣기하고 startAfter를 endBefore로 교체하면 됩니다.

lib/posts.js – getNewerPosts

(...)

```
export async function getNewerPosts(id) {
  const cursorDoc = await postsCollection.doc(id).get();
  const snapshot = await postsCollection
    .orderBy('createdAt', 'desc')
    .endBefore(cursorDoc)
    .limit(PAGE_SIZE)
    .get();

  const posts = snapshot.docs.map((doc) => ({
    id: doc.id,
    ...doc.data(),
  }));

  return posts;
}
```

endBefore는 특정 문서의 이전 문서들을 조회해줍니다. endBefore는 파라미터로 받은 문서의 정보를 포함하지 않고, endAt은 파라미터로 받은 문서의 정보를 포함합니다.

함수가 준비됐으면 FlatList에서 스와이프해 리프레시하는 기능을 구현해보겠습니다. 이 기능은

FlatList에서 스크롤이 맨 위에 위치할 때 아래로 당겨서 새로운 데이터를 불러옵니다. react-native의 컴포넌트 중 스크롤이 되는 컴포넌트에 내장되어 있으며 RefreshControl을 통해서 구현할 수 있습니다. FeedScreen을 다음과 같이 수정해보세요.

screens/FeedScreen.js

```javascript
import React, {useEffect, useState} from 'react';
import {
  ActivityIndicator,
  FlatList,
  RefreshControl,
  StyleSheet,
} from 'react-native';
import PostCard from '../components/PostCard';
import {getNewerPosts, getOlderPosts, getPosts, PAGE_SIZE} from '../lib/posts';

function FeedScreen() {
  const [posts, setPosts] = useState(null);
  // 마지막 포스트까지 조회했음을 명시하는 상태
  const [noMorePost, setNoMorePost] = useState(false);
  const [refreshing, setRefreshing] = useState(false);

  (...)

  const onRefresh = async () => {
    if (!posts || posts.length === 0 || refreshing) {
      return;
    }
    const firstPost = posts[0];
    setRefreshing(true);
    const newerPosts = await getNewerPosts(firstPost.id);
    setRefreshing(false);
    if (newerPosts.length === 0) {
      return;
    }
    setPosts(newerPosts.concat(posts));
  };

  return (
    <FlatList
      data={posts}
      renderItem={renderItem}
      keyExtractor={(item) => item.id}
```

```
      contentContainerStyle={styles.container}
      onEndReached={onLoadMore}
      onEndReachedThreshold={0.75}
      ListFooterComponent={
        !noMorePost && (
          <ActivityIndicator style={styles.spinner} size={32} color="#6200ee" />
        )
      }
      refreshControl={
        <RefreshControl onRefresh={onRefresh} refreshing={refreshing} />
      }
    />
  );
}

(...)
```

RefreshControl에는 두 가지 Props를 설정해야 합니다. onRefresh는 화면의 맨 위에서 아래로 끌어당겼을 때 호출할 함수입니다.

▼ 그림 9-11 RefreshControl

새 포스트를 작성하고 나서 스크롤이 맨 위에 있을 때 스크롤을 위로 더 올려보세요. 방금 작성한 포스트가 화면에 잘 나타나나요?

지금은 새 포스트를 작성했을 때 이렇게 수동으로 새로고침을 해야 하는데요. 추후에는 자동으로 새로고침 하도록 구현하겠습니다.

REACT NATIVE

9.5 / 사용자 프로필 화면 구현하기

이번에는 사용자 프로필 화면을 구현해보겠습니다. 지금까지 구현한 getPosts, getOlderPosts, getNewerPosts는 사용자들이 등록한 모든 포스트를 보여줍니다. 특정 사용자의 포스트만 조회할 수 있도록 함수를 수정해줘야 합니다.

9.5.1 Firestore 데이터 조회할 때 조건 추가하기

특정 조건을 걸어 포스트를 조회할 때는 다음과 같이 where 함수를 사용합니다.

```
const snapshot = await postsCollection
  .where('user.id', '==', userId)
  .orderBy('createdAt', 'desc')
  .limit(PAGE_SIZE)
  .get();
```

이와 같이 코드를 작성하면 포스트 중에서 user 객체의 id 값이 userId인 포스트들을 조회하게 됩니다.

기존에 구현한 함수에 userId라는 파라미터를 추가하고, 만약 이 파라미터가 존재하면 where를 사용하도록 함수들을 수정해보겠습니다.

lib/posts.js – getPosts, getOlderPosts, getNewerPosts

```
export async function getPosts(userId) {
  let query = postsCollection.orderBy('createdAt', 'desc').limit(PAGE_SIZE);
  if (userId) {
```

```
    query = query.where('user.id', '==', userId);
  }
  const snapshot = await query.get();

  const posts = snapshot.docs.map((doc) => ({
    id: doc.id,
    ...doc.data(),
  }));

  return posts;
}

export async function getOlderPosts(id, userId) {
  const cursorDoc = await postsCollection.doc(id).get();
  let query = postsCollection
    .orderBy('createdAt', 'desc')
    .startAfter(cursorDoc)
    .limit(PAGE_SIZE);
  if (userId) {
    query = query.where('user.id', '==', userId);
  }
  const snapshot = await query.get();

  const posts = snapshot.docs.map((doc) => ({
    id: doc.id,
    ...doc.data(),
  }));

  return posts;
}

export async function getNewerPosts(id, userId) {
  const cursorDoc = await postsCollection.doc(id).get();
  let query = postsCollection
    .orderBy('createdAt', 'desc')
    .endBefore(cursorDoc)
    .limit(PAGE_SIZE);
  if (userId) {
    query = query.where('user.id', '==', userId);
  }
  const snapshot = await query.get();

  const posts = snapshot.docs.map((doc) => ({
```

```
    id: doc.id,
    ...doc.data(),
  }));

  return posts;
}
```

let으로 query를 미리 선언하고, 만약 userId가 존재하면 where 함수를 사용하도록 구현해줬습니다.

9.5.2 포스트 조회 함수 리팩토링하기

이렇게 마무리해도 기능상에 문제는 없지만, 반복되는 코드가 상당히 많지요? 이를 한번 리팩토링해보겠습니다(반드시 해야 하는 작업은 아닙니다).

lib/posts.js – getPosts, getOlderPosts, getNewerPosts

```
export async function getPosts({userId, mode, id} = {}) {
  let query = postsCollection.orderBy('createdAt', 'desc').limit(PAGE_SIZE);
  if (userId) {
    query = query.where('user.id', '==', userId);
  }
  if (id) {
    const cursorDoc = await postsCollection.doc(id).get();
    query =
      mode === 'older'
        ? query.startAfter(cursorDoc)
        : query.endBefore(cursorDoc);
  }

  const snapshot = await query.get();

  const posts = snapshot.docs.map(doc => ({
    id: doc.id,
    ...doc.data(),
  }));

  return posts;
}

export async function getOlderPosts(id, userId) {
```

```
    return getPosts({
      id,
      mode: 'older',
      userId,
    });
}

export async function getNewerPosts(id, userId) {
  return getPosts({
    id,
    mode: 'newer',
    userId,
  });
}
```

getPosts 함수는 파라미터로 객체를 받아오도록 설정하고, default parameter 문법을 사용해 만약 파라미터가 주어지지 않았다면 기본값으로 빈 객체 {}를 사용하도록 했습니다. 이렇게 기본값을 설정하지 않으면 구조 분해 과정에서 오류가 발생합니다.

파라미터 객체에는 userId, id, mode가 있습니다. 여기서 mode 값은 'older' 또는 'newer'를 받을 수 있고 이에 따라 오래된 포스트, 새로운 포스트를 불러올 수 있지요. 만약 mode 값이 주어지지 않는다면 그냥 초기 목록을 조회합니다.

getOlderPosts와 getNewerPosts는 기존 코드를 다 지우고 getPosts를 원하는 옵션으로 호출하도록 만들었습니다.

9.5.3 Firestore에서 색인 추가하기

특정 사용자의 포스트를 조회하는 과정에서 user.id를 찾아서 조회하고 createdAt을 내림차순으로 정렬하고 있는데, 이렇게 특정 조건이 붙고 특정 속성으로 정렬할 때는 Firestore에서 색인(index)을 추가해야 합니다.

Firebase 콘솔 페이지의 사이드바에서 Firestore Database를 선택하고, 상단에서 색인을 선택합니다. 그리고 **색인 만들기**를 누르세요.

▼ 그림 9-12 색인 만들기(1)

컬렉션 ID에는 posts, 색인 생성할 필드에는 user.id와 createdAt을 넣으세요. createdAt은 Descending으로 설정해야 합니다. 쿼리 범위는 컬렉션을 선택하세요.

▼ 그림 9-13 색인 만들기(2)

그러고 나서 **색인 만들기** 버튼을 누르고 기다리면 적용됩니다. 적용될 때까지 시간이 꽤 소요되는데, 다음 내용을 계속 진행하면서 프로젝트를 개발하다 보면 적용이 끝날 것입니다.

9.5.4 Profile 컴포넌트 만들기

이제 프로필 화면을 만들어봅시다. 이전에 FeedScreen의 경우 데이터 로딩 및 FlatList 컴포넌트 사용을 화면 컴포넌트에서 바로 처리해줬습니다. 그런데 프로필 화면의 경우에는 Profile이라는 컴포넌트를 만들고 ProfileScreen 화면에서 이 컴포넌트를 사용하는 방식으로 구현하겠습니다.

이렇게 하는 이유는 홈 화면에서 다른 사용자의 프로필을 눌렀을 때는 ProfileScreen을 보여줘야 하고, 하단 탭의 두 번째 탭인 사용자 탭을 누르면 자신의 프로필을 보여주는 MyProfileScreen을 보여줘야 하기 때문입니다. 즉, 프로필이 보여지는 화면이 두 개이기 때문에 Profile 컴포넌트를 따로 만드는 것입니다.

Profile 컴포넌트를 다음과 같이 만들어보세요.

components/Profile.js

```
import React, {useEffect} from 'react';
import {useState} from 'react';
import {
  ActivityIndicator,
  FlatList,
  Image,
  StyleSheet,
  Text,
  View,
} from 'react-native';
import {getPosts} from '../lib/posts';
import {getUser} from '../lib/users';

function Profile({userId}) {
  const [user, setUser] = useState(null);
  const [posts, setPosts] = useState(null);

  useEffect(() => {
    getUser(userId).then(setUser);
    getPosts({userId}).then(setPosts);
  }, [userId]);
```

```
    if (!user || !posts) {
      return (
        <ActivityIndicator style={styles.spinner} size={32} color="#6200ee" />
      );
    }

    return (
      <FlatList
        style={styles.block}
        ListHeaderComponent={
          <View style={styles.userInfo}>
            <Image
              source={
                user.photoURL
                  ? {
                      uri: user.photoURL,
                    }
                  : require('../assets/user.png')
              }
              resizeMode="cover"
              style={styles.avatar}
            />
            <Text style={styles.username}>{user.displayName}</Text>
          </View>
        }
      />
    );
  }

const styles = StyleSheet.create({
  spinner: {
    flex: 1,
    justifyContent: 'center',
  },
  block: {
    flex: 1,
  },
  userInfo: {
    paddingTop: 80,
    paddingBottom: 64,
    alignItems: 'center',
  },
  avatar: {
    width: 128,
    height: 128,
```

```
    borderRadius: 64,
  },
  username: {
    marginTop: 8,
    fontSize: 24,
    color: '#424242',
  },
});


export default Profile;
```

---

getUser로 사용자 정보를 불러오고, 또 getPosts로 포스트 목록을 조회하도록 구현해줬습니다. 사용자 정보는 FlatList의 ListHeaderComponent를 통해서 보여주도록 했는데, 이렇게 FlatList 내부에 보이도록 한 이유는 사용자 정보를 스크롤 영역에 포함시키기 위함입니다.

현재 사용자의 프로필 사진을 보여주는 Image 컴포넌트는 PostCard와 SetupProfile에서 사용한 것과 매우 유사한데요. 이렇게 반복되는 코드를 리팩토링해줍시다. Avatar라는 컴포넌트를 다음과 같이 작성해주세요.

components/Avatar.js

```
import React from 'react';
import {Image} from 'react-native';


function Avatar({source, size, style}) {
  return (
    <Image
      source={source || require('../assets/user.png')}
      resizeMode="cover"
      style={[
        style,
        {
          width: size,
          height: size,
          borderRadius: size / 2,
        },
      ]}
    />
  );
}
```

```
Avatar.defaultProps = {
  size: 32,
};


export default Avatar;
```

Avatar 컴포넌트에서는 size를 Props로 받아와서 이 값을 컴포넌트의 크기로 설정하도록 구현해 줬습니다. 그리고 size가 주어지지 않으면 기본값으로 32를 사용하도록 설정해줬습니다.

그럼 이제 이 컴포넌트를 Profile 컴포넌트에서 사용해볼까요?

components/Profile.js
```
(...)
import Avatar from './Avatar';

function Profile({userId}) {
  (...)
  return (
    <FlatList
      style={styles.block}
      ListHeaderComponent={
        <View style={styles.userInfo}>
          <Avatar source={user.photoURL && {uri: user.photoURL}} size={128}/>
          <Text style={styles.username}>{user.displayName}</Text>
        </View>
      }
    />
  );
}

(...)
```

styles에서 avatar는 더 이상 필요하지 않으니 제거해주세요.

마찬가지로 PostCard와 SetupProfile 컴포넌트도 수정해주세요. 사용자의 프로필 사진이 보이는 Image를 지우고, Avatar 컴포넌트를 사용하면 됩니다.

먼저 PostCard부터 수정해줍시다.

```js
import React, {useMemo} from 'react';
import {View, StyleSheet, Text, Image, Pressable} from 'react-native';
import Avatar from './Avatar';

function PostCard({user, photoURL, description, createdAt, id}) {
  const date = useMemo(
    () => (createdAt ? new Date(createdAt._seconds * 1000) : new Date()),
    [createdAt],
  );

  const onOpenProfile = () => {
    // TODO: 사용자 프로필 화면 열기
  };

  return (
    <View style={styles.block}>
      <View style={[styles.head, styles.paddingBlock]}>
        <Pressable style={styles.profile} onPress={onOpenProfile}>
          <Avatar source={user.photoURL && {uri: user.photoURL}} />
          <Text style={styles.displayName}>{user.displayName}</Text>
        </Pressable>
      </View>

(...)
```

마찬가지로 styles에서 avatar를 지워주세요.

다음으로 SetupProfile을 수정해줍시다.

```js
(...)
import Avatar from './Avatar';

function SetupProfile() {
  (...)

  return (
    <View style={styles.block}>
      <Pressable onPress={onSelectImage}>
        <Avatar source={response && {uri: response.uri}} size={128} />
      </Pressable>
(...)
```

여기서는 styles에서 circle을 지우면 됩니다.

리팩토링을 다 했으면 이제 ProfileScreen을 만들고, Profile 컴포넌트를 사용해주세요.

```
screens/ProfileScreen.js
```
```js
import {useNavigation, useRoute} from '@react-navigation/native';
import React from 'react';
import {useEffect} from 'react';
import Profile from '../components/Profile';

function ProfileScreen() {
  const route = useRoute();
  const navigation = useNavigation();
  const {userId, displayName} = route.params ?? {};

  useEffect(() => {
    navigation.setOptions({
      title: displayName,
    });
  }, [navigation, displayName]);

  return <Profile userId={userId} />;
}

export default ProfileScreen;
```

이 화면은 라우트 파라미터로 userId와 displayName을 받아옵니다. userId는 Profile 컴포넌트의 Props로 사용되고, displayName은 화면의 타이틀로 설정됩니다.

컴포넌트를 다 만들었으면, 이 화면을 HomeStack에 등록하세요.

```
screens/HomeStack.js
```
```js
import React from 'react';
import {createNativeStackNavigator} from '@react-navigation/native-stack';
import FeedScreen from './FeedScreen';
import ProfileScreen from './ProfileScreen';

const Stack = createNativeStackNavigator();

function HomeStack() {
  return (
    <Stack.Navigator>
```

```
    <Stack.Screen name="Feed" component={FeedScreen} />
    <Stack.Screen name="Profile" component={ProfileScreen} />
  </Stack.Navigator>
 );
}

export default HomeStack;
```

화면 등록 후에는 PostCard에서 사용자 정보 영역을 눌렀을 때 ProfileScreen을 열어주도록 수정
하세요.

components/PostCard.js

```
import {useNavigation} from '@react-navigation/native';
(...)

function PostCard({user, photoURL, description, createdAt, id}) {
  const date = useMemo(
    () => (createdAt ? new Date(createdAt._seconds * 1000) : new Date()),
    [createdAt],
  );
  const navigation = useNavigation();

  const onOpenProfile = () => {
    navigation.navigate('Profile', {
      userId: user.id,
      displayName: user.displayName,
    });
  };

(...)
```

이제 포스트 목록 화면에서 사용자 정보 영역을 눌러보세요. 다음과 같이 프로필 화면이 나타났
나요? 화면의 타이틀도 변경됐는지 확인해보세요(만약 가입할 때 프로필 사진을 설정했다면 회색
사용자 이미지가 아닌 이전에 업로드한 이미지가 보일 것입니다).

 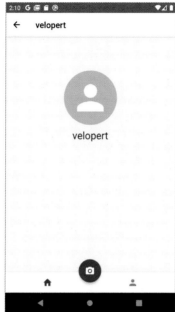

9.5.5 그리드 뷰 만들기

불러온 포스트를 그리드 뷰 형태로 화면에 보여줍시다. FlatList에서 numColumns Props를 설정하면 데이터가 세로 방향으로 일렬로 나타나지 않고, 격자 모양으로 나타납니다.

우선 FlatList의 renderItem에서 사용할 PostGridItem이라는 컴포넌트를 만들어줍시다.

components/PostGridItem.js

```javascript
import React from 'react';
import {StyleSheet, useWindowDimensions, Image, Pressable} from 'react-native';

function PostGridItem({post}) {
  const dimensions = useWindowDimensions();
  const size = dimensions.width / 3;

  const onPress = () => {
    // TODO: 단일 포스트 조회 화면 띄우기
  };

  return (
```

```
    <Pressable
      onPress={onPress}
      style={({pressed}) => [
        {
          opacity: pressed ? 0.6 : 1,
          width: size,
          height: size,
        },
        styles.block,
      ]}>
      <Image
        style={styles.image}
        source={{uri: post.photoURL}}
        resizeMethod="resize"
        resizeMode="cover"
      />
    </Pressable>
  );
}

const styles = StyleSheet.create({
  block: {},
  image: {
    backgroundColor: '#bdbdbd',
    width: '100%',
    height: '100%',
  },
});

export default PostGridItem;
```

한 열에 3개의 컴포넌트가 보이도록 할 거라서 컴포넌트의 가로 폭을 화면 가로 크기의 1/3로 설정했습니다. 추후 이 컴포넌트를 눌렀을 때 단일 포스트를 조회할 수 있는 화면을 띄울 건데요. 이때 post의 전체 정보가 필요하기 때문에 이 컴포넌트에서는 Props로 post 객체를 통째로 받아오도록 구현했습니다.

이제 이 컴포넌트를 Profile 컴포넌트에서 사용해볼까요?

components/Profile.js

```
import React, {useEffect} from 'react';
import {useState} from 'react';
```

```
import {
  ActivityIndicator,
  FlatList,
  StyleSheet,
  Text,
  View,
} from 'react-native';
import {getPosts} from '../lib/posts';
import {getUser} from '../lib/users';
import Avatar from './Avatar';
import PostGridItem from './PostGridItem';

function Profile({userId}) {
  const [user, setUser] = useState(null);
  const [posts, setPosts] = useState(null);

  (...)

  return (
    <FlatList
      style={styles.block}
      data={posts}
      renderItem={renderItem}
      numColumns={3}
      keyExtractor={(item) => item.id}
      ListHeaderComponent={
        <View style={styles.userInfo}>
          <Avatar source={user.photoURL && {uri: user.photoURL}} size={128} />
          <Text style={styles.username}>{user.displayName}</Text>
        </View>
      }
    />
  );
}


const renderItem = ({item}) => <PostGridItem post={item} />;

(...)
```

참고로 FlatList의 numCols를 변경할 때는 앱을 리로드해야 변경 내용이 반영됩니다. 코드를 저장하고 앱을 리로드해주세요. 그리고 프로필 화면에 들어가보세요. 다음과 같이 PostGridItem 컴포넌트가 한 열에 3개로 잘 나타났나요?

▼ 그림 9-15 그리드 뷰(1)

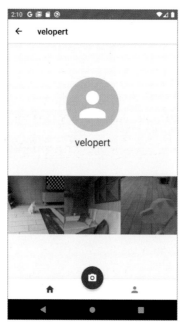

현재는 페이지네이션할 때 한 번에 3개만 불러오기 때문에 스크롤바가 만들어지지 않았습니다. 스크롤해 더욱 많은 사진을 보여줄 수 있도록 불러오는 포스트 개수를 12로 늘려봅시다. lib/posts.js 파일에서 PAGE_SIZE를 12로 설정하세요. 그리고 사진을 6개 이상(추후 페이지네이션의 작동을 확인하려면 업로드된 사진이 15개 이상이 되도록) 더 업로드하고 나서 프로필 화면을 다시 띄워보세요.

lib/posts.js - PAGE_SIZE

```
export const PAGE_SIZE = 12;
```

프로필 화면을 보면 사진과 사진 사이에 테두리가 없군요. PostGridItem에서 여백을 지정해 사진과 사진을 미세하게 구분해볼까요?

components/PostGridItem.js

```
import React from 'react';
import {StyleSheet, useWindowDimensions, Image, Pressable} from 'react-native';

function PostGridItem({post}) {
```

```
    const dimensions = useWindowDimensions();
    const size = (dimensions.width - 3) / 3;

    (...)
}

const styles = StyleSheet.create({
    block: {margin: 0.5},
    image: {
        backgroundColor: '#bdbdbd',
        width: '100%',
        height: '100%',
    },
});

export default PostGridItem;
```

각 컴포넌트에 0.5의 여백을 주었습니다. 이에 따라 size를 계산하는 공식도 바뀝니다. 한 열에
3개의 항목이 보여지니, 추가한 여백이 차지하는 크기는 총 3px입니다. 컴포넌트 사이에 1px,
그리고 화면의 양 끝에 0.5px씩 해서 3px이 되죠. size를 계산할 때는 화면 가로 폭에서 이 여백
만큼 뺀 다음에 3으로 나누면 됩니다. 다음과 같이 사진에 테두리가 생겼나요?

▼ 그림 9-16 그리드 뷰(2)

9.5.6 페이지네이션 구현하기

프로필 화면에서도 페이지네이션을 구현해봅시다. 포스트 목록 화면에서 구현한 방법과 동일합니다. 포스트를 조회하는 과정에서 userId 옵션이 추가될 뿐이죠.

```
components/Profile.js
```

```javascript
(...)
import {
  (...)
  RefreshControl,
} from 'react-native';
import {getNewerPosts, getOlderPosts, getPosts, PAGE_SIZE} from '../lib/posts';

function Profile({userId}) {
  const [user, setUser] = useState(null);
  const [posts, setPosts] = useState(null);

  const [noMorePost, setNoMorePost] = useState(false);
  const [refreshing, setRefreshing] = useState(false);

  const onLoadMore = async () => {
    if (noMorePost || !posts || posts.length < PAGE_SIZE) {
      return;
    }
    const lastPost = posts[posts.length - 1];
    const olderPosts = await getOlderPosts(lastPost.id, userId);
    if (olderPosts.length < PAGE_SIZE) {
      setNoMorePost(true);
    }
    setPosts(posts.concat(olderPosts));
  };

  const onRefresh = async () => {
    if (!posts || posts.length === 0 || refreshing) {
      return;
    }
    const firstPost = posts[0];
    setRefreshing(true);
    const newerPosts = await getNewerPosts(firstPost.id, userId);
    setRefreshing(false);
    if (newerPosts.length === 0) {
      return;
```

```
    }
    setPosts(newerPosts.concat(posts));
  };

  useEffect(() => {
    getUser(userId).then(setUser);
    getPosts({userId}).then(setPosts);
  }, [userId]);

  if (!user || !posts) {
    return (
      <ActivityIndicator style={styles.spinner} size={32} color="#6200ee" />
    );
  }

  return (
    <FlatList
      style={styles.block}
      data={posts}
      renderItem={renderItem}
      numColumns={3}
      keyExtractor={(item) => item.id}
      ListHeaderComponent={
        <View style={styles.userInfo}>
          <Avatar source={user.photoURL && {uri: user.photoURL}} size={128} />
          <Text style={styles.username}>{user.displayName}</Text>
        </View>
      }
      onEndReached={onLoadMore}
      onEndReachedThreshold={0.25}
      ListFooterComponent={
        !noMorePost && (
          <ActivityIndicator
            style={styles.bottomSpinner}
            size={32}
            color="#6200ee"
          />
        )
      }
      refreshControl={
        <RefreshControl onRefresh={onRefresh} refreshing={refreshing} />
      }
    />
```

```
  );
}

const renderItem = ({item}) => <PostGridItem post={item} />;

const styles = StyleSheet.create({
  (...)
  bottomSpinner: {
    height: 128,
  }
});


export default Profile;
```

FeedScreen의 코드를 복사/붙여넣기한 수준으로 매우 비슷합니다. 차이점은 getNewerPosts와 getOlderPosts에 userId 파라미터를 넣고, onEndreachedthreshold를 0.25로 설정했다는 점입니다. 이 값을 낮춤으로써 화면의 끝에 더 가까워져야 다음 포스트를 불러오게 됩니다.

이제 화면에서 스크롤해보세요. 페이지네이션이 잘 이뤄지나요? 새 사진을 업로드하고 화면을 아래로 끌어당겨보세요. 새로운 사진이 잘 추가되나요?

9.5.7 커스텀 Hook을 작성해 컴포넌트 리팩토링하기

posts.js 파일에서 Firestore에 포스트를 조회하는 함수를 작성할 때 함수가 비슷해지자 getPosts를 재사용할 수 있는 형태로 리팩토링해줬습니다. 만약 컴포넌트에서 비슷한 UI가 반복된다면 컴포넌트를 분리해 재사용하면 되는데요. 이때 컴포넌트의 로직만 반복된다면 어떻게 할까요? 그럴 때는 커스텀(Custom) Hook을 만들어서 로직을 재사용할 수 있습니다.

프로젝트의 루트 디렉터리에 hooks 디렉터리를 만들고 그 안에 usePosts라는 함수를 다음과 같이 작성해보세요. 기존에 만든 Profile 컴포넌트에서 필요한 코드를 가져와 붙여넣으면 됩니다.

hooks/usePosts.js

```
import {useEffect, useState} from 'react';
import {getNewerPosts, getOlderPosts, getPosts, PAGE_SIZE} from '../lib/posts';

export default function usePosts(userId) {
  const [posts, setPosts] = useState(null);
```

```
const [noMorePost, setNoMorePost] = useState(false);
const [refreshing, setRefreshing] = useState(false);

const onLoadMore = async () => {
  if (noMorePost || !posts || posts.length < PAGE_SIZE) {
    return;
  }
  const lastPost = posts[posts.length - 1];
  const olderPosts = await getOlderPosts(lastPost.id, userId);
  if (olderPosts.length < PAGE_SIZE) {
    setNoMorePost(true);
  }
  setPosts(posts.concat(olderPosts));
};

const onRefresh = async () => {
  if (!posts || posts.length === 0 || refreshing) {
    return;
  }
  const firstPost = posts[0];
  setRefreshing(true);
  const newerPosts = await getNewerPosts(firstPost.id, userId);
  setRefreshing(false);
  if (newerPosts.length === 0) {
    return;
  }
  setPosts(newerPosts.concat(posts));
};

useEffect(() => {
  getPosts({userId}).then((_posts) => {
    setPosts(_posts);
    if (_posts.length < PAGE_SIZE) {
      setNoMorePost(true);
    }
  });
}, [userId]);

return {
  posts,
  noMorePost,
  refreshing,
  onLoadMore,
```

```
    onRefresh,
  };
}
```

커스텀 Hook은 함수 컴포넌트랑 비슷한데, 차이점은 JSX를 반환하지 않는다는 것입니다. 컴포넌트를 만들 때처럼 다른 Hook 함수를 마음껏 사용하고, 여기서 만들어진 상태나 함수들을 반환하면 됩니다. 그리고 이 Hook의 useEffect는 이전에 작성한 것과 조금 다릅니다. 가장 처음 조회한 포스트의 수가 PAGE_SIZE보다 작으면 noMorePost의 값을 true로 변경시키는 로직을 추가했습니다.

이렇게 커스텀 Hook을 만든 다음에는 원하는 곳에 사용해주면 됩니다. 먼저 FeedScreen에서 기존 로직을 다 날려버리고 방금 만든 Hook을 사용해볼까요?

screens/FeedScreen.js

```
(...)
import usePosts from '../hooks/usePosts';

function FeedScreen() {
  const {posts, noMorePost, refreshing, onLoadMore, onRefresh} = usePosts();
  return (
    <FlatList
      data={posts}
      renderItem={renderItem}
      keyExtractor={(item) => item.id}
      contentContainerStyle={styles.container}
      onEndReached={onLoadMore}
      onEndReachedThreshold={0.75}
      ListFooterComponent={
        !noMorePost && (
          <ActivityIndicator style={styles.spinner} size={32} color="#6200ee" />
        )
      }
      refreshControl={
        <RefreshControl onRefresh={onRefresh} refreshing={refreshing} />
      }
    />
  );
}

(...)
```

이제 코드의 상단에서 사용되지 않는 useEffect, useState, 그리고 lib/posts에서 불러온 함수와 상수를 모두 지워도 됩니다.

어떤가요? 컴포넌트의 코드가 아주 간결해졌지요?

더 좋은 점은 이걸 Profile 컴포넌트에서 또 한번 사용할 수 있다는 점입니다! Profile 컴포넌트는 다음과 같이 수정해주세요.

components/Profile.js

```
(...)
import usePosts from '../hooks/usePosts';

function Profile({userId}) {
  const [user, setUser] = useState(null);
  const {posts, noMorePost, refreshing, onLoadMore, onRefresh} = usePosts(
    userId,
  );

  useEffect(() => {
    getUser(userId).then(setUser);
  }, [userId]);

  if (!user || !posts) {
    return (
      <ActivityIndicator style={styles.spinner} size={32} color="#6200ee" />
    );
  }

  return (
    <FlatList
      style={styles.block}
      data={posts}
      renderItem={renderItem}
      numColumns={3}
      keyExtractor={(item) => item.id}
      ListHeaderComponent={
        <View style={styles.userInfo}>
          <Avatar source={user.photoURL && {uri: user.photoURL}} size={128} />
          <Text style={styles.username}>{user.displayName}</Text>
        </View>
      }
      onEndReached={onLoadMore}
```

```
      onEndReachedThreshold={0.25}
      ListFooterComponent={
        !noMorePost && (
          <ActivityIndicator
            style={styles.bottomSpinner}
            size={32}
            color="#6200ee"
          />
        )
      }
      refreshControl={
        <RefreshControl onRefresh={onRefresh} refreshing={refreshing} />
      }
    />
  );
}

(...)
```

이번에도 마찬가지로 코드 상단에 불필요한 import 문들은 지워도 됩니다.

컴포넌트를 만드는 도중에 지금과 같이 반복되는 로직들이 보인다면 적극적으로 커스텀 Hook을 만들어서 코드를 재사용해보세요. 프로젝트의 유지보수성을 높여줄 것입니다.

9.5.8 포스트 열기

이제 프로필 화면에서 사진을 눌렀을 때, 단일 포스트를 조회하는 기능을 구현해봅시다. screens 경로에 PostScreen.js 파일을 생성해주세요.

screens/PostScreen.js

```
import {useRoute} from '@react-navigation/native';
import React from 'react';
import {ScrollView, StyleSheet} from 'react-native';
import PostCard from '../components/PostCard';

function PostScreen() {
  const route = useRoute();
  const {post} = route.params;
```

```
  return (
    <ScrollView contentContainerStyle={styles.contentContainer}>
      <PostCard
        user={post.user}
        photoURL={post.photoURL}
        description={post.description}
        createdAt={post.createdAt}
        id={post.id}
      />
    </ScrollView>
  );
}

const styles = StyleSheet.create({
  block: {flex: 1},
  contentContainer: {
    paddingBottom: 40,
  },
});

export default PostScreen;
```

이 화면은 post 객체를 라우트 파라미터로 받아옵니다. 그리고 PostCard를 보여주는데, 텍스트가 길어지면 스크롤할 수 있어야 하니 ScrollView로 감싸줬습니다. 내용이 사진 업로드 버튼과 겹쳐질 시 스크롤할 수 있도록 paddingBottom 스타일을 설정해줬습니다.

컴포넌트를 다 만들었으면 PostScreen을 HomeStack에 등록해주세요. 화면의 타이틀은 게시물로 설정하세요.

screens/HomeStack.js

```
import React from 'react';
import {createNativeStackNavigator} from '@react-navigation/native-stack';
import FeedScreen from './FeedScreen';
import ProfileScreen from './ProfileScreen';
import PostScreen from './PostScreen';

const Stack = createNativeStackNavigator();

function HomeStack() {
  return (
    <Stack.Navigator>
      <Stack.Screen name="Feed" component={FeedScreen} />
```

```
      <Stack.Screen name="Profile" component={ProfileScreen} />
      <Stack.Screen
        name="Post"
        component={PostScreen}
        options={{title: '게시물'}}
      />
    </Stack.Navigator>
  );
}

export default HomeStack;
```

다음으로 PostGridItem 컴포넌트를 수정해 컴포넌트를 눌렀을 때 포스트 화면을 띄우도록 구현하세요.

components/PostGridItem.js
```
import {useNavigation} from '@react-navigation/native';
import React from 'react';
import {StyleSheet, useWindowDimensions, Image, Pressable} from 'react-native';

function PostGridItem({post}) {
  const dimensions = useWindowDimensions();
  const size = (dimensions.width - 3) / 3;
  const navigation = useNavigation();

  const onPress = () => {
    navigation.navigate('Post', {post});
  };

  return (
    <Pressable
      onPress={onPress}
      (...)
```

이제 프로필 화면에서 PostGridItem을 눌러보세요. 다음과 같이 해당 포스트 화면이 나타났나요?

▼ 그림 9-17 게시물 열기

9.5.9 내 프로필 화면 구현하기

이번에는 내 프로필 화면을 구현해보겠습니다. 하단 탭에서 우측에 있는 사용자 아이콘을 눌렀을 때 보여주는 화면이지요.

작업은 간단합니다. MyProfileScreen에서 현재 사용자의 정보를 조회하고, 사용자의 id를 Profile 컴포넌트의 userId Props로 지정해 컴포넌트를 보여주면 됩니다.

screens/MyProfileScreen.js

```
import {useNavigation} from '@react-navigation/native';
import React from 'react';
import {useEffect} from 'react';

import Profile from '../components/Profile';
import {useUserContext} from '../contexts/UserContext';

function MyProfileScreen() {
  const {user} = useUserContext();
```

```
  const navigation = useNavigation();

  useEffect(() => {
    navigation.setOptions({
      title: user.displayName,
    });
  }, [navigation, user]);

  return <Profile userId={user.id} />;
}


export default MyProfileScreen;
```

이제 하단의 사용자 탭을 눌러서 자신의 프로필이 잘 보이는지 확인해보세요.

▼ 그림 9-18 자신의 프로필 확인하기

아직 끝이 아닙니다. 이 화면에서 각 사진을 눌렀을 때 PostScreen이 보이긴 하지만 사용자 탭이
아니라 홈 탭에서 나타날 텐데요. MyProfileStack에 PostScreen이 등록되어 있지 않아 HomeStack
에서 해당 화면을 띄워주기 때문입니다.

MyProfileStack에 화면을 등록해 이 현상을 수정해줍시다.

```js
import React from 'react';
import {createNativeStackNavigator} from '@react-navigation/native-stack';
import MyProfileScreen from './MyProfileScreen';
import PostScreen from './PostScreen';

const Stack = createNativeStackNavigator();

function MyProfileStack() {
  return (
    <Stack.Navigator>
      <Stack.Screen name="MyProfile" component={MyProfileScreen} />
      <Stack.Screen
        name="Post"
        component={PostScreen}
        options={{title: '게시물'}}
      />
    </Stack.Navigator>
  );
}

export default MyProfileStack;
```

내 프로필 화면에서 사진을 눌러보세요. 이제 사용자 탭 내부에서 화면이 전환될 것입니다.

추가로, 수정하면 좋은 버그가 하나 더 있습니다. 내 프로필 화면에서 포스트 화면을 띄운 다음에 사용자 정보를 누르면 프로필 화면이 다시 뜰 텐데 뒤로 가지 않고 홈 탭에서 새 화면을 띄웁니다. 이를 내 프로필 화면으로 다시 전환되도록 수정해봅시다.

PostCard에서 현재 내비게이션 상태를 조회해 조건에 따라 MyProfile로 이동하도록 수정해주세요. 내비게이션의 상태는 useNavigationState 함수로 조회할 수 있습니다.

```js
import {useNavigationState} from '@react-navigation/native';

const state = useNavigationState(state => state);
```

이 함수의 파라미터에는 셀렉터 함수를 넣는데, 셀렉터란 상태에서 어떤 값을 조회할지 정하는 함수입니다. 이 코드처럼 state => state로 하면 전체 상태를 조회하는 것입니다. 만약 state => state.routeNames로 하면 상태 객체 내부의 routeNames 값만 조회하는 것을 의미합니다. 여기서

routeNames는 현재 라우터(현재의 경우 HomeStack 또는 ProfileStack)에 등록된 화면들의 이름이 들어있는 배열입니다.

PostCard를 다음과 같이 수정해보세요.

```
components/PostCard.js

import {useNavigation, useNavigationState} from '@react-navigation/native';
(...)
function PostCard({user, photoURL, description, createdAt, id}) {
  const routeNames = useNavigationState((state) => state.routeNames);
  console.log(routeNames);
(...)
```

수정한 뒤 내 프로필 화면으로 이동한 다음, 거기서 새 사진을 열어보세요. 그러면 콘솔에 다음과 같은 내용이 출력될 것입니다.

```
["MyProfile", "Post"]
```

홈에서 PostCard가 보여지는 상황에서는 다음과 같이 출력되지요.

```
["Feed", "Profile", "Post"]
```

그러면 routeNames 배열에 "MyProfile"이 있을 경우 사용자 정보를 눌렀을 때 내 프로필 화면으로 이동시키면 되겠죠?

PostCard 컴포넌트의 onOpenProfile 함수를 다음과 같이 수정해주세요. 기존에 작성한 console.log는 이제 지워도 됩니다.

```
components/PostCard.js – onOpenProfile

const onOpenProfile = () => {
  // MyProfile이 존재하는지 확인
  if (routeNames.find((routeName) => routeName === 'MyProfile')) {
    navigation.navigate('MyProfile');
  } else {
    navigation.navigate('Profile', {
      userId: user.id,
      displayName: user.displayName,
    });
  }
};
```

이렇게 고쳐주면 내 프로필 화면에서 포스트 화면을 띄운 뒤 사용자 정보를 눌렀을 때 내 프로필 화면으로 다시 전환됩니다.

9.6 / 포스트 수정 및 삭제 기능 구현하기

이제 포스트를 수정 및 삭제해볼 차례입니다. 우선 포스트가 자신의 포스트라면 우측 상단에 3개의 점이 있는 아이콘을 보여줍시다.

components/PostCard.js

```
(...)
import {useUserContext} from '../contexts/UserContext';
import Icon from 'react-native-vector-icons/MaterialIcons';

function PostCard({user, photoURL, description, createdAt, id}) {
  const date = useMemo(
    () => (createdAt ? new Date(createdAt._seconds * 1000) : new Date()),
    [createdAt],
  );
  const navigation = useNavigation();
  const routeNames = useNavigationState((state) => state.routeNames);
  const {user: me} = useUserContext();
  const isMyPost = me.id === user.id;

  const onOpenProfile = () => {
    (...)
  };

  return (
    <View style={styles.block}>
      <View style={[styles.head, styles.paddingBlock]}>
        <Pressable style={styles.profile} onPress={onOpenProfile}>
          <Avatar source={user.photoURL && {uri: photoURL}} />
          <Text style={styles.displayName}>{user.displayName}</Text>
        </Pressable>
        {isMyPost && (
          <Pressable hitSlop={8}>
```

```
        <Icon name="more-vert" size={20} />
      </Pressable>
    )}
  </View>
```

(...)

사용한 Pressable에 hitSlop 값을 설정했습니다. 이 값을 설정하면 컴포넌트가 차지하는 영역은 그대로 유지하고 터치할 수 있는 영역만 각 방향으로 8씩 늘려줍니다.

▼ 그림 9-19 hitSlop

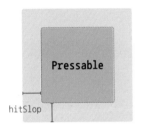

hitSlop은 방금 설정한 것처럼 숫자를 넣을 수도 있고, Rect 타입의 객체를 넣을 수도 있습니다. 이는 사각형을 의미하며, 이 타입의 객체는 다음과 같이 이뤄져 있습니다.

```
{
  bottom: 20,
  left: null,
  right: undefined,
  top: 50
}
```

이와 같은 객체를 넣으면 상하좌우의 hitSlop 값을 따로따로 설정할 수 있습니다. 만약 특정 방향에만 hitSlop이 불필요하다면 null, undefined 또는 0을 넣으면 됩니다.

코드를 작성하고 나서 화면에 다음과 같이 점 3개 아이콘이 나타났는지 확인하세요.

이제 이 버튼을 눌렀을 때 iOS와 안드로이드에서 다른 방식으로 사용자가 작업을 선택할 수 있도록 구현해보겠습니다. CameraButton을 구현한 방법과 유사한데요. iOS에서는 ActionSheetIOS를 통해, 안드로이드에서는 모달을 통해 선택합니다.

9.6.1 재사용할 수 있는 모달 만들기

앞에서 UploadModeModal을 만들었지요? 이번에 만들 모달은 이 모달 컴포넌트와 매우 비슷한데요. UploadModeModal 컴포넌트의 코드를 복사/붙여넣기해 내부 코드만 조금 수정해줄 게 아니라, 재사용할 수 있는 컴포넌트를 만들어서 기존 UploadModeModal도 대체하고, 이를 통해 이번에 만들 모달도 구현해보겠습니다.

우선 ActionSheetModal 컴포넌트를 생성한 뒤, 기존의 UploadModeModal 컴포넌트 코드를 복사해 붙여넣으세요. 그다음에는 visible과 onClose를 제외한 Props를 제거하고, actions라는 Props를 추가하세요. whiteBox 스타일을 가진 View 내부의 JSX도 지워주세요.

```
import React from 'react';
import {StyleSheet, Modal, View, Pressable, Text} from 'react-native';
import Icon from 'react-native-vector-icons/MaterialIcons';

function ActionSheetModal({visible, onClose, actions}) {
  return (
    <Modal
      visible={visible}
      transparent={true}
      animationType="fade"
      onRequestClose={onClose}>
      <Pressable style={styles.background} onPress={onClose}>
        <View style={styles.whiteBox}>
          {/* TODO: Props로 받아온 actions 배열 사용 */}
        </View>
      </Pressable>
    </Modal>
  );
}

const styles = StyleSheet.create({
  background: {
    backgroundColor: 'rgba(0,0,0,0.6)',
    flex: 1,
    justifyContent: 'center',
    alignItems: 'center',
  },
  whiteBox: {
    width: 300,
    backgroundColor: 'white',
    borderRadius: 4,
    elevation: 2,
  },
  actionButton: {
    padding: 16,
    flexDirection: 'row',
    alignItems: 'center',
  },
  icon: {
    marginRight: 8,
  },
  text: {
```

```
      fontSize: 16,
  },
});

export default ActionSheetModal;
```

이 컴포넌트에서 actions Props는 다음과 같은 값을 받아오겠습니다.

```
[
  {
    icon: 'camera-alt',
    text: '카메라로 촬영하기',
    onPress: () => {}
  },
  {
    icon: 'photo',
    text: '사진 선택하기',
    onPress: () => {}
  }
]
```

이렇게 버튼들의 정보를 지닌 배열을 사용해 모달 내부에서 버튼을 보여줍시다. ActionSheetModal을 마저 완성해보세요.

components/ActionSheetModal.js

```
(...)
function ActionSheetModal({visible, onClose, actions}) {
  return (
    <Modal
      visible={visible}
      transparent={true}
      animationType="fade"
      onRequestClose={onClose}>
      <Pressable style={styles.background} onPress={onClose}>
        <View style={styles.whiteBox}>
          {actions.map((action) => (
            <Pressable
              style={styles.actionButton}
              android_ripple={{color: '#eee'}}
              onPress={() => {
                action.onPress();
```

```
              onClose();
            }}
            key={action.text}>
            <Icon
              name={action.icon}
              color="#757575"
              size={24}
              style={styles.icon}
            />
            <Text style={styles.actionText}>{action.text}</Text>
          </Pressable>
        ))}
      </View>
    </Pressable>
  </Modal>
  );
}
(...)
```

actions 객체 배열을, map을 통해 JSX 배열로 변환했습니다. 이때 주의할 점은 key 값을 설정해줘야 한다는 점입니다. 리액트에서 배열을 렌더링할 때는 고유한 값을 key Props로 지정해줘야 합니다. 자세한 내용은 이 링크를 참고하세요.

- http://bit.ly/react-reconcile

컴포넌트를 다 작성한 뒤에는 CameraButton에서 사용한 UploadModeModal을 지우고 방금 만든 ActionSheetModal로 대체해보세요.

components/CameraButton.js – 기존 UploadModeModal의 코드 대체

```
import ActionSheetModal from './ActionSheetModal';

(...)

<ActionSheetModal
  visible={modalVisible}
  onClose={() => setModalVisible(false)}
  actions={[
    {
      icon: 'camera-alt',
      text: '카메라로 촬영하기',
      onPress: onLaunchCamera,
```

```
    },
    {
      icon: 'photo',
      text: '사진 선택하기',
      onPress: onLaunchImageLibrary,
    },
  ]}
/>
```

안드로이드에서 화면 하단의 카메라 버튼을 눌렀을 때 이전처럼 모달이 잘 나타나는지 확인해보
세요. 잘 나타난다면 이제 UploadModeModal 컴포넌트는 불필요하므로 삭제해주세요.

9.6.2 사용자에게 수정 및 삭제 물어보기

이번에는 사용자에게 수정할 것인지 삭제할 것인지 물어보는 기능을 구현해봅시다. 이 기능을 구
현할 때는 PostCard 컴포넌트에 ActionSheetIOS 및 ActionSheetModal에서 사용할 상태와 함수
들을 준비하고, 이를 PostCard.js 파일에 작성하면 됩니다. 단, 이렇게 하면 PostCard 컴포넌트의
코드가 너무 길어져서 나중에 코드를 다시 읽을 때 헷갈릴 수 있습니다.

따라서 usePostActions라는 커스텀 Hook 함수를 만들고, 그 내부에 필요한 상태와 함수들을 구
현하겠습니다. hooks 디렉터리에 usePostActions.js 파일을 생성해 다음과 같이 작성해주세요.

hooks/usePostActions.js
```
import {useState} from 'react';
import {ActionSheetIOS, Platform} from 'react-native';

export default function usePostActions() {
  const [isSelecting, setIsSelecting] = useState(false);

  const edit = () => {
    console.log('TODO: edit');
  };
  const remove = () => {
    console.log('TODO: remove');
  };

  const onPressMore = () => {
    if (Platform.OS === 'android') {
```

```
      setIsSelecting(true);
    } else {
      ActionSheetIOS.showActionSheetWithOptions(
        {
          options: ['설명 수정', '게시물 삭제', '취소'],
          destructiveButtonIndex: 1,
          cancelButtonIndex: 2,
        },
        (buttonIndex) => {
          if (buttonIndex === 0) {
            edit();
          } else if (buttonIndex === 1) {
            remove();
          }
        },
      );
    }
  };

  const actions = [
    {
      icon: 'edit',
      text: '설명 수정',
      onPress: edit,
    },
    {
      icon: 'delete',
      text: '게시물 삭제',
      onPress: remove,
    },
  ];

  const onClose = () => {
    setIsSelecting(false);
  };

  return {
    isSelecting,
    onPressMore,
    onClose,
    actions,
  };
}
```

edit 함수와 remove 함수는 나중에 마저 구현하겠습니다. 이제 PostCard 컴포넌트에서 이 Hook 을 사용해보세요.

components/PostCard.js

```
(...)
import ActionSheetModal from './ActionSheetModal';
import usePostActions from '../hooks/usePostActions';

function PostCard({user, photoURL, description, createdAt, id}) {
  (...)

  const {isSelecting, onPressMore, onClose, actions} = usePostActions();

  return (
    <>
      <View style={styles.block}>
        <View style={[styles.head, styles.paddingBlock]}>
          <Pressable style={styles.profile} onPress={onOpenProfile}>
            <Avatar source={user.photoURL && {uri: photoURL}} />
            <Text style={styles.displayName}>{user.displayName}</Text>
          </Pressable>
          {isMyPost && (
            <Pressable hitSlop={8} onPress={onPressMore}>
              <Icon name="more-vert" size={20} />
            </Pressable>
          )}
        </View>
        (...)
      </View>
      <ActionSheetModal
        visible={isSelecting}
        actions={actions}
        onClose={onClose}
      />
    </>
  );
}

(...)
```

이렇게 usePostActions라는 Hook 함수에 포스트 수정 및 삭제에 관한 로직을 담았으니, 나중에 수정 및 삭제 관련 코드를 고쳐야 할 때 PostCard에서 고칠 부분을 찾아 헤매지 말고 바로 usePostActions를 열어서 그 내부에서 수정하면 됩니다. Hook을 여러 파일에서 재사용하지 않더라도 이렇게 로직을 분리해 작성하는 방식으로 코드를 정리해서 사용하면 개발할 때 편합니다. 컴포넌트 코드가 너무 길어질 것 같거나 나중에 봤을 때 헷갈릴 것 같다 싶으면 Hook으로 분리하면 좋습니다.

이제 iOS와 안드로이드에서 포스트의 우측 상단 아이콘을 눌러보세요. 다음과 같이 ActionSheetIOS 또는 ActionSheetModal이 잘 나타나나요?

❤ 그림 9-21 포스트 우측 상단 버튼 누르기

9.6.3 포스트 삭제 기능 구현하기

usePostActions 함수가 준비됐으면 삭제 기능을 구현해봅시다. Firestore에서 데이터를 삭제하는 것은 매우 간단합니다. posts에서 특정 id를 가진 문서를 삭제하고 싶다면 다음과 같이 코드를 작성하면 됩니다.

```
firestore()
  .collection('posts')
  .doc(id)
  .delete()
```

그럼, posts.js 파일을 열어서 id를 파라미터로 포스트를 삭제하는 함수를 작성해봅시다.

```
(...)

export function removePost(id) {
  return postsCollection.doc(id).delete();
}
```

간단하죠? 이제 이 함수를 usePostActions에서 사용해야 하는데, 위 함수의 id 파라미터가 필요합니다. 현재 우리가 만든 usePostActions Hook에서는 이 id 값을 알 방법이 없으므로 Hook에서 id를 알 수 있도록 PostCard에서 해당 Hook을 사용할 때 파라미터로 넣어주겠습니다. 추가로 포스트를 수정할 때 포스트의 설명 값 또한 필요하므로 해당 값도 파라미터로 넣어주겠습니다. 이두 가지 값을 하나의 객체로 넣어주세요(또는 두 파라미터로 전달해도 상관 없습니다).

```
const {isSelecting, onPressMore, onClose, actions} = usePostActions({
  id,
  description,
});
```

그다음에는 이 값들을 받아와서 포스트를 삭제하겠습니다.

```
(...)
import {removePost} from '../lib/posts';
import {useNavigation, useRoute} from '@react-navigation/native';

export default function usePostActions({id, description}) {
(...)
const navigation = useNavigation();
const route = useRoute();

  const edit = () => {
    console.log('TODO: edit');
  };
  const remove = async () => {
    await removePost(id);

    // 현재 단일 포스트 조회 화면이라면 뒤로가기
```

```
  if (route.name === 'Post') {
    navigation.pop();
  }

  // TODO: 홈 및 프로필 화면의 목록 업데이트
};

(...)
```

이렇게 함수를 수정해주면 액션 시트로 게시물 삭제를 눌렀을 때 포스트가 삭제될 것입니다. 다만 삭제된 것이 화면에 바로 반영되지 않고 앱을 리로딩해야 반영될 텐데요. 삭제 후 바로 반영하는 작업은 나중에 구현하겠습니다. 참고로 지금은 삭제 후 스크롤해 새로고침할 때 오류가 발생하는데 이 부분은 나중에 수정되니 무시해도 됩니다.

9.6.4 포스트 설명 수정 기능 구현하기

이번에는 포스트 설명을 수정하는 기능을 구현하겠습니다. 이 기능을 구현하기 위해 ModifyScreen 화면을 새로 만들어주세요.

screens/ModifyScreen.js
```
import {useNavigation, useRoute} from '@react-navigation/native';
import React, {useState, useEffect, useCallback} from 'react';
import {
  StyleSheet,
  TextInput,
  Platform,
  KeyboardAvoidingView,
} from 'react-native';
import IconRightButton from '../components/IconRightButton';

function ModifyScreen() {
  const navigation = useNavigation();
  const {params} = useRoute();
  // 라우트 파라미터의 description을 초깃값으로 사용
  const [description, setDescription] = useState(params.description);

  const onSubmit = useCallback(() => {
    // TODO: 포스트 수정
    // TODO: 포스트 및 포스트 목록 업데이트
    navigation.pop();
```

```
    }, [navigation]);

    useEffect(() => {
      navigation.setOptions({
        headerRight: () => <IconRightButton onPress={onSubmit} name="check" />,
      });
    }, [navigation, onSubmit]);

    return (
      <KeyboardAvoidingView
        behavior={Platform.select({ios: 'height'})}
        style={styles.block}
        keyboardVerticalOffset={Platform.select({
          ios: 88,
        })}>
        <TextInput
          style={styles.input}
          multiline={true}
          placeholder="이 사진에 대한 설명을 입력하세요..."
          textAlignVertical="top"
          value={description}
          onChangeText={setDescription}
        />
      </KeyboardAvoidingView>
    );
}

const styles = StyleSheet.create({
  block: {
    flex: 1,
  },
  input: {
    paddingHorizontal: 16,
    paddingTop: 16,
    paddingBottom: 16,
    flex: 1,
    fontSize: 16,
  },
});

export default ModifyScreen;
```

이 컴포넌트는 UploadScreen과 유사합니다. description 상태의 경우 초깃값을 라우트 파라
미터로 불러온 값을 사용합니다. 이 컴포넌트를 UploadScreen과 통합해 관리할 수도 있지만,

UploadScreen 컴포넌트가 너무 복잡해지는 것을 방지하기 위해 컴포넌트를 새로 만들어줬습니다. 이 컴포넌트도 UploadScreen과 마찬가지로 설명에 `Enter`가 너무 많으면 iOS에서 텍스트가 화면 밖에 보이게 되므로 KeyboardAvoidingView로 한번 감싸줬습니다.

이제 방금 만든 컴포넌트를 RootStack에 등록하세요.

```
(...)
import ModifyScreen from './ModifyScreen';

const Stack = createNativeStackNavigator();

function RootStack() {
  (...)
  return (
    <Stack.Navigator>
      {user ? (
        <>
          (...)
          <Stack.Screen
            name="Upload"
            component={UploadScreen}
            options={{title: '새 게시물', headerBackTitle: '뒤로가기'}}
          />
          <Stack.Screen
            name="Modify"
            component={ModifyScreen}
            options={{title: '설명 수정', headerBackTitle: '뒤로가기'}}
          />
        </>
      ) : (
        <>
          (...)
        </>
      )}
    </Stack.Navigator>
  );
}

export default RootStack;
```

등록한 다음에는 usePostActions에서 설명 수정을 누르면 방금 등록한 화면을 띄우도록 수정해보세요. 포스트의 id와 description을 라우트 파라미터에 담는 것을 잊지 마세요.

hooks/usePostActions.js – edit

```
const edit = () => {
  navigation.navigate('Modify', {
    id,
    description,
  });
};
```

edit 함수를 수정하고 나서 설명 수정 버튼을 눌러보세요. 작성한 설명이 다음과 같이 텍스트 인풋의 초깃값으로 지정된 상태로 잘 나타나나요?

▼ 그림 9-22 설명이 입력된 상태로 나타난 설명 수정 화면

UI가 준비됐으니 이제 Firestore를 통해 포스트의 설명을 수정해봅시다.

posts 컬렉션에서 특정 id를 가진 문서의 특정 필드를 변경하고 싶다면 다음 코드를 사용해 처리할 수 있습니다.

```
firestore()
  .collection('posts')
```

```
    .doc(id)
    .update({
      description: 'hello world'
    });
```

Firestore를 통해 lib/posts.js에서 id와 description 파라미터를 받아와서 특정 포스트를 업데이트하는 updatePost 함수를 작성해보세요.

lib/posts.js – updatePost

```
(...)

export function updatePost({id, description}) {
  return postsCollection.doc(id).update({
    description,
  });
}
```

이제 이 함수를 ModifyScreen에서 사용해봅시다!

screens/ModifyScreen.js

```
import {useNavigation, useRoute} from '@react-navigation/native';
import React, {useState, useEffect, useCallback} from 'react';
import {
  StyleSheet,
  TextInput,
  Platform,
  KeyboardAvoidingView,
} from 'react-native';
import IconRightButton from '../components/IconRightButton';
import {updatePost} from '../lib/posts';

function ModifyScreen() {
  const navigation = useNavigation();
  const {params} = useRoute();
  // 라우트 파라미터의 description을 초깃값으로 사용
  const [description, setDescription] = useState(params.description);

  const onSubmit = useCallback(async () => {
    await updatePost({
      id: params.id,
      description,
```

```
    });
    // TODO: 포스트 및 포스트 목록 업데이트
    navigation.pop();
  }, [navigation, params.id, description]);
```

(...)

코드를 다 작성했으면 설명을 수정한 뒤 ModifyScreen 우측 상단의 체크 버튼을 눌러보세요. 아직 변화를 앱 상태에 바로 반영하지 않으므로, 앱을 리로딩해야 반영된 것을 확인할 수 있습니다.

9.7 EventEmitter로 다른 화면 간 흐름 제어하기

수정 기능과 삭제 기능까지 구현을 마쳤습니다. 현재는 포스트를 삭제하거나 수정해도 상태에 바로 반영되지 않습니다. 이를 해결하는 방법 중에 다음 두 가지가 대표적입니다.

첫 번째 방법은 상태를 전역 상태로 전환하는 것입니다. 즉, 상태를 Context로 빼주는 것이죠. 예를 들어 PostsContext라는 Context를 만들어서 다음과 같은 형태의 value를 지정해주는 것입니다.

```
{
  posts: [],
  postsOfUser: {
    'userId1': {},
    'userId2': {},
  },
  postById: {
    'postId1': {},
    'postId2': {}
  },
  // 함수들
  setPosts,
  setPostById,
  setPostsOfUser
}
```

이렇게 하면 포스트 정보의 상태와 업데이트 함수를 어디서든 접근할 수 있습니다. 그래서 FeedScreen에서는 포스트를 불러와서 목록을 업데이트할 수 있고, usePostActions에서는 상태를 조회해 특정 포스트를 제거하거나 수정할 수 있습니다. 또 UploadScreen에서는 방금 작성한 포스트를 상태에 추가할 수 있겠죠.

이 방법의 장점은 별도의 라이브러리를 설치할 필요가 없다는 것입니다. 하지만 현재 상황에서는 꽤나 비효율적입니다. 이를 구현하기 위해 많은 코드를 재배치시켜야 하고요. 또 전체 포스트, 특정 사용자의 포스트, 단일 포스트에 대한 정보들은 서로 연관이 없는데 하나의 Context에 담아야 하는 것 자체가 조금 이상합니다. 그렇다고 각 상황에 맞춰서 Context를 만들면 세 개의 Context를 만들어야 하기 때문에 손이 많이 가죠.

두 번째 방법은 이벤트를 사용하는 것입니다. 이벤트를 사용하면 특정 이벤트가 발생했을 때 원하는 함수를 호출할 수 있습니다. 이 개념은 브라우저에도 있고, Node.js에도 있는 개념입니다.

만약 Node.js 또는 웹 애플리케이션을 개발해본 경험이 있다면 이벤트에 익숙할 텐데요. 그렇지 않은 분들을 위해 간단한 예시를 보여드리겠습니다. 이벤트를 사용하면 다음과 같은 작업이 가능합니다.

```
// 사전에 이벤트에 특정 콜백 함수를 등록합니다.
events.addListener('ping', () => {
  console.log('pong');
});
```

```
// 만약 ping 이벤트를 발생(emit)시키면 사전에 등록했던 콜백 함수가 호출됩니다.
events.emit('ping');
// 이벤트엔 원하는 정보도 담을 수 있습니다. 다음과 같이 말이죠.
events.addListener('message', (message) => {
  console.log('Received:', message);
})
```

```
events.emit('message', '안녕하세요.');
```

만약 현재 프로젝트에서 이벤트를 사용한다면 다음과 같은 구현이 가능해집니다.

- FeedScreen: refresh 이벤트에 콜백 함수 등록

- UploadScreen: 포스트 작성 후 refresh 이벤트 발생

UploadScreen에서 새 포스트가 작성되면 refresh라는 이벤트가 발생하고, FeedScreen에서 해당 이벤트를 위해 등록한 콜백 함수가 호출되는 것이죠.

또는 이러한 것도 구현할 수 있습니다.

- FeedScreen: update_post 이벤트에 콜백 함수 등록

- ProfileScreen: update_post 이벤트에 콜백 함수 등록

- PostScreen: update_post 이벤트에 콜백 함수 등록

- ModifyScreen: 포스트 수정 후 update_post 이벤트 발생(추가 정보로 id와 description 전달)

만약 사용자가 Feed 〉 Profile 〉 Post 〉 Modify 순서로 화면에 진입했다고 가정해봅시다. 그리고 포스트를 수정하면 콜백 함수를 통해 각 화면의 데이터를 업데이트할 수 있죠. 앞에서와 같이 콜백 함수는 여러 개를 등록할 수 있습니다.

이벤트를 사용했을 때의 장점은 최소한의 공수를 사용해 특정 화면에서 다른 화면으로 변화를 발생시킬 수 있다는 점입니다. 단점은 이벤트가 많아졌을 때 코드를 추적하기가 어려워질 수 있지요.

이 책에서는 두 가지 방법 중 이벤트를 사용하는 방식으로 다른 화면 간 흐름을 제어해보겠습니다.

언급한 방법 외에 다른 방법도 있습니다. 예를 들어 리덕스, 리코일, 리액트 쿼리 등의 라이브러리를 사용하는 방법입니다. 이 라이브러리들은 결국 전역 상태를 사용하는 것이라 원리 자체는 첫 번째 방법이랑 비슷하지만, 성능이 더 나을 수 있고 더 깔끔한 코드로 구현할 수도 있습니다. 이에 대해선 책의 후반부에서 더 자세히 배워보겠습니다.

9.7.1 EventEmitter3 설치 및 적용하기

이벤트를 사용하기 위해 eventemitter3 라이브러리를 설치하세요.

$ `yarn add eventemitter3`

EventEmitter3의 인스턴스는 다음과 같은 형식으로 생성할 수 있습니다.

```
import EventEmitter3 from 'eventemitter3';

const events = new EventEmitter3();
```

리액트 네이티브 프로젝트 안의 모든 컴포넌트 및 Hook에서 우리가 만든 인스턴스에 접근하려면 두 가지 방법이 있습니다.

첫 번째는 자바스크립트 코드 자체에서 export해주는 것이고, 두 번째는 Context를 만들어서 인스턴스를 하위 컴포넌트로 내려주는 것이죠. 첫 번째는 매우 간단한 방법, 두 번째는 정석인 방법입니다.

현재 상황에서는 EventEmitter 인스턴스 내에 이벤트가 딱 하나 필요하기 때문에 첫 번째 방법도 나쁘지 않습니다. 직접 export해줬을 때는 자동 완성도 잘 되고요. 따라서 우리는 바로 export해주겠습니다. 만약 인스턴스가 기능별로 여러 개 필요해지거나, Context를 통해 인스턴스를 관리하는 것이 마음에 든다면 Context를 만들어도 상관 없습니다.

lib 디렉터리에 events.js 파일을 만들고 다음과 같이 코드를 작성해주세요.

lib/events.js

```
import EventEmitter3 from 'eventemitter3';

const events = new EventEmitter3();

export default events;
```

9.7.2 포스트 작성 후 업데이트하기

포스트를 작성하면 FeedScreen과 Profile에 반영되도록 구현해볼까요? 우선 포스트를 작성하고 나서 refresh 이벤트를 발생시킵시다.

screens/UploadScreen.js

```
(...)
import events from '../lib/events';

function UploadScreen() {
  (...)
  const onSubmit = useCallback(async () => {
    (...)
    events.emit('refresh');
    // TODO: 포스트 목록 새로고침
  }, [res, user, description, navigation]);

(...)
```

그리고 FeedScreen에 다음과 같이 useEffect를 추가해주세요.

```jsx
import React, {useEffect} from 'react';
(...)
import events from '../lib/events';

function FeedScreen() {
  const {posts, noMorePost, refreshing, onLoadMore, onRefresh} = usePosts();

  useEffect(() => {
    events.addListener('refresh', onRefresh);
    return () => {
      events.removeListener('refresh', onRefresh);
    };
  }, [onRefresh]);

  (...)
```

컴포넌트에서 이벤트에 콜백 함수를 등록하는 건 useEffect에서 하면 됩니다. 그리고 useEffect
에서 반환하는 cleanup 함수에서 콜백 함수를 등록 해지하는 작업을 해야 합니다. 현재 useEffect
의 deps 배열에 onRefresh가 있기 때문에, 결국 onRefresh가 바뀔 때마다 콜백 함수를 등록하고
기존에 등록한 콜백 함수는 해지됩니다. onRefresh는 언제 바뀌는지 usePosts의 코드를 다시 한
번 확인해볼까요?

```jsx
const onRefresh = async () => {
  if (!posts || posts.length === 0 || refreshing) {
    return;
  }
  const firstPost = posts[0];
  setRefreshing(true);
  const newerPosts = await getNewerPosts(firstPost.id, userId);
  setRefreshing(false);
  if (newerPosts.length === 0) {
    return;
  }
  setPosts(newerPosts.concat(posts));
};
```

onRefresh 함수는 현재 usePosts Hook 함수가 호출될 때마다 새로 만들어지고 있습니다. 즉, 컴포넌트가 렌더링될 때마다 이 함수가 바뀌는 것입니다. 이 함수가 실제로 바뀌어야 하는 시점은 posts, refreshing, userId가 바뀔 때입니다. FeedScreen의 useEffect에서 이 함수를 사용하고 있으니, useCallback을 사용해 해당 함수에서 의존하는 값이 바뀔 때만 새로운 함수를 사용하도록 만들어줍시다.

hooks/usePosts.js

```
import {useEffect, useState, useCallback} from 'react';
import {getNewerPosts, getOlderPosts, getPosts, PAGE_SIZE} from '../lib/posts';

export default function usePosts(userId) {
  (...)

  const onRefresh = useCallback(async () => {
    if (!posts || posts.length === 0 || refreshing) {
      return;
    }
    const firstPost = posts[0];
    setRefreshing(true);
    const newerPosts = await getNewerPosts(firstPost.id, userId);
    setRefreshing(false);
    if (newerPosts.length === 0) {
      return;
    }
    setPosts(newerPosts.concat(posts));
  }, [posts, userId, refreshing]);

(...)
```

그다음에는 Profile 컴포넌트도 다음과 같이 수정해주세요.

components/Profile.js

```
(...)
import {useUserContext} from '../contexts/UserContext';
import events from '../lib/events';

function Profile({userId}) {
  const [user, setUser] = useState(null);
  const {posts, noMorePost, refreshing, onLoadMore, onRefresh} = usePosts(
    userId,
```

```
  );
  const {user: me} = useUserContext();
  const isMyProfile = me.id === userId;

  useEffect(() => {
    getUser(userId).then(setUser);
  }, [userId]);

  useEffect(() => {
    // 자신의 프로필을 보고 있을 때만 새 포스트 작성 후 새로고침합니다.
    if (!isMyProfile) {
      return;
    }
    events.addListener('refresh', onRefresh);
    return () => {
      events.removeListener('refresh', onRefresh);
    };
  }, [isMyProfile, onRefresh]);

(...)
```

수정을 완료했다면 새 포스트를 작성한 뒤 피드 목록 또는 프로필의 새로고침이 잘 이루어지는지 확인해보세요.

9.7.3 포스트 삭제 후 목록에서 제거하기

이번에는 포스트를 삭제한 후 피드 목록 또는 프로필에서 제거하는 작업을 해보겠습니다. 이를 구현하기 위해서는 우선 usePosts 함수를 수정해줘야 합니다. removePost 함수를 구현해보세요.

hooks/usePosts.js

```
import {useEffect, useState, useCallback} from 'react';
import {getNewerPosts, getOlderPosts, getPosts, PAGE_SIZE} from '../lib/posts';

export default function usePosts(userId) {
  (...)

  const removePost = useCallback(
    (postId) => {
      setPosts(posts.filter((post) => post.id !== postId));
```

```
    },
    [posts],
  );

  return {
    (...)
    removePost,
  };
}
```

removePost 또한 FeedScreen과 Profile의 useEffect에서 사용하므로 useCallback으로 감싸줬습니다.

이제 포스트를 삭제할 때 포스트의 고유 ID와 함께 removePost 이벤트를 발생해보세요.

hooks/usePostActions.js – remove

```
import events from '../lib/events';

(...)

const remove = async () => {
  await removePost(id);

  // 현재 단일 포스트 조회 화면이라면 뒤로가기
  if (route.name === 'Post') {
    navigation.pop();
  }

  events.emit('removePost', id);
};
```

이벤트 이름을 정할 때 꼭 따라야 할 규칙은 없습니다. camelCase, snake_case, kebab-case 모두 괜찮습니다.

removePost 이벤트를 발생시킬 때 id 값은 두 번째 파라미터로 넣어줬습니다. 이렇게 하면 추후 removePost 이벤트에 등록할 콜백 함수의 파라미터로 id 값이 전달됩니다. 따라서 usePosts에서 만든 removePost 함수를 그대로 콜백 함수로 등록하면 됩니다.

FeedScreen 컴포넌트를 다음과 같이 수정해주세요.

```
(...)

function FeedScreen() {
  const {
    posts,
    noMorePost,
    refreshing,
    onLoadMore,
    onRefresh,
    removePost,
  } = usePosts();

  useEffect(() => {
    events.addListener('refresh', onRefresh);
    events.addListener('removePost', removePost);
    return () => {
      events.removeListener('refresh', onRefresh);
      events.removeListener('removePost', removePost);
    };
  }, [onRefresh, removePost]);

  (...)
```

그리고 Profile 컴포넌트는 다음과 같이 수정해주세요.

```
(...)

function Profile({userId}) {
  const [user, setUser] = useState(null);
  const {
    posts,
    noMorePost,
    refreshing,
    onLoadMore,
    onRefresh,
    removePost,
  } = usePosts(userId);
  const {user: me} = useUserContext();
  const isMyProfile = me.id === userId;

  useEffect(() => {
```

```
    getUser(userId).then(setUser);
  }, [userId]);

  useEffect(() => {
    // 자신의 프로필을 보고 있을 때만 새 포스트 작성 후 새로고침을 합니다.
    if (!isMyProfile) {
      return;
    }
    events.addListener('refresh', onRefresh);
    events.addListener('removePost', removePost);
    return () => {
      events.removeListener('refresh', onRefresh);
      events.removeListener('removePost', removePost);
    };
  }, [removePost, isMyProfile, onRefresh]);

(...)
```

이제 포스트를 삭제해보세요. 피드 목록과 프로필에서 잘 반영되나요?

9.7.4 리팩토링하기

여기까지 구현하고 나니 FeedScreen에서 사용한 코드와 Profile에서 사용한 코드가 굉장히 유사하죠? 코드를 재사용할 수 있도록 리팩토링해봅시다.

아예 해당 로직을 usePosts에 구현할 수도 있고, usePostsEventEffect라는 Hook을 또 만들어서 해당 Hook을 usePosts에서 사용하는 형태로 구현할 수도 있습니다.

우리는 usePostsEventEffect Hook을 만드는 방식으로 구현하겠습니다. 우선 이번에 FeedScreen과 Profile에서 작성한 useEffect를 모두 지워주세요.

해당 Hook을 다음과 같이 작성해주세요.

hooks/usePostsEventEffect.js

```
import {useEffect} from 'react';
import events from '../lib/events';

export default function usePostsEventEffect({refresh, removePost, enabled}) {
  useEffect(() => {
```

```
    if (!enabled) {
      return;
    }
    events.addListener('refresh', refresh);
    events.addListener('removePost', removePost);
    return () => {
      events.removeListener('refresh', refresh);
      events.removeListener('removePost', removePost);
    };
  }, [refresh, removePost, enabled]);
}
```

그다음엔 usePosts에서 방금 만든 Hook을 사용해주세요.

```
(...)
import {useUserContext} from '../contexts/UserContext';
import usePostsEventEffect from './usePostsEventEffect';

export default function usePosts(userId) {
  (...)
  const {user} = useUserContext();
  (...)

  usePostsEventEffect({
    refresh: onRefresh,
    removePost,
    enabled: !userId || userId === user.id,
  });

  return {
    posts,
    noMorePost,
    refreshing,
    onLoadMore,
    onRefresh,
  };
}
```

이제 removePost를 usePosts의 반환값에 포함할 필요가 없으니 해당 함수는 반환값에서 제외해
줬습니다. 기존에 FeedScreen과 Profile에 events를 사용하기 위해 작성한 useEffect도 이제 필

요 없으니 해당 코드들은 지워주세요.

다시 한번 포스트를 삭제하거나 새로 작성해보세요. 업데이트가 잘 이뤄지나요?

9.7.5 포스트 수정 후 업데이트하기

이번에는 포스트를 수정한 후 업데이트해보겠습니다. 이번 기능은 이전과 달리 포스트 목록에도 반영되고, 단일 포스트 화면에도 반영되어야 합니다.

ModifyScreen에서 포스트를 수정한 후, updatePost 이벤트를 발생시키세요. 이번에는 emit 함수의 두 번째 파라미터에 포스트의 고유 ID와 업데이트할 새로운 설명을 넣어주세요.

screens/ModifyScreen.js – onSubmit

```
import events from '../lib/events';

(...)

const onSubmit = useCallback(async () => {
  await updatePost({
    id: params.id,
    description,
  });
  events.emit('updatePost', {
    postId: params.id,
    description,
  });
  navigation.pop();
}, [navigation, params.id, description]);
```

먼저 포스트 목록에 반영하는 작업부터 해봅시다. removePost를 구현했을 때랑 비슷한데요. usePosts에 updatePost 함수를 작성해주세요. 그리고 그 함수를 usePostsEventEffect의 파라미터 객체에 포함하세요.

hooks/usePosts.js

```
(...)
export default function usePosts(userId) {
  (...)
```

```
  const updatePost = useCallback(
    ({postId, description}) => {
      // id가 일치하는 포스트를 찾아서 description 변경
      const nextPosts = posts.map((post) =>
        post.id === postId
          ? {
              ...post,
              description,
            }
          : post,
      );
      setPosts(nextPosts);
    },
    [posts],
  );

  usePostsEventEffect({
    refresh: onRefresh,
    removePost,
    enabled: !userId || userId === user.id,
    updatePost
  });

  (...)
}
```

usePostsEventEffect는 다음과 같이 수정하세요.

```
import {useEffect} from 'react';
import events from '../lib/events';

export default function usePostsEventEffect({
  refresh,
  removePost,
  updatePost,
  enabled,
}) {
  useEffect(() => {
    if (!enabled) {
      return;
    }
```

```
    events.addListener('refresh', refresh);
    events.addListener('removePost', removePost);
    events.addListener('updatePost', updatePost);
    return () => {
      events.removeListener('refresh', refresh);
      events.removeListener('removePost', removePost);
      events.removeListener('updatePost', updatePost);
    };
  }, [refresh, removePost, updatePost, enabled]);
}
```

다음으로 PostScreen 컴포넌트에서도 이벤트를 등록해주세요.

PostScreen에서는 post 정보가 내비게이션의 라우트 파라미터에 담겨있습니다. 여기서는 navigation.setParams를 사용해 라우트 파라미터를 바로 변경시키세요.

screens/PostScreen.js

```
import {useNavigation, useRoute} from '@react-navigation/native';
import React from 'react';
import {useEffect} from 'react';
import {ScrollView, StyleSheet} from 'react-native';
import PostCard from '../components/PostCard';
import events from '../lib/events';

function PostScreen() {
  const route = useRoute();
  const navigation = useNavigation();
  const {post} = route.params;

  useEffect(() => {
    const handler = ({description}) => {
      navigation.setParams({post: {...post, description}});
    };
    events.addListener('updatePost', handler);
    return () => {
      events.removeListener('updatePost', handler);
    };
  }, [post, navigation]);

  (...)
```

이제 단일 포스트 화면에서 포스트를 수정해보세요. 단일 포스트 화면에 변화가 잘 반영되나요?

9.8 설정 화면 만들기

이번 앱의 마지막 기능, 설정 화면을 만들어봅시다. 설정 화면에서, 사용자는 서비스에서 로그아웃할 수 있습니다.

SettingScreen을 생성하고, 해당 화면을 RootStack에 등록하세요.

---

screens/SettingScreen.js

```jsx
import React from 'react';
import {StyleSheet, View} from 'react-native';

function SettingScreen() {
  return <View style={styles.block} />;
}

const styles = StyleSheet.create({
  block: {},
});

export default SettingScreen;
```

---

screens/RootStack.js

```jsx
(...)
import SettingScreen from './SettingScreen';

const Stack = createNativeStackNavigator();

function RootStack() {
  (...)

  return (
    <Stack.Navigator>
      {user ? (
        <>
          <Stack.Screen
            name="MainTab"
            component={MainTab}
            options={{headerShown: false}}
          />
```

```
        <Stack.Screen
          name="Upload"
          component={UploadScreen}
          options={{title: '새 게시물', headerBackTitle: '뒤로가기'}}
        />
        <Stack.Screen
          name="Modify"
          component={ModifyScreen}
          options={{title: '설명 수정', headerBackTitle: '뒤로가기'}}
        />
        <Stack.Screen
          name="Setting"
          component={SettingScreen}
          options={{title: '설정', headerBackTitle: '뒤로가기'}}
        />
      </>
    ) : (...)}
  </Stack.Navigator>
 );
}


export default RootStack;
```

그다음에는 **MyProfileScreen**에서 우측 상단에 설정 아이콘을 띄워보세요.

screens/MyProfileScreen.js

```
(...)
import {useNavigation} from '@react-navigation/native';
import IconRightButton from '../components/IconRightButton';

function MyProfileScreen() {
  const {user} = useUserContext();
  const navigation = useNavigation();

useEffect(() => {
    navigation.setOptions({
      title: user.displayName,
      headerRight: () => (
        <IconRightButton
          name="settings"
          onPress={() => navigation.push('Setting')}
```

```
      />
    ),
  });
}, [navigation, user]);

  return <Profile userId={user.id} />;
}


export default MyProfileScreen;
```

내 프로필 화면의 우측 상단에 다음과 같이 설정 아이콘 버튼이 나타났나요? 버튼이 나타나지 않았다면 앱을 리로딩해보세요. 버튼을 눌렀을 때 아까 만든, 빈 SettingScreen이 보이는지 확인해보세요.

▼ 그림 9-23 설정 버튼

이제 SettingScreen을 구현해봅시다. 이 컴포넌트에는 로그아웃 버튼만 만들어주면 됩니다.

screens/SettingScreen.js

```
import React from 'react';
import {StyleSheet, View, Text, Pressable, Platform} from 'react-native';
import {useUserContext} from '../contexts/UserContext';
import {signOut} from '../lib/auth';

function SettingScreen() {
  const {setUser} = useUserContext();

  const onLogout = async () => {
    await signOut();
    setUser(null);
```

```
    };

    return (
      <View style={styles.block}>
        <Pressable
          onPress={onLogout}
          style={(({pressed}) => [
            styles.item,
            pressed && Platform.select({ios: {opacity: 0.5}}),
          ]}
          android_ripple={{
            color: '#eee',
          }}>
          <Text>로그아웃</Text>
        </Pressable>
      </View>
    );
}

const styles = StyleSheet.create({
  block: {
    flex: 1,
    paddingTop: 32,
  },
  item: {
    borderTopWidth: 1,
    borderBottomWidth: 1,
    borderColor: '#eeeeee',
    backgroundColor: 'white',
    paddingVertical: 16,
    paddingHorizontal: 12,
  },
  itemText: {
    fontSize: 16,
  },
});

export default SettingScreen;
```

컴포넌트를 작성한 후 설정 화면을 열어보세요. 다음과 같이 잘 나타났다면 로그아웃을 눌러보세요.

이것으로 PublicGallery 앱의 모든 기능을 구현 완료했습니다!

9.9 Firestore 보안 설정하기

현재는 Firestore의 읽기 쓰기 규칙에 모든 작업을 허용하도록 만든 상태입니다. 따라서 사용자가 다른 사용자의 포스트를 삭제하거나 수정하거나 다른 사용자의 이름으로 작성하는 것이 가능한 상태죠. 사용자가 자신의 포스트만 쓰고 수정하고 삭제할 수 있도록 Firestore의 규칙을 설정해줘야 합니다. Firebase 콘솔의 Firestore를 열고, Firestore의 규칙을 수정해봅시다.

Firestore의 규칙은 항상 다음과 같은 형식으로 작성합니다.

```
rules_version = '2';
service cloud.firestore {
  match /databases/{database}/documents {
    // ...
  }
}
```

posts 컬렉션에 대한 권한을 설정하고 싶다면 다음과 같이 작성할 수 있습니다.

```
rules_version = '2';
service cloud.firestore {
  match /databases/{database}/documents {
    match /posts/{post} {
      allow get;
      allow list;
    }
  }
```

```
}
```

이렇게 하면 사용자가 모든 포스트를 리스팅(list)할 수 있고, 단일 포스트를 조회(get)할 수도 있습니다. 여기에 포스트를 자신의 계정 정보로만 작성할 수 있다는 규칙을 추가해봅시다.

```
rules_version = '2';
service cloud.firestore {
  match /databases/{database}/documents {
    match /posts/{post} {
      allow get;
      allow list;
      allow create: if request.resource.data.user.id == request.auth.uid;
    }
  }
}
```

create는 데이터 생성을 의미합니다. 이때 if를 사용해 조건을 추가할 수 있습니다. 이 조건문에서는 현재 로그인 중인 사용자 정보와 사용자가 작성한 데이터를 조회할 수 있습니다. 사용자의 로그인 정보는 request.auth.uid, 사용자가 작성한 데이터는 request.resource.data입니다. 여기서 두 값을 비교할 때는 ==를 사용합니다. 이번에 추가한 조건의 의미는 작성한 포스트 데이터의 사용자 정보와 로그인 중인 사용자 정보가 일치할 때만 데이터 작성을 허용한다는 뜻입니다.

다음으로 포스트 수정과 삭제에 대한 권한을 추가해줍시다.

```
rules_version = '2';
service cloud.firestore {
  match /databases/{database}/documents {
    match /posts/{post} {
      allow get;
      allow list;
      allow create: if request.resource.data.user.id == request.auth.uid;
      allow delete, update: if resource.data.user.id == request.auth.uid;
    }
  }
}
```

삭제(delete) 및 수정(update) 가능 조건을 추가해줬습니다. request.resource를 조회한 것이 아니라 바로 resource를 조회했는데, 여기서의 resource는 현재 Firestore에 담긴 데이터를 의미합니다. 이번 조건의 의미는 Firestore에 저장된 포스트 데이터의 사용자 정보와 현재 로그인 중인 사용자 정보가 일치할 때만 삭제 및 수정을 허용한다는 뜻입니다.

이제 포스트에 대한 권한 설정은 끝났습니다. 이어서 users 컬렉션에 대한 규칙도 설정해줘야 합니다. 사용자는 다른 사용자의 정보를 조회할 수 있지만, 회원가입(데이터 생성)은 자신의 로그인 정보로만 할 수 있어야 합니다.

```
rules_version = '2';
service cloud.firestore {
  match /databases/{database}/documents {
    match /posts/{post} {
      allow get;
      allow list;
      allow create: if request.resource.data.user.id == request.auth.uid;
      allow delete, update: if resource.data.user.id == request.auth.uid;
    }
    match /users/{user} {
      allow read;
      allow write: if request.auth.uid == user;
    }
  }
}
```

이번에는 read와 write에 대한 권한을 설정했습니다. read는 get과 list를 포함하는 권한입니다. 그리고 write는 create, delete, update를 포함하는 권한입니다.

write의 조건에서 조회한 user는 데이터의 고유 ID 값입니다. 규칙을 정하고 싶으면 문서 경로를 지정할 때 match /users/{user}와 같이 입력했는데, {} 사이에 넣은 이름을 우리가 작성할 조건 문에서 조회할 수 있습니다.

이제 규칙을 모두 수정했습니다. 규칙을 입력한 뒤 게시 버튼을 누르면 됩니다.

9.10 Splash 화면 만들기

Splash 화면은 앱을 구동한 후 필요한 로딩이 끝날 때까지 전체화면을 가리는 화면입니다. 현재 우리 앱을 구동하면 초기에 처리해야 하는 작업이 두 가지 있습니다. 로그인 중인지 확인해야 하고, 로그인 중이라면 포스트 목록을 조회해야 합니다.

현재 사용자가 로그인 상태로 앱을 종료한 후 다시 실행하면 다음과 같은 화면을 보게 됩니다.

로그인(로그인 상태 확인) 〉 포스트 로딩 〉 포스트 로딩 완료

앱을 구동한 후 필요한 데이터가 모두 로딩될 때까지 Splash 화면을 보여주는 기능을 구현해봅시다.

이를 구현하기 위해서는 react-native-splash-screen 라이브러리를 설치해야 합니다. 이 라이브러리는 Splash 화면을 원하는 시점에 사라지게 만들 수 있습니다.

```
$ yarn add react-native-splash-screen
```

그리고 Splash 화면에서 사용할 이미지를 준비해야 합니다.

▼ 그림 9-25 Splash 이미지

이와 같이 화면의 중앙에 보여주고 싶은 이미지를 준비합니다. 이미지 크기는 300px × 300px, 다양한 해상도에서 잘 나타나도록 2x 사이즈(600px), 3x 사이즈(900px)도 준비해줍니다.

여기서 사용할 Splash 이미지는 이미 준비되어 있으니 다음 링크에서 내려받으세요.

- http://bit.ly/publicgallery-splash

9.10.1 안드로이드에 Splash 화면 적용하기

먼저 안드로이드부터 Splash 화면을 적용해봅시다. 방금 내려받은 파일의 압축을 풀면 android 디렉터리에 drawable-hdpi, drawable-mdpi, drawable-xhdpi 디렉터리가 있을 겁니다. 세 디렉터리를 모두 프로젝트의 android/app/src/main/res 경로로 이동시키세요.

다음으로 android/app/src/main/java/com/publicgallery〈닉네임〉/MainActivity.java 파일을 열어서 다음과 같이 수정해주세요. 〈닉네임〉은 소문자로 적어주세요.

```java
package com.publicgallery<닉네임>;
import android.os.Bundle;
import org.devio.rn.splashscreen.SplashScreen;
import com.facebook.react.ReactActivity;

public class MainActivity extends ReactActivity {

  /**
   * Returns the name of the main component registered from JavaScript. This is used to schedule
   * rendering of the component.
   */
  @Override
  protected String getMainComponentName() {
    return "PublicGallery<닉네임>";
  }

  @Override
  protected void onCreate(Bundle savedInstanceState) {
    SplashScreen.show(this);  // here
    super.onCreate(savedInstanceState);
  }
}
```

그리고 android/app/src/main/res/layout 경로를 만들고 그 안에 launch_screen.xml 파일을 생성하세요. 그리고 다음 코드를 작성하세요.

```xml
<?xml version="1.0" encoding="utf-8"?>
<RelativeLayout xmlns:android="http://schemas.android.com/apk/res/android"
    xmlns:app="http://schemas.android.com/apk/res-auto"
    android:layout_width="match_parent"
    android:layout_height="match_parent"
    android:layout_centerInParent="false"
    android:layout_centerHorizontal="true"
    android:layout_centerVertical="true"
    android:background="#6200EE"
    android:gravity="center_vertical"
    android:orientation="vertical">
```

```
<ImageView
    android:id="@+id/imageView"
    android:layout_width="wrap_content"
    android:layout_height="wrap_content"
    android:src="@drawable/splash_icon" />
</RelativeLayout>
```

안드로이드에서는 위와 같이 XML 형태로 뷰를 선언하는데, 안드로이드를 다뤄본 적이 없다면 이 코드가 낯설 것입니다. 이 코드에서는 우리가 추가한 @drawable/splash_icon 이미지를 화면에 보여준 뒤, 해당 이미지를 화면의 정중앙에 나타나게 했습니다. 그리고 화면의 배경색을 보라색 (#6200EE)으로 설정해줬습니다.

안드로이드의 레이아웃 시스템이 어떻게 작동하는지 알아보고 싶다면 다음 링크를 참조하세요.

- http://bit.ly/android-layout-docs

이제 안드로이드에서 yarn android 명령어로 앱을 다시 실행해보세요. 앱이 시작될 때 다음과 같이 Splash 화면이 나타났나요?

♥ 그림 9-26 Android Splash 화면

598

현재 안드로이드에서 Splash 화면이 나타나고 사라지지 않을 텐데요. 이 화면을 사라지게 하는 작업은 iOS에 마저 Splash 화면을 적용하고 처리하겠습니다.

9.10.2 iOS에 Splash 화면 적용하기

iOS에 Splash를 적용해봅시다. 우선 Pod 설치를 해주세요.

```
$ npx pod-install
```

그다음엔 AppDelegate.m 파일을 열어서 다음과 같이 수정해주세요.

ios/PublicGallery/AppDelegate.m

```objc
#import <Firebase.h>
#import "AppDelegate.h"

#import <React/RCTBridge.h>
#import <React/RCTBundleURLProvider.h>
#import <React/RCTRootView.h>
#import <RNSplashScreen.h>

(...)

@implementation AppDelegate

- (BOOL)application:(UIApplication *)application didFinishLaunchingWithOptions:
(NSDictionary *)launchOptions
{
  (...)
  [RNSplashScreen show];
  return YES;
}
```

그리고 Xcode로 ios/PublicGallery.xcworkspace 파일을 열고, 좌측 사이드바에서 Image. xcassets를 선택하세요. **+** 버튼을 누르고 Image Set을 누르세요.

▼ 그림 9-27 Xcode에서 이미지 추가(1)

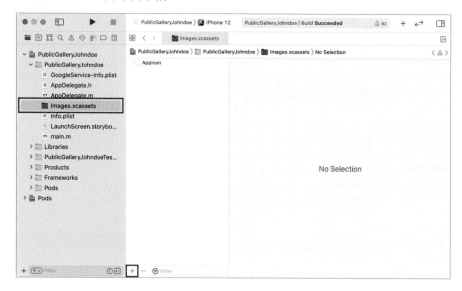

그러면 다음과 같은 UI가 나타납니다. 우선 좌측 상단의 **Image**를 더블 클릭해 SplashIcon으로 이름을 변경하세요. 그리고 3개의 빈 박스에 앞에서 내려받은 이미지들을 splash_icon, splash_icon@2x, splash_icon@3x 순서로 드래그 앤 드롭하세요.

▼ 그림 9-28 Xcode에서 이미지 추가(2')

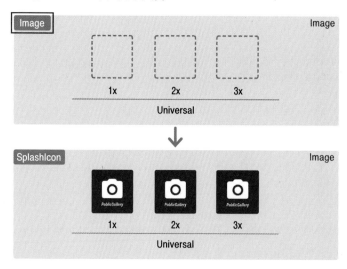

그리고 Xcode 사이드바의 LaunchScreen.storyboard를 선택하세요. 그리고 View Controller Scene, View Controller, View를 펼치세요.

▼ 그림 9-29 View 선택

이제 Image View를 추가해줄 차례인데요. Xcode 우측 상단의 **+** 버튼을 누르고, Image View 를 드래그해 SafeArea 아래에 드롭하세요.

▼ 그림 9-30 Image View 추가

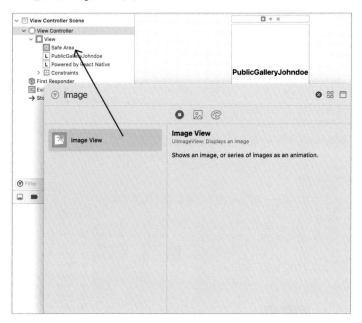

그러면 다음과 같이 Image View가 화면에 추가됩니다.

▼ 그림 9-31 Image View 추가됨

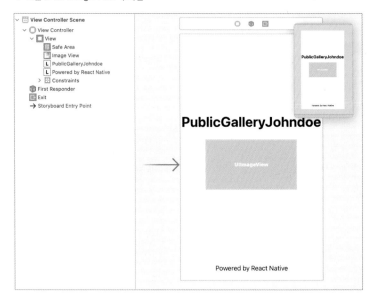

Image View가 화면에 나타났으면 PublicGallery〈닉네임〉, Powered by React Native를 선택해 지워주세요. [Backspace] 또는 [Delete]를 눌러 지울 수 있습니다.

그다음엔 Image View를 선택한 다음, 우측 상단의 Image 속성을 SplashIcon으로 설정하세요.

▼ 그림 9-32 Image 속성을 SplashIcon으로 설정

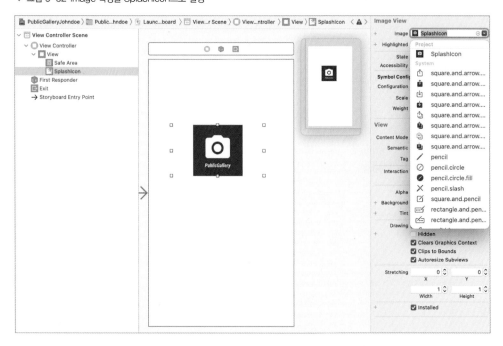

다음으로 Image View를 화면에 중앙 정렬해봅시다. 중앙 정렬은 하단의 아이콘 중 직사각형이 두 개 있는 아이콘을 누르고 Horizontally in Container, Vertically in Container를 0으로 설정한 후 **Add 2 Constraints** 버튼을 누르면 됩니다.

▼ 그림 9-33 이미지 중앙 정렬

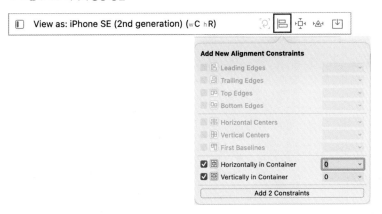

이렇게 하면 이미지가 화면의 중앙에 다음과 같이 나타날 것입니다.

▼ 그림 9-34 이미지 중앙 정렬 완료

마지막으로 View의 배경색을 변경해봅시다. 사이드바에서 View를 선택한 후, Background 속성을 누른 다음에 Custom을 선택하세요. 그러면 다음과 같이 팔레트가 나타나는데 상단의 두 번째 아이콘을 누르고, RGB Sliders를 선택합니다. 그런 다음에 Hex Color #에 6200EE를 입력한 후 Enter 를 누르면 이미지의 배경색과 동일하게 색상이 설정됩니다.

그러면 그림 9-36과 같은 결과가 나타납니다.

▼ 그림 9-35 팔레트

▼ 그림 9-36 Storyboard 작업 완료

이제 Xcode에서 해야 할 작업이 모두 끝났습니다. 작업을 다 하면 ⌘ + S 를 눌러 저장해야 합니다. yarn ios를 입력해 iOS에서 앱을 다시 구동해보세요.

iOS에서도 Splash 화면이 잘 나타나나요?

만약 기존의 Splash 화면이 계속 나타난다면 iOS 시뮬레이터에서 앱을 제거하고 Metro Bundler를 종료하고 다시 yarn ios를 실행하세요. 그렇게 해도 안 될 경우에는 Xcode의 상단 메뉴 Product 〉 Clean Build Folder를 선택한 뒤 다시 yarn ios를 실행하세요.

▼ 그림 9-37 iOS Splash 화면

9.10.3 원하는 시점에 Splash 화면 숨기기

이제 원하는 시점에 Splash 화면을 숨기면 됩니다. Splash 화면을 숨기는 방법은 다음과 같습니다.

```
import SplashScreen from 'react-native-splash-screen'
SplashScreen.hide();
```

첫 번째로, 로그인되어 있지 않다면 숨겨야겠지요?

screens/RootStack.js

```
(...)
import SplashScreen from 'react-native-splash-screen';

const Stack = createNativeStackNavigator();

function RootStack() {
  const {user, setUser} = useUserContext();

  useEffect(() => {
    // 컴포넌트 첫 로딩 시 로그인 상태 확인하고 UserContext에 적용
    const unsubscribe = subscribeAuth(async currentUser => {
      // 여기에 등록한 함수는 사용자 정보가 바뀔 때마다 호출되는데,
      // 처음 호출될 때 바로 unsubscribe해 한 번 호출된 후에는 더 이상 호출되지 않게 설정
      unsubscribe();
      if (!currentUser) {
        SplashScreen.hide();
        return;
      }
      const profile = await getUser(currentUser.uid);
      if (!profile) {
        return;
      }
      setUser(profile);
    });
  }, [setUser]);

(...)
```

두 번째로, 사용자가 로그인한 경우에는 FeedScreen을 보여주겠죠? 거기서 posts 값이 준비됐을 때 SplashScreen을 숨겨줍시다.

```
(...)
import SplashScreen from 'react-native-splash-screen';

function FeedScreen() {
  const {posts, noMorePost, refreshing, onLoadMore, onRefresh} = usePosts();

  const postsReady = posts !== null;
  useEffect(() => {
    if (postsReady) {
      SplashScreen.hide();
    }
  }, [postsReady]);

(...)
```

Splash 화면을 원하는 시점에 숨기는 작업이 모두 끝났습니다! 이제 앱을 완전히 종료한 후 다시
가동해주세요. Splash 화면이 잘 나타나고 잘 사라지나요?

9.11 / 정리

이번 프로젝트를 마치느라 정말 고생 많았습니다. 이번 프로젝트에서는 Firebase에 원하는 데이
터를 저장하고 읽는 방법을 배우고, 컴포넌트를 만들어가는 단계에서 로직을 Hook으로 분리해
가면서 코드를 리팩토링하는 방법도 배웠습니다. 다른 화면 간에 흐름을 제어하기 위해서 이벤트
를 사용하는 방법도 배웠지요.

이번 프로젝트는 규모가 꽤 컸습니다. 규모가 커질수록 컴포넌트가 많아지고 Hook도 다양해지
지요. 그러면 어떤 컴포넌트에서 어떤 Props가 필요하고, 또 Hook에서 어떤 값을 파라미터로 요
구하고 반환값은 어떤 형태인지 파악하는 게 점점 힘들어 질 수 있습니다.

이럴 때는 프로젝트에 정적 타입 시스템을 사용하면 개발이 매우 편해집니다. 컴포넌트의 Props
나 Hook의 파라미터에 잘못된 값이 들어가면 경고를 표시하니 실수를 사전에 방지할 수도 있고
요. 또한, 자동 완성도 매우 잘 되기 때문에 규모가 큰 프로젝트에서는 정적 타입 시스템을 많이
사용합니다.

리액트 네이티브에서 사용할 수 있는 정적 타입 시스템은 대표적으로 타입스크립트가 있습니다. 프로젝트에 기본으로 Flow라는 정적 타입 시스템이 적용되어 있지만, 커뮤니티가 작은 편이라 이 책에서는 타입스크립트 사용을 권장하며, 이는 12장에서 배워보겠습니다.

memo

10^장

네이티브 모듈 만들기

리액트 네이티브에서 자체적으로 지원하지 않는 기능이 있습니다. 예를 들어 이미지를 선택할 때 리액트 네이티브만의 기능으로는 구현할 수 없어서 react-native-image-picker와 같은 라이브러리를 사용해야 하지요. 대부분 이렇게 서드 파티 라이브러리로 해결하곤 하는데 가끔 원하는 라이브러리가 없을 수도 있고, 라이브러리는 있는데 유지보수가 잘 되지 않는 경우도 있습니다. 때로는 이미 만들어진 라이브러리를 수정해서 사용해야 할 때도 있지요.

리액트 네이티브에서 자체적으로 지원하지 않는 기능을 사용해야 한다면, 안드로이드에서는 자바(Java) 또는 코틀린(Kotlin), iOS에서는 Objective-C 또는 스위프트(Swift)를 사용해 네이티브 모듈을 만들어 구현해야 합니다. 프로젝트를 만들 때 대부분은 네이티브 코드를 사용하지 않고 원하는 기능을 구현할 수 있습니다. 하지만 만일의 상황을 위해 어떻게 연동되는지는 이해해둬야 합니다. 이 장에서는 리액트 네이티브 프로젝트에서 네이티브 모듈을 만드는 방법을 배워보겠습니다.

배우는 과정에서 자바, 코틀린, Objective-C, 스위프트 언어를 사용해볼 텐데요. 만약 해당 언어를 사용해본 적이 없다면 이 과정이 어렵게 느껴질 수 있습니다. 일단은 이 장을 읽으면서 어떠한 원리로 네이티브 기능을 연동할 수 있는지 원리만 파악하고, 추후 네이티브 모듈을 만들어야 하는 상황이 오면 필요한 프로그래밍 언어를 공부해서 사용하기를 권장합니다.

10장과 11장에서 네이티브 코드를 다뤄볼 텐데 네이티브 코드를 다루는 것이 당장은 어렵게 느껴지거나, 급하게 바로 네이티브 코드를 사용해야 하는 게 아니라면 10장과 11장을 나중으로 미루고 12장으로 넘어가도 괜찮습니다(12장 이후 내용에 10장, 11장의 지식이 필요하지 않습니다).

Note ≡ 프로그래밍 언어 학습을 위한 자료

- **코틀린:** https://developer.android.com/kotlin/learn?hl=ko
- **스위프트:** https://docs.swift.org/swift-book/LanguageGuide/TheBasics.html
- **스위프트(한국어 번역):** https://jusung.gitbook.io/the-swift-language-guide/language-guide/02-basic-operators

10.1 / 안드로이드에서 Toast 사용하기

Toast는 안드로이드에서 짧은 시간 동안 알림 문구를 보여주는 UX입니다. 리액트 네이티브 프로젝트에서 이 기능을 구현하려면 리액트 네이티브에 내장된 ToastAndroid를 사용하면 됩니다. 참고로 Toast는 안드로이드에만 있는 기능으로 iOS에서는 사용할 수 없습니다. 만약 iOS에서 사용하고 싶다면 react-native-simple-toast라는 라이브러리를 사용해야 합니다. ToastAndroid는 다음과 같이 사용합니다.

▼ 그림 10-1 Toast

```
import React from 'react';
import {Button, SafeAreaView, ToastAndroid} from 'react-native';

function App() {
  const onPress = () => {
    ToastAndroid.show('Hello World', ToastAndroid.SHORT);
  };

  return (
    <SafeAreaView>
      <Button title="Press me" onPress={onPress} />
    </SafeAreaView>
  );
}

export default App;
```

우리는 학습을 위해 ToastAndroid를 사용하지 않고 네이티브 코드를 직접 작성하여 구현해보겠습니다.

우선 프로젝트를 새로 생성해주세요.

```
$ npx react-native init NativeModuleWorkshop --version 0.70
```

안드로이드 스튜디오(Android Studio)를 열고 **Open an Existing Project**를 누르세요. 그리고 생성한 프로젝트 디렉터리 내부의 android 디렉터리를 여세요.

❤ 그림 10-2 프로젝트 열기

프로젝트를 연 다음에 좌측 사이드바의 파일 탐색기 모드를 Android로 설정하세요.

❤ 그림 10-3 파일 탐색기 모드 설정

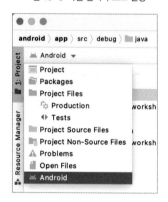

com.nativemoduleworkshop 패키지에 새 Java Class를 생성해보세요.

❤ 그림 10-4 클래스 생성

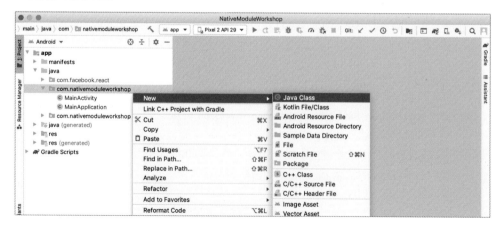

네이티브 코드는 자바로도 작성할 수 있고, 코틀린으로도 작성할 수 있습니다. 우선 자바로 작성하고, 추후에 코틀린으로도 작성해보겠습니다.

10.1.1 모듈 작성하기

클래스 이름은 ToastModule이라고 해줍니다. 그러면 다음과 같이 코드가 생성될 것입니다.

ToastModule.java

```java
package com.nativemoduleworkshop;

public class ToastModule {
}
```

네이티브 모듈을 만들기 위해서는 리액트 네이티브의 세 가지 클래스를 불러와야 합니다. 그리고 ToastModule에서는 ReactContextBaseJavaModule을 상속하고, getName 메서드를 오버라이딩해야 합니다.

ToastModule.java

```java
package com.nativemoduleworkshop;

import com.facebook.react.bridge.ReactApplicationContext;
import com.facebook.react.bridge.ReactContextBaseJavaModule;
import com.facebook.react.bridge.ReactMethod;

public class ToastModule extends ReactContextBaseJavaModule {
    ToastModule(ReactApplicationContext context) {
        super(context);
    }

    @Override
    public String getName() {
        return "ToastModule";
    }
}
```

getName 메서드에서는 만들 네이티브 모듈의 이름을 정합니다. 여기서 정한 이름은 나중에 자바스크립트 코드에서 네이티브 모듈을 불러오는 과정에서 사용합니다.

613

```java
import { NativeModules } from 'react-native';

const { ToastModule } = NativeModules;
```

10.1.2 메서드 작성하기

자, 이제 자바스크립트에서 호출할 수 있는 show라는 메서드를 만들어봅시다.

ToastModule.java

```java
package com.nativemoduleworkshop;

import com.facebook.react.bridge.ReactApplicationContext;
import com.facebook.react.bridge.ReactContextBaseJavaModule;
import com.facebook.react.bridge.ReactMethod;

public class ToastModule extends ReactContextBaseJavaModule {

    (...)

    @ReactMethod
    public void show(String message, double duration) {
    }
}
```

메서드 위에 @ReactMethod를 붙여주면 추후 자바스크립트에서 호출할 수 있습니다. 참고로 이렇게 @를 메서드 위에 붙여주는 문법을 Decorator 문법이라고 합니다.

이제 show 메서드를 구현해볼까요? Toast를 사용하는 방법은 다음 링크에서 확인해주세요.

- https://developer.android.com/guide/topics/ui/notifiers/toasts?hl=ko

ToastModule.java

```java
package com.nativemoduleworkshop;

import com.facebook.react.bridge.ReactApplicationContext;
import com.facebook.react.bridge.ReactContextBaseJavaModule;
import com.facebook.react.bridge.ReactMethod;
import android.widget.Toast;
```

```
public class ToastModule extends ReactContextBaseJavaModule {

    (...)

    @ReactMethod
    public void show(String message, int duration) {
        ReactApplicationContext context = getReactApplicationContext();
        Toast toast = Toast.makeText(context, message, duration);
        toast.show();
    }
}
```

duration에는 0 또는 1을 설정할 수 있습니다. 0은 메시지를 짧은 시간 동안 보여주고, 1은 좀더 긴 시간 동안 보여줍니다.

설정한 메서드는 자바스크립트에서 다음과 같이 호출할 수 있습니다.

```
import { NativeModules } from 'react-native';

const { ToastModule } = NativeModules;
ToastModule.show('Hello World', 1);
```

10.1.3 상수 내보내기

자바에서 특정 상수를 선언한 뒤 이를 자바스크립트에서 접근할 수 있게 하려면 getConstants 메서드를 만들어서 상수들을 지닌 Map을 생성해야 합니다.

ToastModule.java

```
package com.nativemoduleworkshop;

import com.facebook.react.bridge.ReactApplicationContext;
import com.facebook.react.bridge.ReactContextBaseJavaModule;
import com.facebook.react.bridge.ReactMethod;
import android.widget.Toast;

import java.util.HashMap;
import java.util.Map;

public class ToastModule extends ReactContextBaseJavaModule {
```

```
    (...)

    @Override
    public Map<String, Object> getConstants() {
        final Map<String, Object> constants = new HashMap<>();
        constants.put("SHORT", Toast.LENGTH_SHORT);
        constants.put("LONG", Toast.LENGTH_LONG);
        return constants;
    }
}
```

이렇게 getConstants를 설정해주면 추후 다음과 같이 값을 조회할 수 있습니다.

```
import { NativeModules } from 'react-native';

const { ToastModule } = NativeModules;

ToastModule.show('Hello World', ToastModule.LONG);
```

10.1.4 패키지 작성하기

모듈을 작성하고 이를 리액트 네이티브 프로젝트에서 사용하려면 패키지를 만들어서 등록해야 합니다. ToastModule 클래스가 위치한 곳에 ToastPackage 클래스를 생성하세요.

ToastPackage.java

```
package com.nativemoduleworkshop;

import com.facebook.react.ReactPackage;
import com.facebook.react.bridge.NativeModule;
import com.facebook.react.bridge.ReactApplicationContext;
import com.facebook.react.uimanager.ViewManager;

import java.util.ArrayList;
import java.util.Collections;
import java.util.List;

public class ToastPackage implements ReactPackage {
    @Override
    public List<NativeModule> createNativeModules(ReactApplicationContext reactContext) {
```

```
        List<NativeModule> modules = new ArrayList<>();
        modules.add(new ToastModule(reactContext));
        return modules;
    }

    @Override
    public List<ViewManager> createViewManagers(ReactApplicationContext reactContext) {
        return Collections.emptyList();
    }
}
```

패키지를 만들 때는 이와 같이 createNativeModules와 createViewManagers 메서드를 구
현해줘야 합니다. createViewManager는 네이티브 UI 컴포넌트를 만들어서 등록할 때 사용
하는 메서드로, 지금은 네이티브 UI 컴포넌트를 사용하지 않으니 빈 리스트를 반환했네요.
createNativeModules는 ArrayList를 만들고 그 안에 우리가 앞서 만든 ToastModule을 등록하고
그 리스트를 반환했습니다.

10.1.5 패키지 등록하기

만든 패키지를 등록해봅시다. 패키지를 등록할 때는 MainApplication 클래스를 수정해야 합니다.
이 클래스에 선언된 mReactNativeHost를 보면 getPackages라는 메서드가 있습니다.

MainApplication.java
```
package com.nativemoduleworkshop;

(...)

public class MainApplication extends Application implements ReactApplication {

  private final ReactNativeHost mReactNativeHost =
      new ReactNativeHost(this) {
        @Override
        public boolean getUseDeveloperSupport() {
          return BuildConfig.DEBUG;
        }

        @Override
        protected List<ReactPackage> getPackages() {
```

```
    @SuppressWarnings("UnnecessaryLocalVariable")
    List<ReactPackage> packages = new PackageList(this).getPackages();
    // Packages that cannot be autolinked yet can be added manually here, for example:
    // packages.add(new MyReactNativePackage());
    return packages;
  }

  @Override
  protected String getJSMainModuleName() {
    return "index";
  }
};
```

여기에 패키지를 등록하면 됩니다. getPackages 메서드를 다음과 같이 수정해보세요.

```
@Override
protected List<ReactPackage> getPackages() {
  @SuppressWarnings("UnnecessaryLocalVariable")
  List<ReactPackage> packages = new PackageList(this).getPackages();
  packages.add(new ToastPackage());
  // Packages that cannot be autolinked yet can be added manually here, for example:
  // packages.add(new MyReactNativePackage());
  return packages;
}
```

이제 네이티브 모듈을 사용할 준비가 끝났습니다.

이때 PackageList와 BuildConfig 부분에 Cannot resolve symbol이라는 오류 메시지가 나타날 텐데요. 추후 yarn android 명령어를 실행하면 해결되므로 지금은 무시해도 됩니다.

10.1.6 자바스크립트에서 네이티브 모듈 사용하기

VS Code로 리액트 네이티브 프로젝트를 열고, 최상위 디렉터리에 Toast.js 파일을 만들어서 다음 코드를 작성하세요.

```
import {NativeModules} from 'react-native';

const {ToastModule} = NativeModules;

export default ToastModule;
```

다음으로 App 컴포넌트를 다음과 같이 작성해보세요.

App.js

```
import React from 'react';
import {Button, SafeAreaView} from 'react-native';
import ToastModule from './Toast';

function App() {
  const onPress = () => {
    ToastModule.show('Hello World', ToastModule.SHORT);
  };

  return (
    <SafeAreaView>
      <Button title="Press me" onPress={onPress} />
    </SafeAreaView>
  );
}

export default App;
```

yarn android 명령어를 입력해서 앱을 실행하세요. 네이티브 코드를 수정했을 때는 자바스크립트를 변경했을 때처럼 바로바로 반영되는 것이 아니기 때문에 수정 후에 yarn android 명령어를 다시 한번 실행해야 합니다.

앱이 실행됐으면 버튼을 눌러보세요. 앞에서 확인한 그림 10-1처럼 하단에 Hello World라고 적힌 Toast가 잘 나타나나요?

10.2 / iOS에서 Alert 띄우기

iOS에서도 네이티브 모듈을 만들어보겠습니다. 만들어볼 기능은 Alert입니다. 이 기능도 AndroidToast처럼 리액트 네이티브에 내장되어 있는데요. 내장된 기능을 한번 직접 구현해보겠습니다.

10.2.1 모듈 작성하기

Xcode에서 ios/NativeModuleWorkshop.xcworkspace 파일을 열어서 iOS 프로젝트를 여세요. 다음과 같이 프로젝트가 열리면 좌측 사이드바에서 **우클릭 > New File** 메뉴를 선택해서 새 파일을 생성하세요.

▼ 그림 10-5 Xcode 새 파일 생성

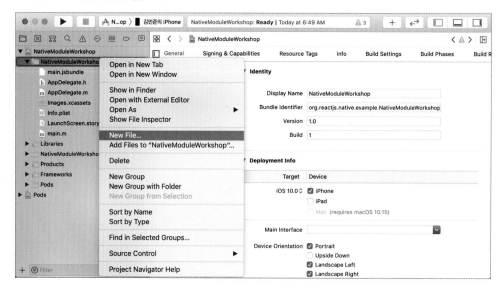

다음으로 Header File을 선택하고, **Next**를 누르세요.

▼ 그림 10-6 Header File 선택

다음과 같이 파일 이름을 입력하는 화면이 나타납니다. Save As: 부분에 RCTAlertModule 이라고 입력하고, Where: 우측에 있는 **아래 방향 화살표** 버튼을 누르세요. 그러면 파일 을 저장할 경로를 지정할 수 있습니다. 저장 경로는 AppDelegate.h가 위치하고 있는 ios/ NativeModuleWorkshop 디렉터리를 선택하세요.

파일을 저장할 때는 Targets 부분에 NativeModuleWorkshop, NativeModuleWorkshopTests 를 선택하세요.

▼ 그림 10-7 RCTAlertModule.h 생성

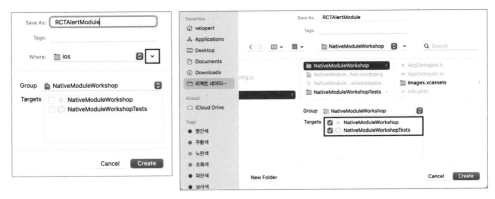

파일이 생성되면 기존에 작성된 코드를 지우고 다음과 같이 코드를 입력하세요.

RCTAlertModule.h

```objc
#import <React/RCTBridgeModule.h>
@interface RCTAlertModule : NSObject <RCTBridgeModule>
@end
```

Xcode에서 코드를 작성한 다음엔 ⌘ + S를 눌러서 코드를 저장하세요.

그다음에 다시 새로운 파일을 만듭니다. 이때는 Objective-C File을 선택하고, 이름은 RCTAlertModule이라고 입력합니다.

이번에도 NativeModuleWorkshop 디렉터리에 저장하고, Targets는 아까처럼 NativeModuleWorkshop, NativeModuleWorkshopTests를 선택합니다.

만들어진 RCTAlertModule.m 파일을 다음과 같이 수정하세요.

RCTAlertModule.m

```
#import "RCTAlertModule.h"

@implementation RCTAlertModule

RCT_EXPORT_MODULE();

@end
```

RCT_EXPORT_MODULE은 네이티브 모듈을 내보내는 함수입니다. 이때 파라미터를 비우면 현재 만든 클래스 이름에서 RCT를 제외한 이름인 AlertModule을 네이티브 모듈 이름으로 사용합니다. 만약 네이티브 모듈 이름을 변경하고 싶다면 다음과 같이 파라미터를 설정하면 됩니다.

RCTAlertModule.m

```
#import "RCTAlertModule.h"

@implementation RCTAlertModule

RCT_EXPORT_MODULE(CoolAlertModule);

@end
```

여기서 모듈을 내보낼 때는 RCT_EXPORT_MODULE("CoolAlertModule")이 아니라 RCT_EXPORT_MODULE(AnotherAlertModule) 형태로, 즉 문자열이 아니라는 점에 주의하세요. 이번 네이티브 모듈의 이름은 AlertModule로 할 것이므로 파라미터를 다시 비워주세요.

10.2.2 메서드 작성하기

이제 자바스크립트에서 호출할 수 있는 alert 메서드를 만들어보겠습니다.

RCTAlertModule.m

```
#import "RCTAlertModule.h"

@implementation RCTAlertModule

RCT_EXPORT_MODULE(AlertModule);

RCT_EXPORT_METHOD(alert:(NSString *)message)
{
  // TODO: Implement me
}

@end
```

이 기능을 사용하려면 iOS의 UIAlertController를 사용해야 하고, 이를 사용하려면 RCTAlertModule.h에서 UIKit를 import해야 합니다.

RCTAlertModule.h

```
#import <UIKit/UIKit.h>
#import <React/RCTBridgeModule.h>

@interface RCTAlertModule : NSObject <RCTBridgeModule>
@end
```

UIAlertController의 사용법은 다음 링크에서 확인할 수 있습니다.

- https://apple.co/37dKR7C

이제 alert 메서드를 구현해봅시다.

RCTAlertModule.m

```
#import "RCTAlertModule.h"

@implementation RCTAlertModule

RCT_EXPORT_MODULE(AlertModule);
```

```objectivec
RCT_EXPORT_METHOD(alert:(NSString *)message)
{
  UIAlertController* alert = [UIAlertController alertControllerWithTitle:@"My Alert"
  message:@"This is an alert."
  preferredStyle:UIAlertControllerStyleAlert];

  UIAlertAction* defaultAction = [UIAlertAction actionWithTitle:@"OK"
  style:UIAlertActionStyleDefault
  handler:^(UIAlertAction * action) {}];

  [alert addAction:defaultAction];

  UIViewController *rootViewController = [UIApplication sharedApplication].delegate.
window.rootViewController;

  dispatch_async(dispatch_get_main_queue(), ^{
      [rootViewController presentViewController:alert animated:YES completion:nil];
  });
}
@end
```

iOS에서는 UI와 관련한 작업은 main 스레드에서 실행해야 하기 때문에 dispatch_async와 dispatch_get_main_queue를 사용했습니다.

10.2.3 상수 내보내기

iOS에서 특정 상숫값을 내보내려면 constantsToExport 메서드를 오버라이딩해야 합니다. RCTAlertModule.m에 다음 코드를 추가하세요.

RCTAlertModule.m

```objectivec
#import "RCTAlertModule.h"

@implementation RCTAlertModule

(...)

- (NSDictionary *)constantsToExport
{
```

```
  return @{
    @"STRING_VALUE": @"Hello World",
    @"NUMBER_VALUE": @(15)
  };
}
```

@end

constantsToExport를 사용했다면 requiresMainQueueSetup 메서드 또한 오버라이딩하여 이 모듈이 자바스크립트 코드가 실행되기 전에 메인 스레드에서 초기화되어야 한다는 것을 명시해야 합니다. 이 작업을 하지 않으면 앱 실행 시 경고 문구가 나타납니다.

네이티브 모듈에서 UIKit을 사용한다면 이 메서드에서 YES를 반환하고, 그렇지 않으면 NO를 반환해야 합니다.

RCTAlertModule.m

```
// RCTAlertModule.m
// NativeModuleWorkshop

#import "RCTAlertModule.h"

@implementation RCTAlertModule

(...)

+ (BOOL)requiresMainQueueSetup
{
    return YES;
}

@end
```

10.2.4 자바스크립트에서 네이티브 모듈 사용하기

iOS는 안드로이드와 다르게 패키지를 만들 필요가 없습니다. 자바스크립트에서 방금 만든 네이티브 모듈을 사용해봅시다. 네이티브 모듈을 불러오는 방법은 안드로이드 네이티브 모듈을 불러온 방법과 동일합니다.

리액트 네이티브 프로젝트의 최상위 디렉토리에 Alert.js 파일을 생성한 뒤 다음 코드를 입력하세요.

Alert.js

```javascript
import {NativeModules} from 'react-native';

const {AlertModule} = NativeModules;

export default AlertModule;
```

그리고 App 컴포넌트를 다음과 같이 수정해보세요.

App.js

```javascript
import React from 'react';
import {Button, SafeAreaView} from 'react-native';
import Alert from './Alert';

function App() {
  const onPress = () => {
    Alert.alert('Hello World');
    console.log({
      string: Alert.STRING_VALUE,
      number: Alert.NUMBER_VALUE,
    });
  };

  return (
    <SafeAreaView>
      <Button title="Press me" onPress={onPress} />
    </SafeAreaView>
  );
}

export default App;
```

yarn ios 명령어를 입력하여 시뮬레이터에서 앱을 실행한 다음 버튼을 눌러보세요.

▼ 그림 10-8 Alert

옆 이미지처럼 알림이 잘 나타났나요? 터미널에 다음과 같이 STRING_VALUE, NUMBER_VALUE 값이 잘 출력됐는지 확인해보세요.

```
{"number": 15, "string": "Hello World"}
```

10.3 코틀린으로 네이티브 모듈 만들어보기

REACT NATIVE

이번에는 자바 대신 코틀린으로 네이티브 모듈을 만들어봅시다. 안드로이드에서 꼭 코틀린을 사용해야 하는 건 아니지만, 구글이 Google I/O에서 안드로이드 개발은 코틀린 중심이 될 것이라고 발표했기 때문에 앞으로 여러분이 네이티브 모듈을 직접 개발하게 된다면 코틀린을 사용할 것을 권합니다(https://bit.ly/3aoGw3m).

이번에는 화면 밝기를 조회하고, 설정하는 기능을 구현해보겠습니다.

10.3.1 프로젝트에 코틀린 적용하기

프로젝트에서 코틀린을 사용하려면 몇 가지 준비가 필요합니다.

안드로이드 스튜디오에서 프로젝트를 열고 좌측 상단에서 파일 탐색기의 모드를 Project Files로 변경하세요.

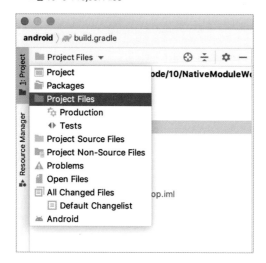

그다음에는 build.gradle 파일을 찾아 열어보세요. build.gradle 파일은 최상위 디렉터리에도 있고 app 디렉터리에도 있는데, 지금은 최상위 디렉터리에 있는 파일을 선택하세요.

먼저 코틀린을 프로젝트에서 사용하기 위해 버전을 명시하고, repository에 의존성을 추가하겠습니다.

build.gradle

```
buildscript {
    ext {
        buildToolsVersion = "29.0.2"
        minSdkVersion = 16
        compileSdkVersion = 29
        targetSdkVersion = 29
        kotlinVersion = "1.5.0"
    }

    repositories {
        google()
        jcenter()
    }
    dependencies {
        classpath("com.android.tools.build:gradle:3.5.3")
        classpath("org.jetbrains.kotlin:kotlin-gradle-plugin:$kotlinVersion")
        // NOTE: Do not place your application dependencies here; they belong
        // in the individual module build.gradle files
    }
```

}

(...)

그다음에는 app 디렉터리에 있는 build.gradle 파일을 열어서 스크롤을 맨 아래로 내린 뒤 다음 코드를 추가하세요.

app/build.gradle

(...)

```
apply plugin: "kotlin-android"
```

그리고 스크롤을 올려서 dependencies를 찾아 그 안에 다음 코드를 추가하세요.

app/build.gradle

```
( ... )
dependencies {
    implementation "org.jetbrains.kotlin:kotlin-stdlib-jdk7:$kotlinVersion"
( ... )
```

이것으로 안드로이드 프로젝트에서 코틀린을 사용할 준비를 마쳤습니다. 안드로이드 스튜디오의 우측 상단에 코끼리 모양 아이콘을 눌러서 Sync Project with Gradle Files가 잘 수행되는지 확인하세요.

❤ 그림 10-10 Sync Project with Gradle Files

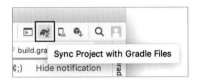

잘 수행됐다면 안드로이드 스튜디오 하단의 Build 탭에 다음 문구가 나타납니다.

BUILD SUCCESSFUL in 2s

다른 메시지가 더 뜨거나 Deprecated Gradle features 관련 경고가 뜰 수 있는데, 이는 무시해도 괜찮습니다.

10.3.2 모듈 작성하기

이제 코틀린으로 네이티브 모듈을 작성해봅시다. 안드로이드 스튜디오의 파일 탐색기 모드를 Android로 변경합니다. com.nativeworkshop 패키지를 우클릭한 후 **New 〉 Kotlin File/Class** 를 선택하면 화면 중앙에 파일 입력 창이 뜹니다. Name에 BrightnessModule이라고 입력하고, Class를 선택한 다음 Enter 를 누르세요.

❤ 그림 10-11 Kotlin Class 생성

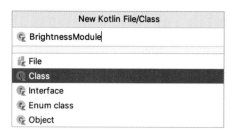

그러면 파일이 다음과 같이 생성됩니다.

BrightnessModule.kt

```
package com.nativemoduleworkshop


class BrightnessModule {
}
```

이 파일을 다음과 같이 수정해보세요.

BrightnessModule.kt

```
package com.nativemoduleworkshop

import com.facebook.react.bridge.ReactApplicationContext
import com.facebook.react.bridge.ReactContextBaseJavaModule
import com.facebook.react.bridge.ReactMethod

class BrightnessModule(reactContext: ReactApplicationContext):
ReactContextBaseJavaModule(reactContext) {

    override fun getName(): String {
        return "BrightnessModule"
    }
```

```kotlin
    override fun getConstants(): MutableMap<String, Any> {
        val constants = HashMap<String, Any>()
        constants.put("SAMPLE_VALUE", "Hello World")
        return constants
    }

    @ReactMethod
    fun getBrightness() {
        // TODO: get brightness
    }

    @ReactMethod
    fun setBrightness(brightness: Float) {
        // TODO: set brightness
    }
}
```

자바에서 했을 때처럼 ReactApplicationContext를 상속받고, getName으로 네이티브 모듈의 이름을 설정하고, @ReactMethod로 메서드를 내보낼 수 있습니다.

여기에 getBrightness와 setBrightness를 선언했습니다. 이 메서드들은 나중에 구현해주겠습니다.

10.3.3 패키지 작성하기

이번에는 패키지를 작성해봅시다. 방금 BrightnessModule 클래스를 만든 곳과 같은 위치에 BrightnessPackage 클래스를 생성하세요.

그리고 다음 코드를 작성해보세요.

BrightnessPackage.kt

```kotlin
package com.nativemoduleworkshop

import com.facebook.react.ReactPackage
import com.facebook.react.bridge.NativeModule
import com.facebook.react.bridge.ReactApplicationContext
import com.facebook.react.uimanager.ReactShadowNode
import com.facebook.react.uimanager.ViewManager
import java.util.Collections
```

```kotlin
class BrightnessPackage: ReactPackage {
    override fun createNativeModules(reactContext: ReactApplicationContext):
MutableList<NativeModule> {
        val modules = ArrayList<NativeModule>()
        modules.add(BrightnessModule(reactContext))
        return modules
    }

    override fun createViewManagers(reactContext: ReactApplicationContext):
MutableList<ViewManager<*, ReactShadowNode<*>>> {
        return Collections.emptyList()
    }
}
```

자바로 작성했을 때와 비슷하게 ReactPackage 클래스를 상속받고, createNativeModules와
createViewManagers를 오버라이딩합니다.

▼ 그림 10-12 안드로이드 스튜디오 자동 완성

참고로 이와 같이 에디터에서 create라고 오버라이딩할 메서드 이름의 일부를 입력하거나,
override라고 입력하면 오버라이딩해야 할 메서드가 자동 완성됩니다. 추후 모듈을 만들 때마다
코드를 외울 필요 없이 자동 완성되는 코드를 사용하면 됩니다.

10.3.4 패키지 등록하기

코틀린으로 작성한 패키지를 등록하는 과정은 이전에 배운 방식과 완전히 동일합니다. 자바 파일
에서 코틀린으로 작성한 클래스를 바로 불러올 수 있기 때문이죠.

MainApplication.java의 getPackages를 다음과 같이 수정하세요.

MainApplication.java – getPackages

```java
@Override
protected List<ReactPackage> getPackages() {
```

```
@SuppressWarnings("UnnecessaryLocalVariable")
List<ReactPackage> packages = new PackageList(this).getPackages();
packages.add(new ToastPackage());
packages.add(new BrightnessPackage());
// Packages that cannot be autolinked yet can be added manually here, for example:
// packages.add(new MyReactNativePackage());
return packages;
}
```

10.3.5 메서드 구현하기

이것으로 패키지 등록은 끝났습니다. 이제 화면 밝기를 조절하고 값을 조회하는 메서드들을 구현해봅시다.

안드로이드에서의 화면 밝기는 WindowManager.LayoutParams로 설정할 수 있는데, 이 경우 시스템의 화면 밝기가 아니라 앱의 화면 밝기를 설정하게 됩니다. 즉, 앱에서 나가면 화면 밝기는 시스템 화면 밝기로 복원되며, 앱을 실행하면 설정한 밝기가 다시 적용됩니다.

BrightnessModule.kt

```
package com.nativemoduleworkshop

import com.facebook.react.bridge.Promise
import com.facebook.react.bridge.ReactApplicationContext
import com.facebook.react.bridge.ReactContextBaseJavaModule
import com.facebook.react.bridge.ReactMethod

class BrightnessModule(reactContext: ReactApplicationContext):
ReactContextBaseJavaModule(reactContext) {
    override fun getName(): String {
        return "BrightnessModule"
    }

    override fun getConstants(): MutableMap<String, Any> {
        val constants = HashMap<String, Any>()
        constants.put("SAMPLE_VALUE", "Hello World")
        return constants
    }
```

```kotlin
    @ReactMethod
    fun getBrightness(promise: Promise) {
        val activity = currentActivity!!
        val lp = activity.window.attributes
        promise.resolve(lp.screenBrightness)
    }

    @ReactMethod
    fun setBrightness(brightness: Float) {
        val activity = currentActivity!!
        activity.runOnUiThread {
            val lp = activity.window.attributes
            lp.screenBrightness = brightness
            activity.window.attributes = lp
        }
    }
}
```

리액트 네이티브 모듈의 메서드에서 특정 값을 반환하고 싶다면 비동기적으로 반환해줘야 합니다. 즉, callback 함수를 사용하거나 Promise를 사용해야 합니다.

이 예에서는 getBrightness 메서드에서 현재 앱의 밝기를 조회한 뒤 promise.resolve로 결괏값을 나타내고 있습니다.

이렇게 하면 추후 자바스크립트에서 다음과 같이 값을 조회할 수 있습니다.

```javascript
import { NativeModules } from 'react-native';

const { BrightnessModule } = NativeModules;

async function getBrightness() {
  const brightness = await BrightnessModule.getBrightness();
  return brightness;
}
```

만약 callback 함수를 사용한다면 다음과 같이 구현합니다.

```kotlin
import com.facebook.react.bridge.Callback

(...)

    @ReactMethod
    fun getBrightness(callback: Callback) {
```

```
        val activity = currentActivity!!
        val lp = activity.window.attributes
        callback.invoke(lp.screenBrightness)
    }
```

이와 같이 구현했다면 자바스크립트에서는 다음과 같이 사용하지요.

```
import { NativeModules } from 'react-native';

const { BrightnessModule } = NativeModules;

function getBrightness() {
  BrightnessModule.getBrightness((brightness) => {
    console.log(brightness);
  });
}
```

10.3.6 자바스크립트에서 네이티브 모듈 사용하기

우리가 만든 BrightnessModule을 사용해봅시다. 기존에 만든 ToastModule과 AlertModule은 NativeModules에서 조회하여 바로 내보내줬습니다. 이번에는 조금 다르게 네이티브 모듈의 메서 드를 한번 감싼 함수를 따로 만들어서 내보내주겠습니다.

VS Code에서 리액트 네이티브 프로젝트의 최상위 디렉터리에 Brightness.js 파일을 생성한 뒤 다음과 같이 코드를 작성해보세요.

Brightness.js

```
import {NativeModules} from 'react-native';

const {BrightnessModule} = NativeModules;

export const getBrightness = () => BrightnessModule.getBrightness();
export const setBrightness = (brightness) =>{
  BrightnessModule.setBrightness(brightness);
}
```

이렇게 네이티브 모듈에서 구현 메서드들을 함수로 한번 감싸주면 네이티브 모듈의 코드를 확인 하지 않고 자바스크립트 코드만 보고도 해당 네이티브 모듈에 어떤 기능이 있는지 확인할 수 있기 때문에 유지보수할 때 도움이 됩니다.

이 모듈을 컴포넌트에서 사용해볼까요? 다음과 같이 세 가지 버튼과 하나의 텍스트로 화면을 구성해보세요.

```
App.js
import React, {useState} from 'react';
import {Button, SafeAreaView, StyleSheet, Text, View} from 'react-native';
import {getBrightness, setBrightness} from './Brightness';

function App() {
  const [value, setValue] = useState(-1);
  const onPress = async () => {
    const brightness = await getBrightness();
    setValue(brightness);
  };

  const onPressLow = () => {
    setBrightness(0.25);
  };
  const onPressHigh = () => {
    setBrightness(1);
  };

  return (
    <SafeAreaView style={styles.block}>
      <Button title="Update Brightness" onPress={onPress} />
      <View style={styles.textWrapper}>
        <Text style={styles.text}>{value}</Text>
      </View>
      <Button title="Low Brightness" onPress={onPressLow} />
      <Button title="High Brightness" onPress={onPressHigh} />
    </SafeAreaView>
  );
}

const styles = StyleSheet.create({
  block: {
    flex: 1,
  },
  textWrapper: {
    alignItems: 'center',
    justifyContent: 'center',
```

```
    flex: 1,
  },
  text: {
    fontSize: 64,
  },
});
```

```
export default App;
```

상단에 있는 버튼을 누르면 현재 앱의 밝기를 조회해서 value 상태에 넣어주도록 설정했습니다. 화면 밝기는 0부터 1 사이이며, 이 값이 −1이라면 시스템 화면 밝기를 그대로 사용한다는 것을 의미합니다. 이 값은 화면 중앙의 Text에 나타납니다. 하단에는 버튼을 두 개 만들어서 위 버튼을 누르면 화면 밝기가 어두워지고, 아래 버튼을 누르면 화면 밝기가 밝아지게 설정했습니다.

다시 한번 yarn android 명령어를 입력해보세요. 그리고 LOW BRIGHTNESS 버튼을 누른 다음 UPDATE BRIGHTNESS 버튼을 눌러보세요. 화면에 0.25 수치가 나타났나요? 참고로 시뮬레이터에서는 화면 밝기가 반영되지 않습니다. 화면 밝기가 실제로 변경되는 것을 확인하려면 실제 기기를 사용해야 합니다.

❤ 그림 10-13 안드로이드에서
BrightnessModule 사용하기

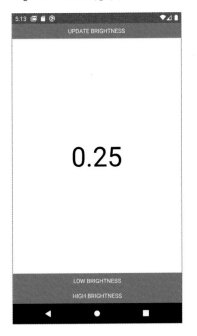

> Note ≡ **안드로이드 기기에서 실행하는 방법**
>
> 리액트 네이티브 앱을 개발하면서 안드로이드 기기에서 앱을 실행하는 방법은 다음과 같습니다.
>
> 안드로이드 기기에서 개발자 모드에 진입하여 USB Debugging을 활성화한 다음, USB를 PC와 연결한 후 yarn android 명령어를 실행합니다. 개발자 모드 진입 및 USB Debugging 활성화 방법은 다음 링크를 참고하세요.
>
> - https://developer.android.com/studio/debug/dev-options

10.4 / 스위프트로 네이티브 모듈 작성하기

이번에는 Objective-C 대신에 스위프트를 사용해서 네이티브
모듈을 작성해봅시다.

Xcode의 좌측 사이드바에서 **우클릭 > New File** 메뉴를 선택한
뒤, 이번에는 Swift File을 선택하세요. 파일은 ios/
NativeModuleWorkshop에 BrightnessModule이라는 이름
으로 저장합니다.

스위프트 파일을 처음 생성하면 그림 10-14와 같은 알림이 나
타납니다.

여기서 **Create Bridging Header**를 선택하세요. 그러면
BrightnessModule.swift와 NativeModuleWorkshop-
Bridging-Header.h 파일이 함께 생성됩니다.

▼ 그림 10-14 Objective-C Bridging Header

Bridging Header는 스위프트 코드에서 Objective-C 클래스와 파일을 사용할 수 있게 해줍니다. 스
위프트 코드에서 리액트 네이티브 관련 클래스들을 사용해야 하므로, NativeModuleWorkshop
-Bridging-Header.h 파일에서 다음과 같이 React/RCTBridgeModule.h를 불러오세요.

NativeModuleWorkshop-Bridging-Header.h

```
#import "React/RCTBridgeModule.h"
```

그다음에는 BrightnessModule 클래스를 다음과 같이 작성해보세요.

BrightnessModule.swift

```swift
import Foundation

@objc(BrightnessModule)
class BrightnessModule : NSObject {

}
```

스위프트로 모듈을 작성할 때는 Objective-C 코드에서 이 클래스를 사용할 수 있도록 준비

해줘야 합니다. 클래스 선언 시 두 가지를 작업해줘야 하는데, 하나는 클래스 선언부의 윗줄에 @objc(모듈명)을 입력하는 것, 또 하나는 NSObject를 상속하는 것입니다.

10.4.1 모듈을 프로젝트에 등록하기

리액트 네이티브에서 스위프트로 작성한 모듈을 사용하려면 Objective-C 코드를 작성해줘야 합니다. BrightnessModule.m 파일을 생성하고, 다음과 같이 코드를 작성하세요.

BrightnessModule.m

```
#import "React/RCTBridgeModule.h"

@interface RCT_EXTERN_MODULE(BrightnessModule, NSObject)
@end
```

모듈을 등록할 때는 RCT_EXTERN_MODULE을 사용합니다. 이렇게 하면 BrightnessModule이라는 이름으로 리액트 네이티브 프로젝트에서 사용할 수 있게 됩니다. 만약 다른 이름으로 내보내고 싶다면 RCT_EXTERN_REMAP_MODULE을 사용하면 됩니다.

BrightnessModule.m

```
#import "React/RCTBridgeModule.h"

@interface RCT_EXTERN_REMAP_MODULE(CoolBrightnessModule, BrightnessModule, NSObject)
@end
```

이렇게 하면 CoolBrightnessModule이라는 이름으로 등록됩니다. 여기서는 BrightnessModule을 사용할 테니 RCT_EXTERN_MODULE을 사용하는 코드로 작성해주세요.

10.4.2 메서드 작성하기

이번에는 메서드를 작성해보겠습니다. 모듈을 등록하는 과정에서 스위프트 코드와 Objective-C 코드를 둘 다 준비한 것처럼, 메서드를 작성할 때도 구현은 스위프트 클래스에서 하고 Objective-C 인터페이스에서 메서드를 연결해줘야 합니다.

코틀린으로 BrightnessModule을 작성했을 때처럼 getBrightness와 setBrightness 메서드를 만들어주겠습니다.

```swift
import Foundation
import UIKit

@objc(BrightnessModule)
class BrightnessModule : NSObject {
  @objc
  func getBrightness() {
    // TODO: get brightness
  }

  @objc
  func setBrightness(_ brightness : CGFloat) {
    // TODO: set brightness
  }
}
```

모듈에 작성하는 메서드 위에는 @objc를 붙여서 Objective-C를 붙이고, 파라미터가 있을 경우 스위프트의 데이터 타입이 아닌 Objective-C의 데이터 타입을 넣어줘야 합니다.

getBrightness에서는 안드로이드에서 작업한 것처럼 Promise를 사용하기 위해 따로 파라미터를 지정해줘야 하는데요. 이 작업은 다음 절에서 해주고 지금은 파라미터가 없는 메서드로 작성해주겠습니다.

파라미터 앞의 _는 스위프트에서 함수를 호출할 때 파라미터명을 생략하고 호출할 수 있게 해주는 문법입니다.

```swift
func sum(x: Int, y: Int) -> Int {
  return x + y
}
print(sum(x: 1, y: 2)) // => 3
```

만약 파라미터 앞에 _가 없다면 함수를 호출할 때 앞에 파라미터명을 명시해줘야 하지만, 다음과 같이 파라미터 앞에 _가 있다면 생략할 수 있습니다.

```swift
func sum(_ x: Int, _ y: Int) -> Int {
  return x + y
}
print(sum(1, 2)) // => 3
```

이제 우리가 만든 메서드를 Objective-C 파일에서 연결해줍시다.

```
#import "React/RCTBridgeModule.h"

@interface RCT_EXTERN_MODULE(BrightnessModule, NSObject)
  RCT_EXTERN_METHOD(getBrightness)
  RCT_EXTERN_METHOD(setBrightness: (CGFloat)brightness)
@end
```

메서드를 연결해주는 과정에서는 RCT_EXTERN_METHOD를 사용하며, 메서드에 파라미터가 있는 경우 이 또한 명시해줘야 합니다.

10.4.3 메서드 구현하기

앞에서 구현한 getBrightness와 setBrightness 메서드를 구현해봅시다.

스위프트에서 화면 밝기를 조정할 때는 UIScreen.main.brightness 값을 사용하면 됩니다. 이 값을 조회하려면 스위프트 파일에서 UIKit을 불러와야 합니다.

```
import Foundation
import UIKit

@objc(BrightnessModule)
class BrightnessModule : NSObject {
  @objc
  func getBrightness(_ resolve: RCTPromiseResolveBlock, rejecter reject:
RCTPromiseRejectBlock) {
    resolve(UIScreen.main.brightness)
  }

  @objc
  func setBrightness(_ brightness : CGFloat) {
    print("Setting brightness to \(brightness)")
    DispatchQueue.main.async {
      UIScreen.main.brightness = brightness
    }
  }
}
```

```
@objc
static func requiresMainQueueSetup() -> Bool {
  return true
}
}
```

이번에는 getBrightness에서 RCTPromiseResolveBlock과 RCTPromiseRejectBlock 파라미터를 사용하도록 했습니다. 이렇게 하면 추후 이 메서드를 자바스크립트 단에서 호출했을 때 resolve 함수에 넣은 인자를 Promise를 통해서 전달받을 수 있습니다. 추가로 이 클래스에서 UIKit을 사용하기 때문에 requiresMainQueueSetup 메서드를 구현하여 true를 반환했습니다.

setBrightness 메서드에서는 DispatchQueue.main.async를 사용했는데, 이는 dispatch_get_main_queue와 동일합니다. 화면 밝기 설정은 iOS 시뮬레이터에서 작동하지 않습니다. 시뮬레이터에서 실행할 때 이 메서드가 잘 실행됐는지 확인하기 위해 setBrightness 메서드가 호출될 때 print하는 코드를 입력해줬습니다.

getBrightness의 파라미터를 수정했으니, BrightnessModule.m 파일도 수정해줍시다.

BrightnessModule.m

```
#import "React/RCTBridgeModule.h"

@interface RCT_EXTERN_REMAP_MODULE(CoolBrightnessModule, BrightnessModule, NSObject)
  RCT_EXTERN_METHOD(
    getBrightness: (RCTPromiseResolveBlock)resolve
    rejecter: (RCTPromiseRejectBlock)reject
  )
  RCT_EXTERN_METHOD(setBrightness: (CGFloat)brightness)
@end
```

10.4.4 상수 내보내기

이번에는 상수를 내보내는 방법을 알아보겠습니다. 상수를 내보낼 때는 클래스에서 constantsToExport 메서드를 구현하면 되는데, 이 메서드에도 @objc를 붙여줘야 합니다.

BrightnessModule.swift

```
import Foundation
import UIKit
```

```
@objc(BrightnessModule)
class BrightnessModule : NSObject {

  @objc
  func constantsToExport() -> [AnyHashable : Any]! {
    return [
      "STRING_VALUE": "Hello World",
      "NUMBER_VALUE": 15
    ]
  }

  (...)
```

이제 네이티브 모듈 작성이 끝났습니다! 작성한 파일들을 저장하는 것을 잊지 마세요.

10.4.5 자바스크립트에서 네이티브 모듈 사용하기

현재 iOS에서 사용할 BrightnessModule을 안드로이드와 동일하게 구현했기 때문에 자바스크립트 부분은 변경 없이 그대로 사용할 수 있습니다.

yarn ios 명령어를 실행하여 앱을 구동한 후 Update Brightness 버튼을 눌러보세요.

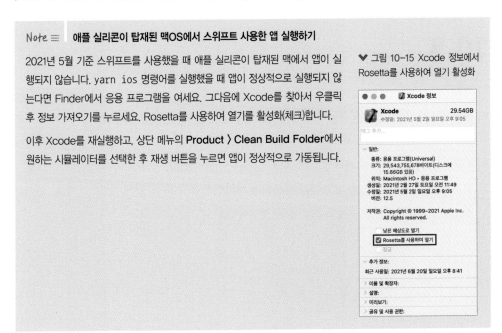

Note ≣ **애플 실리콘이 탑재된 맥OS에서 스위프트 사용한 앱 실행하기**

2021년 5월 기준 스위프트를 사용했을 때 애플 실리콘이 탑재된 맥에서 앱이 실행되지 않습니다. yarn ios 명령어를 실행했을 때 앱이 정상적으로 실행되지 않는다면 Finder에서 응용 프로그램을 여세요. 그다음에 Xcode를 찾아서 우클릭 후 정보 가져오기를 누르세요. Rosetta를 사용하여 열기를 활성화(체크)합니다.

이후 Xcode를 재실행하고, 상단 메뉴의 **Product > Clean Build Folder**에서 원하는 시뮬레이터를 선택한 후 재생 버튼을 누르면 앱이 정상적으로 가동됩니다.

▼ 그림 10-15 Xcode 정보에서 Rosetta를 사용하여 열기 활성화

화면에 나타나는 값이 0.5로 변경됐나요? (참고로 iOS 시뮬레이터에서 brightness 값은 0.5이며, 변경되지 않습니다.)

그다음에는 Xcode에서 좌측 상단의 Run 버튼을 눌러서 실행해보세요. Xcode에서 실행하면 콘솔에 출력하는 결과물들을 앱에서 확인할 수 있습니다. 실행되면 앱 하단의 버튼들을 눌러보세요. Xcode의 출력 결과가 다음과 같이 나타났나요?

▼ 그림 10-16 iOS로 앱 구동

```
Setting brightness to 0.25
Setting brightness to 1.0
```

실제 기기에서 구동하면 Brightness가 잘 설정됩니다. 앱에서 하단 버튼을 누르면 화면 밝기가 조정되고, 상단 버튼을 누르면 조정된 밝기값이 화면에 나타납니다.

> Note ☰ **iOS 기기에서 실행하는 방법**
>
> 리액트 네이티브 앱 개발 과정에서, iOS 기기에서 앱을 실행하고 싶다면 16.3.4절과 16.3.5절을 참고하세요.

10.5 / 정리

이 장에서는 네 가지 언어를 사용하여 네이티브 모듈을 만들어봤습니다. 리액트 네이티브를 사용하면서 어떤 상황을 겪을지 모르기 때문에 네 가지 언어를 모두 다뤄봤는데요. 추후 리액트 네이티브 모듈을 직접 작성하게 된다면 코틀린 또는 스위프트로 작성할 것을 적극 권장합니다. 그렇게 하는 편이 최신 안드로이드와 iOS에서 사용되는 레퍼런스 코드를 더 쉽게 찾을 수 있고, 언어가 더 명료하기 때문에 유지보수에도 도움이 될 것입니다.

11^장

네이티브 UI
컴포넌트 사용하기

이 장에서는 네이티브 코드로 만든 UI를 리액트 네이티브 앱에서 불러와 컴포넌트 형태로 사용하는 방법을 배워보겠습니다.

리액트 네이티브 앱을 개발하면서 네이티브 UI를 직접 만들어 사용해야 하는 상황은 드문 편입니다. 동영상 재생, 지도 연동과 같이 리액트 네이티브에서 자체적으로 지원해주지 않는 기능을 사용해야 하는 경우에는 네이티브 UI를 리액트 컴포넌트화해서 사용합니다. 자주 사용하는 기능들은 이미 커뮤니티에서 리액트 네이티브 버전의 라이브러리를 만들어놨기 때문에 편하게 설치해서 바로 사용할 수 있습니다.

하지만 원하는 기능의 리액트 네이티브 라이브러리가 없다면 직접 만들어서 사용하거나, 리액트 네이티브 라이브러리를 커스터마이징해서 사용해야 합니다. 또는 이전에 만든 네이티브 앱의 UI를 리액트 네이티브에서 연동해서 사용하고 싶을 때도 네이티브 UI를 리액트 컴포넌트로 만들어서 사용할 수 있습니다.

이 장에서는 네이티브 코드로 카운터 UI를 만들고, 이를 리액트 네이티브 컴포넌트 형태로 만들어서 사용해보겠습니다.

이번 실습을 진행할 새 프로젝트를 생성해주세요.

```
$ npx react-native init NativeCounter --version 0.70
```

11.1 / 안드로이드 카운터 만들기

먼저 안드로이드 네이티브 UI 연동부터 알아보겠습니다. 안드로이드에서 UI와 관련한 코드는 XML 형태로 작성하며 이를 클래스와 연동하여 기능을 구현합니다.

11.1.1 레이아웃 만들기

프로젝트가 다 만들어졌으면, 안드로이드 스튜디오를 사용하여 방금 만든 프로젝트의 android 디렉터리를 열어주세요. 좌측 사이드바에서 파일 리스팅 모드를 Android로 선택하고 app을 우클릭한 다음, **New 〉 XML 〉 Layout XML File**을 눌러서 새 레이아웃을 생성하세요.

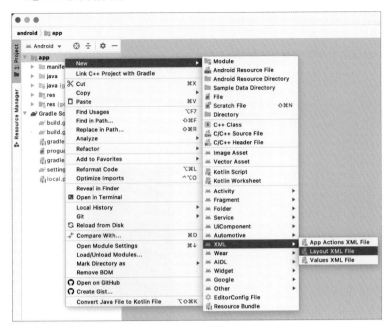

Layout File Name에 counter_view라고 입력하세요. 레이아웃 이름을 정할 때는 보통 snake_case 네이밍 규칙을 사용합니다.

Root Tag는 기본적으로 LinearLayout이 설정되어 있는데 이 부분은 그대로 유지하세요. LinearLayout은 내부에 다른 UI를 세로 또는 가로 방향으로 나열할 수 있는 안드로이드의 네이티브 컴포넌트입니다. Target Source Set 값도 그대로 유지하세요.

▼ 그림 11-2 레이아웃 설정

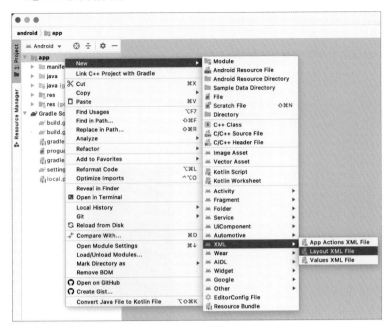

Finish 버튼을 누르면 res/layout 경로에 counter_view.xml 레이아웃 파일이 생성됩니다. 이 파일을 한 번 클릭하면 다음과 같은 화면이 나타납니다.

❤ 그림 11-3 안드로이드 스튜디오 디자이너(Android Studio Designer)

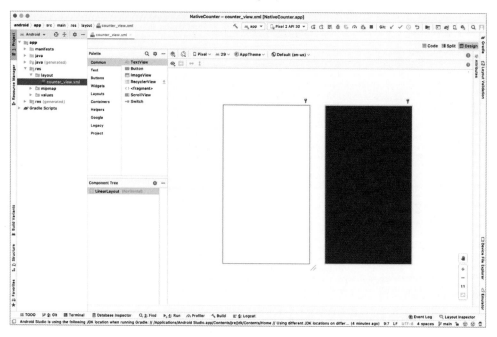

이 화면은 View의 UI를 설정하는 화면입니다. 안드로이드에서 UI를 작성할 때는 Design 기능을 사용하여 만들 수도 있고, XML 코드를 직접 입력할 수도 있습니다.

11.1.2 레이아웃에 TextView와 Button 추가하기

이 View에 TextView 한 개와 Button 두 개를 추가할 건데요. 추가하기 전에 LinearLayout의 방향을 세로(vertical)로 변경하겠습니다. Component Tree 부분에서 LinearLayout을 우클릭한 다음 Convert orientation to vertical을 눌러서 방향을 세로로 변경하세요.

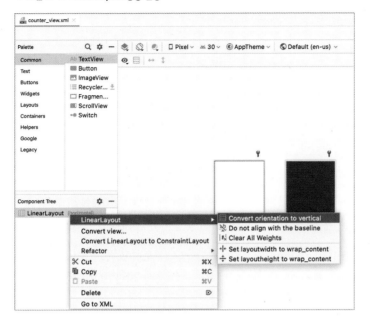

이어서 좌측 상단의 Palette 〉 Common 〉 TextView를 드래그해서 중앙의 흰 박스에 드롭(drop)
하세요.

✔ 그림 11-5 TextView 만들기

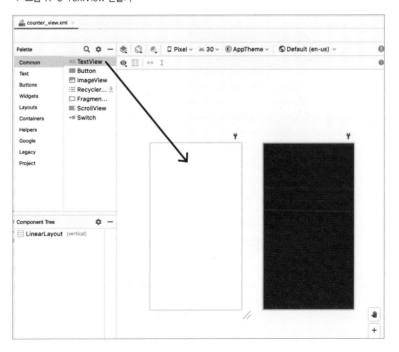

TextView가 흰색 박스에 나타났나요? 이 TextView가 전체 영역을 차지하도록 만들어주겠습니다. 리액트 네이티브로 따지면 flex: 1의 속성이지요. 안드로이드 스튜디오 우측의 **Attributes**를 눌러서 네이티브 컴포넌트의 속성을 변경할 수 있는 사이드바를 여세요.

❶ 속성 창에서 layout_weight 값을 1로 설정하세요. 그러면 TextView가 화면에 꽉 찰 것입니다.

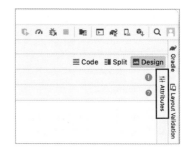

▼ 그림 11-6 Attributes 열기

❷ gravity 속성을 찾아서 center에 체크해주세요. 이 속성은 속성 창에서 스크롤을 아래로 쭉 내려야 나타납니다(속성 창 우측 상단에 있는 검색 아이콘을 눌러서 키워드로 검색할 수도 있으니 참고하세요). Gravity 속성을 center로 설정하면 화면 중앙에 TextView가 보여집니다.

❸ 텍스트 스타일도 변경해줍시다. textSize를 찾아서 36sp로 설정하고, textAlignment는 center로 변경하세요. 그러면 폰트 크기가 커지고, 텍스트가 중앙 정렬됩니다. 마지막으로 text 값을 0으로 변경하세요. 그러면 TextView라고 나타나는 텍스트가 0으로 변경됩니다.

▼ 그림 11-7 Attributes 설정하기

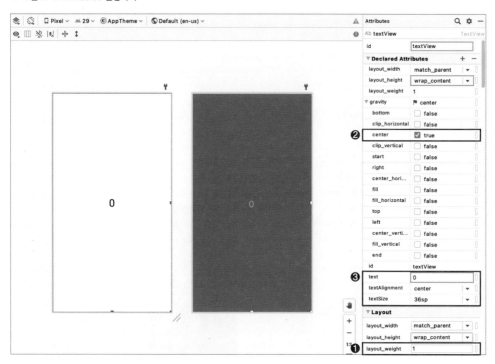

이제 TextView의 속성은 모두 설정했습니다.

이번에는 화면의 숫자 하단에 버튼 2개를 가로 방향으로 나타내겠습니다. 현재 최상단의
LinearLayout은 세로 방향이기 때문에 가로 방향의 버튼을 보여주려면 LinearLayout을 추가해
야 합니다. Palette 〉 Layout 〉 LinearLayout(horizontal)을 흰색 박스의 하단 테두리 쪽으로 드
래그 후 드롭하세요.

▼ 그림 11-8 LinearLayout 추가

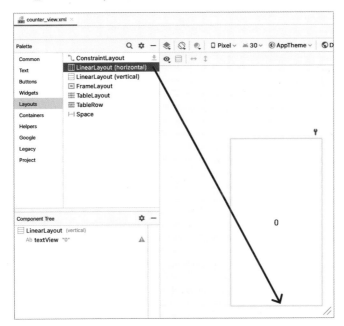

새로 추가된 LinearLayout의 layout_height 속성을 wrap_
content로 변경하세요. 세로 크기를 내부 크기에 맞춘다는 의
미입니다. layout_weight 값이 설정되어 있다면 비워주세요.

다음으로 Palette 〉 Buttons 〉 Button을 드래그해서 방금 새로
추가한 LinearLayout(horizontal)에 드롭하세요.

▼ 그림 11-9 Button 추가

버튼을 두 개 만들어야 하므로 한 번 더 생성하세요. 생성한 뒤에는 새로 만든 LinearLayout
(horizontal)의 layout_weight 값을 지워주세요.

그러면 버튼이 다음과 같이 화면 최하단에 나타날 것입니다.

▼ 그림 11-10 버튼 2개 생성

이 스크린샷과 같이 버튼이 잘 나타났나요? Component Tree 구조도 일치하는지 확인하세요.

XML 파일을 연 상태에서 우측 상단을 보면 Code / Split / Design 탭이 있는데요. 여기서 Code
탭을 누르면 방금 Design 기능을 통해 만든 UI의 XML 코드를 볼 수 있습니다. 현재의 XML 코
드는 다음과 같습니다.

counter_view.xml

```
<?xml version="1.0" encoding="utf-8"?>
<LinearLayout xmlns:android="http://schemas.android.com/apk/res/android"
    xmlns:tools="http://schemas.android.com/tools"
    android:layout_width="match_parent"
    android:layout_height="match_parent"
    android:orientation="vertical"
    tools:context=".CounterFragment">

    <TextView
        android:id="@+id/textView"
        android:layout_width="match_parent"
        android:layout_height="wrap_content"
        android:layout_weight="1"
```

```
        android:gravity="center"
        android:text="0"
        android:textAlignment="center"
        android:textSize="36sp" />

    <LinearLayout
        android:layout_width="match_parent"
        android:layout_height="wrap_content"
        android:orientation="horizontal">

        <Button
            android:id="@+id/button"
            android:layout_width="wrap_content"
            android:layout_height="wrap_content"
            android:layout_weight="1"
            android:text="Button" />

        <Button
            android:id="@+id/button2"
            android:layout_width="wrap_content"
            android:layout_height="wrap_content"
            android:layout_weight="1"
            android:text="Button" />
    </LinearLayout>

</LinearLayout>
```

11.1.3 View 클래스 만들기

방금 만든 레이아웃을 리액트 네이티브에서 사용하려면 View 클래스를 만들어야 합니다. 이는 리액트 네이티브의 View와는 다른 개념입니다. 이 클래스에서는 레이아웃을 불러와 inflater를 통해서 화면에 그려줄 수 있으며, 추후에는 레이아웃 내부의 텍스트 및 버튼에 이벤트를 설정하거나 값을 변경할 수도 있습니다.

이번에도 코틀린을 사용하여 코드를 작성하겠습니다. 이전 장에서는 build.gradle 파일 두 개를 직접 수정해서 코틀린을 적용했지요? 이번에는 안드로이드 스튜디오에서 자동으로 적용하는 방법을 알아보겠습니다.

우선 com.nativecounter 패키지에 새로운 코틀린 클래스를 생성하고, 클래스의 이름을 CounterView로 작성하세요. 그러면 에디터 상단에 Kotlin not configured라는 문구와 함께 오른쪽에 **Configure**라는 텍스트가 나타납니다. 만약 에디터 상단에 이 내용이 보이지 않는다면 10.3절을 참고하여 코틀린을 수동으로 적용하면 됩니다.

▼ 그림 11-11 Kotlin 적용하기(1)

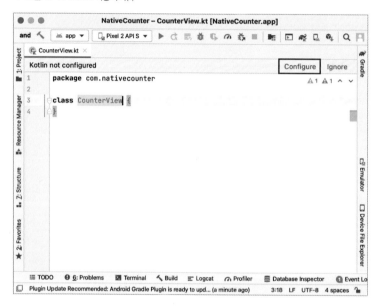

이 텍스트를 클릭하면 다음과 같은 창이 나타납니다.

▼ 그림 11-12 Kotlin 적용하기(2)

이 창에서는 코틀린 버전을 설정할 수 있는데요. 맨 위에 있는 항목 중에서 1.5.0-RC, 1.5.0-M2처럼 뒷부분에 접미사가 붙지 않은 버전을 선택하고 **OK**를 누르면 코틀린이 적용되며, Gradle 동기화가 자동으로 시작됩니다.

이제 CounterView 클래스를 구현해봅시다. 추후 이 클래스에서 각 버튼과 텍스트를 조작하는 작업을 할 텐데, 지금 당장은 우리가 만든 레이아웃을 화면에 그려주는 작업만 하겠습니다. 코드를 다음과 같이 수정하세요.

```kotlin
package com.nativecounter

import android.view.View
import android.widget.FrameLayout
import com.facebook.react.bridge.ReactContext

class CounterView(val context: ReactContext): FrameLayout(context) {
    init {
        View.inflate(context, R.layout.counter_view, this)
    }
}
```

이 클래스에서 FrameLayout 클래스를 상속받았습니다. 이는 LinearLayout처럼 안드로이드의 네이티브 컴포넌트 중 하나로, 내부에 단 하나의 자식 컴포넌트를 보여줄 수 있습니다. 지금은 우리가 만든 레이아웃에 들어있던 LinearLayout이 현재 우리가 만드는 CounterView의 자식 컴포넌트가 됩니다.

여기서 init이란 블록이 있습니다. 이는 클래스의 인스턴스가 새로 생성될 때 실행되는 부분입니다. 이 작업을 자바에서는 보통 constructor에서 진행하는데, 코틀린에서는 init 블록에서 진행합니다.

init에서는 이전에 만든 counter_view 레이아웃을 불러와 CounterView에서 상속하는 FrameLayout 내부에 그려주고 있습니다. 레이아웃을 화면에 그리는 작업을 inflate라고 부릅니다. 안드로이드 프로젝트에서 레이아웃을 만들면 각 레이아웃에 Int 형태의 고유 ID가 주어지는데요. 이 ID 값은 R.layout.counter_view를 사용하여 조회할 수 있으며, View.inflate 메서드를 사용할 때 이 ID 값을 사용합니다.

11.1.4 Manager 클래스 만들기

네이티브 UI를 리액트 컴포넌트화할 때는 컴포넌트를 위한 ViewManager 클래스를 만들어야 합니다. 이 클래스는 안드로이드 네이티브 컴포넌트를 리액트 네이티브 컴포넌트 형태로 사용할 수 있게 해주는 핵심 역할을 하며, 리액트 네이티브에서 제공하는 `SimpleViewManager`를 상속받아서 만들 수 있습니다.

앞에서 새 코틀린 클래스를 만든 방식과 동일하게 `CounterManager`라는 클래스를 생성하세요. `SimpleViewManager` 클래스를 상속받고, 컴포넌트의 이름과 보여줄 네이티브 UI의 View 클래스를 설정해보겠습니다. 다음 코드를 입력하세요.

CounterManager.kt

```kotlin
package com.nativecounter

import com.facebook.react.uimanager.SimpleViewManager
import com.facebook.react.uimanager.ThemedReactContext

class CounterManager: SimpleViewManager<CounterView>() {
    // 리액트 네이티브 컴포넌트의 이름을 결정하는 메서드
    override fun getName(): String {
        return REACT_CLASS
    }

    override fun createViewInstance(reactContext: ThemedReactContext): CounterView {
        // CounterView 인스턴스를 만들어서 반환
        return CounterView(reactContext)
    }

    companion object {
        // 컴포넌트 이름을 클래스의 상수로 관리
        const val REACT_CLASS = "Counter"
    }

}
```

이 클래스에서는 getName 메서드를 통해 추후 자바스크립트에서 이 컴포넌트를 불러올 때 사용할 이름을 설정합니다. 이름값은 보통 REACT_CLASS라는 상숫값으로 선언하여 사용합니다.

createViewInstance는 View를 반환해야 하는 메서드이며, 여기서 우리가 만든 View 클래스의 인스턴스를 반환해야 합니다. 리액트 네이티브 컴포넌트의 Props를 연동할 때도 이 클래스에서 구현해야 하는데요. 이는 나중에 처리하겠습니다.

11.1.5 패키지 작성 및 등록하기

이번에 해야 할 작업은 이전 장에서 작업한 것과 비슷합니다. 네이티브 모듈을 만들고 그것을 패키지로 만들어서 등록해줬지요? 네이티브 UI를 사용할 때도 마찬가지로 패키지를 만들어서 등록해줘야 합니다. 네이티브 모듈을 사용할 때는 createNativeModules를 구현하고, 네이티브 UI를 사용할 때는 createViewManagers를 구현하면 됩니다. createViewManagers 메서드에서는 우리가 만든 Manager 클래스의 인스턴스를 넣어서 반환합니다.

CounterPackage 클래스를 새로 만들어서 다음과 같이 코드를 입력해주세요.

CounterPackage.kt

```kotlin
package com.nativecounter

import com.facebook.react.ReactPackage
import com.facebook.react.bridge.NativeModule
import com.facebook.react.bridge.ReactApplicationContext
import com.facebook.react.uimanager.ViewManager
import java.util.*

class CounterPackage: ReactPackage {
    override fun createNativeModules(reactContext: ReactApplicationContext):
MutableList<NativeModule> {
        return Collections.emptyList()
    }

    override fun createViewManagers(reactContext: ReactApplicationContext):
MutableList<ViewManager<*, *>> {
        val viewManagers = ArrayList<ViewManager<*, *>>()
        viewManagers.add(CounterManager())
        return viewManagers
    }
}
```

패키지를 다 만든 뒤 MainApplication 클래스를 열어 getPackages 부분을 다음과 같이 수정하세요.

MainApplication.java – getPackages

```java
protected List<ReactPackage> getPackages() {
  @SuppressWarnings("UnnecessaryLocalVariable")
  List<ReactPackage> packages = new PackageList(this).getPackages();
```

```
  packages.add(new CounterPackage());
  return packages;
}
```

패키지를 프로젝트에 등록하는 작업은 끝났습니다. 이때 BuildConfig 및 PackageList 부분에서 오류가 나타날 수 있는데 추후 yarn android 명령어를 실행하면 해결되므로 무시해도 됩니다.

11.1.6 네이티브 컴포넌트 불러와서 사용하기

우리가 만든 Counter 네이티브 컴포넌트를 리액트 네이티브 컴포넌트처럼 사용하는 방법을 배워봅시다.

프로젝트를 VS Code로 열고, 최상위 디렉터리에 Counter.js를 생성하여 다음 코드를 작성해보세요.

Counter.js
```
import {requireNativeComponent} from 'react-native';

const Counter = requireNativeComponent('Counter');

export default Counter;
```

리액트 네이티브에서 네이티브 컴포넌트를 불러올 때는 requireNativeComponent를 사용합니다.

위 파일에서는 네이티브 컴포넌트를 불러와서 Counter 값에 담은 뒤 내보내줬습니다. 이제 Counter를 일반 리액트 네이티브 컴포넌트처럼 사용하면 됩니다.

App 컴포넌트를 열어서 기존 코드를 모두 지우고 다음 코드를 입력하세요.

App.js
```
import React from 'react';
import Counter from './Counter';
import {StyleSheet} from 'react-native';

function App() {
  return <Counter style={styles.block} />;
}

const styles = StyleSheet.create({
  block: {
```

```
    flex: 1,
  },
});
```

```
export default App;
```

전체 화면을 차지하도록 스타일을 설정했습니다. 네이티브 컴포넌트에 이와 같이 style Props를 설정하면 CounterManager에서 상속받았던 SimpleViewManager 클래스에서 배경색, 레이아웃, 투명도 등의 스타일을 적용해줍니다.

코드를 다 작성한 뒤 yarn android 명령어를 실행하여 앱을 열어보세요. 다음과 같이 숫자와 두 버튼이 화면에 나타났나요?

▼ 그림 11-13 Counter 네이티브 컴포넌트

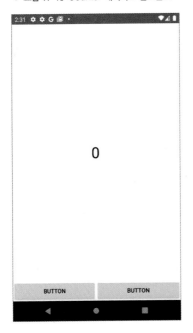

11

네이티브 UI 컴포넌트 사용하기

11.1.7 View 결합 기능 사용하기

지금은 Counter 기능을 구현하지 않았기 때문에 버튼을 눌러도 아무 반응이 없습니다. 텍스트 값을 변경하거나, 버튼에 이벤트를 설정하고 싶다면 findById라는 메서드로 View를 선택하여 원하는 속성을 설정해야 합니다.

```
val view = View.inflate(context, R.layout.counter_view, this)
view.findViewById<TextView>(R.id.textView).text = "10"
```

View의 id를 사용하여 원하는 View를 선택하고 속성을 변경하는 방식은, 안드로이드 프로젝트에서 오랫동안 사용해오고 있는 방식입니다. 그런데 이 방식은 선택한 View의 타입을 직접 정해줘야 하므로 불편합니다(이 코드에서는 findViewById 메서드를 호출할 때 <TextView> Generic을 명시하여 선택한 View의 타입을 정해줬습니다).

이 방식은 현재 약간 구식이고, 요즘 방식은 View 결합(Binding) 기능을 사용하는 것입니다.

11.1.7.1 View 결합 활성화하기

View 결합 기능을 사용하면 레이아웃 안에 들어있는 View들을 코드 자동 완성으로 바로 선택해서 사용할 수 있습니다.

```
val binding = CounterViewBinding.inflate(inflater, this, true)
binding.textView.text = 10
```

이 기능을 활성화하려면 app 디렉터리 안에 있는 build.gradle 파일을 수정해줘야 합니다(안드로이드 스튜디오에서 파일 탐색 모드를 Android로 설정했을 때는 하단의 Gradle Scripts에서 Module: NativeCounter app이라고 나타납니다).

이 파일을 열어서 android 블록을 찾아 다음 내용을 추가하세요.

android/app/build.gradle – android

```
android {

    buildFeatures {
        viewBinding = true
    }

    (...)
```

그리고 우측 상단의 코끼리 아이콘을 눌러 Gradle 동기화를 하세요.

11.1.7.2 View 결합 사용하기

이제 View 결합을 사용해봅시다. 이 기능을 활성화하고 나면 우리가 만든 레이아웃에 대해

ViewBinding 클래스가 자동으로 생성됩니다. 클래스 이름은 레이아웃 이름을 PascalCase 네이밍 규칙으로 변환한 후 ViewBinding이라는 키워드가 붙은 형태로 만들어집니다. 현재 프로젝트의 경우에는 레이아웃 이름이 counter_view이므로 ViewBinding 클래스 이름은 CounterViewBinding이 됩니다.

코드를 다음과 같이 수정해주세요.

CounterView.kt

```
package com.nativecounter
import android.view.LayoutInflater
import android.widget.FrameLayout
import com.facebook.react.bridge.ReactContext
import com.nativecounter.databinding.CounterViewBinding

class CounterView(val context: ReactContext): FrameLayout(context) {
    private val binding: CounterViewBinding

    init {
        val inflater = LayoutInflater.from(context)
        binding = CounterViewBinding.inflate(inflater, this, true)
        binding.button.text = "+1" // 임시로 추가한 코드, 나중에 지울 예정
    }
}
```

View 결합 기능을 사용할 때는 기존처럼 View.inflate를 사용하지 않고, context에서 inflater 를 받아와서 사용합니다.

코드를 작성한 뒤 yarn android 명령어를 다시 한번 입력하거나, 안드로이드 스튜디오 상단의 재생 버튼을 눌러서 앱을 다시 실행하세요.

이 코드에서는 View 결합 기능이 잘 작동하는지 확인하기 위해 좌측 버튼의 텍스트를 +1로 변경해봤습니다. 앱에서 잘 반영됐는지 확인해보세요.

❤ 그림 11-14 View 결합 기능 사용하기

11.1.8 컴포넌트에 Props 연동하기

View 결합 기능이 잘 작동한다면, 우리가 만든 Counter 컴포넌트에 Props를 연동해봅시다. 이 컴포넌트에 5개의 Props를 설정해주겠습니다.

- leftButtonText: 좌측 버튼 텍스트

- rightButtonText: 우측 버튼 텍스트

- value: 중앙 숫자 값

- onPressLeftButton: 좌측 버튼 눌렀을 때 이벤트

- onPressRightButton: 우측 버튼 눌렀을 때 이벤트

Props 연동은 CounterManager 클래스에서 구현합니다. 이벤트의 Props를 정하는 건 조금 복잡하므로 나중에 하겠습니다. 우선 버튼의 텍스트 및 숫자 값에 대한 Props를 연동할 준비를 해봅시다.

CounterManager.kt

```kotlin
(...)

import com.facebook.react.uimanager.annotations.ReactProp

class CounterManager: SimpleViewManager<CounterView>() {
    // 리액트 네이티브 컴포넌트의 이름을 결정하는 메서드
    override fun getName(): String {
        return REACT_CLASS
    }

    override fun createViewInstance(reactContext: ThemedReactContext): CounterView {
        // CounterView 인스턴스를 만들어서 반환
        return CounterView(reactContext)
    }

    @ReactProp(name = "leftButtonText")
    fun setLeftButtonText(view: CounterView, text: String) {
    }

    @ReactProp(name = "rightButtonText")
    fun setRightButtonText(view: CounterView, text: String) {
    }
```

```
@ReactProp(name = "value")
fun setValue(view: CounterView, value: Int) {
}



companion object {
    // 컴포넌트 이름을 클래스의 상수로 관리
    const val REACT_CLASS = "Counter"
}
}
```

Props를 연동할 때는 각 Props 값에 대하여 setter 메서드를 만들고 그 위에 @ReactProp(name
= "Props 이름") 코드를 달아줘야 합니다. 이는 코틀린의 Decorator라는 문법으로, 별도로 클래
스 상속을 받지 않고 메서드의 동작을 변경하고 싶을 때 사용합니다.

이 메서드들은 컴포넌트가 처음 화면에 나타나거나, Props 값이 바뀔 때마다 호출됩니다. 코드를
다 작성한 뒤에는 CounterView에 주어진 파라미터에 따라 필요한 View의 속성을 변경하는 메서
드들을 만들어주세요. 아까 init에 임시로 작성한 버튼 텍스트를 변경하는 코드는 지워주세요.

CounterView.kt

```
(...)
class CounterView(val context: ReactContext): FrameLayout(context) {
  private val binding: CounterViewBinding

  fun setLeftButtonText(text: String) {
      binding.button.text = text
  }

  fun setRightButtonText(text: String) {
      binding.button2.text = text
  }

  fun setValue(value: Int) {
      binding.textView.text = value.toString()
  }

  init {
      val inflater = LayoutInflater.from(context)
      binding = CounterViewBinding.inflate(inflater, this, true)
  }
}
```

이제 다시 CounterManager를 열어서 방금 만든 CounterView의 메서드를 사용하여 메서드를 완성해주세요.

```
CounterManager.kt - setter 메서드
```

```kotlin
@ReactProp(name = "leftButtonText")
fun setLeftButtonText(view: CounterView, text: String) {
    view.setLeftButtonText(text)
}


@ReactProp(name = "rightButtonText")
fun setRightButtonText(view: CounterView, text: String) {
    view.setRightButtonText(text)
}


@ReactProp(name = "value")
fun setValue(view: CounterView, value: Int) {
    view.setValue((value))
}
```

이벤트 처리를 제외한 Props 값이 연동됐습니다. App 컴포넌트에서 Counter 컴포넌트에 다음과 같이 Props를 설정해보세요.

```
App.js - Counter 컴포넌트 JSX
```

```jsx
<Counter
  style={styles.block}
  value={1}
  leftButtonText="+1"
  rightButtonText="-1"
/>
```

yarn android를 다시 한번 실행하거나, 안드로이드 스튜디오에서(이전에도 안드로이드 스튜디오에서 앱을 실행했다면) 정지 버튼을 누른 다음 재생 버튼을 눌러서 앱을 실행하세요.

다음과 같이 설정한 Props가 화면에 잘 반영됐나요?

❤ 그림 11-15 Props 연동

11.1.9 이벤트 설정하기

이번에는 onPressLeftButton과 onPressRightButton Props를 설정해주겠습니다. 이벤트 관련 Prop은 구현하기가 약간 까다롭습니다.

11.1.9.1 이벤트 발생시키기

CounterView 클래스를 열어서 다음과 같이 코드를 수정해보세요.

CounterView.kt

```
(...)

import com.facebook.react.uimanager.events.RCTEventEmitter

class CounterView(val context: ReactContext): FrameLayout(context) {
    (...)

    fun setupEvents() {
```

```kotlin
        val eventEmitter = context.getJSModule(RCTEventEmitter::class.java)
        binding.button.setOnClickListener {
            eventEmitter.receiveEvent(id, "pressLeftButton", null)
        }
        binding.button2.setOnClickListener {
            eventEmitter.receiveEvent(id, "pressRightButton", null)
        }
    }

    init {
        val inflater = LayoutInflater.from(context)
        binding = CounterViewBinding.inflate(inflater, this, true)
        this.setupEvents()
    }
}
```

버튼을 눌렀을 때 특정 코드를 실행하고 싶다면 setOnClickListener 메서드를 사용합니다. 코틀린에서 콜백을 파라미터로 넣을 때는 소괄호를 생략할 수 있습니다.

setupEvents 메서드에서는 context에 등록되어 있는 eventEmitter를 받아온 다음, 버튼을 눌렀을 때 pressLeftButton 또는 pressRightButton 이벤트를 발생시키도록 구현했습니다.

이벤트를 발생시킬 때는 eventEmitter.receiveEvent 메서드를 사용합니다. 이 메서드의 첫 번째 파라미터는 targetTag로 어떤 네이티브 컴포넌트에 이벤트를 발생시킬지 정합니다. 여기서는 id를 넣어줬는데, 이 id는 각 네이티브 컴포넌트가 화면에 나타날 때마다 다른 값이 지정됩니다.

두 번째 파라미터는 이벤트 이름입니다. 이벤트 이름은 Props 이름과는 관련이 없습니다. 여기서 지정한 이벤트 이름은 추후 CounterManager에서 Props와 연동하는 과정에서 사용합니다.

세 번째 파라미터는 이벤트 객체입니다. 지금은 별도의 내용을 전달할 필요가 없어서 null을 넣어줬지만, 만약 여기서 이벤트 객체를 전달하고 싶다면 WritableMap을 만들어서 인자로 넣어주면 됩니다.

즉, 다음 예시 코드처럼 이벤트 객체를 전달합니다.

```kotlin
import com.facebook.react.bridge.Arguments

(...)

val event = Arguments.createMap()
event.putString("message", "hello world")
```

```
// JS에서의 결과: { message: 'hello world' }
eventEmitter.receiveEvent(id, "pressRightButton", event)
```

11.1.9.2 이벤트 연동하기

이벤트를 발생시키는 작업이 끝났으니 이제 Props와 연동할 차례입니다. 이 작업은 CounterManager
에서 getExportedCustomBubblingEventTypeConstants라는 메서드를 오버라이드하는 방식으로
이뤄집니다.

코드를 다음과 같이 수정해보세요.

CounterManager.kt

```kotlin
(...)

import com.facebook.react.common.MapBuilder

class CounterManager: SimpleViewManager<CounterView>() {
    (...)

    override fun getExportedCustomBubblingEventTypeConstants(): MutableMap<String, Any> {
        val builder = MapBuilder.builder<String, Any>()
        return builder
                .put("pressLeftButton", MapBuilder.of(
                        "phasedRegistrationNames",
                        MapBuilder.of("bubbled", "onPressLeftButton")
                ))
                .put("pressRightButton", MapBuilder.of(
                        "phasedRegistrationNames",
                        MapBuilder.of("bubbled", "onPressRightButton")
                )).build()
    }

    (...)
}
```

이 메서드에서는 CounterView에서 발생한 이벤트를 각 이벤트 처리 Props 콜백에 연결하는 작업
이 이뤄집니다.

여기서 MapBuilder는 다음과 같은 MutableMap을 생성합니다.

```
{
    pressLeftButton={phasedRegistrationNames={bubbled=onPressLeftButton}},
    pressRightButton={phasedRegistrationNames={bubbled=onPressRightButton}}
}
```

코틀린이나 자바에서는 자바스크립트처럼 객체를 표현하는 방법이 쉽지 않기 때문에 이렇게 Builder 패턴을 사용합니다.

11.1.9.3 useState로 상태 관리하고 이벤트 관련 Props 설정하기

App 컴포넌트를 수정해서 useState로 숫자 상태를 만들고, 이 값을 높이거나 낮추는 함수를 만들어서 Props로 지정해보세요.

App.js

```
import React, {useState} from 'react';
import Counter from './Counter';
import {StyleSheet} from 'react-native';

function App() {
  const [value, setValue] = useState(0);

  const onPressLeftButton = () => {
    setValue(value + 1);
  };
  const onPressRightButton = () => {
    setValue(value - 1);
  };

  return (
    <Counter
      style={styles.block}
      leftButtonText="+1"
      rightButtonText="-1"
      value={value}
      onPressLeftButton={onPressLeftButton}
      onPressRightButton={onPressRightButton}
    />
  );
}
```

```
const styles = StyleSheet.create({
  block: {
    flex: 1,
  },
});

export default App;
```

안드로이드의 네이티브 컴포넌트 연동이 끝났습니다! yarn android 명령어를 입력하여 앱을 다시 시작한 뒤, 버튼을 눌러서 숫자가 잘 변경되는지 확인해보세요.

11.2 / iOS 카운터 만들기

안드로이드로 구현한 Counter를 iOS 환경에서 똑같이 구현하는 방법을 알아보겠습니다. 이번에도 스위프트 위주로 코드를 작성할 텐데 스위프트로 네이티브 모듈을 구현했을 때와 마찬가지로 리액트 네이티브와 연동하는 과정에서 최소한의 Objective-C 코드는 여전히 필요합니다.

11.2.1 View 클래스 만들기

iOS 전용 네이티브 컴포넌트를 만들 때도 안드로이드를 위한 네이티브 컴포넌트를 만들 때처럼 View 클래스를 생성해줘야 합니다.

Xcode를 열고 ios/NativeCounter.xcworkspace 파일을 여세요. 좌측 사이드바에서 AppDelegate. m 파일이 있는 디렉터리를 우클릭하고, New File을 선택하세요.

새 파일을 만드는 창이 나타나면 Cocoa Touch Class를 선택하고 **Next**를 누르세요. Cocoa Touch는 iOS에서 사용하는 UI 프레임워크 이름입니다.

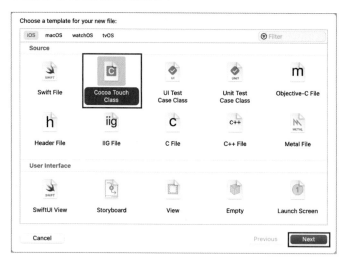

클래스 이름은 CounterView라고 작성하고, Subclass of는 UIView, Language는 Swift를 선택하세요.

▼ 그림 11-17 Cocoa Touch Class 파일 설정

이때 Bridging Header 파일을 만들 것인지 물어보는 화면이 나타나면 **Create Bridging Header** 버튼을 누르세요.

▼ 그림 11-18 Bridging Header

그다음에는 파일 경로를 지정하는데, ios/NativeCounter 디렉터리에 저장하세요. 이렇게 하면
UIView를 상속하는 클래스가 생성됩니다.

CounterView.swift

```swift
import UIKit

class CounterView: UIView {

}
```

이 클래스를 다음과 같이 수정해주세요.

CounterView.swift

```swift
import UIKit

class CounterView: UIView {
  override init(frame: CGRect) {
    super.init(frame: frame)
    setupView()
  }

  required init?(coder aDecoder: NSCoder) {
    super.init(coder: aDecoder)
    setupView()
```

```
  }

  private func setupView() {
    // 임시로 배경색 변경
    self.backgroundColor = .blue
    // TODO: UI 설정
  }
}
```

setupView라는 클래스 메서드를 만들고, 클래스 인스턴스가 생성될 때 호출되는 init 함수에서
setupView를 호출하도록 만들어줬습니다.

setupView 함수에서는 추후에 텍스트와 버튼을 화면에 보여주도록 구현할 예정입니다. 지금은 네
이티브 컴포넌트가 화면에 잘 나타나는 것을 확인하기 위해 임시로 네이티브 컴포넌트의 배경색
을 파란색으로 설정하는 코드를 넣어줬습니다.

11.2.2 Manager 클래스 만들기

이번에는 CounterView를 리액트 네이티브에서 사용할 수 있게 해주는 과정에서 연동하는 역할을
하는 Manager 클래스를 만들어보겠습니다.

이전에 CounterView 클래스를 만들어둔 경로와 동일한 곳에 CounterManager라는 스위프트 클래
스를 생성하세요. 파일 타입은 Swift File을 선택하면 됩니다.

이 파일에서는 RCTViewManager를 상속받은 클래스를 만들어야 하는데요. Objective-C로 만들어
진 RCTViewManager를 Swift 코드에서 사용하기 위해서는 NativeCounter-Bridging-Header.h
파일을 다음과 같이 수정해줘야 합니다.

NativeCounter-Bridging-Header.h

```
#import <React/RCTBundleURLProvider.h>
#import <React/RCTRootView.h>
#import <React/RCTComponent.h>
#import <React/RCTBridgeModule.h>
#import <React/RCTViewManager.h>
#import <React/RCTDevLoadingView.h>
```

CounterManager.swift 파일을 열어서 자동 생성된 코드를 모두 지우고, 다음 코드를 입력하세요.

672

```
@objc (CounterManager)
class CounterManager: RCTViewManager {

  override static func requiresMainQueueSetup() -> Bool {
    return true
  }

  override func view() -> UIView! {
    return CounterView()
  }

}
```

이 클래스는 우리가 만든 네이티브 컴포넌트에서 어떤 View 인스턴스를 사용할지 정해주는 역할을 합니다. CounterManager 스위프트 클래스는 이렇게 한번 작성하고 나면 수정할 일이 없습니다.

이 클래스를 다 만들었다면 Objective-C에서 호환되도록 Objective-C 버전의 CounterManager를 작성해줘야 합니다. Objective-C로 작성된 CounterManager는 우리가 만든 네이티브 컴포넌트를 리액트 네이티브 프로젝트에 등록합니다.

CounterView를 만들어둔 경로와 동일한 곳에 Objective-C 파일을 새로 생성하세요. 파일 타입을 선택할 때 Objective-C File을 선택하면 됩니다. 파일 이름은 CounterManager로 설정하세요. 그러면 CounterManager.m 파일이 생성됩니다.

이 파일의 기존 코드를 모두 지우고, 다음 코드를 입력하세요.

```
#import <React/RCTViewManager.h>

@interface RCT_EXTERN_MODULE(CounterManager, RCTViewManager)

// TODO: Props 등록

@end
```

이렇게 하면 리액트 네이티브에 우리가 만든 네이티브 컴포넌트가 Counter라는 이름으로 등록됩니다. 컴포넌트 이름은 Manager 클래스 앞부분의 이름으로 결정됩니다. 지금은 Manager 클래스의 이름이 CounterManager이기 때문에 컴포넌트 이름이 Counter로 결정됐습니다. 만약

Manager 클래스의 이름이 VideoPlayerManager였다면 컴포넌트 이름은 VideoPlayer가 되었을 겁니다.

추후 컴포넌트에 Props를 연동할 때는 이 Objective-C 파일을 수정합니다.

아직 네이티브 컴포넌트의 기능 구현이 끝나지는 않았지만, 네이티브 컴포넌트가 프로젝트에 등록되어서 사용할 수 있습니다. yarn ios 명령어를 사용해서 앱을 구동한 후 파란색 배경이 전체화면으로 나타났는지 확인해보세요.

이전에 안드로이드 네이티브 컴포넌트를 연동할 때 requireNativeComponent('Counter')로 컴포넌트를 불러와 App 컴포넌트 내에서 사용했기 때문에 자바스크립트에 별도로 수정하지 않아도 우리가 만든 네이티브 컴포넌트가 바로 보일 것입니다.

11.2.3 텍스트와 버튼 보여주기

안드로이드 네이티브 컴포넌트에서 보여준 것과 비슷한 구조로 화면 중앙에는 숫자를, 화면 하단에는 버튼 두 개를 보여주겠습니다.

이전에 생성한 CounterView 클래스를 열고, 클래스 내부에 다음과 같이 필요한 UI 인스턴스들을 선언해보세요.

CounterView.swift

```
import UIKit

class CounterView: UIView {

  (...)

  let valueLabel: UILabel = {
    let label = UILabel()
    label.text = "0"
    label.textAlignment = .center
    label.font = label.font.withSize(36)
    // 화면을 꽉 채우기
    label.autoresizingMask = [.flexibleWidth, .flexibleHeight]
    return label
  }()

  let buttonsView: UIStackView = {
```

```swift
    let view = UIStackView()
    view.axis = .horizontal
    view.distribution = .fillEqually
    view.spacing = 8
    view.alignment = .fill
    view.translatesAutoresizingMaskIntoConstraints = false
    return view
  }()

  let leftButton: UIButton = {
    let button = UIButton()
    button.setTitleColor(.black, for: .normal)
    button.setTitleColor(.gray, for: .highlighted)
    button.setTitle("Button", for: .normal)

    return button
  }()

  let rightButton: UIButton = {
    let button = UIButton()
    button.setTitleColor(.black, for: .normal)
    button.setTitleColor(.gray, for: .highlighted)
    button.setTitle("Button", for: .normal)

    return button
  }()

}
```

여기서 buttonsView는 버튼 두 개를 가로 방향으로 보여주는 UI입니다.

UI 인스턴스를 다 선언했다면 setupView 함수에서 해당 UI 인스턴스를 UIView에 등록해보세요.

CounterView.swift – setupView

```swift
private func setupView() {
  self.addSubview(valueLabel)
  self.addSubview(buttonsView)

  // buttonsView 위치 설정
  buttonsView.leadingAnchor.constraint(equalTo: self.leadingAnchor, constant: 8)
    .isActive = true
  buttonsView.trailingAnchor.constraint(equalTo: self.trailingAnchor, constant: -8)
```

```
    .isActive = true
  buttonsView.heightAnchor.constraint(equalToConstant: 48)
    .isActive = true
  buttonsView.bottomAnchor.constraint(equalTo: self.bottomAnchor, constant: -8)
    .isActive = true

  // buttonView에 버튼 추가
  buttonsView.addArrangedSubview(leftButton)
  buttonsView.addArrangedSubview(rightButton)
}
```

addSubview 메서드를 사용하면 현재 UIView에 원하는 UI 인스턴스를 추가할 수 있습니다. buttonsView의 경우 버튼을 등록하는 과정에서 addArrangedSubview 메서드를 사용했습니다. buttonsView는 UIStackView를 설정하여 원하는 방식으로 UI를 나열해주는 기능이 있는데 이를 활성화하려면 addSubview 대신 addArrangedSubview 메서드를 사용해야 합니다.

코드를 저장하고, yarn ios 명령어를 실행하여 우리가 만든 UI가 화면에 잘 나타나는지 확인해보세요.

❤ 그림 11-19 iOS Native Counter UI

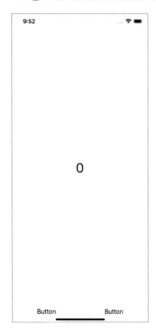

11.2.4 Props 연동하기

이번에는 우리가 만든 네이티브 컴포넌트에 Props를 연동해봅시다. 숫자 값과 하단의 버튼 이름을 Props로 설정하는 기능부터 구현해보겠습니다.

iOS 네이티브 컴포넌트에서 Props를 연동할 때는 Objective-C로 작성한 Manager 인터페이스를 수정하여 구현합니다.

CounterManager.m 파일을 열어서 다음과 같이 코드를 수정해주세요.

CounterManager.m

```objc
#import <React/RCTViewManager.h>

@interface RCT_EXTERN_MODULE(CounterManager, RCTViewManager)

RCT_EXPORT_VIEW_PROPERTY(value, NSNumber)
RCT_EXPORT_VIEW_PROPERTY(leftButtonText, NSString)
RCT_EXPORT_VIEW_PROPERTY(rightButtonText, NSString)

@end
```

일반적인 값의 Props를 연동할 때는 RCT_EXPORT_VIEW_PROPERTY를 사용합니다. 첫 번째 인자는 연동할 Props 이름이고, 두 번째 인자는 인자의 타입입니다.

이렇게 코드를 작성하면 자바스크립트 단에서 설정한 값을 CounterView 클래스에서 받아와 사용할 수 있습니다. Props 값을 받아오는 방법은 set<Props 이름>이라는 메서드를 구현하는 것입니다. 예를 들어 value라는 Props를 받아온다면 setValue 메서드를 구현하면 되지요.

CounterView 클래스를 열어서 Props 설정에 필요한 메서드를 다음과 같이 구현해주세요.

CounterView.swift

```swift
import UIKit

class CounterView: UIView {

  (...)

  @objc func setValue(_ val: NSNumber) {
    valueLabel.text = val.stringValue
  }
```

```
  @objc func setLeftButtonText(_ val: NSString) {
    leftButton.setTitle(val as String, for: .normal)
  }

  @objc func setRightButtonText(_ val: NSString) {
    rightButton.setTitle(val as String, for: .normal)
  }
}
```

코드를 저장한 뒤 yarn ios 명령어로 앱을 다시 실행해보세요. 버튼의 이름이 잘 변경됐나요? App 컴포넌트에서 value 값을 관리하는 useState의 초깃값을 1로 바꾸고, 바뀐 값이 잘 반영되는지 확인해보세요.

App.js – useState

```
const [value, setValue] = useState(1);
```

▼ 그림 11-20 iOS Props 값 반영

11.2.5 이벤트 설정하기

버튼을 눌렀을 때 원하는 자바스크립트 함수를 호출하도록 네이티브 컴포넌트에 이벤트를 설정해줍시다. 네이티브 컴포넌트에 이벤트를 설정하는 방법은 일반 Props를 설정할 때와 동일하게 RCT_EXPORT_VIEW_PROPERTY를 사용하는데요. 두 번째 인자에 넣는 Props의 타입을 RCTDirectEventBlock으로 해줘야 합니다.

CounterManager 인터페이스를 다음과 같이 수정하세요.

CounterManager.m
```objc
#import <React/RCTViewManager.h>

@interface RCT_EXTERN_MODULE(CounterManager, RCTViewManager)

(...)
RCT_EXPORT_VIEW_PROPERTY(onPressLeftButton, RCTDirectEventBlock)
RCT_EXPORT_VIEW_PROPERTY(onPressRightButton, RCTDirectEventBlock)

@end
```

이렇게 인터페이스를 사용한 뒤 onPressLeftButton과 onPressRightButton을 CounterView의 멤버 변수로 선언해주고, 버튼을 눌렀을 때 호출해주면 자바스크립트 단에서 콜백 함수가 호출됩니다.

우선 Bridging Header 파일을 열어서 맨 아래에 다음 코드를 추가해주세요. 이 코드를 추가해야 스위프트에서 이벤트 콜백 함수를 위한 타입인 RCTDirectEventBlock을 사용할 수 있습니다.

NativeCounter-Bridging-Header.h
```
(...)
#import "React/RCTEventEmitter.h"
```

이어서 CounterView 클래스를 다음과 같이 수정해보세요.

CounterView.swift
```swift
import UIKit

class CounterView: UIView {
  (...)
```

```swift
private func setupView() {
  (...)
  setupEvents()
}

@objc var onPressLeftButton: RCTDirectEventBlock?
@objc var onPressRightButton: RCTDirectEventBlock?

@objc func pressLeftButton(sender: UIButton) {
  if onPressLeftButton == nil {
    return
  }
  // 비어있는 Dictionary 만들기
  let event = [AnyHashable: Any]()
  onPressLeftButton!(event)
}

@objc func pressRightButton(sender: UIButton) {
  if onPressRightButton == nil {
    return
  }
  let event = ["message": "hello world"]
  // JS에서의 결과: { message: 'hello world' }
  onPressRightButton!(event)
}

private func setupEvents() {
  let leftButtonTap = UITapGestureRecognizer(
    target: self,
    action: #selector(pressLeftButton)
  )
  leftButton.addGestureRecognizer(leftButtonTap)

  let rightButtonTap = UITapGestureRecognizer(
    target: self,
    action: #selector(pressRightButton)
  )
  rightButton.addGestureRecognizer(rightButtonTap)
}

(...)
}
```

onPressLeftButton과 onPressRightButton을 선언할 때 타입의 뒷부분에 물음표(?)를 붙여줬는데요. 이는 초깃값 없이 선언한다는 의미입니다. 즉, 값은 자바스크립트에서 undefined와 비슷한 nil 값이 됩니다.

이렇게 선언만 해두면 나중에 리액트 네이티브에서 연동하면서 우리가 컴포넌트의 Props로 넣어준 함수가 연결됩니다.

pressLeftButton과 pressRightButton은 버튼을 눌렀을 때 호출할 메서드입니다. 이 메서드가 버튼과 연동되는 작업은 setupEvents에서 이뤄지며, 이 메서드는 setupView의 마지막 단계에서 호출됩니다.

이제 iOS 네이티브 컴포넌트 연동 작업이 모두 끝났습니다! yarn ios 명령어를 실행하여 앱을 다시 실행한 뒤, +1과 −1 버튼을 눌러서 값이 잘 변경되는지 확인해보세요.

11.3 / 정리

이 장에서는 리액트 네이티브에서 네이티브 컴포넌트를 직접 만들어 사용하는 방법을 알아봤습니다. 리액트 네이티브 개발을 하면서 네이티브 컴포넌트를 만들어 사용하는 일은 흔치 않을 것입니다. 예를 들어, 지금 만든 카운터는 네이티브 코드를 사용하여 구현하는 것보다 자바스크립트로 작성하는 것이 훨씬 효율적이지요.

하지만 리액트 네이티브에서 자체적으로 지원하지 않는 UI를 라이브러리의 도움을 받아서 개발하다가 커스터마이징이 필요한 시점이 오면 이 장에서 배운 지식들을 아주 유용하게 사용할 수 있을 것입니다.

memo

12^장

리액트 네이티브 프로젝트에서 타입 스크립트 사용하기

자바스크립트는 동적 타입 언어입니다. 따라서 특정 변수를 선언했을 때 다른 타입으로도 대입할 수 있지요. 예를 들어 숫자로 선언한 값에 문자열, 배열, 또는 객체 타입의 값을 대입해도 문제가 발생하지 않습니다.

```
let value = 1;

value = 'Cool';
value = { a: 1 };
value = [1, 2, 3, 4, 5, 6];
```

함수를 만들 때도 파라미터에 어떠한 타입의 값이든 넣어줄 수 있지요.

```
function wrap(value) {
  return { value };
}

wrap(1);
wrap('Hello World');
wrap({ a: 1 });
```

자바스크립트에서는 변수의 타입이 런타임에 결정됩니다. 즉, 코드가 실행되는 단계에서 타입이 결정된다는 말이죠. 반면 자바, 코틀린, Go, 스위프트, C 등의 언어는 정적 타입 언어로, 변수의 타입이 컴파일 타임 때 결정됩니다. 따라서 코드를 실행하지 않아도 변수에 잘못된 타입이 들어가는 상황에서 문제를 감지할 수 있습니다.

다음 예시는 코틀린으로 작성된 함수입니다.

```
fun sum(x: Int, y: Int): Int {
  return x + y
}
```

이 함수에서는 두 파라미터가 정수 타입이고 반환값 또한 정수 타입인 것을 명시하고 있지요.

동적 타입 언어는 타입을 유연하게 가질 수 있고 컴파일 에러도 존재하지 않기 때문에 개발 입문자가 배우기 쉽고 프로젝트를 빠르게 개발할 수 있습니다. 그러나 프로젝트의 규모가 커질수록 실수할 가능성도 높아지고 타입 추론이 일부만 되기 때문에 개발이 불편할 수 있습니다.

예를 들어 다음과 같이 배열 타입의 파라미터를 받는 함수가 있다고 가정해봅시다.

```
function aggregate(numbers) {
  return numbers.reduce(
    (acc, current) => acc + current,
    0
  );
}
```

이 함수는 배열 내장 함수 reduce 안 숫자들의 총합을 구합니다. 이 함수를 작성하는 과정에서 numbers 파라미터가 배열인지 아닌지 에디터에서는 알 방법이 없습니다. 따라서 코드 자동 완성이 제대로 이뤄지지 않죠.

이 함수는 다음과 같은 형식으로 호출해줘야 합니다.

```
aggregate([1, 2, 3]) // 6
```

하지만 개발 과정에서 실수로 다음과 같은 형식을 사용했다고 가정해봅시다.

```
aggregate(['a', 'b', 'c']) // "0abc"
aggregate(1, 2, 3) // Uncaught TypeError: numbers.reduce is not a function
```

첫 번째 줄에서는 인자로 설정한 배열에 문자열이 있어서 의도하지 않은 결과물이 나타났습니다. 두 번째 줄에서는 잘못된 타입의 인자를 설정하여 숫자 타입에 존재하지 않는 내장 함수 reduce를 사용하려고 해서 오류가 발생했습니다.

이러한 실수를 했을 때 코드를 실행해 결과물을 확인해야만, 코드가 타입 문제없이 제대로 실행됐는지 알 수 있습니다.

정적 타입 시스템을 도입하면 자바스크립트가 동적 타입 언어로서 지니는 단점을 보완할 수 있습니다. 이 장에서는 타입스크립트(TypeScript)를 사용하여 자바스크립트에 정적 타입 시스템을 적용하고, 이를 리액트 네이티브 프로젝트에서 활용하는 방법을 알아보겠습니다.

타입스크립트는 마이크로소프트에서 만든 오픈 소스 프로그래밍 언어입니다. 이 언어를 사용하면 자바스크립트에서 정적 타입을 사용할 수 있습니다. 또한, 타입스크립트로 작성된 코드는 tsc(TypeScript Compiler)를 통해 자바스크립트 코드로 변환됩니다. 이 언어는 자바스크립트와 문법이 거의 동일하기 때문에 자바스크립트를 알고 있다면 빠르게 배워 사용할 수 있습니다.

리액트 네이티브 프로젝트에서 타입스크립트 사용하기

12.1 / 타입스크립트가 적용된 리액트 네이티브 프로젝트 만들기

타입스크립트가 적용된 리액트 네이티브 프로젝트를 새로 만들어봅시다. react-native CLI에서 0.71 이상 버전부터는 기본적으로 타입스크립트 환경으로 프로젝트를 생성합니다. 기존에 버전을 명시하던 옵션을 지우고 프로젝트를 생성해봅시다. 터미널을 열고 다음 명령어를 입력하세요.

```
$ npx react-native init LearnTypeScript
```

만들어진 프로젝트의 디렉터리를 열어보면 이전에 만든 프로젝트와 다르게 tsconfig.json이라는 파일이 생성되어 있고, App.js 대신 App.tsx가 있을 것입니다.

tsconfig.json은 타입스크립트 환경 설정을 위한 파일입니다. 현재 수정해야 할 환경 설정은 없으니 자동 생성된 파일을 그대로 사용하면 됩니다.

타입스크립트 코드의 확장자는 ts 또는 tsx입니다. 만약 리액트 컴포넌트를 작성한다면 확장자를 tsx로 해야 JSX가 지원됩니다. JSX를 사용하지 않는다면 확장자를 ts로 저장하면 됩니다.

12.2 / 타입스크립트 빠르게 배우기

리액트 네이티브에서 타입스크립트를 본격적으로 사용하기 전에 타입스크립트의 기초 문법을 배워봅시다. 먼저 프로젝트 최상위 디렉터리에 learn.ts라는 파일을 생성하고 다음 코드를 입력하세요.

learn.ts

```
export default function () {}

// 앞으로 여기에 예시 코드를 입력..
```

현재 프로젝트는 isolatedModules라는 타입스크립트 환경 설정이 활성화되어 있기 때문에 파일에서 import 또는 export를 사용하지 않으면 오류가 발생합니다. 이번에 작성할 파일에서 내보내거나 불러와야 할 코드는 없지만, 예시 코드를 작성해보기 위해 코드의 최상단에 export를 입력한 뒤 예시 코드를 입력해 나가겠습니다.

또한, 현재 프로젝트는 예시 코드를 입력하는 과정에서 코드를 바로 실행할 수 없습니다. 만약 코드를 직접 실행까지 해보고 싶다면 다음 링크의 CodeSandbox에서 타입스크립트 코드를 실행해보세요(CodeSandBox에서 실행하는 경우 우측 하단의 **Console**을 눌러서 console.log로 출력된 결과물들을 확인할 수 있습니다).

- https://bit.ly/ts-codesandbox

▼ 그림 12-1 CodeSandBox 실행 결과 확인

12.2.1 기본 타입

먼저 타입스크립트의 기본 타입부터 알아봅시다. 타입스크립트에서 변수를 선언할 때 해당 변수의 타입을 지정할 수 있습니다. 타입을 지정할 때는 변수 이름 뒤에 : 타입 형태로 지정합니다.

다음 예시 코드를 아까 내보낸 함수 아래에 입력해보세요.

learn.ts

```
export default function () {}

let message: string = 'Hello World';
```

이 코드에서는 message 변수의 타입이 문자열이라는 것을 명시합니다. 이렇게 코드를 입력하면 다음과 같은 ESLint 오류가 나타날 것입니다.

```
TS learn.ts  ×

TS learn.ts > ...
  1    export default function () {} // isolatedModules 오류 방지
  2
  3    let message: string = 'Hello World';
  4 |
         let message: string = 'Hello World';

         let message: string

         'message' is declared but its value is never read. ts(6133)

         'message' is assigned a value but never used. eslint(@typescript-eslint/no-unused-vars)

      Peek Problem (⌥F8)   Quick Fix... (⌘.)
```

타입스크립트가 적용된 프로젝트에서는 선언된 변수를 사용하는 곳이 없으면 에러를 발생시키는 규칙이 있기 때문입니다. 이 규칙은 꺼주겠습니다.

.eslintrc.js 파일을 열어서 다음과 같이 수정하세요.

.eslintrc.js

```
module.exports = {
  root: true,
  extends: '@react-native-community',
  rules: {
    '@typescript-eslint/no-unused-vars': 0,
  },
};
```

지금은 값을 0으로 설정하여 이 규칙을 꺼줬습니다. 만약 이 값을 1로 설정하면 경고가 나타나고, 2로 설정하면 오류가 나타납니다.

learn.ts 파일을 다시 열어보세요. 오류가 사라졌나요? 이제 변수 선언 아래 message에 숫자를 대입해보세요.

```
let message: string = 'Hello World';
message = 1;
```

message 타입을 문자열 타입으로 선언했는데 여기에 숫자를 넣었기 때문에 타입이 일치하지 않습니다. VS Code에서 다음과 같이 오류를 출력합니다.

```
let message: string

Type 'number' is not assignable to type 'string'. ts(2322)

Peek Problem (⌥F8)    No quick fixes available
message = 1;
```

이제 오류가 발생한 코드를 지우고 다른 타입의 변수들을 선언하겠습니다.

```
let message: string = 'Hello World';
let value: number = 1;

let nullableString: string | null = null;
nullableString = 'Hi';

let undefinedOrNumber: undefined | number;
undefinedOrNumber = 10;

let numberOrStringOrNull: number | string | null = null;
numberOrStringOrNull = 1;
numberOrStringOrNull = 'Bye';
numberOrStringOrNull = null;

let isCompleted: boolean = true;
isCompleted = false;

let anyValue: any = null;
anyValue = undefined;
anyValue = 1;
anyValue = 'hello world';
```

숫자는 number 타입으로 선언하며, null과 undefined 또한 타입으로 선언할 수 있습니다. true/
false는 boolean 타입으로 선언합니다.

타입을 선언할 때 | 문자는 Union Type이라고 부르는데요. 만약 string | null이라고 되어 있
으면 이는 문자열 또는 null이라는 것을 의미합니다.

any 타입의 경우에는 모든 타입의 값을 대입할 수 있습니다.

12.2.1.1 타입의 자동 추론

타입스크립트를 사용한다고 해서 모든 변수에 타입을 꼭 명시해줘야 하는 것은 아닙니다. 기본 타입들은 타입을 명시해주지 않아도 자동으로 추론합니다.

다음과 같이 타입을 생략한 뒤 message 위에 마우스 커서를 올려보세요. 그림 12-4와 같이 타입을 추론한 것을 볼 수 있나요?

```
let message = 'Hello World';
```

▼ 그림 12-4 타입 자동 추론

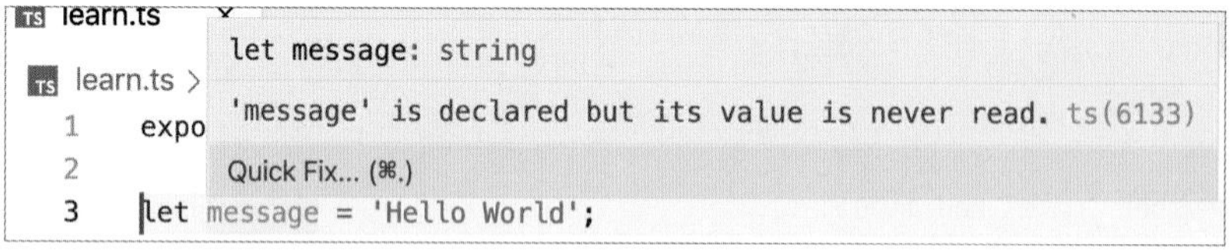

따라서 변수가 하나의 타입만 지니고 있다면 타입 선언을 생략해도 됩니다. 하지만 아까 선언한 nullableString처럼 여러 타입을 지닐 수 있다면 타입을 명시해줘야 합니다.

12.2.2 함수 타입

이번에는 함수에 타입을 지정하겠습니다. 다음 함수를 작성해보세요.

```
function sum(a: number, b: number) {
  return a + b;
}

const result = sum(1, 2);
```

이 함수에서는 파라미터 a와 b의 타입이 number로 지정되어 있습니다. 따라서 이 함수를 호출할 때 파라미터에 숫자가 아닌 다른 타입의 값을 넣으면 오류가 발생합니다.

▼ 그림 12-5 다른 타입의 파라미터 오류

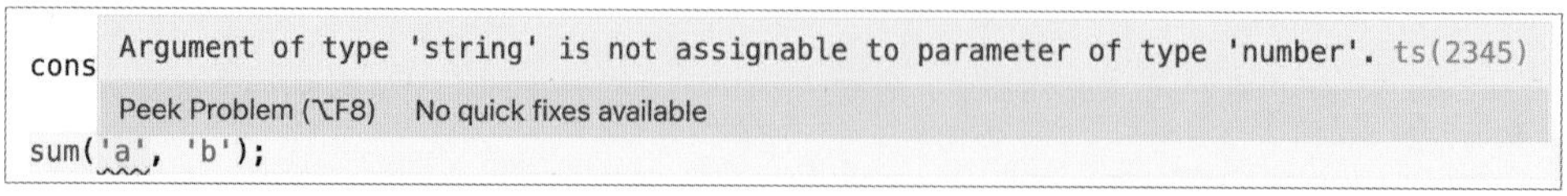

현재 sum 함수에서는 반환값에 대한 타입을 따로 선언하지 않았습니다. 그래서 해당 함수에서 무엇을 반환하느냐에 따라 반환값의 타입이 결정되지요.

이 함수에서는 숫자끼리 더한 값을 반환하기 때문에 반환된 값에 대해서도 자동으로 추론됩니다. result에 커서를 올려보면 해당 타입이 number로 추론된 것을 볼 수 있습니다.

❤ 그림 12-6 함수 반환값의 타입 추론

```
functi  const result: number
  retu
}       'result' is declared but its value is never read. ts(6133)

        Quick Fix... (⌘.)

const result = sum(1, 2);
```

함수를 선언할 때 반환값을 미리 지정할 수도 있습니다. 다음과 같이 말이죠.

```
function sum(a: number, b: number): number {
  return a + b;
}
```

이렇게 함수의 반환값 타입을 따로 선언할 경우, 함수가 지정한 타입과 다른 값을 반환한다면 오류가 발생할 것입니다.

다음과 같이 코드를 작성하면 return null 부분에서 오류가 발생합니다.

```
function sum(a: number, b: number): number {
  if (a === 0) {
    return null;
  }
  return a + b;
}
```

❤ 그림 12-7 함수의 반환값 타입 오류

```
func   Type 'null' is not assignable to type 'number'. ts(2322)
  if   Peek Problem (⌥F8)   No quick fixes available
    return null;
```

12.2.2.1 옵셔널 파라미터

이번에는 옵셔널(Optional) 파라미터를 다뤄보겠습니다. 옵셔널 파라미터는 생략해도 되는 파라미터를 의미합니다. 기존의 sum 함수를 지우고 다음 함수를 입력해보세요.

```
function process(a: number, b: number, isDouble?: boolean) {
  const sum = a + b;
  return isDouble ? sum * 2 : sum;
}

const total = process(1, 2);
const doubledTotal = process(1, 2, true);
```

여기서 isDouble의 타입은 boolean | undefined로 설정됩니다.

12.2.2.2 여러 반환값 타입을 지닌 함수

함수는 여러 반환값 타입을 지닐 수 있습니다. 따라서 함수를 선언할 때 타입을 명시해야 하는데, 타입을 미리 명시하지 않으면 해당 함수에서 반환하는 값을 자동으로 추론합니다.

```
function hello(value: string, returnNull?: boolean) {
  if (returnNull) {
    return null;
  }
  return `Hello ${value}`;
}

const result = hello('World');
const nullResult = hello('World', true);
```

hello 함수에 커서를 올려보세요. 반환값의 타입을 string | null로 잘 추론했나요?

▼ 그림 12-8 여러 반환값 타입을 지닌 함수

```
export default function () {} // isolatedModules 으로 방지
            function hello(value: string, returnNull?: boolean | undefined): string | null
function hello(value: string, returnNull?: boolean) {
  if (returnNull) {
    return null;
  }
  return `Hello ${value}`;
}
```

현재 result의 타입은 string 또는 null이 될 수 있습니다. 만약 이 상황에서 result의 문자열 내장 함수를 사용하려고 하면 어떻게 될까요?

```
const replaced = result.replace('Hello', 'Bye');
```

```
const result = hello('World');

const result: string | null

Object is possibly 'null'. ts(2531)

Peek Problem (⌥F8)   No quick fixes available
= result.replace('Hello', 'Bye');
```

현재 result 값은 null일 수도 있기 때문에 이와 같은 오류가 발생합니다. 이 오류를 고치려면 다음과 같이 result 값이 null이 아닐 때만 코드를 실행하도록 만들거나 옵셔널 체이닝 연산자를 사용해야 합니다.

```
if (result !== null) {
  const replaced = result.replace('Hello', 'Bye');
}
const replaced = result?.replace('Hello', 'Bye');
```

12.2.3 interface

interface는 타입스크립트에서 객체나 클래스를 위한 타입을 정할 때 사용합니다.

다음 코드는 Profile이라는 interface를 사용하여 객체에 대한 타입을 정하는 예시입니다.

```
interface Profile {
  id: number;
  username: string;
  displayName: string;
}

function printUsername(profile: Profile) {
  console.log(profile.username);
}

const profile: Profile = {
  id: 1,
  username: 'velopert',
  displayName: 'Minjun Kim',
};

printUsername(profile);
```

이렇게 선언된 객체 타입은 변수의 타입이나 파라미터의 타입으로 사용할 수 있습니다.

또한, 다음과 같이 다른 interface에서 참조하는 것도 가능합니다.

```
interface Profile {
  id: number;
  username: string;
  displayName: string;
}
interface Relationship {
  from: Profile;
  to: Profile;
}

const relationship: Relationship = {
  from: {
    id: 1,
    username: 'velopert',
    displayName: 'Minjun Kim',
  },
  to: {
    id: 2,
    username: 'johndoe',
    displayName: 'John Doe',
  },
};
```

12.2.3.1 interface 상속하기

기존 interface 타입에 필드를 더 추가할 때는 상속을 통해 처리할 수 있습니다.

```
interface Profile {
  id: number;
  username: string;
  displayName: string;
}

interface Account extends Profile {
  email: string;
  password: string;
}
```

```
const account: Account = {
  id: 1,
  username: 'johndoe',
  displayName: 'John Doe',
  email: 'john@email.com',
  password: '123123',
};
```

12.2.3.2 옵셔널 속성

interface에서 옵셔널 속성을 다룰 때는 함수의 옵셔널 파라미터와 비슷하게 물음표(?)를 사용합니다.

```
interface Profile {
  id: number;
  username: string;
  displayName: string;
  photoURL?: string;
}

const profile: Profile = {
  id: 1,
  username: 'johndoe',
  displayName: 'John Doe',
};

const profileWithPhoto: Profile = {
  id: 1,
  username: 'johndoe',
  displayName: 'John Doe',
  photoURL: 'photo.png',
};
```

여기서 photoURL의 타입은 string | undefined로 지정됩니다.

12.2.3.3 클래스에서 interface를 implement하기

이번에는 클래스에서 interface를 implement하는 방법을 알아보겠습니다. interface에서 구현해야 하는 메서드들의 타입을 미리 선언하고, 이에 맞춰 클래스에서 구현하는 예시를 확인해봅시다.

```
interface Shape {
  getArea(): number;
  getPerimeter(): number;
}

class Circle implements Shape {
  constructor(private radius: number) {}
  getArea() {
    return Math.PI * Math.pow(this.radius, 2);
  }
  getPerimeter() {
    return 2 * Math.PI * this.radius;
  }
}

class Rectangle implements Shape {
  constructor(private width: number, private height: number) {}
  getArea() {
    return this.width * this.height;
  }
  getPerimeter() {
    return 2 * (this.width + this.height);
  }
}

const circle = new Circle(4);
const rectangle = new Rectangle(4, 6);

const area = circle.getArea();
const perimeter = rectangle.getPerimeter();
```

이 클래스들의 constructor를 보면 파라미터 부분에서 private radius: number와 같은 형식으로 파라미터 앞부분에 private를 붙여줬는데요. 이는 다음 코드와 같은 의미입니다.

```
class Circle implements Shape {
  radius: number;

  constructor(radius: number) {
    this.radius = radius;
  }
```

(...)

12.2.4 배열 타입

타입스크립트에서 배열 타입을 다룰 때는 타입 뒤에 [ ]를 붙여주면 됩니다.

```
const numbers: number[] = [1, 2, 3, 4, 5];
const texts: string[] = ['hello', 'world'];

interface Person {
  name: string;
}

const people: Person[] = [{name: 'John Doe'}, {name: 'Jane Doe'}];
```

12.2.5 Type Alias

Type Alias는 타입에 별칭을 붙여주는 기능입니다. 이를 통해 객체의 타입을 지정할 수도 있고, 다른 타입에 별칭을 지어줄 수도 있습니다.

```
type Person = {
  name: string;
};

const person: Person = {
  name: 'John Doe',
};

type People = Person[];

const people: People = [{name: 'John Doe'}];

type Color = 'red' | 'orange' | 'yellow';
const color: Color = 'red';
```

객체의 타입은 interface로도 선언할 수 있고, type으로도 선언할 수 있는데요. 공식 문서에서는 취향에 따라 사용하라고 언급하고 있습니다. 취향에 따라 사용하되, 일관성 있게 사용하길 바랍니다.

People과 Color 같은 타입은 이 문법으로만 선언할 수 있습니다. 이 코드에서 Color 타입은 'red', 'orange', 'yellow' 중 하나의 값만 지정할 수 있는 타입입니다.

type을 사용하여 만든 객체 타입에도 필드를 추가할 수 있는데요. 이때는 & 문자를 사용합니다.

```
type Person = {
  name: string;
};

type Employee = Person & {
  job: string;
};

const empolyee: Employee = {
  name: 'John Doe',
  job: 'Programmer',
};
```

12.2.6 Generic

Generic은 함수, 객체, 클래스 타입에서 사전에 정하지 않은 다양한 타입을 다룰 때 사용합니다.

12.2.6.1 함수에서 Generic 사용하기

사전에 정하지 않은 타입의 파라미터를 받아와서 이를 객체로 감싸주는 함수를 작성해봅시다. 만약 Generic을 사용하지 않는다면 다음과 같이 any 타입을 사용해야 합니다.

```
function wrap(value: any) {
  return {value};
}

const result = wrap('Hello World');
```

이렇게 하면 wrap 함수에 어떤 값이든 인자로 넣어줄 수 있지만, 문제는 result에서 타입 추론이 되지 않는다는 것입니다. value 파라미터의 타입이 any이기 때문에 result.value의 타입 또한 any로 지정되어 이 값이 문자열이라는 것을 추론할 수가 없습니다.

이런 상황에 Generic을 사용하면 타입 추론이 가능하게 만들 수 있습니다.

```
function wrap<T>(value: T) {
  return {value};
}

const result = wrap('Hello World');
```

이렇게 함수의 이름 뒷부분에 〈T〉를 넣어줬는데, 이를 Generic이라고 부릅니다. 여기에 T 말고 다른 이름을 넣어줄 수도 있으나 일반적으로 T를 Generic 이름으로 많이 사용합니다. 이렇게 Generic을 설정해주면 T라는 타입을 함수 내부에서 사용할 수 있습니다.

현재 value의 타입이 T라고 지정해줬습니다. 이렇게 하면 result.value 값이 string인 것이 추론됩니다.

다음 코드에서는 wrap의 파라미터에 Person 타입을 가진 값을 넣어줬습니다.

```
function wrap<T>(value: T) {
  return {value};
}

interface Person {
  name: string;
}
const person: Person = {name: 'John Doe'};
const result = wrap(person);
console.log(result.value.name); // 'John Doe'
```

이렇게 했을 때 타입 추론이 정상적으로 작동하기 때문에 result.value.name 값이 string인 것도 정상적으로 추론되지요.

12.2.6.2 객체에서 Generic 사용하기

객체에서도 Generic을 사용할 수 있습니다. 객체 타입의 특정한 필드에 다양한 값이 올 수 있다고 가정해봅시다. 그러면 다음과 같이 타입을 선언하면 됩니다.

```
interface Item<T> {
  id: number;
  data: T;
}

interface Person {
  name: string;
}

interface Place {
  location: string;
}
```

```
const personItem: Item<Person> = {
  id: 1,
  data: {
    name: 'John Doe',
  },
};

const placeItem: Item<Place> = {
  id: 2,
  data: {
    location: 'Korea',
  },
};
```

만약 Type Alias에서 Generic을 사용한다면 다음과 같이 입력하면 됩니다.

```
type Item<T> = {id: number; data: T};
```

12.2.6.3 클래스에서 Generic 사용하기

클래스에서도 Generic을 사용할 수 있습니다. 다음은 Generic을 사용하는 클래스의 예시입니다.

```
class Queue<T> {
  list: T[] = [];
  get length() {
    return this.list.length;
  }
  enqueue(item: T) {
    this.list.push(item);
  }
  dequeue() {
    return this.list.shift();
  }
}

const queue = new Queue<number>();
queue.enqueue(0);
queue.enqueue(1);
const first = queue.dequeue(); // 0
const second = queue.dequeue(); // 1
```

이 Queue 클래스는 enqueue 메서드를 통해 먼저 등록한 항목이 dequeue를 통해 먼저 나오는 자료 구조입니다. 이렇게 구현하면 Queue에서는 어떤 타입의 값이든 다룰 수 있게 되지요.

12.2.7 더 알아보기

지금까지 타입스크립트의 기초를 학습했습니다. 이 정도만 알면 추후 리액트 네이티브에서 타입 스크립트를 충분히 다룰 수 있는데요. 타입스크립트에는 방금 다룬 것 말고도 유용한 기능이 많이 있으니 다음 링크를 통해 나중에 더 학습해보세요.

- https://typescript-kr.github.io

12.3 / 타입스크립트로 컴포넌트 작성하기

이제 리액트 컴포넌트를 타입스크립트로 작성해봅시다. Props에 타입이 붙는 것 말고는 달라지는 것이 없습니다.

최상위 디렉터리에 Profile.tsx 파일을 생성하세요. 이때 확장자에 주의하세요. 리액트 컴포넌트를 작성할 때는 tsx 확장자, JSX를 사용하지 않는 코드는 ts 확장자를 사용합니다.

우선 Props가 없는 컴포넌트는 자바스크립트로 작성할 때와 똑같습니다.

Profile.tsx

```
import React from 'react';
import {View, Text} from 'react-native';

function Profile() {
  return (
    <View>
      <Text>Name</Text>
    </View>
  );
}

export default Profile;
```

12.3.1 Props 사용하기

Props가 필요해지면 Props를 위한 타입을 선언해줘야 합니다. Props를 위한 타입은 interface 를 사용하여 선언합니다.

방금 만든 Profile 컴포넌트에 name이라는 Props를 추가해주겠습니다.

Profile.tsx

```tsx
import React from 'react';
import {View, Text} from 'react-native';

interface Props {
  name: string;
}

function Profile({name}: Props) {
  return (
    <View>
      <Text>{name}</Text>
    </View>
  );
}

export default Profile;
```

그다음에는 App.tsx 파일을 열어서 내부에 있는 코드를 모두 지우고, Profile 컴포넌트를 렌더 링해보세요. 이때 name Props가 없다면 어떤 일이 발생하는지 확인해볼까요?

App.tsx

```tsx
import React from 'react';
import Profile from './Profile';

function App() {
  return <Profile />;
}

export default App;
```

VS Code에서 <Profile /> 부분에 빨간 줄이 그어지면서 타입스크립트 오류가 나타날 것입니다.

♥ 그림 12-10 필요한 Props가 없을 경우 발생하는 오류

```
function App() {
  return <Profile />;
}                 (alias) function Profile({ name }: Props): JSX.Element
                  import Profile
export def
                  Property 'name' is missing in type '{}' but required in type 'Props'. ts(2741)

                  Profile.tsx(5, 3): 'name' is declared here.

                  Peek Problem (⌥F8)    No quick fixes available
```

name Props를 채워주면 이 오류가 사라질 것입니다.

App.tsx

```tsx
import React from 'react';
import Profile from './Profile';

function App() {
  return <Profile name="John Doe" />;
}

export default App;
```

12.3.1.1 옵셔널 Props 사용하기

옵셔널(생략 가능한) Props를 설정할 때는 interface에서 특정 필드에 물음표(?)를 붙여서 타입을 선언합니다.

Profile.tsx

```tsx
import React from 'react';
import {View, Text, StyleSheet} from 'react-native';

interface Props {
  name: string;
  isActive?: boolean;
}

function Profile({name, isActive}: Props) {
  return (
    <View style={isActive && styles.activeStyle}>
      <Text>{name}</Text>
    </View>
```

```
    );
  }

const styles = StyleSheet.create({
  activeStyle: {
    backgroundColor: 'yellow',
  },
});

export default Profile;
```

이렇게 하면 App 컴포넌트에서 Profile을 사용할 때 isActive Props를 생략해도 타입스크립트 오류가 나타나지 않습니다.

12.3.1.2 기본값 Props 사용하기

이번에는 기본값 Props를 사용하는 방법을 알아보겠습니다. 첫 번째 방법은 이전에도 사용해봤지요? 바로 defaultProps를 사용하는 것입니다.

Profile.tsx
```
import React from 'react';
import {View, Text, StyleSheet, Image} from 'react-native';

interface Props {
  name: string;
  isActive?: boolean;
  image: string;
}

function Profile({name, isActive, image}: Props) {
  return (
    <View style={isActive && styles.activeStyle}>
      <Image source={{uri: image}} />
      <Text>{name}</Text>
    </View>
  );
}

Profile.defaultProps = {
  image: 'https://picsum.photos/200',
};
```

```
const styles = StyleSheet.create({
  activeStyle: {
    backgroundColor: 'yellow',
  },
});
```

```
export default Profile;
```

이렇게 defaultProps로 설정되어 있으면 image Props의 타입을 옵셔널로 설정하지 않아도 App에서 해당 Props를 생략했을 때 오류가 나타나지 않습니다.

두 번째 방법은 자바스크립트의 기본값 매개변수 문법을 사용하는 것입니다. 이 문법을 사용하면 Props 파라미터가 구조분해되는 과정에서 특정 값의 기본값을 지정할 수 있습니다.

코드를 다음과 같이 수정해보세요.

Profile.tsx

```
import React from 'react';
import {View, Text, StyleSheet, Image} from 'react-native';

interface Props {
  name: string;
  isActive?: boolean;
  image?: string;
}

function Profile({name, isActive, image = 'https://picsum.photos/200'}: Props) {
  return (
    <View style={isActive && styles.activeStyle}>
      <Image source={{uri: image}} />
      <Text>{name}</Text>
    </View>
  );
}

const styles = StyleSheet.create({
  activeStyle: {
    backgroundColor: 'yellow',
  },
});

export default Profile;
```

기본값 매개변수 문법을 사용할 때는 image의 타입에 물음표(?)를 붙여줘야 정상적으로 작동합니다.

지금은 두 방법 모두 사용할 수 있고, 권장 방법이 공식적으로 정해져 있지는 않습니다. 하지만 defaultProps가 언젠가 deprecated될 수 있다고 리액트 메인테이너의 트위터와 GitHub Pull Request에서 언급한 적이 있습니다. 따라서 이 책에서는 기본값 Props를 사용해야 할 일이 발생하면 두 번째 방법으로 코드를 작성하겠습니다.

12.3.1.3 children Props 사용하기

컴포넌트를 만들다 보면 children Props를 사용해야 할 일이 발생할 수 있습니다. 또는 또 다른 JSX 타입의 Props를 사용해야 할 수도 있겠지요. JSX 타입의 Props를 받아오는 상황에서는 React.ReactNode 타입을 사용합니다.

Profile 컴포넌트를 다음과 같이 변경해보세요.

Profile.tsx
```tsx
import React from 'react';
import {View, Text, StyleSheet, Image} from 'react-native';

interface Props {
  name: string;
  isActive?: boolean;
  image?: string;
  children: React.ReactNode;
}

function Profile({
  name,
  isActive,
  image = 'https://picsum.photos/200',
  children,
}: Props) {
  return (
    <View style={isActive && styles.activeStyle}>
      <Image source={{uri: image}} />
      <Text>{name}</Text>
      <View>{children}</View>
    </View>
  );
```

```
  }

const styles = StyleSheet.create({
  activeStyle: {
    backgroundColor: 'yellow',
  },
});


export default Profile;
```

만약 children Props가 반드시 필요하지 않다면 children?: React.ReactNode라고 입력하여 이 Props를 생략해도 된다는 것을 명시하길 바랍니다.

지금은 이 Props가 필수 Props로 설정되어 있으므로 App에서 이 컴포넌트를 사용할 때 children 을 설정해주겠습니다.

App.tsx

```
import React from 'react';
import {Text} from 'react-native';
import Profile from './Profile';

function App() {
  return (
    <Profile name="John Doe">
      <Text>Hello World</Text>
    </Profile>
  );
}

export default App;
```

12.3.2 useState 사용하기

이번에는 useState를 사용하는 방법을 알아보겠습니다.

MessageForm.tsx 파일을 최상위 디렉터리에 생성하고, 다음과 같이 코드를 작성해보세요.

```
import React, {useState} from 'react';
import {TextInput, View} from 'react-native';

function MessageForm() {
  const [text, setText] = useState<string>('');
  return (
    <View>
      <TextInput value={text} onChangeText={setText} />
    </View>
  );
}

export default MessageForm;
```

useState를 사용할 때는 useState<string>('')과 같이 Generic을 사용하여 상태의 타입을 지정해줄 수 있습니다. 현재처럼 useState에 넣은 인자의 타입을 유추할 수 있는 상황에서는 Generic을 생략할 수 있습니다. 다음과 같이 말이죠.

```
import React, {useState} from 'react';
import {TextInput, View} from 'react-native';

function MessageForm() {
  const [text, setText] = useState('');
  return (
    <View>
      <TextInput value={text} onChangeText={setText} />
    </View>
  );
}

export default MessageForm;
```

반면 useState에 넣은 인자의 타입을 유추할 수 없거나 여러 타입을 지닌 경우에는 Generic을 꼭 설정해줘야 합니다.

lastMessage라는 상태를 만들어서 상태에 { message: string, date: Date } 또는 null 타입인 값을 담아봅시다.

```tsx
import React, {useState} from 'react';
import {Button, Text, TextInput, View} from 'react-native';

function MessageForm() {
  const [text, setText] = useState<string>('');
  const [lastMessage, setLastMessage] = useState<{
    message: string;
    date: Date;
  } | null>(null);

  const onPress = () => {
    setLastMessage({
      message: text,
      date: new Date(),
    });
    setText('');
  };

  return (
    <View>
      <TextInput value={text} onChangeText={setText} />
      <Button title="PRESS ME" onPress={onPress} />
      {lastMessage && (
        <View>
          <Text>
            마지막 메시지: {lastMessage.message} (
            {lastMessage.date.toLocaleString()})
          </Text>
        </View>
      )}
    </View>
  );
}

export default MessageForm;
```

Generic을 통해 지정된 타입이 아닌 다른 타입을 넣으려고 하면 오류가 발생하기 때문에 여러 타입을 지닌 상태의 경우에는 꼭 Generic을 설정해주세요.

12.3.3 useRef 사용하기

useRef를 사용할 때도 useRef에 담을 값의 타입을 Generic으로 설정해줄 수 있습니다. 만약 숫자를 담고 싶다면 다음과 같이 하면 됩니다.

```tsx
MessageForm.tsx
```

```tsx
import React, {useRef, useState} from 'react';
import {Button, Text, TextInput, View} from 'react-native';

function MessageForm() {
  const [text, setText] = useState<string>('');
  const [lastMessage, setLastMessage] = useState<{
    id: number;
    message: string;
    date: Date;
  } | null>(null);
  const nextId = useRef<number>(1);

  const onPress = () => {
    setLastMessage({
      message: text,
      date: new Date(),
      id: nextId.current,
    });
    setText('');
    nextId.current += 1;
  };

  return (
    <View>
      <TextInput value={text} onChangeText={setText} />
      <Button title="PRESS ME" onPress={onPress} />
      {lastMessage && (
        <View>
          <Text>
            마지막 메시지: {lastMessage.message} (
            {lastMessage.date.toLocaleString()})
          </Text>
        </View>
      )}
    </View>
  );
```

```
}

export default MessageForm;
```

마찬가지로 useRef의 인자에 넣은 값의 타입을 추론할 수 있는 상황이기 때문에 useRef(1)과 같은 형식으로 Generic을 생략할 수 있습니다.

이번에는 숫자 말고 컴포넌트의 ref를 담아볼까요?

MessageForm.tsx

```tsx
import React, {useEffect, useRef, useState} from 'react';
import {Button, Text, TextInput, View} from 'react-native';

function MessageForm() {
  const [text, setText] = useState<string>('');
  const [lastMessage, setLastMessage] = useState<{
    id: number;
    message: string;
    date: Date;
  } | null>(null);
  const nextId = useRef<number>(1);
  const inputRef = useRef<TextInput | null>(null);

  const onPress = () => {
    setLastMessage({
      message: text,
      date: new Date(),
      id: nextId.current,
    });
    setText('');
    nextId.current += 1;
  };

  useEffect(() => {
    if (!inputRef.current) {
      return;
    }
    inputRef.current.focus();
  }, []);

  return (
    <View>
      <TextInput value={text} onChangeText={setText} ref={inputRef} />
```

리액트 네이티브 프로젝트에서 타입스크립트 사용하기

```
      <Button title="PRESS ME" onPress={onPress} />
      {lastMessage && (
        <View>
          <Text>
            마지막 메시지: {lastMessage.message} (
            {lastMessage.date.toLocaleString()})
          </Text>
        </View>
      )}
    </View>
  );
}

export default MessageForm;
```

inputRef의 경우 처음 렌더링될 때는 null이고, 한번 렌더링된 뒤에는 TextInput의 인스턴스가 담깁니다. 이런 상황에는 Generic을 꼭 설정해줘야 합니다.

이 코드에서는 useEffect를 통해 이 컴포넌트가 보여지는 순간 TextInput에 포커스가 잡히도록 해줬습니다. useEffect 부분에서 inputRef.current의 유효성을 확인하는 코드를 주석으로 처리해보세요.

```
useEffect(() => {
  // if (!inputRef.current) {
  //   return;
  // }
  inputRef.current.focus();
}, []);
```

▼ 그림 12-11 Null 체킹 오류

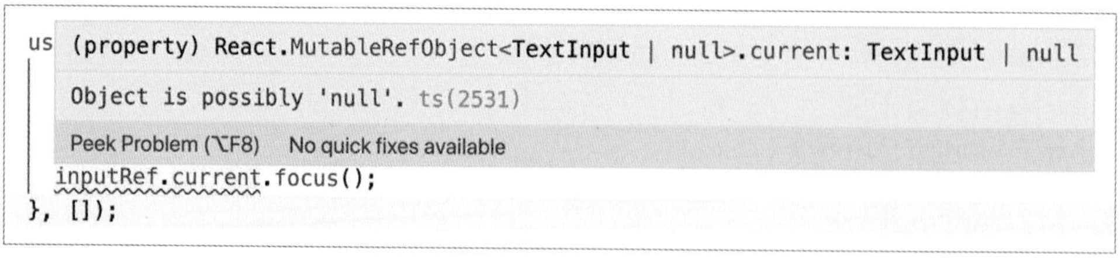

```
us  (property) React.MutableRefObject<TextInput | null>.current: TextInput | null

    Object is possibly 'null'. ts(2531)

    Peek Problem (⌥F8)    No quick fixes available
    inputRef.current.focus();
}, []);
```

이렇게 null일 수도 있는 타입을 다룰 때는 사전에 이 값이 유효한 값인지 반드시 확인해줘야 오류가 발생하지 않습니다. if 문을 사용하여 유효하지 않다면, 함수의 작업을 끝내거나 inputRef.current?.focus()처럼 옵셔널 체이닝 연산자를 사용하세요.

12.3.4 useReducer 사용하기

이번에는 useReducer를 타입스크립트 환경에서 사용하는 방법을 알아보겠습니다. 실제로 코드를 작성해보기 전에 먼저 코드 조각들을 하나씩 확인해보겠습니다.

useReducer를 사용할 때는 리듀서에서 관리할 상태와 액션의 타입을 선언해야 합니다. useReducer에서 사용할 상태의 타입은 다음과 같이 선언합니다.

```
interface CounterState {
  value: number;
}
const initialState: CounterState = {
  value: 1,
};
```

액션의 타입을 선언할 때는 Type Alias를 사용합니다.

```
type CounterAction = {type: 'increment'} | {type: 'decrement'; by: number};
```

만약 액션의 수가 많아진다면 다음과 같이 여러 줄로 선언할 수도 있습니다.

```
type CounterAction =
  | {type: 'increment'}
  | {type: 'decrement'; by: number}
  | {type: 'random'}
  | {type: 'nothing'};
```

또는 각 액션마다 interface로 타입을 선언한 뒤, Type Alias로 합칠 수도 있습니다.

```
interface IncrementAction {
  type: 'increment';
}

interface DecrementAction {
  type: 'decrement';
  by: number;
}

type CounterAction = IncrementAction | DecrementAction;
```

리듀서에서 우리가 선언한 타입들을 사용하면 useReducer를 사용할 준비가 끝납니다.

```
function reducer(state: CounterState, action: CounterAction) {
  switch (action.type) {
    case 'increment':
      return {
        value: state.value + 1,
      };
    case 'decrement':
      return {
        value: state.value - action.by,
      };
    default:
      throw new Error('Unhandled action type');
  }
}
```

리듀서를 작성하는 과정에서 타입스크립트의 장점을 다시 한번 느낄 수 있었습니다. case
'increment'라고 작성할 때 액션 이름이 자동 완성되고, 또 action.by를 작성할 때도 자동 완성
이 잘 됐을 것입니다.

❤ 그림 12-12 action 객체 자동 완성

```
function reducer(state: CounterState, action: CounterAction) {
  switch (action.type) {
    case ''
 }       ☰ decrement                                    decrement
}         ☰ increment
```

```
case 'decrement':
  return {
    value: state.value - action.
  };                              ⬦ by              (property) DecrementAction.by: number
default:                         ⬦ type
  throw new Error('Unhandled action type');
```

자, 이제 이 코드들을 사용하여 useReducer를 사용하는 컴포넌트 예시를 작성해보겠습니다. 프로
젝트 최상위 디렉터리에 Counter.tsx 파일을 생성하고, 다음과 같이 코드를 작성해보세요.

Counter.tsx

```
import React, {useReducer} from 'react';
import {Button, Text, View} from 'react-native';

interface CounterState {
  value: number;
}
```

```
const initialState: CounterState = {
  value: 1,
};

type CounterAction = {type: 'increment'} | {type: 'decrement'; by: number};

function reducer(state: CounterState, action: CounterAction) {
  switch (action.type) {
    case 'increment':
      return {
        value: state.value + 1,
      };
    case 'decrement':
      return {
        value: state.value - action.by,
      };
    default:
      throw new Error('Unhandled action type');
  }
}

function Counter() {
  const [state, dispatch] = useReducer(reducer, initialState);

  return (
    <View>
      <Text>{state.value}</Text>
      <Button
        title="+1"
        onPress={() =>
          dispatch({
            type: 'increment',
          })
        }
      />
      <Button
        title="-1"
        onPress={() => dispatch({type: 'decrement', by: -1})}
      />
    </View>
  );
}

export default Counter;
```

useReducer를 사용할 때 인자의 타입이 모두 유추되기 때문에 Generic을 따로 지정하지 않아도 정상적으로 작동합니다.

12.4 타입스크립트로 Context API 사용하기

이번에는 타입스크립트로 Context API를 사용하는 방법을 알아봅시다. 이번에도 코드를 직접 작성해보기 전에 코드 조각들을 미리 살펴보겠습니다. 타입스크립트 환경에서 리액트의 Context API를 사용할 때는 createContext 함수를 호출할 때 Generic을 설정해줘야 합니다.

```
interface User {
  id: number;
  username: string;
}

interface AuthContextValue {
  user: User | null;
  setUser(user: User): void;
}

const AuthContext = createContext<AuthContextValue | null>(null);
```

추후 AuthContext.Provider를 사용하지 않았을 경우에는 기본값이 null이므로 AuthContextValue | null을 createContext의 Generic으로 설정해야 합니다.

그리고 해당 Context 전용 Provider 컴포넌트를 따로 만들 때 해당 컴포넌트에서 children Props를 사용하기 때문에 해당 타입도 파라미터 부분에서 지정해줘야 합니다.

```
export function AuthContextProvider({children}: {children: React.ReactNode}) {
  // TODO: AuthContext.Provider 렌더링
}
```

전용 Hook을 만들 때 유효성 검사를 한 후 에러를 throw해줘야 함수의 반환값 타입이 AuthContextValue가 되는데, 이러면 나중에 해당 Context를 더 편하게 사용할 수 있습니다. 만약 유효성을 검사하지 않으면 AuthContextValue | null이 되기 때문에 추후 이 Hook을 사용할 때 따로 유효성을 검사해줘야 합니다.

```
export function useAuth() {
  const auth = useContext(AuthContext);
  // auth의 유효성을 검사해줘야, useAuth의 반환값 타입이 AuthContextValue로 됨
  if (!auth) {
    throw new Error('AuthContextProvider is not used'); // throw하여 null 타입 제외
  }
  return auth;
}
```

자, 그러면 AuthContext의 코드를 작성해봅시다. 최상위 디렉터리에 AuthContext.tsx 파일을 생성하고 다음 코드를 입력해보세요.

AuthContext.tsx

```
import React, {createContext, useContext, useState} from 'react';

interface User {
  id: number;
  username: string;
}

interface AuthContextValue {
  user: User | null;
  setUser(user: User): void;
}

const AuthContext = createContext<AuthContextValue | null>(null);

export function AuthContextProvider({children}: {children: React.ReactNode}) {
  const [user, setUser] = useState<User | null>(null);

  return (
    <AuthContext.Provider value={{user, setUser}}>
      {children}
    </AuthContext.Provider>
  );
}

export function useAuth() {
  const auth = useContext(AuthContext);
  // auth의 유효성을 검사해줘야 useAuth의 반환값 타입이 AuthContextValue로 됨
  if (!auth) {
    throw new Error('AuthContextProvider is not used'); // throw하여 null 타입 제외
```

12

리액트 네이티브 프로젝트에서 타입스크립트 사용하기

717

```
  }
  return auth;
}
```

앞으로 타입스크립트 환경에서 Context를 사용하게 된다면 위와 같은 방식으로 코드를 작성하세요. Context를 더욱 편하게 사용할 수 있습니다.

12.5 타입스크립트로 react-navigations 사용하기

이번에는 타입스크립트를 사용하는 프로젝트에서 react-navigations 라이브러리를 사용하는 방법을 배워보겠습니다. 이 라이브러리를 사용할 때 타입 설정을 잘 하면 새로운 화면을 띄우는 과정에서 화면의 이름을 자동 완성하고, 라우트 파라미터의 타입을 검증할 수 있습니다. 그리고 화면 컴포넌트에서는 해당 화면에서 받아올 파라미터들의 타입을 확인할 수 있습니다.

12.5.1 라이브러리 설치하기

우선 프로젝트에 라이브러리를 설치합니다. 이 라이브러리에서는 타입스크립트가 공식적으로 지원되기 때문에 설치 방법은 자바스크립트 환경에서 설치할 때와 동일합니다(서드 파티 라이브러리에서 타입스크립트가 공식 지원되지 않는 상황에 대해서는 다음 절에서 다루겠습니다).

다음 명령어를 입력하여 라이브러리를 설치하세요.

```
$ yarn add @react-navigation/native react-native-screens react-native-safe-area-context
@react-navigation/native-stack @react-navigation/bottom-tabs
```

앞으로 타입스크립트 환경에서 네이티브 스택 내비게이션과 하단 탭 내비게이션을 함께 사용하는 방법을 알아볼 것입니다.

설치가 끝나면 App 컴포넌트에서 다음과 같이 NavigationContainer 컴포넌트를 사용하여 프로젝트에 라이브러리를 적용하세요.

```tsx
import React from 'react';
import {NavigationContainer} from '@react-navigation/native';

function App() {
  return <NavigationContainer>{/* TODO: 화면 추가*/}</NavigationContainer>;
}

export default App;
```

12.5.2 네이티브 스택 내비게이션 사용하기

새로운 네이티브 스택 내비게이션을 생성해주겠습니다. 프로젝트 최상위 디렉터리에 screens 디렉터리를 만들고, 그 안에 RootStack.tsx 파일을 생성하세요.

screens/RootStack.tsx

```tsx
import React from 'react';
import {Button, Text, View} from 'react-native';
import {createNativeStackNavigator} from '@react-navigation/native-stack';
import {useNavigation} from '@react-navigation/native';

const Stack = createNativeStackNavigator();

function HomeScreen() {
  const navigation = useNavigation();
  const onPress = () => {
    navigation.navigate('Detail');
  };
  return (
    <View>
      <Text>Home</Text>
      <Button title="Open Detail" onPress={onPress} />
    </View>
  );
}

function DetailScreen() {
  return (
    <View>
```

```
      <Text>Detail</Text>
    </View>
  );
}

function RootStack() {
  return (
    <Stack.Navigator>
      <Stack.Screen component={HomeScreen} name="Home" />
      <Stack.Screen component={DetailScreen} name="Detail" />
    </Stack.Navigator>
  );
}

export default RootStack;
```

편의상 HomeScreen과 DetailScreen을 따로 파일로 분리하지 않고, RootStack 컴포넌트 파일에 모두 선언해줬습니다.

일반 자바스크립트였다면 문제없는 코드지만, 타입스크립트를 사용할 경우 이 코드에서 navigation.navigate('Detail')을 할 때 'Detail' 부분에 빨간 줄이 그어지게 됩니다.

타입스크립트에서 네이티브 스택 내비게이션을 사용할 때는 어떤 화면에 어떤 파라미터가 필요한지 정의하는 StackParamList 타입을 정의해줘야 합니다. 이 타입을 사용하면 다른 화면을 띄울 때 화면의 이름과 라우트 파라미터를 검증할 수 있습니다.

12.5.2.1 네이티브 스택 내비게이션에서 사용할 화면 타입 선언하기

화면을 위한 타입은 다음과 같이 선언하여 createNativeStackNavigator의 Generic으로 사용합니다.

screens/RootStack.tsx – createNativeStackNavigator

```
type RootStackParamList = {
  Home: undefined;
  Detail: {
    id: number;
  };
};

const Stack = createStackNavigator<RootStackParamList>();
```

RootStackParamList 타입을 선언할 때는 interface가 아닌 type을 사용하여 선언해야 합니다.

앞에서와 같이 코드를 입력한 뒤, RootStack 컴포넌트에서 사전에 정의되지 않은 화면을 추가하려고 하면 오류가 발생할 것입니다.

❤ 그림 12-13 Stack.Screen 잘못된 화면 이름

```
urn (
View>
 <Text>Detail</Text>
/View>


ion RootStack() {
urn (
Stack.Navigator>
 <Stack.Screen component={HomeScreen} na
 <Stack.Screen component={DetailScreen}
 <Stack.Screen component={DetailScreen} name="AnotherDetail" />
```

```
(JSX attribute) name: "AnotherDetail"

Type '"AnotherDetail"' is not assignable to type '"Detail" |
"Home"'. ts(2322)

types.d.ts(267, 5): The expected type comes from property 'name' which is
declared here on type '(IntrinsicAttributes & { name: "Detail" | "Home";
options?: StackNavigationOptions | ((props: { route: Route<"Detail" |
"Home", { id: number; } | undefined>; navigation: any; }) =>
StackNavigationOptions) | undefined; listeners?: Partial<...> | ... 1 more
... | undefined; getId?: (({ params }: { ...; }) => string | ...'

Peek Problem (⌥F8)    No quick fixes available
```

12.5.2.2 useNavigation 사용하기

useNavigation을 사용할 때는 NavigationProp을 선언해야 합니다. 그리고 선언한 타입을 useNavigation의 Generic으로 지정해줘야 합니다. 네이티브 스택의 경우에는 NativeStackNavigationProp을 불러와서 선언할 수 있습니다.

screens/RootStack.tsx

```
import React from 'react';
import {Button, Text, View} from 'react-native';
import {
  createNativeStackNavigator,
  NativeStackNavigationProp,
} from '@react-navigation/native-stack';
import {useNavigation} from '@react-navigation/native';

type RootStackParamList = {
  Home: undefined;
  Detail: {
    id: number;
  };
};


export type RootStackNavigationProp =
  NativeStackNavigationProp<RootStackParamList>;
```

```
const Stack = createNativeStackNavigator<RootStackParamList>();

function HomeScreen() {
  const navigation = useNavigation<RootStackNavigationProp>();
  const onPress = () => {
    navigation.navigate('Detail', {id: 1});
  };
  return (
    <View>
      <Text>Home</Text>
      <Button title="Open Detail" onPress={onPress} />
    </View>
  );
}

(...)
```

useNavigation을 사용할 때 이와 같이 Generic을 사용하면 특정 화면으로 navigate할 때 라우트 파라미터의 타입을 검증할 수 있습니다. 기존 코드에서는 {id: 1} 파라미터를 생략했는데, 이렇게 제대로 된 타입이 없을 때는 다음과 같이 오류가 나타납니다.

▼ 그림 12-14 navigation.navigate에서 라우트 파라미터 검증

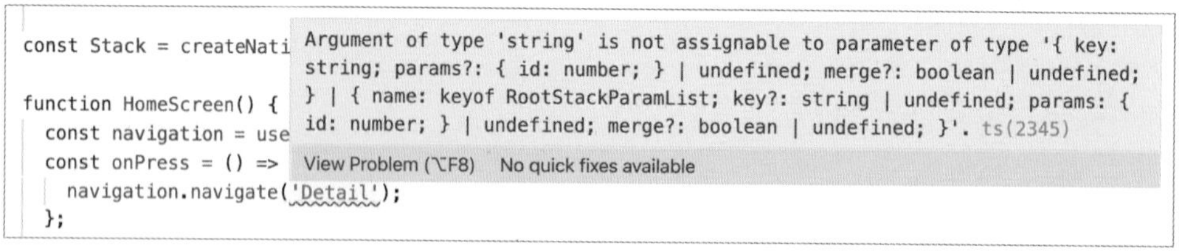

```
const Stack = createNati      Argument of type 'string' is not assignable to parameter of type '{ key:
                              string; params?: { id: number; } | undefined; merge?: boolean | undefined;
function HomeScreen() {       } | { name: keyof RootStackParamList; key?: string | undefined; params: {
  const navigation = use      id: number; } | undefined; merge?: boolean | undefined; }'. ts(2345)
  const onPress = () =>       View Problem (⌥F8)    No quick fixes available
    navigation.navigate('Detail');
  };
```

추가로 타입스크립트를 사용하는 환경에서는 NativeStackNavigationProp을 사용하여 선언된 NavigationProp이 useNavigation의 Generic으로 설정되어 있지 않으면 navigation.push, navigation.pop 등의 함수를 사용할 수 없습니다.

RootStackNavigationProp 타입을 만들 때 export를 앞에 붙여 다른 파일에서 이를 불러와 사용할 수 있게 했습니다. 이 타입은 추후 내비게이션을 감싸는 방법을 다룰 때 불러와서 사용해봅시다.

12.5.2.3 useRoute 사용하기

이번에는 DetailScreen에서 useRoute를 사용해보겠습니다. 이 Hook을 사용할 때는 RouteProp

을 사용하여 선언한 타입을 Generic으로 설정해줘야 합니다.

```tsx
import React from 'react';
import {Button, Text, View} from 'react-native';
import {
  createNativeStackNavigator,
  NativeStackNavigationProp,
} from '@react-navigation/native-stack';
import {useNavigation, RouteProp, useRoute} from '@react-navigation/native';

type RootStackParamList = {
  Home: undefined;
  Detail: {
    id: number;
  };
};
export type RootStackNavigationProp =
  NativeStackNavigationProp<RootStackParamList>;

const Stack = createNativeStackNavigator<RootStackParamList>();

(...)

type DetailScreenRouteProp = RouteProp<RootStackParamList, 'Detail'>;

function DetailScreen() {
  const {params} = useRoute<DetailScreenRouteProp>();
  return (
    <View>
      <Text>Detail {params.id}</Text>
    </View>
  );
}

function RootStack() {
  return (
    <Stack.Navigator>
      <Stack.Screen component={HomeScreen} name="Home" />
      <Stack.Screen component={DetailScreen} name="Detail" />
    </Stack.Navigator>
  );
```

```
}

export default RootStack;
```

RouteProp을 사용할 때 첫 번째 Generic은 현재 사용 중인 내비게이션의 라우트 파라미터 타입을 위해 선언한 RootStackParamList를 넣고, 두 번째 Generic은 화면 이름을 넣습니다.

이제 RootStack 컴포넌트가 완성됐습니다. 이 컴포넌트를 App 컴포넌트에서 사용하세요.

App.tsx

```
import React from 'react';
import {NavigationContainer} from '@react-navigation/native';
import RootStack from './screens/RootStack';

function App() {
  return (
    <NavigationContainer>
      <RootStack />
    </NavigationContainer>
  );
}

export default App;
```

12.5.3 내비게이션 감싸기

이번에는 네이티브 스택 내비게이션 내부에 하단 탭 내비게이션을 넣어야 하는 상황에서 타입을 어떻게 선언하는지 알아보겠습니다.

screens 디렉터리에 MainTab.tsx 파일을 생성하세요. 여러 개의 내비게이션을 감쌀 때는 CompositeNavigationProp을 사용하여 NavigationProp을 합칩니다. 하단 탭 내비게이션의 타입을 지정할 때는 다음과 같은 형식으로 합니다.

screens/MainTab.tsx

```
import React from 'react';
import {
  BottomTabNavigationProp,
```

```
    createBottomTabNavigator,
} from '@react-navigation/bottom-tabs';
import {Button, Text, View} from 'react-native';
import {useNavigation} from '@react-navigation/native';

type MainTabParamList = {
  Home: undefined;
  Account: undefined;
};
type MainTabNavigationProp = BottomTabNavigationProp<MainTabParamList>;

const Tab = createBottomTabNavigator<MainTabParamList>();
```

위 MainTabParamList를 보면 아까 RootStack에서도 사용한 Home 화면의 이름이 다시 한번 사용되었지요? 추후 RootStack의 Home을 지우고 MainTab 안에 넣어줄 예정입니다.

만약 네이티브 스택 내비게이션 없이 하단 탭 내비게이션만 단독으로 사용한다면 위와 같이 BottomTabNavigationProp<MainTabParamList>만으로 충분합니다. 하지만 하단 탭 내비게이션에서 그 상위에 있는 RootStack의 DetailScreen에 접근하려면 NavigationProp들을 합쳐줘야 합니다. 코드를 다음과 같이 수정해보세요.

screens/MainTab.tsx

```
import React from 'react';
import {
  BottomTabNavigationProp,
  createBottomTabNavigator,
} from '@react-navigation/bottom-tabs';
import {Button, Text, View} from 'react-native';
import {
  CompositeNavigationProp,
  NavigatorScreenParams,
  useNavigation,
} from '@react-navigation/native';
import {RootStackNavigationProp} from './RootStack';

type MainTabParamList = {
  Home: undefined;
  Account: undefined;
};
export type MainTabNavigationProp = CompositeNavigationProp<
  RootStackNavigationProp,
```

```
  BottomTabNavigationProp<MainTabParamList>
);

// 추후 RootStack 내부 화면에서
// navigation.navigate('MainTab', { screen: 'Account' })가 가능하게 해줌
export type MainTabNavigationScreenParams = NavigatorScreenParams<MainTabParamList>;

const Tab = createBottomTabNavigator<MainTabParamList>();
```

이 코드에서 MainTabNavigationScreenParams라는 타입도 선언해줬는데, 이 타입은 추후 RootStack의 RootStackParamList에서 사용할 것입니다.

이제 useNavigation을 이전에 배운 것처럼 사용하면 됩니다. RootStack에서 만든 HomeScreen 컴포넌트를 이 파일로 복사해오고, useNavigation을 사용할 때 RootStackNavigationProp 대신 MainTabNavigationProp을 사용하도록 변경하세요. Account 컴포넌트를 간단하게 만들어준 다음, MainTab 컴포넌트를 완성해보세요.

screens/MainTab.tsx

```tsx
import React from 'react';
import {
  BottomTabNavigationProp,
  createBottomTabNavigator,
} from '@react-navigation/bottom-tabs';
import {Button, Text, View} from 'react-native';
import {
  CompositeNavigationProp,
  NavigatorScreenParams,
  useNavigation,
} from '@react-navigation/native';
import {RootStackNavigationProp} from './RootStack';

type MainTabParamList = {
  Home: undefined;
  Account: undefined;
};
export type MainTabNavigationProp = CompositeNavigationProp<
  RootStackNavigationProp,
  BottomTabNavigationProp<MainTabParamList>
>;
export type MainTabNavigationScreenParams = NavigatorScreenParams<MainTabParamList>;
```

```
const Tab = createBottomTabNavigator<MainTabParamList>();

function HomeScreen() {
  const navigation = useNavigation<MainTabNavigationProp>();
  const onPress = () => {
    navigation.navigate('Detail', {id: 1});
  };
  return (
    <View>
      <Text>Home</Text>
      <Button title="Open Detail" onPress={onPress} />
    </View>
  );
}

function AccountScreen() {
  return (
    <View>
      <Text>Account</Text>
    </View>
  );
}

function MainTab() {
  return (
    <Tab.Navigator>
      <Tab.Screen name="Home" component={HomeScreen} />
      <Tab.Screen name="Account" component={AccountScreen} />
    </Tab.Navigator>
  );
}

export default MainTab;
```

MainTab 컴포넌트를 작성한 뒤 RootStack에서 HomeScreen을 지우고 MainTab으로 대체하세요.

screens/RootStack.tsx

```
import React from 'react';
import {Text, View} from 'react-native';
import {
  createNativeStackNavigator,
  NativeStackNavigationProp,
```

```
} from '@react-navigation/native-stack';
import {RouteProp, useRoute} from '@react-navigation/native';
import MainTab, {MainTabNavigationScreenParams} from './MainTab';

type RootStackParamList = {
  MainTab: MainTabNavigationScreenParams;
  Detail: {
    id: number;
  };
};

export type RootStackNavigationProp =
  NativeStackNavigationProp<RootStackParamList>;

const Stack = createNativeStackNavigator<RootStackParamList>();

type DetailScreenRouteProp = RouteProp<RootStackParamList, 'Detail'>;
function DetailScreen() {
  const {params} = useRoute<DetailScreenRouteProp>();
  return (
    <View>
      <Text>Detail {params.id}</Text>
    </View>
  );
}

function RootStack() {
  return (
    <Stack.Navigator>
      <Stack.Screen
        component={MainTab}
        name="MainTab"
        options={{
          headerShown: false,
        }}
      />
      <Stack.Screen component={DetailScreen} name="Detail" />
    </Stack.Navigator>
  );
}

export default RootStack;
```

이제 내비게이션을 감싸는 작업이 끝났습니다!

만약 MainTab 내부에서 또 다른 내비게이터를 사용할 일이 생기면 CompositeNavigationProp을 또 사용하면 됩니다. 다음은 예시 코드입니다.

```
type AccountStackParamList = {
  Account: undefined;
  Setting: undefined;
};

export type AccountStackNavigationProp = CompositeNavigationProp<
  MainTabNavigationProp,
  StackNavigationProp<AccountStackParamList>
>;
```

12.6 서드 파티 라이브러리의 타입

앞에서 사용한 react-navigation 라이브러리는 공식적으로 타입스크립트를 지원하는 라이브러리입니다. 타입스크립트의 지원 여부는 라이브러리의 GitHub Repo 또는 공식 문서를 통해 확인하거나, 설치 후 import해서 바로 확인할 수 있습니다. 만약 지원하지 않는다면 빨간색 밑줄과 함께 오류가 나타납니다.

시험 삼아 타입스크립트를 지원하지 않는 서드 파티 라이브러리를 설치해봅시다. qs라는 URL 쿼리 파라미터와 객체의 상호변환을 할 수 있는 라이브러리를 설치해보겠습니다.

```
'?keyword=hello&page=1' -> { keyword: 'hello', page: 1 }
```

다음 명령어를 사용하여 이 라이브러리를 설치하세요.

$ yarn add qs

그리고 App 컴포넌트에서 다음 코드를 사용하여 라이브러리를 불러오세요.

```
import qs from 'qs';
```

(...)

이 라이브러리는 공식적으로 타입스크립트를 지원하지 않기 때문에 다음과 같이 오류가 나타날
것입니다.

▼ 그림 12-15 타입이 없는 라이브러리 오류

```
import qs from 'qs';
'qs' is declared but its value is never read. ts(6133)
Could not find a declaration file for module 'qs'. '/Users/velopert/learn-react-
native/code/12/LearnTypeScript/node_modules/qs/lib/index.js' implicitly has an 'any'
type.
  Try `npm i --save-dev @types/qs` if it exists or add a new declaration (.d.ts)
file containing `declare module 'qs';` ts(7016)
Peek Problem (⌥F8)   Quick Fix... (⌘.)
```

VS Code에 나타나는 오류를 보면 해결책이 적혀 있습니다.

첫 번째 해결책은 @types/qs 라이브러리를 설치하는 것입니다. 타입스크립트가 공식 지원되지 않
는 라이브러리들은 DefinitelyTyped라는 GitHub Repo를 통해 타입스크립트 커뮤니티에서 관
리하고 있으며, 이 라이브러리들은 @types/라이브러리명으로 설치할 수 있습니다. 일부 라이브러리
는 @foo/bar처럼 라이브러리명에 scope가 있는 경우가 있습니다. 그런 경우에는 @types/foo__
bar 라이브러리를 설치하여 사용하면 됩니다

자, @types/qs 라이브러리를 한번 설치해봅시다.

```
$ yarn add @types/qs
```

라이브러리 설치가 완료되면 아까 나타난 오류가 사라집니다. 에디터에 qs.이라고 입력해보세요.
다음과 같이 자동 완성이 잘 이뤄지나요?

▼ 그림 12-16 서드 파티 라이브러리의 타입

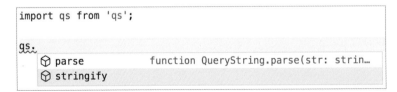

간혹 서드 파티 라이브러리를 설치했는데 공식적으로도 지원되지 않고 DefinitelyTyped를 통해서도 지원되지 않을 때가 있습니다. 그럴 때는 가능하면 다른 대체재를 찾아보는 것이 좋습니다. 하지만 다른 옵션이 없다면 타입을 직접 붙여줄 수 있는데, 이게 바로 두 번째 해결책입니다.

방금 설치한 @types/qs를 제거해보세요.

```
$ yarn remove @types/qs
```

아까 작성한 import 문에 다시 빨간 줄이 그어졌을 것입니다. 최상위 디렉터리에 types.d.ts 파일을 생성해보세요. 그리고 다음 코드를 입력해보세요.

types.d.ts

```
declare module 'qs';
```

.d.ts 파일은 타입스크립트에서 자바스크립트에 타입을 붙여줄 때 사용하는 확장자입니다. 프로젝트에 이 파일이 있으면 이를 자동으로 읽어서 타입스크립트가 지원되지 않는 곳에 지원해줍니다.

현재 이 코드만 입력하면 qs가 any 타입으로 인식되어 오류가 사라지지만, 자동 완성이나 타입 검증은 이뤄지지 않습니다.

만약 여러분이 사용하는 라이브러리가 특정 부분에서 가끔 사용한다면 이렇게 타입스크립트 오류를 무시하는 방식으로 처리해줘도 충분합니다. 하지만 자주 사용한다면 타입을 제대로 지정해줘야 실수도 방지하고 유지보수 측면에서 더 좋겠지요?

types.d.ts를 다음과 같이 작성하면 qs 라이브러리의 stringify와 parse 함수의 타입을 지원할 수 있습니다.

types.d.ts

```
declare module 'qs' {
  interface StringifyOptions {
    addQueryPrefix?: boolean;
  }
  interface ParseOptions {
    ignoreQueryPrefix?: boolean;
  }

  function stringify(object: any, options?: StringifyOptions): string;
  function parse<T = any>(str: string, options?: ParseOptions): T;
}
```

qs의 함수에서 사용하는 옵션은 더 많지만, 현재는 QueryPrefix 관련 옵션만 지원해줬습니다.

다시 App 컴포넌트에서 qs.이라고 입력해보세요. 지원한 함수들의 자동 완성이 잘 이뤄지나요?

12.7 / 정리

이 장에서는 타입스크립트에 입문하고, 타입스크립트를 리액트 네이티브 프로젝트에서 사용하는 방법도 알아봤습니다.

리액트 네이티브 프로젝트에서 타입스크립트를 무조건 사용해야 하는 건 아닙니다. 하지만 사용하면 생산성과 유지보수성에 매우 큰 도움이 됩니다. 만약 여러분이 아주 작은 프로젝트를 만들고, 짧은 기간 동안 유지보수한다면 자바스크립트만으로 개발해도 충분할 수 있습니다. 그러나 프로젝트가 커지고, 유지보수 기간이 길다면 꼭 타입스크립트를 사용할 것을 권장합니다.

13장부터 나오는 예시는 모두 타입스크립트 환경에서 작성합니다. 만약 타입스크립트에 처음 입문했다면 조금 복잡하다고 느낄 수도 있습니다. 하지만 남은 프로젝트를 개발하면서 타입스크립트를 사용해보면 이 기술이 왜 유용한지 깨닫게 될 것입니다.

13^장

라이브러리를
사용한 상태 관리

리액트 네이티브 프로젝트에서 여러 화면 간에 공유해야 하는 상태가 있거나, 한 화면이라도 컴포넌트 렌더 트리에서 서로 멀리 떨어져있는 컴포넌트 간에 상태를 공유할 때는 전역 상태를 관리해줘야 합니다.

기존에는 리액트의 Context API를 사용하여 전역 상태를 관리했습니다. Context API를 사용하면 웬만한 기능은 모두 구현할 수 있지요. 하지만 전역적으로 다뤄야 할 상태가 다양해지고 복잡해질수록 준비해야 할 코드가 많아집니다. 특히 최적화가 필요한 경우에는 상태를 가져오는 Context와 상태를 업데이트하는 Context를 따로 관리해야 해서 준비할 코드의 양이 더욱 많아질 수 있지요.

Context API를 사용하여 전역 상태를 관리하는 것이 번거롭게 느껴진다면 상태 관리 라이브러리 도입을 고민해보면 좋습니다. 리액트 생태계에는 다양한 상태 관리 라이브러리가 있으며, 각 라이브러리마다 특징이 다릅니다. 이 책에서는 두 가지 라이브러리를 알아보겠습니다.

리덕스

첫 번째로 다뤄볼 라이브러리는 리덕스(Redux)입니다. 이전에 사용한 useReducer와 비슷합니다. 상태를 업데이트하는 리듀서 함수를 기반으로 작동하지요. 2018년 전에는 Context API가 지금의 Context API와 사용법이 매우 달라서 사용하기 불편했습니다. 그래서 리덕스라는 라이브러리가 전역 상태를 관리하는 데 주로 사용됐지요.

지금은 Context API를 사용하기가 더 편해졌고 useReducer, useContext Hook이 있기 때문에 리덕스를 필수로 사용하지는 않습니다. 하지만 리덕스를 사용하면 더 적은 코드로 기능을 구현할 수 있고, 성능을 최적화하기에도 용이합니다. 또 미들웨어라는 기능도 사용할 수 있습니다.

리코일

두 번째로 다뤄볼 라이브러리는 리코일(Recoil)입니다. 페이스북 개발팀에서 리액트만 사용한 전역 상태 관리의 한계를 극복하기 위해 만든 라이브러리입니다. 별도의 라이브러리를 사용하지 않고 리액트에서 전역 상태를 관리하는 방법은 두 가지입니다.

첫 번째 방법은 최상위 컴포넌트(예: App 컴포넌트)에서 상태를 관리하는 것이죠. 이 경우 상태가 업데이트될 때 최상위 컴포넌트에서 사용하고 있는 모든 컴포넌트가 리렌더링되기 때문에 비효율적입니다.

두 번째 방법은 Context API를 사용하는 것입니다. 이 경우 전역 상태를 관리할 때 필요한 컴포넌트에서만 리렌더링되도록 구현해줄 수 있지만, Context에는 기본적으로 하나의 값만 담을 수 있습니다. 그래서 상태의 종류별로 Context를 따로따로 만들어야 하죠.

리코일은 이러한 문제를 리액트스러운 방법으로 해결합니다. 또 새로 공부해야 할 개념도 적고, 사용법도 리액트의 useState와 굉장히 비슷해서 사용하기 쉬운 라이브러리입니다.

> Note ≡ **리코일은 아직 실험 단계입니다**
>
> 리코일은 2021년 2월에 개발이 시작된 라이브러리로 아직 실험(Experimental) 단계입니다. 저는 직접 사용해보고 정말 간단하고 충분히 안정적이라고 생각하여 이 책에 해당 내용을 담게 되었습니다.
>
> 리코일에서 제공되는 Atom Effects와 같은 일부 기능은 공식 문서에서도 불안정하고 추후 사용 방법이 바뀔 수 있다고 언급되어 있습니다. 이 책에서는 이러한 내용들은 다루지 않고, 안정적인 API만 다룹니다.
>
> 이번 장을 읽으면서 리코일을 한번 사용해보고, 사용하기 편하다고 느낀다면 추후 자신의 프로젝트에도 사용하기를 권합니다. 하지만 실험 단계라는 부분이 마음에 걸린다면 Jotai라는 라이브러리를 알아보는 것도 좋은 방안입니다. 이 라이브러리는 리코일과 비슷한 철학을 가지고 있어서 사용법도 유사합니다. 다만, 인기가 많지는 않습니다.

이 장에서 구현할 것

이 두 라이브러리를 사용하여 다음 기능을 구현해보겠습니다.

1. 사용자 인증 정보 처리하기
2. 항목 추가하기, 읽기, 업데이트하기, 삭제하기(CRUD)
3. REST API 요청 후 데이터 담기

프로젝트 준비하기

라이브러리를 사용할 프로젝트를 준비합시다. 프로젝트에는 타입스크립트를 사용하겠습니다.

참고로 이 라이브러리들은 자바스크립트 환경에서도 문제없이 사용할 수 있습니다. 다만 타입스크립트를 사용할 경우 전역 타입에 대한 추론이 잘 이뤄지기 때문에 타입스크립트와 함께 사용하면 더욱 편합니다.

```
$ npx react-native init StateManagement
```

13.1 리덕스 사용법 훑어보기

먼저 리덕스 라이브러리를 배워봅시다. 리덕스의 상태 업데이트 방법은 useReducer와 비슷합니다. 사용하기 전에 이 라이브러리를 이해하기 위해 알아야 할 개념과 사용법을 간단하게 다뤄보겠습니다.

리덕스에서는 상태를 업데이트할 때 리듀서 함수를 사용합니다.

```
function reducer(state, action) {
  // action에 따라 업데이트된 상태를 반환
}
```

여기서 action 파라미터는 변화를 정의하는 객체이며 type 필드를 반드시 지니고 있어야 합니다. 리듀서 함수에서는 state와 action 값을 참조하여 업데이트된 상태를 반환해야 합니다.

13.1.1 모듈 작성하기

리덕스에 상태 관리를 하기 위해 모듈을 작성해야 합니다. 7장에서 사용한 useReducer 예시와 비슷하게 작동하는 카운터 모듈의 예시 코드를 확인해봅시다.

```
// 액션의 타입
const INCREASE = 'increase';
const DECREASE = 'decrease';
const INCREASE_BY = 'increase_by'
const DECREASE_BY = 'decrease_by'

// 액션 생성 함수
export const increase = () => ({ type: INCREASE });
export const decrease = () => ({ type: DECREASE });
export const increaseBy = (by) => ({ type: INCREASE_BY, by });
export const decreaseBy = (by) => ({ type: DECRESE_BY, by });

// 초기 상태
const initialState = {
  value: 1
};
```

```
// 리듀서 함수
export function counter(state = initialState, action) {
  switch (action.type) {
    case INCREASE:
      return { value: state.value + 1 };
    case DECREASE:
      return { value: state.value - 1 };
    case INCREASE_BY:
      return { value: state.value + action.by };
    case DECREASE_BY:
      return { value: state.value - action.by };
    default:
      return state;
  }
}
```

한 모듈에서는 다음 항목을 선언해야 합니다.

액션 타입

액션 타입은 문자열입니다. 여기서의 타입은 타입스크립트의 타입과는 다릅니다. 그저 액션 객체를 만들 때 type으로 사용되는 값입니다. 액션 타입은 주로 대문자로 선언합니다.

액션 생성 함수

액션 생성 함수는 액션 객체를 만들어주는 함수입니다. 앞 코드의 increaseBy나 decreaseBy처럼 액션의 객체 내부에 동적인 값을 넣어줘야 할 때가 있습니다. 액션 객체를 만들 때마다 직접 객체를 작성하는 게 아니라, 함수를 재사용하여 생성할 수 있도록 이렇게 액션 생성 함수를 만듭니다. 액션 생성 함수는 추후 컴포넌트에서 불러와야 하므로 export해야 합니다.

리듀서 함수

리듀서 함수는 state와 action 파라미터를 받아와서 업데이트된 상태를 반환합니다. useReducer의 리듀서와 다른 점은 초기 상태를 기본 파라미터 문법을 사용해 state = initialState 형식으로 지정해줘야 하며, default: 케이스에서는 오류를 발생시키지 않고 state를 반환하도록 만들어야 한다는 점입니다.

리듀서 함수에서는 상태의 불변성을 유지하면서 업데이트해줘야 합니다. 따라서 state를 직접 수정하면 안 되고, 새로운 값을 만들어서 반환해줘야 합니다. 앞 코드에서는 객체에 값이 하나밖에 없기 때문에 비교적 간단히 처리했는데요. 객체에 여러 값이 있었다면 { ...state, value: state.value + 1 }과 같은 형식으로 불변성을 유지해야 합니다. 만약 배열일 경우에는 push, splice처럼 배열에 직접 변화를 일으키는 함수를 사용하지 말고 concat, filter처럼 새 배열을 생성시키는 함수를 사용해야 합니다.

리듀서 함수는 추후 여러 리듀서를 합쳐야 하므로 이 또한 export해줘야 합니다. 주로 export default로 내보내줍니다.

13.1.2 루트 리듀서 만들기

리덕스를 사용할 때는 기능별로 모듈을 작성합니다. 그리고 각 모듈에 있는 여러 리듀서를 하나의 리듀서로 합쳐야 합니다.

가령 다음과 같이 리듀서가 세 가지 있다고 가정해봅시다. 좌측은 리듀서 이름이고, 우측은 해당 리듀서에서 관리하는 상태입니다.

- counter: { value: 1 }
- todos: [{ id: 1, text: '리덕스 배우기', done: false }]
- setting: { filter: 'all' }

리듀서를 하나로 합칠 때는 리덕스 라이브러리에 내장되어 있는 combineReducers라는 함수를 사용합니다.

```
import {combineReducers} from 'redux';

const rootReducer = combineReducers({
  counter,
  todos,
  setting
});

export default rootReducer;
```

여러 리듀서를 합친 리듀서는 루트 리듀서라고 부릅니다. 루트 리듀서의 초기 상태는 다음과 같이 구성됩니다.

```
{
  counter: { value: 1 },
  todos: [{ id: 1, text: '리덕스 배우기', done: false }],
  setting: { filter: 'all' }
}
```

13.1.3 스토어 만들기

루트 리듀서를 만든 다음에는 스토어(store)를 만들어야 합니다. 리액트 프로젝트에서는 단 하나의 스토어를 생성합니다. 리덕스의 스토어에는 리덕스에서 관리하는 모든 상태가 들어있으며, 현재 상태를 조회할 수 있는 getState 함수와 액션을 일으킬 수 있는 dispatch 함수가 들어있습니다. 만약 dispatch(increase())와 같이 액션 객체를 인자에 넣어서 함수를 호출하면 준비한 리듀서가 호출되면서 상태가 업데이트되는 것입니다.

스토어는 다음과 같이 만듭니다.

```
import {createStore} from 'redux';
import rootReducer from './modules';

const store = createStore(rootReducer);

export default store;
```

13.1.4 Provider로 리액트 프로젝트에 리덕스 적용하기

리액트 프로젝트에서 작성한 store를 사용하려면 Provider 컴포넌트를 사용해 전체 앱을 감싸줘야 합니다. Provider 컴포넌트는 react-redux라는 라이브러리에 내장되어 있습니다.

```
import {createStore} from 'redux';
import {Provider} from 'react-redux';
import rootReducer from './modules';

const store = createStore(rootReducer);

function App() {
  return (
    <Provider store={store}>
      {/* ... */ }
    </Provider>
  );
}

export default App;
```

13.1.5 useSelector와 useDispatch로 컴포넌트에서 리덕스 연동하기

프로젝트에 Provider를 사용하여 리덕스를 적용하면 useSelector Hook을 사용해 리덕스의 상태를 조회할 수 있고, useDispatch를 사용해 액션을 발생시켜 상태를 업데이트할 수 있습니다.

이 함수들 또한 react-redux 라이브러리에 내장되어 있는 Hook입니다. 예시 코드를 한번 확인해봅시다.

```
import {useSelector, useDispatch} from 'react-redux';
import {increase, decrease} from './modules/counter';

function Counter() {
  const value = useSelector(state => state.counter.value);
  const dispatch = useDispatch();
  const onPressIncrease = () => {
    dispatch(increase());
  };
  const onPressDecrease = () => {
    dispatch(decrease());
  };

  // (...)
}

export default Counter;
```

useSelector Hook에서는 셀렉터 함수를 인자로 넣어주는데요. 이 함수에서 state 파라미터는 스토어가 지니고 있는 현재 상태를 가리킵니다. 셀렉터 함수에서는 이 컴포넌트에서 사용하고 싶은 값을 반환하면 됩니다.

useSelector를 사용하면 셀렉터를 사용해 조회한 상태가 바뀔 때마다 컴포넌트가 렌더링됩니다. useSelector는 최적화되어 있기 때문에 우리가 원하는 상태가 바뀔 때만 리렌더링합니다. 예를 들어 이 컴포넌트에서 의존하지 않는 리덕스에서 관리하는 다른 상태가 변경됐을 때는 렌더링되지 않습니다. 이 점이 Context를 사용했을 때와 가장 다른 차이점입니다.

개념 정리

리덕스의 전체적인 사용법을 훑어봤는데요. 해당 개념을 한번 정리해보겠습니다.

  1. 리덕스를 사용할 때는 상태의 종류별로 모듈을 작성합니다.

2. 모듈에는 액션 타입, 액션 생성 함수, 리듀서를 선언합니다.

3. 여러 리듀서를 combineReducers로 합쳐 루트 리듀서를 만듭니다.

4. createStore를 사용하여 스토어를 만듭니다.

5. Provider를 사용하여 리액트 프로젝트에 리덕스를 적용합니다.

6. useSelector와 useDispatch를 사용하여 리덕스의 상태를 조회하거나 업데이트합니다.

13.2 Redux Toolkit 알아보기

리덕스의 모듈을 작성하는 일은 꽤나 귀찮은 작업입니다. 리덕스를 잘 사용하면 유용하긴 하지만, 업데이트를 하나 할 때마다 준비해야 할 코드가 많습니다. 액션 타입을 선언하고, 액션 생성 함수를 선언하고, 또 리듀서에서 해당 액션을 위한 케이스를 작성해야 하죠. 그리고 모듈의 상태가 복잡해지면 불변성을 유지하면서 상태를 업데이트하기 위해 작성해야 할 코드의 양도 많아질 수 있습니다.

리덕스를 처음 사용하는 개발자는 이러한 번거로움 때문에 리덕스를 더 어렵다고 느끼고 부담감도 많이 받았는데요. 이 부분을 해결하기 위해 리덕스 개발 팀에서 Redux Toolkit이라는 공식 라이브러리를 릴리스했습니다.

이 라이브러리를 사용하면 모듈을 작성할 때 액션 타입, 액션 생성 함수, 리듀서를 한 번에 작성할 수 있습니다. 그리고 상태를 업데이트할 때 불변성에 대해 신경 쓰지 않아도 됩니다. 상태를 직접 업데이트했을 때 내장된 라이브러리 immer를 사용하여 불변성을 유지하면서 업데이트해줍니다.

Redux Toolkit에는 createSlice라는 함수가 있습니다. slice는 액션 생성 함수와 리듀서를 합친 개념이라고 이해하면 됩니다.

이전에 본 카운터 모듈을 createSlice로 리팩토링한다면 어떤 구조일지 한번 확인해봅시다.

```
import {createSlice} from '@reduxjs/toolkit';

const initialState = {value: 1};

const counterSlice = createSlice({
  name: 'counter',
```

```
  initialState,
  reducers: {
    increase(state, action) {
      state.value += 1;
    },
    decrease(state, action) {
      state.value -= 1;
    },
    increaseBy(state, action) {
      state.value += action.payload;
    },
    decreaseBy(state, action) {
      state.value -= action.payload;
    }
  }
});

export const {increase, decrease, increaseBy, decreaseBy} = counterSlice.actions;
export default counterSlice.reducer;
```

이 코드에서 increase(state, action)은 Shorthand method names라는 문법입니다. 객체의 메서드를 선언하는 문법이지요. 이 코드는 다음과 동일합니다.

```
increase: function(state, action) {
  state.value += 1;
}
```

13.2.1 액션 생성 함수와 리듀서

createSlice를 사용하면 액션 생성 함수와 리듀서를 동시에 만들 수 있기 때문에 액션 타입을 따로 선언하지 않아도 됩니다. slice를 만들면 counterSlice.actions는 액션 생성 함수들이 들어있는 객체를, counterSlice.reducer는 리듀서 함수를 가리킵니다.

리듀서와 액션 생성 함수가 동시에 만들어지기 때문에 액션 타입을 따로 선언할 필요가 없는데요. 만약 액션 타입을 조회해야 할 일이 생기면 액션 생성 함수의 type 필드를 확인하면 됩니다(예: increase.type).

13.2.2 slice의 이름과 액션 타입

slice를 만들 때는 name을 지정해야 합니다. 여기서 작성한 name은 액션 타입이 만들어질 때 name/액션 이름 형태로 사용됩니다. 예를 들어 현재 slice의 이름이 counter이므로, increase의 액션 타입은 counter/increase가 되겠지요.

increaseBy 리듀서 메서드를 보면 action.payload라는 값을 사용했습니다.

```
increaseBy(state, action) {
  state.value += action.payload;
},
```

13.2.3 액션의 payload

Redux Toolkit에서는 액션에 추가로 넣어줄 값의 이름이 payload로 통일되며, 이는 액션 생성 함수의 파라미터를 통해 정해집니다. increaseBy(5)라고 액션 생성 함수를 호출하면 action.payload 값은 5가 되는 것이죠.

13.2.4 자동으로 이루어지는 불변성 관리

createSlice에서 사용하는 리듀서 메서드에서는 불변성을 신경쓰지 말고 state 값을 직접 수정해도 됩니다. 이 라이브러리에는 immer라는 라이브러리가 내장되어 있어 불변성을 자동으로 관리해줍니다.

13.2.5 타입스크립트와 함께 사용하기

Redux Toolkit은 타입스크립트를 공식적으로 지원하기 때문에 타입스크립트 환경에서도 쉽게 사용할 수 있습니다. 다음 두 가지만 알면 됩니다.

1. initialState에 타입 달아주기
2. 액션 타입에 PayloadAction 사용하기

예시 코드를 확인해볼까요?

```
import {createSlice, PayloadAction} from '@reduxjs/toolkit';

interface CounterState {
  value: number
};

const initialState: CounterState = {value: 1};

const counterSlice = createSlice({
  name: 'counter',
  initialState,
  reducers: {
    increase(state, action) {
      state.value += 1;
    },
    decrease(state, action) {
      state.value -= 1;
    },
    increaseBy(state, action: PayloadAction<number>) {
      state.value += action.payload;
    },
    decreaseBy(state, action: PayloadAction<number>) {
      state.value -= action.payload;
    }
  }
});

export const {increase, decrease, increaseBy, decreaseBy} = counterSlice.actions;

export default counterSlice.reducer;
```

payload 값의 타입은 PayloadAction의 Generic으로 지정해줄 수 있습니다.

13.3 / 리덕스로 사용자 인증 기능 구현하기

리덕스의 개념도 숙지했고, 더 편하게 사용할 수 있는 Redux Toolkit의 사용법도 배웠습니다. 이제 리덕스를 프로젝트에서 직접 사용해봅시다!

13.3.1 라이브러리 설치하기

우선 필요한 라이브러리를 설치해주세요.

```
$ yarn add redux react-redux @reduxjs/toolkit @types/react-redux
```

react-redux 라이브러리의 경우 공식적으로 타입 지원을 하지 않기 때문에 커뮤니티에서 타입 지원해주는 @types/react-redux를 설치해야 합니다.

13.3.2 auth 모듈 작성하기

루트 디렉터리에 slices 디렉터리를 만들고 그 안에 auth.ts 파일을 생성하세요. 사용자의 인증 상태를 관리할 authSlice를 만들겠습니다.

slices/auth.ts

```typescript
import {createSlice, PayloadAction} from '@reduxjs/toolkit';

// 추후 다른 곳에서 불러와야 하기 때문에 export
export interface User {
  id: number;
  username: string;
  displayName: string;
}

interface AuthState {
  user: User | null;
}

const initialState: AuthState = {
```

```
  user: null,
};

const authSlice = createSlice({
  name: 'auth',
  initialState,
  reducers: {
    authorize(state, action: PayloadAction<User>) {
      state.user = action.payload;
    },
    logout(state) {
      // 업데이트하는 과정에서 action을 사용하지 않으면 생략 가능
      state.user = null;
    },
  },
});

export default authSlice.reducer;
export const {authorize, logout} = authSlice.actions;
```

이 slice에는 액션이 두 가지 있습니다. 사용자 정보를 상태에 담는 authorize 액션과 사용자 정보를 초기화하는 logout 액션입니다.

13.3.3 루트 리듀서와 스토어를 만들고 프로젝트에 적용하기

이제 루트 리듀서를 만들어줍시다. 비록 현재 리듀서가 하나밖에 없긴 하지만, 추후 여러 개를 만들 것이므로 combineReducers를 사용하겠습니다. slices 디렉터리에 index.ts 파일을 작성하고 다음 코드를 입력하세요.

slices/index.ts
```
import {combineReducers} from 'redux';
import auth from './auth';

const rootReducer = combineReducers({
  auth,
});

// rootReducer 함수의 반환값 타입을 RootState type alias로 지정
```

```
export type RootState = ReturnType<typeof rootReducer>;

export default rootReducer;
```

이 코드에서 RootState라는 타입을 선언해줬는데요. 여기서 사용한 ReturnType은 특정 함수의 반환값 타입을 가져오는 유틸 타입입니다. 이 타입의 Generic에 〈typeof 함수명〉을 넣으면 해당 함수의 반환값 타입을 조회할 수 있습니다.

현재 이렇게 RootState를 선언하여 내보낸 이유는 추후 useSelector를 사용할 때 이 타입을 참조해야 하기 때문입니다.

루트 리듀서를 다 만들었다면 스토어를 생성하고 Provider를 사용하여 우리 애플리케이션에 적용해줍시다. App.tsx 파일을 열고 기존 코드를 다 지운 뒤 다음과 같이 코드를 입력하세요.

App.tsx

```
import React from 'react';
import {Provider} from 'react-redux';
import {createStore} from 'redux';
import rootReducer from './slices';

const store = createStore(rootReducer);

function App() {
  return <Provider store={store}>{/* TODO: 컴포넌트 사용 */}</Provider>;
}

export default App;
```

프로젝트에서 리덕스를 사용할 준비가 끝났습니다.

13.3.4 AuthApp 틀 잡아주기

이어서 리덕스와 연동한 컴포넌트를 만들어봅시다. components 디렉터리를 만들고 이 안에 AuthApp.tsx 파일을 생성하세요. 이 컴포넌트에는 세 가지 컴포넌트를 만들 것입니다.

- AuthStatus: 현재 사용자 인증 상태를 보여주는 컴포넌트

- AuthButtons: 로그인, 로그아웃 버튼을 보여주는 컴포넌트

- AuthApp: 위 두 컴포넌트를 보여주는 컴포넌트

편의상 한 파일에 세 가지 컴포넌트를 한꺼번에 선언하는 것이므로, 원한다면 컴포넌트들을 각각 다른 파일에 작성해도 상관없습니다.

우선 컴포넌트의 틀을 잡아주겠습니다.

components/AuthApp.tsx

```tsx
import React from 'react';
import {SafeAreaView, View, Text, Button, StyleSheet} from 'react-native';

function AuthStatus() {
  return (
    <View style={styles.status}>
      <Text style={styles.text}>AuthStatus</Text>
    </View>
  );
}

function AuthButtons() {
  return (
    <View>
      <Button title="로그인" onPress={() => {}} />
      <Button title="로그아웃" onPress={() => {}} />
    </View>
  );
}

function AuthApp() {
  return (
    <SafeAreaView style={styles.block}>
      <AuthStatus />
      <AuthButtons />
    </SafeAreaView>
  );
}

const styles = StyleSheet.create({
  block: {flex: 1},
  status: {flex: 1, alignItems: 'center', justifyContent: 'center'},
  text: {fontSize: 20},
});

export default AuthApp;
```

컴포넌트를 다 만들었다면 이 컴포넌트를 App 컴포넌트에서 사용하세요.

App.tsx

```tsx
import React from 'react';
import {Provider} from 'react-redux';
import {createStore} from 'redux';
import AuthApp from './components/AuthApp';
import rootReducer from './slices';

const store = createStore(rootReducer);

function App() {
  return (
    <Provider store={store}>
      <AuthApp />
    </Provider>
  );
}

export default App;
```

yarn android 명령어를 앱을 실행하면 다음과 같이 나타날 것입니다.

❤ 그림 13-1 AuthApp 초기 모습

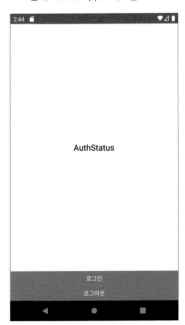

13

라이브러리를 사용한 상태 관리

이번 앱은 iOS와 안드로이드를 모두 확인할 필요가 없으니 편의상 안드로이드 환경에서만 진행하겠습니다.

13.3.5 AuthApp 리덕스와 연동하기

AuthStatus에서 리덕스 상태를 조회하여 이에 따라 다른 UI를 보여주겠습니다.

이 컴포넌트에서는 사용자 정보가 유효하다면 사용자의 displayName을 보여주고, 그렇지 않다면 '로그인하세요'라는 문구를 보여줍니다.

```tsx
components/AuthApp.tsx

import React from 'react';
import {SafeAreaView, View, Text, Button, StyleSheet} from 'react-native';
import {useSelector} from 'react-redux';
import {RootState} from '../slices';

function AuthStatus() {
  const user = useSelector((state: RootState) => state.auth.user);

  return (
    <View style={styles.status}>
      <Text style={styles.text}>
        {user ? user.displayName : '로그인하세요'}
      </Text>
    </View>
  );
}

(...)
```

state의 타입이 자동으로 추론되지 않기 때문에 직접 지정해줘야 합니다. 컴포넌트를 저장해보세요. 화면에 '로그인하세요'라는 문구가 나타났나요?

다음으로 AuthButtons 컴포넌트를 구현해봅시다. 이 컴포넌트에서는 useDispatch를 사용하여 dispatch 함수를 받아옵니다. 버튼을 눌렀을 때 원하는 액션을 만든 뒤 dispatch 함수의 인자로 넣어 호출하면 됩니다.

```tsx
import React from 'react';
import {SafeAreaView, View, Text, Button, StyleSheet} from 'react-native';
import {useDispatch, useSelector} from 'react-redux';
import {RootState} from '../slices';
import {authorize, logout} from '../slices/auth';

(...)

function AuthButtons() {
  const dispatch = useDispatch();
  const onPressLogin = () => {
    dispatch(
      authorize({
        id: 1,
        username: 'johndoe',
        displayName: 'John Doe',
      }),
    );
  };
  const onPressLogout = () => {
    dispatch(logout());
  };

  return (
    <View>
      <Button title="로그인" onPress={onPressLogin} />
      <Button title="로그아웃" onPress={onPressLogout} />
    </View>
  );
}

(...)
```

로그인 버튼을 눌렀을 때 화면 중앙에 John Doe라고 나타나는지 확인하고, 로그아웃을 누르면 다시 '로그인하세요' 문구가 나타나는지 확인해보세요.

▼ 그림 13-2 AuthApp 리덕스 연동

▼ 그림 13-2 AuthApp 리덕스 연동

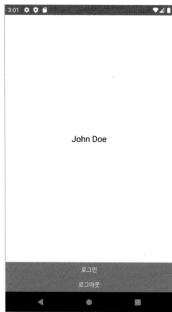

13.3.6 useSelector의 DefaultRootState 지정하기

앞으로 useSelector를 사용할 때마다 RootState도 함께 불러와야 하는데요. 타입 하나를 더 불러오는 것이 큰 공수가 드는 건 아니지만, 이 공수를 아껴줄 수 있습니다. useSelector의 기본 상태타입인 DefaultRootState를 설정해주면 되는데요. 이를 설정하는 방법은 다음과 같습니다.

slices/index.ts

```
import {combineReducers} from 'redux';
import auth from './auth';

const rootReducer = combineReducers({
  auth,
});

// rootReducer 함수의 반환값 타입을 RootState type alias로 지정
export type RootState = ReturnType<typeof rootReducer>;

declare module 'react-redux' {
  interface DefaultRootState extends RootState {}
```

```
}
```

```
export default rootReducer;
```

이렇게 하면 useSelector를 사용할 때 타입을 생략해도 자동으로 state 파라미터를 RootState로 추론합니다.

이제 AuthStatus 컴포넌트의 useSelector에서 RootState를 지워도 됩니다. 코드 최상단에 있는 import 문도 지워주세요.

```
const user = useSelector((state) => state.auth.user);
```

13.3.7 리덕스와 연동하는 로직을 Hook으로 분리하기

현재 컴포넌트에서 useSelector와 useDispatch를 직접 사용해줬습니다. 이렇게 구현하는 것이 크게 문제되지는 않지만, 가능하면 이 Hook을 컴포넌트에서 직접 사용하지 말고, 커스텀 Hook 을 만든 다음 한번 감싸서 사용하는 것을 권장합니다.

이렇게 하면 리덕스 상태를 다루는 로직과 컴포넌트의 UI 로직을 완전히 분리할 수 있고, 나중에 상태 관리 라이브러리를 바꿀 때도 더욱 편하게 마이그레이션할 수 있습니다. 또한, 작성한 커스텀 Hook을 재사용하는 상황도 발생할 수 있으므로 유용하지요.

프로젝트 최상위 디렉터리에 hooks 디렉터리를 만들고, useUser Hook을 작성해보세요.

hooks/useUser.ts

```
import {useSelector} from 'react-redux';

export default function useUser() {
  return useSelector((state) => state.auth.user);
}
```

다음에는 useAuthActions Hook을 작성해보세요.

hooks/useAuthActions.ts

```
import {useDispatch} from 'react-redux';
import {authorize, logout, User} from '../slices/auth';
```

```
export default function useAuthActions() {
  const dispatch = useDispatch();
  return {
    authorize: (user: User) => dispatch(authorize(user)),
    logout: () => dispatch(logout()),
  };
}
```

각 액션을 dispatch하는 함수를 만들어서 반환해줬습니다. 이와 같이 작성해도 충분하지만, 이렇게 dispatch하기 위해 함수로 한번 감싸는 작업을 더 간단하게 할 수 있는 방법이 있습니다. 바로 bindActionCreators라는 유틸 함수를 사용하는 것입니다.

hooks/useAuthActions.ts

```
import {bindActionCreators} from 'redux';
import {useDispatch} from 'react-redux';
import {authorize, logout} from '../slices/auth';

export default function useAuthActions() {
  const dispatch = useDispatch();
  return bindActionCreators({authorize, logout}, dispatch);
}
```

bindActionCreators에 첫 번째 인자로 액션 생성 함수들이 들어있는 객체를 넣고, 두 번째 인자로 dispatch를 넣어줍니다. 이렇게 하면 앞에서처럼 dispatch하기 위해 함수를 한번 감싸는 작업이 자동으로 이뤄집니다. 각 액션 생성 함수들의 파라미터 타입을 따로 알아볼 필요가 없기 때문에 매우 편하죠.

여기서 추가로 useMemo를 사용해주는 것이 좋습니다. 왜냐하면 현재 이 Hook에서는 컴포넌트가 새로 렌더링될 때마다 bindActionCreators가 호출되어 각 함수들이 새로 선언될 텐데, 혹시나 useEffect에서 이 액션 생성 함수들을 사용하게 되면 의도치 않은 버그가 발생할 수 있기 때문입니다.

hooks/useAuthActions.ts

```
import {bindActionCreators} from 'redux';
import {useDispatch} from 'react-redux';
import {authorize, logout} from '../slices/auth';
import {useMemo} from 'react';
```

```
export default function useAuthActions() {
  const dispatch = useDispatch();
  return useMemo(() => bindActionCreators({authorize, logout}, dispatch), [
    dispatch,
  ]);
}
```

이제 작성한 Hook 함수들을 AuthApp 컴포넌트에서 사용해봅시다.

components/AuthApp.tsx

```
import React from 'react';
import {SafeAreaView, View, Text, Button, StyleSheet} from 'react-native';
import useAuthActions from '../hooks/useAuthActions';
import useUser from '../hooks/useUser';

function AuthStatus() {
  const user = useUser();

  return (
    <View style={styles.status}>
      <Text style={styles.text}>
        {user ? user.displayName : '로그인하세요'}
      </Text>
    </View>
  );
}

function AuthButtons() {
  const {authorize, logout} = useAuthActions();
  const onPressLogin = () => {
    authorize({
      id: 1,
      username: 'johndoe',
      displayName: 'John Doe',
    });
  };

  return (
    <View>
      <Button title="로그인" onPress={onPressLogin} />
      <Button title="로그아웃" onPress={logout} />
    </View>
```

```
  );
}

(...)
```

앞으로 이 책에서 리덕스를 다룰 때는 이렇게 리덕스와 연동하는 Hook을 따로 분리하여 작성하
겠습니다. 그러나 반드시 이렇게 해야 하는 건 아닙니다. 불편하다면 추후 여러분만의 프로젝트를
진행할 때는 무조건 이 방식을 따르지 않아도 괜찮습니다.

13.4 리덕스로 항목 추가하기, 읽기, 업데이트하기, 삭제하기 구현하기

이번에는 리덕스에서 배열 상태를 다루는 방법을 알아보겠습니다. 3~4장에서도 만든 할일 목록
앱의 기능을 리덕스로 구현해보겠습니다.

13.4.1 todos 모듈 작성하기

slices 디렉터리에 todos.ts 파일을 생성하여 다음과 같이 코드를 작성해보세요.

slices/todos.ts
```
import {createSlice, PayloadAction} from '@reduxjs/toolkit';

// 추후 컴포넌트에서 불러와야 하기 때문에 export
export interface Todo {
  id: number;
  text: string;
  done: boolean;
}

const initialState: Todo[] = [
  {id: 1, text: '리액트 네이티브 배우기', done: true},
  {id: 2, text: '상태 관리 배우기', done: false},
```

```typescript
]; // 상태의 타입은 Todo의 배열

let nextId = 3; // 새 Todo 항목을 추가할 때 사용할 id 값

const todosSlice = createSlice({
  name: 'todos',
  initialState: initialState,
  reducers: {
    // 액션 생성 함수가 호출되어 액션을 만들기 전에 특정 작업을 수행
    // add('리덕스 배우기') -> { type: 'todos/add', payload: {id: 1, text: '리덕스 배우기'} }
    add: {
      prepare(text: string) {
        const prepared = {payload: {id: nextId, text}};
        nextId += 1;
        return prepared;
      },
      reducer(state, action: PayloadAction<{id: number; text: string}>) {
        state.push({
          ...action.payload,
          done: false,
        });
      },
    },
    // id로 원하는 원소 제거
    remove(state, action: PayloadAction<number>) {
      const index = state.findIndex((todo) => todo.id === action.payload);
      state.splice(index);
      // 또는 return state.filter((todo) => todo.id !== action.payload);
    },
    // id로 원하는 원소 done 값 토글
    toggle(state, action: PayloadAction<number>) {
      // 불변성이 알아서 관리되기 때문에 .map을 사용하지 않고
      // 원하는 원소를 찾아서 바로 수정해주면 됩니다.
      const selected = state.find((todo) => todo.id === action.payload);
      if (!selected) {
        return;
      }
      selected.done = !selected.done;
    },
  },
});

export const {add, remove, toggle} = todosSlice.actions;
export default todosSlice.reducer;
```

이번 slice는 이전에 만든 slice들과 다르게 배열 타입의 상태를 가지고 있습니다.

첫 번째 리듀서 add는 지금까지 본 예시와 조금 다릅니다. createSlice를 통해 만든 액션 생성 함수들은 기본적으로 액션 생성 함수의 파라미터가 그대로 action.payload로 지정됩니다. createSlice에는 액션 생성 함수에서 액션 객체를 만드는 과정을 커스터마이징할 수 있는 기능이 있는데요. 앞에서와 같이 일반 리듀서 함수 대신 prepare와 reducer 함수가 있는 객체를 넣어주면 됩니다. prepare 함수의 파라미터는 추후 액션 생성 함수를 사용할 때 사용하고 싶은 파라미터입니다. add('리덕스 배우기')와 같이 문자열 타입의 파라미터를 받아올 것이기 때문에 파라미터의 타입을 string으로 해줬습니다.

prepare에서는 payload를 지닌 객체를 반환하면 됩니다. 추후 액션 생성 함수가 호출되면 이렇게 반환된 객체를 참조하여 액션 객체를 만들고, 여기서 커스터마이징된 payload 값은 그 아래에 선언된 reducer에서 사용할 수 있게 됩니다.

현재 prepare의 payload에는 id와 text를 넣고, 기존의 nextId 값에 1을 더해줬습니다. 따라서 아래에 있는 reducer에서 액션의 타입은 PayloadAction<{id: number; text: string}>로 지정해주면 됩니다.

앞의 코드를 보면 reducer에서 return state.concat(...)을 사용한 게 아니라 state.push를 사용했지요. Redux Toolkit을 사용할 때는 불변성을 유지하지 않아도 자동으로 관리되기 때문에 push, splice 등의 함수를 사용해도 괜찮습니다. 그렇다고 Redux Toolkit을 사용할 때 무조건 불변성을 깨트리는 방식으로 구현해야 되는 것은 아닙니다. 리듀서에서 반환하는 값이 없을 때는 라이브러리에서 불변성 유지를 자동으로 해주지만, 만약 다음과 같이 값을 반환한다면 불변성 자동 관리를 생략합니다.

```
reducer(state, action: PayloadAction<{id: number; text: string}>) {
  return state.concat({
    ...action.payload,
    done: false,
  });
},
```

그 아래의 remove는 id를 payload로 받아와서 특정 항목을 제거합니다. 여기서는 splice를 사용하여 원소를 제거해줬습니다. 만약 filter를 사용하여 제거하는 게 더 편하다면 index를 구해와서 splice하는 대신 return state.filter(todo => todo.id === action.payload)하면 됩니다.

마지막 액션 생성 함수 toggle은 특정 id를 지닌 항목을 찾은 후, 해당 항목의 done 값을 반전시킵니다.

자, 할일 항목 관리를 위한 todos 모듈을 모두 작성했습니다. 이 모듈에서 만든 리듀서를 루트 리듀서에 등록해주세요.

slices/index.ts

```ts
import {combineReducers} from 'redux';
import auth from './auth';
import todos from './todos';

const rootReducer = combineReducers({
  auth,
  todos,
});

(...)
```

13.4.2 TodoApp 틀 잡아주기

작성한 todos 모듈을 기반으로 할일 항목 기능을 빠르게 구현해보겠습니다.

components 디렉터리에 TodoApp.tsx 파일을 생성하고 다음 컴포넌트들을 작성해보세요. 이번에도 편의상 한 파일에 여러 컴포넌트를 선언하겠습니다. 기능을 구현하기 전에 다음과 같이 틀을 잡아주세요.

components/TodoApp.tsx

```tsx
import React, {useState} from 'react';
import {
  StyleSheet,
  View,
  SafeAreaView,
  FlatList,
  TextInput,
  Text,
  Pressable,
} from 'react-native';

// 삭제와 등록 버튼으로 사용할 컴포넌트입니다.
function BlackButton({onPress, title}: {onPress(): void; title: string}) {
  return (
```

```
      <Pressable
        style={styles.button}
        onPress={onPress}
        android_ripple={{color: 'white'}}>
        <Text style={styles.buttonText}>{title}</Text>
      </Pressable>
  );
}

// 할일 항목의 정보를 보여줍니다.
function TodoItem({id, text, done}: {id: number; text: string; done: boolean}) {
  const onToggle = () => {
    console.log(`토글 ${id}`);
  };
  const onRemove = () => {
    console.log(`제거 ${id}`);
  };

  return (
    <View style={styles.todo}>
      <Pressable onPress={onToggle} style={styles.toggle}>
        <Text style={done && styles.doneText}>{text}</Text>
      </Pressable>
      <BlackButton onPress={onRemove} title="삭제" />
    </View>
  );
}

// FlatList로 여러 TodoItem 컴포넌트를 보여줍니다.
function Todos() {
  const todos = [
    {id: 1, text: '리액트 네이티브 배우기', done: true},
    {id: 2, text: '상태 관리 배우기', done: false},
  ];

  return (
    <FlatList
      style={styles.todos}
      data={todos}
      renderItem={({item}) => (
        <TodoItem id={item.id} done={item.done} text={item.text} />
      )}
      keyExtractor={(item) => item.id.toString()}
```

```
        ItemSeparatorComponent={() => <View style={styles.separator} />}
        ListFooterComponent={() => <View style={styles.separator} />}
      />
    );
}


// 할일 항목을 등록하는 컴포넌트입니다.
function TodoInput() {
  const [text, setText] = useState('');

  const onPress = () => {
    console.log('등록')
    setText('');
  };


  return (
    <View style={styles.inputWrapper}>
      <TextInput
        style={styles.input}
        placeholder="할일을 입력하세요"
        value={text}
        onChangeText={setText}
      />
      <BlackButton onPress={onPress} title="등록" />
    </View>
  )
}

const styles = StyleSheet.create({
  block: {
    flex: 1,
  },
  inputWrapper: {
    borderColor: 'black',
    borderTopWidth: 1,
    borderBottomWidth: 1,
    flexDirection: 'row',
  },
  input: {
    flex: 1,
  },
  button: {
    paddingHorizontal: 16,
```

```
    paddingVertical: 8,
    backgroundColor: 'black',
    alignItems: 'center',
    justifyContent: 'center',
  },
  buttonText: {
    color: 'white',
  },
  todos: {
    flex: 1,
  },
  todo: {
    flexDirection: 'row',
  },
  toggle: {
    justifyContent: 'center',
    flex: 1,
  },
  doneText: {
    textDecorationLine: 'line-through',
  },
  separator: {
    height: 1,
    backgroundColor: 'black',
  },
});

function TodoApp() {
  return (
    <SafeAreaView style={styles.block}>
      <Todos />
      <TodoInput />
    </SafeAreaView>
  );
}

export default TodoApp;
```

컴포넌트를 다 작성했으면 App 컴포넌트에서 AuthApp을 지우고 TodoApp을 사용하세요.

```tsx
import React from 'react';
import {Provider} from 'react-redux';
import {createStore} from 'redux';
import TodoApp from './components/TodoApp';
import rootReducer from './slices';

const store = createStore(rootReducer);

function App() {
  return (
    <Provider store={store}>
      <TodoApp />
    </Provider>
  );
}

export default App;
```

앱에 다음과 같은 화면이 나타났나요?

❤ 그림 13-3 TodoApp 틀 갖추기

13.4.3 TodoApp 리덕스와 연동하기

이제 리덕스와 연동하는 데 사용할 커스텀 Hook 함수를 작성하겠습니다.

hooks 디렉터리에 useTodos Hook을 다음과 같이 작성해보세요.

hooks/useTodos.ts

```ts
import {useSelector} from 'react-redux';

export default function useTodos() {
  return useSelector((state) => state.todos);
}
```

useTodosActions Hook도 작성하세요.

hooks/useTodosActions.ts

```ts
import {useMemo} from 'react';
import {useDispatch} from 'react-redux';
import {bindActionCreators} from 'redux';
import {add, remove, toggle} from '../slices/todos';

export default function useTodosActions() {
  const dispatch = useDispatch();
  return useMemo(
    () =>
      bindActionCreators(
        {
          add,
          remove,
          toggle,
        },
        dispatch,
      ),
    [dispatch],
  );
}
```

이 커스텀 Hook 함수를 모두 작성했다면 하나씩 기능을 구현해봅시다.

먼저 TodoApp 컴포넌트 상단에 방금 만든 Hook 함수를 불러오세요.

```
import useTodos from '../hooks/useTodos';
import useTodosActions from '../hooks/useTodosActions';
```

TodoInput부터 구현해봅시다. add 함수를 useTodosActions()에서 가져와 호출해주면 됩니다.

```
function TodoInput() {
  const [text, setText] = useState('');
  const {add} = useTodosActions();

  const onPress = () => {
    add(text);
    setText('');
  };

  return (
    <View style={styles.inputWrapper}>
      <TextInput
        style={styles.input}
        placeholder="할일을 입력하세요"
        value={text}
        onChangeText={setText}
      />
      <BlackButton onPress={onPress} title="등록" />
    </View>
  );
}
```

다음으로 Todos 컴포넌트를 구현해봅시다. useTodos를 사용하여 할일 목록 상태를 조회해서 FlatList의 data에 넣어주면 됩니다.

```
function Todos() {
  const todos = useTodos();

  return (
    <FlatList
      style={styles.todos}
      data={todos}
```

```
      renderItem={({item}) => (
        <TodoItem id={item.id} done={item.done} text={item.text} />
      )}
      keyExtractor={(item) => item.id.toString()}
      ItemSeparatorComponent={() => <View style={styles.separator} />}
      ListFooterComponent={() => <View style={styles.separator} />}
    />
  );
}
```

마지막으로 TodoItem 컴포넌트를 수정해주세요. useTodosActions를 호출하여 toggle과 remove
함수를 받아온 뒤 Pressable 좌측 버튼을 눌렀을 때는 toggle 함수, 우측 버튼을 눌렀을 때는
remove 함수를 사용하도록 수정해보세요.

components/TodoApp.tsx – TodoItem

```
function TodoItem({id, text, done}: {id: number; text: string; done: boolean}) {
  const {toggle, remove} = useTodosActions();
  const onToggle = () => {
    toggle(id);
  };
  const onRemove = () => {
    remove(id);
  };

  return (
    <View style={styles.todo}>
      <Pressable onPress={onToggle} style={styles.toggle}>
        <Text style={done && styles.doneText}>{text}</Text>
      </Pressable>
      <BlackButton onPress={onRemove} title="삭제" />
    </View>
  );
}
```

이제 리덕스 연동이 끝났습니다! 새 할일을 등록하고, 만들어진 할일 항목을 토글하거나 삭제해보
세요. 잘 작동하나요?

13.5 리덕스 미들웨어를 사용하여 REST API 요청 상태 관리하기

이번에는 REST API를 요청한 뒤 로딩, 결과, 오류 상태를 리덕스로 관리하는 방법을 알아보겠습니다.

리덕스에서 비동기 작업을 처리할 때는 미들웨어라는 기능을 사용합니다. 리덕스에는 비동기 작업 처리 시 사용할 수 있는 다양한 미들웨어가 있습니다.

- redux-thunk: 함수를 기반으로 작동합니다.

- redux-saga: Generator를 기반으로 작동합니다.

- redux-observable: RxJS를 기반으로 작동합니다.

이 중에서 redux-thunk를 사용합니다. 이 미들웨어는 Redux Toolkit에 내장되어 있어 적용하기 간단하고, 가장 배우기 쉽습니다. 그리고 리덕스에서 type을 지닌 객체가 아닌, 함수 타입을 dispatch할 수 있게 해줍니다.

```
function incrementAsync() {
  // 액션 생성 함수에서 객체가 아닌 dispatch를 파라미터로 받아오는 함수를 반환합니다.
  return (dispatch, getState) => {
    // 그러면 여기서 dispatch를 원하는 시점에 사용하여 비동기 작업을 처리할 수 있습니다.
    // 현재 상태를 조회하고 싶을 때는
    // 두 번째 파라미터로 받아온 getState 함수를 호출하면 현재 상태가 반환됩니다.
    setTimeout(() => {
      // 1초 뒤 특정 액션 dispatch하기
      dispatch(increment());
    }, 1000);
  };
}
```

리덕스와 리덕스 미들웨어로 비동기 작업을 위한 상태를 관리하는 것은 준비해야 할 코드가 많아서 꽤나 복잡합니다. 15장에서 배울 리액트 쿼리라는 라이브러리를 사용하면 비동기 작업을 위한 상태 관리를 훨씬 편하게 할 수 있습니다. 따라서 이번 절이 너무 복잡하게 느껴져도 걱정하지 마세요. 또 다행스럽게도 Redux Toolkit에서 제공하는 기능들 덕분에 조금이나마 간편하게 구현할 수 있답니다.

자, 사용법을 알아볼까요?

13.5.1 미들웨어 적용하기

App.tsx 파일에서 createStore 대신 @reduxjs/toolkit의 configureStore를 사용하세요.

```
App.tsx
import React from 'react';
import {Provider} from 'react-redux';
import TodoApp from './components/TodoApp';
import rootReducer from './slices';
import {configureStore} from '@reduxjs/toolkit';

const store = configureStore({reducer: rootReducer});

(...)
```

원래 리덕스 미들웨어는 다음과 같이 적용합니다.

```
import { createStore, applyMiddleware } from 'redux';
import thunk from 'redux-thunk';
import rootReducer from './slices';

const store = createStore(rootReducer, applyMiddleware(thunk));
```

그러나 configureStore에는 thunk 미들웨어를 적용하는 것이 내장되어 있으므로 이를 불러오는
작업은 생략해도 됩니다.

13.5.2 API 요청 함수 준비하기

thunk 적용이 끝났으면 REST API를 요청하는 함수를 준비해줍시다. 우선 REST API를 호출할
때 사용하는 axios라는 라이브러리를 설치하세요.

$ yarn add axios @types/axios

리액트 네이티브 프로젝트에서는 fetch를 사용하여 REST API를 요청할 수도 있지만, axios를
사용하는 편이 훨씬 더 편리하기 때문에 이 라이브러리를 많이 사용합니다.

설치한 후에는 최상위 디렉터리에서 api 디렉터리를 생성하세요. 그리고 그 안에 types.ts라는 파
일을 생성하세요.

```
export interface Post {
  id: number;
  title: string;
  body: string;
}
```

이 파일에서는 추후 API 응답에서 받을 데이터의 타입을 선언했습니다. 타입 파일을 작성한 뒤에는 같은 디렉터리에 getPosts.ts 파일을 다음과 같이 작성해주세요.

```
import axios from 'axios';
import {Post} from './types';

export async function getPosts() {
  const response = await axios.get<Post[]>(
    'https://jsonplaceholder.typicode.com/posts',
  );
  return response.data;
}
```

이 함수에서는 https://jsonplaceholder.typicode.com/posts에 GET 요청을 하여 데이터를 받아옵니다. JSONPlaceholder(https://jsonplaceholder.typicode.com)는 지금과 같이 API 요청 테스팅할 때 사용할 수 있는 공개 API를 제공해주는 웹사이트입니다. 이 사이트에서는 /posts 외에도 /comments, /users 등 다양한 API를 확인할 수 있습니다.

axios 라이브러리를 사용할 때는 HTTP 요청의 메서드에 따라 내장된 함수를 사용하면 됩니다.

- GET: axios.get
- POST: axios.post
- PUT: axios.put
- DELETE: axios.delete
- PATCH: axios.patch

GET 외의 메서드들은 추후 마지막 프로젝트를 할 때 사용해보겠습니다.

라이브러리를 사용한 상태 관리

13.5.3 posts 모듈 만들기

API 요청을 하는 함수를 만든 다음에는 이제 리덕스 코드를 작성해봅시다.

slices 디렉터리에 posts.ts 파일을 생성하고 다음 코드를 입력해보세요.

slices/posts.ts

```ts
import {
  createAsyncThunk,
  createSlice,
  PayloadAction,
  SerializedError,
} from '@reduxjs/toolkit';
import {getPosts} from '../api/getPosts';
import {Post} from '../api/types';

// 첫 번째 파라미터에는 '슬라이스 이름/함수 이름'을 넣어주세요.
// 두 번째 파라미터에는 요청하고 싶은 함수를 넣어주세요.
export const fetchPosts = createAsyncThunk('posts/fetchUsers', getPosts);

interface PostsState {
  posts: {
    loading: boolean;
    data: Post[] | null;
    error: Error | null;
  };
}

const initialState: PostsState = {
  // 로딩, 결과, 오류 상태를 다룹니다.
  posts: {
    loading: false,
    data: null,
    error: null,
  },
};

const postsSlice = createSlice({
  name: 'posts',
  initialState,
  reducers: {},
  extraReducers: {
```

```
    [fetchPosts.pending.type]: (state) => {
      // 요청이 시작했을 때 loading을 false로 설정하고 나머지 값들은 null로 설정합니다.
      state.posts = {
        loading: true,
        data: null,
        error: null,
      };
    },
    [fetchPosts.fulfilled.type]: (state, action: PayloadAction<Post[]>) => {
      // 요청이 성공했을 때, loading을 false로 하고 data 값을 설정합니다.
      state.posts.data = action.payload;
      state.posts.loading = false;
    },
    [fetchPosts.rejected.type]: (
      state,
      action: ReturnType<typeof fetchPosts.rejected>,
    ) => {
      // 요청이 실패했을 때, loading을 false로 하고 error 값을 설정합니다.
      state.posts.error = action.error;
      state.posts.loading = false;
    },
  },
});

export default postsSlice.reducer;
```

createAsyncThunk 함수는 Promise를 반환하는 함수를 기반으로 함수가 호출됐을 때, 성공하거나 실패했을 때 사용할 액션들을 제공합니다.

이 함수를 사용하면 다음 액션 생성 함수들이 만들어집니다.

- fetchPosts.pending: posts/fetchPosts/pending 액션, 작업이 시작될 때 발생하는 액션입니다.

- fetchPosts.fulfilled: posts/fetchPosts/fulfilled 액션, 작업이 끝나면 발생하는 액션입니다. payload는 Promise에서 resolve된 값입니다.

- fetchPosts.rejected: posts/fetchPosts/rejected 액션, 작업이 실패하면 발생하는 액션입니다. payload는 Promise에서 reject된 값입니다.

추후 dispatch(fetchPosts())하면 상황별로 이 액션들이 dispatch되는 것입니다.

그리고 createSlice할 때 fetchPosts를 통하여 dispatch된 액션들을 처리하는 리듀서 함수들은 extraReducers에 작성해야 합니다. extraReducers를 사용하는 이유는, 우리가 액션 생성 함수와 리듀서를 동시에 만드는 게 아니라 이미 정의된 액션들의 리듀서를 작성하는 것이기 때문입니다.

각 액션의 타입들은 fetchPosts.<status>.type 값을 조회하여 확인할 수 있습니다. fetchPosts. rejected의 리듀서를 보면 action 타입에 ReturnType이라는 유틸 타입을 사용했는데, 이는 함수의 결괏값을 추론할 때 사용합니다. 이 유틸 타입은 다음과 같이 사용합니다.

RetrunType<typeof 함수 이름>

만약 이 유틸 타입을 사용하지 않는다면 다음과 같이 작성해야 하는데 직접 작성하기 까다로우므로 이렇게 유틸 함수를 사용한 것입니다.

```
[fetchPosts.rejected.type]: (
  state,
  action: PayloadAction<
    unknown,
    string,
    {
      arg: void;
      requestId: string;
      rejectedWithValue: boolean;
      requestStatus: 'rejected';
      aborted: boolean;
      condition: boolean;
    },
    SerializedError
  >,
) => {
  // 요청이 실패했을 때, loading을 false로 하고 error 값을 설정합니다.
  state.posts.error = action.error;
  state.posts.loading = false;
},
```

모듈을 다 작성한 뒤 이 모듈을 루트 리듀서에 등록해주세요.

slices/index.ts

```
import {combineReducers} from 'redux';
import auth from './auth';
import posts from './posts';
import todos from './todos';
```

772

```
const rootReducer = combineReducers({
  auth,
  todos,
  posts,
});
```

13.5.4 PostsApp 틀 잡아주기

이제 API를 요청한 뒤 화면에 정보를 보여줄 컴포넌트를 만들어봅시다.

components 디렉터리에 PostsApp 컴포넌트를 다음과 같이 만들어보세요.

components/PostsApp.tsx

```tsx
import React from 'react';
import {
  ActivityIndicator,
  Button,
  FlatList,
  SafeAreaView,
  StyleSheet,
  Text,
  View,
} from 'react-native';

function PostsApp() {
  const data = [
    {id: 1, title: 'Hello'},
    {id: 2, title: 'World'},
  ];

  return (
    <SafeAreaView style={styles.block}>
      {data ? (
        <FlatList
          style={styles.list}
          data={data}
          renderItem={(({item}) => (
            <View style={styles.item}>
              <Text>{item.title}</Text>
            </View>
```

```
        )}
        keyExtractor={(item) => item.id.toString()}
        ItemSeparatorComponent={() => <View style={styles.separator} />}
        ListFooterComponent={() => <View style={styles.separator} />}
      />
    ) : (
      <ActivityIndicator size="large" color="black" style={styles.loading} />
    )}
    <Button title="새로고침" onPress={() => {}} />
    </SafeAreaView>
  );
}

const styles = StyleSheet.create({
  block: {flex: 1},
  list: {flex: 1},
  loading: {flex: 1},
  item: {padding: 8},
  separator: {height: 1, backgroundColor: 'black'},
});


export default PostsApp;
```

컴포넌트를 다 작성했다면 App 컴포넌트에서 기존에 보여주던 TodosApp을 지우고, 이 컴포넌트를
사용하세요.

App.tsx

```
import React from 'react';
import {Provider} from 'react-redux';
import rootReducer from './slices';
import {configureStore} from '@reduxjs/toolkit';
import PostsApp from './components/PostsApp';

const store = configureStore({reducer: rootReducer});

function App() {
  return (
    <Provider store={store}>
      <PostsApp />
    </Provider>
  );
```

```
}

export default App;
```

App을 저장하면 상단에 Hello, World 항목과 하단에 새로고침 버튼이 나타날 것입니다.

▼ 그림 13-4 PostsApp 틀 갖추기

13.5.5 PostsApp 리덕스와 연동하기

커스텀 Hook을 만들어 PostsApp을 리덕스와 연동해봅시다. 이번에는 이전에 만든 Hook과 달리 이 Hook의 경우 사용하게 될 때 상태와 액션이 동시에 필요하기 때문에, 상태와 액션을 위한 Hook을 따로따로 만들지 않고 usePosts라는 Hook에서 모두 작성해주겠습니다.

hooks/usePosts.ts

```
import {useCallback, useEffect} from 'react';
import {useDispatch, useSelector} from 'react-redux';
import {fetchPosts} from '../slices/posts';

// 컴포넌트가 나타날 때 API를 요청합니다.
```

```
// enabled 값을 false로 하면 컴포넌트가 나타날 때 API 요청이 이뤄지지 않습니다.
export default function usePosts({enabled = true}: {enabled: boolean}) {
  const posts = useSelector((state) => state.posts.posts);
  const dispatch = useDispatch();
  const fetchData = useCallback(() => {
    dispatch(fetchPosts());
  }, [dispatch]);

  useEffect(() => {
    if (!enabled) {
      return;
    }
    fetchData();
  }, [enabled, fetchData]);

  // posts의 상태와 재요청을 하는 refetch 함수를 함께 반환합니다.
  return {
    ...posts,
    refetch: fetchData,
  };
}
```

enabled 값을 통해 이 Hook을 사용할 때 요청을 바로 시작할지 아니면 refetch 함수를 통해서만 요청을 시작할지 정할 수 있게 만들어줬습니다.

이제 이 Hook을 PostsApp에서 사용해봅시다.

components/PostsApp.tsx

```
(...)
import usePosts from '../hooks/usePosts';

function PostsApp() {
  const {data, loading, refetch} = usePosts();

  return (
    <SafeAreaView style={styles.block}>
      {data ? (
        <FlatList
          style={styles.list}
          data={data}
          renderItem={(({item}) => (
            <View style={styles.item}>
```

```
            <Text>{item.title}</Text>
          </View>
        )}
        keyExtractor={(item) => item.id.toString()}
        ItemSeparatorComponent={() => <View style={styles.separator} />}
        ListFooterComponent={() => <View style={styles.separator} />}
      />
    ) : (
      <ActivityIndicator size="large" color="black" style={styles.loading} />
    )}
    <Button title="새로고침" onPress={refetch} disabled={loading} />
  </SafeAreaView>
);
}

( ... )
```

화면에 데이터가 잘 나타나고, 새로고침을 눌렀을 때 재요청이 잘 이뤄지는지 확인해보세요.

▼ 그림 13-5 PostsApp 리덕스 연동

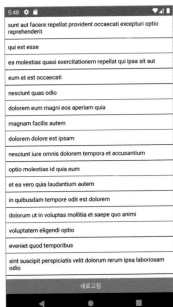

13.6 / 리덕스 정리

다양한 예시를 다뤄보면서 리덕스의 기본 사용법을 알아봤습니다.

리덕스는 새로 이해해야 하는 개념도 많고, 준비해야 할 코드도 많아서 입문자에게 걸림돌이 되기도 합니다. 이전에는 학습하기가 더욱 어려웠지요. 다행히 Redux Toolkit 덕분에 조금 더 쉽게 사용할 수 있게 되었습니다.

리덕스를 사용했을 때 너무 불편하고 어렵다고 생각한다면 무조건 사용할 필요는 없습니다. 다만 이 라이브러리에 적응하면 정말 유용하기 때문에 한번쯤은 이 라이브러리를 사용해 프로젝트를 만들어보는 것을 적극 권장합니다. 또한, 이 라이브러리는 과거부터 정말 인기가 많았고, 그래서 많은 프로젝트에서 사용하고 있기 때문에 사용법을 배워두면 정말 유용할 것입니다.

13.7 / 리코일 살펴보기

이번에는 리액트의 또 다른 상태 관리 라이브러리, 리코일(Recoil)을 알아보겠습니다. 이 라이브러리의 사용법은 굉장히 간단합니다. 사용법이 useState를 사용하는 것과 비슷합니다.

이 라이브러리를 프로젝트에서 사용하기 전에 사용법을 미리 알아봅시다.

13.7.1 atom

```
import {
  atom,
  useRecoilState,
  useRecoilValue,
  useSetRecoilState
} from 'recoil';

const counterState = atom({
  key: 'counterState',
  default: 0
})
```

```
function Counter() {
  const [counter, setCounter] = useRecoilState(counterState);

  // ...
}

function CounterValue() {
  const counter = useRecoilValue(counterState);

  // ...
}

function CounterSetter() {
  const setCounter = useSetRecoilState(counterState);

  // ...
}
```

리코일을 사용할 때는 이와 같이 atom을 사용하여 상태를 정의합니다. 이 코드에서는 counterState 라는 atom을 만들었습니다. 상태를 정의할 때는 고윳값 key를 설정하고, 기본값 default를 설정해줘야 합니다.

그러고 나서 이 상태를 사용하고 싶은 컴포넌트에서 useRecoilState(counterState)를 사용하면 useState를 사용한 것과 비슷하게 배열의 첫 번째 원소는 상태가, 두 번째 원소는 상태를 업데이트하는 함수가 반환됩니다. 이 부분이 useState와 유사하기 때문에 '리액트스럽다'고 하는 것입니다.

만약 다른 컴포넌트에서 useRecoilState(counterState)를 사용하면 이 상태가 공유됩니다.

컴포넌트에서 업데이트 함수는 필요 없고 상태 값만 필요할 때는 useRecoilValue Hook 을 사용하면 되고, 반대로 현재 상태 값은 필요 없지만 업데이트 함수만 필요한 경우에는 useSetRecoilState를 사용하면 됩니다.

업데이트 함수 setCounter를 사용할 때는 setCounter(1)과 같은 형식으로 원하는 값을 바로 넣어줄 수도 있고, useState를 사용할 때처럼 현재 값을 파라미터로 받아와서 업데이트하는 함수를 넣어주는 방식으로도 구현할 수 있습니다(예: setCounter(prevValue => prevValue + 1)).

13.7.2 RecoilRoot

RecoilRoot는 리덕스의 Provider와 비슷한 역할을 합니다. 리덕스 프로젝트에서는 Provider를 보통 한 번만 사용하는 반면, 리코일에서는 RecoilRoot를 여러 번 사용할 수 있습니다.

리액트를 사용한 상태 관리

```
import {RecoilRoot} from 'recoil';

function App() {
  return (
    <RecoilRoot>
      <MyApp />
    </RecoilRoot>
  );
}
```

컴포넌트에서 리코일과 연동할 때는 자신과 가장 가까이 있는 RecoilRoot를 사용합니다.

13.7.3 selector

selector 기능은 리코일에서 관리하는 상태의 특정 부분만 선택할 때 사용합니다. 또는 상태를 사용하여 연산한 값을 조회할 때도 사용합니다.

```
import {atom, selector, useRecoilValue, DefaultValue} from 'recoil';

const myInfoState = atom({
  key: 'myInfoState',
  default: {
    id: 1,
    username: 'johndoe',
    displayName: 'John Doe'
    isActive: true
  }
});

// 읽기 전용 selector
const displayName = selector({
  key: 'displayName',
  get: ({get}) => get(myInfoState).displayName
});

// 읽고 쓰기 가능한 selector
const isActiveState = selector({
  key: 'isActiveState',
  get: ({get}) => get(myInfoState).isActive,
  set: ({set}, newValue) => {
    set(myInfoState, prevState => {
      if (newValue instanceOf DefaultValue) return newValue;
```

```
      return { ...prevState, isActive: newValue };
    })
  }
})

function UserInfo() {
  const displayName = useRecoilValue(displayName);

  // ...
}

function ToggleActive() {
  const [isActive, setIsActive] = useRecoilState(isActive);

  // ...
}
```

이 예시에서는 myInfoState의 displayName 값을 조회하는 selector를 생성했습니다. selector의 상태를 조회할 때는 useRecoilValue를 사용합니다. 이 selector는 읽기 전용이며, 읽기 전용 selector는 useRecoilValue로만 상태를 조회할 수 있습니다. 만약 useRecoilState를 사용하면 오류가 발생합니다.

이 UserInfo 컴포넌트는 myInfoState의 displayName 값에만 의존합니다. 만약 useRecoilValue(myInfoState)했다면 myInfoState의 다른 값이 바뀔 때도 UserInfo 컴포넌트가 리렌더링될 것입니다. 하지만 useRecoilValue(displayName)을 사용했기 때문에 이 컴포넌트는 displayName이 바뀔 때만 리렌더링됩니다.

isActiveState는 읽고 쓰기가 가능한 selector입니다. 이번에는 아까와 다르게 set 필드가 설정되어 있습니다. 이 함수에서는 두 번째 파라미터로 newValue를 받아오는데요. 이는 우리가 나중에 업데이트 함수에서 인자로 넣어준 값입니다. 지금은 boolean 타입의 값이 되겠지요.

set 함수는 두 번째 파라미터에 기존 상태를 어떻게 변환시킬지 정의하는 함수를 넣어주면 됩니다. 그런데 여기서 newValue 값을 그대로 사용하면 안 되고 newValue가 DefaultValue의 인스턴스인지 확인하는 과정이 필요한데요. 그 이유는 리코일에 selector의 상태를 기본값으로 초기화하는 useResetRecoilState라는 Hook이 있어서 이를 대비하기 위함입니다.

이렇게 읽고 쓰기가 가능한 selector를 만들면 useRecoilState를 사용할 수 있습니다. selector를 사용할 때 이름을 정하는 규칙은 따로 없습니다. 이 책에서는 만약 읽기 전용이라면 뒤에 state를 붙이지 않고, 읽고 쓰는 게 모두 가능하다면 isActiveState처럼 뒤에 state를 붙이는 방식을 사용합니다.

13.7.4 라이브러리 설치하기

이 정도만 알아보고 프로젝트에 리코일을 적용하여 사용해봅시다. 리코일에는 더 많은 기능이 내장되어 있지만, 앞에서 배운 세 가지만 잘 알아도 대부분의 기능을 구현할 수 있습니다. 여기서 다루지 못한 일부 기능은 앞으로 예제 프로젝트를 만들어가는 과정에서 다뤄보겠습니다.

```
$ yarn add recoil
```

리코일을 설치한 뒤 프로젝트 최상위 디렉터리에 atoms 디렉터리를 만드세요. 앞으로 리코일 관련 코드를 이 디렉터리에 저장하겠습니다.

13.8 / 리코일로 AuthApp 구현하기

앞에서 구현한 AuthApp 컴포넌트를 리코일로 구현해보겠습니다. atoms 경로에 auth.ts 파일을 생성하세요. 이 파일에서 사용할 타입들은 기존에 구현한 slices/auth.ts 파일에서 복사해오면 됩니다.

참고로 이제부터는 리코일을 사용할 것이고 리덕스 관련 코드는 모두 비활성화할 것입니다.

atoms/auth.ts
```
import {atom} from 'recoil';

export interface User {
  id: number;
  username: string;
  displayName: string;
}

interface AuthState {
  user: User | null;
}

export const authState = atom<AuthState>({
  key: 'authState',
  default: {
```

```
    user: null,
  },
});
```

타입스크립트 환경에서 리코일을 사용할 때는 atom의 Generic으로 관리할 상태의 타입을 넣어줘야 합니다. 우리는 이 atom을 다른 Hook에서 불러와서 사용할 것이므로 export해주세요.

그다음에는 App 컴포넌트에서 리덕스 관련 코드를 지우고, AuthApp 컴포넌트를 RecoilRoot 컴포넌트에 감싸서 렌더링하세요.

App.tsx

```
import React from 'react';
import {RecoilRoot} from 'recoil';
import AuthApp from './components/AuthApp';

function App() {
  return (
    <RecoilRoot>
      <AuthApp />
    </RecoilRoot>
  );
}

export default App;
```

코드를 저장하면 아직 AuthApp에서 리덕스를 의존하기 때문에 오류가 날 것입니다. 곧 고쳐줄 것이므로 오류는 무시해주세요.

이제 useUser Hook을 수정해보세요. 만약 이 Hook에서 상태 조회와 업데이트를 모두 한다면 useRecoilState를 쓰겠지만, 상태 조회만 하고 있기 때문에 useRecoilValue를 사용하면 됩니다.

hooks/useUser.ts

```
import {useRecoilValue} from 'recoil';
import {authState} from '../atoms/auth';

export default function useUser() {
  const auth = useRecoilValue(authState);
  return auth.user;
}
```

다음으로 useAuthActions Hook을 수정해보세요. 이번에는 상태 업데이트만 하기 때문에 useSetRecoilState를 사용하면 됩니다.

hooks/useAuthActions.ts

```ts
import {useMemo} from 'react';
import {useSetRecoilState} from 'recoil';
import {authState, User} from '../atoms/auth';

export default function useAuthActions() {
  const set = useSetRecoilState(authState);

  return useMemo(
    () => ({
      authorize: (user: User) => {
        set({user});
      },
      logout: () => {
        set({user: null});
      },
    }),
    [set],
  );
}
```

이전 구현과 동일하게 authorize와 logout 함수를 지닌 객체를 반환해줬습니다.

코드를 저장하고 앱이 정상적으로 작동하는지 확인해보세요. 로그인 버튼은 눌렀을 때 앞에서 확인한 그림 13-2처럼 화면 중앙에 John Doe라고 텍스트가 나타나나요?

리덕스를 사용할 때 컴포넌트에서 직접 연동하지 않고, 이렇게 커스텀 Hook을 만들었기 때문에 다른 라이브러리로 전환하는 것도 간단했습니다.

리덕스는 리덕스 모듈에서 다양한 액션에 따라 상태 업데이트 로직을 구현합니다. 반면 리코일은 단순히 값을 조회하고 새로운 값으로 설정하는 기능만 있기 때문에, 상태 업데이트 로직을 연동하는 단계에서 컴포넌트 또는 커스텀 Hook에서 구현합니다.

13.9 REACT NATIVE

리코일로 TodoApp 구현하기

TodoApp을 리코일로 구현해보겠습니다. atoms 디렉터리에 todos.ts 파일을 다음과 같이 만들어
보세요. 이번에도 타입은 slices/todos.ts에서 복사하면 됩니다.

atoms/todos.ts

```ts
import {atom, selector} from 'recoil';

export interface Todo {
  id: number;
  text: string;
  done: boolean;
}
```

```
export const todosState = atom<Todo[]>({
  key: 'todosState',
  default: [
    {id: 1, text: '리액트 네이티브 배우기', done: true},
    {id: 2, text: '상태 관리 배우기', done: false},
  ],
});

export const nextTodoId = selector({
  key: 'nextTodoId',
  get: ({get}) => {
    const todos = get(todosState);
    // 마지막 항목의 id를 조회하고 만약 값이 존재하지 않으면 0을 사용
    const lastId = todos[todos.length - 1]?.id ?? 0;
    return lastId + 1; // lastId에서 1을 더한 값을 새로운 항목의 id로 사용
  },
});
```

이번에는 todosState 외에도 selector를 사용하여 nextTodoId를 만들어줬습니다. 이전에 selector를 배울 때 selector는 상태의 특정 부분을 선택할 때도 사용하고, 상태를 사용하여 연산한 값을 조회할 때도 사용한다고 했지요? 지금이 상태를 사용하여 연산하는 좋은 예시입니다.

새로운 항목을 만들 때마다 기존에 등록한 항목의 id와 중복되지 않는 id를 사용해야 합니다. 중복되지 않는 id 값을 만들기 위해서는 UUID 라이브러리를 사용하는 방법도 있고, useRef로 값을 관리하는 방법도 있습니다. 이번 예시에서는 기존에 등록된 항목을 조회하여 마지막으로 등록된 항목에 1을 더한 값을 사용합니다.

이제 atom과 selector의 준비가 끝났으니, useTodos Hook을 수정하세요.

hooks/useTodos.ts

```
import {useRecoilValue} from 'recoil';
import {todosState} from '../atoms/todos';

export default function useTodos() {
  return useRecoilValue(todosState);
}
```

useTodos는 간단하죠? 이어서 useTodosActions도 구현해줍시다.

```ts
import {useMemo} from 'react';
import {useRecoilValue, useSetRecoilState} from 'recoil';
import {nextTodoId, todosState} from '../atoms/todos';

export default function useTodosActions() {
  const set = useSetRecoilState(todosState);
  const nextId = useRecoilValue(nextTodoId);

  return useMemo(
    () => ({
      add: (text: string) =>
        set((prevState) =>
          prevState.concat({
            id: nextId,
            text,
            done: false,
          }),
        ),
      remove: (id: number) =>
        set((prevState) => prevState.filter((todo) => todo.id !== id)),
      toggle: (id: number) =>
        set((prevState) =>
          prevState.map((todo) =>
            todo.id === id ? {...todo, done: !todo.done} : todo,
          ),
        ),
    }),
    [set, nextId],
  );
}
```

이번에 업데이트 함수들을 구현할 때는 set 함수의 인자에 함수 타입의 값을 넣었습니다. 이렇게 하면 useTodosActions에서 useRecoilValue를 사용하여 상태를 조회하지 않아도 기존 상태에 의존하여 값을 업데이트할 수 있습니다.

이 코드의 useMemo에서는 set 외에도 nextId를 의존하고 있습니다. 따라서 맨 마지막 항목을 제거하거나 새로운 항목을 추가하면 useMemo에 등록한 함수가 한 번 더 호출되면서 새로운 객체를 만들게 됩니다. 이 부분은 추후 최적화해주겠습니다.

우선 코드를 저장하고 App에서 AuthApp 대신 TodoApp을 렌더링해보세요.

```tsx
import React from 'react';
import {RecoilRoot} from 'recoil';
import TodoApp from './components/TodoApp';

function App() {
  return (
    <RecoilRoot>
      <TodoApp />
    </RecoilRoot>
  );
}

export default App;
```

TodoApp의 기능들이 정상적으로 작동하나요?

13.9.1 useRecoilCallback을 사용하여 최적화하기

현재 useTodosActions의 add 함수에서 nextTodoId를 의존하고 있기 때문에, 이 값이 바뀔 때마다 함수가 새로 만들어집니다. 성능적으로는 전혀 문제가 없는 부분이라 반드시 최적화할 필요는 없지만, 배워두면 추후 최적화해야 하는 상황에서 유용하게 사용할 수 있습니다.

useRecoilCallback은 다음과 같이 사용합니다.

```
const fn = useRecoilCallback(({snapshot}) => async (params) => {
  const counter = await snapshot.getPromise(counterState);
  // 현재 counter 값을 조회한 후 특정 작업 수행...
}, [])
```

이 Hook의 첫 번째 인자에는 우리가 사용할 콜백 함수를 반환하는 함수를 넣고, 두 번째 인자에는 useCallback의 두 번째 인자처럼 사용할 콜백 함수에서 의존하는 값을 넣어야 합니다.

함수 내부에서 snapshot.getPromise를 사용하면 리코일 상태를 조회할 수 있으며 이는 Promise 형태로 반환됩니다.

useTodosActions를 다음과 같이 수정해보세요.

```ts
import {useMemo} from 'react';
import {useRecoilCallback, useSetRecoilState} from 'recoil';
import {nextTodoId, todosState} from '../atoms/todos';

export default function useTodosActions() {
  const set = useSetRecoilState(todosState);
  const add = useRecoilCallback(
    ({snapshot}) => async (text: string) => {
      const nextId = await snapshot.getPromise(nextTodoId);
      set((prevState) =>
        prevState.concat({
          id: nextId,
          text,
          done: false,
        }),
      );
    },
    [set],
  );

  return useMemo(
    () => ({
      add,
      remove: (id: number) =>
        set((prevState) => prevState.filter((todo) => todo.id !== id)),
      toggle: (id: number) =>
        set((prevState) =>
          prevState.map((todo) =>
            todo.id === id ? {...todo, done: !todo.done} : todo,
          ),
        ),
    }),
    [add, set],
  );
}
```

이렇게 하면 nextTodoId가 바뀔 때마다 함수들이 새로 생성되지 않고, add 함수가 호출될 때 그
내부에서 현재의 nextTodoId를 조회한 뒤 해당 값을 사용해 새로운 항목을 등록합니다.

13.10 / 리코일로 PostsApp 구현하기

드디어 이 장의 마지막 예시에 도달했습니다. 이번에는 리코일로 REST API 요청 상태를 관리하는 방법을 알아보겠습니다.

리코일에는 Loadable이라는 기능이 있고, 이 기능을 통해 atom 또는 selector에서 Promise를 기반으로 API 요청 상태를 관리할 수 있습니다. 하지만 아직 실험 단계여서 제한적인 부분이 많으므로, 이 책에서는 사용하지 않고 로딩, 결과, 오류 상태를 직접 관리하는 예시를 작성해보겠습니다.

atoms 디렉터리에 posts.ts 파일을 생성하고 다음 코드를 입력하세요.

atoms/posts.ts

```ts
import {atom} from 'recoil';
import {Post} from '../api/types';

interface PostsState {
  loading: boolean;
  data: Post[] | null;
  error: Error | null;
}

export const postsState = atom<PostsState>({
  key: 'postsState',
  default: {
    loading: false,
    data: null,
    error: null,
  },
});
```

이어서 usePosts를 다음과 같이 구현하세요. 이전에 리덕스를 사용할 때 리덕스 모듈에서 구현한 로직을 이 Hook에서 구현한다고 생각하면 됩니다.

hooks/usePosts.ts

```ts
import {useCallback, useEffect} from 'react';
import {useRecoilState} from 'recoil';
import {getPosts} from '../api/getPosts';
import {postsState} from '../atoms/posts';
```

```
export default function usePosts(
  {enabled}: {enabled: boolean} = {enabled: true},
) {
  const [{loading, data, error}, set] = useRecoilState(postsState);

  const fetchData = useCallback(async () => {
    // 요청 시작
    set({loading: true, data: null, error: null});
    try {
      const posts = await getPosts();
      // 요청 성공
      set({loading: false, data: posts, error: null});
    } catch (e) {
      // 요청 실패
      set({loading: false, data: null, error: e});
    }
  }, [set]);

  useEffect(() => {
    if (!enabled) {
      return;
    }
    fetchData();
  }, [enabled, fetchData]);

  // posts의 상태와 재요청을 하는 refetch 함수를 함께 반환합니다.
  return {
    loading,
    data,
    error,
    refetch: fetchData,
  };
}
```

Hook을 모두 수정했다면 App 컴포넌트에서 PostsApp을 다시 사용해보세요.

App.tsx

```
import React from 'react';
import {RecoilRoot} from 'recoil';
import PostsApp from './components/PostsApp';

function App() {
  return (
    <RecoilRoot>
```

```
    <PostsApp />
  </RecoilRoot>
  );
}

export default App;
```

화면에 결과가 이전과 같이 잘 나타나고, 새로고침 버튼도 잘 작동하나요?

13.11 리코일 정리

리코일로 전역 상태를 관리하는 것은 정말 간편합니다. 이 라이브러리가 아직 정식 릴리스된 것이 아니라서 강하게 추천하기는 어렵습니다만, 앞의 예시에서 사용한 API들은 충분히 안정적이고 워낙 간단해서 나중에 갑자기 사용 방법이 크게 바뀔 가능성도 낮기 때문에 프로덕션 환경에서 사용하는 것도 나쁘지 않습니다. 하지만 만약 기업에서 수행하는 중요한 프로젝트라면 조금 더 보수적으로 생각하여 정식 릴리스될 때까지 기다리는 것이 좋습니다. 개인 프로젝트를 진행한다면 마음 편히 적용해도 좋겠지요.

13.12 리덕스와 리코일

리덕스와 리코일 중 어떤 것을 사용해야 할까요? 아직 리코일이 정식 릴리스되지 않은 상황(2021년 6월)에서는 리덕스를 사용하는 편이 좋습니다. 리덕스는 매우 안정적이고, Redux Toolkit을 사용하여 편하게 사용할 수 있고, 이미 사용 중인 프로젝트가 정말 많으니까요.

나중에 리코일이 정식 릴리스되면 어느 것을 사용할지 따로 정답은 없습니다. 여러분 그리고 함께 일하는 동료의 취향에 따라 결정하면 됩니다.

14^장

Strapi로 REST API 서버 빠르게 구축하기

앞으로 이어질 15장에서는 리액트 쿼리라는 라이브러리를 사용하여 더욱 편리하게 API 상태를 연동하는 방법을 배워볼 텐데, 해당 라이브러리를 학습할 때 사용할 REST API 서버가 필요합니다.

지난 13장에서 리덕스와 리코일로 API 요청을 연습할 때는 JSONPlacholder에서 제공하는 API를 사용했습니다. 해당 웹사이트에서도 POST, DELETE, PUT 메서드 등의 API를 제공하긴 하지만, 실제로 작동하지는 않습니다. 등록 또는 삭제해도 서버에서 보여주는 데이터는 동일합니다.

이 장에서는 Strapi라는 오픈 소스 CMS(Content Management System)(콘텐츠 관리 시스템) 도구를 사용하여 실제로 작동하는 REST API 서버를 빠르고 쉽게 구축하는 방법을 알아보겠습니다.

14.1 / Strapi 살펴보기

Strapi를 사용하면 백엔드 지식이 없어도 앱에서 사용할 수 있는 서버를 구축할 수 있습니다. 데이터베이스 지식이 부족하더라도 관리자 화면에서 쉽게 데이터를 관리할 수 있으며, 회원 인증 시스템도 내장되어 있어 바로 사용할 수 있습니다.

이 서버는 개발용뿐만 아니라, 프로덕션 환경에서도 사용할 수 있을 정도로 안정적이기 때문에 프로덕션 환경에서 사용하기에도 적합합니다. 물론 백엔드 지식이 있다면 직접 개발하는 것을 권장합니다. 그렇게 하는 편이 기능을 구현하는 데 훨씬 자유롭기 때문입니다. 하지만 백엔드 기술을 다루지 못하거나 MVP를 만드는 상황이라면 Strapi를 사용하는 것도 정말 괜찮은 방법입니다.

Strapi는 기본적으로 SQLite를 사용하여, 별도의 Database 서버를 준비하지 않아도 바로 사용할 수 있습니다. 프로덕션 환경에서는 MySQL, MongoDB 등의 데이터베이스와 연동할 수도 있습니다.

Note ≡ **Strapi 학습을 생략하고 싶다면**

만약 Strapi 학습을 생략하고 싶다면 다음과 같이 사전에 준비된 서버의 코드를 GitHub에서 clone하세요.

```
$ git clone ...<추후 업데이트>
$ cd articles-server
$ yarn config set ignore-engines true
$ yarn
$ yarn develop
```

그리고 다음 부분만 읽고, 15장으로 넘어가세요.

- 14.1.1(관리자 계정 생성 부분만), 14.4, 14.6 ~ 14.8, 14.10

14.1.1 strapi 프로젝트 생성하기

strapi 프로젝트는 다음 명령어를 사용하여 생성할 수 있습니다.

```
$ yarn config set ignore-engines true
$ npx create-strapi-app@3.6.10 articles-server --quickstart
```

이 책에서는 strapi v3를 사용합니다. 이 버전은 Node v16 이상 환경에서 구동하면 오류를 출력하는데, 실제로는 별 문제가 없으므로 해당 오류를 무시하도록 yarn 명령어를 입력해주었습니다. 프로젝트 생성이 끝나면 관리자 정보를 입력할 수 있는 페이지가 자동으로 열립니다. 만약 페이지가 열리지 않으면 다음 링크에 직접 들어가세요.

- http://localhost:1337/admin

> Note ≡ **strapi 서버 시작**
>
> Strapi 서버를 종료한 뒤 나중에 다시 실행하려 할 때는 프로젝트 디렉터리로 이동하여 yarn develop 명령어를 실행하세요.
>
> 프로덕션 환경에서는 yarn start 명령어를 사용합니다.

▼ 그림 14-1 관리자 정보 설정

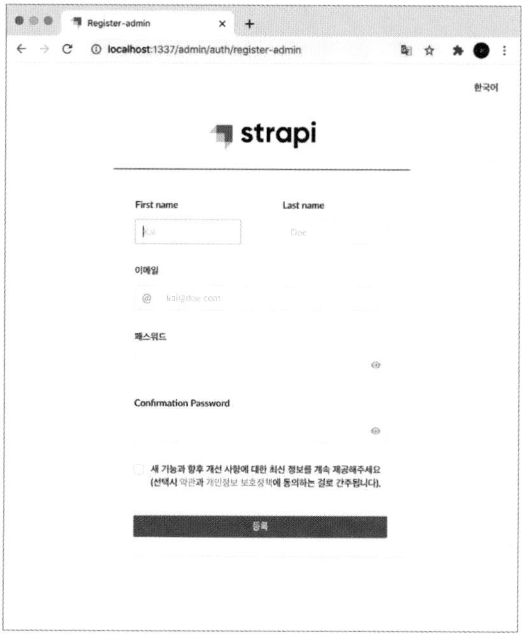

관리자 정보를 입력하면 다음과 같은 화면이 나타납니다.

▼ 그림 14-2 strapi 관리자 홈페이지

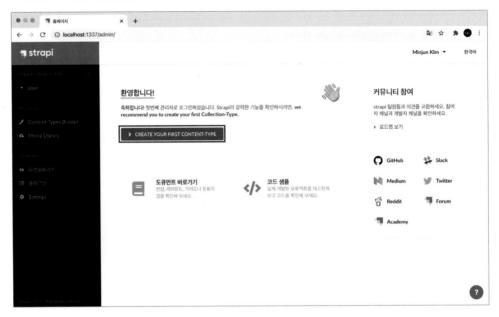

14.2 / 새 콘텐트 타입 만들기

새 콘텐트 타입(Content Type)을 만들어봅시다. 콘텐트 타입은 우리가 등록할 수 있는 데이터의 타입을 의미합니다. 이 서버에 게시글(Article)과 댓글(Comment)의 콘텐트 타입을 만들겠습니다.

앞에서 본 그림 14-2의 strapi 관리자 홈페이지에서 페이지 중앙에 있는 파란색 **CREATE YOUR FIRST CONTENT-TYPE** 버튼을 누르세요. 그러면 다음과 같이 새 콘텐트 타입 생성 페이지가 나타납니다.

콘텐트 타입의 이름을 정합니다. Display Name에 Article이라고 적고, **다음** 버튼을 누르세요. 그러면 다음과 같이 이 콘텐트 타입에 추가할 필드를 고르는 화면이 나타납니다.

▼ 그림 14-3 새 콘텐트 타입 생성

첫 번째로 추가할 필드는 title입니다. **텍스트(Text)** 타입으로 생성합니다.

▼ 그림 14-4 필드 타입 정하기

옵션은 Short Text를 선택하세요. 그리고 **Add another field** 버튼을 누르세요.

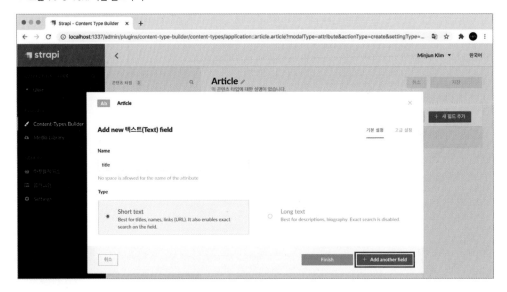

두 번째로 추가할 필드는 body입니다. 이번에도 Text 타입으로 생성하고, 옵션은 Long Text를 선택하세요. 이번에도 **Add another field**를 누르세요.

마지막으로 추가할 필드는 user입니다. 이번에는 필드 타입을 관계(Relation)로 생성하세요. 그러면 다음과 같이 Add new 관계(Relation) field 창이 나타납니다.

우선 우측의 Articles를 클릭하여 관계를 추가할 콘텐츠 타입을 정합니다. User (from: users-permissions)를 선택하세요.

▼ 그림 14-6 관계 타입 설정

좌측에 있는 필드 이름에 user를 입력하고(필드 이름은 꼭 소문자로만 입력해주세요), 중앙의 관계 옵션은 첫 번째 버튼을 눌러서 아래에 Article has one User가 나타나도록 설정하세요. 하나의 Article에는 하나의 User가 지정되어 있다는 의미입니다. 입력한 후 Finish 버튼을 누르세요.

▼ 그림 14-7 관계 필드 이름 입력

추가한 필드가 다음과 같이 화면에 나타났나요? 우측 상단의 **저장** 버튼을 누르세요.

▼ 그림 14-8 추가한 필드 확인

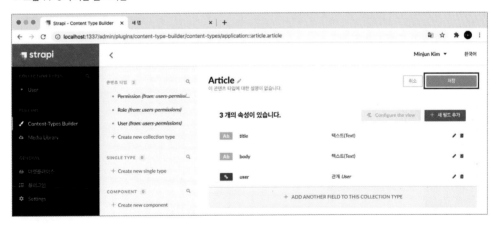

저장 버튼을 누르면 서버가 재시작되고, 페이지가 새로고침됩니다. 이때 오류가 발생했다고 나타날 수 있는데 신경 쓰지 말고 다시 한번 새로고침하면 됩니다.

다음으로 또 다른 콘텐트 타입을 만들겠습니다. Content-Types Builder 페이지에서 좌측 사이드바의 **Create new collection type**을 누르면 다시 새로운 콘텐트 타입을 생성할 수 있습니다.

이번에는 Display Name에 Comment를 적으세요. 이어서 텍스트(Text) 타입의 필드 message 를 추가하고, 이때 Text 옵션은 Long Text로 선택하세요.

이 콘텐트 타입에는 관계(Relation)를 두 개 만듭니다. 먼저 User Relation을 추가하세요. 이전 과 동일하게 설정하면 됩니다.

▼ 그림 14-9 Comment의 User Relation

다음으로 Article Relation을 추가합니다. 이번에는 우측의 Content Type을 Article로, 관계 옵션 은 4번째 버튼인 has many를 선택하세요. 이 옵션은 한 게시물이 여러 댓글을 지닐 수 있게 합니다.

▼ 그림 14-10 Comment의 Article Relation

콘텐트 타입 생성 작업이 끝났습니다. **Finish** 버튼을 누르고 우측 상단 **저장** 버튼을 누르세요.

14.3 일부 필드를 Private로 변경하기

이번에는 Content Type의 필드 중 일부 필드를 Private로 변경해보겠습니다. 필드를 Private로 변경하면 추후 API를 호출할 때 응답에서 해당 필드가 보이지 않습니다.

현재는 Article을 조회할 때 해당 게시글의 댓글들이 comments라는 필드로 보여집니다. 그리고 Comment를 조회할 때 해당 댓글을 단 게시글의 정보가 article이라는 필드로 보여집니다.

추후 Article과 Comment를 조회할 때 한 API로 모두 조회하지 않고 두 API를 사용하여 각 데이터를 조회할 것이기 때문에 Article에서는 comments를 숨기고, Comment에서는 article을 숨겨보겠습니다.

우선 방금 만든 Comment의 Article 필드를 수정하세요. 수정은 속성들이 보여지는 부분에서 우측의 연필 모양 아이콘을 누르면 됩니다. 고급 설정에 들어가서 Private field를 체크하세요.

▼ 그림 14-11 Private field

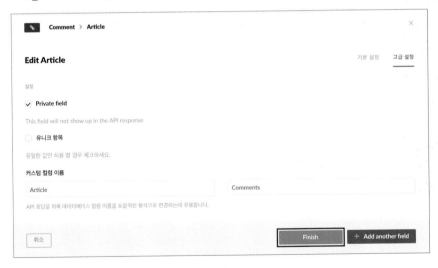

Finish 버튼을 누르고 우측 상단의 **저장** 버튼을 누르세요.

이제 Article을 수정할 차례입니다. 콘텐트 타입에서 Article을 선택하고 같은 방식으로 수정합니다. comments 필드의 **수정** 버튼을 누른 다음, 고급 설정에 들어가서 Private field를 체크하고 저장하세요.

14.4 / 데이터 권한 설정하기

이제 데이터에 대한 권한을 설정하겠습니다.

좌측 사이드바에서 **Settings**를 누르고, USERS & PERMISSIONS PLUGIN의 역할(Roles) & 권한(Permissions) 페이지로 들어가세요.

▼ 그림 14-12 역할(Roles) & 권한(Permissions) 페이지

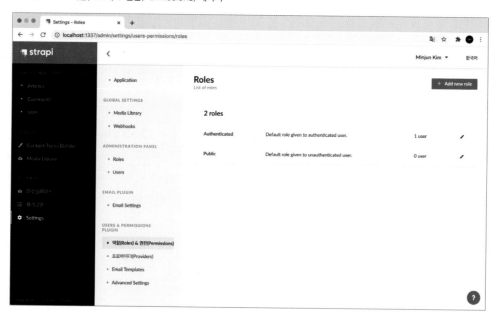

Strapi 서버에는 기본적으로 두 가지 Role이 있습니다. 하나는 로그인한 사용자(Authenticated)이고, 나머지 하나는 로그인하지 않은 사용자(Public)입니다.

우선 로그인하지 않은 사용자의 권한을 설정해봅시다. Public을 선택하고, 권한(Permissions) 설정 부분에서 ARTICLE과 COMMENT의 find와 findone 체크박스를 체크해주세요.

▼ 그림 14-13 Public Permissions

이는 해당 콘텐트 타입들의 조회를 허용한다는 의미입니다. 체크한 후에는 우측 상단의 **Save** 버튼을 누르세요.

다시 역할(Roles) & 권한(Permissions) 페이지로 돌아가서 Authenticated를 선택하세요.

이번에는 Article과 Comment의 모든 체크박스를 체크하고 저장하세요. Select all을 클릭하면 해당 콘텐트 타입의 모든 체크박스를 체크할 수 있습니다.

▼ 그림 14-14 Authenticated Permissions

권한(Permissions)
라우트(route)에 연결된 액션만 표시됩니다.

APPLICATION
application 플러그인에서 허용할 액션을 설정합니다.

ARTICLE   ✔ Select all
✔ count   ✔ create
✔ delete   ✔ find
✔ findone   ✔ update

COMMENT   ✔ Select all
✔ count   ✔ create
✔ delete   ✔ find
✔ findone   ✔ update

14.5 / Content API에 커스터마이징하기

이제 Strapi 서버의 디렉터리를 VS Code로 열어보세요. api 디렉터리를 보면 앞에서 만든 콘텐트 타입마다 디렉터리가 생성되어 있을 것입니다. api/article/config/routes.json 파일을 열어보세요.

api/article/config/routes.json

```json
{
  "routes": [
    {
      "method": "GET",
      "path": "/articles",
      "handler": "article.find",
      "config": {
        "policies": []
      }
    },
    {
      "method": "GET",
      "path": "/articles/count",
      "handler": "article.count",
      "config": {
        "policies": []
      }
    },
    {
      "method": "GET",
      "path": "/articles/:id",
      "handler": "article.findOne",
      "config": {
        "policies": []
      }
    },
    {
      "method": "POST",
      "path": "/articles",
      "handler": "article.create",
      "config": {
        "policies": []
```

```
      }
    },
    {
      "method": "PUT",
      "path": "/articles/:id",
      "handler": "article.update",
      "config": {
        "policies": []
      }
    },
    {
      "method": "DELETE",
      "path": "/articles/:id",
      "handler": "article.delete",
      "config": {
        "policies": []
      }
    }
  ]
}
```

이 파일에 우리가 사용할 API의 라우트들이 자동으로 생성되어 있습니다. 파일을 보면 각 API 라우트마다 handler가 설정되어 있지요? 이 handler는 따로 구현하지 않으면 기본적으로 Strapi에 내장된 구현체를 사용하여 작동합니다. Content API의 기본 구현은 Strapi developer documentation에서 확인할 수 있습니다(http://bit.ly/strapi-contentapi).

사용자가 로그인한 상태로 Article 또는 Comment를 작성하면 해당 데이터에 현재 로그인된 사용자의 정보를 데이터에 담는 작업을 할 텐데, 이는 API를 커스터마이징해야 합니다. 추가로 자신의 데이터만 삭제 또는 수정할 수 있게 해야 하는데, 이 또한 API를 커스터마이징해야 합니다.

API의 작동 방식을 커스터마이징할 때는 콘텐트 타입 디렉터리 내부의 controllers 디렉터리에 있는 파일을 수정합니다.

api/article/controllers/article.js 파일을 열어보세요.

api/article/controllers/article.js

```
'use strict';

/**
 * Read the documentation (https://strapi.io/documentation/developer-docs/latest/
```

```
development/backend-customization.html#core-controllers)
 * to customize this controller
 */

module.exports = {};
```

이 파일에서는 현재 빈 객체를 내보내고 있습니다. 여기서 이전에 본 routes.json 파일의 handler 이름에 맞춰 함수를 선언하면 기본 작동 방식을 대체할 수 있습니다. 예를 들어 article.create 를 대체하고 싶다면 다음과 같이 create 핸들러 함수를 객체 내부에 만들면 됩니다.

```
module.exports = {
  async create(ctx) {
    // (...)
  }
}
```

여기서 ctx 파라미터는 Strapi에서 내부적으로 사용하는 웹 프레임워크 Koa의 객체로, Context 를 줄인 말이며 사용자의 요청과 응답에 대한 정보를 지니고 있습니다.

Article 콘텐트 타입을 다루는 API에 사용자 정보를 연동할 수 있도록 API를 커스터마이징해봅 시다. create, update, delete 핸들러 함수를 작성해보겠습니다.

Strapi는 우리가 만든 각 콘텐트 타입에 대해 8가지 API를 제공합니다.

- find: 여러 개의 데이터를 조회합니다.

- findOne: 한 개의 데이터를 조회합니다.

- create: 새 데이터를 생성하여 저장합니다.

- update: 기존 데이터를 변경합니다.

- delete: 기존 데이터를 제거합니다.

- count: 데이터의 수를 조회합니다.

- search: 모든 필드를 검색하여 데이터를 조회합니다.

- countSearch: 모든 필드를 검색하여 일치하는 데이터의 수를 조회합니다.

이 API는 strapi.services.[콘텐트 타입 이름].create와 같은 형식으로 사용할 수 있습니다(예: strapi.services.article.create).

이 책에서는 Strapi를 다루면서 find, findOne, create, update, delete, 총 5가지 API를 사용해

볼 것입니다. 나머지 API 및 각 API의 더욱 상세한 설명은 Strapi 문서를 참고하세요(http://bit.ly/strapi-api-reference).

14.5.1 게시글 작성하기

새 게시글을 작성할 수 있게 해주는 create 핸들러 함수를 다음과 같이 작성해보세요. 이 파일의 맨 위에 있는 'use strict'는 지우세요.

api/article/controllers/article.js

```
module.exports = {
  async create(ctx) {
    // 사용자의 id를 데이터에 추가
    ctx.request.body.user = ctx.state.user.id;
    // article 데이터 생성
    const entity = await strapi.services.article.create(ctx.request.body);
    // 잘못된 필드 및 Private 값 제외하고 반환
    return sanitizeEntity(entity, { model: strapi.models.article });
  }
};
```

ctx.request.body는 사용자가 POST 요청에 넣은 body 값을 의미합니다. ctx.state.user.id는 현재 로그인 중인 사용자의 ID를 의미합니다.

이 코드에서는 요청이 들어오면 사용자에게 전달받은 body 데이터에 user 값을 현재 로그인 중인 사용자의 ID로 설정합니다.

그리고 해당 body 데이터를 사용하여 데이터베이스에 정보를 저장하는데, 이때 strapi.services.article.create 함수를 사용합니다. 인자에는 생성할 데이터의 정보를 넣습니다.

마지막으로 sanitizeEntity라는 함수를 불러와서 사용했습니다. 이 함수는 데이터를 Content View에 맞춰 보여줄 데이터만 정리하여 사용자에게 응답을 줍니다.

14.5.2 게시글 수정하기

게시글을 수정하는 update 핸들러 함수를 작성합시다.

```javascript
const { sanitizeEntity } = require('strapi-utils');

module.exports = {
  async create(ctx) {
    (...)
  },

  async update(ctx) {
    const { id } = ctx.params; // URL 파라미터에서 id 추출
    const article = await strapi.services.article.findOne({ id }); // id로 데이터 조회

    // 데이터가 존재하지 않을 때
    if (!article) {
      return ctx.throw(404);
    }

    // user 정보는 변경할 수 없도록 처리
    if (ctx.request.body.user) {
      return ctx.throw(400, 'user field cannot be changed');
    }

    // 사용자의 id와 article의 작성자 id가 일치하는지 확인
    if (ctx.state.user.id !== article.user.id) {
      return ctx.unauthorized(`You can't update this entry`);
    }
    // article 데이터 업데이트
    const entity = await strapi.services.article.update(
      { id },
      ctx.request.body
    );

    // 응답 반환
    return sanitizeEntity(entity, { model: strapi.models.article });
  },
};
```

이전에 확인한 routes.json 파일을 열어서 method가 "PUT"인 객체를 보면 다음과 같은 정보가 있습니다.

```
{
  "method": "PUT",
  "path": "/articles/:id",
  "handler": "article.update",
  "config": {
    "policies": []
  }
},
```

여기서 path 부분에 /articles/:id와 같이 :id를 사용했는데, 이를 URL 파라미터라고 부릅니다. URL에 /articles/1과 같은 형식으로 파라미터 값 1을 주소에 포함시켜서 요청하는 것입니다. 이렇게 설정된 URL 파라미터는 핸들러 함수에서 ctx.params.id 값을 통해 조회할 수 있습니다.

이 코드에서는 해당 id 파라미터를 조회하여 포스트가 존재하는지 확인합니다. 이때 findOne API를 사용했는데, 이 함수의 인자에 찾고 싶은 데이터의 필드 값을 넣어주면 됩니다. findOne({ id: })는 받아온 파라미터 id 값을 데이터의 id로 가지고 있는 데이터를 찾겠다는 의미입니다.

만약 데이터가 존재하지 않으면 Not Found 오류를 의미하는 404 오류를 응답합니다. 404 오류를 응답하게 하려면 ctx.throw(404)를 설정하면 됩니다.

그다음에는 사용자가 입력한 body에 user 값이 있는지 확인합니다. 만약 사용자가 임의의 user 값을 설정하면 본인이 아닌 다른 사용자의 id로 게시물을 업데이트할 수 있습니다. 따라서 해당 값이 존재하면 Bad Request 오류를 의미하는 400 오류를 응답합니다.

그 후 해당 포스트가 자신의 포스트인지 확인하고 그렇지 않다면 ctx.unauthorized 함수를 통해 Unauthorized를 의미하는 401 오류를 반환합니다.

HTTP에서는 이렇게 오류의 종류에 따라 다른 상태 코드를 사용합니다. HTTP 상태 코드에 익숙하지 않다면 다음 링크를 확인해보세요.

- https://developer.mozilla.org/ko/docs/Web/HTTP/Status

이와 같이 데이터 검증이 끝나면 update API를 사용하여 데이터를 업데이트합니다.

14.5.3 게시글 삭제하기

마지막으로 게시글을 삭제하는 delete 핸들러 함수를 구현해봅시다. 이번 함수는 update와 매우 유사합니다. 게시글이 자신의 게시글인지 확인하고, 자신의 것이라면 삭제 처리하고 그렇지 않다면 오류를 응답합니다.

```js
const { sanitizeEntity } = require('strapi-utils');

module.exports = {
  async create(ctx) {
    (...)
  },

  async update(ctx) {
    (...)
  },

  async delete(ctx) {
    const { id } = ctx.params; // URL 파라미터에서 id 추출
    const article = await strapi.services.article.findOne({ id }); // id로 데이터 조회

    // 데이터가 존재하지 않을 때
    if (!article) {
      return ctx.throw(404);
    }

    // 사용자 id와 article의 작성자 id가 일치하는지 확인
    if (ctx.state.user.id !== article.user.id) {
      return ctx.unauthorized(`You can't remove this entry`);
    }

    // 응답 반환
    ctx.status = 204; // no content
  },
};
```

REACT NATIVE

14.6 / Postman 설치하기

작성한 API가 잘 작동하는지 확인해봅시다. API들을 앱에서 사용하기 전에 따로 API를 직접 요청하여 작동 여부를 검증할 것입니다. 이 작업을 위해 Postman이라는 도구를 설치하겠습니다.

Postman은 다음 링크에서 설치 파일을 다운로드할 수 있습니다.

- https://www.postman.com/downloads

Postman을 설치하고 실행하면 다음과 같은 화면이 나타납니다.

로그인하거나 새로 계정을 만듭니다. 새 계정을 만들려면 **Create Free Account**를 누르고, 계정이 이미 있다면 **Sign In**을 누릅니다. 새로 가입하는 경우 팀 정보를 입력하는 폼이 나올 텐데 **Continue Without a Team**을 눌러서 이 과정을 생략하세요.

▼ 그림 14-15 Postman 로그인

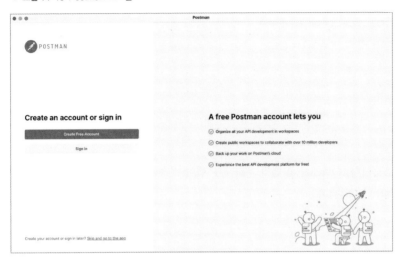

로그인 후에는 다음과 같은 화면이 나타납니다.

▼ 그림 14-16 Postman 화면

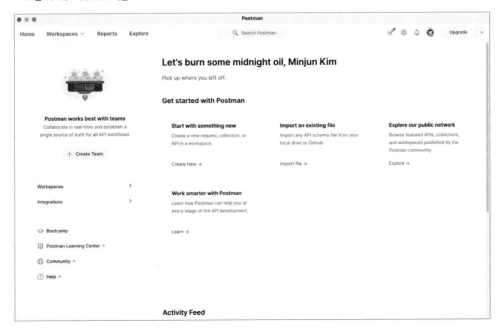

여기서 상단의 Workspaces를 눌러 **My Workspace**를 선택하세요.

▼ 그림 14-17 Workspace선택

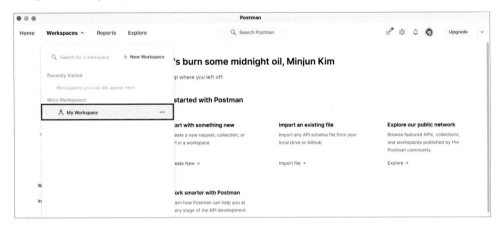

새 요청을 만들어보겠습니다. Overview 탭의 우측에 **+** 탭이 있습니다. 해당 탭을 누르세요. 그러면 다음과 같은 화면이 나타납니다.

▼ 그림 14-18 새 요청 생성

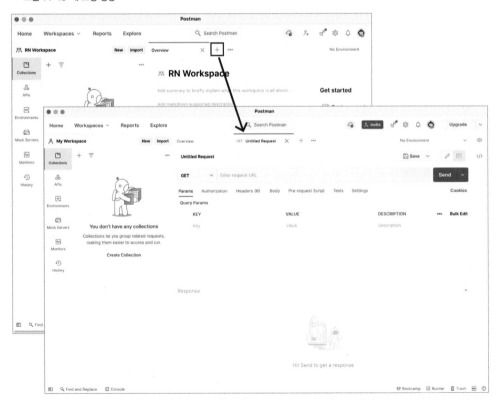

첫 번째 HTTP 요청을 해봅시다. GET 우측의 Enter request URL이라고 적혀 있는 부분을 클릭하고, 다음 주소를 입력하세요.

- http://localhost:1337/articles

Send 버튼을 눌러 어떤 결과가 나타나는지 확인해보세요.

▼ 그림 14-19 GET /articles 응답

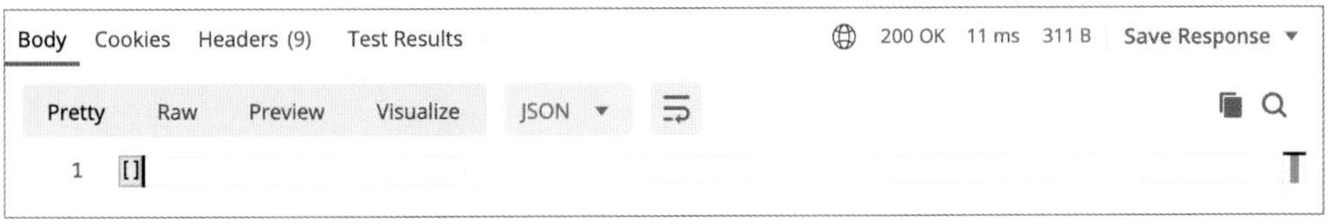

아직 아무런 데이터도 생성하지 않았기 때문에 빈 배열이 응답됐습니다.

14.7 회원가입 및 로그인 API 사용하기

Strapi에서는 회원가입 및 로그인 API를 제공합니다. 기본적으로는 이메일 인증 방식을 제공하는데, 추가 설정하면 구글, 페이스북 등 소셜 로그인도 사용할 수 있습니다. 여기서는 이메일 인증 방식만 사용해보겠습니다.

회원가입 API를 먼저 알아볼까요? 회원가입할 때는 사용자명, 이메일, 비밀번호 이렇게 세 가지 정보를 넣습니다. API의 정보를 확인해봅시다.

```
POST http://localhost:1337/auth/local/register
{
  "username": "johndoe",
  "email": "johndoe@email.com",
  "password": "abcd1234"
}
```

로그인 API는 다음과 같습니다.

```
POST http://localhost:1337/auth/local
{
```

```
  "identifier": "johndoe@email.com",
  "password": "abcd1234"
}
```

`identifier`는 이전에 회원가입 과정에서 입력한 `username` 또는 `email`을 모두 사용할 수 있습니다.

자, 그러면 이 API들을 Postman으로 직접 요청해봅시다.

이번에는 POST 요청을 하므로 요청의 메서드를 변경하겠습니다. 주소창 좌측에 GET을 선택해 POST로 변경하세요.

▼ 그림 14-20 메서드 변경

주소는 http://localhost:1337/auth/local/register로 변경하세요.

이제 우리가 보낼 body의 타입을 정해야 합니다. 주소창 하단에 Body 탭을 누르면 그 아래 none이라고 적혀 있는 회색 셀렉터가 보일 것입니다. 그 셀렉터를 클릭하여 raw를 선택하세요. 그러면 우측에 Text라고 적힌 셀렉터가 새로 나타날 텐데 이를 클릭하여 JSON으로 변경하세요.

▼ 그림 14-21 JSON 타입 body

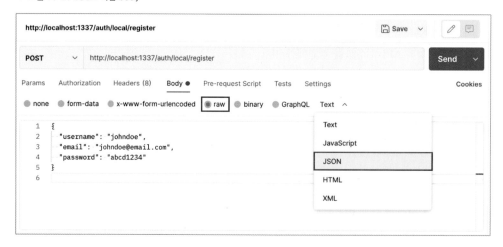

하단의 텍스트 박스에 다음 JSON 객체를 입력한 뒤 **Send** 버튼을 눌러보세요.

```
{
  "username": "johndoe",
  "email": "johndoe@email.com",
  "password": "abcd1234"
}
```

그러면 다음과 같은 응답이 나올 것입니다.

❖ 그림 14-22 회원가입 응답 결과

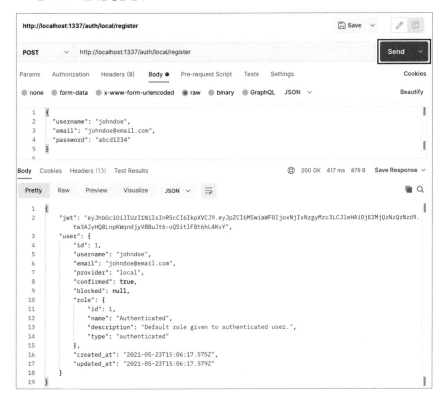

응답 결과는 다음과 같습니다.

```
{
  "jwt": "eyJhbGciOiJIUzI1NiIsInR5cCI6IkpXVCJ9.eyJpZCI6MSwiaWF0IjoxNjE1NjYyNTExLCJleHAiO
jE2MTgyNTQ1MTF9.ipKIJbvsfzpHo97wNf4MnsXRyWx_Qp4WMyvBLVf50nA",
  "user": {
    "id": 1,
    "username": "johndoe",
    "email": "johndoe@email.com",
    "provider": "local",
    "confirmed": true,
    "blocked": null,
```

```
    "role": {
        "id": 1,
        "name": "Authenticated",
        "description": "Default role given to authenticated user.",
        "type": "authenticated"
    },
    "created_at": "2021-03-13T19:08:31.395Z",
    "updated_at": "2021-03-13T19:08:31.400Z"
  }
}
```

여기서 jwt 필드에 설정된 문자열이 사용자의 로그인 상태를 적용할 때 사용하는 JWT 토큰입니다. JWT는 JSON Web Token을 의미하며, JSON 값을 base64로 인코딩하고 해당 데이터에 서명을 추가하는 방식으로 해당 토큰이 서버에서 생성된 유효한 값이라는 것을 증명할 수 있습니다. 사용자가 로그인한 후에 로그인 정보를 담아서 새로운 요청을 할 때는 이 값을 요청의 Authorization 헤더에 담아서 요청하여 서버 측에서 해당 사용자가 로그인 사용자인지 비로그인 사용자인지 확인할 수 있습니다.

이번에는 생성한 계정으로 로그인 요청을 해봅시다. 상단의 + 탭을 눌러서 새로운 요청 탭을 만드세요. 메서드는 POST로 설정하세요. 주소를 http://localhost:1337/auth/local이라고 입력하고 Body 값은 다음과 같이 입력한 뒤 **Send**를 눌러보세요. Body는 앞으로도 계속 raw와 JSON 옵션으로 설정하면 됩니다.

```
{
  "identifier": "johndoe@email.com",
  "password": "abcd1234"
}
```

아까와 동일한 정보가 응답 결과로 나타났나요? 이때 jwt 값을 복사해두세요. 추후 Article API를 사용할 때 필요합니다.

14.8 Article API 사용하기

로그인한 사용자의 JWT 토큰이 있으니, Article API를 직접 사용해볼 준비가 되었습니다.

먼저 새 게시글을 작성해봅시다. 다음을 Postman으로 요청해보세요.

```
POST http://localhost:1337/articles
{
  "title": "나의 첫 번째 게시글",
  "body": "Hello World"
}
```

title과 body 필드는 원하는 대로 입력해도 됩니다. 지금 **Send** 버튼을 누르면 현재 해당 요청에 로그인을 처리하지 않았기 때문에 403 Forbidden 오류가 나타날 것입니다.

앞에서 복사해둔 jwt 값을 사용할 차례입니다. Headers 탭을 눌러보세요. KEY와 VALUE를 입력할 수 있는 표가 나타날 텐데요. KEY에는 Authorization을, VALUE에는 Bearer <TOKEN>을 입력하세요. <TOKEN> 부분에 복사해둔 JSON 토큰 값을 넣으면 됩니다. 다음 예시를 참고하세요.

예시) Bearer eyJhbGciOiJIUzI1NiIsInR5cCI6IkpXVCJ9.eyJpZCI6MSwiaWF0IjoxNjE1NjYyOTcxLCJleHAiOjE2MTgyNTQ5NzF9.XQyySR9U-MK9XeoD9W_BEdmdxUdGJolfs4d93cXSzeY

여기서 Bearer는 토큰의 인증 타입입니다. Authorization 헤더를 사용할 때는 <type> <credentials> 형태로 사용합니다. JWT처럼 특정 접근 권한을 증명하기 위한 토큰 값을 Authorization 정보로 사용할 때는 Bearer를 사용합니다. 이 헤더를 설정한 뒤 **Send** 버튼을 눌러보세요.

▼ 그림 14-23 Article 작성

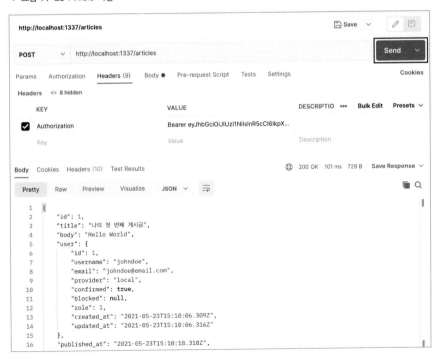

다음과 같이 응답이 나타났나요?

```json
{
  "id": 1,
  "title": "나의 첫 번째 게시글",
  "body": "Hello World",
  "user": {
    "id": 1,
    "username": "johndoe",
    "email": "johndoe@email.com",
    "provider": "local",
    "confirmed": true,
    "blocked": null,
    "role": 1,
    "created_at": "2021-03-13T19:08:31.395Z",
    "updated_at": "2021-03-13T19:08:31.400Z"
  },
  "published_at": "2021-03-13T19:37:27.530Z",
  "created_at": "2021-03-13T19:37:27.540Z",
  "updated_at": "2021-03-13T19:37:27.550Z"
}
```

새로운 Article 작성에 성공했습니다! 이제 다음 API를 사용하여 Article 목록을 조회해보세요.

GET http://localhost:1337/articles

작성한 게시글이 배열에 감싸져 응답됐나요?

이번에는 해당 포스트 하나만 조회하는 API를 사용해보세요.

GET http://localhost:1337/articles/1

이와 같이 요청하면 id가 1인 Article 하나만 조회합니다.

게시글을 수정할 때는 PUT 메서드를 사용합니다. 이 요청과 같은 주소에 메서드를 PUT으로 변경하고 Body에 변경하고 싶은 정보를 입력하세요. 이때 Authorization 헤더를 설정하는 것을 잊지 마세요!

```
PUT http://localhost:1337/articles/1
{
  "title": "나의 첫 번째 게시글",
  "body": "Bye World"
}
```

응답의 결과물을 살펴보면 변경한 body가 반영되었을 것입니다.

마지막으로 해당 게시글을 삭제해봅시다. 게시글 삭제는 같은 주소에 DELETE 메서드를 요청하면 됩니다. 이 API도 마찬가지로 요청 전에 Authorization 헤더를 꼭 설정해주세요.

DELETE http://localhost:1337/articles/1

이와 같이 요청하면 204 상태 코드가 응답되고, 응답 내용은 비어있습니다.

삭제 요청한 다음, 모든 게시글을 조회하는 GET http://localhost:1337/articles API를 사용해 보세요. 처음과 같이 빈 배열이 응답되고 있나요?

REACT NATIVE

14.9 / Comment API 수정하기

댓글을 다루는 Comment API를 수정해봅시다. Comment도 Article과 마찬가지로 사용자 로그 인 상태와 연동하는 작업이 필요합니다. 그리고 API 주소를 수정하여 Article의 id를 파라미터로 받아올 수 있도록 수정해줘야 합니다.

api/comment/config/route.json 파일을 열어보면 이전에 본 Article의 route.json과 비슷할 텐데요. routes 배열 내부의 정보를 모두 지워주세요. 우리는 처음부터 직접 구현하겠습니다.

api/comment/config/route.json

```
{
  "routes": []
}
```

14.9.1 댓글 작성하기

우선 댓글을 작성하는 기능부터 구현해봅시다. 기존에는 새 댓글을 작성하는 주소가 /comments로 되었는데, 이를 /articles/:postId/comments로 변경하여 새로 라우트를 작성해보세요.

819

```json
{
  "routes": [
    {
      "method": "POST",
      "path": "/articles/:postId/comments",
      "handler": "comment.create",
      "config": {
        "policies": []
      }
    }
  ]
}
```

이제 이를 위한 핸들러 함수를 작성합시다. api/comment/controllers/comment.js 파일을 열어서 다음과 같이 create 핸들러를 작성하세요. 코드 상단에 'use strict'는 지워주세요.

```javascript
const { sanitizeEntity } = require('strapi-utils');

module.exports = {
  async create(ctx) {
    // 사용자 id를 데이터에 추가
    ctx.request.body.user = ctx.state.user.id;
    // article id 설정
    ctx.request.body.article = ctx.params.articleId;
    // Comment 데이터 생성
    const entity = await strapi.services.article.create(ctx.request.body);
    // 응답 반환
    return sanitizeEntity(entity, { model: strapi.models.comment });
  },
};
```

Article의 핸들러를 작성할 때와 꽤 비슷하지요? 차이점이 있다면, ctx.request.body.comment 값을 URL 파라미터로 받아온 articleId로 설정하고 있다는 점입니다.

이렇게만 해도 추후 API를 사용할 때 큰 문제가 없지만 완성도를 더 높이려면 해당 게시글이 존재하는지 확인하는 작업을 추가로 구현해도 좋습니다.

```js
const { sanitizeEntity } = require('strapi-utils');

module.exports = {
  async create(ctx) {
    // 사용자의 id를 데이터에 추가
    ctx.request.body.user = ctx.state.user.id;
    const { articleId } = ctx.params;
    ctx.request.body.article = articleId;

    // 게시글 존재 유무 확인
    // id로 데이터 조회
    const article = await strapi.services.article.findOne({ id: articleId });
    if (!article) {
      ctx.throw(404);
    }

    // Comment 데이터 생성
    const entity = await strapi.services.comment.create(ctx.request.body);
    // 응답 반환
    return sanitizeEntity(entity, { model: strapi.models.comment });
  },
};
```

14.9.2 댓글 조회하기

다음으로 댓글을 조회하는 기능을 만들 차례입니다. 댓글 작성하기 API와 같은 주소를 사용하고 GET 메서드를 사용합니다.

api/comment/config/route.json

```json
{
  "routes": [
    {
      (...)
    },
    {
      "method": "GET",
      "path": "/articles/:articleId/comments",
      "handler": "comment.find",
```

```
      "config": {
        "policies": []
      }
    }
  ]
}
```

route.json 파일을 수정한 다음에는 핸들러를 작성하세요.

api/comment/controllers/comment.js

```
const { sanitizeEntity } = require('strapi-utils');

module.exports = {
  async create(ctx) {
    (...)
  },
  async find(ctx) {
    // articleId로 댓글 조회
    const entities = await strapi.services.comment.find({
      article: ctx.params.articleId,
    });
    // 각 데이터에 대해 sanitizeEntity를 처리하여 응답 반환
    return entities.map((entity) =>
      sanitizeEntity(entity, { model: strapi.models.comment })
    );
  },
};
```

이번 핸들러는 꽤 간단하지요? find API를 사용하여 article 값으로 필터링된 댓글 목록을 조회하고 이를 반환하면 됩니다.

14.9.3 댓글 수정하기

이번에는 댓글 수정 API를 구현합시다.

라우트 파일에 다음과 같이 라우트를 추가하세요.

```json
{
  "routes": [
    (...),
    {
      "method": "PUT",
      "path": "/articles/:articleId/comments/:id",
      "handler": "comment.update",
      "config": {
        "policies": []
      }
    }
  ]
}
```

이번에 추가한 라우트는 path에 URL 파라미터가 두 개 있습니다. 게시글의 ID는 articleId, 수정할 댓글의 ID는 id로 조회합니다.

라우트를 추가한 다음에는 핸들러를 작성합니다.

```js
const { sanitizeEntity } = require('strapi-utils');

module.exports = {
  async create(ctx) {
    (...)
  },
  async find(ctx) {
    (...)
  },
  async update(ctx) {
    const { articleId, id } = ctx.params; // URL 파라미터 추출
    // 댓글 조회
    const comment = await strapi.services.comment.findOne({
      id,
      article: articleId,
    });
    // 데이터가 존재하지 않을 때
    if (!comment) {
      return ctx.throw(404);
    }
    // article 또는 user 변경 막기
    if (ctx.request.body.article || ctx.request.body.user) {
```

```
      return ctx.throw(400, 'article or user field cannot be changed');
    }
    // 사용자 확인
    if (ctx.state.user.id !== comment.user.id) {
      return ctx.unauthorized(`You can't update this entry`);
    }
    // comment 데이터 업데이트
    const entity = await strapi.services.comment.update(
      {
        id,
      },
      ctx.request.body
    );
    // 응답 반환
    return sanitizeEntity(entity, { model: strapi.models.comment });
  },
};
```

댓글을 업데이트하는 로직은 게시글을 업데이트하는 로직과 비슷합니다. articleId와 댓글의 id를 사용하여 수정하려는 댓글이 존재하는지 확인하고, 해당 데이터가 존재한다면 update API를 사용하여 데이터를 변경합니다.

14.9.4 댓글 삭제하기

마지막으로 구현할 댓글 API는 삭제하는 것입니다.

api/comment/config/route.json

```
{
  "routes": [
    (...),
    {
      "method": "DELETE",
      "path": "/articles/:articleId/comments/:id",
      "handler": "comment.delete",
      "config": {
        "policies": []
      }
    }
  ]
}
```

이번 API의 경로는 수정 API와 동일하며, 메서드를 DELETE로 사용합니다.

삭제를 위한 핸들러 함수도 작성해줍시다.

api/comment/controllers/comment.ts

```ts
const { sanitizeEntity } = require('strapi-utils');

module.exports = {
  async create(ctx) {
    (...)
  },
  async find(ctx) {
    (...)
  },
  async update(ctx) {
    (...)
  },
  async delete(ctx) {
    const { articleId, id } = ctx.params; // URL 파라미터 추출
    // 댓글 조회
    const comment = await strapi.services.comment.findOne({
      id,
      article: articleId,
    });
    // 데이터가 존재하지 않을 때
    if (!comment) {
      return ctx.throw(404);
    }

    // 사용자 확인
    if (ctx.state.user.id !== comment.user.id) {
      return ctx.unauthorized(`You can't remove this entry`);
    }

    // 데이터 삭제
    await strapi.services.comment.delete({ id });

    ctx.status = 204;
  },
};
```

이것으로 댓글 API도 완성됐습니다!

14.10 / 댓글 API 사용하기

모든 API가 준비됐습니다. 댓글 API가 제대로 작동하는지 확인해보고, 리액트 네이티브 개발을 다시 시작하겠습니다.

우선 새로운 포스트를 작성해주세요.

```
POST http://localhost:1337/articles
{
  "title": "두 번째 게시글",
  "body": "이번엔 댓글을 사용해봅시다."
}
```

새 게시글을 작성하면 새 포스트의 id가 발급되겠지요? 기존에 다른 게시글을 작성하지 않았다면 새 데이터의 id 값으로 2가 설정됐을 것입니다. 해당 id를 기억해두고, 댓글을 작성할 때 articleId로 사용하세요.

새 댓글을 작성해봅시다.

```
POST http://localhost:1337/articles/2/comments
{
  "message": "안녕하세요."
}
```

다음 데이터가 잘 응답됐나요?

```
{
  "id": 1,
  "message": "안녕하세요.",
  "user": {
    "id": 1,
    "username": "johndoe",
    "email": "johndoe@email.com",
    "provider": "local",
    "confirmed": true,
    "blocked": null,
    "role": 1,
    "created_at": "2021-03-14T17:06:34.493Z",
    "updated_at": "2021-03-14T17:06:34.499Z"
  },
```

```
    "published_at": "2021-03-14T17:10:01.043Z",
    "created_at": "2021-03-14T17:10:01.045Z",
    "updated_at": "2021-03-14T17:10:01.053Z"
}
```

댓글이 정말 잘 등록됐는지 확인해봅시다. 다음을 요청해보세요.

GET http://localhost:1337/articles/2/comments

다음과 같이 응답이 주어졌나요?

```
[
  {
      "id": 1,
      "message": "안녕하세요.",
      "user": {
          "id": 1,
          "username": "johndoe",
          "email": "johndoe@email.com",
          "provider": "local",
          "confirmed": true,
          "blocked": null,
          "role": 1,
          "created_at": "2021-03-14T17:06:34.493Z",
          "updated_at": "2021-03-14T17:06:34.499Z"
      },
      "published_at": "2021-03-14T17:07:48.840Z",
      "created_at": "2021-03-14T17:07:48.842Z",
      "updated_at": "2021-03-14T17:07:48.849Z"
  }
]
```

이번에는 수정해봅시다. 현재 작성된 댓글의 id는 1입니다. 이를 댓글 수정 API의 URL 파라미터로 사용하여 PUT 메서드로 요청해보세요.

PUT http://localhost:1337/articles/2/comments/1
```
{
  "message": "수정해봅시다."
}
```

잘 수정되었나요?

마지막으로 댓글을 삭제해보세요. 같은 주소로 DELETE 메서드를 사용하여 요청하면 됩니다.

DELETE http://localhost:1337/articles/2/comments/1

204 No Content 응답이 잘 왔다면 댓글 목록을 다시 조회해서 빈 배열이 응답되는지 확인해보세요.

GET http://localhost:1337/articles/2/comments

14.11 정리

이 장에서는 Strapi를 사용하여 게시글과 댓글 기능을 갖춘 REST API 서버를 구축했습니다. 만약 백엔드 지식이 있다면 백엔드를 직접 구축하는 것도 좋은 방법입니다. 하지만 지금처럼 프런트엔드에서 API 연동 학습을 위한 서버, 간단한 데이터 형식으로만 이뤄진 서버, 프로토타입을 위한 서버 등을 구축할 때는 Strapi를 사용하면 매우 유용합니다.

이 책에서는 Strapi로 만든 서버를 배포하는 것은 다루지 않습니다. 관련 내용은 다음 링크를 참고하세요.

- http://bit.ly/strapi-deploy

현재 Strapi 서버에서 제공하는 API 문서는 다음 링크에 정리되어 있습니다. 어떤 API들이 있는지 한눈에 확인해보세요. 이 중에서 일부 API는 다음 장에서 사용해볼 것입니다.

- http://bit.ly/articles-server-docs

15장

리액트 쿼리를 사용한 API 상태 관리

이 장에서는 API를 연동하는 상황에 특화된 라이브러리인 리액트 쿼리(React Query)를 배워보겠습니다. 이 라이브러리는 Hook을 기반으로 데이터를 편하게 로딩할 수 있게 해줍니다.

만약 별도 라이브러리 없이 데이터를 로딩하는 로직을 구현한다면 다음과 같은 형식으로 작성할 수 있습니다.

```
function MyComponent() {
  const [loading, setLoading] = useState(false);
  const [data, setData] = useState(null);
  const [error, setError] = useState(null);

  const fetchData = useCallback(() => {
    setLoading(true);
    try {
      const posts = await getPosts();
      setData(posts);
    } catch (e) {
      setError(e);
    } finally {
      setLoading(false);
    }
  }

  useEffect(() => {
    fetchData();
  } ,[])

  // ...
}
```

그렇게 어려운 작업은 아니지만 로딩, 결과, 오류를 위한 상태를 직접 관리해줘야 하죠. 요청하는 API의 수가 많아지면 조금 귀찮을 수 있습니다. 게다가 이렇게 컴포넌트에서 바로 API를 요청하면 사용자가 다른 화면으로 이동하여 컴포넌트가 화면에서 사라질 때 상태 또한 사라집니다. 따라서 나중에 다시 컴포넌트를 보여줄 때 기존에 받아온 응답 결과를 사용하지 못하고 API를 새로 요청하게 되지요. 즉, 캐싱되지 않습니다.

만약 캐싱하고 싶다면 데이터를 Context 또는 리덕스, 리코일 등의 라이브러리에서 관리해야 하는데, 이렇게 되면 준비해야 할 코드가 많아 더욱 복잡해집니다.

리액트 쿼리를 사용하면 컴포넌트에서 Hook을 기반으로 데이터 로딩을 훨씬 편하게 할 수 있고, 캐싱도 기본적으로 제공하여 쉽게 구현할 수 있습니다.

이 장에서는 리액트 쿼리의 사용법을 배우고, 마지막 앱 개발 실습을 진행하겠습니다. 개발할 앱은 간단한 게시판 앱입니다. 14장에서 구축한 REST API 서버를 연동하여 CRUD(Create · 생성, Read · 읽기, Update · 수정, Delete · 삭제) 기능을 구현해보겠습니다.

15.1 / 프로젝트 생성 및 초기 설정하기

이 장에서는 다음 기능을 갖춘 앱을 만들어 볼 것입니다.

- 회원가입 / 로그인
- 게시글 등록 / 조회 / 수정 / 삭제
- 댓글 등록 / 조회 / 수정 / 삭제

이 기능을 한 화면에서 모두 구현하기는 어려우니 리액트 내비게이션을 사용해 여러 화면으로 앱을 구성하겠습니다. 또한, 이번 프로젝트도 타입스크립트 환경에서 개발을 진행합니다.

다음 명령어를 사용하여 새 프로젝트를 생성하세요.

```
$ npx react-native init ArticlesApp
```

프로젝트가 생성됐으면 리액트 내비게이션에 관련한 라이브러리를 설치하세요.

```
$ cd ArticlesApp
$ yarn add @react-navigation/native react-native-screens react-native-safe-area-context
@react-navigation/native-stack @react-navigation/bottom-tabs
```

이번 앱에서는 아이콘도 사용해야 하니 react-native-vector-icons 라이브러리도 설치하세요.

```
$ yarn add react-native-vector-icons @types/react-native-vector-icons
```

앱을 종료해도 사용자의 인증 상태를 유지하기 위해 AsyncStorage 라이브러리를 설치합니다.

```
$ yarn add @react-native-async-storage/async-storage
```

마지막으로 이번 프로젝트에서 학습할 라이브러리인 리액트 쿼리와 HTTP 요청을 할 때 사용하는 라이브러리인 axios를 설치하세요.

```
$ yarn add react-query axios @types/axios
```

라이브러리 설치가 끝났습니다. iOS 환경에서 앱을 실행할 경우 npx pod-install 명령어를 입력
하세요.

15.1.1 react-native-vector-icons 적용하기

이번 프로젝트에서 react-native-vector-icons를 사용할 수 있도록 네이티브 관련 코드를 조금
수정해줍시다. 우리는 MaterialIcon을 사용하겠습니다. 다음 코드를 각 파일에 추가해주세요.

ios/ArticlesApp/Info.plist
```
(...)
  <key>UIViewControllerBasedStatusBarAppearance</key>
  <false/>
  <key>UIAppFonts</key>
  <array>
    <string>MaterialIcons.ttf</string>
  </array>
</dict>
</plist>
```

android/app/build.gradle
```
(...)
project.ext.vectoricons = [
    iconFontNames: ['MaterialIcons.ttf']
]

apply from: file("../../node_modules/react-native-vector-icons/fonts.gradle")
```

15.1.2 리액트 내비게이션 적용하기

리액트 쿼리를 사용해보기 전에, 프로젝트에 리액트 내비게이션을 적용합시다. 이번 프로젝트의
화면 구성은 다음과 같습니다.

▼ 그림 15-1 화면 구성

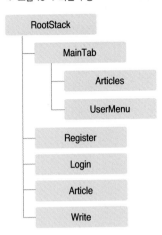

RootStack, MainTab, ArticlesScreen 컴포넌트를 순서대로 만들어보겠습니다.

App 컴포넌트 파일을 열어 기존 코드를 다 지운 뒤 다음 코드를 입력하세요.

App.tsx

```tsx
import React from 'react';
import {NavigationContainer} from '@react-navigation/native';

function App() {
  return <NavigationContainer>{/* TODO: 화면 추가 */}</NavigationContainer>;
}

export default App;
```

screens 디렉터리를 만들고, RootStack 컴포넌트를 생성하세요.

screens/RootStack.tsx

```tsx
import React from 'react';
import {createNativeStackNavigator} from '@react-navigation/native-stack';

const Stack = createNativeStackNavigator();

function RootStack() {
  return <Stack.Navigator>{/* TODO: 화면 추가 */}</Stack.Navigator>;
}

export default RootStack;
```

screens 디렉터리에 MainTab 컴포넌트를 생성하세요.

```tsx
import React from 'react';
import {createBottomTabNavigator} from '@react-navigation/bottom-tabs';

const Tab = createBottomTabNavigator();

function MainTab() {
  return <Tab.Navigator>{/* TODO: 화면 추가 */}</Tab.Navigator>;
}

export default MainTab;
```

프로젝트의 첫 번째 화면 컴포넌트인 ArticlesScreen 컴포넌트를 만드세요. 이 컴포넌트에서는
게시글의 목록을 조회할 것입니다.

```tsx
import React from 'react';
import {Text, View} from 'react-native';

function ArticlesScreen() {
  return (
    <View>
      <Text>Articles</Text>
    </View>
  );
}

export default ArticlesScreen;
```

이 컴포넌트에서는 일단 임시로 텍스트만 띄우도록 설정했습니다.

12장의 타입스크립트 환경에서는 각 내비게이터 컴포넌트 파일 내에서 리액트 내비게이션을 위
한 타입을 선언했지요? 여기서도 똑같이 해도 상관없지만 각 컴포넌트 파일에 선언하게 되면 파
일을 여러 번 왔다 갔다 해야 합니다. 특히 일부 타입은 상호 참조하기 때문에 헷갈릴 수 있습니
다. 따라서 이 작업을 조금 더 편하게 하기 위해 screens 디렉터리에 types.ts 파일을 생성하고
그 파일에서 리액트 내비게이션에 관련한 타입들을 선언해주겠습니다.

```ts
import {BottomTabNavigationProp} from '@react-navigation/bottom-tabs';
import {
  CompositeNavigationProp,
  NavigatorScreenParams,
  RouteProp,
} from '@react-navigation/core';
import {NativeStackNavigationProp} from '@react-navigation/native-stack';

/* MainTab */
export type MainTabParamList = {
  Articles: undefined;
};
export type MainTabNavigationScreenParams = NavigatorScreenParams<MainTabParamList>;
export type MainTabNavigationProp = CompositeNavigationProp<
  RootStackNavigationProp,
  BottomTabNavigationProp<MainTabParamList>
>;
export type MainTabRouteProp = RouteProp<RootStackParamList, 'MainTab'>;

/* RootStack */
export type RootStackParamList = {
  MainTab: MainTabNavigationScreenParams;
};
export type RootStackNavigationProp = NativeStackNavigationProp<RootStackParamList>;
```

App, RootStack, MainTab순으로 수정하겠습니다.

```tsx
import React from 'react';
import {NavigationContainer} from '@react-navigation/native';
import RootStack from './screens/RootStack';

function App() {
  return (
    <NavigationContainer>
      <RootStack />
    </NavigationContainer>
  );
}
```

```
export default App;
```

```
import React from 'react';
import {createNativeStackNavigator} from '@react-navigation/native-stack';
import {RootStackParamList} from './types';
import MainTab from './MainTab';

const Stack = createNativeStackNavigator<RootStackParamList>();

function RootStack() {
  return (
    <Stack.Navigator>
      <Stack.Screen
        name="MainTab"
        component={MainTab}
        options={{headerShown: false}}
      />
    </Stack.Navigator>
  );
}

export default RootStack;
```

```
import React from 'react';
import {createBottomTabNavigator} from '@react-navigation/bottom-tabs';
import {MainTabParamList} from './types';
import ArticlesScreen from './ArticlesScreen';
import MaterialIcons from 'react-native-vector-icons/MaterialIcons';

const Tab = createBottomTabNavigator<MainTabParamList>();

function MainTab() {
  return (
    <Tab.Navigator>
      <Tab.Screen
        name="Articles"
        component={ArticlesScreen}
```

```
      options={{
        title: '게시글 목록',
        tabBarIcon: ({color, size}) => (
          <MaterialIcons name="article" color={color} size={size} />
        ),
      }}
    />
  </Tab.Navigator>
  );
}

export default MainTab;
```

리액트 내비게이션와 관련한 초기 설정이 끝났습니다. yarn ios 또는 yarn android 명령어를 실행하여 결과 화면을 확인해보세요.

이번 앱은 플랫폼 간에 큰 차이가 없으니, 두 시뮬레이터를 모두 띄워서 작업할 필요는 없습니다. 좋아하는 환경 하나에서만 진행해도 됩니다(책에서는 안드로이드의 스크린샷을 기본으로 보여주겠습니다(플랫폼에 따라 분기를 거칠 때는 두 스크린샷을 모두 제시).

▼ 그림 15-2 초기 설정

15.2 / useQuery를 사용하여 데이터 조회하기

첫 번째로 알아볼 리액트 쿼리의 Hook은 useQuery입니다. 이 Hook은 데이터의 캐시 키와 Promise를 반환하는 함수를 기반으로 데이터의 로딩/결과/오류 상태를 관리해줍니다.

예시 코드를 한번 확인해볼까요?

```
import {useQuery} from 'react-query';

function Sample() {
  const result = useQuery('articles', getArticles);
  const { data, error, isLoading } = result;
}
```

useQuery의 첫 번째 인자에는 조회하고 싶은 데이터의 캐시 키를 넣습니다. 리액트 쿼리에서는 이 캐시 키를 사용하여 데이터를 캐싱합니다. 한 번 데이터를 받아온 다음, 나중에 같은 요청을 해야 하는 상황에서 데이터가 이미 존재한다면 기존에 있던 데이터를 바로 보여줍니다. 그리고 설정에 따라 데이터를 새로 요청할 수도 있습니다.

물론 캐싱에 관한 설정도 따로 할 수 있습니다. 예를 들어 캐싱 기간 또는 캐싱 비활성화 등을 세 번째 파라미터로 설정할 수 있습니다. 이 작업은 추후 해보겠습니다.

두 번째 인자에는 Promise를 반환하는 함수를 넣습니다. 그러면 이 컴포넌트가 렌더링될 때 해당 함수를 호출하고, 이에 대한 상태가 관리됩니다.

15.2.1 반환값

useQuery Hook을 사용하여 반환된 result 객체는 다음 값을 지니고 있습니다.

- status: API의 요청 상태를 문자열로 나타냅니다.
  - 'loading': 아직 데이터를 받아오지 않았고, 현재 데이터를 요청 중
  - 'error': 오류 발생
  - 'success': 데이터 요청 성공
  - 'idle': 비활성화된 상태(따로 설정해 비활성화한 경우)

- isLoading: status === 'loading'과 같습니다.

- isError: status === 'error'와 같습니다.

- isSuccess: status === 'success'와 같습니다.

- isIdle: status === 'idle'과 같습니다.

- error: 오류가 발생했을 때 오류 정보를 지닙니다.

- data: 요청 성공한 데이터를 가리킵니다.

- isFetching: 데이터가 요청 중일 때 true가 됩니다(데이터가 이미 존재하는 상태에서 재요청할 때 isLoading은 false이지만, isFetching은 true입니다).

- refetch: 다시 요청을 시작하는 함수입니다.

이외에도 다른 필드를 지니고 있는데, 흔히 사용하지 않는 건 다루지 않았습니다. 다른 필드는 다음 링크에서 확인해보세요.

- https://react-query.tanstack.com/reference/useQuery

useQuery Hook을 사용할 때는 앞의 예시 코드처럼 data, error, isLoading을 많이 사용합니다. 이 값에 따라 동적 렌더링을 구현하지요.

```
import {useQuery} from 'react-query';
import {Text, View} from 'react-native';

function Sample() {
  const result = useQuery('articles', getArticles);
  const { data, error, isLoading } = result;

  if (isLoading) return <Text>로딩 중..</Text>;
  if (error) return <Text>오류 발생</Text>;
  return <View>{/* 데이터 보여주기.. */}</View>;
}
```

15.2.2 배열 타입의 캐시 키

만약 요청 함수를 호출하는 상황에서 파라미터가 필요하다면 다음과 같이 구현합니다.

```
import {useQuery} from 'react-query';
```

```
function Sample({id}) {
  const result = useQuery(['article', id], () => getArticle(id));
}
```

이 예시 코드에서는 id 값을 Props로 받아와 useQuery의 두 번째 인자에서 화살표 함수를 선언하여 그 내부에서 사용했습니다. 그리고 캐시 키를 배열 형태로 넣어줬습니다.

캐시 키는 문자열로만 이뤄질 수도 있고, 이와 같이 배열 타입으로 설정할 수도 있습니다. 배열 타입의 캐시 키를 사용할 때는 원소에 객체를 넣을 수도 있습니다. 다음과 같이 말이죠.

```
useQuery(['articles', { start: 0, limit: 10 }], () => ...)
```

객체를 넣을 때 객체 키의 순서는 신경 쓰지 않아도 됩니다. 다음 캐시 키는 모두 동일한 캐시 키로 간주됩니다.

```
useQuery(['articles', { start: 0, limit: 10 }], () => ...)
useQuery(['articles', { limit: 10, start: 0 }], () => ...)
```

만약 요청의 결과물이 특정 변수에 따라 달라진다면 꼭 캐시 키에 포함해야 합니다.

15.2.3 useQuery의 options

useQuery를 사용할 때 세 번째 파라미터에 options 객체를 넣어서 해당 Hook의 작동 방식을 설정할 수 있습니다.

```
function Sample() {
  const result = useQuery('articles', getArticles, {
    enabled: true,
    refetchOnMount: true,
  });
}
```

options에 설정할 수 있는 필드들은 다음과 같습니다.

- enabled: boolean 타입의 값을 설정하며, 이 값이 false라면 컴포넌트가 마운트될 때 자동으로 요청하지 않습니다. refetch 함수로만 요청이 시작됩니다.

- retry: boolean | number | (failureCount: number, error: TError) => boolean 타입의 값을 설정하며, 요청이 실패했을 때 재요청할지 설정할 수 있습니다.

- 이 값을 true로 하면 실패했을 때 성공할 때까지 계속 반복 요청합니다.

- 이 값을 false로 하면 실패했을 때 재요청하지 않습니다.

- 이 값을 3으로 하면 3번까지만 재요청합니다.

- 이 값을 함수 타입으로 설정하면 실패 횟수와 오류 타입에 따라 재요청할지 함수 내에서 결정할 수 있습니다.

- retryDelay: number | (retryAttempt: number, error: TError) => number 타입의 값을 설정하며, 요청이 실패한 후 재요청할 때 지연 시간을 얼마나 가질지 설정할 수 있습니다. 시간 단위는 ms(밀리세컨드 · 0.001초)입니다.

  - 이 값의 기본값은 (retryAttempt) => Math.min(1000 * 2 ** failureCount, 30000)입니다. 실패 횟수 n에 따라 2의 n제곱 초만큼 기다렸다가 재요청합니다. 그리고 최대 30초까지 기다립니다.

- staleTime: 데이터의 유효 시간을 ms 단위로 설정합니다. 기본값은 0입니다.

- cacheTime: 데이터의 캐시 시간을 ms 단위로 설정합니다. 기본값은 5분입니다. 캐시 시간은 Hook을 사용하는 컴포넌트가 언마운트되고 나서 해당 데이터를 얼마나 유지할지 결정합니다. staleTime과 cacheTime의 차이점은 잠시 후에 더 자세히 다뤄보겠습니다.

- refetchInterval: false | number 타입의 값을 설정하며, 이 설정으로 n초마다 데이터를 새로고침하도록 설정할 수 있습니다. 시간 단위는 ms입니다.

- refetchOnmount: boolean | 'always' 타입의 값을 설정하며 이 설정으로 컴포넌트가 마운트될 때 재요청하는 방식을 설정할 수 있습니다. 기본값은 true입니다.

  - true일 때는 데이터가 유효하지 않을 때 재요청합니다.

  - false일 때는 컴포넌트가 다시 마운트되어도 재요청하지 않습니다.

  - 'always'일 때는 데이터의 유효 여부와 관계없이 무조건 재요청합니다.

- onSucess: (data: Data) => void 타입의 함수를 설정합니다. 데이터 요청이 성공하고 나서 특정 함수를 호출하고 싶을 때 사용합니다.

- onError: (error: Error) => void 타입의 함수를 설정합니다. 데이터 요청이 실패하고 나서 특정 함수를 호출하고 싶을 때 사용합니다.

- onSettled: (data?: Data, error?: Error) => void 타입의 함수를 설정합니다. 데이터 요청의 성공 여부와 관계없이 요청이 끝나면 특정 함수를 호출하도록 설정합니다.

- initialData: Data | () => Data 타입의 값을 설정합니다. Hook에서 사용할 데이터의 초 깃값을 지정하고 싶을 때 사용합니다.

이외에 다른 설정은 다음 페이지를 확인하세요.

- https://react-query.tanstack.com/reference/useQuery

15.2.4 staleTime과 cacheTime

useQuery의 options 필드 중 staleTime과 cacheTime이 있는데, 이 개념이 처음에는 조금 익숙하지 않을 수 있으므로 한번 알아보고 넘어갑시다.

우선 stale은 '신선하지 않다'라는 사전적 의미를 가지고 있습니다. 이 의미는 데이터가 더 이상 유효하지 않다는 뜻이죠. useQuery를 사용할 때 staleTime 옵션은 기본값이 0입니다. 즉, 데이터를 조회한 순간 데이터는 바로 유효하지 않게 됩니다. 데이터가 유효하지 않다면 기회가 주어졌을 때 다시 요청하여 데이터를 최신화해야 합니다. 재요청 기회가 주어지는 시점은 (똑같은 캐시 키를 사용하는) useQuery를 사용하는 컴포넌트가 마운트될 때입니다.

cacheTime은 useQuery Hook을 사용한 컴포넌트가 언마운트되고 나서 해당 데이터를 얼마 동안 유지할지에 대한 설정입니다. 기본값은 5분입니다. 만약 useQuery를 사용한 컴포넌트가 언마운트되고 나서 5분 안에 다시 마운트된다면 isLoading 값이 true로 되지 않고, 처음 렌더링하는 시점부터 data 값이 이전에 불러온 데이터로 채워져 있게 됩니다. 그리고 staleTime에 따라 해당 데이터가 유효하다면 재요청하지 않고, 유효하지 않다면 재요청합니다.

다음 상황을 통해 useQuery의 작동 방식을 이해해보세요.

Case 1. (기본 옵션) 기본 옵션에서 staleTime은 0, cacheTime은 5분입니다.

1. SampleA 컴포넌트에서 useQuery('articles', getArticles)를 사용합니다.
   – 데이터가 조회되는 순간 데이터가 더 이상 유효하지 않다고 간주합니다.

2. 나중에 SampleB라는 컴포넌트가 화면에 마운트되고, 이 컴포넌트도 useQuery('articles', getArticles)를 사용합니다.
   – SampleB가 화면에 나타나는 순간, SampleA에서 불러온 데이터를 그대로 보여줍니다.
   – 캐시 키를 통하여 해당 데이터가 유효한지 확인합니다. 지금 상황은 데이터가 유효하지 않기 때문에 재요청합니다.

- 재요청이 끝나면 새로운 데이터가 SampleB와 SampleA에 모두 반영됩니다. 요청은 한 번만 하지만, 해당 캐시 키를 사용하는 useQuery Hook에 모두 반영됩니다.

3. SampleA와 SampleB가 모두 언마운트됩니다.
   - 같은 캐시 키를 가진 useQuery를 사용하는 컴포넌트가 화면에서 모두 언마운트되면 cacheTime 5분 동안 데이터가 유지됩니다.

4. 5분 안에 SampleA 컴포넌트가 다시 마운트됩니다.
   - 컴포넌트가 처음 보일 때 이전에 불러온 데이터를 그대로 사용합니다.
   - 데이터가 유효하지 않기 때문에 재요청하고, 새로운 데이터로 대체합니다.

5. SampleA 컴포넌트가 언마운트되고 5분 뒤에 다시 마운트됩니다.
   - 5분이 지났기 때문에 캐시에서 기존 데이터가 제거됐습니다. data가 undefined이며, 새로 요청합니다.

Case 2. (staleTime 3분) 만약 staleTime을 3분(1000 × 60 × 3)으로 설정했을 때 어떻게 작동하는지 확인해봅시다.

1. SampleA 컴포넌트에서 useQuery('articles', getArticles, { staleTime: 1000 * 60 * 3})을 사용합니다.
   - 응답받은 데이터는 3분 동안 유효합니다.

2. 3분 안에 같은 키를 가진 useQuery를 사용하는 컴포넌트 SampleB 컴포넌트가 마운트됩니다.
   - 기존에 받아온 데이터를 그대로 사용합니다.
   - 3분 안에 컴포넌트가 마운트되어서 데이터가 유효하다고 간주하기 때문에, 새로 요청하지 않습니다.

3. SampleA 컴포넌트와 SampleB 컴포넌트가 모두 언마운트됩니다.
   - 데이터가 5분 동안 캐시에 유지됩니다.

4. 5분 안에 SampleA 컴포넌트가 마운트됩니다.
   - 5분 안에 컴포넌트가 마운트됐기 때문에, 캐시에 있던 데이터를 그대로 사용합니다.
   - 만약 마지막으로 데이터를 요청한 지 3분 안에 마운트됐다면 데이터를 새로 요청하지 않습니다. 3분 이상 경과됐다면 데이터를 새로 요청하고, 새로운 데이터로 대체합니다.

15.3 API 요청할 준비하기

useQuery를 알아봤으니 이제 이 Hook을 사용하여 기능들을 구현해볼 차례인데, 그 전에 준비해야 할 작업이 몇 가지 있습니다.

API에서 사용할 타입을 선언하고, 요청에 관한 코드를 더욱 편하게 작성하기 위해 axios 인스턴스를 생성하겠습니다. 그리고 리액트 쿼리를 프로젝트에서 사용하기 위해 컴포넌트를 QueryClientProvider로 감싸는 작업도 해주겠습니다.

15.3.1 타입 선언하기

우선 앞으로 사용할 API의 응답 결과에서 사용할 타입들을 선언해줍시다.

프로젝트의 최상위 디렉터리에 api 디렉터리를 만들고, types.ts 파일을 다음과 같이 작성하세요.

api/types.ts

```ts
export interface User {
  id: number;
  username: string;
  email: string;
  provider: string;
  confirmed: boolean;
  blocked: null | boolean;
  role: number;
  created_at: string;
  updated_at: string;
}

export interface Article {
  id: number;
  title: string;
  body: string;
  user: User;
  published_at: string;
  created_at: string;
  updated_at: string;
}
```

```
export interface Comment {
  id: number;
  message: string;
  user: User;
  published_at: string;
  created_at: string;
  updated_at: string;
}

export interface AuthResult {
  jwt: string;
  user: User;
}
```

우리가 사용할 API 서버에서 다루는 타입들이 몇 개 없기 때문에 이 파일에 모두 선언해줬습니다. 만약 타입의 수가 다양하다면 한 파일에 모두 몰아서 작성하는 것보다 종류별로 파일을 나눠서 작성하는 것이 더 좋을 수 있습니다.

15.3.2 axios 인스턴스 만들기

이전에 axios를 사용할 때는 axios.get(...)과 같은 형식으로 라이브러리를 불러와서 메서드에 따라 get, post 등의 함수를 바로 사용했는데요. 이번에는 별도의 axios 클라이언트 인스턴스를 따로 만들어서 작업을 진행하겠습니다. 이렇게 하는 이유는 두 가지입니다.

첫 번째 이유는 요청에 baseURL을 설정하기 위함입니다. axios 인스턴스를 만들어서 baseURL 설정을 적용하면 주소의 앞부분(http://localhost:1337)을 포함하지 않고 다음과 같이 경로만 입력하여 요청할 수 있습니다.

```
const client = axios.create({
  baseURL: 'http://localhost:1337'
});

client.get('/articles');
```

참고로 안드로이드 환경에서는 localhost 주소로 요청하게 되면 localhost 주소가 우리의 PC가 아닌 기기 자체를 가리키게 되어서 요청이 제대로 이뤄지지 않습니다. 반면 iOS의 경우에는

localhost로 바로 접속할 수 있습니다. 다만 iOS 기기에서는 localhost로 접속할 수 없습니다.

따라서 주소 부분에 PC의 실제 내부 주소를 입력해줘야 합니다(터미널에서 ifconfig로 확인, 윈도우의 경우 ipconfig).

안드로이드에서 실제 내부 주소를 입력하지 않고도 localhost에 접속하는 방법이 있는데요. 바로 adb의 reverse 기능을 사용하면 됩니다.

터미널에서 다음과 같이 명령어를 입력해보세요(참고로 adb reverse 명령어는 에뮬레이터가 실행 중인 상태에서 실행해야 합니다).

```
$ adb reverse tcp:1337 tcp:1337
```

그러면 안드로이드 기기 내에서 localhost:1337을 사용할 때 PC에서 열려 있는 1337 포트로 접속하게 됩니다. 만약 시뮬레이터가 여러 개 가동 중이거나 실제 기기를 함께 사용 중이라면 디바이스 목록을 확인하고 특정 디바이스를 선택하여 reverse를 설정해야 합니다. 그런 경우에는 다음 명령어를 참고하세요.

```
$ adb devices
List of devices attached
emulator-5554    device
emulator-5555    device
$ adb -s emulator-5554 reverse tcp:1337 tcp:1337
```

이 작업은 안드로이드 시뮬레이터를 새로 실행할 때마다 해줘야 합니다.

> Note ≡ **윈도우에서 adb 사용하기**
>
> 만약 adb 명령어가 작동하지 않는다면 다음 명령어를 입력해서 platform-tools 경로로 이동한 후, 다시 시도해주세요.
>
> `> cd %LOCALAPPDATA%\Android\Sdk\platform-tools`

다음은 axios의 인스턴스 client를 만들어서 내보내주는 파일입니다. 우리가 웹 요청을 할 때 axios.get(URL)과 같이 요청을 시작할 수 있는데요. 다음과 같이 인스턴스를 따로 만들어서 요청하면 요청할 서버의 주소를 사전에 설정할 수 있어서 주소를 입력할 때 더욱 편리합니다. 추가로 공통 헤더를 설정할 때도 용이합니다.

```ts
import axios from 'axios';

// __DEV__ 값을 통해 현재 환경이 개발 환경인지 아닌지 판단할 수 있습니다.
const baseURL = __DEV__
  ? 'http://localhost:1337'
  : 'https://articles.example.com';

const client = axios.create({
  baseURL,
});

export default client;
```

이 코드에서는 baseURL 값을 선언해줬습니다. 이 과정에서 __DEV__ 값에 따라 개발 서버를 사용할지 실제 서버를 사용할지 결정합니다. 만약 현재 앱이 실행 중인 환경이 개발 환경이라면 __DEV__ 값이 true입니다. https://articles.example.com은 앱을 릴리스할 때 사용할 주소입니다(실제로 유효한 주소는 아닙니다). 추후 여러분만의 앱을 만들 때 프로덕션 서버의 주소를 이런 식으로 설정하면 됩니다.

axios 인스턴스를 생성할 때는 axios.create 함수를 사용합니다. 인자에는 설정 객체를 넣는데, 여기에 baseURL 값을 설정하면 됩니다.

인스턴스를 생성하는 두 번째 이유는 추후 Authorization 헤더를 모든 요청에 적용하기 위함입니다. 매번 요청할 때마다 헤더 설정에 관련한 코드를 입력할 수도 있지만, 인스턴스를 만들어서 한 번 적용하는 형태가 훨씬 편합니다. 이 작업은 추후 회원 인증 기능을 구현할 때 다뤄보겠습니다.

15.3.3 QueryClientProvider 사용하기

리액트 쿼리를 프로젝트에서 사용하기 전에 최상위 컴포넌트를 QueryClientProvider로 꼭 감싸줘야 합니다. QueryClientProvider는 리액트 쿼리에서 캐시를 관리할 때 사용하는 QueryClient 인스턴스를 자식 컴포넌트에서 사용할 수 있게 해줍니다.

App 컴포넌트를 다음과 같이 수정하세요.

```tsx
import React from 'react';
import {NavigationContainer} from '@react-navigation/native';
import RootStack from './screens/RootStack';
import {QueryClient, QueryClientProvider} from 'react-query';

const queryClient = new QueryClient();

function App() {
  return (
    <QueryClientProvider client={queryClient}>
      <NavigationContainer>
        <RootStack />
      </NavigationContainer>
    </QueryClientProvider>
  );
}

export default App;
```

15.4 / 게시글 목록 조회 기능 구현하기

이제 게시글 목록 조회 기능을 구현해봅시다.

15.4.1 API 함수 작성하기

api 디렉터리에 articles.ts 파일을 만들고, 게시글 목록을 조회할 때 사용할 함수 getArticles를 구현해보세요.

```ts
import client from './client';
import {Article} from './types';
```

```
export async function getArticles() {
  const response = await client.get<Article[]>('/articles');
  return response.data;
}
```

이 API는 Article의 배열을 응답하므로, Generic에는 Article[]을 설정해주세요.

함수를 작성했으면 useQuery로 이 함수를 호출해서 API 요청 상태 관리를 해봅시다.

15.4.2 useQuery 사용하기

리액트 쿼리를 프로젝트에 사용하기 전 ArticlesScreen 컴포넌트를 열어서 다음과 같이 코드를 입력해보세요.

screens/ArticlesScreen.tsx

```
import React from 'react';
import {Text, View} from 'react-native';
import {useQuery} from 'react-query';
import {getArticles} from '../api/articles';

function ArticlesScreen() {
  const {data, isLoading} = useQuery('articles', getArticles);

  console.log({data, isLoading});

  return (
    <View>
      <Text>Articles</Text>
    </View>
  );
}

export default ArticlesScreen;
```

데이터와 로딩 상태를 화면에 보여주기 전에, 일단 콘솔에 출력하도록 코드를 작성해봤습니다.

터미널을 확인해보세요. 다음과 같이 객체가 두 번 출력됐나요? 참고로 14장에서 만든 Strapi 서버가 구동 중이어야 합니다(구동하려면 새 터미널에서 Strapi 서버 디렉터리로 이동하여 yarn develop 명령어를 입력하세요).

LOG {"data": undefined, "isLoading": true}
LOG {"data": [{"body": "Bye World", "created_at": "2021-03-14T17:07:33.673Z", "id":
2, "published_at": "2021-03-14T17:07:33.670Z", "title": "Bye World", "updated_at":
"2021-03-14T17:21:06.351Z", "user": [Object]}, {"body": "Hello World", "created_
at": "2021-03-14T17:18:24.522Z", "id": 3, "published_at": "2021-03-14T17:18:24.520Z",
"title": "Hello World", "updated_at": "2021-03-14T17:18:24.530Z", "user": [Object]}],
"isLoading": false}

컴포넌트가 렌더링되는 시점에 요청이 시작되며, isLoading이 true가 됩니다. 요청이 끝나면
data 값이 결과 데이터로 채워지며, isLoading 값이 false가 됩니다.

이때 다음과 같은 경고가 나타날 텐데요.

Setting a timer for a long period of time, i.e. multiple minutes, is a performance and
correctness issue on Android as it keeps the timer module awake, and timers can only be
called when the app is in the foreground. See https://github.com/facebook/react-native/
issues/12981 for more info.

리액트 쿼리에서 cacheTime 부분 때문에 5분짜리 타이머가 돌고 있어서 그렇습니다. 이는 문제가
되지 않으니 무시해도 됩니다. 하지만 이 경고가 자꾸 나타나는 것이 거슬린다면 index.js 파일에
서 LogBox를 사용하여 위 경고를 무시하도록 처리할 수 있습니다.

index.js

```
/**
 * @format
 */

import {AppRegistry, LogBox} from 'react-native';

import App from './App';
import {name as appName} from './app.json';

AppRegistry.registerComponent(appName, () => App);

LogBox.ignoreLogs(['Setting a timer']);
```

15.4.3 컴포넌트 만들기

데이터가 준비됐으니 이에 맞춰 컴포넌트를 만들어봅시다.

components 디렉터리를 만들고, Articles 컴포넌트를 작성하세요.

components/Articles.tsx

```tsx
import React from 'react';
import {View, StyleSheet, FlatList} from 'react-native';
import {Article} from '../api/types';

export interface ArticlesProps {
  articles: Article[];
}

function Articles({articles}: ArticlesProps) {
  // TODO: renderItem 구현 예정
  return (
    <FlatList
      data={articles}
      renderItem={() => null}
      keyExtractor={(item) => item.id.toString()}
      style={styles.list}
      ItemSeparatorComponent={() => <View style={styles.separator} />}
      ListFooterComponent={() =>
        // articles가 1개 이상 있을 때만 최하단 테두리 보여주기
        articles.length > 0 ? <View style={styles.separator} /> : null
      }
    />
  );
}

const styles = StyleSheet.create({
  list: {
    flex: 1,
  },
  separator: {
    width: '100%',
    height: 1,
    backgroundColor: '#cfd8dc',
  },
```

```
});

export default Articles;
```

이 컴포넌트에서는 게시글 배열을 Props로 받아와서 FlatList를 사용해 화면에 보여줍니다. 지금은 아직 FlatList에서 renderItem 부분을 구현하지 않은 상태입니다.

각 게시글의 제목, 작성자, 날짜를 보여줄 ArticleItem 컴포넌트를 만들어봅시다. components 디렉터리에 ArticleItem.tsx 컴포넌트를 생성하세요.

components/ArticleItem.tsx

```tsx
import React from 'react';
import {StyleSheet, Pressable, Text, View, Platform} from 'react-native';

export interface ArticleItemProps {
  id: number;
  title: string;
  publishedAt: string;
  username: string;
}

function ArticleItem({id, title, publishedAt, username}: ArticleItemProps) {
  const onPress = () => {
    // TODO: 눌렀을 때 게시글 열기
    console.log(id);
  };

  const formattedDate = new Date(publishedAt).toLocaleString();

  return (
    <Pressable
      style={({pressed}) => [
        styles.block,
        Platform.OS === 'ios' && pressed && styles.pressed,
      ]}
      onPress={onPress}
      android_ripple={{color: '#eeeeee'}}>
      <Text style={styles.title}>{title}</Text>
      <View style={styles.footer}>
        <Text style={styles.smallText}>{username}</Text>
        <Text style={styles.smallText}>{formattedDate}</Text>
      </View>
    </Pressable>
```

```
  );
}

const styles = StyleSheet.create({
  block: {
    paddingVertical: 16,
    paddingHorizontal: 12,
    backgroundColor: 'white',
  },
  pressed: {
    backgroundColor: '#eeeeee',
  },
  title: {
    fontSize: 14,
    fontWeight: 'bold',
  },
  footer: {
    marginTop: 16,
  },
  smallText: {
    fontSize: 10,
    color: '#546e7a',
  },
});

export default ArticleItem;
```

이 컴포넌트에서는 제목, 작성자, 날짜를 보여줍니다. 추후 게시글을 눌렀을 때 게시글 상세 화면으로 이동하도록 구현하겠습니다.

컴포넌트를 다 작성했다면 이를 Articles 컴포넌트에서 사용하세요.

components/Articles.tsx

```
import React from 'react';
import {View, StyleSheet, FlatList} from 'react-native';
import {Article} from '../api/types';
import ArticleItem from './ArticleItem';

export interface ArticlesProps {
  articles: Article[];
}

function Articles({articles}: ArticlesProps) {
```

```
    return (
      <FlatList
        data={articles}
        renderItem={(({item}) => (
          <ArticleItem
            id={item.id}
            title={item.title}
            publishedAt={item.published_at}
            username={item.user.username}
          />
        )}
        (...)
      />
    );
}

(...)

export default Articles;
```

그리고 이 컴포넌트를 ArticlesScreen에서 사용해보세요. 만약 아직 데이터를 불러오지 않은 상태라면 화면에 ActivityIndicator를 보여주고, 데이터가 준비되면 Articles 컴포넌트에 articles Prop을 설정하여 보여주세요.

screens/Articlescreen.tsx

```
import React from 'react';
import {ActivityIndicator, StyleSheet} from 'react-native';
import {useQuery} from 'react-query';
import {getArticles} from '../api/articles';
import Articles from '../components/Articles';

function ArticlesScreen() {
  const {data} = useQuery('articles', getArticles);

  if (!data) {
    return <ActivityIndicator size="large" style={styles.spinner} />;
  }

  return <Articles articles={data} />;
```

```
}

const styles = StyleSheet.create({
  spinner: {
    flex: 1,
  },
});

export default ArticlesScreen;
```

원래 ActivityIndicator를 보여주는 조건을 isLoading이 true일 때로 설정해도 됩니다. 이와 같은 방식으로 구현한 이유는 현재 타입스크립트를 사용하고 있기 때문입니다. 어차피 data 값이 undefined가 아닌지 확인해야 Article 컴포넌트에 articles Prop을 설정하는 과정에서 타입스크립트 오류가 발생하지 않기 때문이죠.

이제 앱 화면을 확인해보세요. 그림 15-3처럼 정보가 잘 나타났나요? 14장에서 Postman의 요청 예시를 그대로 따라 했다면 게시글이 하나만 남아있을 텐데요. Postman으로 게시글을 더 작성해서 여러 개의 게시글이 제대로 나타나는지 확인해보세요.

▼ 그림 15-3 ArticlesScreen

15.5 / 게시글 조회 기능 구현하기

ArticlesScreen에서 게시글을 눌렀을 때 선택한 게시글을 보여주는 기능을 구현해보겠습니다.

15.5.1 화면 준비하기

우선 게시글 정보를 보여줄 ArticleScreen 화면 컴포넌트를 만들어봅시다.

screens/ArticleScreen.tsx

```tsx
import React from 'react';
import {View, StyleSheet} from 'react-native';

function ArticleScreen() {
  return <View style={styles.block} />;
}

const styles = StyleSheet.create({
  block: {},
});

export default ArticleScreen;
```

이 화면은 RootStack에 등록하겠습니다. 그리고 이 화면을 열 때는 게시글의 id 값을 라우트 파라미터로 받아오겠습니다.

screen/types.ts 파일에서 RootStackParamList를 다음과 같이 수정하세요.

screens/types.ts - RootStackParamList

```ts
export type RootStackParamList = {
  MainTab: MainTabNavigationScreenParams;
  Article: {
    id: number;
  };
};
```

그다음에는 RootStack 컴포넌트를 다음과 같이 수정하세요.

```tsx
import React from 'react';
import {createNativeStackNavigator} from '@react-navigation/native-stack';
import {RootStackParamList} from './types';
import MainTab from './MainTab';
import ArticleScreen from './ArticleScreen';

const Stack = createNativeStackNavigator<RootStackParamList>();

function RootStack() {
  return (
    <Stack.Navigator>
      <Stack.Screen
        name="MainTab"
        component={MainTab}
        options={{headerShown: false}}
      />
      <Stack.Screen name="Article" component={ArticleScreen} />
    </Stack.Navigator>
  );
}

export default RootStack;
```

화면 등록 후에는 ArticleScreen 컴포넌트에서 id 라우트 파라미터를 조회하는 코드를 작성해보세요.

```tsx
import {RouteProp, useRoute} from '@react-navigation/core';
import React from 'react';
import {View, StyleSheet, Text} from 'react-native';
import {RootStackParamList} from './types';

type ArticleScreenRouteProp = RouteProp<RootStackParamList, 'Article'>;

function ArticleScreen() {
  const {params} = useRoute<ArticleScreenRouteProp>();
  return (
    <View style={styles.block}>
      <Text>{params.id}</Text>
    </View>
```

```
  );
}

const styles = StyleSheet.create({
  block: {},
});


export default ArticleScreen;
```

이제 ArticleItem에서 onPress 함수를 구현하여 Article 화면을 띄울 차례입니다.

```
import {useNavigation} from '@react-navigation/core';
import React from 'react';
import {StyleSheet, Pressable, Text, View, Platform} from 'react-native';
import {MainTabNavigationProp} from '../screens/types';

export interface ArticleItemProps {
  id: number;
  title: string;
  publishedAt: string;
  username: string;
}

function ArticleItem({id, title, publishedAt, username}: ArticleItemProps) {
  const navigation = useNavigation<MainTabNavigationProp>();
  const onPress = () => {
    navigation.navigate('Article', {
      id,
    });
  };

  (...)
```

onPress 함수를 구현했다면 화면에서 게시글을 눌러보세요. ArticleScreen이 잘 나타나나요? 선택한 게시글의 id가 보이는지도 확인하세요.

❤ 그림 15-4 ArticleScreen에서 id 확인

15.5.2 API 함수 작성하기

이 화면에서는 두 가지를 요청합니다.

- 게시글 조회 API

- 댓글 목록 조회 API

우선 게시글 조회를 위한 API 요청 함수를 작성해보세요.

api/articles.ts

```ts
import client from './client';
import {Article} from './types';

export async function getArticles() {
  const response = await client.get<Article[]>('/articles');
  return response.data;
}

export async function getArticle(id: number) {
  const response = await client.get<Article>(`/articles/${id}`);
  return response.data;
}
```

사실 이 API를 사용하지 않아도 기능을 구현할 수는 있습니다. 현재 게시글 목록을 조회할 때와 단일 게시글을 조회할 때의 타입이 동일하기 때문이죠. 하지만 만약 실무에서 비슷한 기능을 구현하게 된다면 게시글 목록을 조회할 때는 보통 트래픽 절감을 위해 body가 누락된 상태로 데이터가 응답됩니다. 그러한 상황을 가정하고, 이렇게 getArticle 함수를 따로 작성해서 구현하겠습니다.

다음으로 댓글 목록 조회를 위한 API 요청 함수를 api/comments.ts 파일에 작성하세요.

api/comments.ts

```
import client from './client';
import {Comment} from './types';

export async function getComments(articleId: number) {
  const response = await client.get<Comment[]>(
    `/articles/${articleId}/comments`,
  );
  return response.data;
}
```

이제 API를 위한 함수가 모두 준비됐습니다.

15.5.3 useQuery 사용하기

ArticleScreen에서 useQuery를 통해 방금 선언한 함수들을 사용해봅시다.

screens/ArticleScreen.tsx

```
import {RouteProp, useRoute} from '@react-navigation/core';
import React from 'react';
import {View, StyleSheet, Text, ActivityIndicator} from 'react-native';
import {useQuery} from 'react-query';
import {getArticle} from '../api/articles';
import {getComments} from '../api/comments';
import {RootStackParamList} from './types';

type ArticleScreenRouteProp = RouteProp<RootStackParamList, 'Article'>;

function ArticleScreen() {
  const {params} = useRoute<ArticleScreenRouteProp>();
  const {id} = params;

  const articleQuery = useQuery(['article', id], () => getArticle(id));
  const commentsQuery = useQuery(['comments', id], () => getComments(id));

  // 둘 중 하나라도 준비되지 않은 데이터가 있으면 스피너 보여주기
  if (!articleQuery.data || !commentsQuery.data) {
    return (
      <ActivityIndicator size="large" style={styles.spinner} color="black" />
    );
  }
```

```
  return (
    <View>
      <Text>{articleQuery.data.title}</Text>
      <Text>{articleQuery.data.body}</Text>
      <Text>{commentsQuery.data.length}개의 댓글</Text>
    </View>
  );
}

const styles = StyleSheet.create({
  spinner: {
    flex: 1,
  },
});

export default ArticleScreen;
```

화면이 다음과 같이 나타났나요?

▼ 그림 15-5 게시글과 댓글 조회 API

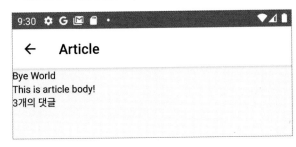

이번 컴포넌트에서는 useQuery를 여러 번 사용하기 때문에 const { data } = useQuery(...)와 같은 형식은 적합하지 않습니다. 지금과 같이 articleQuery, commentsQuery와 같은 형식으로 사용하면 됩니다.

이 상황에 구조 분해를 사용하고 싶다면 다음과 같이 할 수도 있습니다.

```
const {data: articleData} = useQuery(['article', id], () => getArticle(id));
const {data: commentsData} = useQuery(['comments', id], () => getComments(id));
```

15.5.4 컴포넌트 만들기

게시글의 정보를 보여줄 컴포넌트와 댓글 목록을 보여줄 컴포넌트를 준비합시다. 우선
components 디렉터리에 ArticleView 컴포넌트를 다음과 같이 작성해보세요.

components/ArticleView.tsx

```tsx
import React from 'react';
import {View, StyleSheet, Text} from 'react-native';

export interface ArticleViewProps {
  title: string;
  body: string;
  publishedAt: string;
  username: string;
}

function ArticleView({title, body, publishedAt, username}: ArticleViewProps) {
  const formattedDate = new Date(publishedAt).toLocaleString();

  return (
    <View style={styles.block}>
      <Text style={styles.title}>{title}</Text>
      <Text style={styles.username}>{username}</Text>
      <Text style={styles.date}>{formattedDate}</Text>
      <View style={styles.separator} />
      <Text>{body}</Text>
    </View>
  );
}

const styles = StyleSheet.create({
  block: {
    paddingTop: 24,
    paddingBottom: 64,
    borderBottomColor: '#eeeeee',
    borderBottomWidth: 1,
    marginBottom: 16,
  },
  title: {
    fontSize: 16,
    fontWeight: 'bold',
  },
```

```
  username: {
    fontSize: 12,
    marginTop: 16,
    fontWeight: 'bold',
  },
  date: {
    marginTop: 4,
    fontSize: 12,
    color: '#546e7a',
  },
  separator: {
    marginTop: 24,
    marginBottom: 24,
    height: 1,
    backgroundColor: '#eeeeee',
  },
});


export default ArticleView;
```

이 컴포넌트를 ArticleScreen에서 사용해보세요.

screens/ArticleScreen.tsx

```
import React from 'react';
import {StyleSheet, ActivityIndicator, FlatList} from 'react-native';
import {RouteProp, useRoute} from '@react-navigation/core';
import {RootStackParamList} from './types';
import {useQuery} from 'react-query';
import {getArticle} from '../api/articles';
import {getComments} from '../api/comments';
import ArticleView from '../components/ArticleView';
import {useSafeAreaInsets} from 'react-native-safe-area-context';

type ArticleScreenRouteProp = RouteProp<RootStackParamList, 'Article'>;

function ArticleScreen() {
  const {params} = useRoute<ArticleScreenRouteProp>();
  const {id} = params;

  const articleQuery = useQuery(['article', id], () => getArticle(id));
  const commentsQuery = useQuery(['comments', id], () => getComments(id));

  const {bottom} = useSafeAreaInsets();
```

```
    // 둘 중 하나라도 준비되지 않은 데이터가 있으면 스피너 보여주기
    if (!articleQuery.data || !commentsQuery.data) {
      return (
        <ActivityIndicator size="large" style={styles.spinner} color="black" />
      );
    }

    const {title, body, published_at, user} = articleQuery.data;

    return (
      <FlatList
        style={styles.flatList}
        contentContainerStyle={[styles.flatListContent, {paddingBottom: bottom}]}
        data={commentsQuery.data}
        renderItem={() => null}
        keyExtractor={item => item.id.toString()}
        ListHeaderComponent={
          <ArticleView
            title={title}
            body={body}
            publishedAt={published_at}
            username={user.username}
          />
        }
      />
    );
  }

const styles = StyleSheet.create({
  spinner: {
    flex: 1,
  },
  flatList: {
    backgroundColor: 'white',
    flex: 1,
  },
  flatListContent: {
    paddingHorizontal: 12,
  },
});

export default ArticleScreen;
```

현재 ArticleView를 FlatList의 ListHeaderComponent로 사용하고 있습니다. 이렇게 한 이유는 내용이 길어지거나 댓글이 많아지면 사용자가 스크롤할 수 있어야 하기 때문입니다. 만약 댓글이 몇 개 달리지 않는다면, 여기서 FlatList 대신 ScrollView를 사용하고, 댓글을 보여줄 때 FlatList가 아닌 배열의 내장 함수 map을 사용해서 바로 보여주도록 구현해도 됩니다. 여기서는 댓글이 많이 달릴 수 있는 상황을 고려하여 FlatList를 사용했습니다.

contentContainerStyle에는 홈 버튼이 없는 iOS 기종에 대응하기 위해 useSafeAreaInsets()를 사용하여 화면 하단 필수 여백 크기를 가져오고, 이를 contentContainerStyle의 paddingBottom으로 지정해줬습니다.

다음으로 댓글을 보여주기 위한 컴포넌트를 준비해봅시다. components 디렉터리에 CommentItem 컴포넌트를 다음과 같이 작성해보세요.

components/CommentItem.tsx

```tsx
import React from 'react';
import {View, StyleSheet, Text} from 'react-native';

export interface CommentItemProps {
  id: number;
  message: string;
  username: string;
  publishedAt: string;
}

function CommentItem({message, username, publishedAt}: CommentItemProps) {
  const formattedDate = new Date(publishedAt).toDateString();

  return (
    <View style={styles.block}>
      <View style={styles.head}>
        <Text style={styles.username}>{username}</Text>
        <Text style={styles.date}>{formattedDate}</Text>
      </View>
      <Text style={styles.message}>{message}</Text>
    </View>
  );
}

const styles = StyleSheet.create({
  block: {
    paddingTop: 8,
```

```
    paddingBottom: 16,
  },
  head: {
    flexDirection: 'row',
    justifyContent: 'space-between',
  },
  username: {
    fontWeight: 'bold',
  },
  date: {
    color: '#546e7a',
    fontSize: 10,
    marginTop: 4,
  },
  message: {
    marginTop: 4,
  },
});


export default CommentItem;
```

이제 이 컴포넌트를 ArticleScreen에서 사용하세요.

```
(...)
import CommentItem from '../components/CommentItem';

type ArticleScreenRouteProp = RouteProp<RootStackParamList, 'Article'>;

function ArticleScreen() {
  (...)
  return (
    <FlatList
      style={styles.flatList}
      contentContainerStyle={[styles.flatListContent, {paddingBottom: bottom}]}
      data={commentsQuery.data}
      renderItem={(({item}) => (
        <CommentItem
          id={item.id}
          message={item.message}
          publishedAt={item.published_at}
          username={item.user.username}
```

```
      />
    )}
    keyExtractor={(item) => item.id.toString()}
    ListHeaderComponent={
      <ArticleView
        title={title}
        body={body}
        publishedAt={published_at}
        username={user.username}
      />
    }
  />
  );
}

const styles = StyleSheet.create({
  (...)
});

export default ArticleScreen;
```

코드를 다 작성한 뒤 화면을 확인해보세요. 다음과 같이 게시글과 댓글이 화면에 나타났나요?

▼ 그림 15-6 게시글과 댓글 목록 조회

15.6 / 회원 인증 기능 준비하기

앞으로 게시글과 댓글을 작성, 수정, 삭제하는 기능을 구현해야 하는데, 이를 구현하려면 회원인증 기능이 선행되어야 합니다.

MainTab에 새로운 탭을 추가하겠습니다. 여기에 UserMenuScreen이라는 화면을 추가합니다. 이 화면에서는 다음 메뉴를 사용자에게 보여줍니다.

로그인 시

- 로그인
- 회원가입

비로그인 시

- 내가 쓴 글
- 로그아웃

15.6.1 화면 준비하기

이 기능을 구현하기 위해서는 네 가지 화면 컴포넌트를 만들어야 합니다.

- LoginScreen: 로그인 화면
- RegisterScreen: 회원가입 화면
- MyArticlesScreen: 내가 쓴 글 화면
- UserMenuScreen: 사용자 메뉴 화면

screens 디렉터리에 위 컴포넌트들을 생성하세요. 기능은 나중에 구현하고, 빈 컴포넌트 코드를 작성합니다.

screens/LoginScreen.tsx

```
import React from 'react';
import {View} from 'react-native';

function LoginScreen() {
```

```
  return <View />;
}


export default LoginScreen;
```

```
import React from 'react';
import {View} from 'react-native';

function RegisterScreen() {
  return <View />;
}


export default RegisterScreen;
```

```
import React from 'react';
import {View} from 'react-native';

function MyArticlesScreen() {
  return <View />;
}


export default MyArticlesScreen;
```

```
import React from 'react';
import {View} from 'react-native';

function UserMenuScreen() {
  return <View />;
}


export default UserMenuScreen;
```

컴포넌트를 작성한 뒤 내비게이션을 위한 타입을 수정하세요.

```
export type MainTabParamList = {
  Articles: undefined;
  UserMenu: undefined;
};
```

```
export type RootStackParamList = {
  MainTab: MainTabNavigationScreenParams;
  Article: {
    id: number;
  };
  Register: undefined;
  Login: undefined;
  MyArticles: undefined;
};
```

UserMenuScreen은 MainTab에 등록하고, 나머지는 RootStack에 등록합니다. 이 과정에서, MainTab에서 아이콘 하단의 텍스트를 숨기고, RootStack에 등록해둔 Article 화면의 헤더 제목도 한국어로 변경해주겠습니다.

```
(...)
import UserMenuScreen from './UserMenuScreen';

const Tab = createBottomTabNavigator<MainTabParamList>();

function MainTab() {
  return (
    <Tab.Navigator
      screenOptions={{
        tabBarShowLabel: false,
      }}>
      <Tab.Screen
        name="Articles"
        component={ArticlesScreen}
        options={{
          title: '게시글 목록',
          tabBarIcon: ({color, size}) => (
            <MaterialIcons name="article" color={color} size={size} />
```

```
          ),
        }}
      />
      <Tab.Screen
        name="UserMenu"
        component={UserMenuScreen}
        options={{
          title: '게시글 목록',
          tabBarIcon: ({color, size}) => (
            <MaterialIcons name="person" color={color} size={size} />
          ),
        }}
      />
    </Tab.Navigator>
  );
}


export default MainTab;
```

screens/RootStack.tsx

```
import React from 'react';
import {createNativeStackNavigator} from '@react-navigation/native-stack';
import {RootStackParamList} from './types';
import MainTab from './MainTab';
import ArticleScreen from './ArticleScreen';
import RegisterScreen from './RegisterScreen';
import LoginScreen from './LoginScreen';
import MyArticlesScreen from './MyArticlesScreen';

const Stack = createNativeStackNavigator<RootStackParamList>();

function RootStack() {
  return (
    <Stack.Navigator screenOptions={{headerBackTitle: '닫기'}}>
      <Stack.Screen
        name="MainTab"
        component={MainTab}
        options={{headerShown: false}}
      />
      <Stack.Screen
        name="Register"
        component={RegisterScreen}
```

```
      options={{title: '회원가입'}}
    />
    <Stack.Screen
      name="Login"
      component={LoginScreen}
      options={{title: '로그인'}}
    />
    <Stack.Screen
      name="MyArticles"
      component={MyArticlesScreen}
      options={{title: '내가 쓴 글'}}
    />
    <Stack.Screen
      name="Article"
      component={ArticleScreen}
      options={{title: '게시글'}}
    />
  </Stack.Navigator>
  );
}

export default RootStack;
```

RootStack에서 새 화면을 띄웠을 때, iOS에서는 탭에 어떤 화면이 열려 있었는지에 따라 뒤로가기 버튼이 있는 부분에 (화면 이름이 나타나는 것이 아니라) MainTab이라는 이름이 보이게 됩니다. 이렇게 되면 부자연스러우니 iOS에서 뒤로가기 버튼의 텍스트를 '닫기'로 통일하겠습니다.

15.6.2 사용자 메뉴 화면 만들기

화면 등록이 끝났으면 사용자 메뉴 화면을 완성해봅시다. 이 화면에서 메뉴 항목을 보여줄 때 사용할 MenuItem 컴포넌트를 다음과 같이 만들어보세요.

components/MenuItem.tsx

```
import React from 'react';
import {StyleSheet, Pressable, Text, Platform} from 'react-native';

export interface MenuItemProps {
  onPress(): void;
```

```
    name: string;
}

function MenuItem({name, onPress}: MenuItemProps) {
  return (
    <Pressable
      style={({pressed}) => [
        styles.block,
        Platform.OS === 'ios' && pressed && styles.pressed,
      ]}
      onPress={onPress}
      android_ripple={{color: '#eeeeee'}}>
      <Text>{name}</Text>
    </Pressable>
  );
}

const styles = StyleSheet.create({
  block: {
    paddingHorizontal: 12,
    paddingVertical: 16,
    backgroundColor: 'white',
    borderBottomColor: '#eeeeee',
    borderBottomWidth: 1,
  },
  pressed: {
    backgroundColor: '#eeeeee',
  },
});

export default MenuItem;
```

그리고 UserMenuScreen 컴포넌트에서 방금 만든 컴포넌트를 다음과 같이 사용해보세요.

screens/UserMenuScreen.tsx

```
import {useNavigation} from '@react-navigation/core';
import React from 'react';
import {View} from 'react-native';
import MenuItem from '../components/MenuItem';
import {RootStackNavigationProp} from './types';

function UserMenuScreen() {
```

```
  const navigation = useNavigation<RootStackNavigationProp>();

  const onLogin = () => navigation.navigate('Login');
  const onRegister = () => navigation.navigate('Register');

  return (
    <View>
      <MenuItem name="로그인" onPress={onLogin} />
      <MenuItem name="회원가입" onPress={onRegister} />
    </View>
  );
}

export default UserMenuScreen;
```

이제 두 번째 탭을 눌러서 사용자 메뉴 화면을 띄워보세요.
다음과 같은 화면이 나타났나요? 각 메뉴 항목을 눌렀을 때
로그인 화면과 회원가입 화면이 나타나는지도 확인하세요.

▼ 그림 15-7 사용자 메뉴 화면

15.6.3 회원 인증 API 함수 만들기

이제 로그인 기능과 회원 가입 기능을 구현하기 위해 관련 API를 호출하는 함수를 작성해봅시다.

api/auth.ts

```
import client from './client';
import {AuthResult, User} from './types';
```

```
export async function register(params: RegisterParams) {
  const response = await client.post<AuthResult>(
    '/auth/local/register',
    params,
  );
  return response.data;
}

export async function login(params: LoginParams) {
  const response = await client.post<AuthResult>('/auth/local', params);
  return response.data;
}

export async function getLoginStatus() {
  const response = await client.get<User>('/users/me');
  return response.data;
}

interface RegisterParams {
  username: string;
  email: string;
  password: string;
}

interface LoginParams {
  identifier: string;
  password: string;
}
```

register 함수와 login 함수에서 사용하는 파라미터는 객체 형태의 타입으로 최하단에 선언해줬습니다. 타입은 사용해야 하는 코드의 위에 선언해도 되고, 아래에 선언해도 됩니다.

15.6.4 AuthForm 컴포넌트 만들기

AuthForm이라는 컴포넌트를 만들어서 이를 통해 회원가입 또는 로그인 기능을 구현하겠습니다. 이 컴포넌트는 isRegister Props를 통해 컴포넌트에서 회원가입 UI 또는 로그인 UI를 보여줄지 결정합니다.

```tsx
import React, {useState} from 'react';
import {
  View,
  StyleSheet,
  Pressable,
  Platform,
  Text,
  TextInput,
  KeyboardAvoidingView,
} from 'react-native';

export interface AuthFormProps {
  isRegister?: boolean;
}

function AuthForm({isRegister}: AuthFormProps) {
  const [email, setEmail] = useState('');
  const [username, setUsername] = useState('');
  const [identifier, setIdentifier] = useState('');
  const [password, setPassword] = useState('');

  return (
    <KeyboardAvoidingView
        style={styles.block}
        behavior={Platform.select({ios: 'padding'})}>
      <View style={styles.block}>
        <View>
          {isRegister ? (
            <>
              <TextInput
                style={styles.input}
                placeholder="이메일"
                value={email}
                onChangeText={setEmail}
                autoCapitalize="none"
                keyboardType="email-address"
              />
              <TextInput
                style={styles.input}
                placeholder="계정명"
                value={username}
```

```
                  onChangeText={setUsername}
                  autoCapitalize="none"
                />
              </>
          ) : (
            <TextInput
              style={styles.input}
              placeholder="이메일 또는 계정명"
              value={identifier}
              onChangeText={setIdentifier}
              autoCapitalize="none"
            />
          )}
          <TextInput
            style={styles.input}
            placeholder="비밀번호"
            secureTextEntry
            value={password}
            onChangeText={setPassword}
          />
          <Pressable
            style={({pressed}) => [
              styles.submit,
              Platform.OS === 'ios' && pressed && styles.submitPressed,
            ]}
            android_ripple={{color: '#42a5f5'}}>
            <Text style={styles.submitText}>
              {isRegister ? '회원가입' : '로그인'}
            </Text>
          </Pressable>
        </View>
      </View>
    </KeyboardAvoidingView>
  );
}

const styles = StyleSheet.create({
  block: {
    flex: 1,
    justifyContent: 'center',
    paddingHorizontal: 12,
  },
  input: {
```

```
    backgroundColor: 'white',
    padding: 8,
    borderColor: '#dddddd',
    borderWidth: 1,
    marginBottom: 8,
  },
  submit: {
    marginTop: 24,
    backgroundColor: '#2196f3',
    height: 56,
    borderRadius: 4,
    alignItems: 'center',
    justifyContent: 'center',
  },
  submitPressed: {
    opacity: 0.75,
  },
  submitText: {
    fontSize: 16,
    color: 'white',
    fontWeight: 'bold',
  },
});

export default AuthForm;
```

이 컴포넌트를 다 작성했다면 LoginScreen과 RegisterScreen에서 다음과 같이 사용하세요.

screens/LoginScreen.tsx

```
import React from 'react';
import AuthForm from '../components/AuthForm';

function LoginScreen() {
  return <AuthForm />;
}

export default LoginScreen;
```

screens/RegisterScreen.tsx

```
import React from 'react';
```

```
import AuthForm from '../components/AuthForm';

function RegisterScreen() {
  return <AuthForm isRegister />;
}

export default RegisterScreen;
```

로그인 화면과 회원가입 화면을 열어서 컴포넌트가 잘 나타나는지 확인해보세요.

▼ 그림 15–8 로그인, 회원가입 화면

REACT NATIVE

15.7 / useMutation으로 조회 외 작업 처리하기

데이터를 조회할 때는 useQuery를 사용합니다. 데이터를 생성/수정/삭제할 때는 useMutation이라는 Hook을 사용하여 구현할 수 있습니다.

useQuery는 비활성화 옵션을 설정하지 않는 이상 컴포넌트가 렌더링되는 시점에 자동으로 요청이 시작되는 반면, useMutation은 특정 함수에서 우리가 원하는 때에 직접 요청을 시작하는 형태로 작동합니다. 이 Hook을 사용하면 요청 관련 상태의 관리와 요청 처리 전/후로 실행할 작업을 쉽게 설정할 수 있습니다.

이번에 구현할 로그인과 회원가입 기능은 데이터를 생성/수정/삭제하는 기능은 아니지만, useMutation을 사용하여 구현하면 로딩 상태 관리가 더욱 편리하기 때문에 회원 인증 기능을 구현할 때 이 Hook을 사용하겠습니다.

이 Hook을 사용하기 전에 사용법을 짚어봅시다. 우선 이 Hook의 예시 코드를 확인해볼까요?

```
import {useMutation} from 'react-query';

function Sample() {
  const mutation = useMutation(writeArticle, {
    onMutate: (variables) => {
      /* 요청 직전 처리, 여기서 반환하는 값은 하단 함수들의 context로 사용됨 */
    },
    onError: (error, variables, context) => {
      /* 오류 발생 시 처리 */
    },
    onSuccess: (data, variables, context) => {
      /* 성공 시 처리 */
    },
    onSettled: (data, error, variables, context) => {
      /* 성공 여부와 관계없이 작업이 끝나면 처리 */
    }
  });
  const {mutate, isLoading, isError} = mutation;
}
```

useMutation을 사용할 때는 첫 번째 인자에 Promise를 반환하는 함수를 넣고, 두 번째 인자에 이 작업이 처리되기 전후로 실행할 함수를 넣은 옵션 객체를 넣습니다. 두 번째 인자는 생략할 수 있습니다.

15.7.1 반환값

- mutate: 요청을 시작하는 함수입니다. 이 함수의 첫 번째 인자에는 API 함수에서 사용할 인자를 넣고, 두 번째 인자에는 {onSuccess, onSettled, onError} 객체를 넣습니다. 두 번째

인자는 생략이 가능합니다. 만약 useMutation의 옵션에 이 함수들을 설정했다면 옵션에 설정한 함수가 먼저 호출되고, mutate의 두 번째 파라미터에 넣은 함수들이 두 번째로 호출됩니다.

- mutateAsync: mutate와 인자는 동일합니다. 함수를 호출했을 때 반환값이 Promise 타입입니다.

- status: 요청의 상태를 문자열로 나타냅니다(idle, loading, error, success).

- isIdle, isLoading, isError, isSuccess: status 값에 따라 boolean 타입의 값을 나타냅니다.

- error: 오류가 발생했을 때 오류 정보를 지닙니다.

- data: 요청이 성공한 데이터를 가리킵니다.

- reset: 상태를 모두 초기화하는 함수입니다.

15.8 / 회원 인증 기능 구현하기

이제 useMutation을 사용하여 회원 인증 기능을 구현해봅시다. 프로젝트의 최상위 디렉터리에 hooks라는 디렉터리를 만들고 useLogin과 useRegister Hook을 작성하겠습니다. 회원가입과 로그인 로직을 AuthForm에 모두 구현해도 되지만 두 로직이 한 컴포넌트에 함께 있으면 헷갈릴 수 있으니, 유지보수성을 높이기 위해 각 로직을 두 Hook으로 분리하여 작성하겠습니다.

15.8.1 커스텀 Hook 만들기

hooks/useLogin.ts

```
import {useMutation} from 'react-query';
import {login} from '../api/auth';

export default function useLogin() {
  const mutation = useMutation(login, {
    onSuccess: (data) => {
      console.log(data);
      /* TODO: 구현 예정 */
```

```
    },
    onError: (error) => {
      console.log(error);
      /* TODO: 구현 예정 */
    },
  });
  return mutation;
}
```

```
import {useMutation} from 'react-query';
import {register} from '../api/auth';

export default function useRegister() {
  const mutation = useMutation(register, {
    onSuccess: (data) => {
      console.log(data);
      /* TODO: 구현 예정 */
    },
    onError: (error) => {
      console.log(error);
      /* TODO: 구현 예정 */
    },
  });
  return mutation;
}
```

현재 onSuccess에서 data의 타입은 각 API 함수에서 지정한 응답 값의 타입인 AuthResult로 잘 추론됩니다. 하지만 onError의 error는 추론되지 않아 unknown 타입으로 정해집니다. 여기서 (error: any) => {} 형태로 any 타입을 사용해도 되지만, any 타입을 사용하면 실수할 가능성이 생기니, 오류 타입을 확실하게 추론하기 위해서 타입을 직접 지정해주겠습니다.

회원가입, 로그인 과정에서 발생하는 오류는 다음과 같은 형식으로 이뤄져 있습니다.

```
{
  "statusCode": 400,
  "error": "Bad Request",
  "message": [
      {
          "messages": [
```

```
            {
                "id": "Auth.form.error.email.taken",
                "message": "Email is already taken."
            }
        ]
    }
],
"data": [
    {
        "messages": [
            {
                "id": "Auth.form.error.email.taken",
                "message": "Email is already taken."
            }
        ]
    }
]
}
```

이에 대한 타입을 api/types.ts 파일에서 AuthErrorReponse라는 이름으로 다음과 같이 선언하세요.

api/types.ts

```
import {AxiosError} from 'axios';

(...)

type AuthErrorData = {
  messages: {
    id: string;
    message: string;
  }[];
}[];

export type AuthError = AxiosError<{
  statusCode: number;
  error: string;
  message: AuthErrorData;
  data: AuthErrorData;
}>;
```

axios를 사용한 요청의 오류에 대한 타입은 AxiosError라는 타입으로 선언할 수 있고, 오류의 데이터 타입은 Generic으로 지정할 수 있습니다.

이제 useLogin과 useRegister를 다음과 같이 수정하세요.

hooks/useLogin.ts

```ts
import {useMutation} from 'react-query';
import {login} from '../api/auth';
import {AuthError} from '../api/types';

export default function useLogin() {
  const mutation = useMutation(login, {
    onSuccess: (data) => {
      console.log(data);
      /* TODO: 구현 예정 */
    },
    onError: (error: AuthError) => {
      console.log(error);
      /* TODO: 구현 예정 */
    },
  });
  return mutation;
}
```

hooks/useRegister.ts

```ts
import {useMutation} from 'react-query';
import {register} from '../api/auth';
import {AuthError} from '../api/types';

export default function useRegister() {
  const mutation = useMutation(register, {
    onSuccess: (data) => {
      console.log(data);
      /* TODO: 구현 예정 */
    },
    onError: (error: AuthError) => {
      console.log(error);
      /* TODO: 구현 예정 */
    },
  });
  return mutation;
}
```

이제 위의 Hook을 AuthForm에서 사용해봅시다.

components/AuthForm.tsx

```tsx
import {
  View,
  StyleSheet,
  Pressable,
  Platform,
  Text,
  TextInput,
  KeyboardAvoidingView,
  ActivityIndicator,
} from 'react-native';
import useLogin from '../hooks/useLogin';
import useRegister from '../hooks/useRegister';

export interface AuthFormProps {
  isRegister?: boolean;
}

function AuthForm({isRegister}: AuthFormProps) {
  (...)

  const {mutate: login, isLoading: loginLoading} = useLogin();
  const {mutate: register, isLoading: registerLoading} = useRegister();

  const isLoading = loginLoading || registerLoading;

  const onPress = () => {
    if (isLoading) {
      return;
    }

    if (isRegister) {
      register({
        email,
        username,
        password,
      });
    } else {
      login({
        identifier,
        password,
```

```
      });
    }
  };

  return (
    <KeyboardAvoidingView
      style={styles.block}
      behavior={Platform.select({ios: 'padding'})}>
      <View>
        (...)
        <Pressable
          style={({pressed}) => [
            styles.submit,
            Platform.OS === 'ios' && pressed && styles.submitPressed,
          ]}
          android_ripple={{color: '#42a5f5'}}
          onPress={onPress}>
          {isLoading ? (
            <ActivityIndicator size="small" color="white" />
          ) : (
            <Text style={styles.submitText}>
              {isRegister ? '회원가입' : '로그인'}
            </Text>
          )}
        </Pressable>
      </View>
    </View>
  </KeyboardAvoidingView>
  );
}

(...)
```

---

onPress 함수에서는 현재 isRegister 값이 true면 register 함수를 호출하고, 그렇지 않으면
login 함수를 호출합니다. 그리고 요청이 로딩 중일 때는 회원가입 또는 로그인 텍스트 대신에
ActivityIndicator 컴포넌트를 사용하여 스피너를 보여주도록 설정했습니다.

이제 회원가입 화면에서 회원가입을 시도해보고, 로그인 화면에서 로그인을 시도해보세요. 터미
널에서 인증 결과가 출력되나요? 로그인/회원가입 성공 시에 동일한 타입을 가진 결괏값이 출력
됩니다.

{"jwt": "eyJhbGciOiJIUzI1NiIsInR5cCI6IkpXVCJ9.eyJpZCI6MSwiaWF0IjoxNjE2NDMzNzNM5LCJleH
AiOjE2MTkwMjU3Mzl9.J6gr94mrwJhnHdSC1BD-DV9iNFIILipUfzHX-7aI_w8", "user": {"blocked":
null, "confirmed": true, "created_at": "2021-03-14T17:06:34.493Z", "email": "johndoe@
email.com", "id": 1, "provider": "local", "role": {"description": "Default role given
to authenticated user.", "id": 1, "name": "Authenticated", "type": "authenticated"},
"updated_at": "2021-03-14T17:06:34.499Z", "username": "johndoe"}}

15.8.2 사용자 인증 상태 관리하기

이제 사용자의 인증 상태를 전역 상태로 관리해봅시다. 지금까지 다룬 전역 상태 관리 방법은 총
세 가지입니다.

- Context
- Redux
- Recoil

여기서는 가장 기본적인 Context를 사용하여 구현하겠습니다. 전역 상태가 이것 외에는 없기 때
문에 굳이 전역 상태 라이브러리를 사용하지 않아도 됩니다. 어떤 방식을 사용할지는 여러분의 선
택입니다. 연습 삼아 라이브러리를 적용하여 구현해보는 것도 좋습니다.

우선 최상위 디렉터리에 contexts 디렉터리를 만들고 그 안에 UserContext.tsx 파일을 생성하
여 다음 코드를 작성하세요.

contexts/UserContext.tsx

```
import React, {createContext, useContext, useState} from 'react';
import {User} from '../api/types';

// UserContext의 값은 [값, 업데이터 함수] 타입을 지닙니다.
// useState를 통해 반환된 값을 그대로 UserContext에 담겠습니다.
type UserContextState = [User | null, (user: User | null) => void];

const UserContext = createContext<UserContextState | null>(null);

export function UserContextProvider({children}: {children: React.ReactNode}) {
  const userState = useState<User | null>(null);
  return (
    <UserContext.Provider value={userState}>{children}</UserContext.Provider>
  );
```

```
}

// Context를 추후 더 편하게 사용할 수 있도록 만든 Hook입니다.
export function useUserState() {
  const userState = useContext(UserContext);
  if (!userState) {
    throw new Error('UserContext is not used');
  }
  return userState;
}
```

이 파일에서는 Context와 Hook을 선언해줬습니다. 나중에 원하는 컴포넌트 또는 Hook에서 다음과 같이 사용하면 됩니다.

```
const [user, setUser] = useUserState();
```

간단하지요? 이 파일을 다 작성했다면 App 컴포넌트의 기존 내용을 UserContextProvider로 감싸세요.

App.tsx

```
import React from 'react';
import {NavigationContainer} from '@react-navigation/native';
import RootStack from './screens/RootStack';
import {QueryClient, QueryClientProvider} from 'react-query';
import {UserContextProvider} from './contexts/UserContext';

const queryClient = new QueryClient();

function App() {
  return (
    <UserContextProvider>
      <QueryClientProvider client={queryClient}>
        <NavigationContainer>
          <RootStack />
        </NavigationContainer>
      </QueryClientProvider>
    </UserContextProvider>
  );
}

export default App;
```

이제 이 Context를 사용할 준비가 끝났습니다. useUserState Hook을 useLogin과 useRegister 에서 사용해줍시다.

hooks/useRegister.ts

```
(...)
import {useNavigation} from '@react-navigation/core';
import {useUserState} from '../contexts/UserContext';
import {RootStackNavigationProp} from '../screens/types';

export default function useRegister() {
  const [, setUser] = useUserState();
  const navigation = useNavigation<RootStackNavigationProp>();
  const mutation = useMutation(register, {
    onSuccess: (data) => {
      setUser(data.user);
      navigation.pop();
      /* TODO: 인증 토큰 적용 예정 */
    },
    onError: (error: AuthError) => {
      console.log(error);
      /* TODO: 구현 예정 */
    },
  });
  return mutation;
}
```

hooks/useLogin.ts

```
(...)
import {useNavigation} from '@react-navigation/core';
import {useUserState} from '../contexts/UserContext';
import {RootStackNavigationProp} from '../screens/types';

export default function useLogin() {
  const [, setUser] = useUserState();
  const navigation = useNavigation<RootStackNavigationProp>();
  const mutation = useMutation(login, {
    onSuccess: (data) => {
      setUser(data.user);
      navigation.pop();
      /* TODO: 인증 토큰 적용 예정 */
    },
```

```
    onError: (error: AuthError) => {
      console.log(error);
      /* TODO: 구현 예정 */
    },
  });
  return mutation;
}
```

useUserState를 사용한 부분을 보면 const [, setUser] = useUserState()와 같은 형태로 구조 분해를 하는 배열의 첫 번째 원소 이름을 공란으로 남겨놨는데, 이는 구조 분해의 반환값 무시 문법입니다. 만약 const [user, setUser] = useUserState() 형태로 작성하면 user 값이 사용되지 않기 때문에 user 부분에 사용하지 않는 값이라면서 경고줄이 나타납니다. 이 경고를 방지하기 위해 이렇게 반환값 무시 문법을 사용했습니다.

로그인이 성공하면 setUser로 Context에 사용자 정보를 담은 뒤 현재 화면을 종료하도록 만들어 줬습니다. 이제, 로그인 또는 회원가입을 시도해보세요. 성공했을 때 화면이 잘 닫히나요?

15.8.3 인증 토큰 설정하기

사용자가 인증됐으면 인증 정보에서 반환된 JWT 토큰을 axios 클라이언트에 적용해줘야 합니다. axios 클라이언트에 공통 Authorization 헤더를 설정하는 방법은 다음과 같습니다.

```
client.defaults.headers.Authorization = 'Bearer ...';
```

이 헤더를 설정하고 초기화하는 함수를 api/client.ts 파일에 다음과 같이 선언해보세요.

api/client.ts

```
(...)

const client = axios.create({
  baseURL,
});

export function applyToken(jwt: string) {
  client.defaults.headers.Authorization = `Bearer ${jwt}`;
}
```

```
export function clearToken() {
  client.defaults.headers.Authorization = undefined;
}


export default client;
```

이제 로그인 또는 회원가입 성공 시 이 함수의 인자에 JWT Token을 넣어서 호출하면 추후 발생하는 요청들은 Authorization 헤더가 적용된 상태로 이루어집니다.

hooks/useLogin.ts

```
(...)
import {applyToken} from '../api/client';

export default function useLogin() {
  const [, setUser] = useUserState();
  const navigation = useNavigation<RootStackNavigationProp>();
  const mutation = useMutation(login, {
    onSuccess: (data) => {
      setUser(data.user);
      navigation.pop();
      applyToken(data.jwt);
    },
    onError: (error: AuthError) => {
      console.log(error);
      console.log(error.response?.data);
      /* TODO: 구현 예정 */
    },
  });
  return mutation;
}
```

hooks/useRegister.ts

```
(...)
import {applyToken} from '../api/client';

export default function useRegister() {
  const [, setUser] = useUserState();
  const navigation = useNavigation<RootStackNavigationProp>();
  const mutation = useMutation(register, {
```

15

리액트 쿼리를 사용한 API 상태 관리

891

```
      onSuccess: (data) => {
        setUser(data.user);
        navigation.pop();
        applyToken(data.jwt);
      },
      onError: (error: AuthError) => {
        console.log(error);
        /* TODO: 구현 예정 */
      },
    });
  return mutation;
}
```

15.8.4 로그아웃 기능 구현하기

이제 로그아웃 기능을 구현해봅시다. UserContext에 사용자 정보가 채워진 상태면 사용자 메뉴 화면에서 로그인/회원가입 메뉴 항목을 숨기고, 로그아웃 메뉴 항목을 보여줘야 합니다.

UserMenuScreen 컴포넌트를 다음과 같이 수정해보세요.

screens/UserMenuScreen.tsx

```
(...)
import {clearToken} from '../api/client';
import {useUserState} from '../contexts/UserContext';

function UserMenuScreen() {
  const navigation = useNavigation<RootStackNavigationProp>();

  const [user, setUser] = useUserState();
  const onLogin = () => navigation.navigate('Login');
  const onRegister = () => navigation.navigate('Register');
  const onLogout = () => {
    setUser(null);
    clearToken();
  };

  return (
    <View>
      {user ? (
```

```
        <MenuItem name="로그아웃" onPress={onLogout} />
      ) : (
        <>
          <MenuItem name="로그인" onPress={onLogin} />
          <MenuItem name="회원가입" onPress={onRegister} />
        </>
      )}
    </View>
  );
}

export default UserMenuScreen;
```

회원가입 또는 로그인하고 나면 사용자 메뉴 화면에서 회원가입, 로그인 버튼이 사라지고 로그아웃 버튼이 생길 것입니다. 그리고 그 버튼을 누르면 로그아웃되면서 다시 회원가입, 로그인 버튼이 나타납니다.

회원가입과 로그인을 해보고, 로그아웃도 해보세요. 모두 정상적으로 작동하나요?

▼ 그림 15-9 로그아웃 메뉴 항목

15.8.5 AsyncStorage로 인증 상태 유지하기

앱을 종료한 후 재시작했을 때 인증 상태를 유지하는 기능을 구현해봅시다. 이전에 사용해본 AsyncStorage를 사용하여 구현하면 됩니다.

이 라이브러리를 설치해주세요. iOS 환경이라면 라이브러리를 설치한 후 npx pod-install 명령어를 실행해야 합니다.

```
$ yarn add @react-native-async-storage/async-storage
```

이 라이브러리는 네이티브 코드의 의존성이 있기 때문에, 라이브러리 설치가 끝나면 yarn ios 또는 yarn android를 한 번 더 입력하여 앱을 다시 빌드하세요.

다음으로 최상위 디렉터리에 storages 디렉터리를 만들고, authStorage.ts 파일을 생성하여 다음 코드를 작성하세요.

storages/authStorage.ts
```ts
import AsyncStorage from '@react-native-async-storage/async-storage';
import {AuthResult} from '../api/types';

const key = 'auth';

const authStorage = {
  async get() {
    const rawData = await AsyncStorage.getItem(key);
    if (!rawData) {
      return null;
    }
    try {
      const data: AuthResult = JSON.parse(rawData);
      return data;
    } catch (e) {
      return null;
    }
  },
  set(authResult: AuthResult) {
    return AsyncStorage.setItem(key, JSON.stringify(authResult));
  },
  clear() {
    return AsyncStorage.removeItem(key);
  },
};

export default authStorage;
```

타입 지원을 위해 AsyncStorage의 기능들을 한번 추상화한 authStorage라는 객체를 만들어서 내보내줬습니다.

15.8.5.1 authStorage에 인증 정보 담기

먼저 로그인 또는 회원가입 성공 시 인증 정보를 authStorage에 담는 작업을 진행해봅시다.
useLogin과 useRegister를 다음과 같이 수정해주세요.

```
(...)
import authStorage from '../storages/authStorage';

export default function useLogin() {
  const [, setUser] = useUserState();
  const navigation = useNavigation<RootStackNavigationProp>();
  const mutation = useMutation(login, {
    onSuccess: (data) => {
      setUser(data.user);
      navigation.pop();
      applyToken(data.jwt);
      authStorage.set(data);
    },
    onError: (error: AuthError) => {
      console.log(error);
      console.log(error.response?.data);
      /* TODO: 구현 예정 */
    },
  });
  return mutation;
}
```

```
import {useNavigation} from '@react-navigation/core';
import {useMutation} from 'react-query';
import {register} from '../api/auth';
import {applyToken} from '../api/client';
import {AuthError} from '../api/types';
import {useUserState} from '../contexts/UserContext';
import {RootStackNavigationProp} from '../screens/types';
import authStorage from '../storages/authStorage';

export default function useRegister() {
  const [, setUser] = useUserState();
  const navigation = useNavigation<RootStackNavigationProp>();
```

```
  const mutation = useMutation(register, {
    onSuccess: (data) => {
      setUser(data.user);
      navigation.pop();
      applyToken(data.jwt);
      authStorage.set(data);
    },
    onError: (error: AuthError) => {
      console.log(error);
      /* TODO: 구현 예정 */
    },
  });
  return mutation;
}
```

이제 인증 성공 시 데이터가 authStorage에 저장되어 앱을 재시작해도 상태를 유지할 수 있습니다.

15.8.5.2 authStorage에서 인증 정보 불러오기

저장하는 작업이 끝났으니, 불러오는 작업도 구현해야겠지요? 관련 작업을 수행하는 커스텀 Hook을 만들어 RootStack 컴포넌트에서 사용하는 방식으로 구현하겠습니다.

hooks 디렉터리에 useAuthLoadEffect.tsx 파일을 만들고, 다음과 같이 Hook을 작성해보세요. 이 Hook은 authStorage에서 데이터를 불러오고, 데이터가 존재하면 UserContext 업데이트 및 토큰을 적용합니다.

hooks/useAuthLoadEffect.tsx

```
import {useEffect} from 'react';
import {applyToken} from '../api/client';
import {useUserState} from '../contexts/UserContext';
import authStorage from '../storages/authStorage';

export default function useAuthLoadEffect() {
  const [, setUser] = useUserState();

  useEffect(() => {
    const fn = async () => {
      const auth = await authStorage.get();
      if (!auth) {
        return;
```

```
      }
      setUser(auth.user);
      applyToken(auth.jwt);
    };
    fn();
  }, [setUser]);
}
```

useEffect에 넣는 콜백 함수는 async를 사용할 수 없습니다. 따라서 내부에 async 함수를 선언하고 해당 함수를 호출하는 방식으로 구현하였습니다. Hook 함수를 모두 작성했으면 해당 Hook을 RootStack 컴포넌트에서 사용하세요.

screens/RootStack.tsx

```
import useAuthLoadEffect from '../hooks/useAuthLoadEffect';

(...)

function RootStack() {
  useAuthLoadEffect();
  (...)
```

이제 앱을 처음 켤 때 authStorage에서 정보를 조회한 후 만약 인증 정보가 존재하면 상태 업데이트 및 토큰이 적용될 것입니다.

그런데 이 Hook을 왜 App에서 사용하지 않고 RootStack에서 사용했을까요? 그 이유는 해당 Hook에서 useUserState를 사용하여 UserContextProvider로 감싼 컴포넌트 내부에서만 사용할 수 있기 때문입니다. App은 UserContextProvider 바깥에 있기 때문에 App에서 방금 만든 Hook을 사용하면 정상적으로 작동하지 않습니다.

로그인 후, 앱을 재시작해보세요. 그리고 사용자 메뉴 탭을 열었을 때 사용자 상태가 유지되고 있나요?

15.8.5.3 로그아웃 후 authStorage 초기화하기

이번에는 로그아웃 후 authStorage에 담긴 정보를 초기화하겠습니다. UserMenuScreen 컴포넌트에서 authStorage를 불러와 onLogout 함수 내부에서 authStorage.clear()를 호출해주세요.

```
(...)
import authStorage from '../storages/authStorage';

function UserMenuScreen() {
  (...)
  const onLogout = () => {
    setUser(null);
    clearToken();
    authStorage.clear();
  };
  (...)
```

15.8.6 로그인/회원가입 오류 처리하기

로그인 또는 회원가입 중에 오류가 발생했을 때 사용자에게 오류 내용을 알려주도록 구현하겠습니다. iOS에서는 Alert, 안드로이드에서는 Toast를 사용합니다.

이를 구현하려면 useMutation의 onError에서 Platform.OS를 확인하여 분기를 태워줘야 하는데요. 유사한 코드가 useLogin, useRegister에서 반복되기 때문에 이를 커스텀 Hook으로 작성하여 관리해주겠습니다.

```
import {useCallback} from 'react';
import {Alert, Platform, ToastAndroid} from 'react-native';

export default function useInform() {
  const inform = useCallback(({title, message}: InformParams) => {
    if (Platform.OS === 'ios') {
      Alert.alert(title ?? '알림', message);
    } else {
      ToastAndroid.show(message, ToastAndroid.SHORT);
    }
  }, []);

  return inform;
}
```

```
interface InformParams {
  title?: string;
  message: string;
}
```

이 Hook을 useLogin과 useRegister에서 다음과 같이 사용합니다.

hooks/useLogin.ts

```
(...)
import useInform from './useInform';

export default function useLogin() {
  const inform = useInform();
  (...)
    onError: (error: AuthError) => {
      const message =
        error.response?.data?.data?.[0]?.messages[0].message ?? '로그인 실패';
      inform({
        title: '오류',
        message,
      });
    },
  });
  return mutation;
}
```

hooks/useRegister.ts

```
(...)
import useInform from './useInform';

export default function useRegister() {
  const inform = useInform();
  (...)
    onError: (error: AuthError) => {
      const message =
        error.response?.data?.data?.[0]?.messages[0].message ?? '회원가입 실패';
      inform({
        title: '오류',
        message,
      });
    },
```

```
    });
    return mutation;
}
```

로그인할 때 잘못된 계정 정보로 로그인해보고, 회원가입할 때 잘못된 이메일 형식(예: @ 누락)으로 회원가입을 시도해보세요.

▼ 그림 15-10 회원 인증 오류 처리

오류 처리가 잘 되고 있나요? 이제 회원 인증 부분은 모두 마무리됐습니다(참고로 짧은 시간에 요청을 너무 많이 하면 오류 메시지가 제대로 나타나지 않습니다).

15.9 / 게시글 작성 기능 구현하기

이제 게시글 작성 기능을 구현해봅시다. 게시글은 로그인한 사용자만 작성할 수 있습니다.

15.9.1 게시글 작성 버튼 준비하기

우선 WriteButton을 만들어봅시다. 이 컴포넌트는 추후 Articles 컴포넌트의 FlatList에서 ListHeaderComponent로 사용할 예정입니다.

WriteButton 컴포넌트를 다음과 같이 생성하세요.

components/WriteButton.tsx

```tsx
import React from 'react';
import {StyleSheet, Pressable, Platform, Text} from 'react-native';
import MaterialIcons from 'react-native-vector-icons/MaterialIcons';

function WriteButton() {
  const onPress = () => {
    // TODO: 구현 예정
  };
  return (
    <Pressable
      style={({pressed}) => [
        styles.button,
        Platform.OS === 'ios' && pressed && styles.pressed,
      ]}
      android_ripple={{color: '#eeeeee'}}
      onPress={onPress}>
      <MaterialIcons name="add-circle" size={24} />
      <Text style={styles.text}>새 게시글 작성</Text>
    </Pressable>
  );
}

const styles = StyleSheet.create({
  button: {
    backgroundColor: 'white',
    borderBottomColor: '#cfd8dc',
    borderBottomWidth: 1,
    paddingVertical: 16,
    paddingHorizontal: 12,
    justifyContent: 'center',
    alignItems: 'center',
    flexDirection: 'row',
  },
  text: {
    marginLeft: 8,
```

```
  },
  pressed: {
    backgroundColor: '#eeeeee',
  },
});

export default WriteButton;
```

Articles 컴포넌트에서 showWriteButton Prop의 값이 true일 때 방금 만든 버튼이 나타나도록 구현해보세요.

components/Articles.tsx

```
(...)
import WriteButton from './WriteButton';

export interface ArticlesProps {
  articles: Article[];
  showWriteButton?: boolean;
}

function Articles({articles, showWriteButton}: ArticlesProps) {
  return (
    <FlatList
      (...)
      ListHeaderComponent={() => (showWriteButton ? <WriteButton /> : null)}
      ListFooterComponent={() =>
        // articles가 1개 이상 있을 때만 최하단 테두리 보여주기
        articles.length > 0 ? <View style={styles.separator} /> : null
      }
    />
  );
}

const styles = StyleSheet.create({
  list: {
    flex: 1,
  },
  separator: {
    width: '100%',
    height: 1,
    backgroundColor: '#cfd8dc',
  },
});
```

```
export default Articles;
```

Articles 컴포넌트를 수정한 다음, ArticlesScreen에서 이 컴포넌트를 사용할 때 사용자가 로그인되어 있다면 showWriteButton을 true로 지정해주세요.

screens/ArticlesScreen.tsx

```
import React from 'react';
import {ActivityIndicator, StyleSheet} from 'react-native';
import {useQuery} from 'react-query';
import {getArticles} from '../api/articles';
import Articles from '../components/Articles';
import {useUserState} from '../contexts/UserContext';

function ArticlesScreen() {
  const {data} = useQuery('articles', getArticles);
  const [user] = useUserState();

  if (!data) {
    return (
      <ActivityIndicator size="large" style={styles.spinner} color="black" />
    );
  }

  return <Articles articles={data} showWriteButton={!!user} />;
}

const styles = StyleSheet.create({
  spinner: {
    flex: 1,
  },
});

export default ArticlesScreen;
```

여기서 !!user라는 표현을 사용했는데, 이는 user 값이 유효하다면 true를 가리키고 그렇지 않다면 false를 가리키는 표현입니다.

15.9.2 게시글 작성 화면 만들기

이번에는 방금 만든 버튼을 눌렀을 때 보여줄 새 게시글 작성 화면을 만들어봅시다. 컴포넌트의 이름은 WriteScreen이라고 하겠습니다. 추후 라우트 파라미터로 수정할 때도 이 화면 컴포넌트를 사용하겠습니다. screens/types.ts에서 RootStackParamList를 다음과 같이 수정해주세요.

```ts
export type RootStackParamList = {
  MainTab: MainTabNavigationScreenParams;
  Article: {
    id: number;
  };
  Register: undefined;
  Login: undefined;
  MyArticles: undefined;
  Write: {
    articleId?: number;
  };
};
```

새 게시글을 작성할 때는 articleId를 undefined로 설정하고, 수정할 때는 여기에 수정할 게시글의 id 값을 설정하는 방식으로 구현하겠습니다.

이제 WriteScreen 컴포넌트를 생성하고, RootStack에 등록해주세요.

```tsx
import React from 'react';
import {View, StyleSheet} from 'react-native';

function WriteScreen() {
  return <View style={styles.block} />;
}

const styles = StyleSheet.create({
  block: {},
});

export default WriteScreen;
```

```tsx
(...)
import WriteScreen from './WriteScreen';

const Stack = createNativeStackNavigator<RootStackParamList>();

function RootStack() {
  useAuthLoadEffect();

  return (
    <Stack.Navigator screenOptions={{headerBackTitle: '닫기'}}>
      (...)
      <Stack.Screen
        name="Write"
        component={WriteScreen}
        options={{title: '새 게시글 작성'}}
      />
    </Stack.Navigator>
  );
}

export default RootStack;
```

화면 등록이 완료됐으면, 이전에 만든 WriteButton을 눌렀을 때 WriteScreen을 띄우도록 수정해
주세요.

```tsx
import {useNavigation} from '@react-navigation/core';
import React from 'react';
import {StyleSheet, Pressable, Platform, Text} from 'react-native';
import MaterialIcons from 'react-native-vector-icons/MaterialIcons';
import {RootStackNavigationProp} from '../screens/types';

function WriteButton() {
  const navigation = useNavigation<RootStackNavigationProp>();

  const onPress = () => {
    navigation.navigate('Write', {});
  };

(...)
```

게시글 목록 화면에서 새 게시글 작성 버튼을 눌렀을 때 새 게시글 작성 화면이 잘 나타나는지 확인해보세요.

▼ 그림 15-11 새 게시글 작성 화면

이제 해당 화면을 구현해주겠습니다. 해당 화면에서는 제목과 내용을 작성할 수 있는 두 개의 TextInput을 보여주고 해당 인풋들의 상태 값은 useState를 사용하여 관리하겠습니다.

```
screens/WriteScreen.tsx
```

```tsx
import React, {useState} from 'react';
import {
  KeyboardAvoidingView,
  Platform,
  StyleSheet,
  TextInput,
} from 'react-native';
import {SafeAreaView, useSafeAreaInsets} from 'react-native-safe-area-context';

function WriteScreen() {
  const {top} = useSafeAreaInsets();
  const [title, setTitle] = useState('');
  const [body, setBody] = useState('');
```

```
    return (
      <SafeAreaView style={styles.block} edges={['bottom']}>
        <KeyboardAvoidingView
          style={styles.keyboardAvoiding}
          behavior={Platform.select({ios: 'padding'})}
          keyboardVerticalOffset={Platform.select({ios: top + 60})}>
          <TextInput
            placeholder="제목"
            style={styles.input}
            value={title}
            onChangeText={setTitle}
          />
          <TextInput
            placeholder="내용"
            style={{[styles.input, styles.body]}}
            multiline
            textAlignVertical="top"
            value={body}
            onChangeText={setBody}
          />
        </KeyboardAvoidingView>
      </SafeAreaView>
    );
}

const styles = StyleSheet.create({
  block: {
    flex: 1,
    paddingHorizontal: 12,
    paddingVertical: 16,
    flexDirection: 'column',
  },
  keyboardAvoiding: {
    flex: 1,
  },
  input: {
    backgroundColor: 'white',
    fontSize: 14,
    lineHeight: 18,
    paddingHorizontal: 16,
    paddingVertical: 12,
    borderRadius: 4,
  },
  body: {
```

```
      paddingTop: 12,
      paddingBottom: 12,
      marginTop: 16,
      flex: 1,
    },
});

export default WriteScreen;
```

iOS에서 키보드가 열렸을 때 내용을 위한 TextInput이 키보드에 가려지지 않도록 KeyboardAvoidingView 를 사용해줬습니다. 이때 iPhone의 상태 바 크기에 따라 keyboardVerticalOffset이 다르게 설정되므로 useSafeAreaInsets를 사용하여 상태 바 크기를 조회했습니다.

코드를 다 작성한 뒤 새 게시글 작성 화면을 열어보세요. 다음과 같이 나타났나요?

♥ 그림 15-12 WriteScreen UI

15.9.3 게시글 작성 API 함수 만들기

이제 게시글을 작성하는 API 함수를 작성해줍시다.

api/articles.ts 파일에 다음 함수를 추가하세요.

```
(...)

export async function writeArticle(params: {title: string; body: string}) {
  const response = await client.post<Article>('/articles', params);
  return response.data;
}
```

15.9.4 게시글 작성 버튼 만들기

WriteScreen의 헤더 우측에 작성 버튼을 만들어봅시다. navigation.setOptions를 통해서 작성
버튼을 다음과 같이 만들어보세요.

```
import {useNavigation} from '@react-navigation/core';
import React, {useCallback, useEffect, useState} from 'react';
import {
  KeyboardAvoidingView,
  Platform,
  Pressable,
  StyleSheet,
  TextInput,
} from 'react-native';
import {SafeAreaView, useSafeAreaInsets} from 'react-native-safe-area-context';
import {RootStackNavigationProp} from './types';
import MaterialIcons from 'react-native-vector-icons/MaterialIcons';

function WriteScreen() {
  const {top} = useSafeAreaInsets();
  const [title, setTitle] = useState('');
  const [body, setBody] = useState('');

  const navigation = useNavigation<RootStackNavigationProp>();
  const onSubmit = useCallback(() => {
    // TODO: 구현 예정
  }, []);

  useEffect(() => {
    navigation.setOptions({
```

```
      headerRightContainerStyle: styles.headerRightContainer,
      headerRight: () => (
        <Pressable
          hitSlop={8}
          onPress={onSubmit}
          style={({pressed}) => pressed && styles.headerRightPressed}>
          <MaterialIcons name="send" color="#2196f3" size={24} />
        </Pressable>
      ),
    });
  }, [onSubmit, navigation]);

  (...)
}

const styles = StyleSheet.create({
  (...)
  headerRightContainer: {
    marginRight: 16,
  },
  headerRightPressed: {
    opacity: 0.75,
  },
});


export default WriteScreen;
```

Pressable을 사용할 때 터치할 수 있는 영역을 늘리기 위해 hitSlop을 사용했습니다. 코드를 저장하고 화면을 확인해보세요. 다음과 같이 게시글 작성 버튼이 나타났나요?

▼ 그림 15-13 게시글 작성 버튼

15.9.5 useMutation으로 게시글 작성 API 호출하기

이제 useMutation을 사용하여 게시글을 작성하는 기능을 구현합시다.

```
( ... )
import {useMutation} from 'react-query';
import {writeArticle} from '../api/articles';

function WriteScreen() {
  const {top} = useSafeAreaInsets();
  const [title, setTitle] = useState('');
  const [body, setBody] = useState('');
  const {mutate: write} = useMutation(writeArticle, {
    onSuccess: () => {
      navigation.goBack();
    },
  });

  const navigation = useNavigation<RootStackNavigationProp>();
  const onSubmit = useCallback(() => {
    write({title, body});
  }, [write, title, body]);

( ... )
```

추후 게시글을 수정할 때도 useMutation을 사용할 것이기 때문에, mutate 함수를 write라는 이름으로 변경하여 구조 분해해줬습니다. 그리고 onSuccess를 통해 게시글 작성에 성공하면 게시글 작성 화면을 닫도록 구현했습니다.

코드를 모두 작성했으면 새 게시글 작성 화면에서 제목, 내용을 입력한 후 작성 버튼을 눌러보세요. 화면이 잘 닫히나요? 기존에 ArticlesScreen에서 보이던 데이터는 자동으로 업데이트되지 않기 때문에 새로고침을 위한 작업을 구현해줘야 합니다.

15.9.6 QueryClient로 데이터 새로고침하기

리액트 쿼리에서는 useQuery를 사용할 때 입력한 캐시 키를 사용하여 기존 데이터를 만료시키고 새로 불러오도록 처리할 수 있습니다.

우선 WriteScreen에서 useQueryClient Hook을 사용하여 queryClient를 받아오세요. 이 Hook은 이전에 App 컴포넌트에서 QueryClientProvider에 넣었던 queryClient를 사용할 수 있게 해줍니다.

다음으로 게시글 작성에 성공했을 때 queryClient.invalidate(key) 함수를 사용하여 'articles' 캐시 키를 만료시켜보세요.

```tsx
// screens/WriteScreen.tsx
(...)
import {useMutation, useQueryClient} from 'react-query';
import {writeArticle} from '../api/articles';

function WriteScreen() {
  (...)
  const queryClient = useQueryClient();
  const {mutate: write} = useMutation(writeArticle, {
    onSuccess: () => {
      queryClient.invalidateQueries('articles'); // articles 캐시 키를 만료시키기
      navigation.goBack();
    },
  });
  (...)
```

이제 새 게시글을 다시 작성해보세요. 작성한 게시글이 ArticlesScreen에 나타났나요?

15.9.7 QueryClient로 캐시 데이터 직접 수정하기

방금은 캐시 키로 특정 데이터를 만료시키고 API를 새로 요청하는 방식으로 데이터를 갱신했습니다. 지금 상황에서는 이 방식 말고 또 다른 방식으로도 새로운 포스트가 화면에 나타나게 만들 수 있는데요. 바로 게시글 작성에 성공했을 때의 응답 결과를 바로 기존 캐시 데이터에 추가하는 것입니다.

이를 구현하기 위해서는 QueryClient의 두 가지 메서드를 사용해야 합니다. 게시글 작성의 onSuccess를 다음과 같이 수정해보세요.

```tsx
// screens/WriteScreen.tsx – useMutation
import {Article} from '../api/types';
(...)

const {mutate: write} = useMutation(writeArticle, {
  onSuccess: (article) => {
    /*
```

```
    queryClient.invalidateQueries('articles'); // articles 캐시 키 만료시키기
    */
    // 캐시 데이터 조회
    const articles = queryClient.getQueryData<Article[]>('articles') ?? [];
    // 캐시 데이터 업데이트
    queryClient.setQueryData('articles', articles.concat(article));
    navigation.goBack();
  },
});
```

getArticleData는 캐시 키를 사용하여 캐시 데이터를 조회할 수 있습니다. 이때 데이터가
undefined일 수 있으니, 만약 데이터가 존재하지 않으면 빈 배열을 사용하도록 준비해줬습니다. 그
리고 타입스크립트 환경에서는 Generic을 지정하면 반환값의 데이터 타입도 설정할 수 있습니다.

setQueryData는 캐시 데이터를 업데이트하는 메서드입니다. setQueryData를 사용할 때는 위와
같이 데이터를 두 번째 인자로 넣어도 되고, 업데이터 함수 형태의 값을 인자로 넣을 수도 있습니
다. 만약 업데이터 함수 형태를 인자로 넣는다면 getQueryData를 생략할 수 있습니다. 다음과 같
이 말이죠.

screens/WriteScreen.tsx – useMutation

```
const {mutate: write} = useMutation(writeArticle, {
  onSuccess: (article) => {
    // 캐시 키로 데이터를 조회한 후 그 데이터를 업데이터 함수를 사용하여 업데이트
    queryClient.setQueryData<Article[]>('articles', (articles) =>
      (articles ?? []).concat(article),
    );
    navigation.goBack();
  },
});
```

이렇게 과거에 불러온 데이터를 갱신하는 두 가지 방법을 배웠습니다. 만약 API를 새로 요청하고
싶으면 invalidate를 하고, API 재요청 없이 데이터를 업데이트하고 싶으면 setQueryData를 사
용하면 됩니다.

15.10 게시글 페이지네이션 기능 구현하기

현재는 게시글 목록을 조회할 때 모든 항목을 한꺼번에 조회하고 있습니다. 만약 항목의 수가 엄청 많아진다면 데이터를 한꺼번에 불러오는 것은 비효율적입니다. 사용자가 실제로 보고 있는 부분만 끊어서 불러오는 것이 좋은데, 이 경우 페이지네이션 기능을 도입해야 합니다.

현재 게시글 목록 API는 게시글을 작성한 순서대로 불러오고 있는데요. 우선 이를 역순으로 불러오겠습니다. 즉, 최근 작성한 게시글이 먼저 보이는 것이죠.

Strapi의 목록 API는 쿼리 파라미터를 통한 정렬 기능을 제공합니다. 목록 API를 사용할 때 다음 쿼리 파라미터를 추가하면 데이터를 역순으로 조회합니다.

GET http://localhost:1337/articles?_sort=id:DESC

여기에 한 번 조회할 때 불러오는 수를 제한하려면 _limit 쿼리 파라미터를 사용하면 됩니다.

GET http://localhost:1337/articles?_sort=id:DESC&_limit=10

이렇게 하면 한 번 불러올 때 10개씩만 불러옵니다. 10개 항목을 불러오고, 그다음 10개 항목을 불러오려면 다음과 같이 _start 쿼리 파라미터를 사용하면 됩니다. 이 쿼리 파라미터를 사용하면 n개의 항목을 생략할 수 있습니다.

GET http://localhost:1337/articles?_sort=id:DESC&_limit=10&_start=10

현재는 데이터를 역순으로 불러오기 때문에 이 방식이 적합하지 않을 수 있습니다. 왜냐하면 첫 번째 목록을 불러오고 나서, 두 번째 목록을 불러오기 전에 새 게시글이 작성되면 이미 불러온 게시글들을 또 불러오기 때문입니다.

이를 더 제대로 구현하려면 _start를 사용하는 대신 id 값이 특정 값보다 적은 항목들을 조회하는 방식으로 구현해야 합니다. 이는 id_lt 쿼리 파라미터를 사용하면 됩니다. 여기서 lt는 Less than을 의미합니다.

http://localhost:1337/articles?_sort=id:DESC&_limit=10&id_lt=16

이와 같이 요청하면 id 값이 16보다 작은 항목들을 10개 불러오게 됩니다.

게시글이 25개 작성되어 있다고 가정하고 10개씩 불러온다면 앱에서 다음과 같이 페이지네이션을 요청합니다.

/articles?_sort=id:DESC&_limit=10 -> 25 ~ 16 조회

/articles?_sort=id:DESC&_limit=10&id_lt=16 -> 16 ~ 7 조회

/articles?_sort=id:DESC&_limit=10&id_lt=7 -> 7 ~ 1 조회

앞으로 페이지네이션을 구현할 수 있도록 25개 이상의 게시글을 작성해주세요. 앱에서 직접 작성하는 것보다 Postman으로 반복 요청하는 게 더 편합니다.

15.10.1 게시글 목록 조회 API 함수 변경하기

이전에 선언한 getArticles를 페이지네이션할 수 있도록 수정해줍시다.

api/articles.ts – getArticles

```
export async function getArticles({
  limit = 10,
  cursor,
}: {
  limit?: number;
  cursor?: number;
}) {
  const response = await client.get<Article[]>('/articles', {
    params: {
      _sort: 'id:DESC',
      _limit: limit,
      id_lt: cursor,
    },
  });
  return response.data;
}
```

axios를 사용할 때 쿼리 파라미터를 사용하는 경우 주소 부분에 다음과 같은 형식으로 바로 쿼리 파라미터를 넣을 수도 있습니다.

```
client.get<Article[]>(`/articles?_sort=id:DESC&_limit=${limit}&id_lt=${cursor ?? ''}`);
```

하지만 템플릿 리터럴 문법을 사용하는 것보다 객체 형식으로 설정하는 것이 더욱 명료하기 때문

에 params를 옵션에 넣는 방식으로 구현해줬습니다.

이 함수에서는 limit의 기본값을 10으로 사용합니다. 따라서 추후 API를 사용할 때 따로 명시하지 않으면 10개씩 불러오게 됩니다.

15.10.2 useInfiniteQuery 사용하기

리액트 쿼리에서 페이지네이션을 구현할 때는 useInfiniteQuery Hook을 사용합니다. 사용 방식은 useQuery와 비슷한데요. 차이점이 있다면 함수 부분에서 pageParam을 사용하고, 옵션 부분에서 getNextPageParam을 설정해줘야 합니다.

ArticlesScreen을 다음과 같이 수정해주세요.

screens/ArticlesScreen.tsx

```tsx
import React, {useMemo} from 'react';
import {ActivityIndicator, StyleSheet} from 'react-native';
import {useInfiniteQuery} from 'react-query';
import {Article} from '../api/types';

(...)

function ArticlesScreen() {
  const {data} = useInfiniteQuery(
    'articles',
    ({pageParam}) => getArticles({cursor: pageParam}),
    {
      getNextPageParam: (lastPage) =>
        lastPage.length === 10 ? lastPage[lastPage.length - 1].id : undefined,
    },
  );

  const items = useMemo(() => {
    if (!data) {
      return null;
    }
    return ([] as Article[]).concat(...data.pages);
  }, [data]);
```

916

```
  const [user] = useUserState();

  if (!items) {
    return (
      <ActivityIndicator size="large" style={styles.spinner} color="black" />
    );
  }

  return <Articles articles={items} showWriteButton={!!user} />;
}

(...)
```

useInfiniteQuery를 사용할 때, getNextPageParam을 쿼리 옵션에 넣어줘야 하는데요. 이 함수는 (lastPage, allPages) => unknown | undefined 타입입니다. lastPage는 가장 마지막으로 불러온 페이지를 가리키고, allPages는 지금까지 불러온 모든 페이지를 가리킵니다. lastPage는 현재 Article[] 타입이고, allPages는 배열로 이뤄진 배열인 Article[][] 타입입니다.

이 함수에서는 pageParam으로 사용할 값을 결정합니다. 우리는 현재 가장 마지막으로 불러온 항목을 cursor 파라미터로 사용하고 있지요? 그렇기 때문에 가장 마지막으로 불러온 lastPage의 마지막 원소의 id 값을 반환하면 됩니다.

getNextPageParam에서 더 이상 조회할 수 있는 데이터가 없을 때는 undefined를 반환해야 합니다. 그래서 이 코드에서는 마지막으로 불러온 페이지에 항목이 10개가 있으면 다음 페이지가 존재할 수 있으니 마지막 항목의 id를 반환하고, 10개 미만이면 다음 페이지가 존재하지 않으니 undefined를 반환합니다.

useInfiniteQuery의 data는 { pageParams, pages } 타입을 가지고 있습니다. 여기서 pageParams는 각 페이지에서 사용된 파라미터 배열을 나타내고, pages는 각 페이지들을 배열 타입으로 나타냅니다. 즉, 현재 상황에서 pages의 타입은 Article[][]입니다.

현재 Articles 컴포넌트는 articles Prop의 타입이 Article[]이기 때문에 Article[][]로 이뤄져 있는 data.pages를 Article[]로 변환해줘야 합니다.

이를 처리하는 방법은 앞에서와 같이 배열의 내장 함수 concat을 사용하는 것입니다. 그런데 만약 [].concat(...data.pages)라고 하면 앞부분에 []가 never[] 배열로 추론되어 타입 오류가 발생합니다. 따라서 [] as Article[]이라고 입력하여 해당 배열이 Article의 배열이란 것을 명시하고, concat을 해줬습니다. concat에는 배열 타입을 넣으면 해당 배열을 해체해서 앞부분의 배열에 붙여주기 때문에, 앞에서와 같이 하면 배열들이 하나의 배열로 합쳐집니다.

다음은 concat으로 배열들을 합치는 예시 코드입니다.

```
const firstArray = [0, 1, 2];
const secondArray = [3, 4, 5];
const thirdArray = [6, 7, 8];

const merged = ([] as number[]).concat(firstArray, secondArray, thirdArray);
// [0, 1, 2, 3, 4, 5, 6, 7, 8, 9]
```

items 배열을 만드는 코드는 현재 useMemo로 한 번 감싸줬는데요. 이는 최적화하기 위함입니다. 만약 useMemo로 감싸지 않으면 로딩 data가 변경되지 않았을 때도 다른 상태가 변할 때 불필요한 연산이 이뤄집니다.

- useInfiniteQuery에서 반환되는 객체에는 data 외에 다음 필드들이 있습니다.
- fetchNextPage: 다음 페이지를 불러오는 함수입니다.
- hasNextPage: 다음 페이지의 존재 유무를 알려줍니다. 만약 getNextPageParam에서 undefined를 반환했다면 이 값은 false가 되고 그렇지 않으면 true가 됩니다.
- isFetchingNextPage: 다음 페이지를 불러오고 있는지 여부를 알려줍니다.
- 그 외에 useQuery에서 반환되는 모든 필드들이 존재합니다.

이제 fetchNextPage, isFetchingNextPage를 Articles 컴포넌트의 Props로 설정해주세요.

screens/ArticlesScreen.tsx

```
(...)

function ArticlesScreen() {
  const {data, isFetchingNextPage, fetchNextPage} = useInfiniteQuery(
    'articles',
    ({pageParam}) => getArticles({cursor: pageParam}),
    {
      getNextPageParam: (lastPage) =>
        lastPage.length === 10 ? lastPage[lastPage.length - 1].id : undefined,
    },
  );

  const items = useMemo(() => {
    if (!data) {
      return null;
    }
```

```
    return ([] as Article[]).concat(...data.pages);
  }, [data]);

  const [user] = useUserState();

  if (!items) {
    return (
      <ActivityIndicator size="large" style={styles.spinner} color="black" />
    );
  }

  return (
    <Articles
      articles={items}
      showWriteButton={!!user}
      isFetchingNextPage={isFetchingNextPage}
      fetchNextPage={fetchNextPage}
    />
  );
}

(...)
```

아직 Articles에 해당 Props에 대한 타입을 지정하지 않아서 타입 오류가 나타날 것입니다. 이 코드를 작성한 다음에는 Articles 컴포넌트를 열어서 Props 타입을 수정하세요.

components/Articles.tsx – ArticleProps

```
export interface ArticlesProps {
  articles: Article[];
  showWriteButton?: boolean;
  isFetchingNextPage: boolean;
  fetchNextPage(): void;
}
```

이제 FlatList에서 새로 설정한 Props를 사용해줍시다.

components/Articles.tsx

```
import React from 'react';
import {View, StyleSheet, FlatList, ActivityIndicator} from 'react-native';
(...)
```

```
function Articles({
  articles,
  showWriteButton,
  isFetchingNextPage,
  fetchNextPage,
}: ArticlesProps) {
  return (
    <FlatList
      data={articles}
      renderItem={({item}) => (
        <ArticleItem
          id={item.id}
          title={item.title}
          publishedAt={item.published_at}
          username={item.user.username}
        />
      )}
      keyExtractor={(item) => item.id.toString()}
      style={styles.list}
      ItemSeparatorComponent={() => <View style={styles.separator} />}
      ListHeaderComponent={() => (showWriteButton ? <WriteButton /> : null)}
      ListFooterComponent={() => (
        <>
          {articles.length > 0 ? <View style={styles.separator} /> : null}
          {isFetchingNextPage && (
            <ActivityIndicator
              size="small"
              color="black"
              style={styles.spinner}
            />
          )}
        </>
      )}
      onEndReachedThreshold={0.5}
      onEndReached={fetchNextPage}
    />
  );
}

const styles = StyleSheet.create({
  list: {
    flex: 1,
  },
```

```
  separator: {
    width: '100%',
    height: 1,
    backgroundColor: '#cfd8dc',
  },
  spinner: {
    backgroundColor: 'white',
    paddingTop: 32,
    paddingBottom: 32,
  },
});

export default Articles;
```

이제 화면을 스크롤하면서 페이지네이션이 잘 이뤄지는지 확인해보세요. 현재 작성된 게시글이 10개 미만이라면 Postman을 사용하여 새 게시글을 여러 번 등록하거나 앱에서 직접 여러 번 입력하여 등록하고 앱을 리로드하세요(지금은 게시글을 작성한 후 바로 반영되지 않습니다).

15.10.3 게시글 작성 후 처리 로직 변경하기

페이지네이션을 위해 useQuery 대신 useInfiniteQuery를 사용하면 기존에 작성한, 게시글을 작성한 후 반영하는 방법이 조금 바뀝니다. 새로운 로직을 다음과 같이 변경해보세요.

screens/WriteScreen.tsx – useMutation

```
import {InfiniteData, useMutation, useQueryClient} from 'react-query';

(...)

  const {mutate: write} = useMutation(writeArticle, {
    onSuccess: (article) => {
      queryClient.setQueryData<InfiniteData<Article[]>>('articles', (data) => {
        if (!data) {
          return {
            pageParams: [undefined],
            pages: [[article]],
          };
        }
        const [firstPage, ...rest] = data.pages; // 첫 번째 페이지와 나머지 페이지를 구분
```

```
      return {
        ...data,
        // 첫 번째 페이지에 article을 맨 앞에 추가, 그리고 그 뒤에 나머지 페이지
        pages: [[article, ...firstPage], ...rest],
      };
    });
    navigation.goBack();
  },
});

(...)
```

useInfiniteQuery를 사용할 때는 setQueryData 함수의 Generic 부분에 <InfiniteData<Article[]>>을 넣어야 합니다. 그리고 { pageParams, pages } 객체를 반환해야 합니다.

이 코드에서는 첫 번째 페이지의 맨 앞부분에 항목을 추가하도록 구현해줬습니다. 배열을 분해하고, 첫 번째 페이지의 앞부분에 붙이고, 또 배열끼리 붙이는 작업을 했는데 꽤나 번거로운 작업입니다. 아예 invalidate를 해서 API를 재요청하는 게 더 편할 수도 있습니다.

15.10.4 화면을 아래로 당겨서 새로고침하기

게시글을 작성하고 나서 항목을 갱신하는 것이 아니라 사용자가 인터랙션을 통하여 직접 새로고침하는 기능을 구현해봅시다. useInfiniteQuery의 refetch를 사용하면 됩니다.

screens/ArticlesScreen.tsx

```
(...)

function ArticlesScreen() {
  const {
    data,
    isFetchingNextPage,
    fetchNextPage,
    refetch,
    isFetching,
  } = useInfiniteQuery(
    'articles',
    ({pageParam}) => getArticles({cursor: pageParam}),
    {
```

```
    getNextPageParam: (lastPage) =>
      lastPage.length === 10 ? lastPage[lastPage.length - 1].id : undefined,
    },
  );

  (...)

  return (
    <Articles
      articles={items}
      showWriteButton={!!user}
      isFetchingNextPage={isFetchingNextPage}
      fetchNextPage={fetchNextPage}
      refresh={refetch}
      isRefreshing={isFetching && !isFetchingNextPage}
    />
  );
}

(...)
```

refresh와 isFreshing이라는 Props를 새로 설정해줬는데요. isRefreshing의 조건은 요청이 진행 중인데, 다음 페이지에 대한 요청은 진행 중이지 않을 때입니다. 만약 !isFetchingNextPage 조건을 확인하지 않으면 다음 페이지를 불러오고 있을 때도 상단에 로딩 표시가 나타나게 됩니다.

다음으로 Articles 컴포넌트에서 Props의 타입을 수정하고, refreshControl을 설정하여 화면을 당겨서 새로고침하는 기능을 구현하세요.

components/Articles.tsx

```
import React from 'react';
import {
  View,
  StyleSheet,
  FlatList,
  ActivityIndicator,
  RefreshControl,
} from 'react-native';
import {Article} from '../api/types';
import ArticleItem from './ArticleItem';
import WriteButton from './WriteButton';
```

```
export interface ArticlesProps {
  articles: Article[];
  showWriteButton?: boolean;
  isFetchingNextPage: boolean;
  fetchNextPage(): void;
  refresh(): void;
  isRefreshing: boolean;
}

function Articles({
  articles,
  showWriteButton,
  isFetchingNextPage,
  fetchNextPage,
  refresh,
  isRefreshing,
}: ArticlesProps) {
  return (
    <FlatList
      (...)
      refreshControl={
        <RefreshControl onRefresh={refresh} refreshing={isRefreshing} />
      }
    />
  );
}

(...)
```

이제 Postman을 사용하거나 다른 시뮬레이터에서 게시글을 작성한 다음에 화면을 아래로 당겨서 새로고침해보세요. 새로운 게시글이 잘 나타났나요?

지금 구현한 방식은 refetch를 호출하는 것이기 때문에, 페이지네이션을 위해 요청한 데이터를 모두 재요청합니다. 즉, 첫 번째 페이지만 요청하는 게 아니라 만약 사용자가 세 번째 페이지까지 요청한 상태라면 세 개의 요청을 다시 하는 것이죠.

이 방식은 구현하기 쉬운 대신 불필요한 요청도 많이 하는데, 이를 최적화할 수 있는 방법이 있습니다. useInfiniteQuery는 반대 방향으로도 페이지네이션할 수 있습니다. 이는 getPreviousPageParam을 옵션 설정하여 구현할 수 있습니다.

우선 해당 기능을 사용할 수 있도록 API도 조금 변경해주겠습니다.

```ts
export async function getArticles({
  limit = 10,
  cursor,
  prevCursor,
}: {
  limit?: number;
  cursor?: number;
  prevCursor?: number;
}) {
  const response = await client.get<Article[]>('/articles', {
    params: {
      _sort: 'id:DESC',
      _limit: limit,
      id_lt: cursor,
      id_gt: prevCursor,
    },
  });
  return response.data;
}
```

이 함수에 prevCursor라는 값을 넣어줬고, 이를 id_gt라는 쿼리 파라미터로 사용하도록 구현했습니다. 여기서 gt는 Greater than을 의미합니다.

그리고 ArticlesScreen을 다음과 같이 수정하면 반대 방향으로도 페이지네이션할 수 있습니다.

```tsx
(...)

function ArticlesScreen() {
  const {
    data,
    isFetchingNextPage,
    fetchNextPage,
    fetchPreviousPage,
    isFetchingPreviousPage,
  } = useInfiniteQuery(
    'articles',
    ({pageParam}) => getArticles({...pageParam}),
    {
      getNextPageParam: (lastPage) =>
        lastPage.length === 10
```

```
              ? {cursor: lastPage[lastPage.length - 1].id}
              : undefined,
        getPreviousPageParam: (_, allPages) => {
          const validPage = allPages.find((page) => page.length > 0);
          if (!validPage) {
            return undefined;
          }
          return {
            prevCursor: validPage[0].id,
          };
        },
      },
    );

  const items = useMemo(() => {
    if (!data) {
      return null;
    }
    return ([] as Article[]).concat(...data.pages);
  }, [data]);

  const [user] = useUserState();

  if (!items) {
    return (
      <ActivityIndicator size="large" style={styles.spinner} color="black" />
    );
  }

  return (
    <Articles
      articles={items}
      showWriteButton={!!user}
      isFetchingNextPage={isFetchingNextPage}
      fetchNextPage={fetchNextPage}
      refresh={fetchPreviousPage}
      isRefreshing={isFetchingPreviousPage}
    />
  );
}

(...)
```

이 코드의 getNextPageParam에서는 { cursor: number } 타입의 객체를 반환하고, getPreviousPageParam에서는 { prevCursor: number } 타입의 객체를 반환합니다.

getPreviousPageParam에서는 첫 번째 항목의 id를 prevCursor로 사용하는데, 이때 비어있지 않은 첫 번째 배열을 선택하는 작업을 선행해줬습니다. 이렇게 한 이유는 만약 새로고침했는데 새 글이 작성되지 않은 경우 pages에 빈 배열이 맨 앞에 붙게 되고, 맨 앞 배열이 빈 배열이면 getPreviousPageParam의 반환값이 무조건 undefined가 되기 때문입니다.

문제가 발생하는 코드는 다음과 같습니다. 만약 최신 데이터를 불러오는 게 아니라면 다음과 같은 방식이 적합하겠지만, 우리는 반대 방향으로 페이지네이션할 때 데이터가 있을 수도 있고 없을 수도 있는 상황이기 때문에 현재 상황에는 적합하지 않습니다.

```
getPreviousPageParam: (firstPage) =>
  firstPage[0]?.id ? {prevCursor: firstPage[0].id} : undefined,
```

15.11 게시글 수정/삭제 기능 구현하기

이제 게시글 수정 및 삭제 기능을 구현해봅시다.

수정 버튼과 삭제 버튼을 보여줄 ArticleActionButtons 컴포넌트를 만들어보세요. 이 컴포넌트는 게시글의 id를 articleId라는 Prop으로 받아와서 수정 및 삭제를 처리합니다.

components/ArticleActionButtons.tsx

```tsx
import {useNavigation} from '@react-navigation/core';
import React from 'react';
import {View, StyleSheet, Pressable, Text} from 'react-native';
import {RootStackNavigationProp} from '../screens/types';

export interface ArticleActionButtonsProps {
  articleId: number;
}

function ArticleActionButtons({articleId}: ArticleActionButtonsProps) {
  const navigation = useNavigation<RootStackNavigationProp>();
  const onPressModify = () => {
```

```
    navigation.navigate('Write', {articleId});
  };
  const onPressRemove = () => {
    // TODO: 구현 예정
  };
  return (
    <View style={styles.block}>
      <Pressable
        style={({pressed}) => pressed && styles.pressed}
        onPress={onPressModify}>
        <Text style={styles.buttonText}>수정</Text>
      </Pressable>
      <View style={styles.separator} />
      <Pressable
        onPress={onPressRemove}
        style={({pressed}) => pressed && styles.pressed}>
        <Text style={styles.buttonText}>삭제</Text>
      </Pressable>
    </View>
  );
}

const styles = StyleSheet.create({
  block: {
    marginTop: -16,
    paddingVertical: 12,
    flexDirection: 'row',
    justifyContent: 'flex-end',
  },
  separator: {
    width: 8,
  },
  buttonText: {
    color: '#2196f3',
    fontSize: 14,
  },
  pressed: {
    opacity: 0.75,
  },
});

export default ArticleActionButtons;
```

ArticleView에서 이 컴포넌트를 보여줘야 하는데, 이 컴포넌트는 현재 읽고 있는 게시글이 자신이 작성한 게시글일 때만 보입니다. 이 조건을 확인하기 위해 ArticleScreen에서 현재 사용자 정보와 게시글 정보를 비교하고, 또 ArticleActionButtons에 articleId를 설정할 수 있도록 id 값도 Props로 넣어주세요.

screens/ArticleScreen.tsx

```
(...)
import {useUserState} from '../contexts/UserContext';

type ArticleScreenRouteProp = RouteProp<RootStackParamList, 'Article'>;

function ArticleScreen() {
  const {params} = useRoute<ArticleScreenRouteProp>();
  const {id} = params;
  const [currentUser] = useUserState();

  (...)

  const {title, body, published_at, user} = articleQuery.data;
  const isMyArticle = currentUser?.id === user.id;

  return (
    <FlatList
      (...)
      ListHeaderComponent={
        <ArticleView
          title={title}
          body={body}
          publishedAt={published_at}
          username={user.username}
          id={id}
          isMyArticle={isMyArticle}
        />
      }
    />
  );
}

(...)
```

이어서 ArticleView 컴포넌트는 다음과 같이 수정하세요.

```tsx
import React from 'react';
import {View, StyleSheet, Text} from 'react-native';
import ArticleActionButtons from './ArticleActionButtons';

export interface ArticleViewProps {
  title: string;
  body: string;
  publishedAt: string;
  username: string;
  id: number;
  isMyArticle: boolean;
}

function ArticleView({
  title,
  body,
  publishedAt,
  username,
  id,
  isMyArticle,
}: ArticleViewProps) {
  (...)
      <View style={styles.separator} />
      {isMyArticle && <ArticleActionButtons articleId={id} />}
      <Text>{body}</Text>
    </View>
  );
}

(...)
```

컴포넌트를 다 작성했으면 로그인한 계정으로 작성한 게시글을 열었을 때 다음과 같이 수정 버튼과 삭제 버튼이 나타나는지 확인하세요.

수정 버튼을 눌렀을 때 WriteScreen이 나타나는지도 확인하세요.

15.11.1 수정 기능 구현하기

수정 기능부터 먼저 완성해봅시다. 게시글 화면에서 수정을 누르면 기존 제목과 내용을 WriteScreen에서 초깃값으로 사용해야겠지요? 해당 부분은 queryClient를 사용하여 구현하겠습니다.

WriteScreen에서 내비게이션 파라미터를 읽고, id 파라미터가 존재하면 queryClient로 해당 게시글 데이터를 읽어서 제목과 내용의 초깃값으로 사용하도록 구현해보세요.

screens/WriteScreen.tsx

```
(...)
import React, {useCallback, useEffect, useMemo, useState} from 'react';
import {RouteProp, useNavigation, useRoute} from '@react-navigation/core';
import {RootStackNavigationProp, RootStackParamList} from './types';

type WriteScreenRouteProp = RouteProp<RootStackParamList, 'Write'>;

function WriteScreen() {
  const {params} = useRoute<WriteScreenRouteProp>();
  const queryClient = useQueryClient();
```

```
// params.id가 존재한다면 queryClient를 통해 캐시 조회
const cachedArticle = useMemo(
  () =>
    params.articleId
      ? queryClient.getQueryData<Article>(['article', params.articleId])
      : null,
  [queryClient, params.articleId],
);
const {top} = useSafeAreaInsets();
// 캐시된 데이터가 존재한다면 해당 데이터 정보를 초깃값으로 사용
const [title, setTitle] = useState(cachedArticle?.title ?? '');
const [body, setBody] = useState(cachedArticle?.body ?? '');

(...)
```

이제 수정 버튼을 눌렀을 때 기존 게시글의 정보가 제목과 내용에 나타나는지 확인해보세요.

다음으로 API 함수를 준비해주세요. 함수의 이름은 modifyArticle이라고 하겠습니다. 이 API는 put 메서드로 호출합니다.

api/articles.ts – modifyArticle.ts

```
export async function modifyArticle(params: {
  id: number;
  title: string;
  body: string;
}) {
  const {id, title, body} = params;
  const response = await client.put<Article>(`/articles/${id}`, {title, body});
  return response.data;
}
```

함수를 다 작성했으면 이 함수를 useMutation을 거쳐서 호출해줍시다. 데이터 작성이 성공한 다음에는 queryClient를 사용하여 기존 데이터를 갱신해주세요. 간단하게 구현하고 싶다면 단순히 invalidate를 하면 되고, 새로운 요청 없이 구현하고 싶다면 setQueryData를 사용하면 됩니다.

setQueryData를 사용하는 경우 처리가 조금 까다로울 수 있습니다. 페이지 목록에서 수정하고자 하는 항목을 찾고, 해당 항목을 교체하는 방식으로 구현해줘야 합니다. 이 과정에서 불변성도 유지해야 하기 때문에 배열의 내장 함수 map과 find를 활용하여 구현해야 합니다.

```tsx
(...)
import {modifyArticle, writeArticle} from '../api/articles';

type WriteScreenRouteProp = RouteProp<RootStackParamList, 'Write'>;

function WriteScreen() {
  (...)
  const {mutate: modify} = useMutation(modifyArticle, {
    onSuccess: (article) => {
      // 게시글 목록 수정
      queryClient.setQueryData<InfiniteData<Article[]>>('articles', (data) => {
        // data의 타입이 undefined가 아님을 명시하기 위하여 추가한 코드
        // modify의 경우엔 data가 무조건 유효하기 때문에 실제로 실행될 일 없음
        if (!data) {
          return {pageParams: [], pages: []};
        }

        return {
          pageParams: data!.pageParams,
          pages: data!.pages.map((page) =>
            // 우리가 수정할 항목이 있는 페이지를 찾고
            page.find((a) => a.id === params.articleId)
              // 해당 페이지에서 id가 일치하는 항목을 교체
              ? page.map((a) => (a.id === params.articleId ? article : a))
              : page,
          ),
        };
      });
      // 게시글 수정
      queryClient.setQueryData(['article', params.articleId], article);
      navigation.goBack();
    },
  });

  const navigation = useNavigation<RootStackNavigationProp>();
  const onSubmit = useCallback(() => {
    if (params.articleId) {
      modify({id: params.articleId, title, body});
    } else {
      write({title, body});
    }
  }, [write, modify, title, body, params.articleId]);

  (...)
```

코드를 다 작성했으면 제대로 수정이 되는지 확인해보세요.

15.11.2 삭제 기능 구현하기

이번에는 삭제 기능을 구현해봅시다. 사용자가 실수로 삭제하는 것을 방지하기 위해 삭제 버튼을 눌렀을 때 정말 삭제할지 한번 물어보고 나서 삭제하도록 구현하겠습니다.

이를 구현하기 위해 AskDialog라는 컴포넌트를 만들 텐데, 이 컴포넌트는 추후 댓글 삭제 기능을 구현할 때도 사용합니다. 따라서 재사용성을 고려하여 개발하겠습니다.

components/AskDialog.tsx

```tsx
import React from 'react';
import {View, StyleSheet, Modal, Text, Pressable} from 'react-native';

export interface AskDialogProps {
  visible: boolean;
  title: string;
  message: string;
  confirmText: string;
  cancelText?: string;
  isDestructive?: boolean;
  onClose(): void;
  onConfirm(): void;
}

function AskDialog({
  visible,
  title,
  message,
  confirmText,
  cancelText = '취소',
  isDestructive,
  onConfirm,
  onClose,
}: AskDialogProps) {
  return (
    <Modal transparent animationType="fade" visible={visible}>
      <View style={styles.block}>
        <View style={styles.whiteBox}>
          <Text style={styles.title}>{title}</Text>
          <Text style={styles.message}>{message}</Text>
```

```
            <View style={styles.buttons}>
              <Pressable
                style={({pressed}) => pressed && styles.pressed}
                hitSlop={8}
                onPress={onClose}>
                <Text style={[styles.buttonText, styles.cancelText]}>
                  {cancelText}
                </Text>
              </Pressable>
              <View style={styles.separator} />
              <Pressable
                style={({pressed}) => pressed && styles.pressed}
                hitSlop={8}
                onPress={onConfirm}>
                <Text
                  style={[
                    styles.buttonText,
                    styles.confirmText,
                    isDestructive && styles.destructive,
                  ]}>
                  {confirmText}
                </Text>
              </Pressable>
            </View>
          </View>
        </View>
      </Modal>
  );
}

const styles = StyleSheet.create({
  block: {
    flex: 1,
    backgroundColor: 'rgba(0,0,0,0.5)',
    alignItems: 'center',
    justifyContent: 'center',
  },
  whiteBox: {
    borderRadius: 4,
    width: 320,
    paddingVertical: 24,
    paddingHorizontal: 24,
    backgroundColor: 'white',
```

```
  },
  title: {
    fontSize: 18,
    fontWeight: 'bold',
  },
  message: {
    marginTop: 16,
    marginBottom: 32,
  },
  buttons: {
    flexDirection: 'row',
    justifyContent: 'flex-end',
  },
  buttonText: {
    fontSize: 12,
  },
  cancelText: {
    color: '#454545',
  },
  confirmText: {
    fontWeight: 'bold',
    color: '#2196f3',
  },
  destructive: {
    color: '#f44336',
  },
  pressed: {
    opacity: 0.75,
  },
  separator: {
    width: 16,
  },
});

export default AskDialog;
```

다 만든 다음에는 이 컴포넌트를 ArticleActionButtons 컴포넌트에서 사용해주세요.

components/ArticleActionButtons.tsx

```
import {useNavigation} from '@react-navigation/core';
import React, {useState} from 'react';
```

```
import {View, StyleSheet, Pressable, Text} from 'react-native';
import {RootStackNavigationProp} from '../screens/types';
import AskDialog from './AskDialog';

export interface ArticleActionButtonsProps {
  articleId: number;
}

function ArticleActionButtons({articleId}: ArticleActionButtonsProps) {
  const [askRemove, setAskRemove] = useState(false);
  const navigation = useNavigation<RootStackNavigationProp>();
  const onPressModify = () => {
    navigation.navigate('Write', {articleId});
  };
  const onPressRemove = () => {
    setAskRemove(true);
  };
  const onCancelRemove = () => {
    setAskRemove(false);
  };
  const onConfirmRemove = () => {
    setAskRemove(false);
  };

  return (
    <>
      <View style={styles.block}>
        <Pressable
          style={({pressed}) => pressed && styles.pressed}
          onPress={onPressModify}>
          <Text style={styles.buttonText}>수정</Text>
        </Pressable>
        <View style={styles.separator} />
        <Pressable
          onPress={onPressRemove}
          style={({pressed}) => pressed && styles.pressed}>
          <Text style={styles.buttonText}>삭제</Text>
        </Pressable>
      </View>
      <AskDialog
        visible={askRemove}
```

```
        title="게시글 삭제"
        message="게시글을 삭제하시겠습니까?"
        isDestructive
        confirmText="삭제"
        onConfirm={onConfirmRemove}
        onClose={onCancelRemove}
      />
    </>
  );
}
```

(...)

이제 게시글 화면에서 삭제 버튼을 눌러보세요. 다음과 같이 방금 만든 AskDialog가 나타났나요?

▼ 그림 15-15 AskDialog

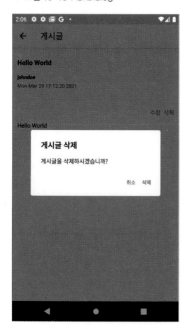

삭제 기능을 구현할 준비가 거의 끝났습니다. 삭제를 위한 API를 작성해주세요.

api/articles.ts – deleteArticle

```
export async function deleteArticle(id: number) {
  await client.delete<Article>(`/articles/${id}`);
```

```
    return null; // 응답 결과가 없기 때문에 null 반환
}
```

이 API를 useMutation을 거쳐서 호출하면 됩니다. 게시글 삭제 이후에는 navigation.goBack하
여 이전 화면으로 이동하고, queryClient를 사용하여 게시글 목록을 갱신합니다. 갱신 로직은 이
전에 게시글을 삭제했을 때 작성한 로직과 유사하게 find와 map을 사용하고, 추가로 filter 함수
도 활용하겠습니다. 로직 작성이 번거롭다면 그냥 invalidate를 해도 무방합니다.

components/ArticleActionButtons.tsx

```tsx
(...)
import {InfiniteData, useMutation, useQueryClient} from 'react-query';
import {deleteArticle} from '../api/articles';
import {Article} from '../api/types';

export interface ArticleActionButtonsProps {
  articleId: number;
}

function ArticleActionButtons({articleId}: ArticleActionButtonsProps) {
  const [askRemove, setAskRemove] = useState(false);
  const navigation = useNavigation<RootStackNavigationProp>();
  const queryClient = useQueryClient();

  const {mutate} = useMutation(deleteArticle, {
    onSuccess: () => {
      navigation.goBack();
      queryClient.setQueryData<InfiniteData<Article[]>>('articles', (data) => {
        if (!data) {
          return {pageParams: [], pages: []};
        }

        return {
          pageParams: data!.pageParams,
          pages: data!.pages.map((page) =>
            page.find((a) => a.id === articleId) // 우리가 수정할 항목이 있는 페이지를 찾고
              ? page.filter((a) => a.id !== articleId) // articleId와 일치하는 것은 제외
              : page,
          ),
        };
```

```
      });
    },
  });

  (...)

  const onConfirmRemove = () => {
    setAskRemove(false);
    mutate(articleId);
  };

  (...)
```

삭제 기능 구현이 끝났습니다! 잘 삭제되는지 확인해보세요.

15.12 댓글 작성/수정/삭제 기능 구현하기

마지막으로 댓글 관련 기능을 구현해봅시다.

15.12.1 API 함수 준비하기

댓글 기능 구현에 필요한 API를 준비해줍니다. 기존에 만든 api/comments.ts 파일을 열어서 writeComment, modifyComment, deleteComment 함수를 다음과 같이 작성해보세요.

api/comments.ts

```ts
import client from './client';
import {Comment} from './types';

export async function getComments(articleId: number) {
  const response = await client.get<Comment[]>(
    `/articles/${articleId}/comments`,
  );
  return response.data;
}
```

```
export async function writeComment(params: {
  articleId: number;
  message: string;
}) {
  const {articleId, message} = params;
  const response = await client.post<Comment>(
    `/articles/${articleId}/comments`,
    {message},
  );
  return response.data;
}

export async function modifyComment(params: {
  articleId: number;
  message: string;
  id: number;
}) {
  const {articleId, message, id} = params;
  const response = await client.put<Comment>(
    `/articles/${articleId}/comments/${id}`,
    {message},
  );
  return response.data;
}

export async function deleteComment(params: {articleId: number; id: number}) {
  const {articleId, id} = params;
  await client.delete(`/articles/${articleId}/comments/${id}`);
  return null;
}
```

15.12.2 댓글 작성 컴포넌트 만들기

댓글 작성 기능을 구현하기 위해 두 개의 컴포넌트를 만들 것입니다.

▼ 그림 15-16 댓글 작성을 위한 컴포넌트

좌측에 댓글 목록 상단에 보이는 컴포넌트는 CommentInput입니다. 이 컴포넌트는 실제로는 TextInput을 사용하지 않습니다. 작동 방식이 버튼에 더 가까운 컴포넌트입니다. 이 컴포넌트를 누르면 우측에 있는 CommentModal을 화면에 보여줍니다. 이 컴포넌트는 기존 화면에 불투명한 검정 배경을 씌우고, 화면 최하단의 흰 박스에 TextInput을 보여줍니다. 키보드가 열리면 키보드 바로 위에 보입니다.

스크롤이 가능한 상황에서 입력해야 하는 경우에는 이와 같은 UI를 흔히 사용합니다. 유튜브, 벅스(Bugs) 등 댓글 기능이 있는 앱에서 비슷한 UI를 사용하고 있죠.

CommentInput 컴포넌트를 다음과 같이 만들어보세요.

components/CommentInput.tsx

```tsx
import React from 'react';
import {StyleSheet, Text, Pressable} from 'react-native';

export interface CommentInputProps {
  articleId: number;
}

function CommentInput({}: CommentInputProps) {
  const onPress = () => {
```

```
    // TODO: 구현 예정
  };

  return (
    <Pressable style={styles.block} onPress={onPress}>
      <Text style={styles.text}>댓글을 입력하세요</Text>
    </Pressable>
  );
}

const styles = StyleSheet.create({
  block: {
    paddingHorizontal: 16,
    height: 48,
    justifyContent: 'center',
    borderWidth: 1,
    borderColor: '#cdcdcd',
    borderRadius: 4,
    marginTop: 8,
    marginBottom: 16,
    fontSize: 12,
  },
  text: {
    fontSize: 12,
    color: '#898989',
  },
});

export default CommentInput;
```

이 컴포넌트에서는 articleId를 Props로 받아오는데요. 추후 댓글 작성 후 댓글 목록을 갱신하는 과정에서 사용합니다.

컴포넌트를 다 만들었으면 ArticleScreen을 열어서 기존의 ListHeaderComponent를 <></>로 감싼 뒤, ArticleView 하단에 방금 만든 CommentInput 컴포넌트를 보여주세요.

screens/ArticleScreen.tsx

```
(...)
import CommentInput from '../components/CommentInput';

function ArticleScreen() {
  (...)
```

```
  return (
    <FlatList
      (...)
      ListHeaderComponent={
        <>
          <ArticleView
            title={title}
            body={body}
            publishedAt={published_at}
            username={user.username}
            id={id}
            isMyArticle={isMyArticle}
          />
          <CommentInput articleId={id} />
        </>
      }
    />
  );
}

(...)
```

이렇게 하고 나면 게시글 하단에 CommentInput이 나타날 것입니다.

▼ 그림 15-17 CommentInput

이어서 이 컴포넌트를 눌렀을 때 보여줄 CommentModal 컴포넌트를 다음과 같이 작성해주세요. 참고로 이 컴포넌트는 댓글을 수정하는 기능을 구현할 때도 사용할 예정입니다.

components/CommentModal.tsx

```tsx
import React, {useState, useEffect} from 'react';
import {
  View,
  StyleSheet,
  Modal,
  KeyboardAvoidingView,
  Pressable,
  Platform,
  TextInput
} from 'react-native';
import {useSafeAreaInsets} from 'react-native-safe-area-context';

export interface CommentFormProps {
  visible: boolean;
  onClose(): void;
  onSubmit(message: string): void;
  initialMessage?: string;
}

function CommentModal({
  visible,
  onClose,
  onSubmit,
  initialMessage,
}: CommentFormProps) {
  const {bottom} = useSafeAreaInsets(); // Home 키 없는 iOS 기종 대응
  const [message, setMessage] = useState('');

  // initialMessage가 변경되면 message 변경
  useEffect(() => {
    setMessage(initialMessage ?? '');
  }, [initialMessage]);

  return (
    <Modal transparent visible={visible} animationType="fade" onRequestClose={onClose}>
      <KeyboardAvoidingView
        behavior={Platform.select({ios: 'padding'})}
        style={styles.keyboardAvoiding}
        keyboardVerticalOffset={Platform.select({ios: -bottom})}>
```

```jsx
      <View style={styles.block}>
        <Pressable style={styles.dismissArea} onTouchStart={onClose} />
        <View style={[styles.whiteBox, {paddingBottom: 24 + bottom}]}>
          <TextInput
            style={styles.input}
            autoFocus
            returnKeyType="send"
            value={message}
            onChangeText={setMessage}
            onSubmitEditing={() => {
              onSubmit(message);
              setMessage('');
            }}
            placeholder="댓글을 입력하세요"
          />
        </View>
      </View>
    </KeyboardAvoidingView>
  </Modal>
  );
}

const styles = StyleSheet.create({
  block: {
    backgroundColor: 'rgba(0,0,0,0.5)',
    width: '100%',
    flex: 1,
  },
  dismissArea: {
    flex: 1,
  },
  keyboardAvoiding: {flex: 1},
  whiteBox: {
    backgroundColor: 'white',
    paddingTop: 24,
    paddingHorizontal: 16,
  },
  input: {
    paddingLeft: 16,
    paddingRight: 16,
    height: 48,
    fontSize: 12,
    borderColor: '#ababab',
```

```
    borderWidth: 1,
    borderRadius: 4,
  },
});

export default CommentModal;
```

이 컴포넌트는 visible Props를 통해 보이거나 숨겨집니다. onClose는 댓글 작성 화면을 닫을 때 호출할 함수이고, onSubmit은 키보드에서 등록 버튼을 눌렀을 때 호출할 함수입니다.

initialMessage는 TextInput의 기본값으로 사용할 문자열인데, 이는 추후 댓글을 수정하는 경우에만 사용합니다.

컴포넌트를 다 만들었으면 CommentInput에서 방금 만든 컴포넌트 CommentModal을 불러와서 사용해보세요.

components/CommentInput.tsx

```
import React, {useState} from 'react';
import {StyleSheet, Text, Pressable} from 'react-native';
import CommentModal from './CommentModal';

export interface CommentInputProps {
  articleId: number;
}

function CommentInput({}: CommentInputProps) {
  const [writingComment, setWritingComment] = useState(false);

  const onPress = () => {
    setWritingComment(true);
  };
  const onClose = () => {
    setWritingComment(false);
  };
  const onSubmit = (message: string) => {
    setWritingComment(false);
    // TODO: 구현 예정
    console.log(message);
  };
  return (
    <>
```

```
      <Pressable style={styles.block} onPress={onPress}>
        <Text style={styles.text}>댓글을 입력하세요</Text>
      </Pressable>
      <CommentModal
        onClose={onClose}
        visible={writingComment}
        onSubmit={onSubmit}
      />
    </>
  );
}

(...)
```

이 컴포넌트를 저장한 뒤, CommentInput 컴포넌트를 눌러보세요. 앞에서 본 그림 15–16처럼 CommentModal이 화면에 나타났나요? 이 컴포넌트가 나타났을 때 검정 영역을 눌러보거나, 안드로이드에서 뒤로 버튼을 눌렀을 때 이 컴포넌트가 사라지는지도 확인해보세요.

컴포넌트의 UI가 잘 만들어진 것을 확인했다면 useMutation을 사용하여 댓글을 작성하고, useQueryClient를 사용하여 댓글 목록을 갱신해봅시다.

components/CommentInput.tsx

```
import React, {useState} from 'react';
import {StyleSheet, Text, Pressable} from 'react-native';
import {useMutation, useQueryClient} from 'react-query';
import {writeComment} from '../api/comments';
import {Comment} from '../api/types';
import CommentModal from './CommentModal';

export interface CommentInputProps {
  articleId: number;
}

function CommentInput({articleId}: CommentInputProps) {
  const [writingComment, setWritingComment] = useState(false);
  const queryClient = useQueryClient();
  const {mutate} = useMutation(writeComment, {
    onSuccess: (comment) => {
      queryClient.setQueryData<Comment[]>(['comments', articleId], (comments) =>
        (comments || []).concat(comment),
      );
    },
```

```
    });

    const onPress = () => {
      setWritingComment(true);
    };
    const onClose = () => {
      setWritingComment(false);
    };
    const onSubmit = (message: string) => {
      setWritingComment(false);
      mutate({
        articleId,
        message,
      });
    };
    return (
      <>
        <Pressable style={styles.block} onPress={onPress}>
          <Text style={styles.text}>댓글을 입력하세요</Text>
        </Pressable>
        <CommentModal
          onClose={onClose}
          visible={writingComment}
          onSubmit={onSubmit}
        />
      </>
    );
}

(...)
```

여기까지 코드를 작성하고 나서, 댓글을 입력 후 키보드의 Enter 를 눌러보세요. 댓글 목록이 잘 갱신됐나요?

15.12.3 댓글 삭제 기능 구현하기

이번에는 댓글을 삭제하는 기능을 만들어봅시다. 댓글 삭제 기능을 만들려면 기존에 만든 CommentItem을 조금 수정해야 합니다.

이 기능을 구현하기 위해 CommentItem에 세 가지 Props를 추가해야 합니다. 우선 보이는 댓글이 자신의 댓글인지 분별하는 isMyComment Props를 추가하세요. 이 값이 true면 댓글 컴포넌트에 수정과 삭제 버튼이 나타납니다. 그리고 각 버튼을 눌렀을 때 호출할 onRemove와 onModify Props를 추가하세요.

```
components/CommentItem.tsx
import React from 'react';
import {View, StyleSheet, Text, Pressable} from 'react-native';

export interface CommentItemProps {
  id: number;
  message: string;
  username: string;
  publishedAt: string;
  isMyComment: boolean;
  onRemove(id: number): void;
  onModify(id: number): void;
}

function CommentItem({
  id,
  message,
  username,
  publishedAt,
  isMyComment,
  onRemove,
  onModify,
}: CommentItemProps) {
  const formattedDate = new Date(publishedAt).toDateString();

  const handleRemove = () => onRemove(id);
  const handleModify = () => onModify(id);

  return (
    <View style={styles.block}>
      <View style={styles.head}>
        <Text style={styles.username}>{username}</Text>
        <Text style={styles.date}>{formattedDate}</Text>
      </View>
      <Text style={styles.message}>{message}</Text>
      {isMyComment && (
        <View style={styles.actionButtons}>
          <Pressable
            style={({pressed}) => pressed && styles.pressed}
```

```
                    hitSlop={8}
                    onPress={handleModify}>
                    <Text style={styles.buttonText}>수정</Text>
                </Pressable>
                <View style={styles.separator} />
                <Pressable
                    style={({pressed}) => pressed && styles.pressed}
                    hitSlop={8}
                    onPress={handleRemove}>
                    <Text style={styles.buttonText}>삭제</Text>
                </Pressable>
            </View>
        )}
    </View>
  );
}

const styles = StyleSheet.create({
  block: {
    paddingTop: 8,
    paddingBottom: 16,
  },
  head: {
    flexDirection: 'row',
    justifyContent: 'space-between',
  },
  username: {
    fontWeight: 'bold',
  },
  date: {
    color: '#546e7a',
    fontSize: 10,
    marginTop: 4,
  },
  message: {
    marginTop: 4,
  },
  actionButtons: {
    marginTop: 24,
    justifyContent: 'flex-end',
    flexDirection: 'row',
  },
  separator: {
    width: 8,
  },
```

```
  buttonText: {
    fontSize: 12,
    color: '#546e7a',
  },
  pressed: {
    opacity: 0.75,
  },
});


export default CommentItem;
```

ArticleScreen을 열어서 renderItem 부분에 CommentItem 컴포넌트에 필요한 Props를 다음과 같이 정해주세요.

screens/ArticleScreen.tsx - renderItem

```
function ArticleScreen() {

    const onRemove = (commentId: number) => {
        /* TODO: 구현 예정 */
        console.log(commentId);
    }
    const onModify = (commentId: number) => {
        /* TODO: 구현 예정 */
        console.log(commentId);
    }

(...)
        renderItem={({item}) => (
          <CommentItem
            id={item.id}
            message={item.message}
            publishedAt={item.published_at}
            username={item.user.username}
            onRemove={onRemove}
            onModify={onModify}
            isMyComment={item.user.id === currentUser?.id}
          />
        )}
```

이제 자신이 작성한 댓글이 다음과 같이 나타나는지 확인해보세요.

---

johndoe   Sun Apr 04 2021
Hello world

수정 삭제

이와 같이 댓글 컴포넌트 우측 하단에 수정과 삭제가 나타났다면 삭제 기능을 이어서 구현해봅시다. ArticleScreen에서 selectedCommentId와 askRemoveComment 상태를 만드세요. 그리고 onRemove가 호출되면 selectedCommentId를 파라미터로 받아온 id 값으로 설정하고, askRemoveComment 값을 true로 변경하도록 구현하세요.

이어서 onConfirmRemove와 onCancelRemove 함수를 만들어주세요. 이 함수는 추후 댓글 삭제를 확인하거나 취소할 때 호출할 함수입니다.

screens/ArticleScreen.tsx

```tsx
import React, {useState} from 'react';

(...)

function ArticleScreen() {
  (...)

  const [selectedCommentId, setSelectedCommentId] = useState<number | null>(
    null,
  );
  const [askRemoveComment, setAskRemoveComment] = useState(false);

  const onRemove = (commentId: number) => {
    setSelectedCommentId(commentId);
    setAskRemoveComment(true);
  };

  const onConfirmRemove = () => {
    console.log(selectedCommentId);
    setAskRemoveComment(false);
    // TODO: 구현 예정
  };
  const onCancelRemove = () => {
    setAskRemoveComment(false);
```

15

리액트 쿼리를 사용한 API 상태 관리

953

```
  };

  (...)
```

그다음에는 ArticleScreen에서 기존에 보여주고 있던 FlatList를 <></>로 감싸고, FlatList 하단에 이전에 게시글 삭제 기능을 구현하기 위해 만든 AskDialog를 보여주고, 방금 만든 onConfirmRemove와 onCancelRemove를 컴포넌트의 Props로 설정해주세요.

screens/ArticleScreen.tsx

```
import AskDialog from '../components/AskDialog';

(...)

function ArticleScreen() {
  (...)

  return (
    <>
      <FlatList
        (...)
      />
      <AskDialog
        visible={askRemoveComment}
        title="댓글 삭제"
        message="댓글을 삭제하시겠습니까?"
        isDestructive
        confirmText="삭제"
        onConfirm={onConfirmRemove}
        onClose={onCancelRemove}
      />
    </>
  );
}

(...)
```

그러고 나서 댓글의 삭제 버튼을 눌렀을 때 다음과 같이 AskModal이 화면에 나타나는지 확인해보세요.

댓글 삭제

댓글을 삭제하시겠습니까?

취소 삭제

이 컴포넌트가 잘 나타났다면, onConfirmRemove 함수를 마저 구현해줍시다. useMutation으로 deleteComment API 함수를 호출하도록 구현하고, 댓글 삭제 성공 후 useQueryClient로 댓글 목록을 갱신해주세요.

screens/ArticleScreen.tsx

```tsx
import {deleteComment, getComments} from '../api/comments';
import {useMutation, useQuery, useQueryClient} from 'react-query';
import {Comment} from '../api/types';

(...)

const queryClient = useQueryClient();
const {mutate: remove} = useMutation(deleteComment, {
  onSuccess: () => {
    queryClient.setQueryData<Comment[]>(['comments', id], (comments) =>
      comments ? comments.filter((c) => c.id !== selectedCommentId) : [],
    );
  },
});

const onRemove = (commentId: number) => {
  setSelectedCommentId(commentId);
  setAskRemoveComment(true);
};

const onConfirmRemove = () => {
  setAskRemoveComment(false);
  remove({
    id: selectedCommentId!, // null이 아님을 명시하기 위하여 ! 사용
    articleId: id,
  });
};

(...)
```

이제 댓글을 삭제해보세요. 댓글이 잘 삭제되나요?

15.12.4 댓글 수정 기능 구현하기

이 프로젝트에서 마지막으로 구현할 기능은 댓글 수정 기능입니다. 댓글을 수정할 때는 댓글 작성 기능을 구현할 때 만든 CommentModal 컴포넌트를 재사용하겠습니다. 구현 방식은 방금 삭제 기능을 구현한 것과 비슷합니다.

ArticleScreen에서 modifyingComment라는 상태를 만들고, onModify 함수가 호출되면 selectedCommentId와 modifying 상태를 업데이트하도록 만드세요.

그리고 추후 댓글 입력창의 기본값을 설정하기 위해 선택한 댓글의 내용을 알고 있어야 하므로, selectedCommentId를 사용하여 댓글 객체를 찾아서 selectedComment에 담으세요.

screens/ArticleScreen.tsx

```tsx
import CommentModal from '../components/CommentModal';
(...)
const [askRemoveComment, setAskRemoveComment] = useState(false);
const [modifying, setModifying] = useState(false);

(...)

const onModify = (commentId: number) => {
  setSelectedCommentId(commentId);
  setModifying(true);
};
const onCancelModify = () => {
  setModifying(false);
};
const onSubmitModify = (message: string) => {
  setModifying(false);
  // TODO: 구현 예정
};

const selectedComment = commentsQuery.data?.find(
  (comment) => comment.id === selectedCommentId,
);
(...)
```

이어서 AskRemove 컴포넌트 하단에 CommentModal을 다음과 같이 보여주세요.

---

screens/ArticleScreen.tsx

```tsx
(...)

<AskDialog
  (...)
/>
<CommentModal
  visible={modifying}
  initialMessage={selectedComment?.message}
  onClose={onCancelModify}
  onSubmit={onSubmitModify}
/>

(...)
```

이제 댓글 수정 버튼을 눌러서 선택한 댓글의 내용이 CommentModal에 있는 TextInput의 기본값으로 보이는지 확인해보세요. 선택한 댓글의 내용이 잘 보인다면 useMutation으로 modifyComment API 함수를 호출하도록 구현하고, queryClient를 사용하여 수정한 뒤 댓글 목록을 갱신해보세요.

---

screens/ArticleScreen.tsx

```tsx
import {deleteComment, getComments, modifyComment} from '../api/comments';

(...)

const {mutate: modify} = useMutation(modifyComment, {
  onSuccess: comment => {
    queryClient.setQueryData<Comment[]>(['comments', id], comments =>
      comments
        ? comments.map(c => (c.id === selectedCommentId ? comment : c))
        : [],
    );
  },
});

(...)

const onSubmitModify = (message: string) => {
  setModifying(false);
  modify({
```

```
    id: selectedCommentId!,
    articleId: id,
    message,
  });
};
```

(...)

댓글 수정 기능을 모두 구현했습니다! 댓글을 수정해보세요. 수정한 댓글이 댓글 목록에 잘 반영됐나요?

15.13 / 정리

고생 많으셨습니다! 이 책의 마지막 프로젝트인 ArticlesApp 프로젝트를 완성했습니다. API 연동 작업을 할 때는 리액트 쿼리를 사용하면 더 쉽게 진행할 수 있습니다.

리액트 쿼리와 비슷한 라이브러리로 SWR이라는 라이브러리가 있습니다. 제공하는 기능은 비슷하지만 사용 방식이 조금 다릅니다. 예를 들어 리액트 쿼리는 Promise를 반환하는 함수를 기반으로 Hook을 작성하지만, SWR은 useSWR이라는 Hook을 사용할 때 해당 Hook 함수의 인자에 API 주소를 입력합니다.

2021년 4월 기준 NPM 주간 다운로드 수를 보면 리액트 쿼리가 더 높지만, SWR 또한 좋은 라이브러리이므로 기회가 된다면 한번 사용해 보기를 권합니다.

16^장

앱 스토어와 구글 플레이에 리액트 네이티브 앱 등록하기

이 장에서는 리액트 네이티브 앱을 앱 스토어(App Store)와 구글 플레이(Google Play)에 등록하는
방법을 알아보겠습니다.

16.1 / 프로젝트 준비하기

먼저 새로운 리액트 네이티브 프로젝트를 생성하세요. 리액트 네이티브 CLI에서 만들어지는 프로
젝트를 그대로 빌드하여 앱 스토어와 구글 플레이에 등록하는 과정을 다뤄보겠습니다.

프로젝트 이름이 고유해야 하므로, 새 프로젝트를 만들 때 여러분의 닉네임을 포함해서 만드세요.

```
$ npx react-native init NicknameReleaseApp --version 0.70
```

이 프로젝트 이름에서 Nickname 부분을 여러분의 닉네임으로 교체하면 됩니다.

16.2 / 안드로이드 앱 등록하기

안드로이드 앱을 구글 플레이에 출시하는 과정을 먼저 알아보겠습니다.

16.2.1 앱 서명하기

구글 플레이에 앱을 등록하려면 릴리스 키를 사용하여 앱에 디지털 서명을 해야 합니다. 디지털
서명은 앱의 개발자임을 증명하는 수단으로, 앱 제작자가 아닌 타인이 앱을 업데이트하는 것을 방
지할 수 있습니다.

다음 명령어를 입력하여 릴리스 키 파일을 생성하세요(윈도우의 경우 C:\Program Files\Java\
jdkx.x.x_x\bin 경로로 이동하여 명령어를 실행해야 합니다. cmd를 실행할 때는 관리자 권한으
로 실행해주세요).

```
$ keytool -genkeypair -v -storetype PKCS12 -keystore app-release-key.keystore -alias app-
release -keyalg RSA -keysize 2048 -validity 10000
```

명령어를 실행하면 CLI에서 비밀번호를 입력하라고 나옵니다. 이 비밀번호는 추후 인증서를 사용
할 때마다 입력해야 합니다. 입력한 비밀번호를 잘 기억해두세요. 잊지 않도록 안전한 곳에 메모
해두는 것도 좋습니다.

다음으로 이름과 성을 입력하라고 나오면 여러분의 이름을 영어로 적으세요.

이어서 조직 단위, 조직 이름 등을 입력하라고 하는데 이는 모두 생략해도 됩니다. Enter 를 눌러
서 계속 생략하다 보면 다음과 같은 문구가 나타납니다.

CN=Minjun Kim, OU=Unknown, O=Unknown, L=Unknown, ST=Unknown, C=Unknown이(가) 맞습니까?

이때 y라고 입력하고 Enter 를 누르면 app-release-key.keystore 파일이 현재 경로에 만들어
집니다(윈도우의 경우 C:\Program Files\Java\jdkx.x.x_x\bin 경로에 만들어집니다).

이 파일을 NicknameReleaseApp 프로젝트의 android/app 경로에 옮겨주세요. 그다음에는
android/gradle.properties 파일을 열어서 최하단에 인증서에 대한 정보를 다음과 같이 입력해
주세요.

android/gradle.properties

```
(...)
RELEASE_STORE_FILE=app-release-key.keystore
RELEASE_KEY_ALIAS=app-release
RELEASE_STORE_PASSWORD=********
RELEASE_KEY_PASSWORD=********
```

RELEASE_STORE_PASSWORD와 RELEASE_KEY_PASSWORD에는 앞에서 입력한 비밀번호를 넣어주세요.
동일한 값인데 두 가지 이름을 설정한 이유는 스토어 비밀번호와 키 비밀번호가 다른 경우도 있기
때문입니다. 앞에서 입력한 명령어를 사용하면 스토어 비밀번호와 키 비밀번호가 동일하게 지정
되지만, 안드로이드 스튜디오에서 GUI를 사용하여 키를 생성하면 각 비밀번호를 다르게 설정할
수 있고, keytool을 사용하여 key password를 따로 변경할 수도 있습니다.

android/app/build.gradle 파일에서 방금 설정한 값들을 불러와 사용해보겠습니다. signingConfigs
와 buildTypes 부분을 다음과 같이 변경해보세요.

```
(...)
signingConfigs {
debug {
  (...)
}

    (...)
    release {
        if (project.hasProperty('RELEASE_STORE_FILE')) {
            storeFile file(RELEASE_STORE_FILE)
            storePassword RELEASE_STORE_PASSWORD
            keyAlias RELEASE_KEY_ALIAS
            keyPassword RELEASE_KEY_PASSWORD
        }
    }
}
buildTypes {
    debug {
        signingConfig signingConfigs.debug
    }
    release {
        signingConfig signingConfigs.release
        (...)
    }
}
(...)
```

16.2.2 AAB 파일 생성하기

앱 출시를 위한 빌드 파일을 생성할 준비가 끝났습니다. android 경로에서 다음 명령어를 입력하여 AAB 파일을 생성해보세요.

```
$ ./gradlew bundleRelease
```

AAB는 Android App Bundle이라는 뜻입니다. 기존에 안드로이드를 사용했다면 AAB보다 APK 파일이 더 익숙할 텐데요. 안드로이드에서 앱을 설치할 때 사용하는 것은 APK 파일이 맞습니다. 다만, 앱을 스토어에 출시할 때는 각 안드로이드 기기 설정에 맞게 최적화된 APK를 생성해야 합니다. 이때 AAB 파일을 사용하여 구글 플레이에 등록하면, 구글 플레이에서 APK 생성 및 서명 작업이 이루어집니다.

이 명령어 수행이 끝나면 android/app/build/outputs/bundle/release 경로에 app-release.aab 파일이 생성됩니다. 이 파일을 구글 플레이에 업로드하여 앱을 배포하면 됩니다.

16.2.3 릴리스 빌드 실행해보기

구글 플레이에 출시하기 전에 안드로이드 기기에서 릴리스 빌드가 잘 작동하는지 검토해야 합니다. 개발 빌드가 아닌 릴리스 빌드를 시뮬레이터 또는 실제 디바이스에서 실행하기 위해 다음 명령어를 입력합니다.

```
$ npx react-native run-android --variant=release
```

16.2.4 구글 플레이에 앱 등록하기

이제 빌드된 앱을 구글 플레이에 등록하는 작업이 남았습니다.

- https://play.google.com/console

이 페이지에 들어가서 구글 계정으로 로그인하면 다음과 같이 개발자 계정을 가입하는 UI가 나타납니다.

▼ 그림 16-1 구글 플레이 새 개발자 계정 만들기

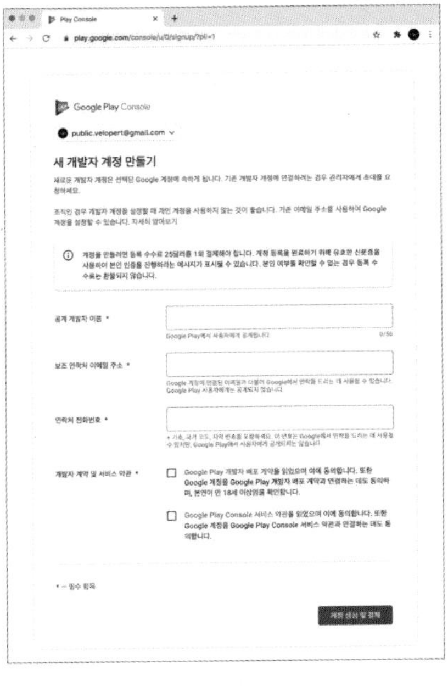

새 개발자 계정을 만들 때는 $25를 결제해야 합니다(결제 시에는 해외 결제가 가능한 카드가 필요합니다).

결제하고 나면 다음과 같이 페이지 중앙에 **앱 만들기** 버튼이 나타나고, 이 버튼을 누르면 앱 만들기 양식 페이지로 이동합니다.

▼ 그림 16-2 첫 번째 앱 만들기/앱 만들기 양식

앱 만들기 양식을 채우고 나면 다음과 같이 대시보드 화면이 나타납니다. 좌측 사이드바에서 프로덕션을 선택하고, 프로덕션 페이지 우측 상단의 **새 버전 만들기** 버튼을 누르세요.

▼ 그림 16-3 대시보드/프로덕션

Play 앱 서명 부분에서 **계속** 버튼을 누르고 Play 앱 서명을 허용하세요. 그 이후에 AAB 파일을 업로드하면 앱을 출시할 수 있습니다.

▼ 그림 16-4 프로덕션 버전 만들기

앱을 처음 등록하는 경우, '아직 앱을 게시할 수 없습니다. 앱 대시보드에 안내된 단계를 완료하세요.'라는 오류가 나타납니다. 대시보드로 가면 다음과 같이 할일 목록이 나타납니다.

▼ 그림 16-5 대시보드 할일 목록

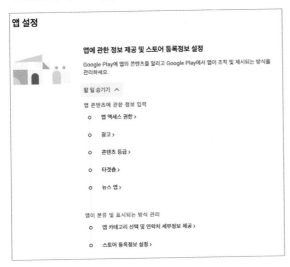

앱 등록정보를 모두 설정하고, 국가 및 지역을 선택하고 나면 앱을 출시할 수 있습니다.

16.3 / iOS 앱 등록하기

이 절에서는 iOS 앱을 앱 스토어에 출시하는 방법을 알아보겠습니다.

16.3.1 App Transport Security 활성화하기

App Transport Security는 iOS 9부터 적용되는 앱 보안 정책입니다. 이 보안 정책은 HTTP 요청은 모두 차단하고 HTTPS 요청만 허용하여, 앱에서 HTTPS 통신만 하도록 유도하는 정책입니다. 리액트 네이티브를 개발할 때는 Metro 서버와 통신해야 하기 때문에 리액트 네이티브 프로젝트에서는 localhost에 예외적으로 통신을 허용하도록 하는 설정이 있습니다.

프로덕션 환경에서는 개발 서버와 통신이 필요하지 않으므로, 이 설정을 없애서 App Transport Security를 활성화할 수 있습니다.

ios/프로젝트 이름 디렉터리에 있는 Info.plist 파일을 열어서 NSAppTransportSecurity를 찾아보세요. 그리고 해당 설정의 dict 내부를 주석으로 처리하세요.

ios/프로젝트 이름/Info.plist – NSAppTransportSecurity

```
<key>NSAppTransportSecurity</key>
    <dict>
        <!-- <key>NSExceptionDomains</key>
        <dict>
            <key>localhost</key>
            <dict>
                <key>NSExceptionAllowsInsecureHTTPLoads</key>
                <true/>
            </dict>
        </dict> -->
    </dict>
```

개발 환경에서는 이 부분을 다시 주석 해제해야 개발 서버와의 통신이 정상적으로 이뤄지니 참고하세요.

16.3.2 Build Configuration 변경하기

Xcode에서 현재 ios 프로젝트를 열어보세요(xcworkspace 확장자 파일을 열면 됩니다). 프로젝트의 Build Configuration은 기본적으로 Debug로 지정되어 있습니다. 이 값이 Debug일 때는 개발자 메뉴가 활성화되어 있으며, 자바스크립트 번들 파일이 개발 서버에서 관리됩니다. 이 값을 Release로 변경하면 개발자 메뉴가 비활성화되며, 자바스크립트 번들 파일을 앱 내에 저장하여 개발 서버와 연결하지 않아도 사용할 수 있습니다.

Xcode에서 상단 메뉴의 **Product 〉 Scheme 〉 Edit Scheme**을 선택하세요. 그러면 다음과 같은 창이 나타나는데, 사이드 바에서 Run을 선택한 뒤 Build Configuration 셀렉터를 클릭하여 Debug에서 Release로 값을 변경하세요.

▼ 그림 16-6 Build Configuration 변경

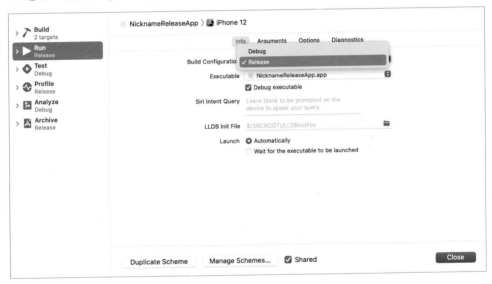

16.3.3 앱 빌드하기

출시를 위해 앱을 빌드하려면 상단 메뉴의 **Product 〉 Build**를 누릅니다.

16.3.4 애플 개발자 계정 생성하기

iOS 앱을 실제 기기에서 돌려보거나 앱을 등록하려면 애플 개발자 계정을 생성해야 합니다.
Apple Developer로 들어가 상단의 **Account**를 클릭하세요.

- https://developer.apple.com

▼ 그림 16-7 Apple Developer

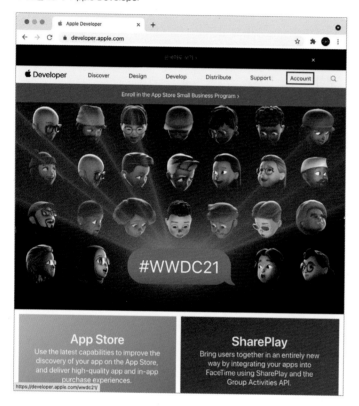

로그인 페이지가 나타나면 여러분이 맥OS, iOS 등 운영 체제에서 사용하는 애플 계정으로 로그
인하세요.

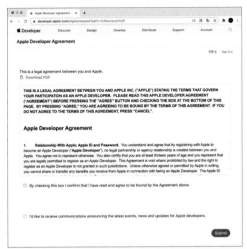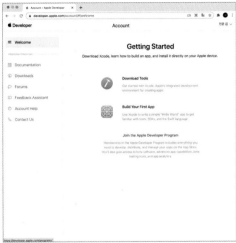

Xcode 상단 메뉴의 **Xcode 〉Preferences**를 클릭한 후, Accounts 탭을 여세요. Accounts 탭 좌측 하단에 있는 **+** 버튼을 누른 다음, 애플 계정을 추가하세요.

▼ 그림 16-9 애플 계정 추가

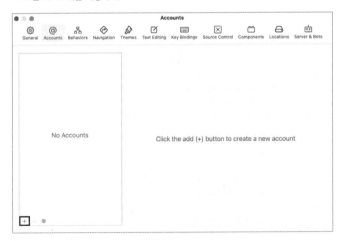

16.3.5 실제 디바이스에서 앱 실행하기

개발자 계정을 등록하면 실제 기기에서 앱을 실행할 수 있습니다. Xcode 좌측 사이드바의 최상 단에 있는 NicknameReleaseApp을 누르고, Signing & Capabilities 탭을 여세요. 계속해서 다음 그림과 같이 Automatically manage signing을 체크하고, 그 아래 Team 셀렉터에서 방금 등록한 계정을 선택하세요.

▼ 그림 16-10 Signing & Capabilites 설정

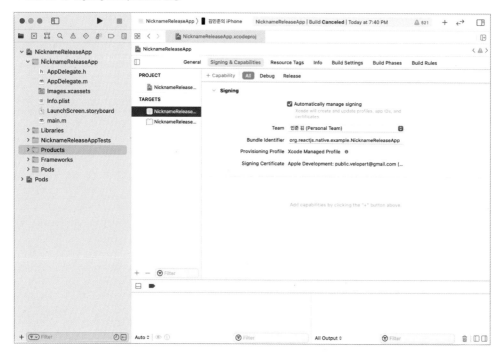

이제 여러분이 가지고 있는 iOS 디바이스를 컴퓨터에 연결하세요. Xcode 상단의 프로젝트명 우측 부분을 클릭하면 실행할 기기를 선택할 수 있습니다. 여기서 방금 연결한 디바이스를 선택하세요.

▼ 그림 16-11 디바이스 선택

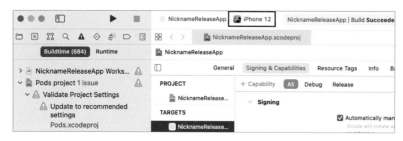

디바이스를 선택한 뒤 좌측의 재생 버튼을 누르면 빌드 및 기기에서 실행이 이뤄집니다.

빌드할 때 키체인의 암호를 입력하는 창이 나타날 텐데요. 이때 비어있는 상태로 확인을 눌러주세요.

처음 디바이스에서 실행할 때는 다음과 같은 화면이 나타나면서 앱을 실행하는 데 실패할 것입니다.

▼ 그림 16-13 앱 실행 실패

이 오류는 우리가 현재 개발용 인증서를 사용하기 때문입니다. 실제 디바이스에서도 '신뢰하지 않는 개발자'라는 오류가 나타날 것입니다.

▼ 그림 16-14 신뢰하지 않는 개발자 오류

이를 해결하려면 디바이스에 나타난 오류 메시지처럼 설정에서 해당 앱을 사용하도록 허용해주면 됩니다.

iOS 디바이스에서 **설정 〉 일반** 메뉴를 열고 스크롤을 아래로 내리면 VPN 하단에 **기기 관리**라는 메뉴가 보일 것입니다. 해당 메뉴를 열고 개발자 앱 목록에 나타난 Apple Development: …를 누르세요. 그리고 파란색 텍스트로 적힌 Apple Development: …를 누르고, **신뢰** 버튼을 누릅니다.

▼ 그림 16-15 앱 신뢰하기

이제 다시 앱을 실행해보세요. 정상적으로 실행될 것입니다.

16.3.6 애플 개발자 프로그램 가입하기

앱을 앱 스토어에 등록하려면 개발자 프로그램에 가입해야 합니다. 참고로 애플 개발자 프로그램의 경우 매년 129,000원을 결제해야 합니다.

https://developer.apple.com에 들어가서 **Account**를 누른 뒤, 앞에서 생성한 개발자 계정으로 로그인하세요. 로그인 후 하단에 Join the Developer Program이라는 문구가 보이나요? 해당 문구를 누르세요.

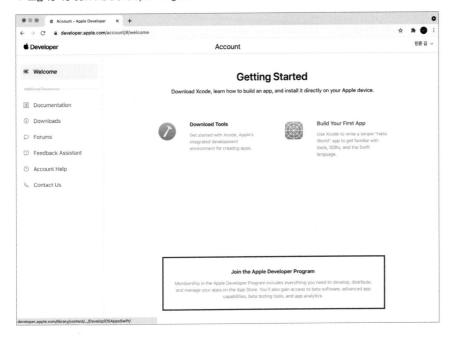

이어서 상단의 **Enroll**을 누르세요.

▼ 그림 16-17 Enroll 버튼

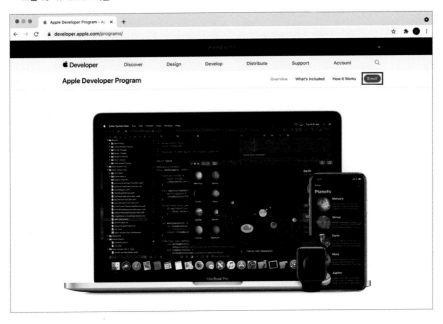

그러면 Individual로 가입할지 Organization으로 가입할지 안내가 나옵니다. 개인이 가입한다면 Individual, 기업에서 가입한다면 Organization으로 가입합니다.

▼ 그림 16-18 Individual 또는 Organization

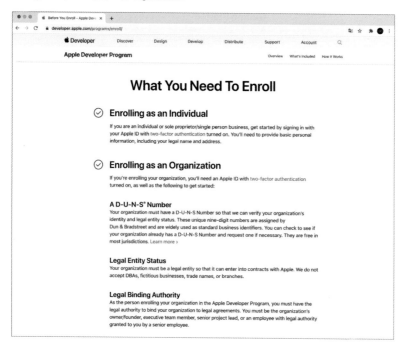

여기서 스크롤을 내리면 Start Your Enrollment 버튼이 있습니다. 이 버튼을 누르고 필요한 정보를 기입하세요.

맨 마지막에는 멤버십 비용을 결제합니다. 결제 후에 멤버십 등록이 바로 반영되지는 않습니다. 멤버십 등록이 반영될 때까지 보통 24~48시간이 소요되며, 멤버십 등록이 완료되면 다음과 같은 메일이 옵니다.

❤ 그림 16-19 멤버십 등록 완료 이메일

멤버십 등록 완료 후 다시 https://developer.apple.com에서 로그인하면 좌측 사이드바에 이전에는 없었던 Program Resources가 나타납니다.

❤ 그림 16-20 Program Resources

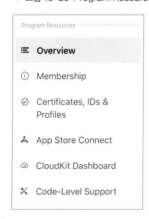

16.3.7 인증서 발급받기

앱을 빌드한 후 앱 스토어에 출시하려면 인증서를 발급받아야 합니다. 인증서는 맥OS의 키체인 접근을 열고 인증서 기관에서 인증서 요청 기능으로 만든 파일을 애플 개발자 페이지에 업로드하여 수동으로 만들 수도 있고, Xcode에서 자동으로 만들 수도 있습니다.

이 책에서는 Xcode에서 자동으로 만들어보겠습니다(이 방법이 훨씬 간편합니다).

우선 Xcode로 우리가 만든 프로젝트의 ios/NicknameReleaseApp.xcworkspace 파일을 열어 보세요. 다음으로 상단 메뉴의 File > Preference를 여세요.

개발자 프로그램에 가입됐다면 Role이 Agent라고 나타날 것입니다. 우측 하단의 **Manage Certificates**를 누르세요.

이어서 좌측 하단의 **+** 버튼을 누르고 **Apple Distribution**을 선택하면 인증서가 생성됩니다.

▼ 그림 16-21 인증서 생성

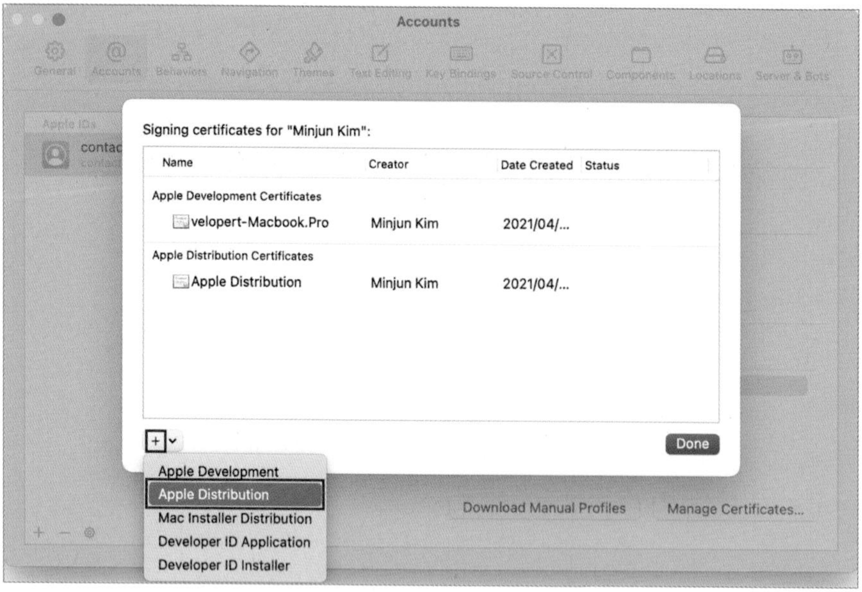

16.3.8 디바이스 추가하기

개발자 프로그램에 가입한 후에는 앱을 출시하기 전에 우리가 실제 디바이스에서 앱을 테스트할 때 허용한 디바이스에서만 앱을 실행할 수 있습니다.

디바이스는 애플 개발자 페이지에서 Certificates, Identifiers & Profiles에 들어가면 추가할 수 있습니다(그림 16-20 참조). 즉, 다음 그림에서 좌측 사이드 바의 **Devices**를 선택하고, **+** 버튼을 눌러 새 디바이스를 추가합니다.

▼ 그림 16-22 새 디바이스 추가

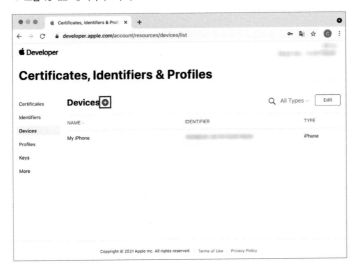

버튼을 누르면 다음과 같이 디바이스 이름과 디바이스 ID를 입력하는 화면이 나타납니다.

▼ 그림 16-23 새 디바이스 정보 입력

Certificates, Identifiers & Profiles

‹ All Devices

Register a New Device   Continue

ⓘ **Register Devices**
To create a provisioning profile for app testing and ad hoc distribution, you'll need to specify registered devices. If you use automatic signing, Xcode registers connected devices for you. Xcode Server can also be configured to register connected devices.

Note: If you remove a registered device from your account, it will continue to count against your device limit. At the start of your new membership year, Account Holders and Admins will be presented with the option to remove listed devices and restore the available device count.

Register a Device

Name your device and enter its Unique Device Identifier (UDID).

Platform

iOS, tvOS, watchOS   ▼

Device Name

Device ID (UDID)

Register Multiple Devices

Upload a file containing the devices you wish to register. Please note that a maximum of 100 devices can be included in your file and it may take a few minutes to process.
Download sample files ›

Device List

Choose File

디바이스 이름은 원하는 대로 넣어주세요. 디바이스 ID는 디바이스를 PC에 연결한 뒤 Xcode에서 **Window > Devices and Simulators**를 누르면 Identifier 부분에서 확인할 수 있습니다. 이 부분을 복사해 디바이스 ID 인풋에 붙여넣으면 됩니다.

이어서 16.3.5절에서 한 것처럼 Signing & Capabilities 탭에 들어가세요. 그다음에 Automatically manage signing 체크박스를 해제한 후 다시 체크하세요. 디바이스를 등록했다면 이 부분이 문제없이 잘 작동할 것입니다.

16.3.9 아이콘 설정하기

iOS 앱을 출시하려면 아이콘이 꼭 설정되어 있어야 합니다. 물론 현재 프로젝트를 실제로 앱 스토어까지 출시하지는 않겠지만, Xcode에서 빌드 후 앱 스토어에 업로드하는 과정을 확인하기 위해 아이콘을 설정하겠습니다.

다음 링크를 통해 미리 준비해둔 iOS 아이콘 세트를 다운로드하세요.

* https://bit.ly/3vg726Q

> Note ≣ 아이콘 세트 만들기(https://appicon.co)라는 웹사이트를 사용하면 1024x1024 크기의 이미지를 기반으로 다양한 사이즈의 아이콘 파일을 자동으로 생성할 수 있습니다.

다운로드한 압축 파일을 풀면 Assets.xcassets라는 디렉터리가 있습니다. 현재 프로젝트에도 ios/NicknameReleaseApp/Images.xcassets 디렉터리 내부에 AppIcon.appiconset이 있습니다. 프로젝트에 있는 AppIcon.appiconset 디렉터리를 삭제하고, 새로 다운로드한 AppIcon.appiconset 디렉터리를 Images.xcassets 디렉터리 내부에 넣어주세요.

그리고 나서 Xcode를 재시작한 다음에 좌측 사이드바에서 Image.xcassets를 열어보면 그림 16-24와 같이 앱 아이콘이 설정되어 있는 것을 확인할 수 있습니다.

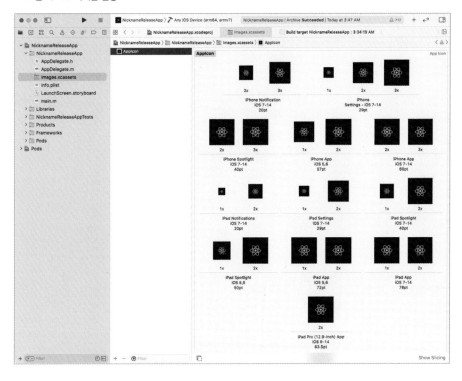

16.3.10 앱 빌드 후 앱 스토어에 업로드하기

앱 빌드 후 앱 스토어에 업로드하는 작업은 Xcode의 Archive라는 기능으로 할 수 있습니다. 이는 상단 메뉴에서 Product 〉 Archive를 눌러서 시작합니다.

이 작업은 꽤 오래 걸리고(소요 시간은 앱의 규모, 개발 PC의 성능에 따라 다르며 보통 10분 이상 걸립니다), 빌드하는 동안 컴퓨터가 조금 느려질 수 있습니다. 따라서 빌드가 되는 동안 잠깐 쉬다 오면 좋습니다.

빌드가 끝나면 다음과 같은 화면이 나타납니다. 이 화면은 Archive 직후 자동으로 나타나며, 상단 메뉴의 Window 〉 Organizer를 눌러 다시 열 수 있습니다.

❤ 그림 16-25 Organizer

이 창에서 Distribute App(배포) 버튼을 누르세요.

❤ 그림 16-26 배포 설정(1)

여기서는 배포 설정할 수 있는데, 별도의 설정 변경 없이 계속 Next 버튼을 누릅니다.

▼ 그림 16-27 배포 설정(2)

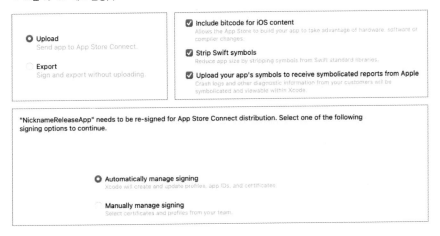

그러면 Code Signing이 시작됩니다. Code Signing이란 이 앱이 개발자가 빌드한 후 변조되지 않았다는 것을 증명하는 기술입니다. 이 과정에서 인증서 및 앱 ID가 담긴 프로비저닝 프로필이 사용되는데, 우리가 배포 설정에서 이 작업을 Xcode에서 자동으로 관리하도록 했기 때문에 별도의 설정 없이 바로 진행할 수 있습니다.

상황에 따라 인증서 발급 및 프로비저닝 프로필 생성 작업을 수동으로 해야 할 때도 있습니다. 수동으로 할 경우에는 애플 개발자 페이지의 Certificates, Identifiers & Profiles에서 진행할 수 있습니다.

Code Signing이 끝나면 다음과 같이 빌드 정보를 리뷰할 수 있는 화면이 나타납니다. 아직 **Upload** 버튼을 누르지 마세요.

▼ 그림 16-28 빌드 정보 리뷰

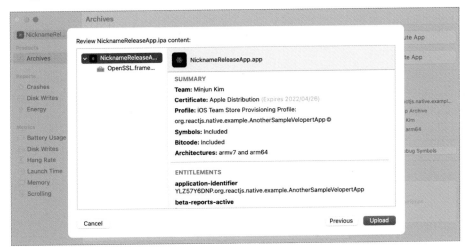

업로드 전에 우리의 앱 정보를 앱 스토어에 생성해줘야 합니다. 앱 정보는 App Store Connect 에서 생성할 수 있습니다.

- https://appstoreconnect.apple.com

이 페이지에 들어가서 개발자 계정으로 로그인하세요. 로그인하면 다음과 같은 화면이 나타납니다. 여기서 **나의 앱**을 선택하세요.

▼ 그림 16-29 App Store Connect

그다음에는 **앱 추가**를 누르세요.

▼ 그림 16-30 앱 추가

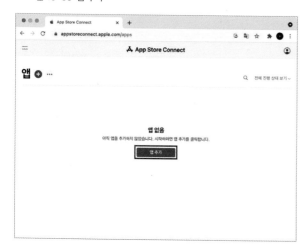

이어서 앱 기본 정보를 입력하세요.

▼ 그림 16-31 앱 기본 정보 입력

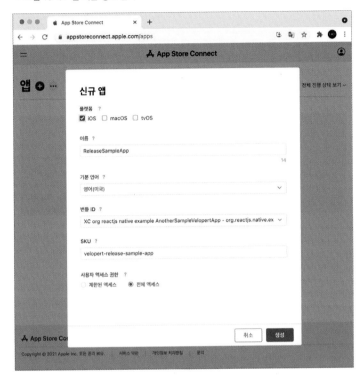

다음 정보들을 입력합니다.

- **플랫폼**: iOS를 선택하세요.

- **이름**: 앱 스토어에서 보여줄 앱 이름을 입력하세요.

- **기본 언어**: 앱의 기본 언어를 선택하세요. 한국어 또는 영어를 선택하면 됩니다.

- **번들 ID**: 앱이 가진 고유 ID입니다. Xcode의 좌측 사이드바에서 프로젝트를 선택하면 General 탭의 Identity 부분에서 확인할 수 있습니다. 지금은 우리가 Code Signing을 자동으로 관리하도록 했기 때문에 Code Signing 과정에서 번들 ID가 이미 추가되어 있습니다. 셀렉터에서 바로 선택해 사용하면 됩니다. 만약 Code Signing 설정을 수동으로 했다면 사전에 애플 개발자 페이지의 Certificates, Identifiers & Profiles 〉 Identifier에 들어간 뒤 Bundle Identifier를 직접 추가해줘야 합니다.

- **SKU**: 사용자에게는 보이지 않는 앱의 고유 ID입니다. 앱을 다른 앱과 구분하기 위해 사용하며 숫자, 알파벳, 대시(-)를 사용할 수 있습니다. 고유한 값을 아무렇게나 입력해도 됩니다. 번들 ID와 동일하게 해도 상관없습니다.

- **사용자 액세스 권한**: App Store Connect를 여러 명이 사용할 때 사용자별로 권한을 설정할 수 있는 옵션입니다. 개인이 사용할 경우 전체 액세스 옵션만 사용할 수 있습니다.

입력을 마친 뒤 **생성** 버튼을 누르세요.

다시 Xcode로 돌아와 **Upload** 버튼을 누르고 기다리면 됩니다. App Store Connect에서 앱 상세 정보를 입력하고, 앱 스토어의 검수를 거치면 앱을 출시할 수 있습니다.

16.4 정리

이 장에서는 안드로이드 앱과 iOS 앱을 출시하는 과정을 알아봤습니다. 언젠가 여러분만의 앱을 출시하는 멋진 날이 다가오기를 응원하겠습니다.

17^장

마치면서

축하합니다! 이제 여러분만의 리액트 네이티브 앱을 만들 준비가 끝났습니다.

지금까지 참 많은 내용을 다뤘지요? 리액트 네이티브 기초부터 시작해 함께 사용하면 유용한 다양한 라이브러리를 사용해봤습니다.

다음 단계는 여러분만의 앱을 만들어보는 것입니다. 이 책에서 배운 지식들을 활용하여 여러분만의 멋진 앱을 만들어보세요!

17.1 커뮤니티

리액트 네이티브의 최신 동향을 파악하고 싶다면 커뮤니티의 도움을 받는 것이 좋습니다.

리액트 네이티브를 사용하는 사람들이 많이 모인 국내/해외 커뮤니티를 소개합니다.

1. 리액트 네이티브[React Native] 한국 사용자 그룹
   https://www.facebook.com/groups/reactapp

2. React Native Community
   https://www.facebook.com/groups/react.native.community

3. React Korea Slack − #react−native 채널
   https://bit.ly/2q3pyDF

4. Twitter − @reactnative
   https://twitter.com/reactnative

5. 카카오톡 오픈 채팅방 − React & React Native
   https://open.kakao.com/o/gdg5ysl

17.2 책의 연장선

이 책에서는 리액트 네이티브 개발에서 핵심적인 내용 위주로 다뤘습니다. 책에서 다루지 못한 리액트 네이티브 관련 지식들은 제 블로그(https://velog.io/@velopert)에서 연재할 예정입니다.

다음 소셜 미디어 계정을 팔로우하면 제가 새 글을 작성했을 때 쉽게 알림을 받을 수 있습니다.

- https://twitter.com/velopert
- https://www.facebook.com/velopert

memo